Marketing für Dummies

Alexander Hiam

Marketing für Dummies

Gegen den täglichen Frust mit Marketing

Übersetzung aus dem
Amerikanischen von
Birgit Neuß & Claudia Graf

Die Deutsche Bibliothek – CIP-Einheitsaufnahme:

Hiam, Alexander:
Marketing für Dummies / Alexander Hiam.
Übers. aus dem Amerikan. von Birgit Neuß und Claudia Graf. -
Bonn: MITP-Verlag, 1997
    Einheitssacht.: Marketing for Dummies <dt.>
    ISBN 3-8266-2763-6

ISBN 3-8266-2763-6
4. Nachdruck 1999

Übersetzung der amerikanischen Originalausgabe:
Alexander Hiam: Marketing For Dummies

Printed in Germany

Ein Unternehmen der verlag moderne industrie AG & Co. KG, Landsberg

Druck: Media-Print, Paderborn
Umschlaggestaltung: Task, Bad Honnef
Satz und Layout: Lieselotte und Conrad Neumann, München

Inhaltsverzeichnis

Kapitel 13
Preisgestaltung und preisgestützte Verkaufsförderungsmaßnahmen   239

Kapitel 14
Entwicklung, Namensgebung und Management Ihrer Produkte   265

Kapitel 15
Verpackung und Etikettierung: Produkte erfolgreich einkleiden 283

Kapitel 16
Vertrieb, Einzelhandel und Point of Purchase (POP) 303

Kapitel 17
Notwendigkeiten beim Verkauf und Service   325

Kapitel 18
Direktmarketing via Werbung, Telemarketing und Direktversand   347

Teil IV
Die Zehnerliste   **369**

Kapitel 19
(Mehr als) zehn Wege, um im Marketing Geld zu sparen   **371**

Kapitel 20
Zehn weitverbreitete Marketingfehler   **379**

Einleitung

Marketing ist das Wichtigste, was Sie heutzutage im Geschäftsleben tun, sogar wenn Ihre Berufsbezeichnung nicht das Wort *Marketing* enthält. Denn in allen verschiedenen Formen des Marketing geht es darum, Kunden zu gewinnen, sie zum Kauf zu bewegen und sicherzustellen, daß sie mit dem Kauf so zufrieden sind, daß sie wiederkommen. Was könnte wichtiger sein? Zu versuchen, ein Unternehmen ohne Kunden zu führen?

Ich schrieb dieses Buch, um Ihnen alle Mittel und Sachkenntnisse, die ich zusammentragen konnte, zur Verfügung zu stellen, damit Sie die kritische Aufgabe des Marketing so gut wie möglich erfüllen können.

Es steht fest, daß Marketing richtig viel Spaß machen kann – immerhin ist es die Seite des Geschäftslebens, wo Kreativität nicht nur toleriert wird, sondern eine notwendige Voraussetzung für Erfolg ist. Dennoch dreht sich langfristig gesehen im Marketing alles um die Gewinnorientierung. Das Schreiben dieses Buches hat mir Spaß gemacht, und ich hoffe, daß Sie dieses Buch gerne zur Hand nehmen werden. Gleichzeitig habe ich aber auch den Stoff sehr ernst genommen. Jede Aufgabe, die Sie zu diesem Buch greifen läßt, ist äußerst wichtig, und ich möchte sicherstellen, daß Sie mit den Ratschlägen, die ich Ihnen hier gebe, diese Aufgabe gut erfüllen. Obwohl kein Buch Antworten auf alle erdenklichen Fragen geben kann, glaube ich dennoch, daß dieses Buch sehr viele Antworten bereithält, die Ihnen und all denen von Nutzen sind, die sich der Herausforderung gegenübergestellt sehen, Kunden zu gewinnen und zufriedenzustellen.

Zu diesem Buch

Ich erwarte drei Reaktionen auf dieses Buch.

Erstens werden viele Leser sagen: »Ich wußte nicht, daß Marketing so kompliziert ist.« Die Leser werden schnell merken, daß sehr vieles mit Marketing zu tun hat. Marketing umfaßt mehrere Spezialgebiete – von der Werbung bis zur Öffentlichkeitsarbeit, vom Verkauf bis zur Strategieentwicklung, von der Datenbankverwaltung über die Verpackung bis zum Produktdesign. Wie können Sie überhaupt nur Experte für die Hälfte all dieser Aufgaben sein? Trotzdem muß jeder, der mit Marketingaufgaben betraut ist, bis zu einem gewissen Grad mit Problemen in all diesen und weiteren Bereichen fertig werden. Die Aufgabe ist einschüchternd, aber dieses Buch wird Ihnen hoffentlich helfen, der Notwendigkeit gerecht zu werden, ein Experte in den vielen Facetten des Marketing zu sein.

Zweitens hoffe ich, daß Leser sagen werden: »Ich wußte nicht, daß Marketing so einfach ist.« Wenn Sie dieses Buch durchlesen oder in gewissen Kapiteln blättern, um Ihre Marketingprobleme zu lösen, dann werden sie bestimmte Themen überall wiederfinden. Diese Themen vereinheitlichen die Vielzahl an Details und helfen Ihnen, der unmittelbare Experte zu sein, der Sie sein müssen. Einige grundlegende Prinzipien gelten für die speziellen Charakteristika, aus denen sich das Gebiet des Marketing zusammensetzt, und vereinheitlichen diese. Zum Beispiel ist die Art und Weise, wie der *Kunde* Ihr Produkt und die Wettbewerber, die dieses Produkt ebenfalls anbieten, sieht, der Schlüssel für Entscheidungen in so verschiedenen Bereichen wie Werbung, persönlicher Verkauf, Preisfindung und Planung. (Im Marketing wird dieser Sachverhalt *Kundenwahrnehmung* genannt, ein Begriff, den Sie oft gebrauchen werden.) Also seien Sie nicht überrascht, wenn Sie feststellen, daß Sie immer mehr Details vorab erkennen können, während Sie die Prinzipien und die Marketingphilosophie in sich aufnehmen. Marketing sollte auf gesundem Menschenverstand beruhen – zumindest wenn man es gut macht.

Drittens rechne ich damit, daß Leser sagen werden: »Dieses Buch sieht nicht aus wie andere Marketingbücher.« Ich weiß, daß das nicht so ist. Ich habe nämlich große Anstrengungen darauf verwendet, das Gebiet zu überdenken und es in einer neuen Weise zu präsentieren. Wenn Autoren den Lesern das Thema Marketing verdeutlichen, greifen sie meist auf einen traditionellen Ansatz zurück, dem die Vorgehensweise in Wirtschaftshochschulen zugrunde liegt. Ich habe das auch gemacht (in einem Buch mit dem Titel *Der tragbare MBA in Marketing*) Aber das ist nicht das, was der Praktiker braucht – der wirkliche Mensch mit einer wirklichen Aufgabe oder einem wirklichen Problem. Die Vorlesung in einer Wirtschaftshochschule hilft Ihnen nicht besonders viel, wenn Sie tatsächlich Marketing in die Tat umsetzen und es nicht bloß lernen müssen. In diesem Buch handelt jede Seite davon, wie man etwas Wichtiges macht oder wie man ein wichtiges Problem löst. Dieses Buch ist äußerst handlungsorientiert, weil Sie genau so in der Marketingpraxis auftreten müssen.

Wie dieses Buch aufgebaut ist

Marketing umfaßt zwei grundlegende Ausrichtungen – in Abhängigkeit von der jeweiligen Situation müssen Sie die eine oder die andere anwenden.

Die erste ist die *gedankliche Orientierung*, bei der Sie versuchen, Einblicke zu gewinnen, aus denen Sie später durch Ihre Handlungen Kapital schlagen können. Diese Ausrichtung ist das Thema in Teil 1 und 5. Bei der Bearbeitung von Marketingaufgaben ist es sinnvoll, mit der gedanklichen Orientierung zu beginnen und damit abzuschließen.

Die zweite Ausrichtung, die Sie sich aneignen müssen, ist die *Handlungsorientierung*. Dabei liegt Ihr Augenmerk eher auf dem Tun als dem Denken. Egal, ob Sie ein Marketingkonzept entwickeln, Ihre Kunden beobachten oder ein neues Produkt oder eine Werbekampagne entwerfen, Marketingleute sind dafür verantwortlich, daß vieles getan wird. Aber wie? Selbst bei den geläufigsten Aufgaben passiert es leicht, daß Sie mit unbekannten Problemen konfrontiert werden oder in unerwartete Fallen tappen. Daher zeigen Ihnen die restlichen Kapitel des Buches Schritt für Schritt, wie Sie eine ganze Reihe von Marketingjobs gut bewältigen.

Im folgenden gebe ich Ihnen eine detaillierte Beschreibung der einzelnen vier Teile des Buches. Im Inhaltsverzeichnis sind die Themen aufgeführt, mit denen sich die Kapitel im jeweiligen Teil befassen.

Teil I: Entwurf eines Marketing-Programms

Ich möchte, daß Sie darüber nachdenken, was ein Marketing-Programm keineswegs ist. Es sind nicht die Posten im Budget einer Marketingabteilung, da diese Umschreibung nicht all die Wege umfassen würde, über die Ihr Unternehmen Kunden erreicht. Auch ist ein Marketing-Programm nicht einfach eine Sammlung von Werbung, Verkauf und anderen Marketing-Kommunikationsmöglichkeiten, da diese auf die Produkt- und Distributionsstrategien sowie auf vieles mehr abgestimmt werden müssen. Alle Bestandteile Ihres Marketing-Programms müssen auf wohl definierte Strategien ausgerichtet sein. Schließlich lohnt es sich nicht, ein Marketing-Programm einzuführen, das sich nicht durch kreative Ideen von der Konkurrenz abhebt. Lesen Sie diesen Teil, um sicherzustellen, daß Ihr Programm schlüssig ist und zu wirklichem Einfluß auf Ihrem Markt führt.

Teil II: Techniken, die Sie brauchen können

Marketingleute müssen sehr viel Forschung betreiben, und sie verbringen viel Zeit damit, zu kommunizieren. Dieser Teil gibt Ihnen eine umfassende Beschreibung der Marktforschungs- und Marketing-Kommunikationstechniken. Werfen Sie einen kurzen Blick in diesen Teil, wenn Sie in Situationen geraten, die mehr Forschungs- und Kommunikationsfähigkeiten erfordern, als Sie momentan besitzen. Beispielsweise könnten Sie auf Situationen stoßen, in denen Sie noch Untersuchungen durchführen müssen, bevor Sie eine Anzeige endgültig festlegen. Oder Situationen, in denen Sie etwas Inspiration benötigen, um einen Brief an Ihre Kunden inhaltlich zu verbessern.

Teil III: Wie Sie die Bestandteile eines Marketing-Programms nutzen

Man spricht von vier Bestandteilen des klassischen Marketing-Programms (die 4 Ps): Produkt, Preis, Plazierung und Promotion. Aus diesen vier Bereichen können Sie Ihre Taktiken ableiten. Aber in der Marketingpraxis stehen Ihnen noch viel mehr Werkzeuge zur Verfügung. Darum ist dieser Teil des Buches bei weitem der längste. Hier finden Sie Ratschläge, wie Sie mit diesen vier traditionellen Elementen umgehen, und zusätzlich detaillierte Informationen über relevante Aspekte, angefangen beim Internet bis zu Handelsausstellungen, von der Etikettierung bis zu Reklametafeln, von der Werbung in den Verkaufsstellen bis zum Telemarketing. Ihnen stehen eine ganze Menge Wahlmöglichkeiten offen. Nutzen Sie sie klug und machen Sie Gebrauch von so vielen Optionen, wie Sie können. Sie haben die schwere Aufgabe, Kunden davon zu überzeugen, Ihr Produkt den anderen vorzuziehen. Deshalb rate ich Ihnen, die Aufgabe mit dem größten Werkzeugkasten in Angriff zu nehmen, den Sie tragen können!

Teil IV: Die Zehnerliste

Der Teil von Zehnen ist ein traditionelles Element der ... *für Dummies*-Bücher, und anfangs dachte ich, es sei dumm. Aber als ich anfing zu schreiben, wurde mir klar, daß sich diese Aufmachung bestens dazu eignet, alle möglichen wesentlichen Weisheiten zu vermitteln, die nur schwer in die übrigen Teile passen. Ich empfehle Ihnen, sich diese Sachen zuerst anzusehen, falls Sie nicht unbedingt sofort einige drängende Probleme lösen müssen. Denn dieser Teil faßt vieles der wesentlichen Philosophie und zahlreiche Strategien einer guten Marketingpraxis zusammen. Er hilft Ihnen außerdem, viele dumme Fehler zu vermeiden, die andere Leute ständig machen.

Icons, die in diesem Buch benutzt werden

Suchen Sie nach diesen Icons, um wichtige Sachen im Text zu finden:

 Marketing schaltet mittlerweile schnell auf Online-Betrieb. Dieses Icon verweist auf Ratschläge oder Beispiele, die Ihnen zeigen, wie Sie Vorteile aus dem Internet ziehen.

 Dieses Icon steht für besondere Ratschläge, die Sie sofort in Ihrem Marketing-Programm ausprobieren können. Es zeigt eine Glühbirne, weil die Feuerprobe für alle großartigen Ideen im Geschäftsleben darin besteht, ob Sie Geld einbringen.

 Ich habe nichts Technisches um seiner selbst willen eingebracht, aber manchmal gibt es Details, über die Sie sich Gedanken machen sollten, z.B. wie Sie den Rücklauf auf ein bestimmtes Angebot oder ein Rundschreiben projizieren können. Also, wenn ich technische Sachen bespreche, macht dieses Icon darauf aufmerksam.

 Es ist einfach, im Marketing in Schwierigkeiten zu geraten, weil es so viele Minen gibt, die nur darauf warten, daß man auf sie tritt. Darum habe ich sie alle mit diesem Icon markiert.

 *Jegliches* Marketing spielt sich in der Praxis ab, aber dieses Icon bedeutet, daß Sie hier ein konkretes Beispiel für etwas finden, das bei einem anderen Marketingmenschen in der Praxis funktioniert hat (oder auch nicht!).

 Manchmal ist es wichtig, ein Problem aus der richtigen Perspektive zu betrachten. Dieses Icon steht für eine kurze Erörterung darüber, wie man über die vorliegende Aufgabe nachdenken soll. Oft erscheint ein grundlegender Marketing-Grundsatz bei diesem Icon, um Ihnen dabei zu helfen, mit wichtigen Entscheidungen fertig zu werden.

 Einzelgänger kommen im Marketing nicht weit. Erfolgreiche Marketingleute nutzen eine ganze Menge unterstützender Dienstleistungen und ziehen oft Werbeagenturen, Forschungsunternehmen, Verpackungsdesigner, Designer für Einzelhandelsdisplays, Publizisten und viele andere Spezialisten zu Rate. Sie können nicht alles machen. In einigen Fällen ist der beste Rat, den ich Ihnen geben kann, den Hörer abzunehmen und anzurufen. Dieses Icon kennzeichnet die Stellen, an denen ich Ihnen einige hilfreiche Namen und Nummern nenne.

Wo's weitergeht

Stört Sie irgendwas? Gibt's Probleme, die Sie nicht lösen können? Irgendwelche Arbeiten, die Sie nicht in Angriff nehmen wollen oder bei denen kein Ende in Sicht ist? Stehen Sie vor Rätseln, von denen Sie wünschten, Sie könnten sie lösen – beispielsweise warum der Absatz in einem bestimmten Gebiet sinkt oder was Sie gegen einen aggressiven Wettbewerber tun sollen? Es stehen immer eine ganze Menge Marketinglösungen zur Verfügung. Schnappen Sie sich eine Ihrer brennenden Fragen (egal welche), und nutzen Sie das Inhaltsverzeichnis sowie den Index, oder schmökern Sie im Buch, um sofort mit der Problembewältigung zu beginnen. Die Chance besteht, daß Sie sofort einen weiteren Punkt aus Ihrer Liste der zu erledigenden Dinge ausstreichen können.

Bereitet es Ihnen Schwierigkeiten, sich eine Lösung für ein drängendes Marketingproblem auszudenken? Keine Sorge. Wenn Sie mit dem Lesen anfangen – von vorne oder irgendeiner Stelle, die Ihnen gerade ins Auge springt – werden Sie merken, daß Sie schnell zu Papier und Stift greifen. So oder so weiß ich, daß Sie dieses Buch auf Touren bringen wird, sobald Sie nur richtig eingestiegen sind. Worauf warten Sie also noch? Fangen Sie an!

Teil I

Entwurf eines Marketing-Programms

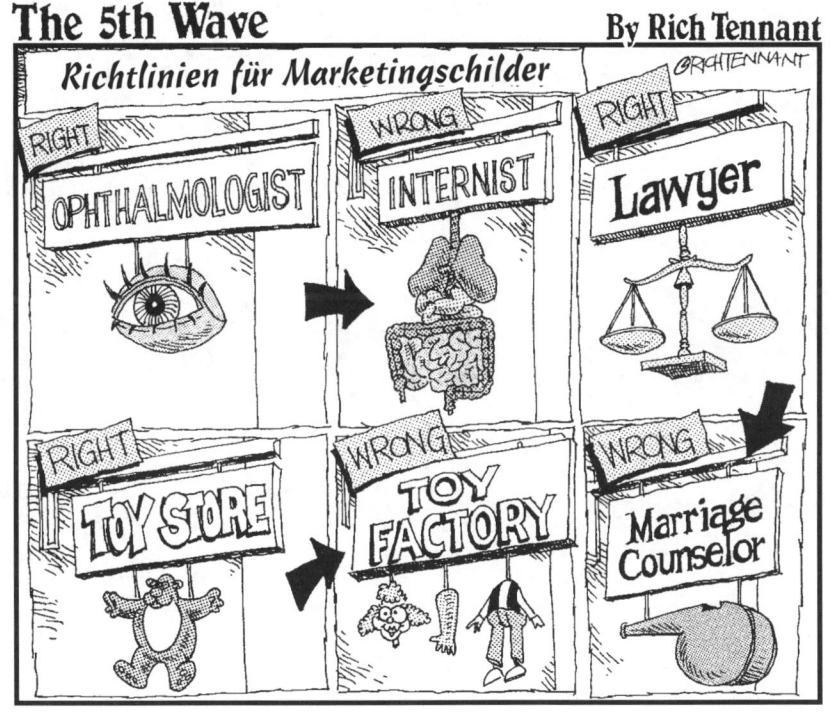

In diesem Teil...

Marketing besteht aus so vielen verschiedenen Komponenten – Verkauf, Werbung, Kundenservice, dem eigentlichen Produkt, Ihrer Preispolitik und Ihrem Rabattsystem, Ihrem Ruf, den verfolgten Strategien und vielen mehr. Welche dieser zahlreichen Bestandteile des Marketing sind der Schlüssel zu Ihrem Erfolg? Welche sollten Sie hervorheben? Wie können Sie die vielfältigen Marketingkomponenten am besten zu einer schlüssigen, überzeugenden und profitablen Präsenz im Markt koordinieren?

Falls Sie nicht wissen, was die Schlüssel zum Marketingerfolg Ihres Produktes und Ihres Marktes sind, seien Sie nicht beunruhigt. Niemand weiß es – zumindest so lange nicht, bis man die Art von sorgfältiger Forschung durchgeführt hat, die dieser Teil des Buches vorstellt.

Ach, da gibt's noch eine Sache. Analytisches Denken als Schlüssel ist nicht genug. Es muß einhergehen mit dem alles bedeutenden kreativen Denken, das man braucht, um Ihre Marketinganstrengungen mit dem einzigartigen Anstrich zu versehen, der sie im Gedächtnis der Kunden als positiv hervorstechen läßt. Auffallen ist die Devise!

Warum Sie ein Marketing-Programm brauchen

1

In diesem Kapitel

▷ Wie Sie zu einem richtungweisenden, koordinierten Ansatz kommen

▷ Wie Sie die springenden Punkte der Kundenbeeinflussung erkennen

▷ Wie Sie das *richtige* Budget für das Marketing-Programm Ihres Unternehmens bestimmen

▷ Wie Sie die Prinzipien des praxisorientierten Marketing anwenden, um daran Spaß zu haben und Gewinn zu machen

---

Sie wissen bereits, daß Sie Marketing vor einige schwierige und verwirrende Fragen stellt. Ansonsten hätten Sie dieses Buch wahrscheinlich nicht gekauft. Sie werden hier sicherlich passende Antworten finden, weil dieses Buch die Praxis und nicht die Philosophie des Marketing beschreibt. Wenn Sie möchten (und es Ihr Zeitplan verlangt), können Sie gleich in das Kapitel springen, das Ihr aktuelles Problem löst. Das ist in Ordnung. Aber Sie sollten auch wissen, daß es sich langfristig auszahlt, wenn Sie logischer und organisierter ans Marketing herangehen, und oft lohnt es sich auch auf kurze Sicht.

Dieses Kapitel konzentriert sich darauf, wie man Marketing auf organisierte und zielgerichtete Weise betreibt. Als Marketingmensch werden Sie mit so vielen wesentlichen Entscheidungen konfrontiert, mit den kleinsten Details und vielen einzelnen Budgetposten – davon unterliegen in den meisten Organisationen zu viele nicht der direkten Kontrolle durch die Marketingabteilung. Das Ergebnis dieser Zersplitterung ist die Tatsache, daß Marketinganstrengungen mit jeder neuen Idee oder Kundennachfrage hochschnellen, ähnlich wie übermütige Kaninchen. In den meisten Organisationen hoppeln hunderte Marketing-Kaninchen herum, jedes in eine andere Richtung als die übrigen. Daher befürchte ich, die Realität sieht so aus, daß *Marketing die am wenigsten effiziente und effektive aller grundlegenden Unternehmensfunktionen ist.*

Ein Teil der Schwierigkeit des Marketing liegt in der wenig beachteten Tatsache, daß die meisten anderen Unternehmensfunktionen in gewissem Sinn Teil des Marketing sind. Das liegt daran, daß alles, was mit dem Kunden zu tun hat, Marketing ist. Die augenscheinlichen Berührungspunkte mit dem Kunden, wie Produkte und Werbeanzeigen, sind für das Marketing leichter zu kontrollieren. Aber weniger offensichtliche Berührungspunkte, wie Rechnungen, Garantien, Dienstleistungen, sogar das Erscheinungsbild der Angestellten und die Leichtigkeit, mit der Verpackungen geöffnet und entsorgt werden können, sind auch ein Bestandteil des komplexen Marketingbildes. Diese versteckten Marketingfunktionen erschweren die Marketingaufgabe noch erheblich. Zunächst einmal haben Marketingleute natürlich den härtesten Job – sie müssen potentielle Kunden aufspüren und sie zum Erstkauf und Wiederkauf motivieren. Das ist nicht einfach! Trotzdem gibt es keinen guten Grund, warum Marketing am Rande des totalen Chaos betrieben werden sollte. Es ist wirklich nicht so schwer, diesen Job besser zu machen.

Alles, was Sie brauchen, ist ein fähiges *Marketing-Programm*. Unter einem Marketing-Programm versteht man jede koordinierte Anstrengung, mit den Kunden zu kommunizieren und sie durch verschiedene Beeinflussungstaktiken zu überreden, Ihr Produkt zu kaufen, zu gebrauchen und wieder zu kaufen.

Ob Sie das Marketing-Programm nun im Rahmen eines monatelangen Planungsprozesses entwickelt oder nur auf die Rückseite eines Bierdeckels skizziert haben, es hilft Ihnen garantiert, diese querschießenden Hasen dazu zu bringen, alle in dieselbe Richtung zu ziehen. Ein gutes Marketing-Programm wird die gewinnorientierten Erträge all Ihrer Marketinganstrengungen steigern, Verschwendung und Ineffizienz aufdecken und Ihnen zu durchschlagenden Ergebnissen verhelfen. Wirklich! Daher bitte ich Sie inständig, nehmen Sie sich die Zeit, dieses Kapitel so bald wie möglich durchzulesen und anzuwenden.

Wie Sie über Marketing nachdenken

Im Marketing müssen Sie eine ganze Menge Maßnahmen planen und koordinieren, um Kunden zu erreichen und sie zu veranlassen, Ihr Produkt zu kaufen, zu gebrauchen und wieder zu kaufen. Selbst in den kleinsten Unternehmen fallen mehr als ein Dutzend solcher Aktivitäten an. In mittelgroßen und großen Unternehmen geht die Zahl in die Hunderte und Tausende.

Viele verschiedene Tätigkeiten haben einen Einfluß auf die Kunden und Ihr Verhalten. Einige dieser Aktivitäten werden von Leuten durchgeführt, die das Wort »Marketing« in Ihrem Titel tragen, aber bei vielen ist das auch nicht so. Einige dieser Leute stehen nicht einmal auf der Gehaltsliste, weil die Vergabe von Marketingaufgaben an Subunternehmer alltäglich ist.

 Die bedeutendste Einflußquelle eines Marketingmenschen ist ein passendes Marketing-Programm, das alle diversen Marketingaktivitäten koordiniert und bündelt. Sie können die Entwicklung eines solchen Programms Planung, Management, Vision oder einfach gesunden Menschenverstand nennen. (Tatsächlich gibt es keine einheitliche Bezeichnung dafür.) Nennen Sie es, wie Sie wollen, solange Sie es in die *Tat* umsetzen! Wenn Sie nicht darüber nachdenken, welche Marketingziele Sie erreichen und insbesondere, wie Sie sie erreichen wollen, werden diese ganzen sogenannten Marketingaktivitäten zu nichts führen. Sie werden sich bestimmt nicht zu dem koordinierten Programm vereinigen, das darauf abzielt, die Kaufentscheidungen der Kunden zu Ihren Gunsten umzustimmen. Aus diesem Grund beginnt dieses Buch mit den Grundzügen der Entwicklung eines Marketing-Programms.

Wahrscheinlich finden Sie diesen Ansatz verwunderlich, weil es üblich ist, Marketing vom »anderen Ende« her aufzurollen – d.h. von den Taktiken wie Werbeanzeigen, Gutscheine und Veranstaltungen, die den Großteil dieses Buches einnehmen.

Der Grund dafür, daß Marketingaktivitäten häufig kein Programm ergeben, liegt darin, daß man die Sache eben von der falschen Seite her angeht. Den typischen Marketingaktivitäten fehlt die Zielausrichtung, Koordination und der einheitliche Zweck eines guten Marketing-Programms. Sie preschen alle in verschiedene Richtungen davon, und es bleibt nicht viel übrig, wenn sich die Wogen geglättet haben – außer, daß ein Budget verpulvert wurde, ohne einen angemessenen Ertrag zu erwirtschaften.

Die typische Herangehensweise an eine Programmplanung

Sehen Sie sich hier mal ein typisches Beispiel für eine Programmplanung an. Maria Johnen ist gerade zur Marketingleiterin ihrer Abteilung in einem mittelgroßen Unternehmen befördert worden. Ihr Chef bittet sie, einen Plan und ein Budget zur Vermarktung ihrer Software aufzustellen. (Die Software wird von anderen Unternehmen in der Buchhaltung eingesetzt, daher muß Maria die Buchhalter der Unternehmen davon überzeugen, das Produkt und dessen Upgrades zu kaufen.)

Maria war zwei Jahre in der Produktentwicklung für die Qualitätskontrolle zuständig und hatte davor ein Jahr im Verkauf gearbeitet, mit Zugriff auf umfangreiche Firmenkonten. Qualität und Verkauf sind zwei wichtige Aspekte des Marketing. Darum gab man ihr den Posten als Marketingleiterin. Aber sie hat bisher noch nie ein Marketing-Programm entwickelt. Wie gut wird ihr das wohl gelingen?

Leider verhaut sie es tüchtig, indem sie ein Budget vorlegt, das sich kaum von dem des Vorjahres unterscheidet. (Das ist ein großer Fehler, wie ich später noch zeigen werde, denn das Vorjahresbudget basierte nicht auf einem schlüssigen Marketing-Programm. Entwickeln Sie zuerst das Programm und stellen Sie dann erst das Budget dafür auf!) Aber wer kann Maria die Schuld geben? Da sie nur zwei Wochen Zeit für die Vorlage ihres Budgets hat, muß sie sich ganz schön ins Zeug legen, um herauszufinden, was zu tun ist. Sie sieht sich zuerst die Budgetposten des letzten Jahres an (was immer ein Fehler ist, es sei denn, Sie wissen, daß *diese* gut kalkuliert waren!). Tabelle 1.1 zeigt das besagte Budget.

Posten	Kosten
Informationsmaterial und Broschüren für den Vertreterstab	DM 12.450
Vorstandsspesen (Reisen, Essen, Golfveranstaltungen)	DM 54.750
Werbung (in Fachzeitschriften, durch Agentur AdPro)	DM 82.154
Werbegeschenke (Tassen, Kappen, Golfhemden)	DM 11.181
Fachmessen (Stände und Gratis-Software, drei Computermessen)	DM 72.090

Tabelle 1.1: Marketingbudget

Maria erscheint das Budget ziemlich detailliert (obwohl Sie noch sehen werden, daß es wirklich auf ein anderes Detailliertheitsniveau gesetzt werden muß). Aber wie soll es für nächstes Jahr modifiziert werden? Sie schaut beim Verkaufsleiter vorbei – er ist ihr Mentor im Unternehmen und derjenige, der sie zu Beginn eingestellt hatte. Zu ihrem Problem meint er: »Ich will ganz ehrlich sein. Durch Marketing sind uns seit Jahren die Hände gebunden. Wir brauchen eigentlich das Doppelte von dem, was uns im Budget für Werbegeschenke zugeteilt wird. Meinem Vertreterstab gehen gewöhnlich bereits nach einem halben Jahr die Geschenke aus. Außerdem sollten wir unser gesamtes Informationsmaterial austauschen, weil wir nächstes Frühjahr eine neue Reihe mit verbesserten Versionen für all unsere Produkte herausbringen werden. Die voraussichtlichen Kosten belaufen sich auf DM 30.000, wenn wir alles im Vierfarbdruck machen.«

»Sind diese Ausgaben wirklich nötig?« fragt Maria.

»Ich garantiere, daß der Absatz steigen wird, wenn Sie diese Ausgaben im Budget berücksichtigen«, erwidert ihr früherer Chef. »Und wenn Sie's nicht tun, dann wird wohl jeder wissen, warum wir unsere Verkaufsziele nicht erreicht haben werden.«

»Aber woher soll das Geld kommen? Ich bezweifle, daß der Präsident einer Verdopplung des Marketingbudgets zustimmen wird.«

»Das ist einfach«, meint der Verkaufsleiter. »Kürzen Sie einfach die unnötigen Ausgaben. Wie diese ganze Firmenunterhaltung. Die Manager nutzen das nur als Schmiergeld. Die beteiligen sich doch gar nicht am Verkauf, sondern hängen nur mit den Managern unserer Kundenunternehmen in Golfclubs 'rum, *nachdem* die Vertreter das Geschäft unter Dach und Fach gebracht haben. Diese Handelsmessen sind auch Verschwendung. Unsere Kunden sind Buchhalter; die besuchen keine Computermessen! Aber unsere Programmierer würden gern mal auf ein paar Messen gehen, weil sie da Kontakt zu ihren Kumpels aus der Computerindustrie knüpfen könnten.«

 Wenn Sie jemals in einem Unternehmen mit mehr als einem Angestellten gearbeitet haben, können Sie sich vorstellen, wie diese Geschichte weitergeht. Wir sprechen hier über Politik. Bis Maria dann fix und fertig ist, werden ihr alle, die in ihrem Budget ein Eisen im Feuer haben, gut zugesprochen haben – außer ihre Kunden. Je nach dem, wer den größten Einfluß auf sie hat, wird sie einige Posten um fünf oder zehn Prozent hochboxen. Wenn sie Glück hat, wird ihr Chef genügend Einsicht haben, um die anderen Posten nicht um den gleichen Betrag zu kürzen. Aber das Endergebnis wird unausweichlich dem Vorjahresbudgets in bemerkenswerter Weise ähneln. Und ihm wird keine klare kundengerichtete Begründung innewohnen. (Übrigens, wenn Sie jetzt denken: »He, Maria könnte doch niemals in zwei Wochen eine Kundenumfrage durchführen«, nun, dann denken Sie noch nicht wie ein Marketingmensch. Es dauert nur zwei Minuten, zum Telefon zu greifen und einen Kunden anzurufen.)

Das bedeutet, daß das Programm, wenn man es überhaupt so nennen kann, so ziemlich das gleiche wie letztes Jahr sein wird. Eben wie die Marketingbudgets der meisten Unternehmen jahraus, jahrein gleich aussehen (stimmt doch, *oder*?).

Wie man das Vorjahresbudget analysiert

Denken Sie kurz über Marias Programm nach (Sie können auch Ihr letztes Marketing-Programm rauskramen und es der gleichen Analyse unterziehen, wenn Sie den Mumm dazu haben!). Welchen Schwerpunkt setzt dieses Programm durch die Budgetaufstellung? Wenn Sie von den Beträgen ausgehen, dann stellt das Programm Display-Anzeigen in Fachzeitschriften in den Vordergrund. Am zweitwichtigsten werden die Fachmessen eingeschätzt, gefolgt von der Unterhaltung leitender Angestellter. Nach Wichtigkeit geordnet sieht die Liste folgendermaßen aus:

✔ Werbeanzeigen in Fachzeitschriften

✔ Stände auf Messen der Computerindustrie

✔ Unterhaltung der leitenden Angestellten der Kunden (speziell bei Golfkursen)

Auf Grundlage dieser Prioritäten im Budget hat die Marketingabteilung einen *Marketing-Mix* genutzt (das ist die Kombination von Marketingaktivitäten, die zusammen ein Programm ergeben), der die Schwerpunkte auf Werbung, Fachmessen und Firmenunterhaltung legt.

Daher lautet bzw. sollte die eigentliche Frage lauten: »Wird es mit diesem Mix von Marketingaktivitäten hinhauen?« Wird dieser Mix zu neuen Verkäufen führen, bisherige Kunden halten und das Wachstum des Unternehmens ankurbeln?

Das könnte so sein, *wenn* Sie an zwei Dinge glauben:

✔ Buchhalter werden die Anzeigen in ihren Fachzeitschriften lesen oder den Stand des Unternehmens auf einer Messe besuchen mit dem Ergebnis, daß sie sich für den Kauf einer Lizenz der Software entscheiden.

✔ Momentane Kunden werden Updates kaufen und nicht zu Wettbewerbern überlaufen, *aufgrund* der Veranstaltungen für Manager.

(Ich konzentriere mich auf diese beiden Annahmen, weil die wichtigsten Punkte, die ein Programm zur Erhöhung der Verkaufszahlen erfüllen muß, die *Gewinnung neuer Kunden* und der *Erhalt bestehender Kunden durch die Sicherung des Wiederkaufs* sind. Siehe Abbildung 1.1.)

Aber Maria ist sich hinsichtlich dieser Annahmen nicht sicher. Ihr stehen weder besonders viele Informationen darüber zur Verfügung, was ihre zukünftigen und bestehenden Kunden motiviert, noch wird sie eine Entscheidung auf der Grundlage irgendwelcher Einblicke in deren Verhalten treffen. Sie ist der Meinung, daß sie einfach nicht die nötige Zeit und das entsprechende Datenmaterial besitzt, um dieses Programm aus der Sicht des Kunden zu betrachten.

Wir verfügen auch nicht über Informationen über das Verhalten ihrer Kunden, aber wir können einige wohlbegründete Vermutungen anstellen (wie Maria es getan haben würde, wenn sie etwas mehr Erfahrung im Marketing hätte). Unser gesunder Menschenverstand sagt uns, daß die Annahmen fehlerhaft sind – und daß sich das Programm nicht schwerpunktmäßig mit den Kernpunkten zur Steuerung des Kundenverhaltens befaßt.

Die Marketing-Effektivitäts-Matrix

	hoch	
	Partieller Verlust Neukunden ersetzen verlorene Kunden	**Erfolg** Absatz und Gewinne steigen im höchsten Maß
Kunden- **gewinnung**	**Mißerfolg** Fallende Verkaufszahlen durch Kundenverlust	**Partieller Verlust** Absatz verlangsamt sich oder sinkt aufgrund fehlender Neukunden
niedrig	niedrig hoch	
	Kundenerhalt	

Abbildung 1.1: Wie schneidet Ihr Marketing-Programm ab?

Dieses Unternehmen ist vom *persönlichen Verkauf* abhängig. Die Vertreter machen Besuche, um Bestellungen aufzunehmen und Beziehungen zu pflegen, wie Maria das von ihrer ersten Stelle im Verkauf kennt. Aber diese Tätigkeit wird nicht einmal im Budget der Marketingabteilung berücksichtigt.

Sie können voraussetzen, daß ein anderer Posten, der ebenfalls nicht im Budget auftaucht, entscheidend für den Absatz des Unternehmens ist: die *Neuproduktentwicklung*. Das ist eine Tatsache in jedem Softwareunternehmen, und die Neuprodukteinführung ist in Marias Unternehmen wichtig. Wenn eine Firma ihre Produkte nicht ständig verbessert, wird die Konkurrenz Neuheiten auf den Markt bringen und ihr die angestammten Kunden wegschnappen.

Alle Entscheidungen über Wiederholungskäufe in *gleich welchem* Markt sind in hohem Maß durch die *Erfahrung des Kunden mit dem Produkt* bedingt. Wenn Sie, wie Marias Kunden, jeden Tag zur Buchhaltung eine Software benutzen, werden Sie sich bestimmt eine fundierte Meinung davon gebildet haben. Vielleicht finden Sie die Software verwirrend, weil Sie damit bestimmte Befehle nicht ausführen können. Oder aber Sie finden die Software großartig, weil Sie dadurch bestimmte Arbeitsabläufe automatisieren können, für die Sie handschriftlich sonst eine Woche gebraucht hätten. Die Software wird sich entweder leicht oder schwer anwenden lassen, und das Benutzerhandbuch sowie der Kundendienst werden entweder hilfreich oder nutzlos sein. Die unzähligen Stunden, in denen der Kunde das Produkt nutzt, sind das dritte entscheidende Kriterium für Marias Unternehmen im Hinblick auf den Erfolg oder Mißerfolg im Verkauf.

Der Wandel von der Budgetorientierung zur Einflußorientierung

In Marias Marketingbudget sind keine Posten für Verkauf, Produktentwicklung und Kundendienst aufgeführt. Diese Tätigkeiten werden von unterschiedlichen Abteilungen durchgeführt – Abteilungen, denen wahrscheinlich wesentlich höhere Budgets zu Verfügung stehen. Daher sind Maria durch die Abteilungsstruktur des Unternehmens die Hände gebunden. Ihr Budget wird sich, egal wie hoch es ist, nur auf die sekundären Aktivitäten auswirken, die diese drei Schlüssel zum Marketingerfolg unterstützen. Als Marketingleiterin hat sie zwar einen Logenplatz, aber sie ist nicht im Mittelpunkt des Geschehens. Das bedeutet, daß ihr Budget keine gute Basis zur Planung des Marketing-Programms darstellt – ebenso wenig, wie das Budget Ihrer Marketingabteilung diese Funktion erfüllt.

Wer *steht* denn jetzt eigentlich in der Marketing-Arena? Nun, es sind sicherlich die Leute, die neue Produkte entwickeln. Nicht zu vergessen die Vertreter, die Autoren des Kundenhandbuches, die Leute, die die Kunden telefonisch und vor Ort unterstützen, und vielleicht die leitenden Angestellten, die all diese Unterhaltungssachen durchführen. Sie werden wohl auch noch die Programmierer einschließen müssen, die einige Male im Jahr aus ihren Schneckenhäusern kriechen, um zu einer Messe der Computerbranche zu gehen. Durch die Tätigkeiten all dieser Mitarbeiter entstehen also Gelegenheiten, mit momentanen und zukünftigen Kunden in Kontakt zu kommen. Jede dieser Gelgenheiten ist daher ein potentieller *Einflußpunkt* (definiert als die Gelegenheit eines möglichen Kundenkontaktes, die zum Kommunizieren und Überzeugen genutzt werden kann).

 Anzeigen in Fachzeitschriften sind ebenso Einflußpunkte wie diese Werbegeschenke, die man Kunden überreicht. Aber einige Einflußpunkte sind wichtiger als andere. Daher muß sich jedes Marketing-Programm auf die wesentlichen, oder *hauptsächlichen*, Einflußpunkte konzentrieren und deren Umsetzung das ganze Jahr hindurch überwachen. Falls das bedeutet, daß man seine Arbeit mit der anderer Abteilungen koordiniert, dann muß *Koordination als ein Schlüsselelement des Programms* aufgenommen werden.

Wie man eine Analyse der Einflußpunkte durchführt

Ich empfehle Ihnen, das, was ich eine *Analyse der Einflußpunkte* nenne, an den Anfang Ihrer Bemühungen zu setzen, ein Marketing-Programm zu entwickeln oder zu modifizieren. Eine Analyse der Einflußpunkte ist, sehr einfach ausgedrückt, eine Aufzählung aller Gelegenheiten, bei denen Kunde und Unternehmen miteinander in eine Wechselbeziehung treten. Sie brauchen diese Liste zum Entwurf eines Programms, weil es der Zweck des Programms ist, all diese Kontaktmöglichkeiten in koordinierter, strategischer Weise zu nutzen, um Kunden zu gewinnen und zu halten. Die Liste wird Ihnen behilflich sein, den kompletten Marketingprozeß zu überblicken (er bietet immer ein umfangreicheres Bild als wir erwarten!) und dabei die Stolperfallen zu umgehen, die Maria und ihren Kollegen zum Verhängnis wurden. Die Analyse stellt sicher, daß Sie erkennen, was Ihr Marketing-Programm wirklich bewirkt und was nicht – tief unten auf dem Grund, wo es mit den Kunden in Berührung kommt. Im folgenden gebe ich Ihnen eine Anleitung zum Aufbau einer Analyse der Einflußpunkte.

Das Arbeitsblatt der Einflußpunkte

 Füllen Sie dieses Arbeitsblatt für jeden Ihrer Kunden aus.

(Sie haben richtig verstanden: Ich meine, Sie sollten ein separates Arbeitsblatt für jeden Kundentyp oder jede Kundengruppe ausfüllen. Wenn Sie beispielsweise Spielzeug an den Spielzeug-Einzelhandel verkaufen und durch diesen an Kinder und Eltern, dann benötigen Sie eine Liste für die Geschäfte und eine zweite für die Endkunden. Sie brauchen ebenfalls für jede Gruppe ein gesondertes Marketing-Programm.) Stellen Sie zuerst zwei Listen nach dem folgenden Schema auf:

Primäre Einflußpunkte

(Zählen Sie zwei bis fünf wesentliche Kontaktsituationen mit Kunden auf.)

1. _____
2. _____
3. _____
4. _____
5. _____

Sekundäre Einflußpunkte

1. _____
2. _____
3. _____
4. _____
5. _____
6. _____
7. _____
8. _____
9. _____
10. _____

(und weitere)

Fügen sie danach zwei Spalten auf der rechten Seite Ihres Blattes ein. Die erste betiteln Sie mit »Kontrolle« und die zweite mit »Geschätztes Budget«.

Wer kontrolliert jeden Einflußpunkt?

In die Spalte »Kontrolle« tragen Sie den Namen der Person oder der Abteilung ein, die die jeweilige Kontaktsituation kontrolliert. Wenn doppelte Kontrolle besteht, vermerken Sie beide Namen. Diese Vorgehensweise ermöglicht es Ihnen festzustellen, wie wichtig die Koordination in jedem Programm sein wird. Wenn die Kontrolle über wesentliche Kontaktsituationen außerhalb Ihrer eigenen Abteilung liegt, sollten Sie die anderen Abteilungen in die Anfangsphasen der Programmentwicklung mit einbeziehen – und nicht nur um Budgets feilschen. Und wenn ein beträchtliches Maß an Koordination vonnöten ist, sollten Sie tunlichst einen angemessenen Zeitraum und entsprechende finanzielle Mittel zum Aufbau einer Kooperation einkalkulieren. Sie müssen dann Besprechungen und Entwicklungsmaßnahmen im Team planen und zusätzlich die Vernetzung Ihres Computers mit denen der beteiligten Abteilungen in Erwägung ziehen. Wenn zwischen Ihnen geographische Distanzen liegen, müssen Sie sehr viel reisen.

 Sie werden wahrscheinlich Monate brauchen, nicht Wochen, und Sie werden viel Zeit mit Reisen, Besprechungen, Präsentationen und Überredung verbringen, um verschiedene Manager von Ihrem Plan zu überzeugen. Koordination ist eine unverzichtbare Marketingfunktion, aber den meisten Marketingabteilungen gelingt es nicht, dafür eine Planung oder Kalkulation aufzustellen.

Individuelle Ausgaben für jeden Einflußpunkt

In die Budget-Spalte tragen Sie die mit jedem Einflußpunkt verbundenen Gesamtkosten des letzten Jahres ein. Das ist keine einfache Aufgabe, weil Budgets und Spesenabrechnungen nicht nach dem gleichen System aufgebaut sind. Sie müssen grobe Schätzungen darüber anstellen, wieviel eines Rechnungspostens sich wirklich auf einen Einflußpunkt bezieht. Aber wenn Sie das hinter sich haben, können Sie sich zurücklehnen und sich das wirkliche bisherige Marketing-Programm Ihres Unternehmens ansehen. Sie werden in der Lage sein zu sehen, wo in diejenigen Einflußpunkte investiert wurde, in denen Marketing die Gelegenheit hat, Kaufentscheidungen zu beeinflussen.

In Marias Fall nehmen wir mal an, daß sie die erste Zeile mit »Verkaufsbesuche bei möglichen Kunden (Buchhalter, die unsere Software kaufen könnten)« ausfüllte. In die Spalte »Kontrolle« setzte sie »Verkaufsleiter« ein, da die Marketingabteilung sehr wenig Einfluß auf diese Kontaktsituation hat.

Um die Spalte »Geschätztes Budget« auszufüllen, mußte Maria sich mit den Berichten der Vertreter befassen. Sie entschied, daß ungefähr ein Fünftel aller Vertreterbesuche zukünftige Kunden betraf – der Rest wurde bei bestehenden Kunden durchgeführt. Daher berechnete sie ein Fünftel der direkten Kosten des Vertreterstabs als Wert in dieser Spalte. Dazu addierte sie einen Teil der Ausgaben der Marketingabteilung für Produktinformationsmaterial, Broschüren und Werbegeschenke. Sie erfuhr ebenfalls, daß leitende Angestellte sich selten mit potentiellen Neukunden befassen. Sie treten erst mit den leitenden Angestellten der Kundenfirmen in Kontakt, nachdem die Vertreter einen ersten Verkauf abgeschlossen haben. Deshalb fügte sie dieser Kategorie keinen Betrag aus dem Unterhaltungsbudget für leitende Angestellte hinzu. Sie ließ hier auch nichts aus dem Messebudget einfließen, weil sie herausfand, daß die Messestände mit den Softwareleuten besetzt sind, die den Vertretern selten irgendwelche Hinweise geben. Dennoch brachte sie einen kleinen Teil des Werbebudgets hier ein, denn aus einigen Anzeigen resultierten Kundenanfragen, die die Vertreter dazu nutzten, Besuchstermine zu vereinbaren.

Als sie alles berechnet hatte, standen die folgenden Punkte in der Spalte »Geschätztes Budget« für den Posten *Verkaufsbesuche bei potentiellen Kunden*:

✔ Ausgaben für den Vertreterstab: DM 180.500

✔ Informationsmaterial und Broschüren: DM 4.700

✔ Prämien (Werbegeschenke): DM 1.600

✔ Werbeanzeigen, die zu Verkaufshinweisen führen: DM 13.000

✔ Insgesamt: DM 199.800

Diese Summe beläuft sich ungefähr auf 17 Prozent des gesamten Programms.

Das ist eine annähernde Schätzung der Ausgaben des letzten Jahres für die Bemühungen, mit den Buchhaltern von Firmen in Kontakt zu kommen und sie möglicherweise von einem Erstkauf zu überzeugen. Beachten Sie, daß Maria diesen bedeutenden Aspekt des Marketing-Programms ihres Unternehmens nicht verstanden haben würde, wenn sie nicht vorher die Analyse der Einflußpunkte durchgeführt hätte. Das Budget und die Abrechnungen ihrer Abteilung lassen nicht die wahren Merkmale des bestehenden Marketing-Programms erkennen – und so sieht es wohl auch bei Ihnen aus, deshalb verlassen Sie sich nicht alleine auf diese Quellen!

Fragen zu Ihrem Marketing-Programm

Mit diesen Informationen bewaffnet und ähnlichen Einblicken in das, was das Unternehmen *aus Sicht der Kunden* eigentlich macht, befindet sich Maria jetzt in einer wesentlich besseren Position, das Marketing-Programm für das kommende Jahr zu planen. Sie kann intelligente Fragen zu ihrem Programm stellen, und Sie können es auch:

✔ Rückt mein Unternehmen die Neukundenakquisition weit genug in den Vordergrund, oder sind 17 Prozent unseres Programmbudgets zu wenig?

✔ Legt mein Unternehmen genügend Wert auf den Erhalt bestehender Kunden? (Maria kann auch die Ausgaben in diesem Punkt kalkulieren, indem sie dieselbe Analyse durchführt.)

✔ Koordiniert mein Unternehmen seine Aktivitäten zu jedem Einflußpunkt, oder sind einige gegenläufig?

✔ Verschwendet mein Unternehmen Zeit und Geld für unnötige Aktionen und sekundäre Beeinflussungsmaßnahmen?

✔ Ergeben die in verschiedenen Einflußpunkten ausgesandten Botschaften eine koordinierte Rundumbotschaft an die Kunden meines Unternehmens?

✔ Arbeitet mein Unternehmen effektiver oder effizienter in einigen Einflußpunkten als andere?

✔ Gehen die Konkurrenten meines Unternehmens anders an Einflußpunkte heran? (Nutzen die Konkurrenten klarere, unterschiedliche oder lautere Botschaften?)

✔ Welche Botschaften vermittelt mein Unternehmen den Kunden durch diese Einflußpunkte, und sind das die Botschaften, die wir verbreiten wollen und müssen?

✔ Erreicht mein Unternehmen die richtigen Alt- und Neukunden, zur passenden Zeit und oft genug?

✔ Übersieht mein Unternehmen potentielle Einflußpunkte, die es noch nutzen könnte?

✔ Existieren unkontrollierte Einflußpunkte (wie negative Mundpropaganda oder die Verdrehung von Tatsachen durch konkurrierende Verkäufer)? Wenn ja, wie kann mein Unternehmen seine Kontrolle darüber erhöhen?

 Diese bedeutenden Fragen führen sehr wahrscheinlich zu Einsichten, die Ihre Marketingpraxis verbessern werden. Aber Fragen zu stellen ist nicht genug. Sie müssen auch mit guten Antworten aufwarten! Das ist etwas aufwendiger – der ganze Rest des Buches befaßt sich nämlich mit Wegen, diese Fragen zu beantworten. Sie müssen sich darüber Gedanken machen, wen Sie ins Visier nehmen, was diese Leute wollen und brauchen sowie eine Menge anderer Dinge, die in den folgenden Kapiteln behandelt werden. Trotzdem, wenn Sie nicht mit intelligenten Fragen anfangen, werden Sie sicherlich auch nicht bei einem intelligenten Marketing-Programm enden. Deshalb muß der Grundstein einer jeden Marketingentscheidung eine Einschätzung der aktuellen Einflußpunkte sein. Sie müssen wissen, was sie umfassen. Sie müssen wissen, wie Ihr Unternehmen jeden dieser Punkte bearbeitet. Versuchen Sie herauszufinden, wie und warum Kunden auf Ihr Handeln in diesen Punkten reagieren. Denken Sie also besonders gut über die Antworten auf diese Fragen nach.

Gutes Marketing krempelt Ihr Unternehmen um

Beim Lesen der vorangegangenen Abschnitte haben Sie sich wahrscheinlich gefragt, ob Sie aus Versehen auf das Buch *Buchhaltung für Dummies* gestoßen sind. Es stimmt, Sie spielen derzeit mit Budgetzahlen herum, und Sie setzen sie in eine große Tabelle ein. Sie können sogar ein Tabellenkalkulationsprogramm für diese Analyse heranziehen. Aber diese Arbeit nennt sich sicherlich *nicht* Buchhaltung. Jeder Buchhalter, der etwas taugt, würde beim bloßen Anblick eines Arbeitsblattes mit Einflußpunkten schaudern. Dieses Arbeitsblatt ist voll mit groben Schätzungen, und es zerpflückt die ordentlichen Kostenkategorien des Unternehmens und die Abteilungsstrukturen.

 Sie müssen Dinge auseinandernehmen, weil Sie Ihr Unternehmen umkrempeln. Der Kunde hat nur einen Einblick von außen in Ihr Unternehmen, aber Ihre gesamten Managementinformationen, inklusive des Vorjahresbudgets, stellen Ihr Unternehmen von innen heraus dar. Sie sollten also nicht einmal daran denken, sich Gedanken über Ihr Marketing zu machen, solange Sie Ihre Firma nicht aus der Perspektive des Kunden gesehen haben.

Marketing ist ...

Peter Drucker, einer der wenigen zu Recht berühmten Managementgurus, hat Marketing definiert als *das ganze Unternehmen aus Sicht der Kunden*. Diese Definition ist aussagekräftig, weil sie Sie daran erinnert, daß Ihre Sicht aus dem Inneren des Unternehmens heraus möglicherweise ganz anders ist als die des Kunden. Wen kümmert es schon, was Sie sehen? Der Erfolg jedes Geschäfts liegt letzten Endes darin, was die Kunden tun, und die können nur auf der Grundlage dessen, was *sie* sehen, handeln. Darum meinen einige Leute im Marketing und in der Werbung, »Wahrnehmung ist alles«. Wie auch immer der *Kunde* Ihren Markennamen und Ihr Produkt wahrnimmt, was es ist und was er daraus macht, – wenn er ein Produkt als besser und preisgünstiger ansieht, hat es gewonnen. Wenn nicht, dann können Sie das Produkt abschreiben, egal, was Ihnen die Berichte aus der Zeitschrift *Test* erzählen.

Wie sehen Sie die Welt durch die Augen des Kunden? Die Standardantworten umfassen großangelegte Untersuchungen, riesige Stapel von Computeranalysen und fürchterlich langweilige Besprechungen, in denen Dutzende nahezu identische Kreisdiagramme aufgetischt werden. Sie sollten vielleicht Untersuchungen durchführen – aber nicht jetzt. Nicht bevor Sie Ihr Unternehmen mit der simplen Übung aus den vorherigen Abschnitten auf den Kopf gestellt haben. Diese Übung ist der erste und beste Schritt, die Sichtweise des Kunden zu verstehen.

Das einzige, was für den Kunden wichtig ist, sind die Einflußpunkte. Das sind die Momente, in denen der Kunde in irgendeiner Weise mit Ihren Leuten, Ihrem Produkt oder Informationen zu Ihren Leuten und Ihrem Produkt in Berührung kommt. Diese Einflußpunkte sind also der alleinige Weg, auf die Wahrnehmung und das Handeln der Kunden einzuwirken. Alles im Marketing läuft auf diese einfachen Interaktionen hinaus. Die Art, wie diese Austauschbeziehungen vom Kunden empfunden werden, *bestimmt* die Sicht des Kunden.

Was Marketing bewirkt

Der Zweck des Marketing ist es, *Kunden zu erreichen, sie zum Kauf, zum Gebrauch und zum Wiederkauf Ihres Produktes zu veranlassen*. Das ist eine schwierige Aufgabe, weil Kunden sich üblicherweise überhaupt nichts aus Ihrem Produkt und Unternehmen machen. Ihnen sind nur ihre eigenen Bedürfnisse und Wünsche wichtig – diese Egoisten! – , und Sie müssen sie irgendwie überzeugen, daß Ihr Produkt zu kaufen, zu nutzen und wieder zu kaufen in *deren* höchstem Interesse liegt. Sie werden jedoch nicht allzu viele Kunden davon überzeugen, daß diese Fakten über Ihr Produkt oder Ihre Dienstleistung wahr sind, wenn es nicht wirklich so ist.

Was Marketing nicht bewirkt

Im günstigsten Fall kann Marketing Leute von einer augenfälligen Wahrheit überzeugen. Im schlimmsten Fall ist es aber oft nicht einmal in der Lage, selbst diese Leistung zu vollbringen. Aber Marketing besitzt sicherlich nicht die Fähigkeit, Lügen zu bewahrheiten.

Kaufverhalten ist schwer zu beeinflussen, selbst wenn Sie ein brillantes Marketing-Programm vorzuweisen haben, eines, das wichtige Einflußpunkte bearbeitet – und das auch noch gut. Sie müssen an jedes Marketingprojekt oder jede entsprechende Entscheidung mit einem gehörigen Sinn für Bescheidenheit herangehen. Konsumenten besitzen ihre eigenen Prioritäten und Meinungen. Im allgemeinen sind sie äußerst mißtrauisch gegenüber den Absichten der Marketingleute. Sie wissen, daß die Marketingleute verkaufen wollen und daß der Verkauf nicht immer im höchsten Interesse des *Kunden* abläuft. Selbst wenn Ihr Unternehmen eine Ware, Dienstleistung, oder ein anderes Produkt verkauft, das wirklich die tollste Sache seit der Erfindung der Glühbirne ist, gibt es noch so viele andere Scharlatane da draußen, die das Nest beschmutzen, so daß es schwierig ist, einen Fuß auf die Erde zu bekommen.

 Erwarten Sie nicht, die Probleme Ihres Unternehmens durch Ihr Marketing-Programm lösen zu können. Falls das Produkt aus Sicht der Kunden als fehlerhaft angesehen wird, sollten Sie als Marketingmensch am besten auf diese Tatsache aufmerksam machen und Ihr Unternehmen dazu ermutigen, das Produkt zu verbessern. Marketing bringt keinen Hund dazu, ein Pferderennen zu gewinnen, deshalb lassen Sie sich von anderen aus dem Unternehmen nichts vormachen.

Die Grundsätze der Marketingpraxis

Marketingleute sind anders als alle anderen im Unternehmen aufgrund Ihrer Sicht der Dinge von innen nach außen. Marketingleute müssen sich abheben, oder das Unternehmen würde in seinen Bemühungen schmählich scheitern, irgend etwas zu entwickeln und zu vermarkten, das von Wert für den Kunden ist.

Um gutes Marketing zu machen, müssen Sie sich die einzigartige Geschäftssichtweise des Marketingmenschen zu eigen machen. Marketingmenschen marschieren nach einem anderen Takt – dem des Kunden. Und es fällt nicht schwer, im Takt zu bleiben, solange Sie gewisse essentielle Tatsachen nicht aus den Augen verlieren. Ich zögere, sie die Marketinggrundsätze zu nennen, weil dieser Begriff eine andere Bedeutung in der Marketinglehre hat. Es reicht wohl, wenn ich sage, daß die folgenden Abschnitte genauer auf die Grundsätze des *praxisorientierten* Marketing eingehen.

Grundsatz 1: Ihre Kunden hören Ihnen nicht zu

Vergessen Sie nicht, daß Sie wesentlich mehr darauf erpicht sind zu verkaufen, als ihre Kunden darauf, zu kaufen. Meistens könnte den Kunden kaum weniger an Ihnen und Ihren Produkten liegen. Gewöhnlich steht der Kunde Ihrem Marketing-Programm gleichgültig gegenüber. Sie müssen mit Menschen kommunizieren und sie motivieren, wenn sie viel zu beschäftigt sind, um auch noch über Ihre Botschaft nachzudenken. Aus diesem Grund ist Marketing so kompliziert. Aus diesem Grund hat dieses Buch so viele Kapitel über Dinge wie Verkäufe in den Einkaufsstätten, spezielle Aktionen und elektronische Beziehungen – Dinge, mit denen Sie sich lieber nicht beschäftigen würden, die aber ein notwendiges Übel sind, wenn Sie sich jemandem verständlich machen wollen, der nicht zuhört.

Die wenigen Ausnahmen zu dieser Regel betreffen die Fälle, wo der Kunde ein eifriger Käufer mit einem dringenden Problem ist, das gelöst werden muß. Das ist dann ein Glückstag für den Marketingmenschen! Sie brauchen dem Kunden nur noch Ihre Botschaft vorzusetzen, und er wird sie in Windeseile aufnehmen. Es ist z.B. ein Leichtes, zukünftige Kandidaten von einem attraktiven Jobangebot wissen zu lassen, weil diese Nachfrager sich größte Mühe geben werden, Ihre Anzeige zu finden. (Darum sind Stellenanzeigen äußerst effizient und rentabel im Vergleich zu anderen Arten von Werbung.) Aber leider sind diese Ausnahmen nur dünn gesät. Allgemein können Sie davon ausgehen, daß der Kunde Ihrem Marketing-Programm gleichgültig gegenübersteht.

Grundsatz 2: Alle anderen schreien Ihre Kunden auch an

Das andere Kommunikationsproblem, das sich Ihnen offenbart, liegt darin, daß viele Marketingleute um die Augen, Ohren und Herzen der unaufmerksamen Kunden kämpfen. Der Durchschnittskonsument ist täglich tausenden Marketingbotschaften ausgesetzt (davon allein 1.500 Werbeschaltungen durch Fernsehen, Radio, Außen- und Printmedien). Die meisten dieser Werbungen nimmt der Konsument nicht einmal wahr. Von den Botschaften, die er wahrnimmt, vergißt er die meisten sofort wieder, und nur wenige schaffen es, an der Oberfläche des Bewußtseins zu kratzen.

Diese ganze Werbung beschwört ziemlich viele Hintergrundgeräusche herauf. Sie müssen diesen Lärm überwinden, um zu kommunizieren, d.h. Sie müssen lauter sein (indem Sie mehr Geld ausgeben) oder ansprechender (indem Sie besser kommunizieren) oder klüger (indem Sie neuartige Kommunikationskanäle und Kommunikationsstrategien aufdecken).

Das Lärmproblem, verbunden mit der fehlenden Aufmerksamkeit auf seiten des Kunden, macht Marketing-Kommunikation bedeutend schwieriger als irgendeine andere Form der Kommunikation, abgesehen vielleicht von den Bemühungen, sich mit einer anderen Spezies zu verständigen. Ich würde lieber den Job annehmen, einem Schimpansen die Zeichensprache beizubringen, als Millionen von Konsumenten davon zu überzeugen, ihr Waschmittel zu wechseln.

Grundsatz 3: Der Rest Ihres Unternehmens denkt, Sie sind verrückt

Denken Sie daran, daß Ihr gesamtes Unternehmen (wenn Sie in einem arbeiten) in der Ihren Kunden genau entgegengesetzten Richtung organisiert und ausgerichtet ist und daß Sie der einzige auf der Gehaltsliste sind, der die Dinge möglicherweise aus der Sicht der Kunden betrachtet. (Sogar Sie werden Schwierigkeiten damit haben.) Sie schwimmen ständig gegen den Strom. Seien Sie geduldig, aber hartnäckig. Sie müssen für die Sichtweise des Kunden eintreten und Koalitionen mit kundenorientierten Kollegen aufbauen, um das Unternehmen dazu zu bringen, dem Marketing-Programm Rückendeckung zu geben und ein ordentliches Marketingproramm einzuführen.

Grundsatz 4: Sie können Ihr Programm nicht ohne den Rest Ihres Unternehmens durchführen

Als Marketingmensch kontrollieren Sie kaum die meisten der Einflußpunkte, an denen Kundenverhalten zu Ihren Gunsten beeinflußt werden kann. Sie müssen Brücken zu anderen Funktionsbereichen und Abteilungen in Ihrem Unternehmen schlagen und häufig auch zu anderen Unternehmen. Aber da andere oft nicht in der Lage sind, die Perspektive des Marketing zu begreifen, werden Sie sich möglicherweise Ihren anfänglichen Bemühungen um Kundenansprache entgegenstellen (siehe Grundsatz 3). Seien Sie hartnäckig – ohne die anderen schaffen Sie es nicht! Zu viele Marketingmenschen wählen den Weg eines Alleinkämpfers, nur um dann herauszufinden, daß es eine Sackgasse ist. Kundenansprache muß zu einem festen Bestandteil Ihrer Arbeit werden. Marketingmenschen können nur erfolgreich sein, wenn sie erfahrene Vernetzer und Koalitionsbaumeister sind.

Grundsatz 5: Wenn Sie keinen Erfolg haben, sind Sie weg vom Fenster (und mit Ihnen der Rest des Unternehmens)

Trotz dieser unlösbaren Probleme hängt Ihr gesamtes Unternehmen von Ihnen und Ihrer Fähigkeit ab, ein Rekordjahr abzuschließen! Kein Unternehmen kann ohne Kunden länger überleben als man braucht, um die Türen mit Hängeschlössern zu versehen. Ihre Mitarbeiter werden denken, Sie sind verrückt. Sie könnten Ihren Zugriff auf Schlüsselinformationen und wesentliche Ressourcen blockieren. Sie könnten darauf bestehen, daß Sie das Budget um 20 Prozent kürzen. Sie könnten Ihre Abteilung in den alten Gebäudeflügel verlegen (zu schade, daß die Klimaanlage nicht funktioniert). Dennoch erwarten Ihre Mitarbeiter von Ihnen, daß Sie genügend Verkäufe zustande bringen, damit ihre Gehälter *und* der Bonus am Ende des Jahres gezahlt werden können. Der einzige Lichtblick ist, daß sie sich fragen, ob nicht doch ein unbestimmter Zusammenhang besteht zwischen dem Erfolg Ihres Marketing-Programms und der Wahrscheinlichkeit, daß ihre Gehaltsschecks platzen. Das ist zwar nicht viel, aber Sie können darauf aufbauen. Viel Glück.

Grundsatz 6: Je mehr Sie geben, um so mehr bekommen Sie zurück

Wenn Ihre Kunden kein Interesse zeigen und Ihre Kollegen denken, daß Sie abgedreht sind, warum sollten Sie dann nett sein? Weil Nettsein der einzige Weg ist, im Marketing Erfolg zu haben. Bob Carkhuff, der Präsident von HRD Press, erklärt das folgendermaßen: »Im Marketing wollen Sie so viel wie möglich weggeben, ohne sich selbst das Wasser abzugraben.« Manchmal bewegen Sie sich auf einem schmalen Grat, aber die Strategie funktioniert.

 HRD Press gibt spezielle Trainingsmaterialien zur Mitarbeiterschulung heraus. Dieses Unternehmen führt mit seinen Softwareprodukten eine Neuerung ein, da Software den Kunden mehr Anwendungsflexibilität bietet als Bücher. Während einige Wettbewerber ihre Demodisketten in der Industrie berechnen, verschenkt HRD seine. Es wird soviel wie möglich über die Funktionsweise des Programms auf die Diskette geladen, ohne dabei jedoch das gesamte Programm zu offenbaren. Dahinter steht der Grundgedanke, potentiellen Kunden zu Beginn den Gebrauch des Programms einfach und kostenlos zu ermöglichen. Ohne dieses großzügige Angebot würde der Kunde wohl kaum einen Blick auf das Programm werfen.

In ähnlicher Weise haben kleine Unternehmen herausgefunden, daß großzügige Gutscheinangebote sehr wirksam bei der Gewinnung von Neukunden sind. Myrna O'Reilly, Präsidentin der Coupon Cash Saver, Inc. (die kleinen Unternehmen dabei hilft, Gutscheinaktionen durchzuführen), erklärt: »Örtliche Gutscheine werden in der Nachbarschaft verteilt, so kennt jeder, der sie erhält, das Unternehmen und ist bereit, das Produkt auszuprobieren.« Vorausgesetzt, das Angebot ist attraktiv genug, um die Aufmerksamkeit des Kunden zu wecken. Es ist ein gängiger Marketingfehler, Gutscheine einzusetzen, die zu wenig wert sind (ich zeige Ihnen in Kapitel 13, wie Sie Gutscheine richtig einsetzen). Wenn Sie wirklich den Preis runtersetzen müssen, um Kunden zum Testen Ihres Produktes zu ermutigen, dann sehen Sie zu, daß die Ermäßigung großzügig wirkt und nicht knauserig. Noch besser wäre es, das Produkt zu *verschenken*!

Grundsatz 7: Gut zu sein, ist nicht genug, Sie müssen besser sein

Marketing ist ein vom Konkurrenzdenken stark geprägter Bereich. Sie konkurrieren um Regalplatz, um die Aufmerksamkeit sowie die Kaufkraft und Treue der Kunden. Sie kämpfen darum, Marktführer zu werden und zu bleiben, indem Sie neue Produkte einführen, Preise drastisch senken und neue Technologien aufgreifen. Sie modernisieren die Produktion und Distribution Ihres Produktes, um das Produkt für den Kunden zu verbessern und angenehmer zu gestalten. Sie tun all diese Dinge – obwohl sie schwierig und kostspielig sind –, weil Ihre Konkurrenten Sie sonst zum Abendessen verspeisen werden. Es ist nicht so, daß Marketingleute ständig ihre Märkte neu erfinden wollen; sie haben einfach keine Wahl. Das ist Wettbewerb.

Merken Sie sich, daß alles, was Sie letztes Jahr getan haben, nicht gut genug für dieses oder nächstes Jahr ist. Ihre Konkurrenten sind ein bewegliches Ziel, und Sie tun gut daran, schneller voranzukommen als sie. Auch auf die Gefahr hin, daß ich Metaphern durcheinanderbringe, erinnere ich mich an den bekannten Kommentar von Will Rogers: »Selbst wenn Sie auf der richtigen Bahn sind, werden Sie überrannt, wenn Sie nur dasitzen!« In der Praxis bedeutet das, daß Marketingleute von Herzen Innovatoren sein sollten, die ihre Unternehmen ständig zu neuen und besseren Ansätzen treiben. Sie möchten sich diesen Schuh vielleicht nicht anziehen – und Ihre Kollegen in anderen Funktionsbereichen wollen sicherlich nicht, daß Sie ihn tragen. Aber *irgendwer* muß doch dafür sorgen, daß die Angestellten nächstes Jahr ihren Bonus bekommen!

Grundsatz 8: Marketing sollte der kreativste Teilbereich Ihres Unternehmens sein (aber das ist es wahrscheinlich nicht)

Wann hat Ihr Marketing wirklich Erfolg gehabt, wann hat es richtig Punkte eingebracht? Wenn Sie zurückdenken, werden Sie auf eine wenig geschätzte Tatsache stoßen: Marketing ist am erfolgreichsten, wenn es am kreativsten ist. Niemand erfindet ein neues Produkt, schreibt einen packenden Werbeslogan oder plant eine spritzige Veranstaltung, indem er Anweisungen befolgt oder Zahlen mampft. Natürlich ist dieses Buch voller Anweisungen und Zahlen, und die können Ihnen auch hilfreich sein. Aber sie stellen lediglich den Stein dar, der Ihre Phantasie ins Rollen bringen soll. Ihnen muß etwas Einzigartiges und Kreatives einfallen, ich kann das nicht für Sie tun.

Wenn Sie mir nicht glauben, denken Sie mal über folgendes nach: Im Marketing (wie in keiner anderen Geschäftsdisziplin) *muß alles einzigartig sein.* Sie können nicht immer und immer wieder dieselbe Werbung schalten, Jahr für Jahr dasselbe Produkt verkaufen oder auch nicht dieselbe Verkaufstaktik bei jedem Kunden anwenden. Der Arbeit von Marketingabteilungen verändert sich laufend. Marketing ist mehr Kunst als Wissenschaft.

Gut, Sie akzeptieren, daß Kreativität unabdingbar für Marketing ist. Aber sehen Sie der Tatsache ins Auge, daß der Rest der Welt noch nicht ganz auf Ihrem Stand ist. Die meisten Unternehmen betreiben Marketing, als ob Marketingleute nur eine weitere Gruppe von Erbsenzählern sind. Viele der Marketingleute erhielten keine offizielle Kreativitätsschulung, bevor sie Marketingpositionen übernahmen. Marketingleute müssen gegen den Strom schwimmen, um gutes, kreatives Marketing zu machen. Darum befasse ich mich in einem ganzen Kapitel damit, wie man im Marketing kreativ sein kann. Dieses Kapitel könnte zu Recht das wichtigste in diesem Buch sein.

Grundsatz 9: Marketing sollte der logischste Teilbereich Ihres Unternehmens sein (aber das ist es wahrscheinlich nicht)

Ich hasse es, mich so zu verhalten, aber ich muß Ihnen leider sagen, daß Sie doch nicht *allein* mit kreativem Marketing den Erfolg für sich pachten. Großartige Marketingleute sind teils Künstler und teils Wissenschaftler. Während sie singend unter der Dusche stehen, haben sie plötzlich eine brillante Idee, was ihre Kunden brauchen könnten, und kritzeln es mit Lippenstift auf den Badezimmerspiegel, damit sie es nicht vergessen. Dann ziehen sie einen dezenten Geschäftsanzug an, schlüpfen durch die Hintertür des Bürogebäudes und gehen an die Arbeit, um ihre Einfälle durch Kundenumfragen, Testmärkte, Verkaufspläne, Messung der Preiselastizität und ähnliches zu belegen. Genauso müssen Sie vorgehen. Sie müssen lernen, wechselweise als wilder Visionär und als sturer Zahlen-Mampfer aufzutreten. Sie müssen zu einem Marketing-Minotaurus werden: mit dem Kopf eines Wissenschaftlers und dem Körper eines Künstlers. Sie werden vielleicht etwas seltsam aussehen, aber zumindest werden Sie sagenhaft erfolgreich sein.

Grundsatz 10: Alles ist Marketing

Ich schaffe mir kein eigenes kleines Imperium, ich lege nur eine einfache Tatsache dar. Alles, was Ihr Unternehmen macht, ist Marketing, in dem Sinn, daß jede Handlung das Potential hat, Kunden zu beeinflussen, und sich entweder positiv oder negativ auf's Geschäft auswirkt. Trotzdem ist die Marketingabteilung oder der Marketingfunktionsbereich oft einer der kleinsten im gesamten Unternehmen. Wenn Unternehmer in unterschiedliche Rollen schlüpfen, setzen sie den Marketinghut am seltensten auf. Das heißt, daß die meisten Unternehmen ihre Marketingressourcen nur unzureichend nutzen. Sie sehen nicht viele Gelegenheiten, um mit den Kunden in Berührung zu kommen. So können Sie als Marketingmensch große Gewinne einfahren, allein dadurch, daß Sie ungenutzte Hebel in Bewegung setzen.

 Hier ist ein sehr simples (aber preisgünstiges und aussagekräftiges) Beispiel dafür, aus dem Grundsatz, daß alles Marketing ist, einen Vorteil zu ziehen. Wenn Sie Rechnungen verschicken, zählen diese wahrscheinlich zum Finanzbereich, nicht zum Marketing. Trotzdem können Sie sie auch zugunsten des Marketing einsetzen. Erstens, versichern Sie sich, daß die Inkassopolitik Ihres Unternehmens kundenfreundlich ist. Ich weiß, Sie wollen keine Geschäfte mit Taugenichtsen machen. Aber einige Unternehmen machen den Fehler, selbst langjährige treue Kunden wie Taugenichtse zu behandeln, sobald sie das erste Mal mit einer Zahlung in Verzug kommen. Das verscheucht die Kunden nur. Zweitens, denken Sie über Wege nach, wie Sie Kundentreue aufbauen und Verkäufe durch Rechnungsbeilagen erhöhen können, wie z.B. durch einen Minikatalog, ein besonderes Angebot, ein Preisrätsel oder andere Verkaufsförderungsmaßnahmen. All das kann über den normalen Versand Ihrer Rechnungen verteilt werden. Sie sehen, alles *ist* Marketing, zumindest dann, wenn Sie die nötige Phantasie haben, es dazu zu machen!

 ### Wie geht es mit Eskimo Pie weiter?

Der Markenname Eskimo Pie ist einer der bekanntesten im amerikanischen Markt für Tief-kühlneuheiten, sagen die Experten. Dieses Produkt besaß einmal einen dominierenden Marktanteil und bescherte den Marketingleuten der Eskimo Pie Gesellschaft und deren zu-friedenen Aktionären einen köstlichen Gewinn.

Dennoch unterliefen Eskimo Pie nach Meinung vieler Investoren eine Reihe von Marke-tingschnitzern. Jetzt kämpft das Unternehmen darum, wieder in Gang zu kommen. Man entschied sich, die Produktlinie zu erweitern, indem man ein Unternehmen für gefrorenen Joghurt aufkaufte. Zusätzlich nahm man noch fettarme Sorten der Original-Eiscreme ins Sortiment auf (falls Sie das Original nicht kennen, es ist Vanilleeiscreme mit einer Schokoladenglasur).Viele treue Kunden des Unternehmens wechselten zu Konkurrenzpro-dukten aus Vollmilch und mit echtem Zucker, als sie die traditionellen Eskimo Pie nicht mehr in den Läden finden konnten. Es scheint, daß viele Kunden Eiscreme als einen Hoch-genuß ansehen und daß sie dabei nicht mit Fett und Zucker knausern wollen.

Hinzu kommen noch die Probleme, die Eskimo Pie mit seiner Verpackung und seinen Eti-ketten hatte. Ach ja, davon habe ich Ihnen noch gar nicht erzählt! Also, irgendwer dachte, es wäre eine kluge Idee, jede Menge Verpackungen drucken zu lassen (um einen Mengenra-batt zu bekommen). Aber dann wurden die Etikettierungsvorschriften geändert, und das Unternehmen mußte seinen Verpackungsbestand auf den Müll werfen ...

Sie können sicher sein, daß die Marketingleute der Eskimo Pie Gesellschaft hart an einem neuen Marketing-Programm arbeiten.

Grundlegende Marketingstrategie: Finden Sie ein Bedürfnis und erfüllen Sie es

2

In diesem Kapitel

▶ Wie Sie Kundenbedürfnisse einschätzen

▶ Wie Sie Ihren Absatz steigern

▶ Wie Sie Ihren Markt vergrößern

▶ Wie Sie sich Marktanteilsziele stecken

▶ Wie Sie Ihren Gewinn durch Marktanteilssteigerung erhöhen

S trategie bedeutet, sehr einfach ausgedrückt, zu wissen *warum*.

Es passiert leicht, daß man im Marketing nur an das »Was« denkt. Es gibt so viele »Was tun?«. Sollen wir Gutscheine verteilen? Anzeigen in Zeitschriften schalten? Freistehende Inserate in die Sonntagszeitungen setzen? Es mit einer Hörfunkkampagne versuchen? Oder sogar im Fernsehen? Wie steht es mit der Publicity? Oder dem Verkaufsstellendisplay? Vielleicht sollten wir mehr Verkäufer oder Vertreter einsetzen, um Großhandelskunden zu erreichen. Oder wir sollten unsere Preise senken. Oder sie erhöhen. Oder unser Image ändern. Oder neue Produkte ins Sortiment aufnehmen. Oder unsere Produktlinien abspecken. Oder einen Konkurrenten mit einer komplementären Produktlinie aufkaufen. Oder unser Logo umgestalten. Und so geht es immer weiter. Der Marketingmensch in der Praxis sieht sich einer wahrhaft endlosen Vielfalt von Wahlmöglichkeiten gegenübergestellt.

Dieser beschämende Reichtum kann gelinde gesagt verwirrend sein. Wenn Ihnen so viele Möglichkeiten offen stehen, scheint es unmöglich, zu wissen, worauf Sie Ihre Bemühungen konzentrieren sollen. Es sei denn, Sie verfolgen eine Strategie, eine strukturierte Vorstellung davon, wie Sie Ihre Ziele erreichen wollen.

Mit einer Strategie wird alles klar. Ihr Programm wird ganz natürlich, fast von alleine anfangen, seinen Platz einzunehmen. Es wird Ihnen immer offensichtlicher, wie Sie diese vielen möglichen Einflußpunkte nutzen können.

 Ihre Strategie könnte beispielsweise lauten, Ihre Fast-Food-Kette wieder im Bewußtsein von Teenagern und jungen Erwachsenen zu positionieren, um sie weniger kinderorientiert und dafür geeigneter für Erwachsene erscheinen zu lassen. Mit diesem klaren Ziel im Hinterkopf werden Sie Ihre Produkte schon bald umgestalten, damit sie dem Geschmack der Kundenzielgruppe entsprechen. Sie werden

außerdem eine Fernsehwerbekampagne entwickeln, die während der Programme gesendet wird, die der Zielmarkt anschaut – mit Werbespots, die den Kunden ein kultiviertes Image vermitteln. (Kommt Ihnen das bekannt vor? Das ist die Strategie, die hinter der Einführung des Hamburger Royal TS 1996 stand.)

Daher sind dieses und die folgenden Kapitel ein Muß. *Sie brauchen wirklich eine Strategie –* und es ist wahrscheinlich nicht die des letzten Jahres. Nehmen Sie sich jetzt etwas Zeit, über Ihre Strategie nachzudenken. Die Quittung, die Sie dafür bekommen, ist Klarheit statt Chaos, wenn Sie dann zu all diesen nervtötenden Details Ihres Marketing-Programms kommen!

Wie Sie Kundenbedürfnisse einschätzen

Brauchen Ihre Kunden Sie? Ich meine, brauchen sie Sie wirklich? Finden sie Sie unentbehrlich und bewerten ihre Beziehung zu Ihnen so hoch, daß Sie zu verlassen so wäre, wie einen Freund zu verlieren? Sehen die Kunden Ihr Produkt als so wundervoll an, daß sie es kaum erwarten können, ihren Freunden davon zu erzählen? Träumen Ihre Kunden nachts von Ihnen?

Ich bezweifle das.

Die Wahrheit ist, daß die meisten Marketingleute wohl kaum auf ein hohes Maß an Kundentreue zählen können. Die meisten Kunden halten uns Marketingleute auf Distanz. Sie wissen, daß wir gegeneinander austauschbar sind. Sie sind unbeständig. Sie fühlen keine Verpflichtung uns gegenüber. In vielen Fällen ignorieren uns unsere Zielkunden, weigern sich, überhaupt etwas zu kaufen, oder noch schlimmer, sie ziehen unsere Konkurrenten uns vor! Wie konnten sie das nur tun?

Das ist o.k., es gibt noch wesentlich mehr Kunden, da, wo die herkommen. Sie müssen sich nur aufmachen und einen anderen finden. Lassen Sie's! Es ist wesentlich besser, Kundentreue aufzubauen, indem Sie sich wichtiger für die Kunden machen (das sollte Ihre erste Marketingstrategie sein, unabhängig davon, welche Strategien Sie sonst noch ergreifen).

Wenn Sie wollen, daß Ihre Kunden Sie lieben, müssen Sie den ersten Schritt machen. Sie müssen ein Produkt entwickeln, das so wertvoll für die Kunden ist, daß Sie gutes Geld damit verdienen, Ihre Kunden damit zu versorgen. Wenn Sie dann Ihr Unternehmen vergrößern wollen, müssen Sie neue Kunden finden, die ein Bedürfnis haben, das Sie erfüllen können. Oder Sie müssen sich ein großartiges neues Produkt einfallen lassen, das die Kunden lieben werden.

Es hängt alles von Ihnen ab, nicht von den Kunden, denn für Sie steht dabei mehr auf dem Spiel. Ihr zukünftiger Erfolg hängt davon ab, wie gut Sie die Kundenbedürfnisse verstehen und erfüllen können. Das zukünftige Wohlergehen der Kunden hängt (normalerweise) nicht davon ab, ob sie Ihr Produkt nun nutzen oder nicht.

 Ihre erste strategische Aufgabe ist also, sich den Kopf darüber zu zerbrechen, was die Kunden brauchen und wollen. Wenn Sie nämlich deren Bedürfnisse und Wünsche befriedigen können und sich dabei so geschickt anstellen, daß die Kunden positiv überrascht und Ihre Konkurrenten empört sind, dann wird Ihre Marke-

tinggeschichte einen glücklichen Ausgang haben. Falls Ihnen das nicht gelingt, nun, dann hoffe ich, daß Sie Erfahrung in einem anderen Beruf haben.

Wie Sie Bedürfnisse und Wünsche verstehen

Irgendwer hat einmal gesagt, wir haben viele Wünsche, aber wenige Bedürfnisse. Diese Redensart enthält ein gehöriges Maß an Weisheit. Sie können wahrscheinlich die Grundbedürfnisse eines Menschen an beiden Händen abzählen: Nahrung, Schutz, Liebe, Leistung, Respekt, Spaß und so weiter. Wir haben viele und unterschiedliche Wünsche, doch die können alle als verschiedene Wege betrachtet werden, unsere Grundbedürfnisse zu befriedigen. Heute möchte ich vielleicht eine leckere Pizza zum Mittagessen, wohingegen ich gestern ein belegtes Brötchen vorgezogen habe. Aber beide sind Ausdruck meiner grundlegenden Bedürfnisse nach Essen und Genuß.

Obwohl ich ein leckeres Stück Pizza haben möchte, muß ich es nicht unbedingt haben. Pizza ist kein Grundbedürfnis. Ich werde nicht sterben, wenn ich keine Pizza bekomme. Wenn es keine Pizza gibt, esse ich eben etwas anderes. Kunden sind flexibel in der Art und Weise, wie sie ihre Wünsche befriedigen – solange es ihnen gelingt, diese elementaren tieferliegenden Bedürfnisse zu erfüllen.

Deshalb müssen Sie als Marketingmensch berücksichtigen, was Ihr Produkt auf beiden Ebenen zu bieten hat. Welche Grundbedürfnisse versucht Ihr Produkt zu befriedigen und wie gut erfüllt es sie? Welche spezifischen Wünsche befriedigt Ihr Produkt, und wie gut kommt es weg, verglichen mit alternativen Wegen, diesen Wunsch zu stillen?

Das Schöne an Wünschen bsteht, im Gegensatz zu Bedürfnissen, darin, daß sie so zahlreich und vielfältig sind. Man könnte sagen, daß unsere Wünsche grenzenlos sind. Das läßt Marketingleuten viel Raum für Kreativität. Sie können – und sollten – sich immer neue Wünsche einfallen lassen. Können Sie mir mal etwas Neues zum Mittagessen anbieten, etwas anderes als die Brötchen, Pizzen, Salate und Nudelgerichte zum Mitnehmen, die es in den Restaurants in der Nähe meines Büros gibt? Ich habe langsam genug von diesen Ersatzlösungen, deshalb wäre etwas Neues und anderes toll. Was könnte das sein? Ein reichhaltiger Teller Eintopf mit einem frischgebackenen Brötchen? Oder ein belegtes Croissant? Oder wie wär's mit dem traditionellen »Box Lunch« der japanischen Arbeiter oder einer dieser jamaikanischen Fleischpasteten in Blätterteig oder Fisch und Pommes Frites in einer Zeitung, wie sie es in Londoner Schnellrestaurants servieren? Ihre Phantasie ist die einzige Grenze, wenn es darum geht, Kundenwünsche zu schaffen und zu verändern.

Ein anderer Weg, in bezug auf Wünsche kreativ zu werden, besteht darin, die tieferliegenden Bedürfnisse zu überdenken, an die sich das Produkt richtet. Das hört sich kompliziert an, deshalb gebe ich Ihnen ein Beispiel. Nehmen wir mal an, daß sich die Restaurants in der Nähe meines Büros alle auf zwei Grundbedürfnisse konzentrieren: das Bedürfnis nach Essen und das Bedürfnis nach Genuß. Daher konkurrieren sie alle darum, wohlschmeckendes Essen zuzubereiten, das auch noch Genuß beschert. Ich kann nun um diese beiden Grundbedürfnisse konkurrieren, allein dadurch, daß ich mir einen neuen Wunsch ausdenke, der diese Bedürfnisse anspricht (sehen Sie sich meine Brainstorming-Liste oben an). Doch ich kann mein Produkt auch auf ein anderes Grundbedürfnis neu ausrichten – z.B. das Bedürfnis nach Respekt und gesellschaftlichem Ansporn. Finden Sie ein Produkt, das gleichzeitig das Bedürfnis nach Respekt und gesellschaftlichem Ansporn mit dem nach Nahrung befriedigt, und schon gibt es einen neuen Konkurrenten auf dem lokalen Markt. Haben Sie schon über eine Alternative nachgedacht? Ich schon – über einen Mittagsclub. Es gibt keinen in der Nähe meines Büros, aber vielleicht könnte ein Mittagsclub ein voller Erfolg werden, wenn er in der Nachbarschaft eröffnet würde. Oder man könnte vielleicht auch noch das Bedürfnis nach Leistungsstreben einbeziehen, indem man einen Fachreferenten während der Mittagszeit einstellt. Oder vielleicht ...

Kurzum, Sie müssen sowohl einfühlsam als auch kreativ sein, wenn Sie über Bedürfnisse und Wünsche nachdenken (siehe Kapitel 4 für Details über die Rolle der Kreativität im Marketing). Dies sind die Grundbausteine jeder erfolgreichen Marketingstrategie. Wenn Sie die Bedürfnisse nicht besser erfüllen, wird Ihre momentane Kundschaft abtrünnig werden, und zukünftige Kunden werden einfach an Ihnen vorbeigehen.

Marktexpansionsstrategien

Marktexpansion ist die am weitesten verbreitete Strategie im Marketing (das ist lediglich meine Meinung, aber es gibt niemanden um mich herum, der das abstreitet). Deshalb berichte ich zuerst darüber. Die Idee ist entwaffnend einfach. Suchen Sie sich ein neues Gebiet aus und stürzen Sie sich hinein. Oh, und kommen Sie nicht eher zurück, bis Sie auf Gold gestoßen sind.

 Der Pioniergeist wird Sie vielleicht in eine neue geographische Region bringen – beispielsweise dehnte sich Ben & Jerry's Eiscreme von seinen lokalen Wurzeln in Vermont zu einer amerikaweiten Marke aus. Vielleicht bringt Sie der Pioniergeist auch in neue Länder und Sie konzentrieren sich z.B. auf den chinesischen und andere asiatische Märkte. Die letztgenannte ist heute vielleicht die am weitesten verbreitete Expansionsstrategie. Falls Ihr Unternehmen nicht anstrebt, weltweit tätig zu werden (oder noch nicht auf dem Weltmarkt tätig ist), werden Sie bald feststellen, daß ausländische Konkurrenten den Weltmarkt zu *Ihnen* bringen. Sie können sich also genauso gut dem Massenandrang anschließen.

Wie Sie Risiken bewerten

Wenn Sie eine Markterweiterung in Betracht ziehen, vergessen Sie nicht, daß dies höhere Risiken nach sich zieht als Ihr aktueller Markt. Warum? Weil Sie ein Außenseiter sind und Ihnen die Erfahrungen und das Wissen, die Sie in Ihren alten Märkten gewonnen haben, in den neuen fehlen. Außerdem könnten Sie durch Ihre Expansionsbemühungen sowohl in neue Produkte als auch in neue Märkte verwickelt werden – Motorola lernt gerade, wie man eine neue PC-Serie fertigt und vermarktet und gleichzeitig auf dem chinesischen Markt operiert.

 Risiken erhöhen sich, wenn Sie in einen *neuen Markt* eintreten.Dieser ist definiert als die Ansprache neuer Kunden auf jeder Stufe Ihres Distributionskanals. Daher sollten Sie die Absatzplanung des ersten Jahres für den neuen Markt etwas niedriger ansetzen, um den Risikograd widerzuspiegeln. Um wieviel, weiß niemand so genau. Aber eine allgemeine Regel besagt, daß man die Absatzplanung um 20 bis 50 Prozent kürzen soll, je nachdem, wie neu Sie den zukünftigen Markt für sich und Ihre Leute einschätzen.

Das Risiko erhöht sich ebenfalls, wenn Sie mit *neuen Produkten* experimentieren. Diese sind definiert als alles, was Sie nicht gewohnt sind, zu fertigen und zu vermarkten. Wenn Sie ein neues Produkt einführen, sollten Sie auch hier Ihre Absatzplanung um 20 bis 50 Prozent zurückschrauben.

Wie sieht es aus, wenn Sie ein neues Produkt auf einem neuen Markt einführen? Dann gehen Sie zwei Arten von Risiko ein, und Ihre Absatzplanung sollte noch moderater sein, um diesem Risiko Rechnung zu tragen. Wenn Sie einfach die zwei Risikoeinschätzungen aufaddieren und dann die Summe zur Abschwächung Ihrer Absatzplanung nutzen, erkennen Sie das Risiko zumindest in gewisser Weise an. Ich weiß, daß 50 Prozent plus 50 Prozent 100 Prozent ergeben und damit null Prozent Ihrer Absatzerwartungen übrigbleiben. Manchmal ist eine Markterweiterungsstrategie aber so riskant, daß Sie wirklich nicht mit *irgendwelchen* Erlösen im ersten Jahr rechnen sollten! Lieber vorsichtig sein und lange genug überlegen, um zu erkennen, wie man das Marketing richtig angeht, als sich zu viel zu versprechen und das Programm zunichte zu machen, bevor es überhaupt erfolgreich sein konnte.

Wie Sie internationale Komplikationen vermeiden

 Das Schuhunternehmen Bata vermarktet Produkte auf der ganzen Welt. Sein Logo, eine stilisierte Zeichnung von drei Glocken, sorgt für eine wiedererkennbare und ansprechende Identität seines Produktes, wo auch immer es verkauft wird. Nun, nicht wirklich überall. Einige Moslime finden, daß das Logo den arabischen Schriftzeichen für Allah etwas ähnelt. Als das Logo auf importierten Sandalen von Bata erschien, gingen fundamentalistisch moslimische Demonstranten in Bangladesch auf die Straßen, um ihrem Ärger über die Blasphemie Ausdruck zu verleihen. Fünfzig Leute wurden während der Protestveranstaltung verletzt. All das passierte aufgrund eines einfachen Marketingversehens.

 Diese Art von Mißgeschick könnte jedem passieren. Es kommt bekanntlicherweise oft genug vor, wenn man über nationale und kulturelle Grenzen hinweg Geschäfte macht. Erinnern Sie sich noch an die Publicity über den Nova, eine Chevroletlimousine, die umbenannt werden mußte, damit sie in Mexiko verkauft werden konnte, weil das spanische *no va* »geht nicht« bedeutet. Aber diese Art von Problemen ist – mit vernünftiger Forschung und Planung – vermeidbar. Alles, was Sie tun müssen, um Ihr Produkt zu bewerten, ist, einige Diskussionsgruppen unter der Leitung eines erfahrenen Moderators zusammenzustellen (die in der Marktfor-

schung Fokus-Gruppen genannt werden) und die Teilnehmer zu bitten, alle Nachteile, die Ihnen einfallen, aufzuführen (sie könnten auch noch die Vorteile sammeln, weil man diese gut für die lokale Werbung gebrauchen kann). Sie werden Werbeagenturen und andere Fachleute auf fast jedem lokalen Markt antreffen, in den Sie einsteigen wollen. Vielleicht macht Ihnen Ihre Hauptgeschäftsstelle in Frankfurt oder München weis, sie könnten mit dem Markt Bangladesch von den Geschäftsstellen in den umliegenden Ländern aus fertig werden. Aber der weise Stratege besteht noch immer auf dem Einsatz einer Gruppe vor Ort, wenn auch nur, um das Produkt und seine Werbekampagnen auf ihre lokale Akzeptanz zu testen!

Marktanteilsentscheidungen

In diesem Abschnitt zeige ich Ihnen, wie Sie strategisch über den Marktanteil nachdenken – und warum das so wichtig ist. (Ich erörtere bald, *warum* das wichtig ist, aber hier ist schon mal eine sehr kurze Zusammenfassung: Je größer Sie im Vergleich zu Konkurrenten sind und je weniger Kosten Ihnen entstehen, desto mehr Einfluß haben Sie auf die Einstellung der Kunden und desto breiter können Sie mit Ihrem Vertrieb den Markt abdecken.)

Der Marktanteil stellt, einfach ausgedrückt, Ihre Verkäufe als Prozentsatz der Gesamtverkäufe in Ihrer Produktkategorie dar. Wenn Sie für 3 Millionen Mark Haifischzähne verkaufen und der Weltmarkt bringt 30 Millionen pro Jahr ein, dann beläuft sich Ihr Anteil am Markt für Haifischzähne auf 10 Prozent. Ist doch einfach, oder etwa nicht?

Wie Sie eine Maßeinheit wählen

In welcher Einheit wollen Sie Verkäufe messen? Gute Frage. Mir ist das egal. In D-Mark, Euros, Tonnen oder Gramm, das ist alles bestens, solange Sie *immer und überall dieselbe Maßeinheit benutzen*. (Mit anderen Worten, Sie können Ihren Anteil am deutschen Markt für Schankbier in verkauften Hektolitern berechnen, solange Sie Ihre eigenen Verkäufe und die der Branche in verkauften Hektolitern berechnen und Sie nicht fälschlicherweise DM-Verkäufe oder Fässer in die Gleichung einfließen lassen.) Suchen Sie sich einfach die Maßeinheit aus, die Sinn in bezug auf Ihr Produkt macht (sprich: wie Kunden es sehen) und für die Sie das Datenmaterial am leichtesten bekommen können. Wenn die Regierung die Verkäufe Ihres Produktes in Maß Bier ausweist, dann berechnen Sie Ihren Anteil halt in Maß Bier.

Wie Sie den »Gesamtmarkt« definieren

In welcher Produktkategorie sind Sie tätig? Das könnte die wichtigste strategische Frage sein, die Sie jemals stellen oder beantworten. Wenn Sie Pops Spezial Butter & Zucker-Popcorn-kerne in Gläsern verkaufen, dann ist Ihre Kategorie offensichtlich Popcorn. Aber umfaßt diese Kategorie alle Arten von Popcorn? Sollten Sie nur andere Marken für Popcorn in Gläsern einbeziehen? Oder vielleicht auch raffiniertere Sorten, bei denen die Verpackung gleichzeitig eine Pfanne zur Zubereitung des Popcorns ist? Wie sieht's mit Popcorn im Beutel für die Mikrowelle aus und fertigem Popcorn in einer Tüte oder dem frisch verkauften am Stand? Vielleicht sollten Sie auch noch Süßigkeiten auf Popcornbasis mit einbeziehen. Und was ist mit Reiswaffeln, einige gibt es jetzt mit Popcorngeschmack? In diesem Markt, wie auch in vielen anderen, ist es schwer, eine Grenze zu ziehen. Falls Sie Ihren Markt breiter definieren, dann sind die Gesamtmarktverkäufe natürlich höher, was wiederum Ihren Marktanteil niedriger ausfallen läßt. So könnte Pops Popcorn einen führenden Marktanteil von 25 Prozent in einer Berechnung, aber einen mickrigen Anteil von ein Prozent in einer anderen erzielen. Welche ist richtig?

 Fragen Sie Ihre Kunden. Wählen diese zwischen all den obengenannten Möglichkeiten oder nur zwischen einigen davon? Das, was zählt, ist die *Wahrnehmung der Kunden*: wie *sieht* die Kundschaft die Kategorie. Fragen Sie sie also, worin ihre Kaufoptionen liegen (siehe Kapitel 6, wenn sie eine formale Umfrage durchführen wollen). Bekommen Sie ein Gefühl dafür, wie die Kunden ihre Wahlmöglichkeiten einschätzen. Dann nehmen Sie alle wahrscheinlichen und naheliegenden Auswahlkriterien in Ihre Marktdefinition auf. Zu den Wahlmöglichkeiten für Pops Popcorn gehören wahrscheinlich alle nicht zubereiteten Formen des Produktes inklusive der für die Mikrowellenzubereitung. Das schließt aber alle fertigen Produkte aus, von denen viele in den Köpfen der Konsumenten eher mit anderen zubereiteten Snacks wie Kartoffelchips konkurrieren. Im Gegensatz dazu werden unzubereitete Popcornprodukte zudem als Aktivität, nicht nur als Snack gesehen. Wenn man hier die Grenze zieht, geht man auf Nummer Sicher bei der Definition des Gesamtmarktes für Pops.

Ich wette, Sie hätten niemals gedacht, daß die Berechnung des Marktanteils so kompliziert sein könnte. Aber so ist's nun mal – auch wenn die dahinterstehende Mathematik furchtbar einfach ist –, weil Ihr Urteilsvermögen einen großen Unterschied für das Ergebnis und das Ergebnis einen großen Unterschied für Ihr Marketing-Programm ausmacht.

Wie Sie Daten zu Marktgröße und -wachstum finden

Um den Marktanteil zu berechnen, müssen Sie die gesamten Verkäufe auf Ihrem Markt schätzen. Dazu müssen Sie selbst einige Nachforschungen anstellen. (Tut mir leid, um die Forschung kommen Sie nicht herum!) Wo Sie schon mal dabei sind, warum versuchen Sie nicht, an einige vergangenheitsbezogene Daten heranzukommen, wie z.B. die Verkäufe auf Ihrem Markt in den letzten fünf oder zehn Jahren? Diese Informationen ermöglichen es Ihnen, sich die Wachstumsrate Ihres Marktes anzusehen – diese ist ein Indikator für das zukünftige Potential, das der Markt für Sie und Ihre Konkurrenz bereithält.

 Diese Daten sind am einfachsten von Industrie- und Handelsorganisationen oder von Marktforschungsunternehmen zu erhalten, von denen viele jährliche Verkaufszahlen in verschiedenen Produktkategorien aufzeichnen. Andere Datenquellen zu Marktgröße und Trends erhalten Sie bei Ihrer freundlichen For-

schungsbibliothekarin, die Sie (in jeder größeren Stadt- oder Universitätsbibliothek) zu Nachschlagewerken über Branchenuntersuchungen führen kann und zu Handelszeitschriften für die Branche Ihrer Wahl (die im allgemeinen mindestens einmal im Jahr über Branchengröße und -trends berichten). Fachzeitschriften sind oft die beste Quelle für den Business-to-Business-Marketingmenschen. Wenn Ihre Konkurrenz Aktiengesellschaften sind, bitten Sie die Bibliothekarin auch, Ihnen die entsprechenden Geschäftsberichte herauszusuchen, die oft Verkäufe in nützliche Kategorien unterteilen.

Solche Daten sind jetzt immer häufiger über das World Wide Web zu erhalten. Wenn Sie nach einem Schlüsselwort suchen, geben Sie Ihr Produkt kombiniert mit »Verkaufszahlen« oder »Marktgröße« ein und sehen Sie nach, was Sie finden können.

Merchandise Lines (Handelswarengruppen) sind Gruppierungen engverwandter Produkte, die von Forschungsinstituten eingeteilt worden sind, und Ihr Produkt paßt in eine davon. So kann ein Unternehmen für Herrenbekleidung, das in einem regionalen Gebiet (z.B. Hessen) tätig ist, seine Verkäufe durch die Gesamtverkäufe aller Herren- und Jungenbekleidung (dieser Region) teilen, um herauszufinden, wie hoch sein regionaler Marktanteil ist. Wenn Sie finden, daß die vorgegebenen Kategorien zu weit gesteckt sind, müssen Sie wohl eigene Forschung betreiben. Fragen Sie Ihre Groß- und Einzelhändler, wie hoch deren Gesamtverkäufe für Ihre Produktkategorie sind – einige werden Ihnen sicher gerne helfen. Oder, wenn Sie es nicht lassen können, beauftragen Sie eine Marktforschungsgesellschaft damit, Kunden zu befragen, wieviel Prozent von deren Einkäufen zugunsten Ihrer Marke und wieviel zugunsten Ihrer Konkurrenten getätigt werden. Größere Unternehmen betreiben ihre eigene jährliche Marktforschung, um Marktanteilsdaten in einer einheitlichen und verläßlichen Form zu erhalten.

Wie Sie Ihren Marktanteil über den Daumen peilen könnten

Hört sich mein Rat im vorigen Abschnitt zu kompliziert an? Dann ist hier eine einfachere Methode, um Ihren Marktanteil zu schätzen, die Sie auf einem Schmierzettel ausführen können, falls Ihnen die Zeit und das Geld für ausgefallenere Herangehensweisen fehlt:

1. **Schätzen Sie die Anzahl der Kunden in Ihrem Markt (wie viele Menschen in Ihrem Land kaufen wahrscheinlich Zahnpasta, wie viele Unternehmen in Ihrer Stadt nehmen Beratungsdienste in Anspruch).**

2. **Schätzen Sie, wieviel jeder von diesen Kunden im Jahr durchschnittlich kauft (sechs Tuben, fünfzehn Stunden).**

Sie können dazu Ihre Verkaufsberichte überprüfen oder andere Leute fragen, was sie tun, um diese Schätzung zu verbessern.

3. **Multiplizieren Sie jetzt einfach diese beiden Zahlen, um den Gesamtumfang des jährlichen Marktes zu erhalten und dividieren Sie diesen dann durch Ihre Verkäufe, um Ihren Anteil ablesen zu können.**

Wie Sie sich Marktanteilsziele stecken

Der Marktanteil gibt Ihnen einen Überblick darüber, wo Sie im Vergleich zu Ihren Konkurrenten von Periode zu Periode stehen. Wenn Ihr Anteil sinkt, sind Sie auf dem absteigenden Ast. Wenn Ihr Marktanteil steigt, sind Sie der strahlende Gewinner. So einfach ist das. Daher liegt den meisten Marketing-Programmen ein *strategisches Marktanteilsziel* zugrunde, wie »Steigerung des Marktanteils von fünf Prozent auf sieben Prozent, durch die Einführung einer Produktverbesserung und den verstärkten Einsatz von speziellen Angeboten, die zum Probieren anregen«. Die *nachträgliche Erörterung* des Vorjahresprogramms sollte immer auf der Grundlage einer Prüfung der damit einhergegangenen Marktanteilsveränderung abgehalten werden. (Wenn Sie noch nicht routinemäßig nachträgliche Erörterungen durchführen oder sorgfältige Analysen dessen, was passiert ist und warum es von Ihren Plänen abwich, dann sollten Sie das jetzt tun!) Falls das Programm des letzten Zeitraums Ihren Marktanteil verdoppeln konnte, dann ziehen Sie ernsthaft in Erwägung, es zu reproduzieren! Blieb der Anteil auf dem gleichen Niveau oder fiel, sind Sie reif für etwas Neues.

Sollten Sie in die Steigerung Ihres Anteils investieren?

Zusätzlich zu seinem Nutzen als Maßstab kann der Marktanteil Ihnen auch Einblicke in den Sinn des Lebens gewähren. Na ja, zumindest in die zukünftige Rentabilität Ihres Produktes. Einige Leute glauben, daß der Marktanteil ein guter Langzeitprophet für Rentabilität ist, mit dem Argument, daß Marktanteilsführer gewinnbringender und erfolgreicher sind als andere Wettbewerber. Dieser Glaube wird in einigen Unternehmen so ernst genommen, daß man Marken mit geringem Marktanteil fallen läßt, damit man seine Ausgaben auf die Marken konzentrieren kann, die eine Chance besitzen, die führenden einer Kategorie zu sein.

Falls diese Theorie stimmt, dann sollten Sie Ihren Marktanteil dynamisch aufbauen. Sie sollten immer auf ein Produktportfolio hinarbeiten, das hauptsächlich aus Anteilsführern besteht. Sollen Sie jetzt rauslaufen und alle Produkte mit geringem Marktanteil streichen? Sich Produkte mit hohem Anteil aneignen? Die Qualität von Produkten mit mittlerem Anteil ankurbeln und die Ausgaben für deren Werbung verdoppeln, damit sie zu hochanteiligen Produkten aufsteigen? Derartige Strategien opfern kurzfristige Erträge in der Hoffnung auf beträchtlichere langfristige Gewinne. Aber sie sind riskant – und sie hängen in gewissem Maß von der Gültigkeit der Marktanteilstheorien ab. Schauen sie sich deshalb erst die Anhaltspunkte an, bevor Sie eine Entscheidung treffen.

Erstens zeigen einige gute Studien, daß Geschäfte mit hohem Marktanteil durchschnittlich höhere Investitionserträge einbringen. Das Institut für Strategische Planung (Strategic Planning Institute; eine Beratungsgesellschaft in Cambridge, Massachusetts) verfügt in seiner

Datenbank zur Studie über den Einfluß des Gewinns im Marketing (*PIMS: Profit Impact of Marketing Study*) über umfangreiches Datenmaterial zu Marktanteil und finanziellen Rückflüssen. Mir gefällt diese Datenbank, da sie eher *Geschäftseinheiten* (d.h. Abteilungen oder Tochtergesellschaften in einem einzigen Markt) betrachtet als Gesamtunternehmen; so ist sie wesentlich Marketing-Orientierter. Diese Geschäftseinheiten mit höheren Marktanteilen haben höhere *ROI*s vor Steuern (das steht für *return on investment*, also *Investitionserträge*; der prozentuale Ertrag oder der verdiente Betrag als Prozentsatz des investierten Betrages). Die Beziehung verhält sich ungefähr so, wie in Tabelle 2.1 dargestellt.

Marktanteil (in %)	ROI (in %)
weniger als 7	10
7+ bis 15	16
15+ bis 23	21
23+ bis 38	23
38+ und mehr	33

Tabelle 2.1: Gewinnerzielung aus dem Marktanteil

Einige PIMS-Daten sind ebenfalls eindrucksvoll, weil sie andeuten, daß eine Marktanteilssteigerung zu einer entsprechenden Erhöhung des ROI zu führen scheint (obwohl die Erhöhung des ROI auf einer prozentualen Basis einhalb- bis einviertelmal so hoch ist.)

 Ach, übrigens, das Gegenteil trifft ebenfalls zu – Marktanteilsverlust führt zu Verlusten bei den Investitionserträgen. Deshalb besteht eine gute Strategie für viele Pläne darin, den *existierenden Marktanteil zu verteidigen*. Das können Sie erreichen, indem Sie Ihr Markenimage immer gut polieren (siehe Kapitel 4), durch Innovationen, die Ihr Produkt frisch erhalten (siehe Kapitel 14) und indem Sie gute Marketing-Programme entwickeln (siehe Kapitel 1 und – obwohl ich es hasse, Ihnen Arbeit zu bereiten – den gesamten Rest des Buches!).

Warum besteht diese starke Verbindung zwischen Finanzerträgen und Marktanteil? Unternehmen mit höheren Marktanteilen erwirtschaften Economies of Scale (Einsparungen durch erhöhte Mengen) in allen Bereichen von der Produktion bis zum Marketing. Sie verfügen außerdem über mehr Wissen und Sachkenntnis als kleinere Konkurrenten. Sie haben größere Verhandlungsmacht gegenüber Lieferanten, Händlern und selbst Geldverleihern. Was ebenso wichtig ist, Unternehmen mit höheren Marktanteilen können aufgrund des größeren Ausmaßes ihrer Marketinganstrengungen den Markt weiter überblicken. Dieser Punkt gewinnt an Gewicht im Hinblick auf das *Lärmproblem*. Das Lärmproblem wird durch den ganzen Krach verursacht, den wir Marketingleute machen. Das ständige Getöse von Marketingbotschaften verursacht Hintergrundlärm, und Sie müssen ganz schön laut sein, damit Sie da durchkommen.

Konsumenten erkennen zudem eher Marken größerer Unternehmen an und vertrauen diesen, nur weil ihnen mehr Informationen über diese Produkte begegnen. Häufiges Zurschaustellen stärkt die Einstellung gegenüber Ihrer Marke, und das ist leichter zu erreichen, wenn Sie groß sind im Vergleich zu Ihren Konkurrenten.

 Daher rate ich Marketingleuten, aufgrund der Überzeugungskraft all dieser Informationen, führende Marktanteile zu verteidigen und zu versuchen, ihre Anteile in führende Positionen hineinwachsen zu lassen. Wenn Sie sich beispielsweise einen starken dritten Platz im Rennen um den Marktanteil errungen haben, sollten Sie wahrscheinlich in Betracht ziehen, in eine Wachstumsleistung zu investieren, um damit den Spieler mit der Nummer 2 zu überspringen und in unmittelbare Nähe von Platz 1 zu kommen.

Aber, und noch mal aber, ich muß Sie warnen, daß nicht alle Studien die gleichen Dinge über Marktanteile erzählen. Eine lebhafte Debatte ist gerade in den akademischen Zeitschriften zu diesem Thema im Gange. Professoren werfen mit Statistiken um sich wie mit überreifen Tomaten, und gelegentlich werden Marketingleute im Kreuzfeuer getroffen. Eine vor kurzem veröffentlichte Studie von Cathy Anterasion von der Unternehmensberatung McKinsey & Co. in Zusammenarbeit mit John Graham von der Universität von Kalifornien in Irvine kommt zu dem Schluß, daß »kleinere Unternehmen, die Wert auf eine beständige Arbeitsweise legen und während eines [wirtschaftlichen] Booms Marktanteil opfern, tendenziell rentabler über einen Mehrjahreszyklus operierten als Unternehmen, die Ihren Marktanteil hielten oder ausbauten.«

 Mit anderen Worten, wenn Sie zu den kleinen Unternehmen gehören, stürzen Sie sich nicht mit solch einer Begeisterung auf den Marktanteil, daß Sie durch die Jagd danach Ihre Geschäfte ins Wanken bringen. Das Streben nach Marktanteil muß – wie alle strategischen Ziele – mit Vorsicht und im Hinblick auf mögliche Wechselwirkungen mit anderen Zielen angegangen werden. Machen Sie keinen Unsinn, okay?

Fortgeschrittene Strategie: Definieren Sie Ihre Botschaft

3

In diesem Kapitel

▶ Wie Sie das Lebenszyklusstadium Ihres Marktes diagnostizieren

▶ Wie Sie eine passende Strategie für Ihr Stadium auswählen

▶ Wie Sie Ihren Zielmarkt definieren

▶ Wie Sie die außerordentlich wichtige Positionierungserklärung schreiben

▶ Wie Sie die *vier Fragen der Strategieauswahl* beantworten

▶ Wie Sie den Gesunden-Menschenverstand-Test auf Ihre Strategie anwenden

---

Die grundlegende strategische Frage lautet »Warum?«. Das ist die Frage, die ich in Kapitel 2 erörtere. Die Frage nach dem Warum bringt Sie dazu, die Kundenbedürfnisse, an die sich Ihr Produkt richtet, zu bestimmen und für Ihre Marketinganstrengungen einige Ziele hinsichtlich Expansion und Marktanteil zu stecken.

Aber Sie werden vielleicht noch gar nicht so weit sein, zu den *Was ...* überzugehen, diesen ganzen Details eines sorgfältig entwickelten Marketing-Programms. Es ist oft klug, zuerst noch eine weitere strategische Frage zu stellen, die nach dem »Wie?«. Oder etwas genauer: »Wie wird unser Unternehmen den Kunden unsere wundervollen Vorteile vermitteln, damit diese davon überzeugt sind, daß wir die ultimative Lösung für deren Bedürfnisse bereithalten?«

Wenn Sie sich diese Frage stellen, bringen Sie Ihr strategisches Denken näher an die praktischen Realitäten eines Marketing-Programms heran. Die Antworten helfen Ihnen ungeheuer dabei, Ihr Programm klar *auszurichten*.

Die Ausrichtung entspringt in hohem Maße dem Wissen, an wen Sie sich wenden – welcher Ihr Zielmarkt ist und was diesen motiviert. Die Ausrichtung wird ebenfalls dadurch verbessert, daß Sie darüber nachdenken, wie Sie das nächste Geschäft tätigen. Wird dieses Geschäft dadurch initiiert werden, daß positive Meldungen über Ihr Produkt die Kunden erreichen, die es noch ausprobieren müssen? Durch die Bemühungen, Kunden von anderen Unternehmen abzuwerben? Oder vielleicht nur durch die Verringerung des Maßes, in dem alte Kunden Ihnen den Rücken zukehren, wodurch Sie Kundentreue aufbauen? Ich untersuche alle drei strategischen Alternativen auf den folgenden Seiten.

Letztendlich *müssen* Sie unbedingt Ihre strategischen Überlegungen in einer Positionierungserklärung zusammenfassen. Eine *Positionierungserklärung* ist eine klare Beschreibung, wer Ihre Kundschaft ist und wie Sie möchten, daß diese Ihr Produkt sieht. Schließlich hat eine Strategie überhaupt keine Bedeutung, wenn sie nicht von realen, lebendigen Kunden verstanden und geschätzt wird. Daher ist der letzte Schritt bei der Umwandlung einer Strategie in eine Handlung, diese guten Überlegungen aus dem Kopf des Marketingmenschen in den des Kunden zu übertragen. Ihre Positionierungserklärung sagt Ihnen, wie Sie das umsetzten und damit sind Sie dann bereit, auf die Menschheit losgelassen zu werden und zu vermarkten.

Strategien zur Lebensdauer der Produktkategorie

Jede *Produktkategorie* – die allgemeine Gruppierung von konkurrierenden Produkten, zu denen Ihr Produkt zählt (egal, ob es ein Gut, eine Dienstleistung oder eine Person ist), hat eine begrenzte Lebensdauer. Zumindest in der Theorie – und gewöhnlich auch in der allzuwirklichen Realität, ist es so, daß eine neue Produktart auftaucht und die alte verdrängt. Früher wurde der innerstädtische Transportverkehr mit Pferdewagen abgewickelt, und es war eine tolle Sache, Fuhrwerke zu bauen und zu vermarkten. Aber dann hoben einige kluge Leute Kanäle aus, und Lastkähne ersetzten Fuhrwerke. Später verdrängte der Bahnverkehr beide. Autobahnen erlaubten Lkws wiederum, den Schienenverkehr zu ersetzen, und mittlerweile übernimmt der Luftverkehr Teile der Transporte von Bahn und Lastverkehr.

Das Ergebnis ist ein nicht endender Zyklus von Entstehung, Wachstum und Rückgang, der vom unendlichen Einfallsreichtum konkurrierender Unternehmen angetrieben wird. Es bringt Produktlebenszyklen hervor, in denen Produktkategorien entstehen, sich im Markt verbreiten und dann zurückgehen, weil Ersatzprodukte entstehen und ihren eigenen Lebenszyklus beginnen.

Der Produktlebenszyklus ist Teil des akademischen Kanons. Jeder Marketingstudent kämpft sich durch Klausurfragen zum Produktlebenszyklus, und einige behaupten, daß ihnen dieses Wissen bei ihrer späteren Arbeit hilft. Aber viele schaffen es nicht, die praktische Bedeutung des Produktlebenszyklus zu erfassen. Ich werde Ihnen daher eine praxisorientiertere Fassung aufzeigen als die, die den meisten Marketingstudenten in den Universitäten begegnet ist. Wenn Sie meine Version beherrschen, verspreche ich Ihnen, daß Sie zwischen drei bedeutenden Marketingstrategien wählen können werden – was wesentlich wertvoller ist, als nur für einen Multiple Choice Test vorbereitet zu sein.

 Die zentrale Idee in diesem Modell lautet, daß Produkte tatsächlich einen Lebenszyklus durchlaufen von der Entstehung – oder *Einführung* – den ganzen Weg bis zum eventuellen Rückgang und dem Rückzug aus dem Markt. Dieser Zyklus ist das Ergebnis der ständigen Bemühungen des Marketingmenschen um Innovation und Verbesserung. Ihr Unternehmen, ebenso wie seine Konkurrenten, führt periodisch neue Produkte ein. Selbst das beste Produkt wird oft von einem neuen und noch besseren ersetzt.

Wenn ich »Produkt« sage, meine ich nicht Ihre spezifische Marke. Verkäufe Ihres bestimmten Produktes, als Teil einer Produktkategorie, haben relativ wenig Einfluß auf den Lebenszyklus dieser Produktkategorie.

Ganz im Gegenteil hat der Produktlebenszyklus eine ganze Menge mit dem Absatzverlauf Ihrer speziellen Marke zu tun. Sie müssen deshalb im großen Maßstab denken, wenn Sie das Lebenszyklusmodell in der wirklichen Welt anwenden wollen. Sie müssen sich den *Gesamtmarkt* ansehen, der sich durch den Absatz Ihrer Marke und der stärksten konkurrierenden Marken ergibt. Wenn Sie beispielsweise im Geschäft mit Inline-Skates tätig sind, müssen Sie die Verkäufe Ihrer eigenen Produktmarke feststellen, und auch die der anderen Wettbewerber.

Wie Sie Marktwachstum auslegen und vorhersagen

Über einen langen Zeitraum werden die Verkäufe (in D-Mark, Einheiten oder als Anteil des potentiellen Marktes) a) einer Wachstumskurve folgen, die wie ein langgestrecktes, nach rechts gelehntes S aussieht, b) ansteigen, um in dem Maße wie der Kundenstamm zu wachsen und c) abzufallen, wenn ein Ersatzprodukt in den Markt eingeführt wird. Haben Sie Schwierigkeiten, sich das vorzustellen? Dann sehen Sie sich zur Verdeutlichung der Lebenszykluskurve die untere Hälfte von Abbildung 3.1 an. Aufgrund dieses charakteristischen Schemas durchlaufen Produkte im allgemeinen eine Abfolge von vier Lebenszyklusstadien.

Abbildung 3.1 zeigt, daß, wenn ein Markt Sättigung erreicht, mehr Verkäufe auf bisherige als auf neue Konsumenten zurückgehen. Dieser Trend verlangsamt das Absatzwachstum. Er verlagert zusätzlich die Ausrichtung der Werbung und anderer Marketingaktivitäten.

Die Einführungsphase

Eine Darstellung der Verkäufe von Inline-Skate-Artikeln auf dem amerikanischen Markt läßt einen typischen Lebenszyklus erkennen, mit allmählichen Zuwächsen in den frühen 80er Jahren, die in den späten 80er und frühen 90er Jahren in ein steiles Wachstum übergingen, gefolgt von langsamerem Wachstum Ende der 90er Jahre. Warum? Es dauert nun mal seine Zeit, bis ein neues Konzept wie dieses in Schwung gekommen ist und sich durchsetzt. Das gestaltet die Einführungsphase eines Lebenszyklus' für Marketingleute sehr hart. Man muß die Kunden von den Vorteilen des neuen Produktes in Kenntnis setzen. Je ungewohnter das Produkt ist, je mehr Veränderung es den Kunden abverlangt, desto länger dauert die Einführungsphase.

Die Wachstumsphase

Nach einer Weile – oft nachdem 10 bis 20 Prozent des potentiellen Marktes erreicht sind – gewinnt die Idee an Schwung. Der Lebenszyklus tritt in sein Wachstumsstadium ein. Konsumenten akzeptieren das Produkt und fangen an, es in größeren Mengen zu übernehmen. Wachstumsraten schnellen in die Höhe. Leider zieht der offensichtliche Erfolg des neuen Produktes mehr Wettbewerber an – die Anzahl konkurrierender Produkte nimmt während der Wachstumsphase immer zu, so daß die Marktführer generell Marktanteile verlieren. Aber trotzdem bereichert das schnelle Wachstum gewöhnlich alle wettbewerbsfähigen Konkurrenten, und jeder ist glücklich.

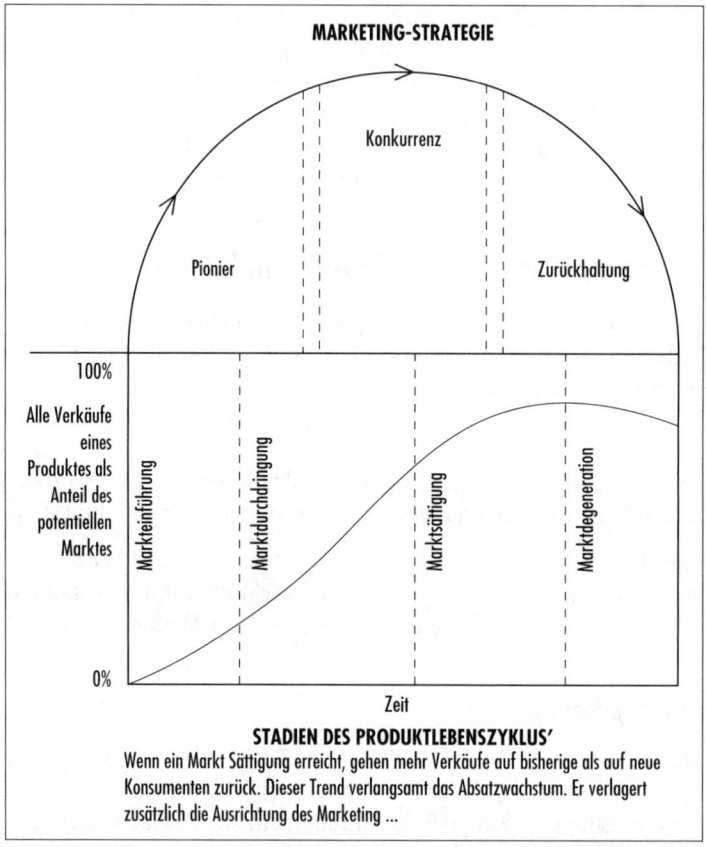

Abbildung 3.1: Wachstumsraten und Marktkonditionen im Produktlebenszyklus

Die Reifephase

Es ereignet sich eine traurige Sache, die die Party im Wachstums-Stadium beendet: Marketingmenschen fangen an, den Markt fluchtartig zu verlassen. Sobald beispielsweise alle gesunden und kräftigen Leute, die gerne skaten, ihr erstes Paar Inline-Skates gekauft haben, muß sich die Beschaffenheit des Marktes ändern. Jetzt können Sie nicht reich werden, indem Sie einfach nur die gute Nachricht über dieses Produkt verbreiten. Sie müssen darauf warten, daß die Leute ihre alten Skates austauschen, und dann müssen Sie mit Wettbewerbern bis auf's Blut darum kämpfen, das Geschäft zu machen. Im günstigsten Fall behalten Sie einen Großteil Ihrer alten Kunden und gewinnen einen Teil neuer Kunden hinzu, die es wohldurchdacht geschafft haben, mit einer Vorliebe für Inline-Skating geboren zu werden und aufzuwachsen. Die Tage des berauschenden Wachstums sind vorbei, weil Ihr Markt seine *Sättigung* erreicht, was heißt, daß die meisten potentiellen Kunden Ihr Produkt bereits kennen und nutzen. Wenn ein Markt gesättigt ist, können Sie keine weiteren Zuwächse allein dadurch erwirtschaften, daß sie neue Kunden gewinnen. Ihre Ambitionen werden begrenzt durch die Rate, mit der

Kunden das Produkt austauschen, und Ihre eigene Fähigkeit, Ihren Konkurrenten Kunden abzuwerben.

Jetzt neigen aber einige Märkte mehr zu diesem Problem als andere. Wenn z.B. erst einmal alle Haushalte eines Landes einen Kühlschrank haben, verflixt, dann ist der Markt ganz schön gesättigt. Konsumenten brauchen keinen neuen, bis sie meinen, es wäre nötig, den alten zu erneuern. Andererseits erreicht der Markt für T-Shirts wohl nie eine Sättigung. Warum? Leute, die *eifrige Träger* von T-Shirts sind – die das Gros der T-Shirts kaufen – tätigen keine Wiederbeschaffungskäufe. Sie kaufen eben immer wieder ein neues T-Shirt, wenn sie an einem vorbeikommen, das ihnen gefällt.

 Ich habe zufälligerweise einige Marketingpläne in der T-Shirt-Branche entworfen. Meine Forschungsergebnisse erstaunten mich, weil sie aufdeckten, daß der durchschnittliche Student in den USA ungefähr 25 T-Shirts besitzt – verglichen damit entfällt im Schnitt durch die Gesamtbevölkerung ein halbes T-Shirt auf jede Person! Obwohl diese eifrigen T-Shirt-Träger fünfzigmal mehr als der Durchschnittsamerikaner besitzen, sagen sie immer noch, daß sie annehmen, sich nächsten Monat mindestens ein weiteres T-Shirt zu kaufen. Hier haben wir also eine Produktkategorie, deren Verkäufe nicht durch das Lebenszyklusmodell eingeschränkt werden, sondern nur durch die Phantasie der Produktentwickler!

...und dann geben Sie auf

Schließlich besagt das Produktlebenszyklusmodell, daß die Leute aufhören, ihre alten Produkte durch ähnliche neue zu ersetzen, weil etwas noch Besseres auf den Markt gekommen ist. Wer kauft heutzutage noch eine neue LP, wo es dieselbe Musik doch auch auf CD gibt? Schließlich kommen alle Produkte in ein Degenerationsstadium, wo der Absatz sinkt, Gewinne sich in Luft auflösen und die meisten Wettbewerber aussteigen. Manchmal können Sie gutes Geld machen, wenn Sie die zähen Stammkunden weiterhin bedienen, aber oft ist dieses Stadium reine Zeitverschwendung. Es ist am besten, das Heu einzufahren, während die Sonne scheint, und dann Ihre Produktlinie in heiße neue Wachstumsmärkte zu verlegen.

...oder etwa nicht?

Einige Marketingleute – vielleicht die, die an Wiedergeburt glauben – weigern sich, aufzugeben. Sie denken, daß eine Dosis Phantasie und eine Prise kluges Marketing ein sterbendes Produkt wiederbeleben können. Manchmal haben sie sogar recht! Nehmen Sie beispielsweise Backpulver, eine einfache Verbindung, die prisenweise zur Zubereitung von Gebäck, Kuchen und anderen hausgemachten Köstlichkeiten verwendet wird, die der moderne Konsument aus Zeitgründen nicht mehr selbst backen kann.

 Arm & Hammer, die Marktführer für Backpulver in Nordamerika, sahen ihren Absatz über Jahre sinken. Dann entdeckten einige kreative Marketingleute des Unternehmens etwas Seltsames: Einige Kunden – nicht viele, aber zumindest einige wenige – kauften riesige Mengen von dem Zeug. Packungen über Packungen. Aber

wofür? Weitere Nachforschungen ergaben, daß einige Leute Backpulver auch für andere Dinge als zum Backen nutzten, um ihre Zähne zu putzen, ihre Teppiche zu säubern, ihren Kühlschrank und das Katzenklo zu deodorieren und um es statt Deodorant in ihren Achselhöhlen aufzutragen. Erstaunlich, was Leute mit dem Zeug so anstellen!

So kamen Arm & Hammer auf eine Einführungsphasen-Marketingstrategie zurück. Sie unterrichteten den Rest von uns über all diese tollen Nutzungsmöglichkeiten für Backpulver. Damit stieg das Produkt von seinem Sterbebett wieder zu rekordverdächtigen Verkaufszuwächsen auf. Voilà, es gibt ein Leben nach dem Tod!

Welche Bedeutung hat der Produktlebenszyklus für Sie?

In der oberen Hälfte von Abbildung 3.1 sehen Sie ein *zweites* Lebenszyklusmodell. Es ist Teil des Kanons auf dem Gebiet der Werbung. Ich habe es zeichnerisch leicht verändert (normalerweise sieht es aus wie die Hälfte eines Wagenrads), um es in die Zeichnung des Produktlebenszyklus einzupassen. Setzen Sie die zwei zusammen, und Sie haben die beste Kombination: Theorie plus Praxis! Das Lebenszyklusmodell der Werbung besagt, daß Produkte drei verschiedene Stadien durchlaufen, von denen jedes eine andere Marketingstrategie erfordert: *Pionierstrategie* (wenn für die Mehrheit der zukünftigen Kunden das Produkt ungewohnt ist), *Konkurrenzstrategie* (wenn die Mehrheit der zukünftigen Kunden mindestens ein Produkt eines Konkurrenten ausprobiert hat) und *Zurückhaltungsstrategie* (wenn die Gewinnung neuer Kunden mehr kostet als der Erhalt bestehender Kunden). Wenn Sie diese Strategien mit dem Lebenszyklusmodell verbinden, können Sie die richtige auf Basis des aktuellen Wachstumsratentrends in Ihrem Markt auswählen. Tabelle 3.1 zeigt die strategischen Ziele jedes dieser Stadien.

Pionier	Konkurrenz	Zurückhaltung
Konsumenten informieren	Markenwert aufbauen	Kunden erhalten
Testnutzung anregen	gegenüber Konkurrenten abgrenzen	Beziehungen zu Kunden aufbauen
Distributionskanal aufbauen	führenden Marktanteil erringen	Qualität verbessern
Markt segmentieren, um spezifische Bedürfnisse besser zu erfüllen	Service verbessern	Produkte verbessern

Tabelle 3.1: Was Sie in jedem Produktstadium tun müssen

Ihr Marketing-Programm geht aus diesen einfachen Strategien hervor. Sie können sehen, wann Sie sie brauchen, indem Sie feststellen, in welchem Lebenszyklusstadium Ihres Produktes Sie sich befinden. Das gestaltet Ihre strategischen Überlegungen ziemlich einfach.

 Wenn Sie z.B. ein radikal neues Produkt vermarkten, das gerade in den Genuß wachsender Verkaufszahlen kommt, dann wissen Sie, daß Sie von der Einführungs- in die Wachstumsphase des Produktlebenszyklus kommen. Abbildung 3.1 läßt erkennen, daß eine Pionier-Werbestrategie gelten sollte. Die Tabelle sagt Ihnen, was diese Strategie umfaßt, nämlich, daß Sie Konsumenten über das neue Produkt informieren, sie dazu ermutigen, es zu testen, und sicherstellen müssen, daß der Vertrieb des Produktes umfassend ist. Jetzt haben Sie einen klaren strategischen Auftrag, wenn Sie fortfahren, Ihr Marketing-Programm zu definieren (indem Sie die Komponenten aus Teil III dieses Buches nutzen).

Wie sollen Sie beispielsweise den Preis des Produktes bemessen – hoch oder niedrig? Nun, der Preis sollte niedrig genug sein, um neue Kunden nicht zu entmutigen, deshalb könnte das Ausreizen der Preisskala ein Fehler sein. Andererseits haben Sie nicht den Auftrag, sich ein Kopf-an-Kopf-Rennen um den Preis zu liefern (das wäre für die Konkurrenzstrategie geeignet, auf die wir später zurückkommen werden). Der beste Zeitpunkt, niedrige Preise anzusetzen, liegt wahrscheinlich in Sonderangeboten, um zum Testen des Produktes anzuregen. Vielleicht sind jetzt sogar Gratisproben angebracht, insbesondere, wenn sie mit einem nicht zu hohen Listenpreis gekoppelt sind. (In Kapitel 13 zeige ich Ihnen, wie Sie einen genauen Preis bestimmen.)

Und Ihre Werbung? Sie muß sicherlich informativ sein und dem potentiellen Kunden beibringen oder zeigen, wie er von dem Produkt profitieren kann. Sie wissen ja auch, daß Sie Vertretern einen Anreiz geben müssen, Ihr Produkt ins Sortiment mitaufzunehmen und es zu propagieren. Deshalb sollte speziellen Angeboten an den Handel und einer starken Verkaufsleistung (durch Ihre eigenen Verkaufskräfte oder Repräsentanten oder Vertreter) ein fairer Anteil Ihres Marketingbudgets zugedacht werden.

Diese ganzen Schlußfolgerungen sind ziemlich einleuchtend – _falls_ Sie sich weiterhin auf die strategischen Leitlinien im Modell konzentrieren. Das ist das Schöne an einer Strategie – sie macht die Details Ihrer Taktiken so viel klarer und einfacher.

Wie Sie Strategien in die Tat umsetzen

In den Abbildungen 3.2, 3.3 und 3.4 zeige ich Ihnen drei Konzeptzeichnungen für Werbeanzeigen. Die erste ist für ein imaginäres Produkt, das ich Gesei genannt habe. Gesei ist ein gesunder Eiermix, der zum Gebrauch beim Kochen in einem Karton verkauft wird. Dieses Produkt wurde entwickelt, um den gleichen Geschmack und die gleiche Leistung zu bieten wie ein vollwertiges Ei, aber ohne den hohen Cholesteringehalt, der Sie dem Risiko von Herzbeschwerden aussetzt. Wie lautet die richtige Strategie für dieses neue Produkt? Eine auf den Einführungsmarkt gerichtete Pionier-Werbung funktioniert am besten.

Ganz natürlich –
nur das Beste
vom Ei ...

Inhalt

Kaufen Sie 'Gesei'!

Abbildung 3.2: Eine Pionier-Anzeige für die Einführungsphase

Es *gibt* einige konkurrierende Produkte –, die die Produktkategorie momentan in den USA anführen. Aber diese richten sich im allgemeinen an ältere Kunden, die strikte Anweisungen von ihrem Arzt erhalten haben. Der gesundheitsbewußte Konsument mittleren Alters zieht momentan vollwertige und natürliche Produkte den chemisch klingende Rezepturen vor. Gesei richtet sich an diesen Kunden mit seiner ganz natürlichen Behauptung: »Das gesunde Ei, das *ganz* natürlich und *teils* Ei ist«. Daher besteht die Aufgabe darin, eine neue Konsumentengruppe über die Vorteile eines Eiermixes zu unterrichten. Somit auch die Auflistung von *Fakten* auf der Verpackung und in der Anzeige. Und ebenso die Aufforderung »Probieren Sie Gesei jetzt!« Ich würde zudem empfehlen, Gratisproben mit einem Rezeptheft zu verschenken, und zwar in den Lebensmittelläden, in denen die Zielkonsumenten in großer Zahl einkaufen.

Für viele Konsumenten ist ein Ei nun mal ein Ei, und sie kaufen es nur wegen des Preises oder der Erhältlichkeit. Aber eine wachsende Zahl von Konsumenten ist sich der Qualitätsunterschiede bewußt und sucht nach dem, was sie für gesündere Eier hält. Abbildung 3.3 zeigt eine konkurrenzorientierte Werbung, die auf die Wachstumsphase ausgerichtet ist. Das Produkt in Abbildung 3.3, *Frei Eier*, zielt auf diese qualitätsbewußten Konsumenten, indem es eine Neuerung vorstellt: den Nutzen eines gesünderen Eis von glücklicheren Hühnern. »Freilaufende Hühner legen bessere Eier«, lautet die Behauptung, und der Slogan bringt dem Konsumenten bei, den Unterschied zwischen diesem Produkt und konkurrierenden Eierprodukten zu erkennen, die keine vergleichbare Behauptung aufstellen können. Diese Anzeige schafft eine unverwechselbare Markenidentität mit dem humorvollen und unvergeßlichen Bild eines Eis mit Flügeln und einem Kopf – und mit dem auffallenden Warenzeichen *Frei Eier*, das dieses Image entscheidend unterstützt. Unverwechselbarer Unterschied plus unvergeßlicher Marken-identität ergeben eine erfolgreiche konkurrenzorientierte Marketingstrategie. Diese Strategie wird der neuen Marke helfen, einen Anteil am konkurrenzorientierten, reifen Eiermarkt zu gewinnen. Hoffentlich *werden* die Konsumenten nach dieser einzigartigen Marke Ausschau halten, trotz des starken Konkurrenzkampfes.

Abbildung 3.3: Eine konkurrenzorientierte Anzeige für die Wachstumsphase

Was ist, wenn Sie lediglich eine etablierte lokale Eiermarke verkaufen, eine, die eine solide Grundlage in Ihrem regionalen Markt besitzt, aber wenig mehr, um sich abzuheben? Frische Eier in Kartons – eine reife Kategorie, falls ich überhaupt jemals eine gesehen habe. Daher nutzt die Anzeige in Abbildung 3.4 eine Erinnerungsstrategie, um einen treuen Kunden-stamm in einem reifen Markt zu behalten.

Daisy's Dairy besitzt nicht wie die Marke *Frei Eier* einen bedeutenden Unterscheidungspunkt, auf den sie gegenüber der Konkurrenz zurückgreifen kann. *Daisy's* Vorteil ist, das sie ein loka-ler Produzent ist, d.h. sie hat einen Kostenvorteil in ihrem Gebiet und zudem einen soliden Kundenstamm, der den Namen *Daisy's Dairy* wiedererkennt und seit Jahren Eier von ihr ge-kauft hat. Aber in dem Gedränge, Marken ins Sortiment aufzunehmen, stellt *Daisy's* fest, daß sie gegen dieselben Lebensmittelläden antritt, auf die sie für ihren Vertrieb zählt.

Daher braucht die Molkerei eine Erinnerungskampagne, wie sie die Konzeptskizze in Abb. 3.4 vorschlägt. Ich würde einige Werbeanzeigen auf der Grundlage dieses Konzeptes schalten und versuchen, die Lebensmittelläden dazu zu bringen, mir Platz für Schilder in ihrer Verkaufs-stätte zu überlassen. Schließlich würde ich versuchen, die Unterstützung des lokalen öffentlichen Radiosenders und verschiedene spezielle Veranstaltungen in der Gemeinde zu nutzen, um den Konsumenten den Namen *Daisy's Dairy* regelmäßig wieder in Erinnerung zu rufen. Der Schlüssel zum Fortbestand der Marke *Daisy's* ist, dafür zu sorgen, daß die Konsumenten sie nicht vergessen!

Abbildung 3.4: Eine Erinnerungsanzeige für die Reifephase

Nutzen Sie POP als Erinnerungsmarketing!

Wie das vorangegangene Beispiel von *Daisy's Dairy* bereits vorschlägt, ist die *Einkaufsstätte* (POP = *point of purchase*) oft ein effektiver Weg, die Erinnerungsstrategie zu implementieren. Einkaufsstätten-Marketing bedeutet, den Konsumenten zum Zeitpunkt und an dem Ort seines Einkaufs in Ihrem Sinne zu beeinflussen.

 Precise International (aus Orangeberg, New York) nutzt diese Strategie, um die Produktlinie seines Wenger Schweizer Armeemesser in Schmuck- und Messerläden zu vermarkten. In Zusammenarbeit mit der Phoenix Display und Verpackungsgesellschaft (aus Wilmington, Delaware) entwickelt Precise International eine Vielfalt von Displaymaterial für Ladentheken und Fußböden, die riesige Modelle des unverwechselbaren roten Taschenmessers mit seinem weißen Kreuz als Logo darstellen. Obwohl der Taschenmessermarkt seit Jahrzehnten gesättigt ist, wenn nicht seit Jahrhunderten, besitzt Wenger eine starke Markenidentität, die es ihm erlaubt, einen großen und rentablen Marktanteil zu halten, allein dadurch, daß er die Kunden an sein Produkt erinnert. Oft stellen Kunden, wenn sie an einem dieser POP Displays vorbeigehen, fest, daß ein Schweizer Armeemesser ein perfektes Geschenk für jemand anderen oder sie selbst ist!

Positionierungsstrategien

Die letzte Entscheidung, die Sie unbedingt treffen *müssen*, ist die, wie Sie Ihr Produkt *positionieren*. Damit ist die *Position* gemeint, *die Ihr Produkt im Kopf des Kunden einnimmt*. Diese Entscheidung ist ein dreistufiger Prozeß.

Stufe 1: Wählen Sie Ihre Zielkundengruppe aus

Der erste Schritt bei der Entscheidung, wie Sie Ihr Produkt positionieren, ist, Ihr Zielmarktsegment auszuwählen. Ein Beispiel dafür ist die Entscheidung von McDonald's, sich um junge Erwachsene zu bemühen, die oft in Fast-Food-Restaurants gehen. Ein Zielmarktsegment ergibt sich aus der primären Erkenntnis, daß unterschiedliche Gruppen oder Segmente des Marktes verschiedene Bedürfnisse und Wünsche haben. Kinder gegen Erwachsene. Leute, die häufig in ein Fast-Food-Restaurant gehen, und solche, die das selten tun. Jeder dieser Unterschiede unterteilt die Bevölkerung in Gruppen. Setzen Sie diese zwei Unterschiede zusammen, und Sie erhalten eine zweidimensionale Segmentierung Ihres Marktes. Sie können diese Segmentierung bildlich darstellen, indem Sie die Alterskategorien in die Spalten eintragen und die unterschiedlichen Besuchshäufigkeiten in die Zeilen. Das Ergebnis ist eine große Tabelle, in der jede Zelle eines der Marktsegmente zeigt. McDonald's ist bereits führend in einigen dieser Segmente, aber das Unternehmen möchte seinen Markt ausdehnen (also wieder zurück zu dieser bekanntesten aller Strategien!). So betreibt es Marketing für ein neues Segment, eine neue Zelle in dieser großen Tabelle.

 Mir ist es egal, wie Sie Ihren Markt segmentieren. Unterteilen Sie ihn nach dem Alter, dem Wohnort der Leute, deren Kaufverhalten oder ob sie Jazz mögen oder hassen. Ich ermutige Sie, wilde und verrückte Wege der Kundengruppierung einzuschlagen. Wenn die wilden Wege funktionieren, führen sie zu innovativen Marketing-Programmen, und das ist der Stoff, aus dem Helden gemacht sind. Um aber erfolgreich zu sein, muß Ihre Methode zunächst zu folgendem Ergebnis führen: Sie muß Leute zusammenbringen, die das Produkt und das Bedürfnis, das dieses Produkt erfüllen soll, aus einem gemeinsamen Blickwinkel sehen. Der Vorteil, Ihren Markt in kleinere Segmente zu unterteilen, liegt darin, daß Sie dann die Bedürfnisse dieses Segments besser erfüllen können, als wenn Sie sich pauschal an jeden richten würden. Das wird sich nur bewahrheiten, wenn die Leute in einem Segment sich mit Blick auf das Produkt mehr gleichen, als die außerhalb des Segments. (Ich gehe auf die blutrünstigen Einzelheiten darüber, wie man Marktsegmente erforscht, in Kapitel 6 ein, falls es Sie interessiert.)

 Nachdem Sie sich dafür entschieden haben, wie Sie den Gesamtmarkt in kleinere Gruppen mit eher gleichartigen Bedürfnissen einteilen, müssen Sie eine Entscheidung darüber treffen, welche Ihre Zielgruppen sein sollen. Vielleicht können Sie auf alle abzielen. Aber gewöhnlich gelingt das nicht. Ich rate Ihnen dringend, sich nur ein Segment (oder maximal wenige) als Ziel Ihres Marketing auszuwäh-

len. Ich muß Sie darüber hinaus warnen, daß Sie wirklich eine einzigartige Marketingstrategie und einen ebensolchen Plan für jedes Segment benötigen, wenn Sie Marketing richtig betreiben wollen. Schließlich *sind* sie verschieden, darum muß es Ihr Marketing auch sein.

Stufe 2: Entwerfen Sie Ihre Positionierungsstrategie

Jetzt, wo Sie wissen, wer Ihre Zielkunden sind (falls Sie den vorangegangenen Abschnitt gelesen haben), sind Sie bereit, Ihre Positionierungsstrategie zu entwerfen. Ihnen stehen einige naheliegende Wahlmöglichkeiten offen:

✔ Sie können sich gegen einen Konkurrenten positionieren. »Unsere Zinsen sind niedriger als die der Citibank.« Dies ist eine natürliche Taktik für ein reifes Produkt, bei dem die Konkurrenzstrategie angewendet wird.)

✔ Sie können einen unverkennbaren Vorteil hervorheben. »Die einzige Erdnußbutter ohne schädliche gesättigte Fette.« (Diese Taktik empfiehlt sich gerade bei einer Pionierstrategie, zu Beginn eines Produktlebenszyklus.)

✔ Sie können sich mit etwas in Verbindung bringen, was der Kunden schätzt. »Die von Zahnärzten am häufigsten empfohlene Zahnpasta.« Die Empfehlung einer berühmten Persönlichkeit, der Anblick einer glücklichen Familie, die am Strand spielt, ein in wunderschönen Gärten gelegenes prunkvolles Herrenhaus, ein freundlicher Riese. All das wurde schon eingesetzt, um Produkte positiv in den Köpfen der Konsumenten zu positionieren.

Hier ein Beispiel: Meryll Lynch, die weltweite Einzelhandelsmaklergesellschaft, beschlossen, sich in Anlehnung an Leonardo da Vinci zu positionieren. Es stimmt schon, daß ist ganz schön weit hergeholt, aber sie leiteten die Analogie so gut sie konnten her (wie dieser Auszug aus einer Zeitungsanzeige zeigt): »Ebenso wie Leonardo da Vinci seinen Intellekt und seine Vorstellungskraft nutzte, um den Menschen während der Renaissance zu helfen, die Welt zu verstehen, wird unser Unternehmen heute von einer ähnlichen Verpflichtung geleitet. Mit unübertroffener weltweiter Präsenz versetzt unser Verständnis der die Welt gestaltenden Kräfte Menschen überall in die Lage, in kreativerer und erfolgreicherer Weise zu reagieren. Wir glauben wie Leonardo, daß es einen Unterschied macht, wenn wir unsere Intelligenz einsetzen, um das Leben der Menschen zu bereichern.«

Sie müssen sich Ihre Positionierungsstrategie großgedruckt über Ihren Schreibtisch hängen, um sicher zu gehen, daß Sie deren Umsetzung wirklich nicht aus den Augen verlieren. Es ist ebenfalls lohnend, Kopien Ihrer Positionierungserklärung an Ihre Werbeagentur, Ihren Händler, Publizisten und jeden anderen, der an Ihrem Marketing-Programm mitarbeitet, zu verteilen.

Es ist leicht, eine Positionierungserklärung zu verfassen. Zuerst müssen sie entscheiden:

✔ Welchen Kundentyp Sie als Zielgruppe anvisieren

✔ Was Sie für diesen Kunden tun wollen

✔ Wie Sie es tun wollen

✔ Warum Sie besser darin sind als die Konkurrenz

Danach sollten Sie mit Ihren eigenen Worten die folgenden Punkte ausfüllen:

Unser Produkt bietet folgende Vorteile:

_____

_____

Wir bieten sie den folgenden Kunden (Beschreibung des Zielsegments):

_____

_____

Unser Produkt ist besser als das der Konkurrenz in folgender Weise:

_____

_____

Wir können beweisen, daß wir die Besten sind (Beweis/Unterschiede):

_____

_____

Wenn Sie sich die Mühe machen, Ihre Positionierungserklärung zu durchdenken, dann bekommen Sie – eine Positionierungserklärung! Was soll das also? Sie können sie nicht brauchen, um Produkte zu verkaufen. Aber Sie können sie einsetzen, um Ihre gesamte Marketing-Kommunikation zu gestalten. Egal, was Sie in Ihrem Marketing-Programm umsetzen, von der Verpackung des Produktes oder der Dienstleistung bis hin zu deren Werbung und Publicity, alles sollte so ablaufen, daß es die Kunden von den Punkten Ihrer Positionierungserklärung überzeugt. Hängen Sie sich deshalb die Erklärung über Ihren Schreibtisch und greifen Sie darauf zurück, wann immer Sie sich mit dem Marketing dieses Produktes beschäftigen.

Stufe 3: Erobern Sie diese Position durch Ihr Marketing-Programm

Eine Positionierungserklärung verdeutlicht Ihnen, welche Informationen Sie über das Produkt verteilen müssen und an wen. Die Positionierungserklärung bringt diese Strategie in eine so einfache und klare Form, daß sie im Wirrwarr wahrscheinlich nicht verloren geht. Sehen Sie die Positionierungsstrategie als einen Marketingplan an, der so kompakt ist, daß Sie ihn auf ein Stückchen Papier schreiben und ihn in Ihrer Brieftasche bei sich tragen können.

Egal, was Sie in Ihrem Marketing-Programm tun – jedes Mal, wenn Ihr Programm mit Kunden an einem der Beeinflussungspunkte in Berührung kommt – sie müssen jedes Mal sicher sein, daß Sie die *richtigen* Kunden erreichen, mit der *richtigen* Botschaft. Ihre Positionierungserklärung erinnert Sie daran, an welche Zielgruppe Sie sich richten und welche Botschaft Sie ihr übermitteln wollen.

Dieser Plan klingt so einfach und einleuchtend. Ich frage mich oft, warum die meisten Marketing-Programme die Zeit der Kunden und das Geld der Marketingleute mit so vielen Botschaften verschwenden, die *zur Positionierungserklärung im Widerspruch* stehen. Jede Marketingbotschaft, die es nicht schafft, die Besonderheiten des Produktes oder des Unternehmens hervorzuheben und ausreichende Anhaltspunkte zu liefern, um dies auch zu beweisen, versagt bei der richtigen Positionierung des Produktes.

Jedes Marketing-Programm sollte eine (und nur eine) klar formulierte Positionierungsstrategie widerspiegeln. Genau das wird besonders wichtig, wenn Ihre Marketingziele vom Konkurrenzdenken geprägt sind – siehe die Erörterung zum Produktlebenszyklus zu Beginn dieses Kapitels. Eine Positionierungsstrategie legt dar, wie Ihrer Meinung nach die Kunden Ihr Produkt wahrnehmen sollen, im Einklang mit deren eigenen Bedürfnissen und Wünschen. Diese Strategie vergleicht dann konkurrierende Wege, diese Bedürfnisse und Wünsche zu erfüllen.

 McDonald's möchte sich momentan als ein toller Ort für Erwachsene positionieren, wo man auf die Schnelle gute Hamburger essen kann. Warum? Die Marke wird zur Zeit von Erwachsenen als kinderorientiert wahrgenommen. Das ist ganz klar, da sich McDonald's bisher als ein Ort mit viel Spaß für Kinder positioniert hat, nämlich durch seine restaurant-internen Spielplätze, seine Happy-Meal-Angebote (mit Spielzeug in der Tüte) und dem seit langem in der Fernsehwerbung eingesetzten Clown. Das ist eine gute Positionierungsstrategie, denn Kinder stellen einen großen Teil des Fast-Food-Marktes dar. Trotzdem weisen Studien Erwachsene als die »Großkunden« der Fast-Food-Restaurants aus, und McDonald's besitzt einen kleineren Anteil an diesem Großkunden-Segment als gewünscht. Darum schien eine neue Positionierungsstrategie angebracht, um die Teenager und jungen Erwachsenen, die die meisten Hamburger essen, zu umwerben, indem man sie überzeugt, daß McDonald's Essen und ein Image bietet, die dieser Zielgruppe gefallen. Zur Umsetzung dieser Strategie entwickelte McDonald's den Hamburger Royal TS und beauftragte die Werbeagentur Fallon McElligott (aus Minneapolis, Minnesota), ausgeklügeltere Fernsehspots zu drehen, die die Aufmerksamkeit von Erwachsenen und nicht von Kindern auf sich ziehen sollten.

So testen Sie Ihre Strategie in der Marketingpraxis

Keine Strategie wird Erfolg haben, wenn sie gesunden Menschenverstand entbehrt. Warum? Im Grunde genommen, führen nicht *Sie* Ihre Strategien aus. Sie hängen von *anderen* ab – von Ihren Verkäufern, Händlern, Werbeagenturen, Einzelhändlern usw., die Ihr Programm basierend auf Ihrer Strategie in die Tat umsetzen. Diese Repräsentanten könnten das Programm falsch auffassen, wenn es nicht einfach und bezwingend ist.

Kapieren es Ihre Kunden?

 Es gibt noch einen viel wichtigeren Grund dafür, sicherzustellen, daß Ihrer Strategie gesunder Menschenverstand innewohnt: *Ihre Kunden müssen sie auch kapieren!* Denken Sie an die Bemühungen der Firma Colgate, ein spezielles Produkt namens Colgate Junior einzuführen, das Kinder anspricht, weil es besser als Zahncreme für Erwachsene schmeckt. Damit die Colgate Junior Strategie funktioniert, müssen Kinder und Eltern von dem Produkt hören und feststellen, daß dieses Produkt eines ihrer Probleme lösen kann. Ich kann Ihnen sagen, daß die meisten Menschen, ob nun Erwachsene oder Kinder, nicht gerade voller Spannung auf die letzten Neuigkeiten aus der Forschung und Entwicklung von Zahncreme warten. Sie tätigen Routinekäufe oder kaufen preisabhängig, um von Gutscheinen und Sonderangeboten zu profitieren. Sie wissen wahrscheinlich nicht einmal, was in ihrer Zahnpasta drin ist. (Können Sie die Inhaltsstoffe der Marke, die Sie benutzen, aufzählen?) Daher sollte jede neue Zahncremerezeptur in einer einfachen, klaren und bezwingenden Weise vorgestellt werden.

Wie Sie dafür sorgen, daß sie es kapieren

Besteht Ihre Strategie diese zwei Tests – ist die Strategie klar genug für die Leute, die sie ausführen müssen, und werden die Kunden sie verstehen? Bevor Sie die Strategie in Ihrem Markt ausprobieren, können Sie deren Anspruch an den gesunden Menschenverstand testen, indem Sie sich ansehen, wie leicht Sie die Strategie anderen erklären können – und wie lange die sich danach noch an diese Strategie erinnern können. Versuchen Sie, Leuten, die nicht mit Ihnen arbeiten, von Ihren Strategien zu erzählen (aber passen Sie nur auf, daß die nicht für die Konkurrenz arbeiten!). Falls Ihre Kinder oder Ihr Freund oder Friseur oder Squashpartner Ihre Strategie verstehen können und wenn die Ihre Strategie interessant genug finden, so daß sie sich, wenn Sie sie einige Tage später danach fragen, noch daran erinnern können – dann verfügen Sie wahrscheinlich über eine Strategie, die dem Anspruch auf gesunden Menschenverstand gerecht wird, eine, die dem Mißbrauch eines Marketing-Programms standhalten wird.

Was ist aber, wenn Ihre Zuhörer dauernd einschlafen oder das Thema wechseln oder dauernd dumme Fragen stellen? Dann ist Ihre Strategie noch nicht reif für die Haupteinschaltzeit. Fangen Sie wieder von vorne an. Hier sind drei Dinge, die Sie tun können, um Ihre Strategie zu verbessern:

 ✔ **Überdenken Sie das *zugrundeliegende Bedürfnis*, das Sie ansprechen.** Ist es ein klares und wirkliches Bedürfnis – ist es mit den Worten und Gedanken formuliert, die normalerweise an Kunden appellieren? Dieses Problem scheint eine Leichtigkeit zu sein, aber häufig muß der Marketingmensch wirkliches Verständnis und Vorstellungskraft in die Bestimmung von Kundenbedürfnissen stecken. So haben beispielsweise sehr viele Eltern mit ihren Kindern Kämpfe um das Zähneputzen ausgefochten und sind frustriert gewesen, weil sich ihre Kinder dieser grundlegenden Hygienemaßnahme widersetzten. Aber niemand kam auf die Idee, das Problem in der schlecht schmeckenden Zahnpasta zu suchen, bis Tom's of Main, Colgate und einige andere Unternehmen sich dieser Problemdefinition irgendwann im letzten Jahrzehnt annahmen. Irgendwer mußte eine glänzende Idee haben – eine, die völlig natürlich und offensichtlich erschien, sobald sie anderen mitgeteilt wurde. Diese Art von Einblick in die Kundenbedürfnisse ist es, die Marketingreichtümer schafft!

✔ **Überdenken Sie Ihren *Zielmarkt*.** Hängt die Gruppierung, die Sie gewählt haben, im praxisorientierten Marketing zusammen? Ich kann mir leicht Kinder vorstellen, die es hassen, ihre Zähne zu putzen – ich habe selber mehrere großgezogen. Daher entspricht Colgates Segmentierungsstrategie – den Zahnpastamarkt nach Alter einzuteilen und danach, ob die Leute den konventionellen Zahnpastageschmack mögen oder nicht – dem Sinn für gesunden Menschenverstand. Ein Verpackungsdesign zu basteln oder einen TV-Spot zu drehen, der Jugendliche zur Zielgruppe hat, die Zähneputzen hassen, wird nicht schwierig sein. Die Marketingleute werden dann eine klare Ausrichtung vor Augen haben. Viele Kinder werden die Strategie kapieren und sie werden sich sofort mit dieser Marketing-Kommunikation identifizieren. (Ich weiß, Kinder kaufen keine Zahnpasta, doch deren Eltern tun es sicherlich!) Aber wenn ein Zielmarkt schlecht definiert ist, fehlt es meist auch dem Marketing-Programm an Definition. Das wiederum macht es Kunden schwer, den Sinn der Marketing-Kommunikation zu erfassen; sie wissen nicht, ob das Produkt für sie bestimmt ist. Lassen Sie Ihre Strategie nicht in diese Falle tappen.

✔ **Schreiben Sie Ihre *Positionierungserklärung* neu.** Falls Ihre Strategien nicht den Anschein machen, für jeden, der sie »kapieren« soll, genügend gesunden Menschenverstand zu beinhalten, dann ist es höchste Zeit, sie neu zu schreiben. Vielleicht positionieren Sie Ihr Produkt in einer nicht intuitiven Weise. Marketingleute fallen oft der *Unternehmenssichtweise* des Produktes zum Opfer – dem, was die erfahrenen Produktdesigner als das besondere an ihrer Schöpfung bezeichnen. Falls Ihre Positionierungserklärung voller Fachausdrücke ist, schreiben Sie diese in wirkliche Vorteile um und benutzen Sie die Sprache Ihrer Kunden. Sorgen Sie dafür, daß Sie Ihr Produkt sowohl gemäß den *Grundbedürfnissen* der Kunden (siehe Kapitel 2) als auch gemäß deren spezifischen Wünschen positionieren.

In Kapitel 6 zeige ich Ihnen, wie Sie Marktforschung zur Identifikation der Auswahlkriterien der Kunden einsetzen können – das sind die Dinge, über die Kunden nachdenken, wenn sie in Ihrem Markt einkaufen.

Sie brauchen aber keine offizielle Forschung zu betreiben, um diese Regel der vernünftigen Marketingstrategie zu befolgen. Für den Kunden, der beispielsweise ein Auto kaufen möchte, könnte es von Bedeutung sein, wie fest die Reifen auf der Straße greifen, wenn der Wagen bei schlechten Witterungsbedingungen ins Rutschen kommt. Der Automobildesigner drückt sich nicht so aus – er spricht vom Gravitationszentrum, vom Drehmoment und von vielen anderen Fachausdrücken. Lassen Sie ihn einfach reden – aber nicht zu Ihren Kunden!

 Denken Sie daran, daß Sie sich immer die Kundenkriterien für Kaufentscheidungen vor Augen rufen, in deren Worten oder solchen, die so natürlich sind, daß sie zu den Worten des Kunden *werden*. Wenn Sie so vorgehen, verfolgen Sie wahrscheinlich eine erfolgreiche Marketingstrategie. Wenn nicht, garantiere ich Ihnen einen Reinfall für Ihr Marketing-Programm. Darauf können Sie sich verlassen – genauso wie auf Ihren letzten Gehaltsscheck, der daraufhin ins Haus flattert.

Lassen Sie uns kreativ werden

In diesem Kapitel

▷ Wie Sie großartiges Marketing machen, indem Sie kreativ sind

▷ Wie Sie Ihre eigene Kreativität fördern

▷ Wie Sie Besprechungen und Teams kreativer machen

▷ Wie Sie Ihre Kreativität in der Werbung einsetzen

▷ Wie Sie Ihre Kreativität in die Produktentwicklung einbringen

▷ Wie Sie Ihre Kreativität nutzen, um die Stärke Ihrer Marke aufzubauen

*U*nternehmen sind begrenzt an Ideen. Die eine Sache, von der Sie am wenigsten haben, ist nicht Geld, nicht Wissen, nicht Technologie oder fähige Angestellte oder Kunden – was ihnen fehlt, ist eine Flut von frischen, neuen Ideen. Der Wahrheitsgehalt dieser Behauptung ist höchst offenkundig im Marketing, wo Fortschritt das direkte Ergebnis von Kreativität ist.

Kein Unternehmen kann ohne eine kreative Herangehensweise ans Marketing erfolgreich sein, weil sich im Marketing alles in regelmäßigen Abständen verändern muß. Sie können nicht dauernd die gleichen alten Anzeigen und Werbemaßnahmen schalten; Sie müssen laufend neue einsetzen. Sie können nicht immer dieselben Produkte anbieten, sondern Sie müssen sie verbessern, weil es sonst Ihre Konkurrenten tun. Sie können nicht dasselbe Verkaufsgespräch führen wie letztes Jahr, oder Ihre Kunden setzen Sie vor die Tür. Sie können nicht den Stand vom vergangenen Jahr bei der diesjährigen Handelsmesse aufstellen. Sie können den Preis Ihres Produktes nicht von Saison zu Saison und Jahr für Jahr gleich halten, weil Ihre Kosten, die Preise Ihrer Konkurrenten und Ihre preispolitischen Ziele sich alle regelmäßig ändern. Es kann eigentlich nichts im Marketing genau beibehalten werden. Wenn Sie sich nicht verändern, verlieren Sie. Um zu gewinnen, müssen Sie mehr tun, als nur den Trends zu folgen. Sie müssen sie setzen!

Daher ist Kreativität unglaublich wichtig im Marketing. Aber das Lustige ist, daß Sie in kaum einem Marketingbuch ein Kapitel über Kreativität finden (selten auch nur einen Absatz zu diesem Thema!). Die meisten Manager oder Marketingleute betrachten sich auch nicht als besonders kreativ. Sie ziehen es vor, ein seriöses, geschäftsmäßiges Bild gegenüber dem Rest des Unternehmens abzugeben. Kreativität und Geschäft sind wie Öl und Wasser – sie scheinen sich einfach nicht zu verbinden.

Aber dann wiederum kann man gutes Marketing mit einem guten Salatdressing vergleichen: Es muß das Unvereinbare zusammenführen, es muß nüchterne Analysen mit verwegener, verrückter Kreativität vermischen. Alle großen Marketingleute sind heimliche Schöpfer, deren Köpfe voller wilder Ideen stecken, auf die sie nach Bedarf zurückgreifen. In diesem Kapitel zeige ich Ihnen, wie Sie Ihre Kreativität und die Ihrer Kollegen fördern, um über eine tiefe Quelle an frischen neuen Ideen für Ihre Marketinginitiativen zu verfügen.

Was ist Kreativität?

Sie können die Frage »Was ist Kreativität?« auf zwei Arten beantworten. Erstens können Sie das mit einer formalen Definition – hier ist mein Versuch: *Kreativität bedeutet, nicht ersichtliche Verbindungen zwischen Dingen oder Ideen herzustellen.*

Zweitens können Sie Kreativität an einem Beispiel verdeutlichen. Das ist eine wertvolle Übung. Denn wenn Sie sich in Ihrem Umfeld den handfesten Beweis Ihrer eigenen Marketingbemühungen und der anderer ansehen, stellen Sie fest, daß bemerkenswert wenige dieser Bemühungen als großartige Beispiele von Kreativität herausragen. Das meiste, was als kreative Arbeit durchgeht, ist ziemlich stumpfsinnig. Die hergestellten Verbindungen sind hinreichend ersichtlich, so daß sie Sie nicht umhauen, wenn Sie sie sehen. Folglich sehen Sie sie *nicht* notwendigerweise!

Die Seltenheit bedeutender kreativer Arbeit im Marketing sagt etwas über Kreativität aus: Es ist schwer, es gut zu machen. Sie benötigen wirkliches Verständnis und große Anstrengung, um die Art von Inspiration zu erreichen, von der ich spreche.

 Es gibt gute Beispiele, und ich rate Ihnen dringend, sie zu sammeln, weil sie Inspirationen für alle Marketingleute zur Erhöhung unserer Standards darstellen. Nehmen Sie beispielsweise das preisgekrönte Design, das ein Unternehmen für ein Einkaufsstättendisplay entwarf. Damit warben sie für den Film *Der Indianer im Küchenschrank*, der 1996 in die Videotheken kam. Diese Geschichte ist eine Kinderbuchverfilmung über einen Jungen, der einen Zauberschrank mit der Kraft besitzt, Spielzeugfiguren, zu denen ein amerikanischer Ureinwohner gehört, zum Leben zu erwecken. Die Marketingleute hätte sich viele der aufregenden Szenen aus dem Film aussuchen können, um ihr Einkaufsstättendisplay zu illustrieren. Statt dessen entschieden sie sich, das Wunder des Zauberschranks selbst zu vermitteln. Aber wie sollte man die Zauberkraft des Schranks darstellen? Es wäre naheliegend gewesen, das Äußere des Schranks zu zeigen, so wie es jedem, der ihn zum ersten Mal sieht, von außen erscheinen könnte.

Die Marketingleute drehten das Bild um und setzten den Betrachter in die Kiste, wo er vorbei an einem erschreckten Indianer durch ein gigantisches Schlüsselloch ins Auge eines riesigen Kindes blickte, das durch dieses Schlüsselloch lugte. Das Display aus Karton ließ sich falten, um die Vorstellung zu schaffen, daß sich der Betrachter in der Kiste befinde. Das Ganze war in einem solch großen Maßstab gedruckt, daß sich der Betrachter winzig vorkam, verglichen mit dem großen Schlüsselloch und dem riesigen Jungen, der hineinschaute. Die visuelle Ausstrahlung des Displays war so aussagekräftig, daß es wenig Text brauchte, um zu funktionieren – nur eine Schlagzeile über dem oberen Teil, die aufforderte: »Entschlüssele das Geheimnis« und der Name des Films am unteren Rand.

 Ein weiteres Beispiel für Kreativität im Marketing liefert der Unternehmer Ralph Rubio aus San Diego, Kalifornien, der ein Restaurant eröffnen wollte. Dieses Restaurant sollte schnelle und leckere Gerichte nach mexikanischer Art anbieten. Aber was genau? Rubio erzielte mit seiner ersten kreativen Idee bereits viele Punkte. Er servierte den traditionellen Fischtaco, ein Gericht, von dem bisher erst wenige Amerikaner gehört hatten – das ist ein in Teig gehülltes, fritiertes Fischfilet in einer weichen Tortilla mit spezieller Sauce, etwas Kohl und einem Spritzer Limone. Ich habe es bisher noch nicht gegessen, aber da Rubios Restaurants jetzt über Südkalifornien verstreut sind, haben es bereits viele andere Leute probiert, und die meinen, daß dieses nicht sofort ins Auge springende Gericht auf der Speisekarte absolut köstlich ist! Rubio setzte noch eine zweite Idee oben drauf: eine Fischcomicfigur namens Pesky Peskado, die eine gelbe Tortillaweste trägt und auf T-Shirts, in der lokalen Werbung und selbst auf einem riesigen aufblasbaren Ballon zu sehen ist. Pesky gab dem Fischtaco eine Identität und eine Sichtbarkeit, die dieses neue Gericht bei den Bewohnern von San Diego bekannt gemacht hat. Ein neues Fast-Food-Gericht mit einer unverkennbar fischigen Markenidentität – das ist ein gutes Beispiel für Kreativität bei der Arbeit.

Der Rest der Geschichte ist allein gutes, konsequentes Marketing – von Aufklebern und Antennenanhängern bis zum Sponsoring lokaler Sportmannschaften. Hinzu kamen Flugblätter für lokale Unternehmen und die Schaltung regelmäßiger Zeitungsanzeigen mit Gutscheinen, um die Leute dazu zu ermuntern, die pikanten Fischtacos zu probieren. Das ist die Erfolgsgeschichte eines lokalen Unternehmers, der seine Einkünfte in den ersten fünf Jahren jeweils verdoppelte, bis er schließlich eine bedeutende regionale Restaurantkette aufgebaut hatte. Gutes, behutsames Marketing, das seinen Vorteil aus so vielen Einflußpunkten wie nur möglich zog. Aber in seinem Kern (was es besonders macht) steckte eine kreative Idee für eine neue Produktart und eine kreative Identität, um das Produkt in den Köpfen seiner Kunden zum Leben zu erwecken.

Die kreative Arbeit hinter den vorangegangenen zwei Beispielen ist eine besondere. Sie ragt heraus, springt ins Auge und schmeichelt der Seele. Sie ist ein Geschenk an ihre Kunden und die allgemeine Öffentlichkeit, ein bißchen Theater oder Dichtung, und nimmt in der Gesellschaft aufgrund besonderer Verdienste einen eigenen Platz ein. Erinnern Sie sich an den Grundsatz des wirklichen Marketing (Kapitel 1), daß Sie, je mehr Sie Ihren Kunden geben, um so mehr von ihnen zurückbekommen. Große kreative Arbeit ist eine Sache, die Sie Ihren Kunden geben können und von der Sie ebenso profitieren wie diese. Es ist eine Gleichung, die auf beiden Seiten aufgeht. Es geht keinem an die Gurgel. Kreatives Marketing läßt Ihr Produkt oder Unternehmen weit über allen anderen stehen, aber sie können diese Art Marketing nicht betreiben, wenn Sie keine tollen Ideen haben!

Wie Sie Ideen entwickeln

Okay, es ist Zeit, kreativ zu sein. Auf die Plätze, fertig, LOS!

Sind Ihnen schon gute Ideen eingefallen?

Nein?

Und jetzt? Nicht?

Wenn Sie nicht auf Abruf kreativ sein können, geraten Sie nicht in Panik. Diesem Problem stehen die meisten Menschen gegenüber, ob sie nun innerhalb oder außerhalb des Marketing-bereichs tätig sind. Künstler üben sich jeden Tag in Kreativität, aber das gilt im allgemeinen nicht für Geschäftsleute. Folglich kommen die meisten Leute auf außergewöhnlich wenige kreative Ideen während eines Tages oder sogar eines Jahres. (Wieviel kreative Ideen haben Sie im vergangenen Jahr bei Ihrer Arbeit entwickelt und vorgeschlagen?)

Wenn man also im Marketing kreativ sein muß, stellen viele Menschen fest, daß sie etwas Hilfe benötigen. Wie handelt man kreativ? Was gehört alles dazu, ungewöhnlich kreative Ideen zu entwickeln?

Vor einiger Zeit wandte sich ein Student mit eben dieser Frage an die Werbeagentur Young & Rubicam. Die Frage wurde in einem Brief von Mary O'Mara (damals ein Creative Director der Agentur) beantwortet, der zu so etwas wie dem Klassiker der Branche geworden ist. Hier ist ihre Antwort:

Es gibt den Schwammteil: *wenn Sie alle Informationen, die Sie entdecken können, in sich aufsaugen (und dazu eine Menge Fehlinformationen).*

Es gibt den Schüttelteil: *wenn Sie die Fakten herausschütteln und das Problem selbst in Frage stellen und sich alle möglichen Sachen vorstellen.*

Es gibt den Ausdrückteil: *wenn Sie den Schwamm auswringen und die vielversprechendsten Spritzer und Tropfen hinkritzeln.*

Es gibt den Aufprallteil: *wenn Sie sich mit einem anderen vom Problem Betroffenen gegensei-tig aufkeimende Ideen zuwerfen, bis nur noch die stärksten überleben.*

Es gibt den Rubbelteil: *wie oben, aber jetzt rubbeln Sie Gehirn an Gehirn in der Hoffnung, eine neue Idee zu entzünden.*

Es gibt den Noch-einmal-bitte-Teil: *wenn Sie die Überlebenden im kalten Licht der Vernunft untersuchen, die meisten aufgeben und wenige in der warmen Dunkelheit der Vorstellungs-kraft ausreifen lassen.*

Es gibt den trockenen Teil: *wenn Sie aufhören über das [!#*!] Problem nachzudenken und sich dem Vergnügen oder der Routine zuwenden. (Sie werden nur denken, Sie haben aufge-hört zu denken.)*

Es gibt den Glücks-Teil: *wenn sich Dinge verbinden und eine Idee in Ihren Kopf schießt, die sich als Schlüssel zur Lösung herausstellt. Das passiert oft, wenn Sie es am wenigsten erwar-ten und nicht mal an das Problem denken.*

Es gibt den Taten-Teil: *wenn Sie die Ihnen eigenen Begabungen und erlernten Fähigkeiten sowie die der anderen Betroffenen einsetzen, um der rohen Idee Gestalt zu geben und sie zu einer richtigen Lösung zu formen.*

Es gibt den juckenden Teil: *der vielleicht zuerst und nicht zuletzt kommen sollte. Der Drang, Probleme kreativ zu lösen – mit einer neuen und originellen Lösung –, rührt von einem chronischen Juckreiz her: der Unzufriedenheit mit allen bestehenden Lösungen. Sogar wenn die letzte von Ihnen selbst stammen sollte.*

Ich gebe diesen Brief wieder, weil er die bereicherndste, ehrlichste Beschreibung von kreativem Verhalten ist, die ich bisher gelesen habe. Ich hasse durchnumerierte Listen mit Schritten zur »kreativen Problemlösung« und ähnliches, weil diese Listen aus der Kreativität eine Wissenschaft machen wollen. Kreativität ist keine Wissenschaft, es ist eine Gewohnheit: eine lose Sammlung von Verhaltensausschnitten, wie das Aufsaugen von Informationen, das Infragestellen des Problems, das Zu- und Abspielen von Ideen mit einem Kollegen und das Zurseitelegen der ganzen Sache, um es in Ihrem Hinterkopf ausreifen zu lassen, während Sie etwas anderes tun.

Wie Sie dem Drang nachgeben

Dieses »Jucken«, neue, bessere Ideen und Herangehensweisen zu finden, treibt den Kreativitätsprozeß voran. Kreative Menschen werden von innen durch ihren eigenen Drang angetrieben. Wenn Sie wirklich kreativ sein wollen, ziehen Sie los und eignen Sie sich solch einen Drang an. Das können Sie ganz leicht im Marketingbereich tun, indem Sie einfach Ihren Aufgabenbereich mit kritischen Augen betrachten. Sobald Sie sich dann sagen:»Das ist dumm, das mache ich besser!« und:»Wie können sich die Leute nur mit dieser Unproduktivität abfinden?« und:»Es muß einen besseren Weg geben!«, dann blicken Sie in die richtige Richtung.

Denn es gibt *immer* einen besseren Weg. Sie können ein neues Produkt erfinden oder eine neue Methode, Ihr Produkt zu vertreiben, oder Ihre Werbemaßnahmen verbessern oder sich eine Alternative zu den dummen Gutscheinen ausdenken, die Ihr Unternehmen immer verteilt, oder mit einer peppigeren Aufmachung für den Stand Ihres Unternehmens auf der Handelsmesse aufwarten. Egal, was es ist, *Sie* können es besser machen! Alles, was Sie brauchen, ist das Vertrauen, sich in die Sache reinzuhängen und die harte Arbeit zu bewältigen, die darin besteht, kreative Ideen zu entwickeln. *Unmengen* an Ideen, da die meisten aus praktischen Gründen abgelehnt werden müssen, und was dann übrig bleibt, wird nicht besonders kreativ sein, es sei denn, Sie fangen mit einer ganzen Menge an.

Gruppenkreativität

Selber kreativ zu sein, ist schon schwer genug. Aber oft besteht im Marketing oder allgemein im Berufsleben die Aufgabe darin, eine Gruppe oder ein Team zu veranlassen, sich einige gute, kreative Konzepte auszudenken. Viel Glück!

Die meisten Gruppen von Menschen tun nichts weiter, als sich über veraltete Ideen zu streiten, wenn sie morgens an einen Konferenzraum gefesselt sind. Oder was noch schlimmer ist, einer kommt mit einer absolut schrecklichen neuen Idee daher, und der Rest der Gruppe stürzt sich darauf und ist nicht davon abzubringen, daß der Vorschlag großartig ist ... nur um *selber* nicht nachdenken zu müssen. Falls Sie darauf hoffen, eine Gruppe tatsächlich dazu zu bringen, kreativ zu sein, dann sollten Sie besser auf strukturierte Gruppenprozesse zurückgreifen. Das bedeutet, Sie müssen die Gruppe veranlassen, sich von einer Methode wie dem Brainstorming leiten zu lassen (die, obwohl sie im Geschäftsleben oft erwähnt wird, doch selten richtig angewendet wird). Manchmal lehnt es die Gruppe zuerst ab, aber seien Sie hartnäckig. Fragen Sie sie, was sie zu verlieren haben, wenn sie Ihren Vorschlag für eine halbe Stunde ausprobieren. Sobald sie eine Technik ausprobiert haben, werden sie sehen, wieviel produktiver die Gruppe arbeitet, und sie werden weitere Kreativitätstechniken kennenlernen wollen.

Die folgenden Überschriften liefern das, was ich vorbehaltlos als *die beste gedruckte Zusammenstellung von Gruppenkreativitätstechniken* bezeichnen kann. Diese Liste ist die beste, weil ich weiß, daß diese Techniken funktionieren – ich habe sie häufig mit ganz unterschiedlichen Gruppen ausprobiert, sowohl im Marketing als auch in anderen Disziplinen. Ich gehe nicht auf einige wirklich dumme Techniken ein, die wahrscheinlich nicht funktionieren und die alle über Sie lachen lassen. Ich habe zu viele von diesen ausprobiert!

Merken Sie sich, daß diese Techniken im allgemeinen eine Liste von Ideen erzeugen. Hoffentlich eine lange und vielseitige Liste. Aber dennoch nur eine Liste. Planen Sie daher etwas Zeit für die Analyse dieser Liste ein, um die vielversprechendsten Ideen herauszufiltern und diese dann zu vollausgereiften Vorschlägen weiterzuentwickeln.

Nominale Gruppentechnik

Die *nominale Gruppentechnik* bringt jeden dazu, originelle Ideen beizusteuern, das natürliche Zögern, sich zu beteiligen, wird überwunden.

1. **Beginnen Sie mit einer *genauen Darstellung des Problems*, über das jeder nachdenken soll.**

   Sie könnten das Problem z.B. so darlegen: »Denken Sie über Gestaltungsmöglichkeiten für unseren neuen Messestand nach.« Falls nötig, kann jemand die Gruppe kurz über das Problem in Kenntnis setzen, um alle auf den neuesten Informationsstand zu bringen.

2. **Jede Person schreibt still für sich so viele Ideen, wie ihr einfallen, auf ein eigenes Blatt Papier.**

   Ich bevorzuge große Karteikarten, für jede Idee eine.

3. **Die Ideen werden mit der Gruppe geteilt (entweder lassen Sie jede Person ihre eigenen vorlesen, oder Sie sammeln sie ein und lassen eine Person alle Ideen vorlesen).**

   Schreiben Sie die Ideen auf eine Tafel oder breiten Sie die Karteikarten auf dem Tisch aus.

4. **Lassen Sie Fragen und Diskussionen zu, um jede Idee klarzustellen.**

5. **Führen Sie eine Wahl für »die beste Idee« durch.**

   Lassen Sie durch Handzeichen oder geheime Abstimmung entscheiden, je nachdem, was angemessen ist.

Brainstorming

Brainstorming ist eine tolle Methode, die Anzahl und Vielfalt von Ideen zu steigern. Das Ziel des Brainstorming ist es, eine ziemlich lange Liste mit »verrückten Ideen« zu produzieren, von denen sich einige als überraschend hilfreich erweisen können. Brainstorming bringt Menschen dazu, *aus dem Bauch heraus zu denken*, wobei sie unübliche Ideen jenseits ihrer normalen Denkstrukturen entwickeln – zumindest, wenn Sie sie dazu drängen, Brainstorming auf diese Weise zu nutzen. Lassen Sie Ihre Gruppe nicht nur der Form halber Brainstorming machen. Um wirklich zu erfahren, was das heißt, werden sie *frei assoziieren* müssen, ihren Gedanken erlauben, von momentanen Ideen zu irgendwelchen neuaufkommenden Ideen zu schweifen, ganz egal, welcher Zusammenhang zwischen den alten und neuen Ideen besteht.

Sie werden Ihre Gruppe vielleicht mit Beispielen ermutigen müssen. Falls das Problem lautet: »Denken Sie über neue Alternativen für unseren Messestand nach!«, können Sie sich spontan einige Beispielideen einfallen lassen, um deutlich zu machen, was Sie die Gruppe zu tun bitten: einen Stand wie ein lustiges Zirkuszelt, einen Stand in Form einer riesigen Höhle, einen Stand, der aussieht wie eines unserer Produkte, einen Stand, der von innen wie unter freiem Himmel dekoriert ist, mit blauem Himmel und weißen Wolken, einen Stand wie die Abschußrampe eines Spaceshuttles, von der aus einmal in der Stunde ein maßstabgetreues Modell des Shuttles »abgeschossen« wird, einen Stand, der sich langsam dreht, einen Stand, an dem den Besuchern gratis frischgemachtes Popcorn und frischgebackene Plätzchen angeboten werden.

Diese Ideen werden wahrscheinlich nicht von dem durchschnittlichen Unternehmen angenommen, aber sie verdeutlichen den Geist des Brainstorming, der darin besteht, Ihre Kritik beiseitezulegen und etwas Spaß bei der Ideenentwicklung zu haben. Es gibt folgende Regeln (die Sie der Gruppe im voraus erklären müssen):

✔ Es zählt die Quantität nicht die Qualität – finden Sie so viele Ideen wie möglich.

✔ Kein Mitglied der Gruppe darf die Vorschläge eines anderen kritisieren – keine Idee ist zu wild, um aufgeschrieben zu werden.

✔ Es bestehen keine Besitzansprüche auf Ideen – jeder sollte auf die Ideen der anderen aufbauen.

Fragen-Brainstorming

Fragen-Brainstorming ist ein weiterer Weg, neuartige Fragestellungen aufzuwerfen, der Ihre Gruppe dazu bringen kann, kreativer zu denken. Diese Technik läuft nach den gleichen Regeln ab wie Brainstorming, aber die Gruppe ist angehalten, über Fragen statt über Ideen nachzudenken.

Falls die Aufgabe darin besteht, einen neuen Messestand zu entwickeln, der mehr zukünftige Kunden anzieht, dann könnte die Gruppe beispielsweise an die folgenden Fragestellungen denken:

✔ Kommen größere Stände besser an als kleinere?

✔ Welche Stände zogen die meisten Menschen auf der letzten Messe an?

✔ Sind alle Besucher gleich, oder wollen wir nur bestimmte Besuchertypen ansprechen?

✔ Wenn wir eine Sitzgelegenheit und freien Kaffee anbieten, wird das hinhauen?

Wunschdenken

Wunschdenken ist eine Technik, die von Hanley Norins von Young & Rubicam angeregt wurde, eine, die er in seinem Traveling Creative Workshop zum Training der Angestellten dieser Agentur einsetzte. Die Technik folgt den Grundregeln des Brainstorming, aber mit der Erfordernis, daß alle Formulierungen mit den Worten »Ich wünschte« anfangen. Norins erklärt das folgendermaßen: »Wenn Sie mit den Worten ›Ich wünschte ...‹ beginnen, wird Ihr Verstand solche Gedanken wie die nun folgenden wecken: ›Ich wünschte, daß, sobald der Winter anfängt, meine Familie und ich schnellstens zum Flughafen fahren und flüchten könnten ...‹, ›Ich wünschte, ich könnte jetzt beim Schnorcheln in kristallklarem Wasser sein, wo die Fische tausend verschiedene Farben und Muster tragen‹, ›... daß wir in der Sonne unter einem Sonnenschirm sitzen und eine PiÒa Colada trinken könnten‹, und so weiter.«

Diese Art von Aussagen könnten nützlich für die Entwicklung einer Werbekampagne für ein karibisches Urlaubshotel sein. Falls Sie eine andere Ausrichtung brauchen, müssen Sie nur ein Thema benennen, zu dem Leute Wünsche äußern sollen. Sie können z.B. vorgeben: »Stellen Sie sich vor, die Fee der Messen würde Ihnen alle Ihre Wünsche erfüllen – solange sie sich um den Stand des Unternehmens auf der nächsten großen Handelsmesse drehen.« Ich weiß, daß diese Wünsche nicht annähernd soviel Spaß machen werden, aber es werden doch noch einige hilfreiche Ideen zustandekommen!

Analogien

Analogien sind auch ein gutes Kreativitätsinstrument. Sie denken wohl, ich spaße, weil sich die Idee so trivial anhört. Aber erinnern Sie sich, daß ich Kreativität definiert habe als das Herstellen *nicht ersichtlicher Verbindungen* von Ideen? Eine gute Analogie ist genau das.

 Ein berühmtes Beispiel liefert der Chemiker August Kekulè von Stradonitz, der herausfand, daß Benzol die Form eines Rings von sechs Kohlenstoffatomen einnimmt. Er kam während eines Tagtraums zu diesem wichtigen Schluß, in dem er sich Atomketten als Schlangen vorstellte – bis eine von ihnen sich zurückschlängelte und in ihren eigenen Schwanz biß, und da hatte er die Lösung!

Um Analogien für sich nutzen zu können, bitten Sie Ihre Gruppe, an Dinge zu denken, die eine Ähnlichkeit mit dem Thema oder Problem haben. Zuerst werden den Gruppenmitgliedern nur herkömmliche Ideen einfallen, aber mit denen sind sie bald am Ende und um weiterzumachen, müssen sie sich neue Analogien ausdenken. Sie könnten eine Gruppe bitten, durch Brainstorming Analogien für Ihr Produkt zu finden, als Inspirationsquelle zur Entwicklung neuer Werbemaßnahmen für dieses Produkt.

 Werbefachleute für die Sportausrüstung von Nordic Track dachten, daß der Rettungsring aus Fett, den einige Leute auf den Hüften tragen, dem platten Reifen eines Autos gleicht, der dringend gewechselt werden muß. Aus dieser Analogie entsprang eine erfolgreiche Schlagzeile: »Einfache Anweisungen, um Ihren Ersatzreifen zu wechseln«.

Pass-along

Pass-along ist ein einfaches Spiel, daß einer Gruppe dabei hilft, ihre Grenzen zu freier Assoziation und gemeinschaftlichem Denken zu überwinden. Früher spielten die Menschen dieses Spiel nur zum Spaß, aber wer spielt heute noch Gesellschaftsspiele, wo wir Fernsehzimmer statt Salons haben? Hier sind die Spielregeln, für den Fall, daß Sie noch nie von diesem Spiel gehört haben.

1. **Ein Spieler schreibt etwas über das fragliche Thema in die erste Zeile auf ein Blatt Papier und gibt es an den nächsten Spieler weiter, der eine zweite Zeile darunter ausfüllt.**

2. **Das Blatt wird solange um den Tisch oder in der Gruppe herumgereicht, bis niemandem mehr etwas einfällt.**

Diese Spiel kann mit drei bis zwanzig Spielern gespielt werden. Man braucht weniger Runden mit größeren Gruppen – versuchen Sie generell eine komplette Seiten linierten Papiers auszufüllen. Wenn die Spieler von dem Spiel mitgerissen werden, entsteht eine Gedankenlinie und tanzt über das Papier, wobei jeder vorherige Satz etwas Neues vorschlägt, bis Sie viele gute Ideen gesammelt haben und zusätzlich viele Wege, über Ihr Problem nachzudenken. Die Spieler decken laufend neue Aspekte des Themas auf, während sie auf das Vorhergesagte aufbauen oder neue Dimensionen zu den obigen Zeilen hinzufügen.

Nehmen wir an, ein Team von Marketing- und Verkaufsleuten trifft sich, um neue Produktkonzepte für die Produktentwicklungsabteilung einer Bank zu entwickeln. Nun, das hört sich nach einer harten Aufgabe an – was kann es Neues unter der Bankensonne geben? Aber Sie, als kluges Köpfchen, wählen ein Thema aus und reichen das Papier rund:

Thema: Wie können wir die persönlichen Finanzen unserer Kunden aufbessern?

Weitergegebene Ideen:

✔ Wir helfen ihnen, in der Lotterie zu gewinnen.

✔ Wir helfen ihnen, Geld zu sparen, durch monatliche Rücklagen von X Prozent.

✔ Wir helfen ihnen, für die Universitätsausbildung ihrer Kinder zu sparen.

✔ Wir helfen ihnen, ihre Finanzen im Auge zu behalten.

✔ Wir geben ihnen ein Scheckbuch, das sich selbst ausgleicht.

✔ Wir benachrichtigen sie im voraus über finanzielle Probleme, wie geplatzte Schecks, so daß diese vermieden werden können.

Wie diese Beispiele zeigen, kann eine Idee zu einer anderen führen. Wenn daher die erste Idee nicht hilfreich ist, kann man durchaus brauchbare Gedanken erzeugen, wenn man neue Idee aus der ersten assoziiert. Eine Bank wird wohl kaum ins Lotterielosgeschäft einsteigen können (dagegen muß es ein Gesetz geben!). Aber nachdem die Gruppenmitglieder sich an diesen Zeilen entlanggedacht hatten, fielen ihnen einige praktikable Wege ein, das Vermögen ihrer Kunden zu erhöhen, wie Pläne, die diesen helfen könnten, jeden Monat automatisch Geld auf ihr Sparkonto zu überweisen.

Ein Scheckbuch kann sich auch nicht selbst ausgleichen – diese Aufgabe muß durch andere Maßnahmen als Zauberei ausgeführt werden. Aber wie wäre es, wenn ein Computer diese Arbeit erledigen würde? So ein Service ist durchaus möglich, falls der Kunde gewillt ist, a) seine Bankgeschäfte über das Internet abzuwickeln, elektronisch, so als würde er den Bankcomputer benutzen, oder b) ein Scheckbuchprogramm auf seinem PC zu benutzen, um seinen Kontostand zu verfolgen und Schecks und Kontoauszüge zu erstellen. Beide Technologien existieren – warum sollte man also nicht eine von beiden mit einem Standard-Girokonto-Service verbinden, für die Kunden, denen die Idee von einem sich selbst ausgleichenden Scheckbuch gefällt? Wie dieses Beispiel verdeutlicht, dauert es nicht lange, neuartige Ideen zu generieren, selbst in einer so reifen Branche wie dem Bankwesen – solange Sie nur Kreativitätstechniken einsetzen!

 Wußten Sie schon, daß Sie Pass-along (und andere schreibgestützte Kreativitätsprozesse) an das E-Mail-System Ihres Unternehmens oder eine Chatbox im Internet anpassen können? Fast alle vernetzten Computer ermöglichen die Verschickung serieller Beiträge an ein Verzeichnis, so können Sie einfach eine virtuelle statt einer wirklichen Liste in Umlauf geben, was bedeutet, daß die Gruppe, die sich in kreativem Denken übt, nicht auf Leute beschränkt sein muß, die an einem Treffen persönlich teilnehmen können.

Klassische Fragen

Klassische Fragen sind rhetorische Fragen, die die Gruppe zwingen, grundlegende Annahmen zu überprüfen und Ihre Ansichten zu überdenken. Arthur Bell, der Autor von *Business Communication and Practice* (Scott, Foresman), empfiehlt zehn solcher Fragen. Sie lassen sich leicht an das zur Diskussion stehende Thema (wie z.B. ein Produkt, für das Sie Werbeanzeigen entwerfen müssen) individuell anpassen, indem Sie die Lücken entsprechend ausfüllen:

1. Warum sollten wir uns überhaupt um _____ kümmern?

2. Wie kann _____ in Phasen eingeteilt werden?

3. Was führte zu _____?

4. Welcher Personentyp wäre an _____ interessiert?

5. Falls es _____ nicht geben würde, was wäre anders?

6. Welchen Aspekt von _____ mag ich am meisten/wenigsten?

7. Welche größere Entwicklung, welcher Bereich oder welche Situation liefert den Hintergrund für _____?

8. Was sind die Hauptvorteile von _____?

9. Falls _____ nicht erfolgreich ist, woran hat es gelegen?

10. Wie kann man _____ einem Zehnjährigen erklären?

Sie werden feststellen, daß einige Fragen besser zu ihrem Thema passen als andere. Lassen Sie einfach die unpassenden aus. Oder schreiben Sie neue im gleichen Sinn. Sie könnten beispielsweise neben der Frage »Was sind die Hauptvorteile des Messestands?« folgende stellen: »Worin liegen die Schwachpunkte des Messestands?« Der Vorteil dieser Fragen ist der, daß sie Aspekte des Problems ans Licht bringen, die die Gruppe nicht berücksichtigt hat. Deshalb ist die Technik ein passendes Vorspiel zur Generierung kreativer Ideen. Vielleicht ziehen Sie diese Technik dem Brainstorming oder der Nominalen Gruppentechnik vor, um eine Liste von Ideen zu erstellen.

Konkurrierende Teams

Konkurrierende Teams werden häufig in Werbeagenturen eingesetzt, um die Kreativität zu stimulieren. Falls eine Agentur dabei ist, einen Entwurf vorzubereiten, um zu versuchen, ein bedeutendes Geschäft an Land zu ziehen, wird sie häufig ein paar kreative Teams mit jeweils zwei oder mehr Personen aufstellen und ihren eigenen internen Wettbewerb austragen. Die Teams, die gegeneinander auf einen knappen Termin hinarbeiten, erstellen ihren eigenen Entwurfvorschlag. Dann entscheidet ein Schiedsrichter oder eine Gruppe von Schiedsrichtern, die ebenfalls aus dem Unternehmen kommen, welcher Entwurf »gewinnt«. Zum Schluß arbeiten alle Teams mit vereinten Kräfte an der Verbesserung und Fertigstellung des ausgewählten Konzeptes. Sie können diese Technik ebenfalls für jedes andere kreative Problem einsetzen. Teilen Sie lediglich Ihre Gruppe oder Ihr Treffen in kleinere Teams (am besten zwei bis drei Mann pro Team). Geben Sie den Teams eine Stunde, um alleine zu arbeiten, und dann versammeln Sie die ganze Gruppe wieder, um sich die Präsentation jedes Teams anzuhören und den Gewinner auszuwählen.

Es kann übrigens schwierig sein, die Gruppe dazu zu bringen, am Ende des Wettbewerbs von konkurrierendem auf kooperatives Verhalten umzuschalten. Sie sollten vielleicht die ganze Arbeit der Teams wegwerfen (oder beiseitelegen) und die Teilnehmer anweisen, sich jetzt eine neue, andere Herangehensweise in der größeren Gruppe auszudenken. Die einzige Regel besteht darin, daß niemand darauf bestehen darf, es so anzugehen, wie sein Team es vorher getan hat. Dieser letzte Schritt zwingt jeden, über die erste Anstrengungsrunde hinauszublicken und durch die Verbindung der Erkenntnisse und Ideen mehrerer Gruppen auf einen noch besseren Vorschlag zu kommen.

Kreativität in der Werbung

Werbung – ob nun Print-, TV-, Radio-, Außenwerbung, in der Einkaufsstätte oder sonstwo – ist ein Hauptanwendungsgebiet für Kreativität. Falls Sie in der Werbebranche arbeiten oder in Ihrem Marketing Werbung und Werbeagenturen hinzuziehen, dann hängt Ihr Erfolg von Kreativität ab. Warum das so ist? Wenn Ihre Werbung den Leuten nur sagt, woran sie sich erinnern sollen, werden die Leute dieser Werbung keine Aufmerksamkeit schenken. Zu viele andere Werbemaßnahmen buhlen gleichzeitig um deren Aufmerksamkeit. Nur die allerkreativsten schaffen es, sich einen Weg durch das Durcheinander zu bahnen, Aufmerksamkeit zu erregen und einen bleibenden Eindruck auf die Kundeneinstellungen zu hinterlassen.

Ein Weg, über die Rolle von Kreativität in der Werbung nachzudenken, ist, sie als Mittel zum Aufbau von *Beziehungen* zwischen Ihrer Marke und Ihren potentiellen Kunden zu betrachten. Ich sehe das als einen besonders vielversprechenden Weg an, sich die Rolle der Werbung im Marketing zu vergegenwärtigen, aber diese Rolle ist nur erfüllbar, wenn Sie Ihre Werbemaßnahmen mit Kreativität würzen. Kreativität fügt gewöhnlich etwas Besonderes und Einzigartiges hinzu, um die Unterschiede einer Marke zu betonen und sie damit in den Augen der Kunden hervorstechen zu lassen.

Laptops von IBM besitzen zweifellos einige technische Merkmale, die sie einzigartig machen, mehr oder weniger. Aber eine Menge anderer Unternehmen produzieren ebenfalls gute Laptops. Wie sollen IBM-Laptops also hervorgehoben werden? Die Schlagzeile einer Anzeige für IBM-Laptops betont seine Tragbarkeit – aber die ist wohl kaum einzigartig – deshalb wurde der Marke eine herausragende Persönlichkeit zur Seite gestellt und die Botschaft auf diese Weise formuliert:

»Das ist, was Shakespeare auf einem Flug zur Küste genutzt haben würde.«

Die Anzeige hätte einen Geschäftsmann zeigen können, der an einem Laptop arbeitet, überschrieben mit »Das nimmt der clevere Manager mit auf eine Geschäftsreise«, aber die Kreativität des Texters führte zu einer bezwingenderen Formulierung und Vorstellung. (Stellen Sie sich vor, wie Sie die resultierende Schlagzeile ins Licht setzen würden – haben Sie irgendwelche spritzigen Ideen?) Diese schöpferische Schlagzeile drückt eine verborgene Einsicht in die Bedürfnisse des Kunden aus – etwas, das auf den Kern des Produktkonzeptes zurückgeht. Der Zweck eines Personalcomputers liegt darin, dem Kunden zu helfen, bessere Arbeit zu leisten, also warum nicht die *beste* Arbeit? Wenn Shakespeare heute noch lebte, würde er dann nicht nach den besten Schreibgeräten verlangen, die erhältlich sind? Das sollte auch der heutige Konsument fordern. Das ist zumindest das kreative Konzept hinter dieser erfolgreichen Werbeanzeige.

Wie Sie einen kreativen Auftrag verfassen

Werbung profitiert vom Gebrauch eines *kreativen Auftrags*, der eine Informationsplattform für Ihr kreatives Denken darstellt. Ein kreativer Auftrag legt den grundlegenden Zweck und die Ausrichtung der Werbemaßnahme offen und liefert unterstützende Informationen, die hilfreiches Wasser auf Ihre Kreativitätsmühlen gießen. Manchmal wird der kreative Auftrag mit der Beantwortung der journalistischen Grundfragen verglichen: wer, was, wo, wann, warum und wie?

So sieht der von einer führenden Werbeagentur, Leo Burnett, gestaltete kreative Auftrag aus:

✔ **Zielformulierung:** Das, was die Werbemaßnahme erreichen soll. Ziele sollten klar und spezifisch sein – ein Ziel ist einfacher zu erreichen als viele. Die Zielformulierung beinhaltet auch eine kurze Beschreibung, an wen sich die Werbung richtet, weil das Verhalten dieser Zielgruppe entscheidend dafür ist, ob überhaupt ein Ziel erfüllt wird.

✔ **Unterstützungsformulierung:** Das, was das Produkt verspricht und die unterstützenden Beweise, um dieses Versprechen abzusichern. Das ist der Punkt, wo Sie das zugrundeliegende Argument für den überzeugenden Teil Ihrer Werbung aufbauen. Die Unterstützungsformulierung kann auf Logik und Fakten beruhen oder auf einer intuitiven und emotionalen Anziehungskraft – egal wie, es muß eine Basis von solider Unterstützung vorhanden sein.

✔ **Ton- oder Merkmalsformulierung:** Ein klar erkennbarer Charakter, ein entsprechendes Gefühl oder eine Persönlichkeit. Sie wählen, ob die Formulierung die langfristige Identität der Marke betonen oder einen einzigartigen Ton für die Werbemaßnahme selbst hervorbringen soll, die stärker als das Markenimage ist. Die Wahl ergibt sich im allgemeinen aus Ihren Zielen. Das Ziel eines lokalen Einzelhändlers könnte es sein, haufenweise Kunden für eine Sonderaktion am verkaufsoffenen Sonntag anzuziehen. Diesem Ereignis soll eine starke Identität verliehen werden, deshalb wollen Sie den passenden Ton für Ihre Werbekampagne treffen. Im Gegensatz dazu sollte der landesweite Vermarkter einer neuen Reformkostlinie für Mineralgetränke eine Markenidentität aufbauen. Deshalb würde sich sein kreativer Auftrag darauf konzentrieren, diese Markenidentität in Worten oder verbalen Bildern zu definieren.

Hier sehen Sie das Beispiel eines kreativen Auftrages für die lokale Werbung eines neuen Cafès:

> **Ziel:** Wir wollen Leute, die in umliegenden Unternehmen arbeiten, in den Laden bringen, damit sie unseren Kaffee und unsere Kuchen probieren.
>
> **Unterstützung:** Wir bieten spezielle Kaffeesorten einer Rösterei an, die schon an anderen Standorten bekannt ist, die aber bisher in diesem Gebiet noch nicht erhältlich waren. Wir servieren exzellentes dänisches Gebäck und Croissants, die vor Ort von einem französischen Bäckermeister gebacken werden.
>
> **Ton:** Ein kultivierter, gourmethafter Ton ist angebracht, der aber auch warm und einladend klingen soll. Dieses Lokal ziehen diejenigen vor, die das Feinste im Leben schätzen und die dort Gleichgesinnte treffen, die ebenfalls das Beste schätzen, was die Welt zu bieten hat.

Wie Sie den kreativen Auftrag umsetzen

Nachdem Sie die drei Abschnitte des kreativen Auftrages zu Ihrer Zufriedenheit ausgefüllt haben, sind Sie bereit, mit dem Brainstorming anzufangen oder einem anderen Kreativitätsinstrument, das Sie ausprobieren möchten. Der kreative Auftrag liefert Ihnen eine klare Ausrichtung und gute Arbeitsmaterialien, wenn Sie dann Ihre Kreativität einsetzen, um eine herausragende Anzeige oder andere Werbemaßnahmen zu entwickeln.

Der kreative Auftrag kann für die gesamte Marketing-Kommunikation eingesetzt werden, für jede Situation, in der Sie etwas Kreatives gestalten müssen, um zu kommunizieren und zu überzeugen.

Denken Sie noch mal über die Aufgabe nach, einen neuen Stand für eine Handelsmesse zu entwerfen. Wenn Sie zuerst den kreativen Auftrag schreiben, müssen Sie festlegen, welche Erfordernisse der Stand erfüllen soll und an welche Art von Kunden sich der Stand richten wird (diese Entscheidungen verlangt die Zielformulierung). Sie müssen sich erneut die Beweise ansehen (und vielleicht noch ein paar kreative Gedanken darauf verwenden), die vorliegen, um die Ruhmesansprüche Ihres Unternehmens zu untermauern. Was könnte bewirken, daß Sie aus den Ausstellern auf einer Handelsmesse hervorstechen? Wenn Sie sich nicht sicher sind, lassen Sie sich von den Forderungen der Unterstützungsformulierung leiten, um einige Nachforschungen anzustellen und kreativ nachzudenken. Sorgen Sie dafür, daß Sie Ihren Beweis zur Hand haben, so daß Ihre Ideen für die Standgestaltung diesen Beweis wirksam vermitteln können. Schließlich müssen Sie noch den Ton Ihres Stands bestimmen, oder denken Sie an das Gesamtimage Ihres Unternehmens und wie der Stand dieses Image in seinem Ton widerspiegeln kann. Dieser Schritt ist die Forderung der Ton- oder Merkmalsformulierung.

Wie dieses Beispiel zeigt, hält der kreative Auftrag Sie dazu an, sich einige hilfreiche und grundlegende Gedanken über den Stand zu machen, bevor Sie mit der eigentlichen Gestaltung beginnen. Dadurch werden Ihre Designs wesentlich gebündelter und zielgerichteter sein als sonst.

Kreativität in der Produktentwicklung

Die Neuproduktentwicklung und Verbesserung bestehender Produkte werden Thema in Kapitel 14 sein, aber eine Sache ist es wert, hier schon genannt zu werden – wie Sie ein Produktentwicklungsteam so leiten, daß es höchst kreativ und effektiv arbeitet. Zuerst einmal ist es wichtig, daß Sie das richtige Team zusammenstellen. Das bedeutet im allgemeinen ein in sich *verschiedenartiges* Team, eines, das die gesamte relevante Wissenspalette aufbietet. Es müssen verschiedene Funktionen im Kreativitätsprozeß vereint sein, vom Verkauf und Marketing bis zur Fertigung und der Technik. Warum? Sie alle besitzen unterschiedliche Kenntnisschwerpunkte, die bei der Erzeugung guter Ideen sehr hilfreich sind. Sie müssen sie ohnehin irgendwann einbringen, warum also nicht jetzt?

 In mittleren und größeren Unternehmen ist es wichtig, engeren Gedankenaustausch zwischen der Forschung, Geschäftsplanung, dem Marketing und dem technischen Personal zu »forcieren«. So handhabt es auch General Foods (die jedes Jahr mehrere neue Produkte auf den Markt bringen). Dieses Unternehmen nutzt ganz verschiedene konferenzartige Veranstaltungen, Schulungen und interdisziplinäre Teams, um seine Mitarbeiter neu zusammenzusetzen und ihnen dabei zu helfen, diese nicht ersichtlichen Verbindungen zwischen ihren auseinandergehenden Wissensschwerpunkten herzustellen.

Kreativität und Markenimage

Eines der wichtigsten Dinge, die Sie im Marketing tun können, ist, ein starkes, ansprechendes Markenimage zu schaffen. Kreativität ist der Schlüssel, um genau das zu erreichen. Wie Sie bereits vorher in diesem Kapitel bei dem kreativen Auftrag gesehen haben, kann das Markenimage oder die Persönlichkeit einer Marke ein wichtiger Teil dessen sein, was Werbung vermittelt. Manchmal bildet dieses Image den zentralen Schwerpunkt der Werbung – und liefert gleichzeitig eine gemeinsame Ausrichtung für alle anderen Gestaltungsentscheidungen, vom Produktdesign über Verpackung bis zu speziellen Veranstaltungen und anderen Marketing-Kommunikationsmaßnahmen. Eine starke Markenidentität oder Markenpersönlichkeit kann zu einem lebenden Wesen werden, etwas, was der Marketingmensch kreiert und der Welt schenkt. Markenentwicklung führt Kreativität bis zum äußersten, indem neue Lebensformen geschaffen werden!

Was die Forschung zeigt

Sie sollten wissen, was die akademische Forschung über Produktentwicklungsteams zu sagen hat. Es gibt überzeugende Anhaltspunkte, daß diese Teams am besten arbeiten, wenn drei Dinge vorliegen:

✔ Die Gruppe braucht ein *gutes aufgabenorientiertes Management*: eine erfahrene Führung, klare Pläne und Ziele sowie genügend Autonomie und Dringlichkeit (im Sinn von unmittelbar wichtigen Aufgaben), damit sich die Mitglieder als Team vereinigen und gute Leistungen erbringen. Aber das ist keineswegs genug, um sicherzugehen, daß das Team ein gutes Produkt entwickelt.

✔ Das Team benötigt außerdem *Aufmerksamkeit gegenüber personengebundenen Angelegenheiten*: es muß genügend Vertrauen zwischen den Teammitgliedern bestehen, die Arbeit muß sinnvoll und zufriedenstellend sein, und es muß eine gesunde Verständigung untereinander vorherrschen, damit die Teammitglieder erfolgreich sind.

✔ Das Team braucht die *volle Unterstützung des Unternehmens*: einen sicheren Arbeitsplatz, genügend Ressourcen, die Beteiligung des oberen Managements und Anerkennungs- und Belohnungschancen, sobald das Projekt abgeschlossen ist.

Alle drei Bereiche erweisen sich als wichtig für die Frage, wie gut ein Produktentwicklungsteam arbeitet. Wenn Sie wollen, daß ein Team gute, kreative Arbeit leistet, dann sollten Sie besser dafür sorgen, daß das Team gut gehegt und gepflegt wird!

 Eine Warnung zum Markenwert wurde durch den jährlichen *Yankelovich Monitor* Bericht ausgesprochen, der von einem führenden Forschungsunternehmen herausgegeben wird und in dem Konsumenten gefragt werden, ob »sie häufiger No-Name-Produkte kaufen«. Die Zahl derer, die mit Ja antworten, steigt jedes Jahr. Obwohl diese Zahl noch weit unter der Hälfte liegt, beträgt sie momentan doch über ein Drittel, was bedeutet, daß ein großer Anteil der Konsumenten dazu übergeht, Marken zu ignorieren und statt dessen die immer ähnlicher werdenden No-Name-Produkte und Handelsmarken kaufen.

Dieser Trend ist auf die Tatsache zurückzuführen, daß Markenprodukte nicht mehr über den Qualitätsvorsprung verfügen, den sie in vielen Kategorien besaßen. No-Name-Produkte, Handelsmarken und billige Importe werden im Durchschnitt besser und schließen die Qualitätslücke zwischen sich und den Markenprodukten, denen sie auf den Fersen sind.

Markenprodukte werden ebenfalls durch den Trend zum Preiswettbewerb geschwächt, der auf den starken Einsatz von Rabatten und anderen Sonderangeboten zurückzuführen ist. Diese verkaufsfördernden Maßnahmen höhlen den Markenwert aus. Und Sie stecken dabei einen doppelten Schlag ein, denn je mehr dieser Aktionen Sie durchführen, desto weniger Geld bleibt Ihnen für markenaufbauende Werbung.

 Zählen Sie diese Trends zusammen, und Sie können sicher vorhersagen, daß Markenprodukte in Zukunft nicht so viel wert sein werden wie im Moment – zumindest im Schnitt. Aber *Sie* können sich diesem Trend widersetzen, wenn Sie dafür sorgen, daß Ihr Marketing Markenwert aufbaut, statt ihn zunichte zu machen, und wenn Sie laufend Neuerungen einführen, um sicherzustellen, daß Ihre Produkte besser sind als die der Konkurrenz. Das ist mit Sicherheit ganz schön viel verlangt, aber Sie können es schaffen – *falls* Sie kreativer sind als die Konkurrenz!

Teil II

Technische Fähigkeiten, die Sie brauchen könnten

In diesem Teil...

Um großes Marketing zu machen, müssen Sie in viele Rollen schlüpfen können. Manchmal sind die Rollen der Kommunikation und der Forschung schwer zu spielen. Geraten Sie nicht in Panik, wenn Sie steckenbleiben, weil Sie nicht wissen, wie Sie eine Broschüre oder Anzeige schreiben oder eine wichtige Präsentation machen sollen. Machen Sie sich keine Sorgen, falls Sie unsicher sind, wie Sie schwierige Fragen über Ihre Kunden, Konkurrenten oder Ihren Markt beantworten sollen.

In diesem Teil zeige ich Ihnen, wie Sie diese und viele weitere technische Aufgaben im Marketing angehen. Kommunikation ist der Schlüssel zu fast jedem Marketingaspekt, und ebenso steht es mit der Forschung. Ich denke, man kann mit Recht sagen, daß Marketing in beiden Bereichen einen höheren Grad an Fertigkeit erfordert als irgendein anderer Aspekt des Geschäftslebens. Sowohl Kommunikations- als auch Forschungsfertigkeiten werden in diesem Teil des Buches auf praktische Weise vorgestellt, so daß Sie jede Fertigkeit, die Sie benötigen, mit Leichtigkeit auswählen können.

Marketing-Kommunikation –
Schreiben und Gestalten

5

In diesem Kapitel

▷ Wie Sie überzeugend kommunizieren, indem Sie Ihren grundlegenden Appeal definieren

▷ Wie Sie Ihrer Marke ein positives Image verleihen

▷ Wie Sie Ihre Stopping Power einsetzen

▷ Wie Sie Ihre Pull Power einsetzen

▷ Wie Sie gut texten

▷ Wie Sie tolle graphische Entwürfe anfertigen

Es fließen so viele Dinge in erfolgreiches Marketing ein, daß ich mich dauernd davon abhalten muß, zu sagen, *jedes* Kapitel sei das wichtigste. Dieser Kampf ist härter denn je, wenn wir auf Kommunikation zu sprechen kommen; denn Kommunikation ist das, worum sich im Marketing alles dreht. Zumindest *fast* alles. Ein großer Batzen Ihres Marketingbudgets wird dafür verbraucht, anderen mitzuteilen, *was* Sie anzubieten haben und *warum* dieses Produkt oder diese Dienstleistung so unglaublich toll für den Zielkunden ist.

Falls es Ihnen gelingt, diese Punkte deutlicher und überzeugender zu gestalten als Ihre Wettbewerber, dann ist Ihre Marketing-Kommunikation ein Erfolg. Falls nicht, dann werfen Sie wertvolle Marketinggelder aus dem Fenster und werden wahrscheinlich nicht besonders viele Leute davon überzeugen, Ihr Produkt zu kaufen.

Kommunikation bahnt sich ihren Weg auf verschiedene Arten in vielen Einflußpunkten – wie ich bereits im ersten Kapitel des Buches gezeigt habe. Sie müssen eine bezwingende Botschaft gestalten, die Sie durch diese ganzen Einflußpunkte schicken. Aber wie machen Sie das? Was *ist* eine bezwingende Marketingbotschaft?

✔ Eine bezwingende Botschaft fängt damit an, daß Sie Ihr Produkt im Bewußtsein Ihrer Kunden *positionieren*. Die richtige Positionierungsstrategie muß als Grundlage vorliegen – zusammen mit Produkten, die diesem Versprechen folgen. (Siehe Kapitel 3 für mehr Informationen über Positionierung.)

✔ Als nächstes müssen Sie einen *grundlegenden Appeal* schaffen, eine motivierende Botschaft, die diese Positionierung verständlich macht.

✔ Dann brauchen Sie noch eine *»große Idee«*, etwas, das Ihren Appeal in eine so bezwingende Botschaft verpackt, daß die Leute innehalten; die Botschaft sollte sie von Ihrem Standpunkt überzeugen oder sie dazu veranlassen, sich so zu verhalten, wie Sie es wünschen.

Diese Abfolge, wenn sie attraktiv gestaltet wird, schafft eine bezwingende Marketingbotschaft und vermittelt sie überzeugend. Dieses Kapitel zeigt Ihnen, wie Sie die bezwingende Botschaft kreieren, die Sie für Ihre gesamte Marketing-Kommunikation brauchen.

Wie Sie die Kunden reizen

Sie möchten den Kunden helfen, das besondere an Ihrem Produkt zu sehen. Sie möchten sie dazu veranlassen, in ein Geschäft zu gehen, eine E-Mail zu schreiben oder anzurufen, um Ihr Produkt zu kaufen. Aber Sie können ihnen nicht nur einfach sagen, daß das Produkt toll ist, weil sie überhaupt nicht zuhören würden. Die Konsumenten haben das schon mal gehört. Was Sie zuerst brauchen, ist ein Weg, durch den Ihre Botschaft *reizvoll* für den Kunden wird. Die Botschaft muß sich von selbst verkaufen!

Das Problem ist folgendes: Was können Sie kommunizieren, das die grundlegenden Motive und Sehnsüchte des Kunden anspricht – und das mit genügend Kraft, um sie oder ihn zu einer Handlung zu bewegen?

Diese Aufgabe ist nicht leicht. Als Elternteil habe ich reichlich Gelegenheit, das zu beobachten. Jedes Mal, wenn ich meinen Kindern sage, sie sollen etwas tun, bekomme ich eine Lektion darin erteilt, wie schwer es ist, jemanden durch Kommunikation zu etwas zu motivieren. Wie alle Eltern verbringe ich viel Zeit damit, mich zu wiederholen. Und meine Kinder, wie die meisten Kinder, haben diese bemerkenswerte »selektive Taubheit« entwickelt, die ihre Ohren und Köpfe gegen den Virus elterlicher Anweisungen immunisiert. Es verlangt nach einer besonderen Leistung und oft einem kunstfertigen Gesuch an deren Wünsche und Sehnsüchte, um Kinder dazu zu veranlassen, die Dinge zu tun, die wir Erwachsenen von ihnen erwarten. Warum soll man seine Hausaufgaben vor dem Spielen machen? Warum soll man sein Bett machen, wenn man morgens aufsteht? Kinder sehen den Sinn eines solchen Verhaltens nicht. (Übrigens beklagen sich meine Kinder häufig über *elterliche* Taubheit. Es funktioniert auf beiden Seiten. Ich frage mich, ob Marketingleute jemals taub für das werden, was ihre Kunden ihnen sagen? Hmmm.)

So müssen wir Eltern entweder pure Gewalt anwenden (mir fehlt die Energie dafür), oder wir müssen unsere Botschaften so gestalten, daß unsere Ziel mit *ihren* Zielen verbunden werden. Die schlauen Eltern beobachten die Motive des Kindes und wissen, wie sie nicht greifbare Belohnungen (wie Lob und Spaß) und manchmal greifbare Belohnungen (wie Taschengeld und Einkaufsbummel) einsetzen, um ihre Kommunikation motivierender zu gestalten. Diese Übung ist die Kunst und der Gebrauch von Appeal, definiert als alles innerhalb von Kommunikation, was die Motive des Empfängers heraufbeschwört und ihn zu einer beabsichtigten Handlung bewegt.

Nicht ansprechende Appeals sind im Überfluß vorhanden

Ich muß Sie warnen, daß die meisten Appeals unwirksam sind. Es ist tatsächlich schwieriger, einen Kunden zu motivieren als ein Kind – als Marketingleute haben wir weit weniger Zugang zu und Einfluß auf Konsumenten. Daher sehen Sie viele Appeals in der Marketing-Kommunikation, die bestenfalls als schwach zu bezeichnen sind.

 Ich werde einfach mal eine Zeitschrift aus meinem Bücherregal ziehen, und ich garantiere Ihnen, daß ich einen dummen Appeal finden werde. Jawoll. Hier ist eine Anzeige, die IBM in *Forbes* geschaltet hat, sie ist doppelseitig und muß elendig viel gekostet haben. Der Appeal enthält kein Bildmaterial. Was hervorsticht, ist das riesige Wort »Timbuktu« in 3 cm großen blauen Buchstaben (ich wette, das sind »Big Blue« Buchstaben – süß). Wenn Sie das Kleingedruckte lesen (warum sollten Sie, wenn Sie nicht an diesem bestimmten westafrikanischen Dorf interessiert sind?), können Sie feststellen, was deren Appeal ist:

Wenn meine sechsjährige Tochter im Internet Freunde von hier bis Timbuktu finden kann, wird doch wohl auch irgendwer die Leute in meinen regionalen Geschäftsstellen dazu bringen können, als Team zusammenzuarbeiten.

Es stellt sich heraus, daß die Anzeige erläutert, wie man Lotus Notes am Arbeitsplatz einsetzt. Ich gebe zu Lotus Notes ist ein feines Produkt, aber ich sehe nicht, in welchem Zusammenhang das zu den Internet-Erkundungen von jemandes Tochter steht. Der Appeal ist bestenfalls verworren. Es funktioniert nicht richtig, weil der Appeal versucht, sich ein Thema, das gerade in ist, zunutze zu machen – das Internet –, anstatt sich einen stichhaltigeren und relevanteren Appeal auszudenken.

Verhilft Lotus Notes Teams zu besserer, schnellerer Arbeit? Wenn ja, dann ist das ein großer Appeal – besonders wenn Sie zufällig mit einem Team von Tölpeln zusammenarbeiten müssen. Daher wäre es ein besserer Appeal, die Fähigkeit des Produktes zu kommunizieren, *meine Haut zu retten, wenn ich ein Alptraum-Team am Hals habe.* Jeder in dieser Situation – und davon muß es viele geben! – wird diesen Appeal wesentlich motivierender finden als so ein Geplapper über jemandes Tochter, die im Internet surft. Wie dieses Beispiel verdeutlicht, ist es durchaus möglich, Appeals zu gestalten, die ihre eigene Substanz haben – etwas, das anzieht und Aufmerksamkeit erhält –, aber auch gut zum Produkt paßt und eine wichtige Aussage darüber trifft.

Große Appeals treffen den Kern unserer Motive

Das vorangegangene Lotus Notes Beispiel veranschaulicht das Problem von Appeals, die von oberflächlicher Natur sind. Ein guter Appeal sollte tief treffen. Die Kunst des Appeals wurde vielleicht am besten von Bill Bernbach formuliert, der als führender Guru der Werbebranche in den 60er Jahren regierte (Quelle: seine Rede vor der American Association of Advertising Agencies, dem Amerikanischen Verband der Werbeagenturen, am 17. Mai 1980):

Es gibt wohl Veränderungen in unserer Gesellschaft. Aber es ist nicht damit getan, von diesen Veränderungen zu erfahren. Weil Sie nicht die Gesellschaft ansprechen sollen. Sie wollen Individuen ansprechen, jedes mit einem Ich, jedes mit der Würde seines Seins, jedes in seiner Einzigartigkeit, jedes als einzelnes Wunder. Die gesellschaftlichen Appeals sind lediglich moderne, augenblickliche, kulturelle Anreize, die hübsche Umhüllungen für die wirklichen Be-

weggründe bilden, welche auf die unveränderlichen Instinkte und Emotionen der Menschen zurückgehen. Es ist der unveränderliche Mensch, der das wirkliche Studienobjekt des Kommunikators ist.

Beziehen Sie diesen Gekankengang auf das Beispiel von Lotus Notes. Die Anzeige ist in, aber sie dringt weder sehr schnell noch wirksam zu diesen grundlegenden und zeitlosen persönlichen Motiven vor. Die Aussage der Anzeige läßt sich leicht übersehen und ist schwer mit dem Produkt in Verbindung zu bringen. Als ich diese Aussage überarbeitete, befolgte ich Bernbachs Ratschlag. Zuerst richtete ich das Ziel von den Leuten in irgendwelchen regionalen Geschäftsstellen auf ein einzelnes Individuum – die Person, die ein schlechtes Team am Hals hat. Der Appeal an diese Person ist einfach und bezwingend – Lotus Notes kann ein großes Problem lösen, das sie bei ihrer Arbeit hat. Es kann ihren Hals retten.

Wie Sie jetzt so einen Appeal *kommunizieren*, ist eine andere Sache. Sollten Sie es der armen Person verraten, die von Affen in Straßenanzügen umgeben ist, welche ein heilloses Durcheinander in einem Büro oder Konferenzraum anrichten? Das ist ein atemberaubendes und potentiell lustiges visuelles Bild, und dieses Bild verbindet sich gut mit dem Kern der Aussage.

Welche Schlagzeile könnten Sie einsetzen, um dieses visuelle Bild zu begleiten? Wie wär's mit »Veräfft Ihr Team Ihre Karriere?«

Diese Formulierung verbindet sich ebenfalls mit der Aussage, aber fügt durch das Wortspiel eine provokative Wendung hinzu, die sich auf das visuelle Bild von Affen in Straßenanzügen bezieht. Ich denke, es würde zu einer Anzeige führen, die wirkliche *Stopping Power* besitzt (die Fähigkeit, Aufmerksamkeit zu packen und festzuhalten – mehr dazu später) und die es schafft, einen bezwingenden Appeal für Lotus Notes wirksam zu vermitteln, wenn die Aufmerksamkeit des Lesers erst mal gepackt ist.

 Meine Gestaltungsidee könnte funktionieren, aber es müssen auch noch hundert andere Wege existieren, denselben grundlegenden Appeal zu vermitteln. Sobald Sie einen guten Appeal gefunden haben, müssen Sie sich immer noch viele kreative Ideen einfallen lassen, um ihn zu kommunizieren (siehe Kapitel 4 für Hinweise zur Ideengenerierung). Aber der springende Punkt ist, daß jede Anzeige oder andere Kommunikationsmaßnahme, die Sie für Lotus Notes – oder Ihr eigenes Produkt – gestalten, *auf einem bezwingenden Appeal basieren* muß. Falls nicht, wird sie kaum zu einer wirksamen Anzeige werden, egal wieviel kreative Kommunikation Sie hineinstecken.

Sollen Sie Logik oder Gefühle ansprechen?

Bei jeglicher Marketing-Kommunikation haben Sie die Wahl: Sollten Sie Ihren Appeal oder Ihre Kommunikationsstrategie um eine überzeugende Behauptung herum aufbauen, die von unwiderlegbaren Beweisen abgesichert wird? Oder sollten Sie, ganz im Gegenteil, einen emotionalen Appeal schaffen, der sich für die Kunden richtig »anfühlt«, aber dem handfeste Beweise fehlen?

Sie müssen diese Wahl treffen, weil wir uns alle sowohl auf die eine als auch die andere Weise entscheiden. Menschen treffen gewöhnlich emotionale Entscheidungen darüber, wen sie heiraten wollen, aber sie entscheiden rational, nach welchen Arbeitsstellen sie suchen oder welche Jobangebote sie annehmen. Ähnlich verhält es sich bei Einkaufsentscheidungen, manchmal setzen sich die Gefühle durch, und manchmal sind die knallharten, logischen Seiten unseres Verstands dominant.

Um alles noch komplizierter zu machen, sind die Menschen auch noch inkonsequent darin, wann sie sich auf welche Weise entscheiden. Manche Menschen treffen hochemotionale Entscheidungen über solche Großkäufe wie die eines Autos oder eines Hauses. Andere sind vorsichtigerweise rational, vergleichen Statistiken und und kalkulieren alles durch. Zu welchem Lager gehören Sie? Falls Sie schon mal ein Auto gekauft haben, versuchen Sie sich daran zu erinnern, warum Sie es gekauft haben. Falls Sie sagen,»Weil es mir gefiel« oder»Weil ich das Gefühl hatte, es sei ein gutes Auto« oder ähnliches, dominieren Ihre Gefühle wahrscheinlich Ihre Kaufentscheidungen. Falls Sie aber Dinge sagen wie»Weil es sparsam im Verbrauch ist und Stiftung Warentest es hoch in bezug auf Sicherheit und Unterhalt bewertet hat«, dann haben Sie eine logische oder rationale Entscheidung getroffen.

Jeder Mensch tendiert mehr zum einen oder anderen Ende der Skala – er trifft Entscheidungen eher rational oder emotional. Sie können Ihre Marketing-Kommunikation auf den rationalen oder den emotionalen Käufer abstimmen. Sie können sogar Ihren Markt auf dieser Grundlage segmentieren und verschiedene Marketing-Programme für jedes Segment erstellen! Sie können diese zwei Denkrichtungen auf unterschiedliche Art beschreiben, wie Tabelle 5.1 zeigt. Wenn es darangeht, Ihren Appeal zu gestalten, sollten Sie sich jedoch auf die eine oder andere Seite dieser Tabelle konzentrieren.

Rational	Emotional
logisch	intuitiv
hart	soft
Worte	Bilder
faktengebunden	wertgebunden
Regeln folgend	ethischen Grundsätzen folgend

Tabelle 5.1: Zwei Denkrichtungen

 Volkswagen wollte sich auf dem amerikanischen Markt (1996) als Spaß-beim-Fahren-Auto für die Generation X neu positionieren, die mittlerweile Kinder bekommt und in verantwortungsvolle Positionen aufsteigt, aber immer noch den Drang in sich spürt, sich als Individuum zu entfalten. Als Aufhänger stellte der Automobilkonzern den Spaß, einen Volkswagen zu fahren, in den Vordergrund und wollte Konsumenten davon überzeugen, daß *seine* Kunden wegen ihrer Liebe zum Fahren und ihrer Lebensfreude etwas Besonderes sind. Dieses Beispiel ist ein klassischer emotionaler Appeal, der die ganzen »Soft«-Knöpfe auf der rechten Seite der Tabelle 5.1 drückt. Die Werbemaßnahmen ziehen Bilder Worten vor und haben

einen starken intuitiven Appeal, der in den Werten der Generation X verwurzelt ist. Sie erhalten keine Fakten über Volkswagen, wenn Sie sich deren Werbespots ansehen, aber Sie werden emotional stark getroffen.

Wenn Sie Ihre Kommunikationsmaßnahmen planen, empfehle ich Ihnen, der Spitzenposition von Volkswagen zu folgen und die eine oder andere Denkrichtung besonders in den Vordergrund zu stellen. Wenn Sie schwafeln und versuchen, beide Seiten des Gehirns zugleich anzusprechen, fällt Ihre Botschaft für gewöhnlich schwächer aus.

Dennoch sollten Sie auch im Hinterkopf behalten, daß dieselbe Person die gleiche Entscheidung zu unterschiedlichen Gelegenheiten *anders* treffen könnte – manchmal kann die Natur des Produktes selbst bestimmen, ob Sie gerade rational oder emotional orientiert sind. Der wohlhabende Manager, der sich einen Volvo kauft, um seine Kinder durch die Gegend zu fahren, wird diese Einkaufsentscheidung vielleicht aufgrund rationaler Überlegungen getroffen haben: Der Wagen ist sicher und hält lange Zeit, obwohl er nicht gerade eine Schönheit ist. Daher wird wohl eine rationale Ansprache am besten funktionieren. Stellen Sie sich vor, derselbe Manager möchte einen schicken roten Sportwagen kaufen, um damit an Wochenenden zu seinem Vergnügen zu fahren. Er ist jetzt eine leichte Beute für einen emotionalen Appeal, da er nun emotionale Belohnung in einem Auto sucht – das Gefühl von Jugend, Spaß, Status und ähnlichem. Deshalb kann jeder Konsument entweder auf einen emotionalen oder einen rationalen Appeal reagieren, abhängig von den Umständen und dem Produkt. Ihr Job als der Kommunikator ist es, »in die Köpfe der Kunden einzudringen«, und zwar gut genug, um zu *spüren, welcher der heißere Knopf* ist – der emotionale oder der rationale.

Lassen Sie uns persönlich werden: Wir geben Produkten eine Identität

In Kapitel 4 erörtere ich die Wichtigkeit, Ihrer Marke eine persönliche Identität zu geben, so als wäre sie eine lebendige Sache. Der beste Weg, an die Aufgabe des Wertaufbaus einer Marke heranzugehen, ist, sich vorzustellen, daß Sie sie *tatsächlich* zum Leben erwecken. Diese Taktik ist besonders dort wichtig, wo sich ein emotionaler Appeal anbietet, weil eine bezwingende Persönlichkeit immer emotionale Käufer anzieht. Aber selbst, wenn Ihr Appeal logisch ist, bitte ich sie eindringlich, Ihrer Marke eine unterstützende Identität zu verleihen. Obwohl eine unterstützende Indentität nicht ganz so ausschlaggebend sein wird, wird sie dennoch dabei helfen, Ihren grundlegenden Appeal zu vermitteln und die Konsumenten daran zu erinnern.

Aber was für ein Wesen werden Sie erschaffen, wenn Sie Ihre Marke zum Leben erwecken? Ein Frankenstein-ähnliches Monster mit seinem eigenen Willen, das Sie nicht kontrollieren können? Das passiert nicht, wenn Sie die Persönlichkeit ernsthaft überdenken. Überlassen Sie diesen Schritt nicht dem Zufall – planen Sie die perfekte Persönlichkeit für jedes neue Produkt, jede Marke oder jedes Geschäft von Anfang an.

Sie müssen die Identität Ihrer Marke definieren, so daß Sie diese Persönlichkeit pflegen können, wann immer Sie mit Kunden und der Außenwelt im allgemeinen kommunizieren. Eine umfassend vorbereitete Identität hat die Kraft, durch alle Einflußpunkte Ihres Marketing-Programms hindurchzuscheinen und damit als stetiger Prüfstein für alle Kommunikationsmaßnahmen zu fungieren. Wenn Sie Ihre Marke gut genug *kennen*, dann können Sie diese gleiche Vertrautheit auch Ihren Kunden weitervermitteln.

Nehmen wir uns ein Beispiel an der Belletristik

Wie definieren Sie Persönlichkeit? Diese Aufgabe wird in der Prosaliteratur *Charakterentwicklung* genannt, und sie ist nicht einfach. Aber wir können das ein oder andere über Charakterentwicklung von guten Belletristikautoren lernen.

Ein Instrument, das in der Prosaliteratur oder im Marketing gut funktioniert, definiert die Persönlichkeit eines Charakters über dessen Vorlieben und Abneigungen. Wir wissen zum Beispiel, daß Sherlock Holmes, eine der langlebigsten Literaturgestalten aller Zeiten, die Vorliebe hat, starken Tabak in seiner Pfeife zu rauchen, wenn er über ein schwieriges Problem nachdenkt, und daß er auch Violine spielt. Er besitzt ein tiefes Interesse an Aspekten der Wissenschaft, die mit Verbrechen zu tun haben, und füllt Notizbücher mit Zeitungsausschnitten über bekannte Kriminelle und deren Taten. Aber er hat kein Interesse an Romanzen und keine engen Freunde außer Dr. Watson, der ihm hilft, seine Fälle zu lösen. Er ist ein kühler, rationaler Problemlöser mit einem Hauch künstlerischer Phantasie (letzteres hat er von dem impressionistischen Maler Vermier geerbt, der ein entfernter Verwandter ist). All diese Fakten über den Mann helfen dabei, ein charakteristisches Image aufzubauen, eines, aus dem Verleger, Spiele- und Spielzeughersteller sowie Filmproduzenten im Laufe des zwanzigsten Jahrhunderts Kapital geschlagen haben.

In ähnlicher Weise können Sie eine Liste von Dingen erstellen, die in Verbindung mit Ihrer Marke oder Ihrem Unternehmen stehen – Dinge, die eine unverkennbare Persönlichkeit ergeben. Werbeanzeigen von Jaguar assoziieren häufig prächtige alte Landhäuser und Anwesen mit Ihren Fahrzeugen, daher wissen wir, falls die Jaguarlimousine ein Mensch wäre, würde es ihm gefallen, sein Wochenende auf seinem Landgut zu verbringen – und er würde es natürlich genießen, schnell und komfortabel dorthin zu fahren!

Ein anderes Instrument, das ich mir gerne aus der Prosaliteratur ausleihe, ist, ein kurzes, ereignisgestütztes Kapitel über einen Charakter zu schreiben. Viele Autoren geben dem Leser eine Beschreibung einiger Handlungen oder Ereignisse, um daraus ihren Charakter abzuleiten. Diese Beschreibung könnte beispielsweise Teil eines Kapitels sein oder als eigenständiges Kapitel in einem Roman erscheinen und bietet Ihnen die Möglichkeit, einen der Hauptcharaktere gut kennenzulernen. Sie können das gleiche tun. Wenn Sie zum Beispiel die Jaguarlimousine vermarkten, können Sie eine kurze Geschichte darüber schreiben, wie ein Jaguar sein Wochenende verbringt. Tun Sie so, als wäre das Projekt für Ihren nächsten Roman bestimmt. Haben Sie Spaß dabei. Stellen Sie sich den Wagen vor, wie er durch einen Regensturm fährt, sich entlang einer alten Straße an einem Kanal schlängelt und dann auf den kopfsteingepflasterten Zufahrtsweg zum Bauernhaus seines Großvaters aus der Zeit Eduards VII. abbiegt. Wie *klingt* der Wagen, während er durch diesen Regensturm fährt? Heult er auf? Nein. Donnert er die Straße entlang? Nein, das Geräusch ist feiner. Sanft aber kraftvoll. Vielleicht ist sein Motor so leise, daß das Geräusch sich im Trommeln der Regentropfen auf dem Verdeck und der Windschutzscheibe verliert – aber zweifellos kann der Jaguar ein schwaches, tiefes Vibrieren irgendwo in seinem Antriebssystem spüren.

Wie *fühlt* sich der Wagen, als er die Landstraße verläßt und sich die alte Kanalstraße entlangschlängelt? Gelangweilt? Sicherlich nicht. Besorgt über die Wetterbedingungen? Nein, unser Charakter sorgt sich niemals über Straßenverhältnisse. Wahrscheinlich fühlt er sich leichter, friedvoll, aber gleichzeitig lebendiger und aufmerksamer. Und als der Wagen in den kopfsteingepflasterten Weg zum Haus seiner Vorfahren einbiegt? Ist er aufgeregt? Nein, das ist ein zu starkes Wort für dieses reife, selbstbeherrschte Fahrzeug. Aber es spürt sicherlich ein Gefühl von Zugehörigkeit, und da muß es eine Vertrautheit mit jeder Unebenheit und Biegung seines Weges geben, die dem Automobil eine Leichtigkeit und Sicherheit verleiht, die kein anderes Auto hier spüren würde.

Mit dieser Art von Gedanken können Sie bald eine gute Beschreibung des Wochenendausflugs dieses Wagens herausschlagen, und während Sie an dieser Erzählung arbeiten, werden Sie feststellen, wie eine Persönlichkeit Form und Gestalt annimmt, wie neue Nuancen mit jeder Biegung des Weges und jedem Kratzen des Stiftes auf dem Blatt auftauchen.

 Das vorige Beispiel hat einen weiteren wertvollen Vorteil für Sie und Ihre Marke. Es verhilft Ihnen und anderen Marketingleuten dazu, Beständigkeit zu erlangen in der Weise, wie Sie Ihre Marke den Kunden präsentieren. Sobald Sie eine Beschreibung der menschlichen Persönlichkeit der Marke entwickelt haben, können alle Beteiligten diese als einen Leitfaden benutzen, indem sie sich fragen, wann immer sie verkaufen oder vermarkten, ob ihre Aktivitäten mit dieser Persönlichkeit übereinstimmen.

Fragen Sie Ihren Seelenklempner

Psychologen untersuchen seit Jahrzehnten das Puzzle der menschlichen Persönlichkeit und machen manchmal sogar kleine Fortschritte. Sie können also auch Einsichten aus der Psychologie ziehen, während Sie sich abrackern, um eine Persönlichkeit für Ihr Produkt zu kreieren und zu kommunizieren.

Ich empfehle insbesondere die *Eigenschaftsperspektive*, einen Ansatz, der von Psychologen in ihrer Forschung angewendet wird. Die Eigenschaftsperspektive versucht, die Schwankungen in den menschlichen Persönlichkeiten zu verstehen, indem sie die verschiedenen Wesenszüge bestimmt, die jede individuelle Persönlichkeit ausmachen. Sie können Ihren Marken eine Persönlichkeit verleihen, indem Sie deren grundlegende Eigenschaften beschreiben. Die Eigenschaftsperspektive ist hilfreich, weil sie sich eher darauf konzentriert, menschliches Verhalten zu beschreiben, als es zu erklären. Denn Marketingleute sind Pragmatiker – wir brauchen nicht zu wissen, warum sich Persönlichkeiten entwickeln, wir müssen nur herausfinden, welche Persönlichkeit wir unseren Produkten geben sollen. Das ist eine einfache, beschreibende Aufgabe. Kein Bedarf für einen Therapeuten. Ein spitzer Bleistift ist ausreichend.

Ein beliebter Trick ist, ein *Persönlichkeits-Selbsteinschätzungs-Instrument* zu benutzen – ein ausgefallenes Wort für eine Art Befragungsformular, in dem Sie Dinge aussuchen, die zu Ihnen passen und dann Ihren »Typ« oder Ihr »Profil« aus den Antworten entschlüsseln. Nur ich benutze diese Fragebögen, um meine Produkte statt mich selbst zu beschreiben! Vielleicht haben Sie ja schon mal einen von diesen Bögen ausgefüllt, weil viele Unternehmen diese Unterlagen benutzen, um neue Mitarbeiter zu schulen oder sie sogar zu überprüfen.

 Ein beliebter Test basiert auf den Persönlichkeitstypen des Psychologen Carl Gustav Jung. Der Test enthält 126 Fragen, die von Isabel Myers und Katheryn Briggs verfaßt wurden und die daher der Myers-Briggs-Test genannt werden. Ich ziehe ein anderes Produkt vor, die Insight Inventory (etwa: Einsichts-Bestandsaufnahme), weil ich finde, daß die Persönlichkeitsprofile, die sie hervorbringt, besonders brauchbar sind.

Tabelle 5.2 gibt Ihnen eine Kostprobe der Persönlichkeitsmerkmale, die die Inventory beschreibt. Sie können Ihrem Produkt eine Auswahl an wünschenswerten menschlichen Persönlichkeitsmerkmalen zuordnen, um Kunden seine Identität leichter zu vermitteln. Ich habe einige für diese Tabelle ausgesucht, die im allgemeinen als positive Merkmale betrachtet werden, da das Ziel augenscheinlich darin besteht, ihr Produkt sympathisch zu machen. Schließlich sind diese Eigenschaften (in einem gewissen Sinn) ein Geschenk an Ihre Kunden, die die Wahl treffen können, sich auf Ihr Produkt einzulassen, falls ihnen dessen Persönlichkeit gefällt.

Merkmal	Beschreibung
genau	aufmerksam gegenüber Details, korrekt, präzise, steckt viel Mühe in Ordnung und Organisation
lebhaft	aufgeweckt, schelmisch, voller Energie, zeigt Gefühl, setzt häufig Mimik und Gestik ein
reizend	sehr freundlich, gesprächig, gewinnt Aufmerksamkeit, wenn in Gruppen, überzeugend
überzeugend	bezwingend, geschickt mit Worten, kontaktfreudig, kann andere leicht beeinflussen
lässig	entspannt, geduldig, erträgt Rückschläge gut, zuverlässig
energisch	direkt, bestimmt, ist offen, dynamisch, respekteinflößend
Alleinunterhalter	lebhaft, ausdrucksvoll, kommt leicht mit anderen ins Gespräch, liebt Aufmerksamkeit, genießt es, unter vielen Leuten zu sein
gelassen	ruhig, lässig, geduldig, fähig zu warten, ohne frustriert zu sein, nicht schnell aufgeregt
willensstark	standhaft, nicht leicht zu beeinflussen, energisch, fordernd, unerschütterlich
tolerant	einsichtig, vergibt leicht, nachsichtig, geduldig, ärgert sich nicht leicht

Tabelle 5.2: Persönlichkeitsmerkmale aus der Insight Inventory

Stopping Power

STOP!

Stopping Power ist die Fähigkeit einer Anzeige oder einer anderen Marketing-Kommunikationsmaßnahme, die Leute innehalten zu lassen, sich gerade hinsetzen und Notiz nehmen zu lassen. Kommunikation mit Stopping Power führt zu Reaktionen wie »*Was* hast Du gesagt?« oder »Hast Du *das* gesehen?«. Sie rufen einen hohen Grad an Aufmerksamkeit hervor – anders als die meisten Marketing-Kommunikationsmaßnahmen.

Sie können sicher sein, daß Tausende von anderen Marketingbotschaften neben Ihrer eigenen auf den Kunden einprasseln werden. Wie schon der zweite Grundsatz der Marketingpraxis besagt (Kapitel 1), *alle anderen schreien Ihre Kunden auch an*. Der hohe Geräuschpegel in der Marketingumgebung führt dazu, daß die meisten Kommunikationsbemühungen fehlschlagen werden. Die meisten Werbemaßnahmen bleiben von vielen Leuten, an die sie sich richten, unbemerkt.

 Bitten Sie einige Leute, sich an fünf Werbespots zu erinnern, die sie am vorigen Abend im Fernsehen gesehen haben (falls sie ferngesehen haben, sahen sie wahrscheinlich mehrere Dutzend). Beobachten Sie deren Reaktionen. Gewöhnlich machen sie ein verdutztes Gesicht, während sie verzweifelt versuchen, sich an das zu erinnern, was sie bestimmt gesehen haben müssen. Dann sagen sie vielleicht: »Ach ja, ich sah diesen lustigen Spot mit diesem Typ … «. Auf diese Art kommen sie möglicherweise auf mehrere Werbespots, falls die Werbeernte des vorigen Abends ziemlich gut ausgefallen ist. Unter den erinnerten Spots werden die Befragten vielleicht ein oder zwei Marken im Gedächtnis behalten haben – aber selten alle.

 Diese simple Befragung rückt die Bedeutung der Stopping Power in unseren Blickwinkel. Ihre Werbung muß wesentlich mehr Stopping Power besitzen als die meisten anderen, falls Sie darauf hoffen, daß eine möglichst große Gruppe von Menschen sich daran erinnert und darüber nachdenkt!

Stopping Power ist eine wundervolle Sache, aber es ist schwer, sie einzufangen und Ihre Arbeit damit zu krönen. Was verleiht einigen Werbeanzeigen einen hohen Grad an Stopping Power, während die meisten so wenig davon besitzen? Die folgenden Abschnitte erklären es.

Die sieben Grundsätze der Stopping Power

Laut Hanley Norins, der lange Zeit das Personal bei Young & Rubicam geschult hat, bessere Werbung zu entwickeln, gelten sieben Grundsätze, um aus einer Anzeige oder jeder anderen Marketingkommunikationsmaßnahme einen richtigen Stopper zu machen:

1. **Die Werbung muß über *immanente Dramatik* verfügen, die jeden anspricht.** Das bedeutet, daß die Werbung imstande ist, viele Menschen außerhalb des Zielpublikums anzuziehen. Wenn Kinder eine Werbung mögen, die an Erwachsene gerichtet ist, oder umgekehrt, dann besitzt sie immanente Dramatik.

2. **Die Werbung muß *Beteiligung* vom Publikum fordern.** Das bedeutet, daß die Werbung die Leute zu einer Handlung bewegt, egal, ob diese nun darin besteht, eine Nummer zu wählen, in ein Geschäft zu gehen, laut zu lachen oder einfach über etwas nachzudenken. Aber die Werbung sollte es dem Publikum nicht erlauben, eine passive Rolle zu spielen.

3. **Die Werbung erzwingt eine *emotionale* Reaktion.** Dieser Grundsatz sollte sogar gelten, wenn der Appeal vom Ansatz her rational ist. Ein grundlegendes menschliches Bedürfnis sollte immer noch im Kern der Werbung vorhanden sein, etwas, für das die Leute leidenschaftlich empfinden.

4. **Die Werbung muß ... anregen. Was? *Neugierde*.** Das Publikum soll mehr wissen wollen. Dieses Verlangen bringt es dazu, innezuhalten und die Werbung genauer zu betrachten – und es nachher weitere Informationsgesuche anfordern zu lassen.

5. **Hey! Die Werbung soll Ihr Publikum *überraschen*.** Eine verblüffende Schlagzeile, ein unerwartetes visuelles Bild, eine ungewöhnliche Eröffnung einer Verkaufspräsentation, ein seltsames Schaufenster in einem Geschäft – all diese Maßnahmen haben die Kraft, Leute durch Überraschungsmomente zum Innehalten zu bewegen.

6. **Die Werbung muß erwartete Informationen auf *unerwartete* Weise vermitteln.** Eine kreative Wendung, eine erfrischende Art, etwas zu sagen oder etwas zu betrachten – diese Instrumente machen das Erwartete unerwartet. Sie müssen die eindeutigen Informationen einbringen: was die Marke ist, wem sie nutzt und wie. Aber machen Sie das nicht auf eine eindeutige Art, sonst werden Ihre Kommunikationsmaßnahmen nicht auf Aufmerksamkeit stoßen.

7. **Die Werbung muß *gegen* die Regeln und Persönlichkeit der Produktkategorie *verstoßen*.** Dieser Schritt ist nötig, um das Produkt hervorstechen zu lassen. Menschen nehmen Notiz von Dingen, die gegen gewohnte Muster verstoßen, und Muster existieren mit Sicherheit im Marketing. Wenn Ihre Werbung keine deutlichen Unterschiede zu dem aufweist, was Konsumenten normalerweise in Ihrer Kategorie erwarten, werden sie dafür auch nicht innehalten.

Diese Punkte stammen aus einem wirklich guten Buch von Hanley Norins mit dem Titel *The Young & Rubicam Traveling Creative Workshop*. Ich rate Ihnen, es zu kaufen (Sie werden es wahrscheinlich in einer größeren Buchhandlung bestellen können), falls Sie vorhaben, viel Werbung einzusetzen. Es zeigt, wie Norins' Agentur seine Texter schult, großartige, kreative Leistungen zu erbringen.

 Als ich diese Aufstellung schrieb, kam mir ein Gedanke immer wieder in den Sinn: die verborgene Bedeutung der *Kreativität*. Um Werbung zu machen, der Dramatik innewohnt, die Menschen überrascht, die gegen die Regeln verstößt, die das Erwartete in unerwarteter Form sagt, braucht es jede Menge Kreativität. Deshalb ist das entscheidendste Geheimnis der Stopping Power die Kreativität. Wenn Sie Zweifel plagen, sollten Sie sich nochmal Kapitel 4 anschauen!

Möchte irgendwer Sex?

Die Werbeforschung deckt ein anderes Geheimnis der Stopping Power auf: Sex in der Werbung ist ein wirksamer Stopper. Die Überschrift, die ich für diesen Abschnitt gewählt habe, soll die Stopping Power von Sex verdeutlichen. Allein das Wort springt ins Auge. Um die Werbung also mit Stopping Power auszustatten, verleihen Sie ihr nur etwas Sexappeal.

 Dennoch *gibt* es dabei einen Haken: Zahlen. Dieselben Studien, die belegen, daß auf Sex gestützte Werbung Stopping Power besitzt, zeigen auch, daß diese Werbemaßnahmen in anderer Hinsicht nicht besonders wirksam sind. Die Markenerinnerung – die Fähigkeit der Leser oder Zuschauer sich daran zu erinnern, wozu die Marke gut war – ist bezeichnenderweise *niedriger* bei sex-gestützter Werbung als bei anderer. Während diese Werbemaßnahmen zwar über Stopping Power verfügen, scheinen sie keine weiteren Vorteile vorzuweisen. Sie versagen dabei, Aufmerksamkeit in Bewußtsein oder Interesse umzuwandeln. Sie verändern nicht die Einstellung gegenüber einem Produkt. Kurz gesagt, sie opfern gute Kommunikation für rohe Stopping Power.

Die einzige Ausnahme der Regel, daß sexy Werbung einen schlechten Kommunikator abgibt, liegt dann vor, wenn das Attribut »sexy« *relevant für das Produkt* ist. Wenn Sie ein Parfum verkaufen, von dem Sie behaupten, daß es Frauen unwiderstehlich für die NBA-Basketball-Stars macht, dann scheint es sinnvoll, eine Horde spärlich bekleideter, 2,10 Meter großer Männer zu zeigen, die eine Frau umschwärmen wie Motten das Licht. (Schon gut, das ist ein dummes Beispiel, aber zumindest macht es klar, was ich meine.) David Ogilvy, der Gründer von Ogilvy & Mather, mußte diese Tatsache auf die harte Tour erfahren. »Meine allererste Werbeanzeige zeigte eine nackte Frau«, schreibt er (in *Ogilvy on Advertising*, einem herrlich lustigen Buch), »Es war ein Fehler, nicht weil es sexy war, sondern weil es nicht relevant war für das Produkt – einen Küchenherd. Der Test lautet *Relevanz*.«

Pull Power

»He, DU! Komm mal hierher!«

Pull Power ist die Fähigkeit einer Marketing-Kommunikationsmaßnahme, Menschen zu einem Ort oder Ereignis zu ziehen. Nationale Berater sorgen sich nicht besonders um die Pull Power, weil sie häufig Markenstärke aufbauen oder daran arbeiten, die Einstellungen der Leute zu einer Marke durch Neupositionierung zu verändern (siehe Kapitel 3). Dennoch, lokale Marketingleute interessieren sich gewöhnlich mehr für die Pull Power als den Markenwert oder die Positionierung. Schließlich muß *irgendwer* jedes Produkt an der Basis tatsächlich *verkaufen* – auf dem lokalen Markt und jedem einzelnen Kunden. Was auf dieser Stufe wirklich zählt, ist, diese Kunden anzuziehen. Pull Power bedeutet alles!

Pull Power ist das vorrangige Ziel der lokalen Werbung. (Mit lokaler Werbung meine ich solche, die sich auf eine spezielle Stadt oder Region bezieht – was ungefähr die Hälfte aller Werbung in vielen Ländern ausmacht.)

Pull Power umschließt ebenso ein hohes Maß an Publicity, persönlichem Verkauf, Direktversand, preisgestützer Verkaufsförderung und Ausgaben für Einkaufsstättenwerbung – das ist wahrscheinlich mehr als die Hälfte des Geldes, das für alle Formen der Marketing-Kommunikation durch alle verfügbaren Einflußpunkte ausgegeben wird.

Aufgrund dieser Pull-Orientierung sind lokale Marketing-Kommunikationsmaßnahmen außergewöhnlich verschieden:

✔ Lokale Kommunikationsmaßnahmen sind eher Teil einer kurzfristigen Bemühung als einer langfristigen Kampagne. Die zweiwöchige Schaltung einer Anzeige in der Lokalzeitung muß zu sofortigen Ergebnissen in der lokalen Werbung führen – oder sie wird für einen Fehlschlag gehalten. Die Schaufenstergestaltung und Ladendisplays eines Monats (siehe Kapitel 16) sollten früher weggenommen werden, falls sie nicht genügend Leute ins Geschäft ziehen und zu entsprechend vielen Verkaufsabschlüssen führen.

✔ Lokale Kommunikationsmaßnahmen werden eher aus Minibudgets finanziert, die um einiges geringer sind als die Millionen, die nationale oder multinationale Werbetreibende ausgeben. Diese Tatsache hilft dem Marketingmenschen seinen Einfluß im Auge zu behalten – und seine Einnahmen zu quantifizieren. Die einmonatige Bemühung, die Geschäftsstellen eines Maklerbüros in einer Stadt bekannt zu machen, sollte eigentlich ausreichend viele Verkaufsabschlüsse nach sich ziehen, um mehr als nur die Marketingkosten decken zu können. Falls nicht, sollte der Vermarkter das schnellstens herausfinden. Die Berechnungen sind aufgrund des engen Zeitrahmens und der relativ kleinen Beträge einfach.

✔ Lokale Kommunikationsmaßnahmen sollten Kunden ins Geschäft bringen, das Telefon klingeln lassen oder mehr Leute dazu bringen, Ihre Web-Seite anzuwählen oder andere pull-orientierte taktische Ziele erfüllen. Stellen Sie dieses Ziel denen der nationalen Werbung gegenüber, die oft darauf ausgerichtet sind, Markenidentität aufzubauen und zu stärken oder die Stellung eines Produktes zu verändern. Es gibt dennoch Marketingziele, die sowohl im lokalen als auch im nationalen Marketing gesteckt werden: wachsende Bekanntheit, steigender Marktanteil und die Erhöhung der Wiederkaufrate durch eine Erinnerungsauffrischung bei den Kunden. Die Elemente eines guten Marketing sind die gleichen, ob sie nun lokal oder weltweit eingesetzt werden, aber die Reihenfolge der Prioritäten ist oft verschieden.

✔ Aufgrund der lokalen Ausrichtung und der relativ niedrigen Budgets müssen lokale Kommunikationsmaßnahmen stärkeren Gebrauch von Medien machen als nationale. Tatsächlich kosten einige der besten pull-orientierten lokalen Marketing-Kommunikationsmaßnahmen praktisch nichts.

Denken Sie *Pull*! Kommunikationsmaßnahmen funktionieren nicht, wenn sie Ihr Geschäft nicht mit Kunden füllen, Ihren Briefkasten überquellen oder Ihre Telefonzentrale aufleuchten lassen! Sorgen Sie dafür, daß jede lokale Kommunikationsmaßnahme Ihren Kunden einen triftigen Grund liefert, zu handeln. Machen Sie den Kunden klar, daß es Sie auf dem Markt gibt und daß Sie genau das anbieten, was diese brauchen. Sagen Sie es ihnen immer wieder, jedesmal auf neue und kreative Weise, damit die Konsumenten Sie niemals vergessen.

Gutes Texten

Was macht gutes Texten in der Marketing-Kommunikation aus, und wie kann man es erreichen? Genauer, wie könnte man bei dieser Aufgabe des Textens vorgehen – könnte es da vielleicht einige Geheimnisse geben, die die Erfolgswahrscheinlichkeit erhöhen? Um wirklich gut zu sein, würde der Text seinen Zweck treffend und einfach zu vermitteln haben, um zu vermeiden, daß die Zuhörer sich langweilen. Er würde in ausreichendem Maß das Publikum fesseln und halten müssen, um sicherzustellen, daß ...

Und das, falls Sie es noch nicht bemerkt haben, ist *schlechter Text*!

Viele Marketing-Texte sind sogar noch schlechter:

✔ Sie kommen nicht auf den Punkt.

✔ Zu viele Sätze im Passiv (wo Sie nicht sagen können, *wer* eigentlich *was* macht).

✔ Zu anspruchsvolles Vokabular ohne angemessenen Grund.

✔ Viele schwierige Verbformen anstatt Präsens (z.B. »der Text [würde] (...) zu vermitteln haben« anstatt »der Text vermittelt«).

✔ Und folglich langweilt und verwirrt der Text seine Leser.

Jetzt weiß ich, was ich nicht tun soll. So kann ich den schrecklichen einleitenden Absatz neu schreiben. Und wieder neu schreiben. Und noch mal neu schreiben. Bis die ganze Sache wirklich sitzt!

Wie wär's damit:

> Sie brauchen gute Texte? Texten Sie direkt und texten Sie einfach. Gestalten Sie die Texte so, daß sie nach dem Leser greifen und ihn packen.

Sehen Sie, daß mein erster Entwurf dieses Absatzes 72 Wörter umfaßt, und der Abschnitt ist nicht einmal komplett. Die neue, verbesserte Fassung kommt mit 25 Wörtern aus. Das ist eine ganz hübsche Verminderung, was einen springenden Punkt guten Textens darstellt: Es ist kurz und bündig.

Gute Texte sollten ebenfalls *klar* sein – und meine Neufassung ist sicherlich wesentlich klarer als mein erster Versuch.

Falls Sie einen neuartigen Weg finden, Ihre Argumente anzubringen, tun Sie es. Denken Sie an die Notwendigkeit von Originalität und Überraschung, wenn Sie möchten, daß Ihre Texte Stopping Power besitzen. Aber vor allem anderen, sorgen Sie dafür, daß Ihre Texte einfach und klar sind.

Sie können nur durch mehrfaches Neuschreiben auf den Kern einer Kommunikationsmaßnahme stoßen. Überarbeiten Sie es ständig, überdenken Sie es mehrfach, lassen Sie Ihre Worte einkochen, bis Sie etwas zurückbehalten, daß mit überraschender Klarheit zu Ihrem Argument durchdringt.

Sobald Sie dann den Kern getroffen haben, halten Sie den Mund.

Großartige graphische Entwürfe

Stellen Sie sich folgendes vor: Ein Kind spielt gerade Tennis gegen ein Korbbrett, als ein Hund angerannt kommt und den Ball klaut. Der Ball, leuchtend gelb und kraus, füllt die Schnauze des Hundes vollkommen aus, als die Kamera nah herangeht, um den Ball und die Schnauze zu zeigen, so daß es den Bildschirm ausfüllt.

Dieses visuelle Bild ist einfach. Aber es vermittelt eine ganze Menge. Beispielsweise wieviel Spaß Kinder und Hunde dabei haben, mit Tennisbällen zu spielen. Das Bild bietet auch eine gewisse Dramatik – wie fühlt sich das Kind, als der Hund sich seinen Ball schnappt? Wie fühlt sich der Hund, als er den Ball erwischt? Vor allem erinnert uns das Bild daran, daß Tennis jedem viel Spaß macht, ohne Rücksicht auf Grad des Könnens, Alter oder sogar Spezies!

 Dieses visuelle Bild stammt aus einen Fernsehspot der U.S. Tennis Association zur Förderung des Tennissports. Dieser Spot verdeutlicht die Wirkung eines guten visuellen Bildes oder einer Folge von Bildern, um Aufmerksamkeit zu fesseln, eine interessante Geschichte zu erzählen und einen Standpunkt zu vermitteln.

 Der Spot zeigt auch einen Schlüssel zu erfolgreicher bildhafter Darstellung – daß sie sich nämlich *auf ein starkes, relevantes Bild konzentrieren*. In diesem Fall ist das Bild der Tennisball, stolz umklammert von den Kiefern des Hundes. In Ihrem Fall kann das Bild irgendwas sein, solange es visuell bezwingend, leicht zu erkennen und relevant für Ihren Werbeappeal ist.

Die Bedeutung des visuellen Designs

Lassen Sie mich Ihnen vorab sagen, daß ich Ihnen in den wenigen Absätzen, die ich diesem Thema widme, kaum zeigen kann, wie Sie ein guter Designer oder Künstler werden. Sie werden mit Künstlern zusammenarbeiten müssen, wenn Sie selber keiner sind. Es dauert eine lange Zeit, sich die technischen Fähigkeiten und den Sinn für Design anzueignen, den man braucht, um so etwas Einfaches wie eine illustrierte Broschüre zu erstellen, ganz abgesehen von komplexeren Aufgaben wie einer Anzeige im Vierfarbdruck, einem Verpackungsdesign oder einem Fersehspot. Aber Sie werden vielleicht trotzdem feststellen, daß Sie einige kleinere Designaufgaben in Ihrer Marketingabteilung oder Agentur übernehmen müssen. Eine Katalogseite, Broschüre, ein Schaufensterdisplay oder ein anderes visuelles Design müssen vielleicht auf die Schnelle gestaltet werden, ohne daß Geld für eine Werbeagentur oder einen Graphikdesigner zur Verfügung steht. Die moderne Computertechnik kann beachtliches Designgeschick in die Hände des Amateurs legen.

 Wenn Sie beispielsweise einen Macintosh besitzen mit Clipart-Verzeichnissen, auf dem Quark Express und Photoscope Software laufen, mit einem hochwertigen Scanner, um Photos eines Produktes einzubinden, können Sie ziemlich effektiv den »Designer« spielen. Ich mache das häufig, wenn ein Projekt zu klein ist, um den Einsatz von Profis zu rechtfertigen.

 Aber ich muß Sie warnen, daß die meisten hausgemachten Designentwürfe, die ich aus den heimischen Desktop-Computern und Laserdruckern kommen sehe, miserabel sind. Die Ergebnisse sind das Papier nicht wert, auf dem sie gedruckt sind, eine Beleidigung des Kunden und eine Blamage für den Marketingberuf. Es ist zwar heutzutage technisch relativ einfach, die Arbeit des Designens zu übernehmen, aber falls Sie nicht besonders viel über Design wissen, können Sie mit den neuen Technologien viel schneller in noch größere Schwierigkeiten geraten. (Sie können mehr Informationen zu diesem Thema in *Desktop Publishing und Design für Dummies* nachlesen.)

Gutes Design integriert Worte und Bilder

Im Grunde genommen müssen Sie die Tatsache akzeptieren, daß die Leute Ihren Marketing-Kommunikationsmaßnahmen zuerst *als Design* begegnen. Wir »sehen« uns Anzeigen, Displays, Verpackungen und andere visuelle Kommunikationsmaßnahmen an. Wenn diese uns dann auf der Designebene ansprechen, wollen wir uns vielleicht näher darauf einlassen und lesen die Werbung tatsächlich oder hören sie uns an.

Aber die Worte sind vergeblich, wenn das Design das Publikum nicht zu diesen hinzieht.

Deshalb müssen Sie lernen, über die Worte in Ihrer Botschaft so zu denken wie ein Designer, was sehr verschieden von der Sichtweise des Texters ist. Wie sehen die Worte auf der Seite aus? Strahlen die Worte genügend Kontrast und visuelles Interesse aus, um den Leser auf sie aufmerksam zu machen? Harmonieren die Worte mit den anderen Designelementen, um ein ansprechendes Muster abzugeben und den Betrachter in den Mittelpunkt zu ziehen? Der Designer betrachtet Schrift nur als ein weiteres Element auf der Designpalette. Daher hat die Designperspektive das »letzte Wort« in jeglicher Form der Marketing-Kommunikation. Falls die visuelle Seite der Werbung (oder die musikalische für Radiospots) nicht wirkt, dann sind die Worte vergebens.

Marktforschung: Kunden, Konkurrenten, Branchen

6

In diesem Kapitel

▶ Wie Sie die vier Geheimnisse einer erfolgreichen Forschung verstehen

▶ Wie Sie Einblick in einen Markt durch bereits vorhandene Informationsquellen gewinnen

▶ Wie Sie bessere Fragebögen erstellen

▶ Wie Sie spezialisierte Forschungsinstitute finden

▶ Wie Sie Kundenzufriedenheit messen

Marktforschung konzentriert sich im allgemeinen darauf, das Verhalten und die Einstellungen der Kunden zu erklären sowie die Branchenstruktur und die Stellung von Konkurrenten zu erforschen. Aber diese voreilige Definition tut der Marktforschung Unrecht. Marketingleute müssen so viel wissen, und so wenige der benötigten Informationen sind leicht erhältlich, so daß Marketing in sehr starkem Maß von einer breiten Vielzahl von Forschungsbemühungen abhängt. Je mehr Forschung Marketingleute betreiben können, um so besser wird ihre Arbeit.

Einer der erstaunlichsten Unterschiede zwischen führenden Marketingleuten und dem Rest des Haufens liegt darin, daß führende Unternehmen der Konsumgüterbranche und deren weltweite Werbeagenturen extrem viel Zeit in die Forschung stecken. Sie finden nichts dabei, ein paar Tausend Kunden zu befragen, nur um herauszufinden, ob sich die Einstellungen gegenüber Schuppen gerade verändern. Sie überprüfen routinemäßig ihre Werbeanzeigen, um herauszufinden, wieviel Prozent der Kunden sich an jedes der zahlreichen Elemente dieser Werbung erinnern. Die großen Firmen holen sich Spitzenstatistiker ins Haus, um diese ganzen Daten zu knacken, und sie produzieren eine grauenerregende Flut von Kurven und Diagrammen, um das Zahlenmatrial zu interpretieren.

Die großen Investitionen, wie sie bei Unternehmen wie Procter & Gamble (die Produzenten von z.B. Valensina, Pantene Pro-V, der Bounty Küchenrolle) getätigt werden, verleihen diesen Gesellschaften einen Vorsprung vor kleineren Konkurrenten. Größere Unternehmen erkennen einen Trend oder ein Kundensegment früher. Aber selbst diese Topmanager machen Fehler, weil es schwierig ist, Marktforschung durchzuführen und zu interpretieren. Nur weil die Konglomerate finanziell besser dastehen als ihre kleineren Konkurrenten, heißt das noch lange nicht, daß kleine Fische nicht auch die Kraft der Marktforschung anzapfen können. Sie können Forschung auch im kleinen Rahmen auf verschiedene ökonomische Arten betreiben, auf einige davon gehe ich in diesem Kapitel ein. Wozu Sie sich auch entscheiden mögen, denken Sie bitte an meine vier »Geheimnisse« der Marktforschung und machen Sie sie sich voll zunutze. Ich verrate sie Ihnen im Hauptteil dieses Kapitels.

Sind Sie Marketing-blind?

Die meisten Marketingleute nutzen die Forschung nicht genügend aus. Diese Marketingleute sind wie Autofahrer, die ohne Scheibenwischer und mit Sonnenbrille in einer regnerischen Nacht über die Autobahn rasen. Solange die Straße gerade verläuft und ihnen keine Konkurrenten in die Quere kommen, reicht der gelegentliche Blick auf die Straße, um sie im Rennen zu halten (Gewinnen ist eine andere Sache). Aber falls sich irgend etwas ändert, kann sich ihr fehlender klarer Blick auf den Markt als fatal erweisen.

Die Heilmittel für diese Probleme sind zahlreich und vielfältig. Ich gehe in diesem Kapitel auf eine Vielzahl von Methoden und Strategien ein und verweise Sie auch auf einige spezialisierte Forschungsdienste, für den Fall, daß Sie noch tiefer einsteigen müssen. Aber selbst, wenn Sie heute kein Wort mehr von diesem Kapitel lesen, hoffe ich doch, daß Sie eines tun werden: Malen Sie ein großes Fragezeichen auf ein Blatt Papier und kleben Sie es an die Wand in Sichtweite Ihres Schreibtisches. Wann immer Sie dann von Ihrem Schreibtisch aufblicken, lassen Sie Ihre Augen auf diesem Fragezeichen ruhen, so daß Sie immer daran denken, *Fragen zu stellen*.

Dieser wißbegierige Geist steckt im Herzen der Marktforschung. Und er ist kostenlos – Sie müssen nicht über das Forschungsbudget von Procter & Gamble verfügen, um ihn sich zunutze zu machen! Fragen Sie sich, warum Kunden tun, was sie tun; was verursachte eine Veränderung in Ihrem Markt; oder zu wem gehen die Kunden, die Sie verlieren. Fast jede Frage kann als Startpunkt fungieren. Der erste – und wichtigste – Schritt bei jeglicher Forschungsbemühung ist, eine scharfsinnige Frage zu stellen! So einfach ist das. Also keine Entschuldigungen, ist das klar? Ziehen Sie los und forschen Sie!

Geheimnis 1: Sie müssen rückwärts arbeiten

Ich weiß, Ihr Instinkt sagt Ihnen, zuerst jede Menge Informationen zu sammeln und *dann* darüber nachzudenken, was Sie tun sollten. Forschung zuerst, Analyse später. Aber das stellt sich als schreckliche Verschwendung Ihrer Zeit und des Geldes Ihres Unternehmens heraus. Sie werden dem, was »richtigerweise« zu tun wäre, nicht näher kommen, wenn Sie sich in Daten vertiefen. Sie werden nur Zeit verlieren.

Um von der Marktforschung zu profitieren, müssen Sie mit einer *sorgfältigen Analyse der zu treffenden Entscheidungen* anfangen. Angenommen, Sie sind verantwortlich für ein seit zwei Jahren bestehendes Softwareprodukt, das von kleinen Firmen genutzt wird, um deren Marketingpläne zu entwickeln. Welche Schlüsselentscheidungen sollten Sie als Produktmanager treffen? Die folgenden sind die naheliegendsten:

✔ Sollten wir eine verbesserte Version einführen, oder sollen wir weiterhin die aktuelle Version verkaufen?

✔ Ist unser momentanes Marketing-Programm ausreichend effektiv oder sollten wir es neugestalten?

✔ Ist das Produkt richtig positioniert oder sollten wir sein Image verändern?

Bevor Sie also irgendwelche Untersuchungen anstellen, müssen Sie *intensiv* über diese Entscheidungen *nachdenken*. Insbesondere müssen Sie

✔ entscheiden, wie Ihre realistischen Wahlmöglichkeiten für jede Entscheidung aussehen.

✔ den Unsicherheitsgrad und das Risiko für jede Entscheidung einschätzen.

Für etwaige unsichere und risikoreiche Entscheidungen sollten Sie dann unbedingt

✔ Fragen stellen, deren Beantwortung dabei helfen sollte, das Risiko und die Unsicherheit der Entscheidung zu verringern.

✔ *Jetzt*, mit diesen Fragen in der Hand, sind Sie bereit, mit Ihrer Forschung zu beginnen!

Wenn Sie diesen Gedankenprozeß durchlaufen, werden Sie häufig feststellen, daß Forschung unnötig ist. Es könnte beispielsweise sein, daß Ihr Chef bereits entschieden hat, in die verbesserte Version der Software, für die Sie verantwortlich sind, zu investieren. Daher ist Forschung in dieser Frage sinnlos. Ob nun falsch oder richtig, Sie können diese Entscheidung realistischerweise nicht mehr ändern. Aber einige Fragen schaffen es, durch das Überprüfungsverfahren zu kommen und stellen sich als gute Forschungskandidaten heraus. Für diese müssen Sie einen Katalog an Fragen mit dem Potential aufstellen, Ihre Entscheidungsunsicherheit zu verringern oder Ihnen als Entscheidungsträger neue und aufregende Möglichkeiten zu eröffnen.

Nehmen Sie zum Beispiel die Frage »Ist das Produkt richtig positioniert oder sollten wir sein Image verändern?« Um herauszufinden, ob eine Neupositionierung Sinn macht, könnten Sie fragen, wie die Leute zur Zeit die Qualität und Leistung des Produktes wahrnehmen, wie sie das Produkt im Vergleich zu den führenden Konkurrenzprodukten ansehen und wie die Persönlichkeit des Produktes aussieht (siehe Kapitel 5 für Informationen über Produktpersönlichkeit). Wenn Sie die Antworten auf all diese Fragen kennen, sollten Sie wesentlich besser in der Lage sein, eine gute Entscheidung zu treffen.

Aus diesem Grund sollten Sie damit beginnen, Ihre Marketingentscheidungen sehr sorgfältig zu bestimmen. Solange Sie nicht wissen, welche Entscheidungen Sie treffen müssen, hat Marktforschung wenig Sinn. (In Abbildung 6.1 sehen Sie ein Flußdiagramm des Forschungsprozesses.)

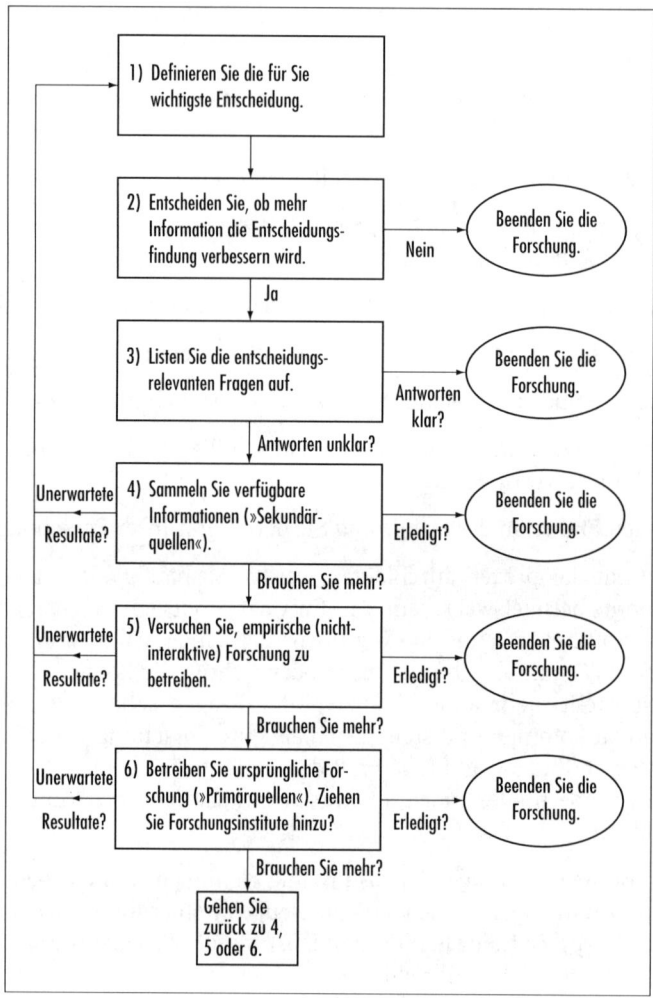

*Abbildung 6.1: Durchlaufen Sie diesen Marketingforschungsprozeß,
um gängige Fehler zu vermeiden.*

Geheimnis 2: Sie können immer kostenloses Datenmaterial finden

Die Welt ist mit Daten überschwemmt, und einige davon sind genau das, was Sie benötigen, um mit Ihrem Forschungsprojekt anzufangen. Bevor Sie deshalb einen Bericht kaufen oder ein Forschungsunternehmen beauftragen, suchen Sie erst einmal nach kostenlosen (oder zumindest preisgünstigen) Sachen.

 Ein guter Ort, um nach kostenlosen Daten zu suchen, ist das World Wide Web. Besuchen Sie zum Beispiel das Statistische Bundesamt unter `http://www.statistik-bund.de/`, um dort ein paar Daten zu schnorren.

Passen Sie aber auf, diese kostenlosen Daten könnten alt und nicht sehr detailliert sein. Deshalb werden Sie wahrscheinlich etwas Geld locker machen müssen, bevor Ihre Forschungsfragen vollkommen beantwortet sind. Aber zumindest können Sie mit dem kostenlosen Kram schon mal anfangen, weil dadurch Ihr Betrachtungsfeld eingeschränkt werden kann und Ihnen eine Hilfestellung zur Formulierung hypothetischer Antworten gegeben wird, die Sie später testen können. Manchmal, wenn Sie Glück haben, enthält das kostenlose Datenmaterial sogar alles, was Sie brauchen!

 Kostenloses Datenmaterial fällt im allgemeinen unter die Kategorie *Sekundärdaten* – solche, die von jemand anderem gesammelt und schon veröffentlicht wurden – und so bekommen Sie sie aus zweiter Hand. Einige Sekundärdaten gibt es kostenlos; andere werden von Verlegern und Forschungsfirmen verkauft. Aber ob kostenlos oder käuflich, Sekundärdaten sind (fast) immer billiger als *Primärdaten* oder Daten, die speziell für Ihre aktuellen Bedürfnisse erhoben wurden.

Primärdaten können durch alle möglichen Untersuchungen erhoben werden, durch Beobachtung oder auf andere Weise – ich gehe auf Untersuchungsmethoden und Primär- und Sekundärdatenforschung später in diesem Kapitel noch ein.

 Unterschätzen Sie niemals den Wert der Sekundärforschung. Der einfallsreiche Forscher kann eine ganze Menge erfahren, wenn er die Daten anderer Leute durchstöbert. Die Kostenersparnis durch die Kombination von kostenlosen und käuflichen Sekundärdaten ist ziemlich hoch. Ein Forschungsprojekt allein mit Sekundärdaten wird Sie wohl zwischen ein paar hundert und ein paar tausend Mark kosten. Eine Primärdatenerhebung, die eine oder zwei Befragungen umfaßt, beläuft sich normalerweise auf eine Summe von ca. DM 15.000 an aufwärts.

Geheimnis 3: Sie können für ALLES Forschung betreiben!

Eine der verwirrenden Seiten der Marketingforschung ist, daß sie wirklich aus Dutzenden von verschiedenen, spezialisierten Berufen besteht. Es gibt nicht eine alleinige Version der Marketingforschung. Was Sie brauchen, hängt von vielen Dingen ab – meist von Ihrer Erkenntnis, daß, egal welche Entscheidung oder welches Problem ansteht, eine spezialisierte Forschungsform verfügbar ist, die Ihnen weiterhilft.

Lassen Sie sich von Ihren Fragen leiten

Bitte erinnern Sie sich daran, daß Sie als Marketingforscher wohldefinierte Fragen stellen müssen, bevor Sie Daten erheben.

Dennoch kommt es noch zu oft vor, daß Marketingleute mit einem halbfertigen Forschungsziel lossprinten wie »Wir müssen alles über den Keksmarkt herausfinden.«. Prima. Ziemlich bald wird sich ein meterhoher Stapel von Tabellen und Artikeln auf Ihrem Schreibtisch türmen. Aber Sie werden immer noch nicht wissen, wie Ihnen dieser Markt Geld einbringen kann! Sie können durch Forschung nur etwas erfahren, wernn Sie zielgerichtete Fragen stellen, wie »Wer ißt Kekse?« und »Wer ißt die *meisten* Kekse?« und »Welche Sorten von Keksen mögen diese Keksliebhaber am liebsten?« und »Welche Medien erreichen diese Keksliebhaber am wirksamsten?« und »Welche Marken haben für sie im Moment Priorität?« (Setzen Sie Ihr Produkt hier ein, um diese Fragen an Ihre Bedürfnisse anzupassen.)

Falls Sie Schwierigkeiten haben, sich die passenden Forschungsfragen auszudenken, gehen Sie nochmal zu Ihrem Startpunkt zurück, Ihrer Definition der Entscheidung oder Entscheidungen, auf die die Forschung ausgerichtet sein soll. (Greifen Sie auf Abbildung 6.1 zurück.) Denken Sie darüber nach, welche Fragen Sie beantworten müssen, um diese Entscheidung intelligenter treffen zu können, und dann gehen Sie los und betreiben das Minimum an Forschung, das gebraucht wird, um diese Fragen zu beantworten.

Sie können eine Firma mit der Überprüfung von Einzelhandelsgeschäften beauftragen, um herauszufinden, ob Ihre Einkaufsstättendisplays (siehe Kapitel 16) richtig ausgestellt werden. Oder Sie könnten eine Firma veranlassen, Einkaufende zu interviewen, um zu sehen, was diese von Ihren Displays halten. Oder Sie beauftragen eine Firma damit, ein künstliches Geschäft aufzubauen, um festzustellen, wie eine Auswahl von Einkaufenden auf ein neues Verpackungskonzept reagiert. Um den Marktanteil einer Buchhaltungsfirma zu erhöhen, können Sie erforschen, wie Unternehmen die Buchhaltungsdienstleistungen wahrnehmen, die ihnen geboten werden. Vielleicht denken Sie, Sie haben eine unschlagbare Werbeanzeige entworfen, aber Sie wollen die Anzeige testen, um sicher zu sein, bevor Sie sie schalten. Vielleicht wollen Sie auch herausfinden, welche neuen Produkte oder Marketingpläne Ihre Konkurrenten gerade entwickeln, so daß Sie Ihre Reaktion darauf frühzeitig planen können. Oder vielleicht interessiert es Sie auch, wie sich Ihre Produkte oder Dienstleistungen auf dem asiatischen Markt machen würden und wie Sie Verteiler finden könnten, die mit Ihren Produkten in dieser Region handeln würden.

Ich könnte noch weitere Beispiele aufzählen. Was ich sagen will, ist folgendes: Falls Sie nicht in der Lage sind, richtige Forschung zu betreiben, sind Forscher gerne bereit und bemüht darum, Sie bei jeder Marketingaufgabe zu unterstützen. Wenn stichhaltigere Informationen Ihre Entscheidungen verbessern können, dann ist es im allgemeinen rentabel, eine Forschungsfirma damit zu beauftragen, primäre Forschung für Sie zu betreiben. In Tabelle 6.1 nenne ich Ihnen einige der großen Firmen in Deutschland, die sich mit den unterschiedlichsten

Marktforschungsuntersuchungen befassen und die sich als Experten auf diesem Gebiet bezeichnen. Einen umfassenden Überblick über die Anbieter von Marktforschungsdienst-
leistungen und deren spezielle Forschungsschwerpunkte liefert Ihnen das jährlich erschei-
nende *asw-Handbuch Marketing-Forschung in Deutschland – Unternehmen-Adressen-Daten*
(herausgegeben von der Zeitschrift *absatzwirtschaft* und erschienen bei Schäffer Poeschel).
Wagen Sie einen Blick hinein. Ich wette, daß zumindest einige Adressen für Ihre aktuelle
Arbeit interessant sind.

Anbieter von Marketing-Forschung	Kontakt
A.C. Nielsen GmbH, Frankfurt a. M.	**Tel.: 069/79 38-0, Fax: 069/79 38-903**
Arbeitsgemeinschaft Media-Analyse e.V. (AG.MA), Frankfurt a. M	Tel.: 069/15 68 05-0, Fax: 069/15 68 05-40
Arbeitskreis Deutscher Markt- und Sozialforschungs-institute e.V. (ADM), Frankfurt a.M.	Tel.: 069/97 84 31-36, Fax: 069/97 84 31 37
Emnid GmbH, Institut für Markt-, Meinungs- und Sozialforschung, Bielefeld	Tel.: 05 21/92 57-0, Fax: 05 21/92 57-333
Gesellschaft für Konsum-, Markt- und Absatz-forschung e.V. (GfK), Nürnberg	Tel.: 0911/395-0, Fax: 0911/395-27 15
Infratest Burke AG, München	Tel.: 089/56 00-0, Fax: 089/56 00-313

Tabelle 6.1: Anbieter von Marketing-Forschung in Deutschland

Einsatz sekundärer Forschung

Sekundärdaten, oben als vorab gesammelte Daten definiert, die von Nutzen für Sie sein können, wenn Sie sie in die Finger bekommen, sind generell kostengünstiger. Darum sollten
Marketingleute danach Ausschau halten, *bevor* sie Primärforschung betreiben. Ich weiß, es
hört sich widersprüchlich an, wenn ich Ihnen rate, die Sekundär- zeitlich vor die Primärforschung zu stellen, aber ich habe mir die Begriffe nicht ausgedacht.

Wo finden Sie Sekundärdaten? Zum Beispiel beim Statistischen Bundesamt (in Wiesbaden,
Tel. 06 11/75 24 05 allgemeiner Informationsdienst oder unter http://www.statistik-
bund.de/). Oder schauen Sie auf der Homepage des Deutschen Instituts für Wirtschafts-
forschung nach (http://www.diw-berlin.de/). Die örtlichen Industrie- und Handelskammern sowie die Stadtverwaltungen sind ebenfalls Ansprechpartner für relevantes ort-
bezogenes Datenmaterial.

Demographien!

Ich muß das Ausrufezeichen hinter das Wort »Demographien« setzen, weil ihm sonst keiner
in irgendeiner Weise Aufmerksamkeit schenkt. *Demographien – Statistiken über eine Bevölkerung –* scheinen für die meisten Leute irgendwie langweilig zu sein. Dennoch liefern Trends
in der ethnischen Zusammenstellung Ihres Marktes, dessen Durchschnittsalter oder die dort

vorhandenen Bildungsschichten sehr gute Hinweise darauf, wie sich Ihr Marketing eigentlich verändern sollte. Die Bevölkerungen der USA, Kanadas, der meisten europäischen Länder und Japans werden immer älter. Was bedeutet das für Marketingleute?

Auf den ersten Blick nichts. Was also, wenn der Durchschnittsmensch ein oder zwei Jahre älter ist als noch vor zehn Jahren? Sie können dann immer noch Produkte auf Menschen unterschiedlichen Alters ausrichten und den langfristigen demographischen Trend ignorieren.

Oder aber, Sie beobachten diesen Trend genauer und erkennen vielfältige Chancen. Viele Marketingleute für Verbrauchsprodukte in den USA arbeiten mit Charles Schewe zusammen, einem Berater aus Amherst, Massachusetts, der die alternde Gesellschaft untersucht, um ihre Produkte und Dienstleistungen für dieses wachsende Segment neu zu gestalten. Ältere Amerikaner haben gemeinsame Werte und Einstellungen, die es erleichtern, diese Zielgruppe anzusprechen. Sie haben gemeinsame Bedürfnisse: So brauchen sie zum Beispiel Verpackungen, die leichter zu lesen sind, und Gebrauchsanweisungen, die leichter zu benutzen sind. Sie haben sehr viel verfügbares Einkommen, weil der Großteil des Vermögens in den meisten Gesellschaften im Besitz älterer Menschen ist. Und während die Bevölkerung altert, wächst dieses schon jetzt attraktive Marktsegment schneller als andere.

Diese Art von Chance läßt sich leicht finden, wenn Sie nur sorgfältig auf demographische Daten und andere sekundäre Informationsquellen achten. Trotzdem ignorieren viele Marketingleute diese preisgünstigen Datenquellen und übersehen folglich Veränderungen auf ihren Märkten.

Ihre Verkaufsdaten!

Eine weitere leicht zu übersehende Goldmine an Sekundärdaten (darum das Ausrufezeichen). Welche Art von Kunden werden abtrünnig? Wann und warum? Wer sind Ihre stärksten oder gewinnbringendsten Kunden? In welchen Regionen gewinnen oder verlieren Sie? Solche und viele ähnliche Fragen lassen sich am besten beantworten, wenn Sie sich in die Absatzdaten Ihres Unternehmens vertiefen. Falls diese Aufzeichnungen nicht detailliert genug sind, versuchen Sie, Verkaufsberichte zu lesen oder Ihre Verkäufer oder Händler zu befragen. Jemand, der für Ihr Unternehmen arbeitet, weiß wahrscheinlich wesentlich mehr über Ihre Kunden oder Konkurrenten als Sie. Finden Sie diese Leute!

 In größeren Unternehmen, wo Neueinstellungen an der Tagesordnung sind, kommen einige der neuen Mitarbeiter von Konkurrenzfirmen oder anderen Betrieben aus Ihrer Branche. Gehen Sie in der Personalabteilung vorbei und bitten Sie Ihre Kollegen, diese Leute bei Ihnen zu einer kurzen Einsatzbesprechung über deren erste Woche in Ihrem Unternehmen vorbeizuschicken. (Vermeiden Sie auf jeden Fall, diese Leute unter Druck zu setzen, daß sie Ihnen Fragen beantworten, die gegen die Regeln zur Wahrung des Betriebsgeheimnisses verstoßen. Sprechen Sie mit der Personalabteilung ab, ob dieses Problem in Ihrer Branche ein Thema sein könnte.) Marketingleute machen sich selten die Intelligenz der Konkurrenz zunutze, die diese Mitarbeiter mit sich tragen.

Die Durchführung primärer Forschung

Primärforschung sammelt Daten durch die Beantwortung von Fragen. Im allgemeinen erfaßt diese Forschungsart Daten durch die Beobachtung von Menschen, um zu sehen, wie diese sich verhalten oder wie sie mündlich oder schriftlich auf Fragen antworten.

 Ich gebe Ihnen im folgenden einen sehr kurzen Überblick über die verschiedenen Ansätze.

Beobachtung Ihrer Kunden

Vor Jahren wollten Manager des Boston Aquariums herausfinden, welche Attraktionen am beliebtesten waren. Sie beauftragten einen Forscher mit der Entwicklung einer Studie, aber der meinte, sie sollten sich keine Gedanken machen. Statt dessen schlug er vor, die Fußböden auf Abnutzung und Spuren an nassen Tagen zu überprüfen. Die Anhaltspunkte deuteten klar darauf hin, daß bestimmte Attraktionen besonders beliebt waren. Der Fußboden vor diesen Attraktionen zeigte die stärkste Abnutzung. Feuchte Pfade führten deutlich zu den Attraktionen, die die Besucher mit Vorliebe zuerst besuchten.

Konsumenten sind überall in unserer Nähe – auf dem Weg zum Einkauf, beim Kauf und dem Gebrauch von Produkten. Es ist nicht schwer, Kunden zu beobachten und etwas von neuer Bedeutung zu erfahren. Selbst *Marketingleute im Business-to-Business Bereich* (die an andere Geschäfte statt an den Endkonsumenten verkaufen) können auf einen Blick viele Anhaltspunkte über ihre Kunden finden. Die Anzahl und Fahrtrichtung der Lkws eines Unternehmens auf verschiedenen Straßen kann Ihnen beispielsweise offenbaren, wo seine geographischen Haupt- und Nebengeschäftsbereiche liegen. Es ist nicht schwierig, eine ganze Menge relevanter Dinge in der Marketingforschung zu beobachten. Dennoch sind die meisten Marketingleute wie Dr. Watson schuldig im Sinne der Anklage von Sherlock Holmes, »Sie haben nicht beobachtet, obwohl Sie gesehen haben.« (Im Kasten *Beobachtung à la Sherlock Holmes* finden Sie mehr zu Holmes' Ermittlungsmethode.) Beobachtung ist die am meisten unterschätzte Forschungsmethode.

 Ich hasse es, eine Verallgemeinerung wie die vorangegangene in den Raum zu stellen und es Ihnen zu überlassen, die einzelnen Punkte dieser Darstellung zu übersetzen. Also lassen Sie mich Ihnen helfen. Ich möchte, daß Sie folgendes tun: Finden Sie einen Weg, eine *Ihrer Kundinnen oder Kunden dabei zu beobachten, wie sie oder er eines Ihrer Produkte nutzt*. Ich möchte, daß Sie beobachten und nicht nur zuschauen. Nehmen Sie sich Papier und Bleistift und achten Sie darauf, auch die kleinen Dinge zu bemerken. Was macht der Kunde in welcher Reihenfolge und wieviel Zeit verbringt er damit? Was sagt er, falls überhaupt? Sieht er glücklich aus? Frustriert? Desinteressiert? Geht irgend etwas schief? Klappt alles – wie z.B., daß der Kunde überrascht ist, welche guten Leistungen das Produkt erbringt? Machen Sie sich genaue Notizen und denken Sie darüber nach. Ich *garan-*

tiere Ihnen, daß Sie zumindest einen Einblick darein gewinnen, wie Sie Ihr Produkt verbessern können, unabhängig davon, worin dieser Einblick besteht.

Die Beobachtung einer Kundeninteraktion mit einem Produkt stellt noch kein Forschungsprojekt dar. Aber wenn Sie schon durch die einmalige Durchführung einer solchen Beobachtung Einblicke gewinnen können, was könnten Sie erst alles erfahren, wenn ein halbes Dutzend Forscher sich damit beschäftigen würde, fünfzig Kunden dabei zu beobachten, wie diese eines Ihrer Produkte nutzen? Ich denke, Sie haben jetzt verstanden, worauf es mir ankommt.

Nun zu einer anderen Verallgemeinerung. Immer wenn Sie eine Primärerhebung in Erwägung ziehen, sollten Sie zuerst ein paar Tage darüber nachdenken, auf welch clevere Weise Sie Beobachtungstechniken einsetzen wollen. Voraussichtlich werden Sie tatsächlich so lange brauchen, weil Menschen im allgemeinen Dinge eher *sehen*, als sie wirklich zu *beobachten*. Beobachtungsforschung kann generell auf verschiedene kreative Arten durchgeführt werden, und ich möchte nicht, daß Sie irgendwelche Möglichkeiten übersehen.

Beobachtung à la Sherlock Holmes

Ein Marketingmensch muß nicht zu Sherlock Holmes werden, aber er kann von der Ermittlungsmethode des großen Detektivs profitieren, der alle Details sorgfältig beobachtet, bevor er eine Theorie aufstellt. Holmes' Beobachtungsgabe erstaunt seinen Mitarbeiter Dr. Watson oft, aber es scheint immer alles so offensichtlich, wenn er es erklärt. Dennoch ist Holmes' Beobachtungsweise besonders präzise und wißbegierig, wie eine kurze Beschreibung aus dem Buch *Skandal in Bohemia* beispielhaft zeigt:

»Sie sehen zwar, aber Sie beobachten nicht«, sagt Holmes zu Watson. »Der Unterschied ist klar. Beispielsweise haben Sie häufig die Treppe gesehen, die von der Halle hoch in dieses Zimmer führt.«

»Ja, oft.«

»Wie oft?«

»Nun, einige hundert Mal.«

»Wie viele Stufen sind es dann also?«

»Wie viele? Das weiß ich nicht.«

»Genau so! Sie haben nicht beobachtet. Und dennoch haben Sie gesehen. Das ist genau das, was ich meine. Ich weiß aber, daß es siebzehn Stufen sind, weil ich sowohl beobachtet als auch gesehen habe.«

Es wäre verrückt, jetzt alle Stufen zu zählen, die Sie hinaufsteigen, aber *manchmal* ist es notwendig, so etwas zu tun. Und manchmal müssen Marketingforscher vom *Sehen* auf das *Beobachten* hochschalten, wenn Sie Daten zur Beantwortung einer Frage sammeln.

Stellen Sie Leuten Fragen

Befragungsmethoden verschiedener Art sind das Salz der Marktforschungsbranche – und das aus einem guten Grund. Sie können häufig etwas Nützliches erfahren, wenn Sie Leute danach fragen, was Sie denken. Der größte Mangel bei den Befragungsmethoden liegt darin, daß Kunden oft nicht wissen, was sie denken und wie sie sich verhalten werden. Doch selbst wenn sie es wissen, kann es ziemlich kostspielig sein, sie dazu zu bringen, daß sie es Ihnen sagen. Nichtsdestoweniger zieht jeder Marketingmensch gelegentlich guten Nutzen aus der Befragungsforschung, wie die folgende Erörterung zeigt.

Verbessern Sie Ihren Fragebogen

Eine Sache, um die ich am häufigsten gebeten werde, ist, mir einen Fragebogen anzusehen und Verbesserungsvorschläge zu machen. Diese Bitte resultiert aus der Erkenntnis unter Marketingleuten, daß ein bißchen mehr Sorgfalt und Redigieren im Vorfeld zu einem deutlichen Unterschied im Wert und der Validität der Ergebnisse führt. Ich rate Ihnen, es sich ebenfalls zur Gewohnheit zu machen, jemanden Ihre Fragebögen korrigieren zu lassen.

Falls viel Geld auf dem Spiel steht, sollten Sie oder Ihr Forschungsunternehmen einen formalen Pre-Test Ihrer Untersuchung durchführen, indem Sie die Befragung an einer kleinen Stichprobe von Befragten ausprobieren und dann überprüfen, ob diese die Fragen verstanden zu haben scheinen und ob ihre Antworten Sinn machen.

Aber in vielen Fällen sind die finanziellen Mittel für einen formalen Pre-Test nicht in ausreichender Höhe vorhanden. Sie können ein genauso gutes Feedback bekommen, wenn Sie eine Auswahl an Freunden, Marketingleuten (die hoffentlich etwas Sachkenntnis in der Forschung besitzen!) und einige Kunden bitten, sich Ihren Fragebogen mal anzugucken. Vergessen Sie nicht, in Ihre eigene Rolle des Redakteurs zu schlüpfen und den Fragebogen noch einmal mit kritischen Augen durchzusehen.

Hier sind sieben Fragen zur Überprüfung einer Umfrage:

1. **Spricht die Umfrage die Befragten an?**

    Die Beteiligung an der Umfrage sollte für sie interessant und lohnend sein. Ein gutes Thema, gut formulierte Anweisungen, leichte, kurze Fragen und vielleicht eine Verkaufsförderungsaktion (Gutschein, Teilnahmeformular für ein Preisausschreiben und ähnliches) können die Erfahrung des Befragten angenehmer gestalten – und eine ziemlich hohe Beantwortungsrate sicherstellen. Zu viele Umfragen sind verwirrend und langatmig. Streichen Sie alles bis auf die wichtigen Fragen und gestalten Sie diese leicht und interessant! (Sorgen Sie dafür, daß Ihre *Liste* – die Leute, die Sie ansprechen und bitten, an Ihrer Umfrage teilzunehmen – gut ist; qualifizieren Sie die Befragten vorab, falls möglich. Es gibt nämlich keine Umfrage, die auch für ungeeignete Befragte ansprechend ist.)

2. Verbinden irgendwelche Fragen mehr als einen Begriff?

Wenn das so ist, dann brechen Sie sie auseinander. Ich empfehle, die folgende Frage aus einer Mitarbeiterbefragung durch ein Garten- und Geschenkgeschäft in mehrere einzelne Unterpunkte zu unterteilen:»Wie bewerten Sie die Vielfalt unserer Pflanzen- und Geschenkauswahl auf einer Skala von 1 = spärlich bis 4 = vollkommen?«. Die einfachste Lösung besteht darin, nur zwei Fragen zu stellen, eine für Pflanzen und eine für Geschenke. Ein noch besserer Weg ist, die Frage folgendermaßen auszuweiten, da es mehrere große Pflanzenkategorien gibt:

Wie bewerten Sie die Vielfalt unserer Pflanzenauswahl?			
Kräuter	1	2	3	4
Einjährige Pflanzen	1	2	3	4
Hängeampeln	1	2	3	4
Mehrjährige Pflanzen	1	2	3	4
Zwiebeln	1	2	3	4
Weihnachtsbäume	1	2	3	4
spärlich		ausgezeichnet	

Annie's Garden & Gift Store in Amherst, Massachusetts stellte genau diese Frage in einer Kundenumfrage, und die Ergebnisse halfen der Geschäftsleitung dabei, zu entscheiden, welche Produktlinien sie erweitern mußten. Eine allgemeinere Form der Frage hätte ihnen nicht die spezifische Rückmeldung gebracht, die sie für ihre Einkaufsentscheidungen hinsichtlich des kommenden Jahres benötigten.

3. Lassen Skalen *alle* Antworten zu?

Manchmal schränken die Annahmen des Befragers die Antwortmöglichkeiten der Befragten ein. Erweitern Sie die Möglichkeiten und setzen Sie »Sonstiges« so oft wie möglich ein.

Wenn Sie numerische Skalen benutzen, wie die 1 bis 4-Skala in Frage 2, fragen Sie sich, wo die Vor- und Nachteile einer längeren oder kürzeren Skala liegen würden. Würde eine 5-Punkte-Skala irgendwelche Vorteile gegenüber einer 4-Punkte-Skala haben? Ein sichtbarer Vorteil der 5-Punkte-Skala ist, daß sie den Befragten die Möglichkeit einer neutralen Antwort bietet. Dieser Unterschied ist wichtig, wenn Sie eine Stimme-zu/Stimme-nicht-zu-Skala haben, da einige Leute keine Partei ergreifen wollen. Obwohl *Sie* vielleicht keine neutralen Antworten möchten, sollten Sie sie zulassen, falls die Befragten entschlossen sind, sie zu geben.

Forschungsfirmen nutzen übrigens im allgemeinen 5-Punkte- oder 7-Punkte-Skalen für Ihre Umfragen, und ich rate Ihnen, ebenso vorzugehen, es sei denn, Sie haben einen triftigen Grund, es nicht zu tun. Mehr Antwortmöglichkeiten halten Befragte nicht wirklich auf. Wenn sie erst einmal eine Skala verstanden haben, können sie diese ziemlich schnell benutzen – solange sich die Skala nicht von Frage zu Frage verändert! Die längere Skala von 1 bis 7 wird Ihnen ein feiner abgestimmtes Maß der Befragtenmeinung liefern, weil sie eine breitere Palette möglicher Antworten offen läßt.

4. Sind Fragen *beeinflussend* oder *irreführend*?

Überprüfen Sie, ob die Fragen in ihrer Wortwahl so klar und neutral wie möglich sind.

Die Frage »Stimmen Sie uns zu, daß unser Kundendienst hervorragend ist? Ja__Nein__« ist nicht die Tinte wert, mit der sie gedruckt wurde. Erstens ist die Frage einseitig auf positive Antworten ausgerichtet, weil die Worte »zustimmen« und »hervorragend« in der Frage selbst benutzt werden. (Leute neigen dazu, Ihnen die Antworten zu geben, die Sie von Ihnen in den Fragebögen lesen wollen. Achten Sie also darauf, ihnen keine offensichtlichen Hinweise zu geben!) Zweitens können die Befragten verwirrt darüber sein, wo sie ihre Kreuze machen sollen. Wird ein »Nein« als Antwort mit einem Kreuz vor oder hinter dem Nein markiert? Hier ist eine Neufassung der Frage, die diese beiden Probleme löst:

Bitte bewerten Sie den Kundendienst:

Schrecklich						Hervorragend
1	2	3	4	5	6	7

(Beachten Sie auch den Abschnitt über die Messung des Kundendienstes am Ende dieses Kapitels.)

5. Sind Fragen *irrelevant* für Ihr Handeln?

Streichen Sie Fragen, wenn sie nicht der Entscheidungs- oder Prozeßverbesserung dienen.

Die meisten Fragebögen bestehen zumindest zu 75 Prozent aus unnötigen Fragen. Wirklich! Ich sage Ihnen, warum. Es resultieren keine Handlungen aus den meisten Fragen, nachdem die Manager die Ergebnisse überprüft haben. Wenn das Ergebnis also keine Handlungen auslöst, dann war die Frage eine offensichtliche Zeitverschwendung. Für Annie's Garten- und Geschenkeladen beispielsweise gibt es keinen Grund, die folgenden Fragen im Fragebogen zustellen:

---

1. Sind Sie: __**männlich** __**weiblich**

2. Kommen Sie zu Annie's   .

   __alleine

   __mit einem Partner

   __mit Kindern

   __mit Freunden

3. Würden Sie wieder zum Einkaufen zu Annie's kommen?   __**Ja** __**Nein**

✔ Die erste Frage wurde sicherlich aus Traditionsgründen eingebaut. Sammeln nicht alle Umfragen demographische Daten über ihre Befragten? Aber diese Tradition rührt von großangelegten Umfragen mit Zufallsstichproben her, in denen die Forscher erwarten, daß Männer und Frauen oder Menschen unterschiedlichen Alters oder Unternehmen verschiedener Branchen deutlich verschiedene Antworten geben werden. Forscher nutzen solche Fragen, wenn sie die Notwendigkeit vorhersehen, ihre Befragten zu segmentieren und jede Gruppe getrennt zu analysieren. Sie werden alle anderen Fragen nach diesen demographischen Daten kreuztabellarisch aufzeichnen und nach statistisch signifikanten Unterschieden suchen. Dann werden Sie das Marketing an jedes Segment individuell anpassen.

Aber Annie's – und aller Wahrscheinlichkeit auch Sie – werden das nicht tun. Kleine Stichprobengrößen und informelle Methoden der Stichprobenziehung (wie das Austeilen einer Umfrage an der Verkaufstheke) machen diese Art statistischer Analyse unmöglich – selbst wenn die Ergebnisse irgendeine Bedeutung haben würden, was ich bezweifle.

✔ Die dritte Frage erscheint nützlicher. Schließlich sind Wiederholungskäufe sehr wichtig, also warum sollte man Kunden nicht fragen, ob sie vorhaben, das Geschäft noch einmal aufzusuchen? Aber die Anweisungen dieser speziellen Umfrage besagen: »Füllen Sie den Fragebogen aus und geben Sie ihn bis zum Monatsende wieder ab. Wir ziehen dann 5 DM von Ihrem nächsten Einkauf über 20 DM ab!« Daher können wir annehmen, daß viele Befragte diese Umfrage mit nach Hause nehmen und den Fragebogen nur dann zurückbringen, wenn auch sie selbst wiederkommen. Die meisten »Nein«-Antworten werden niemals den Weg zurück ins Geschäft finden, um analysiert zu werden.

6. Werden irgendwelche Fragen besser durch Beobachtung bestimmt?

Die andere Kategorie unnötiger Fragen bezieht sich auf Informationen, die Sie durchaus brauchen – aber die Sie wesentlich leichter durch Beobachtung erhalten könnten.

Nehmen wir für einen Moment an, daß es für Annie's *wirklich* wichtig wäre, Daten über das Geschlecht ihrer Kunden, mit wem sie einkaufen und ob und wie oft sie wiederkommen zu erhalten. Diese Informationen sind leichter zu erfassen durch einfache Beobachtung der Kunden, die ins Geschäft kommen (und in wessen Begleitung) sowie durch die

Nutzung sekundärer Quellen wie die Kreditkartenaufzeichnungen des Geschäftes. Ein Mitarbeiter kann einen Beobachtungsbogen ausfüllen, um Informationen über die Leute zu erfassen, die in den Laden kommen. Wenn man sich dann einen Abend mit den alten Kreditkartenaufzeichnungen beschäftigt, kann man herausfinden, welcher Prozentsatz der Kunden, die mit Kreditkarte bezahlt haben, wiederholt Kunden in einem bestimmten Zeitraum waren und wie oft sie wiedergekommen sind. Natürlich läßt diese Quelle alle Kunden aus, die mit Scheck oder bar bezahlt haben, daher könnten Sie anfangen, Kundennamen an der Kasse zu sammeln. Viele Geschäfte machen das bereits, entweder durch ein computerisiertes Registrierkassensystem oder durch eine Unterschrift, um ein Mitteilungsblatt oder ähnliches zugeschickt zu bekommen.

Ein Beobachter kann einen anderen wichtigen Aspekt des Kundenverhaltens besser messen als eine Umfrage: Wie viele Kunden kommen ins Geschäft, sehen sich um, aber finden nicht, was sie suchen? Es gibt welche in jedem Einzelhandelsgeschäft – sie machen meist den größten Prozentsatz der Einkäufer aus. Eine Umfrage, die an der Kasse ausgeteilt wird, erreicht diese Konsumenten nicht. Falls man die Umfrage an den Ausgängen verteilte, würden noch immer die meisten dieser Kunden nicht erreicht, weil unzufriedene Kunden sich selten dazu bereit erklären, einen Fragebogen auszufüllen. Dennoch kann eine Beobachtung Ihnen zu geringen Kosten sehr viel über diese verlorenen Kunden eröffnen. Ein Mitarbeiter kann sie durch Zufallsauswahl in fünfzehnminütigen Zeiträumen zählen, was Ihnen ermöglicht, deren Anzahl pro Tag oder Woche zu schätzen. (Um mehr zu erfahren, könnten Sie einen weiteren Mitarbeiter bitten, einige von ihnen abzufangen und sie zu fragen, wonach sie suchen und warum Sie das Geschäft verlassen.)

Ich empfehle Ihnen wärmstens, Beobachtungsdaten sowohl über die *Wiederkaufrate* als auch die *Zahl der verlorenen Kunden* zu sammeln. Beide Statistiken sind handhabbar, d.h., sobald Sie sie regelmäßig messen, können Sie mit Veränderungen experimentieren und dann feststellen, ob die Meßergebnisse sich in eine positive Richtung bewegen. Beide werden bezeichnenderweise am besten durch Beobachtungen gemessen statt durch Fragebögen.

7. Erlaubt Ihr Fragebogen Ihren Kunden, Ihnen etwas *mitzuteilen, was Sie nicht wissen*?

Diese Frage, die letzte meiner Empfehlungen, ist die scharfsinnigste. Viele Fragebögen sind gut aufgebaut und ermitteln nützliche Informationen – versagen aber dennoch dabei, eine kritische Tatsache aufzudecken, weil der Autor nicht daran gedacht hat, danach zu fragen.

Was wäre beispielsweise, wenn Kunden gerne in ihrer Mittagspause in Annie's Geschenkeladen gehen und sich wünschen, sie könnten sich ein Brötchen mitbringen oder dort kaufen und es bei gutem Wetter im Garten essen? Annie's nahmen in ihren Fragebogen eine ganze Anzahl von offenen Fragen und eine leere Seite auf, um den Befragten die Möglichkeit zu geben, ihnen so etwas ähnliches mitzuteilen. Eine offene Frage aus deren Umfrage, die ich am besten finde, lautet: »Falls Sie ein Gartengeschäft hätten, was würden Sie anders machen?« Diese Frage ist so gestaltet, daß sie die Phantasie der Befragten beflügelt und wahrscheinlich die Art von kreativen Vorschlägen hervorbringt, mit denen strukturiertere Fragen nicht aufwarten könnnen.

Geheimnis 4: Die besten Einblicke sind ungeplant

Ich habe dieses Kapitel mit der Ermahnung eingeleitet, daß Sie Ihre Marketingentscheidungen definieren müssen, bevor Sie Ihre Forschnugen durchführen. Ich stehe weiterhin zu diesem Ratschlag. Ein methodischer, entscheidungs-orientierter Ansatz ist der einzige Weg. Sie müssen einen Plan haben.

Trotzdem muß ich Sie warnen, daß der Forschungsprozeß manchmal auf Abwege gerät. Gelegentlich befördert Forschung so etwas Verblüffendes und Überraschendes zu Tage, daß es das einzig Kluge ist, Ihre anfängliche Definition der Entscheidung wegzuwerfen und sich auf der Stelle etwas Neues auszudenken.

Sehen Sie sich noch einmal mein erstes Beispiel in diesem Kapitel an, in dem der Manager eines Softwareproduktes sich zu entscheiden versucht, ob er das Produkt neu positionieren soll oder nicht. Um herauszufinden, ob die Neupositionierung Ihres Produktes Sinn macht, riet ich Ihnen, Sie könnten nachfragen, wie Kunden die Qualität und Leistung des Produktes zur Zeit wahrnehmen, wie sie das Produkt im Vergleich zu führenden Konkurrenzprodukten sehen und was die Persönlichkeit des Produktes ausmacht.

Nehmen wir an, Sie machen sich daran, diesen drei Fragen nachzugehen, indem Sie eine Forschungsfirma damit beauftragen, eine Telefonumfrage zu erstellen und potentielle Nutzer Ihres Produktes anzurufen. Stellen Sie sich jetzt vor, daß die Firma potentielle Kunden anruft und sie zu fragen versucht, was sie von Ihrem Produkt halten – und daß daraufhin *78 Prozent der Befragten antworten, noch nie von Ihrem Produkt gehört zu haben.*

Überraschung! Sieht so aus, als würden Sie auf der Grundlage einer falschen Annahme arbeiten – daß nämlich im Markt ausreichendes Bewußtsein für Ihr Produkt vorherrscht, damit es eine deutliche Position an der Spitze einnehmen kann. Aber hier ist ein klarer Beweis dafür, daß der Markt sich Ihres Produktes nicht bewußt ist. Mehr Glück als Verstand hat Ihnen gerade eine wertvolle Einsicht in den Schoß geworfen.

Jetzt ist es das einzig Richtige, diese Umfrage in den Mülleimer zu werfen – weil sie sich mit Positionierung und nicht mit Bewußtsein befaßt – und zurück zum Fragen-Reißbrett zu gehen (greifen Sie auf Abbildung 6.1 zurück). Es ist jetzt nicht die Zeit, an der Positionierung Ihres Produktes herumzuspielen. Was Sie wahrscheinlich brauchen, ist eine gewaltige bewußtseinsbildende Kampagne, um den Markt davon in Kenntnis zu setzen, daß es Ihr Produkt gibt. Lassen Sie die anderen Entscheidungen fallen, und konzentrieren Sie sich darauf, wie Sie am besten die Bekanntheit Ihres Produktes erhöhen.

Wenn sich gute Annahmen als falsch erweisen

Ich muß hier eine ernste Warnung anbringen. In meinem umfassenden Erfahrungsschatz als Marketing-Manager und Berater habe ich viele Forschungsprojekte nach hinten losgehen sehen, wenn sich eine gängige Annahme als falsch herausstellte. Meistens reagierten die Verantwortlichen darauf mit vehementem Abstreiten. Ich spreche von Kopf-in-den-Sand-stecken. Aus irgendeinem Grund ist es schrecklich schwer, zuzugeben, daß ihre anfänglichen Annahmen vernichtend falsch waren, und ebenso schwer ist es, einen neuen Ansatz zu übernehmen.

Wenn sie mit den Umfrageergebnissen konfrontiert werden, die belegen, daß eine gegebene Annahme falsch ist, werden viele Leute die Antworten der Personen rauswerfen, die das Produkt nicht kennen, und nur die Minderheit analysieren, die fähig war, die Frage »korrekt« zu beantworten. Das rettet Forscheregos, indem es ihnen erlaubt, ihre anfängliche Entscheidungsausrichtung beizubehalten. Aber so zu verfahren, führt nur zu schlechtem Marketing, weil ein wertvoller Einblick übersehen wird.

Daher widerstehen Sie bitte, *bitte*, der Versuchung anzunehmen, die Forschung wäre falsch und Sie hätten recht. Immer wenn Sie ein seltsames Ergebnis bekommen, *denken Sie darüber nach* – und nichts weiter – bis Sie verstehen, *warum* das Ergebnis so verschieden von Ihrer anfänglichen Annahme ist. Vielleicht war die Stichprobe dürftig oder die Frage irreführend. Aber oft hat die Forschung recht und Sie unrecht. Dann haben Sie die Chance, einen überraschenden und nützlichen Einblick in Ihr Produkt und Ihren Markt zu erhalten. Das ist der Punkt, an dem Marketingforschung die größten Gewinne hervorbringt.

Sind Ihre Kunden zufrieden?

In gewissem Sinn ist Marketing sehr einfach. Wenn Kunden glücklich sind, werden sie wiederkommen. Wenn nicht, *tschüs*. Weil neue Kunden zu gewinnen irgendwas zwischen viermal und zwanzigmal so viel kostet wie alte Kunden zu erhalten (abhängig von Ihrer Branche), können Sie es sich nicht leisten, alte Kunden zu verlieren. Das heißt, Sie dürfen sie nicht unzufrieden machen. Daher muß *jeder Marketingmensch Kundenzufriedenheit messen und entsprechende Ziele setzen.*

Dennoch sehe ich nicht, daß Marketingleute diesem Thema die Aufmerksamkeit schenken, die ihm gebührt, trotz einer größeren, zwei Jahrzehnte dauernden Bemühung von seiten der sogenannten »Experten« wie mir, dieses Thema auf die Tagesordnung zu setzen. Bislang schert sich die Mehrheit der Marketingleute kaum um diese Expertenmeinungen, wenn es um Kundenzufriedenheit geht.

Ich nörgele nicht nur. Na gut, ich bin dabei zu nörgeln, aber alle anderen machen das auch. Seit mehreren Jahren arbeiten die University of Michigan und die American Society of Quality Control jetzt an einer Umfrage unter 28.000 Konsumenten, die die Kundenzufriedenheit in einer ganzen Reihe von U.S. Branchen mißt. Die letzten Daten, die mir zu Verfügung stehen, während ich schreibe – 1996er vs. 1995er Ergebnisse – weisen einen bemerkenswerten Mangel an Fortschritt auf. Der typische Kunde ist wütend über den Service, den er von Restaurants, Fluglinien und den Medien erhält. Und überall wurden Unternehmen um zwei Prozentpunkte als *weniger freundlich* bewertet als noch im Jahr davor. Von 206 analysierten Unternehmen verbesserte sich nur ein Drittel und nur sieben Prozent der Unternehmen verzeichneten signifikante (vier Prozent und mehr) Verbesserungen.

 Falls Sie für die Zwei-Drittel-Mehrheit der Unternehmen arbeiten, die die Zufriedenheit ihrer Kunden nicht jedes Jahr erhöhen, dann müssen Sie die Ärmel hochkrempeln. Der beste Weg, Ihnen auf die Sprünge zu helfen, ist eine Kundenzufriedenheitsmessung, die Ihr Unternehmen und Produkt in einem realistischen Licht darstellt. Sobald diese Messung überall regulär verbreitet wird, muß Ihr Unternehmen sich intensiv mit der Kundenzufriedenheit beschäftigen.

 Viele solcher Messungen bauschen Kundenzufriedenheit auf, um Probleme zu verbergen. Diese Taktik gleicht dem Versuch, den Komfort einer Matratze zu bewerten, indem man ein weiches Deckbett darüber ausbreitet und dann nachsieht, ob es glatt aussieht. Die besten Messungen legen einiges Gewicht auf die Matratze. Je größer der Druck ist, den Sie ausüben, desto bedeutungsvoller die Antwort.

Jede Messung, die auf einer Umfrage mit der Aufforderung beruht »Schätzen Sie Ihre Gesamtzufriedenheit mit unserem Unternehmen auf einer Skala von 1 bis 10 ein«, macht wenig Sinn. Was soll denn ein Durchschnittswert von 8,76 bedeuteten? Klar, das ist ziemlich hoch. Aber sind die Kunden zufrieden? Sie haben sie nicht wirklich danach gefragt. Und was noch schlimmer ist, Sie haben sie nicht gefragt, ob sie *zufriedener* mit Ihnen wären als bisher. Oder, ob Sie *weniger zufrieden* mit Konkurrenten wären als mit Ihnen.

Kundenzufriedenheit ist eine dynamische Sache. Sie verändert sich mit jeder neuen Interaktion zwischen Kunde und Produkt. Es ist ein endloses Rennen, und Sie müssen dafür sorgen, daß Sie wissen, wo Sie in Beziehung zu den sich verändernden Erwartungen der Kunden und den Leistungen Ihrer Konkurrenten stehen.

Ihre Kundenzufriedenheit muß hoch sein, sowohl bezogen auf die Kundenerwartungen als auch die Einschätzung der Konkurrenten, bevor sie überhaupt einen Effekt auf das Erinnerungsvermögen der Kunden hat. Denken Sie daran, knallharte Fragen zu stellen, um herauszufinden, ob Sie unter- oder oberhalb der aktuellen Kundenansprüche liegen. Die folgenden Fragen werden zum Beispiel sehr aufschlußreich sein:

---

1. **Welches Unternehmen (oder Produkt) ist zur Zeit das *beste*?**

   (Fügen Sie eine lange Liste mit der Anweisung, ein Unternehmen einzukreisen, hinzu und vergessen Sie nicht, ein leeres Feld mit der Kennzeichnung »Andere« als letzte Wahlmöglichkeit zum Ausfüllen freizulassen.)

2. **Bewerten Sie [Ihr Produkt] verglichen mit seinen Konkurrenzprodukten:**

   Wesentlich schlechter   Gleich   Wesentlich besser

   1   2   3   4   5   6   7

3. **Bewerten Sie [Ihr Produkt] verglichen mit Ihren Erwartungen daran:**

   Wesentlich schlechter   Gleich   Wesentlich besser

   1   2   3   4   5   6   7

Es ist ebenfalls hilfreich, Kundenzufriedenheit in das, was Sie für ihre *wesentlichen Elemente* halten, zu unterteilen. (Fokus-Gruppen oder informelle Gespräche mit Kunden können Ihnen dabei helfen, Ihre Liste der wesentlichen Elemente aufzustellen.) Sie könnten zum Beispiel die folgenden Fragen zu einem 24-Stunden-Briefzustelldienst aufwerfen:

---

1. **Bewerten Sie Eilzustellungen hinsichtlich der Liefergeschwindigkeit im Konkurrenzvergleich.**

2. **Bewerten Sie Eilzustellungen hinsichtlich der Zuverlässigkeit im Konkurrenzvergleich.**

3. **Bewerten Sie Eilzustellungen hinsichtlich der Benutzungsfreundlichkeit im Konkurrenzvergleich.**

4. **Bewerten Sie Eilzustellungen hinsichtlich der Freundlichkeit des Personals im Konkurrenzvergleich.**

Es ist besonders passend, dieses Kapitel mit der Einschätzung von Kundenzufriedenheit abzuschließen, da die Kundenzufriedenheit das oberste Ziel Ihrer Marketingaktivitäten darstellt. Wenn Sie Forschung betreiben, passiert es leicht, dieses Ziel am Ende des Prozesses aus den Augen zu verlieren. Klar, Sie werden wahrscheinlich vieles über andere Punkte herausfinden müssen, um Ihr Marketing-Programm gestalten oder ein Problem diagnostizieren zu können. Aber nichts von dem, was Sie herausfinden, bedeutet etwas, wenn es sich nicht langfristig zu erhöhter Kundenzufriedenheit verdichtet. Egal, was Sie noch erforschen wollen, behalten Sie auf jeden Fall die Kundenzufriedenheit im Auge. Sie ist der ultimative Realitätstest eines jeden Marketing-Programms!

Teil III

Wie Sie die Komponenten eines Marketing-Programms einsetzen

»Übrigens, welches Genie hat beschlossen, daß wir ein Akronym verwenden?«

In diesem Teil...

Dieses ganze Analysieren und Entwickeln von Strategien hat so lange keine Bedeutung, bis Sie sich aufraffen und damit beginnen, Ihren Kunden Marketingbotschaften und Güter oder Dienstleistungen zu liefern. In diesem Teil des Buches zeige ich Ihnen ganz genau, wie Sie die vielen möglichen Elemente eines Marketing-Programms einsetzen, um damit neue Kunden zu gewinnen und bestehende Kunden immer und immer wiederkommen zu lassen.

Ihre Wahlmöglichkeiten sind zahlreich und vielfältig – Gott sei Dank, weil Ihre Aufgabe ziemlich schwierig ist! Nutzen Sie diesen Teil, um Ihr Produktangebot zu entwickeln und zu verbessern, die Preise der Produkte festzusetzen, sie dahin zu bringen, wo Kunden sie brauchen und kaufen wollen, und sich auszudenken, wie Sie positive Neuigkeiten über die Produkte verbreiten können.

Erinnern Sie sich daran, daß Ihnen unglaublich viele verschiedene Möglichkeiten zur Verfügung stehen, mit Kunden zu kommunizieren und sie zu überzeugen. Das Internet. Eine Direktversandkampagne. Persönlicher Verkauf. Anzeigen in Zeitschriften, Zeitungen, Katalogen, auf Reklametafeln und Schildern – oder Spots im Fernsehen oder Radio, sogar Werbung auf Bussen, Zügen und Lkws. Sie bestimmen, was Sie tun wollen; die Informationen, die Sie dazu brauchen, liegen hier vor.

Das gleiche gilt für Sonderveranstaltungen, Handelsmessen, Wettbewerbe, Geschenke, Sonderangebote und Prämien. Tun Sie alles, um Geschäfte zu machen und den Kunden glücklich zu stimmen. Sie werden nirgendwo ein umfassenderes Menü an Wahlmöglichkeiten finden, also lesen Sie weiter!

Marketing im Web

In diesem Kapitel

▶ Wie Sie das World Wide Web in Ihrem Marketing-Programm einsetzen

▶ Wie Sie Web-Seiten und Banner gestalten

▶ Interaktive Werbung entwächst jetzt den Kinderschuhen

▶ Direktmarketing im Internet

▶ Veröffentlichen im Internet

*W*ie vermarktet man im Internet? Mir ist diese Frage in den Monaten, während ich an diesem Buch geschrieben habe, häufiger als alle anderen gestellt worden. Daher breche ich mit einer Marketingtradition und behandele sofort im Detail das Elektronische Marketing, bevor ich zu traditionelleren Elementen eines Marketing-Programms übergehe. Sie haben danach gefragt, also bekommen Sie es auch.

Das Internet und das World Wide Web verbinden sich zu einem wunderbar vielseitigen – und oft mißbrauchten – neuen Medium für Direktmarketing. Die meisten Leute im Marketing-bereich haben sich schon einmal nebenbei mit elektronischen Medien beschäftigt. Web-Seiten schießen wie Pilze aus dem Boden. Aber ich treffe selten jemanden, der besonders viel Geld im Web macht. Es liegt nicht daran, daß das nicht gelingen kann. Das Internet, wie jedes Massen-medium, hat das Potential, von großer Bedeutung für Marketingleute zu sein (das Internet wird zum Beispiel eines Tages eine bedeutende Einzelhandelsmacht darstellen). Aber einige Leute machen noch dümmere Sachen, wenn sie versuchen, in einem neuen Medium Marke-ting zu betreiben. Deshalb habe ich beträchtlich viel Denkarbeit und Forschung sowie eine Handvoll Seiten der Bemühung gewidmet, Sie davor zu bewahren, als Fliege im Netz (Web) erwischt zu werden. Eigens zum Thema Marketing im Web sind bereits mehrere Bücher er-schienen, schauen Sie doch mal in die Buchhandlung um die Ecke.

 Ich befürchte leider, daß dieses Kapitel wesentlich schneller veraltet sein wird als der Rest des Buches. Elektronische Medien entwickeln sich so schnell, daß es jede Woche bahnbrechende Neuigkeiten gibt und jeden Monat kreative neue Marke-tingtechniken auftauchen. Tja, wir leben nun einmal in einer schnellebigen Zeit!

Das wird ganz schön BEDEUTEND!

Wenn man die Geldbeträge zusammenrechnet, die weltweit für Online-Werbung (Web-Seiten, E-Mail sowie Online- und Offline-Dienste) im Jahr 1996 ausgegeben wurden – die aktuellsten verfügbaren Daten, während meines Schreibens – kommt man auf rund DM 440 Millionen an Werbeausgaben. Das ist ein eindrucksvoller Betrag für ein neues Medium, aber er wird überragt von den weltweiten Milliardenausgaben für andere Medien.

Trotzdem entdecken Sie, wenn Sie sich das Jahr Quartal für Quartal ansehen, eine überraschende Tatsache. Die Ausgaben für Online-Marketing liegen bei nur DM 48 Millionen in den ersten drei Monaten des Jahres. Sie schnellen um 40 Prozent im zweiten Quartal und um jeweils 30 Prozent im dritten und vierten Quartal in die Höhe. 1997 sank die Wachstumsrate für einige Zeit, aber sie scheint sich auf ungefähr zehn Prozent im Quartal einzupendeln. Das ist immer noch fabelhaft. Sie erleben die Geburt eines bedeutenden neuen Werbemediums, eines, für das ich voraussage, daß es bis zum Ende des Jahrhunderts eine jährliche Ausgabenhöhe von mehreren Milliarden D-Mark erreichen wird!

Ein Grund dafür, daß Online-Werbung 1996 anlief, liegt darin, daß langsam Normen für Werbeleute auftauchten. Normen helfen. Sie erleichtern das Kaufen und Verkaufen von Werbefläche und -zeit, genau wie in jedem anderen Medium. Man hat sich beispielsweise auf acht Standard-Bannergrößen für Online-Werbung verständigt, was deren Gestaltung und Erstellung erheblich vereinfachen sollte (falls die Normen halten, d.h. eingestellt bleiben!). Falls Sie mit dem Gestalten von Web-Seiten in Berührung kommen, werden sie sehen, daß es hilfreich und vielleicht sogar notwendig ist, diese Normen einzuhalten. Auf diese Weise werden Sie in Übereinstimmung mit dem Rest der Web-Welt sein und Ihre Werbeanzeige wird in ihren Rahmen passen. Es ist nicht schwer – erfragen Sie einfach die Anzeigenanforderungen bei irgendwem, der Werberaum im Netz verkauft. Wenn sich die Normen einbürgern, werden Sie diese Anforderungen als weniger individualisiert empfinden, d.h., daß eine Werbeanzeige, die für eine Web-Seite oder einen entsprechenden Service gestaltet wurde, auch für andere ohne Veränderungen geeignet sein wird. Eine nette Annehmlichkeit.

 Um herauszufinden, was in der Welt des Online-Marketing vor sich geht, müssen Sie in regelmäßigem Kontakt mit Experten und Praktikern stehen. Das Web ist ein sehr bewegliches Ziel – was es zum Teil zu einem so interessanten neuen Medium macht. Sie können sehr viel erfahren, indem Sie nur regelmäßig im Web herumstöbern (ich gebe oft eine Suche nach Schlüsselworten aus der Werbung oder dem Marketing ein, nur um zu sehen, was los ist). Im Web wird zum Beispiel eine Studie mit dem Titel *Research Program on Marketing in Computer-Mediated Environments* von zwei Professoren der Vanderbilt University herausgegeben (und periodisch aktualisiert). Sie finden sie unter `http://www2000.ogsm.vanderbilt.edu/`. Wenn Sie lieber in der Nähe, sprich in Deutschland, bleiben möchten, wenden Sie sich an *DIGI e.V.* in Grasbrunn (rufen Sie an unter 089/45 69 11-41 oder faxen Sie 089/45 69 11-21). DIGI e.V veranstaltet allgemeine Konferenzen zu Netzwerkthemen (z.B. OPENNET). Im Netz finden Sie DIGI unter `http://www.digi.de`.

Unternehmertum im Web

Angenommen, Sie haben ein tolles Produkt, aber keinen Zugang zu herkömmlichen Distributionskanälen. Dann ist Direktmarketing ein guter Weg, diese zu umgehen und Ihre eigenen Konsumenten zu finden. Aber wie sieht es aus, wenn Sie nicht das Geld oder Knowhow besitzen, um eine großangelegte Versandaktion (Mailing) durchzuführen oder eine *Direct-Action-Werbung* zu schalten (Werbung, die darauf ausgelegt ist, direkte Anfragen oder Käufe zu initiieren), die von einem *Call-Center* unterstützt wird (einem Büro, das eingerichtet wurde, um die eingehenden Telefonbestellungen entgegenzunehmen)? Dann könnte Ihnen das Internet eine kostengünstige Lösung bieten. Sie können eine Web-Seite gestalten und damit beginnen, Kunden anzuziehen, fast ohne Kosten. *Manchmal* funktioniert genau das auch.

Die erste große Erfolgsstory, die der Welt ins Auge sprang, ist der Fall der Romanschriftstellerin Nan McCarthy, die ihr Buch *Chat* selbst veröffentlichte und es direkt, über das World Wide Web, verkaufte. Das Buch handelt von Web-Köpfen – Menschen, die einen großen Teil ihres Lebens dem Surfen im Internet widmen. Es erzählt die Geschichte einer E-Mail-Romanze, daher übt das Buch vielleicht eine besondere Anziehungskraft auf Web-Nutzer aus.

Das Buch erregte die Aufmerksamkeit der Web-Gemeinde, als Frau McCarthy einen lustigen Brief an den Humoristen Dave Barry schrieb. Herr Barry antwortet tatsächlich auf den Brief, und dann erfuhr die Internet-Gemeinde irgendwie von den Briefen, und mehrere neue Gruppen baten um die Erlaubnis, sie verschicken zu dürfen.

Von da ab, so die Geschichte, folgten sehr schnell Ruhm und Vermögen – sowie ein Vertrag über eine zweite Auflage mit einem »richtigen« Verleger. Als Frau McCarthy ihren zweiten Roman mit einer Mail an alle, die ihre Web-Seite besucht hatten, vorstellte, antworteten 70 Prozent mit einer Bestellung. Nicht schlecht!

Dennoch muß dieses bekannte Web-Märchen, das in unzähligen Zeitungen und Zeitschriften wiedergegeben wurde, relativiert werden. McCarthy berichtet, daß sie mehr als 2.000 Exemplare ihres ersten Romans im Netz verkauft hat. Während das weit besser ist, als das Buch verstauben zu lassen, kommt die Verkaufszahl kaum an das heran, was größere Verleger durch herkömmliche Distributionskanäle bewirken können – Buchläden, Bücherclubs und Direktversand.

Ja, es stimmt, daß das Internet Unternehmern billigen Zugang zu Kunden verschaffen kann. Aber, nein, es ist noch nicht alt genug, um den Platz eines voll ausgereiften Marketing-Programms einzunehmen, das verschiedenste Medien und Distributionskanäle benutzt.

Kundenansprache über das Web

Es ist vielleicht der einfachste Weg, sich das World Wide Web zunutze zu machen, wenn man es dazu benutzt, potentielle Kunden über Direct-Action-Werbung zu finden.

Direct-Action-, oder *Direct-Response-*Werbung, ist das, was Sie einsetzen, wenn Sie es als Marketingmensch auf sich nehmen, aus der Ferne durch ein oder mehrere Medien Kundentransaktionen herbeizuführen und zu managen. Mit anderen Worten, diese Werbeform liegt dann vor, wenn Sie durch Medien Ihre Fühler ausstrecken, um einzelne Kunden zu finden. Ich werde Medien der Printwerbung, des Versands und Telefons später in diesem Abschnitt behandeln, aber Sie müssen jetzt wissen, was Direktmarketing ist, weil das Internet sich als ein nützliches Werkzeug für Direktmarketing herausstellt.

Das Ziel der Direct-Action-Werbung ist es, potentielle Kunden dazu zu veranlassen, sich an Sie zu wenden, damit Sie sie in Ihre Direktmarketing-Datenbank aufnehmen und eine Geschäftsbeziehung zu ihnen aufbauen können. Das Web stellt ein immer besser werdendes Medium für diese Aufgabe dar. Ich denke, daß Web-Anzeigen und Web-Seiten zu den preisgünstigsten Medien für Direct-Action-Werbung werden, gemessen an einer Kosten-pro-Antwort Basis.

Warum? Zwei Faktoren (neben der sichtbar wachsenden Zahl an Leuten, die im Web herumkreuzen) verraten es:

✔ **Die Kostenstruktur des Webraums ist anders als die anderer Medien.**

   Sie können im Web eine *Homepage* gestalten (das Netz-Äquivalent eines Informationsstandes über Sie), oder eine *virtuelle Veröffentlichung* verteilen (eine elektronische Version eines Mitteilungsblattes oder einer Zeitschrift). Je interessanter Ihr Zeug für potentielle Kunden ist, um so mehr Besucher werden sich auf Ihrer Homepage tummeln. Die wirtschaftlichen Gesichtspunkte eines solchen Vorgehens sind grundlegend verschieden von denen anderer Medien, weil Ihr Webraum Sie hauptsächlich nur das, was die Buchhalter *fixe Kosten* oder *Vorabausgaben* nennen, kostet, das sind solche, die sich mit der Nutzung nicht verändern. Sie müssen Geld für die Designer oder Techniker ausgeben, die Ihnen dabei helfen, Ihre Seite zu gestalten, oder für einen Texter, der ein virtuelles Rundschreiben für das Web entwirft. Dazu kommen die monatlichen Ausgaben für den Internetzugang, den sie wahrscheinlich über eine kommerzielle Gesellschaft mit einem geeigneten Server mieten. Aber das sind fixe Kosten. Die werden nicht merklich steigen, wenn sich die Anzahl der Leser erhöht. Während Sie also immer mehr Besucher anziehen, sinken Ihre Kosten pro Besucher beträchtlich!

   Vergleichen Sie diese Kostenstruktur mit der anderer Medien, bei denen die *variablen Kosten* typischerweise wesentlich höher liegen als die fixen Kosten. Sie müssen für jeden Leser in der Auflage einer Zeitschrift zahlen, für jeden Namen auf einer Direktversandliste und so weiter. Die Produktionskosten einer Versandaktion oder einer Anzeige sind sicherlich eine feststehende Investition. Aber dann müssen Sie noch eine bedeutende variable Investition dazurechnen. Deshalb sinken Ihre Kosten nicht so schnell mit steigendem Volumen. Nur im Web können Sie Ihren Kosten durch Masse so wirksam entfliehen (denn, obwohl Sie mehr Kunden erreichen, müssen Sie keine höheren Kosten in Kauf nehmen!). Das bedeutet, daß das Web zum kosteneffizientesten Medium für Kundenansprache durch Direktwerbung werden wird. Dieser Kostenvorteil hat nichts mit dem Reiz von Spitzentechnologie zu tun. Bei der Wahl eines Mediums kommt es letzten Endes auf die Kosten und die Qualität eines Werbemittelkontaktes an. Der Vorteil des Webs ist wirtschaftlicher Art – falls Sie clever genug sind, ihn zu erkennen und auszunutzen.

✔ **Es gibt mehr Werberaum im Web, als gebraucht wird.**

Der Kostenstrukturvorteil, den ich im ersten Punkt beschrieben habe, richtet sich an diejenigen, die ihre eigenen Web-Seiten selber gestalten (oder von jemandem gestaltet haben) wollen. Aber es spricht viel für den Kauf von Werberaum auf den Sites anderer Leute. Der Hauptvorteil dieser Strategie liegt darin, daß Sie den Besucherstrom anzapfen können, der diese Sites bereits besucht. Es ist also genau so wie bei anderen Medien, wo Sie sich den Zugang zu Zuschauern, Zuhörern und Lesern erkaufen. Und, ebenso wie in anderen Medien, haben auch Internetanzeigen entsprechende Preise, die die Zahl der Werbemittelkontakte reflektieren, die sie höchstwahrscheinlich aufweisen werden. So werden Sie wegen der hohen Besucherzahl ziemlich viel für ein Banner auf einer Titelseite von Yahoo! Deutschland (der am häufigsten gesehenen Seite des deutschsprachigen World Wide Web) zahlen.

Die Berechnung für Werbung im Internet lehnt sich zunehmend an die Tausenderkontaktpreise klassischer Werbemedien an und schafft damit eine Anzeigenpreisstruktur, die diesen vergleichbar ist. Banner kosten in Amerika zur Zeit umgerechnet zwischen DM 16.000-64.000 für 500.000 Kontakte, gemäß einer vor kurzem im *Wall Street Journal* erschienenen Analyse. Der Tausenderpreis ist die Standardmethode der Preisgestaltung für Werbemaßnahmen in anderen Medien. Er gibt an, wieviel Sie zahlen müssen, um eine Werbemaßnahme eintausend Nutzern/Abonnenten/Zuschauern/Zuhörern/Lesern des Mediums vorzulegen. Wer diese Adressaten sind und wie sie sich Werbung ansehen (oder anhören), ist von Medium zu Medium unterschiedlich. Aber die Tausenderpreiszahlen helfen Werbungtreibenden, sich durch dieses standardisierte Maß einen Überblick über die Kosteneffektivität eines jeden potentiellen Kaufs von Werberaum und -zeit zu verschaffen.

 Ich bin davon überzeugt, daß der schnelle Anstieg von Web-Sites zu bedeuten hat, daß wesentlich mehr Werberaum zum Verkauf steht, als es Käufer dafür gibt, zumindest für die nächsten paar Jahre. Deshalb sollte der schlaue Käufer eigentlich in der Lage sein, extrem gute Konditionen in der Web-Werbung zu erhalten!

 Falls Sie nicht viele Anzeigenkäufe im Web tätigen, sollten Sie vielleicht lieber einen Spezialisten zu Rate ziehen, der Ihnen hilft, gute Geschäfte zu erkennen. Jede Werbeagentur oder Streuagentur mit Web/Internet-Erfahrung sollte hilfreich sein. Ich bin begeistert, eine neue Generation von spezialisierten Firmen entstehen zu sehen, die Unterstützung in der Web-Streuplanung anbieten. *Yahoo! Deutschland* und *Stern Online* können Ihnen beispielsweise mit Werberaum dienen und bieten außerdem webspezifische Dienstleistungen an wie Tracking Soft-

ware (d.h. Analyse der Nutzerzahlen, des Nutzerkreises, der Tageszeiten des Besuchs und welche Stellen angewählt wurden), ausgewählte Site-Gruppierungen, basierend auf den Ähnlichkeiten ihrer Nutzer, und den Zugang zu mehr als tausend *Managed Sites* – Sites, die sie für Kunden verwalten. (Die Vorteile von Managed Sites beinhalten beständigere Qualität und mehr Informationen über die Nutzer.)

So erreichen Sie einige der großen Anbieter:

Anbieter	Internetadresse
Yahoo! Deutschland	`http://mailhost.europe.yahoo.com`
Stern Online	`http.www.stern.de`
Focus Online	`http://focus.de`

Wie Sie Werbe-Banner und Web-Seiten gestalten

Die Banner-Werbung (leuchtend bunte Rechtecke oben auf der Web-Seite) ist die Antwort des Webs auf Displaywerbung in Printmedien oder Außenwerbung auf Reklametafeln. Betrachter werden nicht so viel Text lesen wollen wie in einer Printanzeige, nutzen Sie daher Banner in derselben Weise, wie Sie Reklametafeln benutzen – um eine sehr einfache, klare und fesselnde Botschaft verständlich zu machen. Eine einzelne kurze Überschrift, vielleicht durch ein Logo unterstützt, und einige Zeilen Haupttext. Oder vielleicht ein Markenname und ein Bild. In jedem Fall muß die Werbung einfach und ausdrucksvoll sein – fähig, die Aufmerksamkeit des Betrachters von den gewünschten Information sonstwo auf dem Bildschirm lange genug anzuziehen, um eine einfache Aussage zu machen. Erwarten Sie nicht zuviel von einer Banner-Werbung!

Falls Sie sich dazu entschließen, das Web für eine Direct-Action-Werbung zu nutzen, sorgen Sie dafür, eine klare Aufforderung zum Handeln in die Anzeige aufzunehmen. Typische Web-Banner-Werbungen geben weder genügend Informationen über das Produkt preis, um einen Drang zu sofortigem Handeln auszulösen, noch erleichtern sie es, eine Handlung umzusetzen. Sie sind bestenfalls lediglich Bewußtseinsbildner.

Das Web-Seiten-Banner ist nur eine hochtechnologische Großanzeige, daher gelten hier die Regeln für gutes Printdesign – oder sollten es zumindest! (Siehe Kapitel 5 für geltende Regeln und Richtlinien.) Wenn Sie etwas schalten, was eine Direct-Action-Anzeige (siehe Kapitel 18) sein soll, dann sollten Sie auf jeden Fall mehrere Möglichkeiten für potentielle Kunden einbauen, sich mit Ihnen in Verbindung zu setzen (siehe Kapitel 18 für Ideen). Geben Sie Ihre Web-Adresse an und fügen Sie ebenso einen Button ein oder irgendeine Möglichkeit zum Anklikken, um eine direkte Verbindung zu Ihrer Web-Seite herzustellen. Selbst wenn Sie keine Web-Seite haben, die regelmäßig aktualisiert wird, sollten Sie ein *automati-*

siertes Formular erstellen (eine elektronische Kontaktseite, auf der man Felder ausfüllen kann, damit Leute Ihnen ihre Kontaktinformationen zukommen lassen und Nachfaßaktionen erbitten oder Bestellungen plazieren können). Vergewissern Sie sich schließlich, daß Sie Standardkontaktiermöglichkeiten für diejenigen einbezogen haben, die einen Brief, ein Fax oder einen Telefonanruf vorziehen.

 Vergessen Sie nicht, zu *versuchen*, ein Geschäft abzuschließen. Selbst wenn Ihr Produkt komplex und teuer ist, werden einige Leute vielleicht lieber sofort eine Bestellung plazieren, als auf eine Nachfaßaktion von Ihnen zu warten. Geben Sie Ihren Kunden diese Möglichkeit! Zu viele Web-Anzeigen fungieren als Hürden für eifrige Kunden. Was für ein leicht vermeidbarer Fehler!

Wie Sie eine Web-Seite gestalten: Ein Interview mit Arthur Torres

Es liegen Welten zwischen guten und schlechten Web-Sites. Sie möchten natürlich, daß Ihre gut und nicht schlecht ist. Aber was macht diesen Unterschied überhaupt aus? Da es sich hier um ein so neues Medium handelt, beschloß ich, einen erfahrenen Web-Site-Designer zu interviewen, um zu sehen, wie sein Ratschlag zu diesem Thema aussieht. Hier ist also, was Sie gemäß Arthur Torres tun und lassen sollen:

✔ **Tun Sie es nicht selber – es sei denn, Sie sind ziemlich bewandert.** Ihre Anzeige oder Seite wird da draußen für alle Welt zu sehen sein, deshalb sollten Sie etwas schaffen, daß Sie gut dastehen läßt. Sie würden wahrscheinlich nicht Ihren eigenen Fernsehspot entwerfen und drehen, aber viele Leute versuchen sich an Ihrer Web-Site.

✔ **Bieten Sie handfeste, interessante Informationen.** Besuche Ihrer Web-Site müssen fruchtbar sein. Ich bin in erster Linie ein Designer und dann erst ein Gestalter von Web-Seiten. Daher sind die technischen Aspekte weniger interessant für mich als das, womit sie sich befassen – die Images und Informationen. Die Site muß technisch einwandfrei sein, um zu funktionieren, aber das ist nicht genug, damit sie zu einem Erfolg wird. Sorgen Sie dafür, daß der Inhalt gut ist und durch ein aussagekräftiges Design dargestellt wird.

✔ **Verzichten Sie darauf, erfolgreiche Sites zu imitieren.** Was für eine Site funktioniert, muß nicht notwendigerweise für eine andere gelten. Entscheidungen über Image und Inhalt hängen von der entsprechenden Site ab. Die Site einer Rockband sollte einige ihrer Songs zum Inhalt haben. Songs sind eine besondere Art von Information, die gut ist. Aber andere Marketingleute brauchen andere Informationsarten. Die Site eines aufstrebenden Schauspielers sollte zum Beispiel Ausschnitte seiner Aufführungen zeigen. Ein Holzlager sollte seine Preislisten für verschiedene Kunden ausweisen – verschlüsselt nach einem Kundencode, da verschiedene Kunden verschiedene Preisnachlässe erhalten. Jeder Einzelhändler sollte auf Sonderangebote aufmerksam machen, um seine auslaufenden Produkte zu Geld zu machen.

✔ **Geben Sie ein E-Mail-Link an, damit Besucher Sie kontaktieren können.** Ich betrachte das Web nicht als einen großen Markt. Es wird häufiger zur Informationssuche genutzt – obwohl es also ein elektronisches Kaufhaus ist, werden viele Besucher es vorziehen, ihre Nachforschungen online zu betreiben, anstatt Sie anzurufen oder im Web zu besuchen, um ihre Einkäufe zu tätigen. Stellen Sie eine einfache Verbindung von Ihrer Site zu Ihnen her, oder eine Menge Geschäfte werden an Ihnen vorbeiziehen.

✔ **Bauen Sie Metatags ein.** Metatags sind Stränge von Schlüsselwörtern, die Sie in den eigentlichen Softwarecodes verankern. Sie können Hunderte davon einsetzen, und wenn Ihre Site auf einen Server geladen wird, werden dessen Suchmaschinen ihre Metatags aufnehmen und Ihre Site durch Schlüsselwortsuchvorgänge ausfindig machen.

✔ **Begrenzen Sie Ihre Links zu anderen Sites.** Einige Sites bestehen nur aus Links, aber aus Sicht des Marketing sollten Sie die Anzahl der Ausgänge auf die relevantesten und allernotwendigsten Möglichkeiten beschränken. Sie sollten die Möglichkeiten, Ihre Site zu verlassen, möglichst ans Ende legen, so verlieren Sie keine Besucher, bevor die nicht alle Ihre Informationen gesehen haben. Sie würden nie ein Einzelhandelgeschäft mit einem Dutzend Ausgängen bauen, aber genau so werden viele Web-Sites gestaltet. Sie müssen es schaffen, den Besucherstrom durch Ihre Site hindurchzuleiten.

Interaktive Werbung auf Ihrer Web-Seite

Interaktive Werbung ist Werbung, die das Publikum in unterhaltsame, kreative und wissensvermittelnde Erfahrungen verwickelt. Dieser Typ von Werbung ist ziemlich selten – ein Großteil der Werbung ist so gestaltet, daß sie gesehen oder gehört und nicht als Spielzeug benutzt wird. Dennoch ist interaktive Werbung Realität im Web, weil die Betrachter bereits vor ihrem Computer sitzen, mit einer Maus und Tastatur zur Hand. Internet-Werbung hat die Gelegenheit, Werbung in aktive statt passive Kommunikation mit den Kunden zu verwandeln.

 **Mal' mich reich**

Der einfachste Weg, Sie für interaktive Werbung im Web zu begeistern, ist, Ihnen von einer erfolgreichen interaktiven Werbeanzeige für Buntstifte der Marke Crayola zu erzählen (sie erschien auf deren Web-Seite unter http://www.crayola.com./). Die Anzeige richtete sich an Haushalte mit kleinen Kindern, und sie tat dies auf eine neue Art – durch einen Malwettbewerb, bei dem Eltern ihre Zeichnungen einreichten und Kinder die Jury waren. Es gab aber auch einen Wettbewerb für die Jury – bei dem die Kinder eine schriftliche Bewerbung ausfüllen sollten. Der Gewinner erhielt Gold und Silber im Wert von umgerechnet DM 40.000. Nicht schlecht für eine Buntstiftzeichnung!

Und weil der Wettbewerb so ein großer Knüller war, gab es dichtes Gedränge auf der Web-Seite von Crayola. Andere Wahlmöglichkeiten auf der Site umfassen einen Abschnitt darüber, wie Buntstifte produziert werden und, für die praktisch veranlagten Eltern, wie man Buntstiftflecken entfernt. (Die Site wurde von Black Box gestaltet, einen Web-Entwickler aus Allentown, Pennsylvania.)

Ich empfehle Ihnen, diese Site zu besuchen, nicht, um sich die beschriebene Verkaufsförderungsaktion anzusehen, sondern um zu gucken, was sie im Moment anstellen. Sie können sicher sein, daß es etwas anderes sein wird. Einer der Vorteile der Verkaufsförderungen im Web ist, daß Sie sie, so oft Sie wollen, austauschen können. Die Entwicklungszeit und -kosten sind niedrig im Vergleich zu andersartigen Ereignissen (siehe Kapitel 12).

Wie Sie Ihre Seite überprüfen

Okay, Sie haben eine toll aussehende Web-Seite (dank Ihres eigenen Web-Know-hows oder dem eines Designers). Aber wirkt die Seite, und besucht irgendwer Ihre Site? Braucht es so viel Zeit, die Graphiken zu landen, daß die Leute aufgeben? Sie benötigen diese Informationen, um eine Site zu bewerten und zu verbessern.

Ein Weg, herauszufinden, ob Ihre Web-Seite verbessert werden muß oder gut funktionieren wird, ist, den kostenlosen Test-Service in Anspruch zu nehmen, der unter `http://www2.ima-giware.com/RxHTML` angeboten wird. Die Software dieses Unternehmens wurde entworfen, um Web-Seiten zu testen, und sie demonstrieren Ihnen die Software gerne auf Ihrer Seite. Eines der besten Instrumente ist meiner Meinung nach die *Link Verification,* die dafür sorgt, daß der Kram, den man nicht sieht, auch passabel aussieht. Ich sage Ihnen besser jetzt, was dieser Begriff bedeutet, da Sie etwas über Links wissen müssen, wenn Sie anfangen, Marketing im Web zu betreiben. Link Verification überprüft Ihre Links zu anderen Web-Sites – Links sind Softwareverbindungen, die interessierten Benutzern des Webs helfen, den Weg zu Ihrer Site zu finden (was sie natürlich ziemlich wichtig macht!). Die Software erkennt auch einfache Fehler in der Rechtschreibung und im Satzbau. Ein Bildanalysetest verrät Ihnen, wie lange der typische Nutzer warten muß, bis Ihre Seite geladen ist.

 Die Statistiken einer Test-Site sagen Ihnen jedoch nicht, ob Ihre Seite in der Art, wie sie Informationen von Nutzern erwirbt, zu aggressiv oder raffiniert ist. Diese Bestimmung ist in vielen Fällen ein richterlicher Beschluß, weil bisher noch keine klaren Richtlinien herausgegeben worden sind, und Gruppen innerhalb der Branche immer noch darüber debattieren, was angemessen ist und was nicht. Behalten Sie daher die Schlagzeilen im Auge, um auf jeden Fall von etwaigen neuen Regelungen zu erfahren und versuchen Sie, nur solche Dinge auf Ihrer Web-Site zu verewigen, die Sie nicht aufregen würden, wenn *Sie* der Kunde wären. Ein klassischer Ethiktest besteht darin, sich selbst zu fragen, ob Sie peinlich berührt wären, falls ein Artikel über Ihre Aktivitäten in der Lokalzeitung Ihres Heimatortes erscheinen würde.

Seien Sie besonders vorsichtig, wenn Ihre Site Kinder anzieht. Verwischen Sie nicht den Unterschied zwischen redaktionellem und werbebezogenem Inhalt – Sie wollen sich doch nicht der Anschuldigung gegenübersehen, Sie würden Kinder betrügen. Und setzen Sie Kinder nicht als Ihre Spione ein, um an Informationen über deren Haushalte zu gelangen, die Ihnen deren Eltern nicht preisgeben würden. Dieses Vorgehen hat bereits für einige negative Schlagzeilen gesorgt. In Deutschland sind das Bundeskriminalamt und das Innenministerium zur Zeit damit beschäftigt, über gesetzliche Grundlagen für Veröffentlichungen im Internet nachzudenken. Daneben unterzieht sich der Provider-Verband DIGI e.V. einer freiwilligen Selbstkontrolle des deutschen Netzes. Für weitere Informationen wenden Sie sich an DIGI: `http://www.digi.de`, telefonisch zu erreichen unter: 089-45691141.

Lernen Sie Ihre Besucher kennen

Jedes Mal, wenn jemand Ihre Web-Seite besucht, zeigt er Interesse für Sie und Ihr Produkt (oder er hat sich verirrt – leider immer eine Möglichkeit!). Wenn also jemand Interesse bekundet, macht ihn das interessant für Sie. Daher sorgen Sie dafür, daß, egal was Sie tun oder wie auch immer Sie bei der Einrichtung einer Site vorgehen, Informationen über Ihre Besucher in einer brauchbaren Form gesammelt und Ihnen regelmäßig zugeschickt werden.

Eine Agentur oder Serviceeinrichtung sollte in der Lage sein, Ihnen Informationen über Besucher Ihrer Site zu liefern. Fragen Sie danach. Sie können aber auch spezialisierte Software oder Dienstleistungen kaufen, um Besuche auf Ihrer eigenen Site zu verfolgen. Erkundigen Sie sich beispielsweise bei DIGI e.V. (siehe oben) nach entsprechenden Adressen und Kaufempfehlungen. Zum Nutzerverhalten im World Wide Web schauen Sie mal bei Fittkau & Maas rein: `http://www.w3b.de`, Telefon: 089-45691141.

Veröffentlichen im Web: Eine heiße Chance

Wenn ich meine Nase ins World Wide Web stecke, bin ich gewöhnlich schrecklich enttäuscht über das, auf was ich dort inhaltlich stoße. Veröffentlichungen im Web sind auf einem lächerlich primitiven Stand. Aber warum sollten Sie sich als Marketingmensch darüber Sorgen machen? Ganz einfach, weil Veröffentlichungen im Web – die Erstellung informativer und unterhaltender Texte, die andere lesen möchten – sehr wichtig sind, um den Wert des Webs für Werbungtreibende aufzubauen. Diese Veröffentlichungsseite des Webs liefert attraktiven Inhalt, und das wiederum zieht Web-Nutzer an. Sobald es Ihnen gelingt, Web-Nutzer anzuziehen, können Sie diesen dann Marketingbotschaften übermitteln. Ebenso wie in der Zeitschriftenbranche, wo jeder weiß, daß Ihre Auflage von einem guten redaktionellen Gehalt abhängt. Aber bisher sind die meisten Web-Pioniere Marketingleute – was gut ist; ich sehe es gerne, wenn wir die Vorreiterrolle übernehmen. Aber das Dumme ist, daß wir nicht immer so gezielt an der Entwicklung eines bezwingenden Inhalts arbeiten wie daran, Werberaum zu schaffen oder zu verkaufen.

 Die meisten Web-Sites sind wirklich nur riesige, interaktive Werbeanzeigen oder Verkaufsförderungsaktionen. Nach einer Weile wird selbst die am pfiffigsten gestaltete Anzeige langweilig. Um die Verweildauer eines Nutzers auf Ihrer Web-Seite zu erhöhen und hohes Involvement (Beteiligung) und Wiederholungsbesuche sicherzustellen, müssen Sie wie ein Verleger und nicht nur wie ein Werbungtreibender denken. Lassen Sie sich faszinierende Inhalte einfallen, die Sie vermitteln und regelmäßig auffrischen. Ziehen Sie es sogar in Betracht, das Geschriebene zu verteilen (wie eine virtuelle Zeitschrift), damit Sie nicht darauf warten müssen, daß Web-Nutzer Sie finden. Stellen Sie eine Liste mit E-Mail-Adressen zusammen, und stecken Sie Ihren Inhalt (plus Werbung) in deren virtuelle Briefkästen. Veröffentlichen ist eine ungewohnte Rolle für viele Marketingleute, aber sie steht ihnen gut, wenn es um Marketing im Internet geht.

Spielen Sie Verleger, um Ihr Web zu erweitern

Stellen Sie sich eine Welt vor, in der es so leicht wäre, ein Buch zu schreiben und es in den Buchläden anzubieten, daß jeder, dem danach zumute wäre, etwas veröffentlichen würde. Was würde dann mit der inhaltlichen Qualität passieren? Nun, genau das hat sich im Web ereignet! Und darum schirmen sich die meisten Nutzer sehr stark von den Inhalten ab, die im Web abgeschickt werden – inklusive vieler Marketingbotschaften, von denen wir wünschten, daß sie nicht übersehen würden.

Hierin liegt das verborgene Problem des World Wide Web – die Eintrittsbarrieren sind so niedrig, daß es leicht ist, im Web zu veröffentlichen, und folglich ist ein Großteil des Inhalts von sehr schlechter Qualität.

 Immer wenn Sie ein verborgenes Problem mit einem Medium haben, sollten Sie eine Möglichkeit finden, dieses Problem auf schlaue Weise in eine *Chance* zu verwandeln. Dafür tritt Michael Dortch ein. Er veröffentlicht eine elektronische Kolumne von hoher Qualität und baut sich einen Leserstamm auf die altmodische Art auf – indem er interessierte Leser findet und hält! Er schreibt über die Themen, in denen er gerne berät, so daß die Kontakte, die er über sein Rundschreiben knüpft, sich für ihn eines Tages vielleicht als Geschäfte auszahlen könnten. Auch Sie können wichtige Kontakte durch ein Rundschreiben im Web aufbauen – es ist ein todsicheres Rezept, um wiederkehrende Besucher anzuziehen und diese fabelhaften elektronischen Beziehungen aufzubauen, die jeder gerne hätte, aber so selten erreicht.

Dortch ist ein alter Hase in der Computerbranche, er hat für die meisten der führenden Unternehmen zu irgendeiner Zeit gearbeitet. Heute bietet er Beratungsdienstleistungen bei der Entwicklung von Kommunikations-/Marketingstrategien im Web an. Er ist außerdem ein erfahrener Buchautor und Journalist, daher sind seine Kolumnen oder Web-Seiten gewinnend und informativ. Und, welche Überraschung, wenn Sie guten Inhalt wie diesen im Web herausbringen, sticht das wirklich hervor. *Material von hoher Qualität zieht wiederkehrende Leser an.*

 Schließlich wird der Rest der Welt auch über seine Schwärmerei für das Internet hinwegkommen und feststellen, daß in diesem Medium dieselbe Regel gilt wie in jedem anderen:

Sie müssen einen umwerfenden Inhalt verfassen, um den Krieg um die Aufmerksamkeit zu gewinnen und Leser auf Ihre Seite zu ziehen!

Spitzentechnologie und coole Graphiken können Leser zu Ihrer Site anlocken, aber es ist der Inhalt, der Sie verweilen läßt. Niemand sendet amateurhafte Videos im Fernsehen und hofft, damit das Publikum vor dem Bildschirm festzunageln. Aber bisher scheinen die meisten Unternehmen oder Einzelpersonen, die versuchen, für sich selbst im Web zu werben, die Notwendigkeit eines aussagekräftigen, frischen (d.h. ständig wechselnden!) Inhalts noch nicht erkannt zu haben. Sie haben also die Chance. Machen Sie es wie Dortch: Recherchieren, schreiben und liefern Sie guten Inhalt in einem einfachen, benutzerfreundlichen Format – und Sie *werden*, wie von Zauberhand, Nutzer anziehen!

Aber wie ahmen Sie jetzt Dortchs Strategie nach? Nehmen Sie erstens zur Kenntnis, daß sich Ihr Inhalt *verändern* muß. Das meiste von dem, was Sie ins Web setzen, verliert seinen Neuheitswert genau wie die Zeitungsartikel von gestern. Sie sind im wesentlichen ein Verleger, der eine Zeitschrift herausgibt. Es macht nichts, daß die Publikation im Web erfolgt – das Medium ist *nicht* die Botschaft! Die Botschaft muß für sich alleine stehen – in jedem Medium. Sie würden nicht dauernd denselben Katalog an eine Versandliste schicken, also lassen Sie auch nicht denselben alten Kram auf Ihrer Web-Site.

Hier kommen jetzt weitere Ratschläge von Dortch, in seinen eigenen Worten (ich lade sie mit seiner Erlaubnis einfach aus dem Web runter), und zwar darüber, wie man eine Kolumne, ein Rundschreiben oder ähnliches entwickelt, das die Web-Leser wirklich anzieht und hält:

1. **Thema und Inhalt:** Sie werden vielleicht das Web durchsuchen und darin herumstöbern, um zu sehen, was zu dem Sie am meisten interessierenden Thema oder den Themen schon draußen ist. Oder Sie fragen einfach Ihre engsten Freunde, was Sie in Print- und Online-Medien interessant finden. (Falls genug anderer Stoff vorhanden ist, macht es Ihnen vielleicht Spaß, nur eine normale kommentierte Zusammenfassung des Stoffs anderer Leute zu schreiben!)

2. **Layout und Format:** Falls Sie planen, Ihre Publikation nur über E-Mail zu verteilen, können Sie mit *klarem bewährtem Text* nichts falsch machen. Dennoch würde es sehr helfen, sicherzustellen, daß er prägnant, grammatikalisch korrekt, orthographisch richtig und ansonsten generell lesbar ist – und das bedeutet etwas anderes, als unterhaltsam zu sein.

3. **Verteilung:** Wenn Sie Abonnent eines Online-Dienstes sind, suchen Sie im Mitgliederverzeichnis nach Leuten, von denen Sie wissen, daß sie interessiert sein würden. Überprüfen Sie bei jedem Artikel, den Sie lesen, das Autorenverzeichnis nach einer E-Mail-Adresse und senden Sie Kopien von dem, was Sie über jeden Artikel schreiben, an die Person, die die Quellenliteratur verfaßt hat. (Eine gut formulierte persönliche Begleitnotiz würde auch nicht schaden.) Wenn Quellmaterial aus anderen, online oder ähnlichen Publikationen stammt, bieten Sie an, mit Abonnements zu handeln.

4. **Nachfaßaktion:** Schreiben Sie Ihren ersten paar Empfängern, und bitten Sie sie um ein ehrliches, detailliertes Feedback. Versichern Sie allen die private Natur Ihrer Verteilerliste. (Sie können das nicht oft genug tun!) Überprüfen Sie immer wieder mit jeder Verteilung Ihre E-Mail-Adressen, um sicher zu gehen, daß nicht die falschen Leute Ihre Arbeit erhalten, sondern die richtigen, und diese unter der Adresse, die ihnen am liebsten ist. (Bonus Tip: Leute scheinen es vorzuziehen, E-Mails von Menschen als Adressat zu empfangen, statt sie von einem Listen-Server zu erhalten.)

5. **Alles danach:** Seien Sie bereit, auf Anfragen zur Aufnahme in Ihre Verteilerliste zu reagieren, ebenso zur Streichung aus derselben, für die Erlaubnis, Ihre Schriften online weiterzuverteilen und/oder zu verschicken, auf wütende Leserbriefe und auf zukünftige Arbeit. Die Vorbereitung wird wahrscheinlich die Erstellung eines Standardbriefs umfasssen, eine Biographie, eine Kompetenzerklärung, Referenzen und andere Unterlagen (die PR/Marketing-Kommunikationstypen »Collateral«, Material für flankierende Werbung, nennen. Egal, was Sie tun: *Hören Sie niemals auf* zu veröffentlichen, »verschwinden« Sie nicht einfach, ohne es zu erklären und/oder sich vielmals zu entschuldigen.

Falls Sie an engagierter Hilfe bei der Ausführung einer der oben genannten Schritte interessiert sind, nehmen Sie bitte Kontakt auf!

Michael Dortch

 Sie können Dortch via America Online erreichen unter `MEDortch`; auf CompuServe unter `76711,1500`; im Internet unter: `medortch@aol.com`; oder per Fax unter 001/415-386-9854. Er wohnt in San Francisco, Kalifornien.

Was, wenn Sie wirkliche Menschen in Ihrer Web-Werbung einsetzen würden?

 Noch eine Sache – die letzten Neuigkeiten. Ich habe gerade erfahren, daß Lucent Technologies (`http:// www.lucent.com/internet`) gerade ein Call-Center entwickeln, das Sie vertraglich verpflichten können, die Besucher Ihrer Web-Site

zu bedienen. Die Idee ist, daß Ihre Kunden mit dem Anklicken eines Buttons eine menschliche Vermittlung erreichen, die mit ihnen über den Computer in Verbindung tritt, um Fragen zu beantworten und Bestellungen aufzunehmen. Das könnte sich als ein sehr nützliches Werkzeug für Sie als virtuellen Marketingmenschen und Ihre Kunden herausstellen.

Ich decke das wichtige Thema, wie Sie ein Call-Center aufbauen und leiten, in Kapitel 18 ab, aber das Web könnte sehr wohl eines Tages die ungefähr 60.000 Telefon-Call-Center als überholt darstellen, die zur Zeit in Nordamerika operieren.

Printwerbung

8

*P*rintwerbung (jede bezahlte Marketingbotschaft in gedruckter Form) ist umfassend, sehr umfassend. Die meisten Marketingleute planen ein höheres Budget für Printwerbung ein als für jede andere Art – die Ausnahme bilden die großen nationalen und multinationalen Marken, die in hohem Maß im Fernsehen vermarktet werden. Aber für den Großteil der lokalen und regionalen Werbung ist Print wahrscheinlich das flexibelste und effektivste Allround-Werbemedium.

Falls Sie Dienstleistungen und Produkte an andere Unternehmen vermarkten (*Business-to-Business-Marketing*), dann sind die Unmengen von spezialisierten Fachzeitschriften und Rundschreiben, die sich an die Profis und Geschäftsleute wenden, fast immer die erste Adresse für Werbung. Außerdem werden Sie feststellen, daß viele Direktversandkampagnen ihre Versandlisten aus den von den Zeitschriften zur Verfügung gestellten Abonnentenlisten erstellen. Sie können leicht eine Printanzeige und eine Direktversandkampagne aufeinander abstimmen, so daß sie auf die gleiche Zielgruppe ausgerichtet sind. (Ich gehe übrigens auf Listenakquisition und -management in Kapitel 18 ein.)

Printwerbung läßt sich auch gut mit anderen Marketingmedien kombinieren. Geschriebene Broschüren und andere verkaufsfördernde Materialien (die ich als eine Form der Printwerbung ansehe) können zur Unterstützung des persönlichen Verkaufs (siehe Kapitel 17) oder des Telemarketing (siehe Kapitel 18) eingesetzt werden. In ähnlicher Weise kann eine Printanzeige in einer Zeitschrift richtungweisend für das Direktmarketing sein (siehe wieder Kapitel 18). Printanzeigen funktionieren gut, um Verkaufsförderungsaktionen anzukündigen und Gutscheine zu verteilen (siehe Kapitel 13). Schließlich empfehle ich meinen Kunden häufig, daß sie ihre Printanzeigen zuerst entwerfen und dann deren Appeal (siehe Kapitel 5) auf die Werbung in anderen Medien wie Radio, Fernsehen oder Direktversand übertragen. Print ist gewöhnlich die beste Wahl als primäres Medium im lokalen Marketing und im Business-to-Business-Marketing (Marketingleute für nationale Konsumgüter nutzen das Fernsehen als Primärmedium). In den Fällen, in denen Print der Eckpfeiler Ihres Programms sein soll, ist es besonders wichtig, Ihre Anzeige zuerst zu entwerfen. Nachdem die Anzeige gestaltet worden ist, können andere Formen der Werbung in Ihre Printkampagne integriert werden.

Viele Marketingleute beginnen mit Ihrer Printwerbekampagne, entwerfen eine Serie guter Anzeigen für verschiedene Zeitschriften und Zeitungen und arbeiten sich dann von dort nach außen, um die Appeal- und Designkonzepte der Printanzeigen in andere Werbeformen einzubauen.

Broschüren, *Belegseiten* (einseitige, katalogmäßige Beschreibungen von Produkten), Poster für Außenwerbung, Direktversandbriefe oder Kataloge, alle nutzen auch die Grundelemente der Printwerbung – aussagekräftige Texte und Bilder plus auffällige Schlagzeilen. Daher ist die Beherrschung der Printwerbung ein bedeutender Teil des Grundwissens jedes guten Marketingmenschen. Dieses Kapitel deckt die wichtigsten Punkte ab.

Die Anatomie einer Printanzeige

Bevor ich darüber sprechen kann, wie man eine tolle Printanzeige entwirft, muß ich zuerst eine sezieren und die Einzelteile identifizieren. Glücklicherweise findet man nichts Fettes oder Widerliches im Inneren einer Printanzeige. Nur Teile. Und jedes Teil hat einen besonderen Namen. Hier sind sie:

✔ **Schlagzeile:** die großgedruckten Wörter, die zuerst ins Auge springen, gewöhnlich oben auf der Seite

✔ **Untertitel:** der mögliche Zusatz zur Schlagzeile, um mehr Details zu liefern, ebenfalls großgedruckt (aber nicht ganz so groß)

✔ **Anzeigentext oder Fließtext:** der Haupttext, in einer lesbaren Größe gesetzt, wie etwa im Haupttext eines Buches oder einer Zeitschrift

✔ **Bildelement:** eine Illustration, die eine visuelle Erklärung abgibt. Kann der Hauptbrennpunkt der Anzeige (insbesondere dann, wenn Lesern Ihr Produkt gezeigt werden soll) oder nur zweitrangig zum Anzeigentext sein. Auch fakultativ. Immerhin nutzen die *Kleinanzeigen* meistens überhaupt keine Bildelemente und sind dennoch effektiver als Großanzeigen, aus dem einfachen Grund, weil die Leute nach Kleinanzeigen *suchen*!

✔ **Bildtitel:** Text, der an das Bildelement angehängt wird, um es zu erklären oder zu erörtern. Befindet sich gewöhnlich unter dem Bildelement, aber kann auch auf jeder Seite oder sogar in oder auf dem Bildelement stehen.

✔ **Warenzeichen:** Ein einzigartiges Design, das die Marke oder das Unternehmen (wie der Mercedes-Stern) repräsentiert, sollte eingetragen sein – siehe Kapitel 14.

✔ **Firmenzeichen:** die als Warenzeichen eingetragene Version des Unternehmensnamens. Oft haben Werbungtreibende ein Logodesign, das einen Markennamen auffällig in Schriftsatz und Stil darstellt. Das Firmenzeichen ist ein schriftliches Äquivalent zur visuellen Identität des Warenzeichens.

✔ **Slogan:** Ein fakultatives Element, bestehend aus einem (hoffentlich) kurzen Satz, der den Geist oder die Persönlichkeit der Marke heraufbeschwört. Timberland setzte eine Reihe von Anzeigen ein, in denen der Slogan *Stiefel, Schuhe, Kleidung, Wind, Wasser, Erde und Luft* in der unteren linken Ecke erschien, gleich unter dem auffälligen Firmenzeichen und Logo des Unternehmens. Firmenzeichen und Logo waren auf einem rechteckigen Stück Leder ausgestellt, so wie es auf einem ihrer Produkte erscheinen könnte.

Abbildung 8.1 zeigt jedes dieser Elemente der Printwerbung in einem groben Entwurf. Statt eine Schlagzeile zu schreiben, setzte ich einfach nur »Schlagzeile« ein, ebenso für alle anderen Teile, so daß Sie leicht alle Elemente in Aktion sehen können. Diese ziemlich schlichte Palette des Design der Printwerbung erlaubt endlose Variation und Kreativität. Sie können alles sagen oder zeigen, und Sie können es auf die unterschiedlichsten Arten tun. Ich werde mit Ihnen einige dieser Wahlmöglichkeiten erkunden.

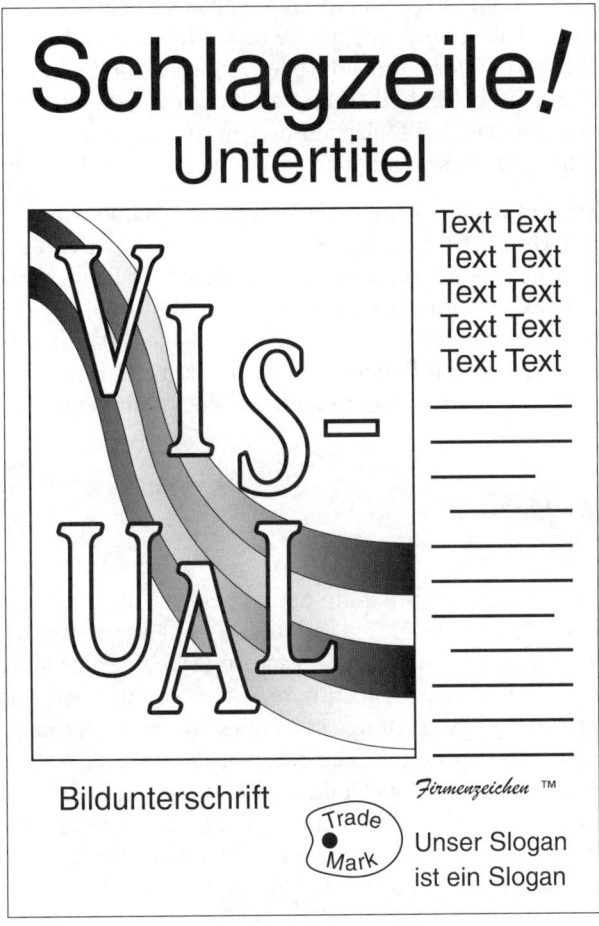

Abbildung 8.1: Die Elemente einer Printwerbung

Setzen Sie die Teile zusammen: Design und Layout

Design bezieht sich auf das Aussehen, das Gefühl und den Stil der Werbung. Design ist ein ästhetisches Konzept und daher schwer in genaue Worte zu fassen.

Aber Design ist äußerst wichtig: Es muß den grundlegenden Appeal aufnehmen und ihn visuell auf Papier wirken lassen (siehe Kapitel 5 für Details über die Schaffung von Appeal). Im besonderen muß das Design das konstante Problem des Marketingmenschen überwinden: Niemand schert sich um Ihre Werbung. Daher muß das Design irgendwie nach den Lesern *greifen*, Ihre Aufmerksamkeit fesseln und sie lange genug halten, um den Appeal zu vermitteln und ihn im Gedächtnis der Leser an den Markennamen zu binden.

 Jay Schulberg, der Chief Creative Officer bei der Werbeagentur Bozell Worldwide, sieht Design als eine kreative Aufgabe, deren Ziel es ist, einen »phantasievollen Weg zu finden, Menschen bei ihren Augäpfeln zu packen«. Viele Designer gehen von dem Gedanken aus, die Anzeige attraktiv zu gestalten oder wirksam bei der Vermittlung von Informationen – oder von irgendeiner anderen langweiligen Vorstellung. Sorry, aber gute Werbung muß aus der Seite emporsteigen, nach Ihnen greifen und Sie bei den Augäpfeln packen. In der übervollen Welt der modernen Printwerbung ist dieses Designziel das einzige, das wirklich zu etwas führt!

Nike setzte dieses Konzept in einer Printwerbung für einen Schuh namens Air Max um, indem die Marketingleute ein Design benutzten, das für alle Welt eher wie eine grobe, handgefertigte Collage statt wie eine Hochglanzanzeige aussah. Eigentlich ist die Vierfarbanzeige hauptsächlich schwarz auf weiß – oder, um genauer zu sein, auf photokopierer-grau, um den weißen Flächen einen groben, hausgemachten Ausdruck zu verleihen. Das durchsichtige Klebeband, das dazu benutzt wird, Worte und Bilder auf der Seite zu befestigen, ist deutlich sichtbar in dieser Anzeige, ein weiterer Beweis eines provisorischen/zusammengepfuschten Stils.

 **Schuhe für Haie**

Das Design von Nikes Air Max benutzt ein neuartiges Layout. Das *Layout* ist die Zusammenstellung der Formatelemente, die ich gerade erklärt habe, von der Schlagzeile und dem Bildelement bis zum Haupttext und dem Slogan. Im Layout der Air Max Werbung fällt das Auge des Betrachters zuerst in die rechte untere Ecke. Stimmt genau – das Gegenteil unserer normalen Leserichtung. Dieses Design stellt alles über Printwerbung auf den Kopf. Der Startpunkt für den Betrachter besteht aus den Worten *Sehen Sie*: in fetten roten Großbuchstaben – der einzigen roten Schrift auf der Seite, plaziert auf der rechten unteren Ecke der Anzeige. Der Betrachter muß sie dann um 90 Grad drehen, damit er lesen kann *das ist*:, was schließlich zum Produktnamen am oberen rechten Rand führt: *Air Max*. Der Schuh ist – verkehrt herum – auf der rechten Seite der Anzeige abgebildet. Der Bildtitel: »*Das ist kein Andenken.*«

Grober, von Hand gemachter Klebeumbruch. Ein von unten rechts statt oben links fließender Text. Das Produkt verkehrt herum gezeigt. Dieses Design drückt eine bestimmte Haltung aus! Und genau die möchte der Designer über das Produkt vermitteln. Der Appeal des Produktes drückt aus, daß es gegen Autorität, ein Kämpfer, ein Rebell ist. Wenn Sie schließlich zum Haupttext der Anzeige kommen (die meisten Leser werden, weil diese Anzeige sie vollkommen gepackt hat), lesen Sie die erste Zeile »Falls wir Angeln herstellten, würden Sie uns bei Haifischfang-Turnieren antreffen.« Der Text endet mit der Erklärung: »Aber wir produzieren Sportschuhe, daher assoziieren wir uns mit Welt-Klasse-Athleten. Und jedem anderen, der einen guten Wettkampf liebt.« Dieses Produkt drückt eine Haltung aus, die das Design wirksam vermittelt.

Wie Sie eine Broschüre gestalten

Ich möchte Ihnen zeigen, wie Sie das Layout für eine gute gedruckte Broschüre gestalten, weil ich die Erfahrung gemacht habe, daß diese Werbeform die am weitesten verbreitete für Bastler ist. Ihre Textverarbeitungs- und Graphiksoftware, ein guter Laserdrucker und die Hilfe eines Kopierladens oder einer Druckerei in Ihrer Nähe (die auch Faltmaschinen haben werden) ermöglichen es Ihnen, Broschüren ziemlich leicht zu gestalten und herzustellen.

Aber ich muß zuerst meine persönliche Voreingenommenheit bei diesem Thema zugeben. Ich glaube, daß die meisten Broschüren sinnlose Geldverschwendung sind. Sie erfüllen keine besonderen Marketingziele, sie sehen bestenfalls gut aus – einige eher ziemlich häßlich. Bevor Sie anfangen, müssen Sie wissen, wer die Broschüre lesen wird, wie diese Leser sie in die Hände bekommen und was die Adressaten daraus erfahren sollten.

Marketingleute geben häufig eine Broschüre in Auftrag, ohne eine klare Vorstellung davon zu haben, welchen Zweck diese Broschüre erfüllen soll. Sie halten eine Broschüre nur für eine gute Idee. »Oh, wir brauchen sie, um sie, na ja, Sie wissen schon, in Briefen mit zu verschicken, oder, eh, für unsere Verkäufer, damit sie sie im Kofferraum ihres Wagens verfügbar haben wie die anderen Broschüren. Oder wir verschicken einige an unsere Versandliste. Oder verschenken sie bei der nächsten Handelsmesse.«

Oder vielleicht tun Sie es auch nicht. Mit dieser Flut an Möglichkeiten wird die Broschüre keinem der Einzelanlässe gerecht werden. Die Broschüre wird eine langweilige, beschreibende Angelegenheit sein, die nur über das Unternehmen oder Produkt faselt, aber den Leser nicht mit einem bestimmten Appeal oder Handlungsimpuls überfällt.

Um diese weitverbreitete Seuche von Broschüritis zu umgehen, beginnen Sie damit, bis zu drei spezifische Bestimmungen für diese Broschüre zu definieren. Aber nicht mehr als drei, weil Ihr Design nicht in der Lage sein wird, mehr als drei Zwecke effektiv zu erfüllen. Die gängisten und passendsten Einsatzmöglichkeiten für eine Broschüre sind:

✔ den Kunden als Referenz für das Produkt und für technische Details zu dienen

✔ Bemühungen im persönlichen Verkauf zu unterstützen, indem sie Glaubwürdigkeit verleiht und dabei hilft, Gegenargumente zu entkräften (auf den Verkauf gehe ich in Kapitel 17 ein)

✔ durch eine Direktversandkampagne Kaufreaktionen auszulösen (siehe Kapitel 18)

Sagen wir mal, daß Sie eine Broschüre entwerfen wollen, die alle drei Aspekte gut erfüllen wird. Beginnen Sie damit, die Inhalte zu bestimmen. Welche Produkt- und technischen Informationen müssen eingebunden werden? Schreiben Sie diese Informationen auf, oder suchen Sie das notwendige Illustrationsmaterial zusammen, so daß Sie die *Faktengrundlage* der Broschüre vor sich haben.

Als nächstes listen Sie die häufigsten *Einwände gegen einen Kauf* auf, die Gründe, die potentielle Kunden dafür anbringen, daß Sie Ihr Produkt nicht kaufen wollen. Strukturieren Sie Ihre Faktengrundlage entsprechend der Einwände, so, als ob Sie sich die Besorgnisse der potentiellen Kunden anhören und auf jede mit einer passenden Antwort reagieren würden. Sie können Untertitel verfassen wie »Unser Produkt braucht keinen Service!« oder ähnliches, so daß Verkäufer oder potentielle Kunden sehr schnell erkennen können, wie Ihre Fakten (in Schrift und/oder Bild) jeden einzelnen Einwand zunichte machen.

Zum Schluß müssen Sie der Broschüre grundlegenden Appeal verleihen (siehe Kapitel 5), vermittelt durch eine schlagkräftige Überschrift und einen Text aus ein paar Dutzend Wörtern, zusammen mit einer passenden und ins Auge springenden Illustration, falls möglich. Dieser Appeal muß der Broschüre innewohnen, damit sie als ein eigenständiges Marketinginstrument dasteht, wenn die Broschüre per Post zu Kaufinteressenten geschickt wird oder von einem potentiellen oder bestehenden Kunden an einen seiner beruflichen Kontakte weitergegeben wird.

Beachten Sie, daß Sie Text (und vielleicht Bildmaterial), der (das) speziell für jeden der drei oben genannten Zwecke gestaltet wurde, mit einbringen müssen. Der Appeal, mit seiner verlockenden Überschrift und seinem bezwingenden Text und Bildmaterial, kommt auf die Vorderseite der Broschüre – oder auf die Außenseite, wenn sie zum Vesand gefaltet wird. Die Einwände werden in den Untertiteln aufgegriffen, die den Haupttext strukturieren, und stehen auf den inneren Seiten. Die Faktengrundlage, die als Referenz dient, wird in den Text und die Illustrationen unter diesen Untertiteln eingearbeitet. Wenn Sie nicht wissen, welchen Sinn jeder Teil Ihrer Broschüre gerade erfüllt, dann haben Sie keine gute Broschüre gestaltet. Sie haben nur Ihr Geld und Ihre Zeit auf etwas verschwendet, das keine einzige Marketingaufgabe zufriedenstellend erfüllen wird.

Abbildung 8.2 zeigt Ihnen ein mögliches Layout für eine solche Broschüre und ebenso Abmessungen für Textblöcke oder Illustrationen. Obwohl eine Broschüre auf verschiedene Weise gestaltet werden kann, ziehe ich dieses Format oft vor. Es ist einfach und nicht teuer, weil die Broschüre auf ein einziges DIN A4 großes Blatt gedruckt wird, das man dann dreimal faltet. Der Broschüre paßt in einen Standardbriefumschlag oder kann zugeklebt und alleine verschickt werden. Dieses Layout erlaubt einen gewissen Grad an Detailliertheit, aber nicht genug, um Sie in wirkliche Schwierigkeiten zu bringen. Größere Formate und Ausführungen mit mehreren Seiten neigen dazu, mit schlimmstem, langatmigstem Text vollgestopft zu sein, den niemand jemals liest.

Das Design aus Abbildung 8.2 läßt sich gut für Direktversandaktionen einsetzen, um damit Verkaufsreaktionen auszulösen. Es kann aber auch in Direktverkaufssituationen verteilt oder als Referenz genutzt werden. Sie können diese Broschüre mit jeder bekannten Desktop-Publishing-Software erstellen, und sie kann sogar im örtlichen Photokopierladen gedruckt und gefaltet werden, falls Sie nicht die Unmengen an Exemplaren brauchen, die notwendig sind, um Offset-Druck kosteneffektiv zu machen.

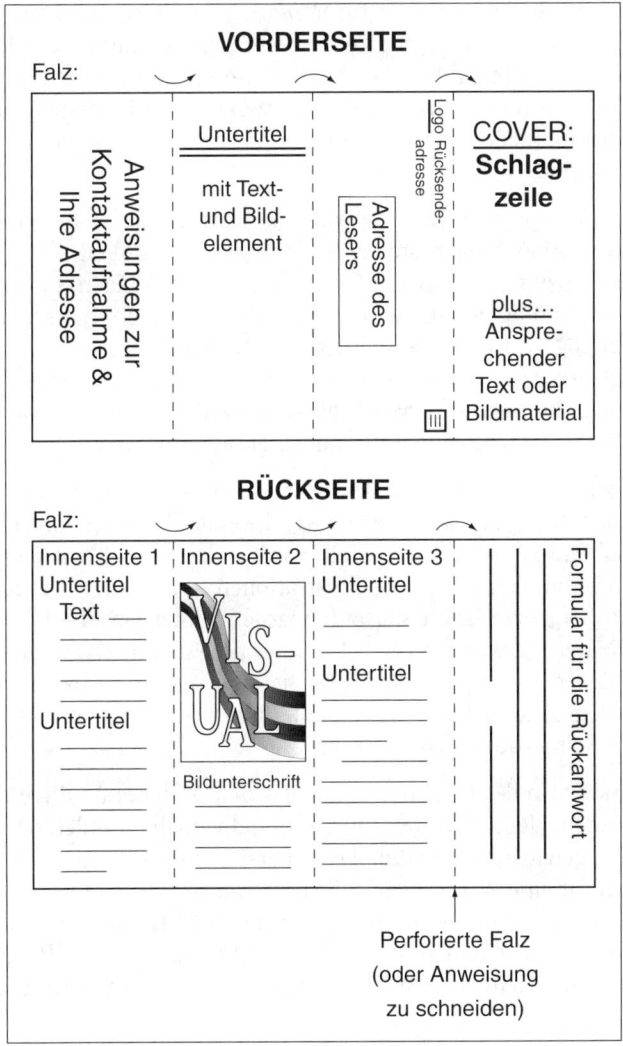

Abbildung 8.2: Ein einfaches Mehrzweck-Layout für eine Broschüre

Phasen im Design

Designer experimentieren oft mit zahlreichen Layouts für Ihre Printwerbung, bevor Sie eines für den offiziellen Entwurf auswählen. Ich empfehle Ihnen dringend, das auch zu tun – oder darauf zu bestehen, daß Ihr Designer oder Ihre Agentur so verfahren. Je mehr Layouts Sie sich ansehen, desto eher bekommen Sie eine Idee »aus dem Bauch«, die packende Ausdruckskraft besitzt. Die groben Entwürfe, die von den Designern immer als Layoutkonzepte beschrieben werden, nennt man *Umrißskizzen*. Es sind gewöhnlich kleine, schnelle Skizzen in Tinte oder Bleistift – oder neuerdings in Designprogrammen wie Quark oder PageMaker.

Vielversprechende Umrißskizzen werden zu *Rohlayouts* weiterentwickelt, zu richtig großen Entwürfen mit Schlagzeilen und Untertiteln, die sorgfältig genug gezeichnet sind, um das Gefühl eines besonderen Schriftsatzes und eines entsprechenden *Stils* (das Aussehen der gedruckten Buchstaben) zu vermitteln, und mit Skizzen der Illustrationen. Der Hauptext wird durch Linien angedeutet (oder durch unsinnige Schriftzeichen, falls das Rohlayout mit einem Computerprogramm erstellt wird).

 Lassen Sie Ihre Printwerbung von eine Werbeagentur oder einem Designerbüro entwerfen? Manchmal bestehen Kunden von Werbeagenturen darauf, die Entwürfe im Rohlayout zu sehen, um den Aufwand zu vermeiden, sie kurz vor der Präsentation noch völlig umzugestalten. Sie sollten das auch so machen, auch wenn Ihre Agentur zögert, Ihnen die unfertigen Entwürfe ihrer Arbeit zu zeigen. Sobald die Agentur erkennt, daß Sie den Designprozeß schätzen und nicht die Rohlayouts kritisieren, nur weil sie skizzenhaft sind, werden Sie in der Lage sein, der Agentur mehr Beratung und Hilfe während des Designprozesses anzubieten.

Ein Rohlayout, das den Anforderungen genügt, wird zum *Reinlayout* weiterentwickelt. Ein Reinlayout sollte ziemlich genau so aussehen wie die endgültige Version einer Werbeanzeige, obwohl es auf einer Einmalvorlage hergestellt wird; so kann das Reinlayout Klebeumbrüche von Photos und Farbphotokopien für die Illustrationen nutzen und Klebeumbrüche von gesetzten Texten und Schlagzeilen. Reinlayouts wurden früher gewöhnlich von Hand zusammengesetzt, aber heutzutage erstellen viele Designer und Agenturen sie auf ihren Computern, weil ein Spitzen-PC und ein Farbdrucker etwas herstellen können, das fast genauso aussieht wie die endgültig gedruckte Version einer Vierfarb-Anzeige. Man spricht häufig von einem computererstellten Reinlayout als *Druckprobe*.

Ein *Dummy* ist eine Form des Reinlayouts, die das *Gefühl* der endgültigen Anzeige imitiert, nicht nur das Aussehen. (Jede Werbung sollte sich individuell anfühlen oder eine eigene Persönlichkeit besitzen, genauso wie Produkte eine Persönlichkeit haben sollten – und oft ist die beste Persönlichkeit für eine Werbeanzeige die des Produktes: Übereinstimmung hilft.) Dummies sind besonders wichtig für Broschüren oder spezielle Inserate in Zeitschriften, wo der Designer oft spezielles Papier oder Falttechniken vorsieht. Indem Sie das Reinlayout als Dummy gestalten, können Sie das Gefühl der Werbung zusätzlich zu ihrem Aussehen einschätzen.

Designs können auf zwei verschiedenen Wegen zur Druckerei geschickt werden:

✔ Der moderne und weiter verbreitete Weg ist, das Design auf Diskette in einem Desktop-Publishing-Programm zu verschicken, das die Druckerei akzeptiert. Selbst die Farbtrennung für Vierfarbarbeiten kann auf Ihrem PC erfolgen und auf Ihrer Diskette abgespeichert werden. (Fragen Sie die Druckerei nach Anweisungen, um sicherzugehen, daß Sie das Design in einem Format vorlegen, mit dem das System der Druckerei arbeiten kann.) Die Druckerei fertigt dann *Druckplatten* direkt von der Diskette (Druckplatten sind Bögen aus Metall oder Plastik mit dem Entwurf – sie bringen die Tinte auf das Papier auf, wenn die Druckpresse läuft).

✔ Der traditionelle Weg, eine Anzeige vorzulegen, ist *reproduktionsfähige Kunst* zu erstellen, wie es die Drucker nennen, eine Version der Anzeige, die geeignet ist, vom Drucker mit einer großen Produktionskamera photographiert zu werden, um *Farbschlüssel* (zur Umwandlung von Farben zu speziellen Tinten) und *Filme* zu erstellen – einen Film für jede zu druckende Farbschicht. Der Designer stellt diese reproduktionsfähige Kunst gewöhnlich her, indem er *Klebeumbrüche* macht, in denen der gesetzte Text, das Bildmaterial und alle anderen Elemente der Anzeige mit einer Heißwachsmaschine auf eine Schaumkerntafel geklebt werden.

Eine Heißwachsmaschine heizt Wachs und verteilt ihn auf einer Rolle, so daß der Designer eine dünne Schicht von warmem Wachs auf die Rückseite jedes Elements aufrollen kann. Der Wachs klebt jedes Teil sauber auf die Tafel, erlaubt aber auch, es wieder abzuziehen, wenn eine Umstellung notwendig ist.

Man klebt häufig durchsichtige Acetatbögen oben auf die Klebeumbrüche, jeder mit einer Farbschicht für das Design oder mit Anweisungen für den Drucker darüber, welche Elemente in diese Schicht aufgenommen werden sollen und in welcher Farbe die Schicht erscheint. Einen Klebeumbruch für ein komplexes Design zu erstellen, ist ziemlich viel Arbeit. Darum stürzen sich die Designer, so schnell sie nur können, auf die computerisierten Alternativen!

Wie Sie Ihren Schriftsatz finden

Ein *Schriftsatz* stellt ein besonderes Design und dessen begleitende Attribute für die Buchstaben, Zahlen und Symbole (die *Zeichen*) dar, die für den Druck Ihrer Anzeige benötigt werden. Normale Leute nennen das *Druckschrift*, aber im Marketing müssen Sie es Schriftsatz nennen, oder andere Marketingleute werden denken, Sie wüßten nicht, worüber Sie reden.

 Die *Schriftart* bezieht sich nur auf das kennzeichnende Design der Buchstaben (z.B. Times Roman). Der *Schriftsatz* hingegen bezieht sich auf eine bestimmte Größe und einen bestimmten Stil eines Schriftartdesigns (so wie 10 Punkt, fett, Times Roman).

Der richtige Schriftsatz für jeglichen Anlaß ist der am besten *lesbare* und der am effektivsten mit dem Gesamtdesign *harmonisierende*. Bezogen auf eine Schlagzeile muß der Schriftsatz auch die *Aufmerksamkeit der Leser fesseln*. Der Fließtext braucht nicht gleichermaßen Aufmerksamkeit zu erregen – wenn er es trotzdem tut, geht das meistens zu Lasten der Lesbarkeit. Beispielsweise könnte ein umgekehrter Schriftsatz (weiß auf schwarz) genau das Richtige sein für eine fette Schlagzeile, aber falls Sie diesen umgekehrten Schriftsatz auch im Haupttext einsetzen, wird ihn niemand lesen.

Auswahl einer Schriftart

Welche Schriftart hätten Sie gerne? Ihnen steht eine erstaunliche Anzahl an Wahlmöglichkeiten offen, da Designer Schriftarten entwickeln, seit es Druckpressen gibt.

Ein klares, spärliches Design mit viel weißem Platz auf der Seite und krassen Kontrasten in der Druckvorlage, verdient die klare Linie einer Sans-Serife Schriftart – eine, die ohne dekorative Serifen auskommt, diese kleinen Haken oder Schörkel an den Enden der Hauptlinien in einem Schriftzeichen. Die bekanntesten Haupttext-Schriftsätze *ohne* Serifen sind Helvetica, Univers, Optima und Avant Garde. Abbildung 8.3 zeigt einige Schriftsätze mit und ohne Serifen.

Abbildung 8.3: Schriftsätze mit und ohne Serifen

Aber eine prächtig dekorative, altmodische Art von Werbung verlangt nach einer dekorativen und traditionellen Serife-Schriftart wie Century oder Times Roman. Die bekanntesten Fließtext-Schriftsätze *mit* Serifen sind Garamond, Melior, Century, Times Roman und Caledonia.

Tabelle 8.1 zeigt eine Auswahl an Schriftarten, bei der Sie die klaren Linien von Helvetica, Avant Garde und Optima mit den dekorativeren Designs von Century, Garamond und Times Roman vergleichen können.

Sans Serife	Serife
Helvetica	Century
Univers	Garamond
Optima	Americana
Avant Garde	Times Roman

Tabelle 8.1: Bekannte Schriftsätze für Werbung

In Tests stehen Helvetica und Century im allgemeinen ganz oben auf der Liste der *am besten lesbaren* Schriftarten, daher lautet eine sehr einfache Design-Regel, mit einer dieser beiden für Ihren Fließtext zu beginnen; ändern Sie den Schriftsatz nur, wenn er nicht gut zu funktionieren scheint. Außerdem haben Studien ergeben, daß Leute Kleinbuchstaben ungefähr 13 Prozent schneller lesen können als Großbuchstaben, also vermeiden Sie lange Textpassagen, die komplett in Großbuchstaben gesetzt sind. Wir lesen auch leichter, wenn die Buchstaben dunkel sind und einen starken Kontrast zu ihrem Hintergrund bilden. Daher ist schwarz 14 Punkt Helvetica auf weiß wahrscheinlich die am besten zu lesende Schriftsatzangabe für den Haupttext einer Anzeige, auch wenn die Zusammenstellung einem kultivierten Designer als langweilig erscheint.

Verallgemeinernde Aussagen über die beste Schriftart für Schlagzeilen zu machen, ist keine einfache Aufgabe, weil Designer in höherem Maße mit Schlagzeilen herumspielen als mit Haupttext. Aber wenn Sie eine allgemeine Regel möchten, können Sie ausprobieren, Helvetica für die Schlagzeile einzusetzen, wenn Sie Century für den Text nutzen und umgekehrt. Oder Sie gebrauchen einfach eine fettere, größere Version des Text-Schriftsatzes für die Schlagzeile. Oder Sie können eine größere, fette Version Ihres Textschriftzuges für die Schlagzeile auf einen schwarzen Hintergrund umkehren. Alles, was eine Schlagzeile die Aufmerksamkeit des Lesers fesseln, sie vom Haupttext hervorstechen und schließlich Vision und Neugierde in den Fließtext leiten läßt, ist erlaubt.

Manchmal kombinieren Designer Haupttext in einer dekorativen Schriftart mit Serifen wie Times Roman mit Schlagzeilen in einer Sans-Serife-Schriftart wie Helvetica. Der Kontrast zwischen den klaren Linien der großgedruckten Schlagzeile und den dekorativeren Schriftzeichen des kleineren Haupttextes gefällt dem Auge und neigt dazu, den Leser von der Schlagzeile zum Haupttext zu ziehen. Dieses Buch setzt diese Technik ein. Vergleichen Sie die fetten Schriftzeichen in Sans-Serife der Überschrift dieses Kapitels mit den feineren und dekorativeren Schriftzeichen, in denen der Text gesetzt ist, um ein gutes Beispiel für dieses Designkonzept in Anwendung zu sehen.

Stilauswahl innerhalb der Schriftart

Jede Schriftart gibt dem Nutzer viele Möglichkeiten, daher ist die Auswahl der Schriftart nur der Anfang des Projektes, wenn es um das Gestalten der Schrift in Ihrer Anzeige geht. Wie groß sollen die Schriftzeichen sein? Wollen Sie die Standardversion der Schriftart, eine hellere Version, eine fette (oder dunklere) oder eine kursive Version – eine, die nach rechts *geneigt* ist? Mensch – was für ein Theater!

Der Prozeß ist wirklich einfacher, als er sich anhört. Was Sie tun sollten, ist, sich Beispiele für einige Standardpunktgrößen anzusehen (beispielsweise 12 und 14 Punkt großer Text für den Haupttext und 24, 36 und 48 Punkt für die Schlagzeilen). Viele Designer treffen ihre Wahl nach Augenmaß, indem sie sich nach einer leicht lesbaren Schriftgröße umsehen, die nicht so groß ist, daß sie die Wörter und Sätze in zu viele Bruchstücke über die ganze Seite zerteilt – aber auch nicht zu klein, so daß sie den Leser mit einer einschüchternd großen Anzahl von Wörtern pro Zeile konfrontiert. Lesbarkeit ist das Ziel, das Sie im Hinterkopf behalten sollten.

Abbildung 8.4 zeigt eine Vielzahl an Auswahlmöglichkeiten hinsichtlich Größe und Stil für den Helvetica-Schriftsatz. Wie Sie sehen können, gibt es sogar in diesem populären Schriftsatz eine wunderbare Reihe von Wahlmöglichkeiten.

Helvetica Light 14 Punkt

Helvetica Italic 14 Punkt

Helvetica Bold 14 Punkt

Helvetica Regular 14 Punkt

Helvetica Regular 24 Punkt

Helvetica Regular Condensed 14 Punkt

Helvetica Bold Outline 14 Punkt

Abbildung 8.4: Dies sind einige der vielfältigen Möglichkeiten, die der Helvetica-Schriftsatz Werbe-Designern bietet.

Denken Sie daran, daß Sie so ziemlich jeden Aspekt von Schrift verändern können. Sie können den Abstand zwischen den Zeilen ändern – *Zeilenzwischenraum/Durchschuß* genannt – oder Sie können Schriftzeichen zusammendrücken oder sie auseinanderziehen, damit ein Wort in einen Spalt paßt. Gehen Sie davon aus, daß alles möglich ist. Bitten Sie Ihren Drucker oder Berater nach dem Handbuch Ihrer Desktop-Publishing-Software, um herauszufinden, wie Sie die gewünschten Änderungen durchführen können.

 Jetzt, wo ich gesagt habe, daß alles möglich ist, möchte ich Sie warnen, daß *das Auge ziemlich konservativ ist*, wenn es um das Lesen von Schrift geht. Obwohl die meisten von uns wenig über das Design von Schriftarten wissen, finden wir doch traditionelle Schriftsätze instinktiv ansprechend. Die Abstände zwischen Schriftzeichen und Zeilen, die Ausgewogenheit und der Fluß einzelner Schriftzeichen – all das gefällt dem Auge und macht unser Lesen leicht und angenehm. Während Sie also wissen sollten, daß Sie alles und jedes ändern *können*, sollten Sie auch wissen, daß zu *viele Veränderungen die Lesbarkeit Ihrer Anzeige verringern könnten*. Abbildung 8.5 zeigt dieselbe Anzeige in zwei verschiedenen Layouts – einmal als gefälliger Anblick und einmal auf eine katastrophale Weise.

WENN IHNEN DAS LEBEN SAURES GIBT...
(z.B. Zitronen)

Was sollen Sie tun? Mit ihnen jonglieren? Limonade daraus machen? Einen Marktstand eröffnen? Oder aufgeben und zurück zu Mama gehen?

WER WEIß DAS SCHON? Es ist oft hart, drückende persönliche oder berufliche Probleme in den Griff zu bekommen. Manchmal ist es am schwersten, seine **eigenen** Probleme überhaupt klar zu erkennen. Aber Sie haben Glück, JEN WEIß ES. Jen Frederics hat fünfundzwanzigjährige Erfahrung in der Beratung, einen Abschluß in Sozialarbeit und eine gutgehende Praxis zur Lösung persönlicher Probleme. Rufen Sie sie doch heute noch an und finden Sie heraus, wie Sie Ihre Probleme in Chancen verwandeln können.

Und das nächste Mal, wenn Ihnen das Leben Saures gibt, werden Sie genau wissen, was Sie machen sollen. Einen Termin.

WENN IHNEN DAS LEBEN SAURES GIBT...
(z.B. Zitronen)

Was sollen Sie tun? Mit ihnen jonglieren? Limonade daraus machen? Einen Marktstand eröffnen? Oder aufgeben und zurück zu Mama gehen?

WER WEIß DAS SCHON? Es ist oft hart, drückende persönliche oder berufliche Probleme in den Griff zu bekommen. Manchmal ist es am schwersten, seine eigenen Probleme überhaupt klar zu erkennen. Aber Sie haben Glück, JEN WEIß ES. Jen Frederics hat fünfundzwanzigjährige Erfahrung in der Beratung, einen Abschluß in Sozialarbeit und eine gutgehende Praxis zur Lösung persönlicher Probleme. Rufen Sie sie doch heute noch an und finden Sie heraus, wie Sie Ihre Probleme in Chancen verwandeln können.

Und das nächste Mal, wenn Ihnen das Leben Saures gibt, werden Sie genau wissen, was Sie machen sollen. Einen Termin.

Abbildung 8.5: Welches Exemplar würden Sie eher lesen?

Spielen Sie nicht nur mit der Schrift um des Spielens willen (wie es der Designer in der linken Version der Kleinanzeige in Abbildung 8.5 getan hat). Bleiben Sie bei gängigen Schriften, in gängigen Größen, außer da, wo Sie ein Problem lösen müssen oder etwas Besonderes ausdrücken wollen. Das Aufkommen des Desktop-Publishing hat zu einer schrecklichen Generation von Anzeigen geführt, in denen Dutzende Schriftsätze über die Seite tanzen, fette und kursive Buchstaben gegeneinander um Aufmerksamkeit kämpfen und das Design der Wörter eine Barriere für das Lesen aufbaut, anstatt eine Hilfe zu geben.

Wahl einer Punktgröße

 Wenn sich Designer und Drucker über die Größe des Schriftsatzes unterhalten, dann beziehen sie sich auf ein traditionelles Maß für die Höhe der Buchstaben (basierend auf dem höchsten und niedrigsten Teils des größten Buchstabens). Ein Punkt ist ungefähr 1/72 eines Inch (1cm = 0,3937 Inch), daher ist eine 10-Punkt-Schrift maximal ungefähr 10/72 eines Inch hoch.

Ich persönlich kümmere mich nicht um so etwas – ich habe bisher noch nie ein Schriftzeichen mit einem Lineal gemessen. Ich weiß nur, daß ich, wenn die Buchstaben mir zu klein erscheinen, um gut gelesen werden zu können, mit der Schriftart um ein paar Punkte raufgehen muß. Eine 10-Punkt Schrift ist eigentlich zu klein für die meisten Haupttexte, aber sie kann sich als die beste erweisen, falls Sie mehrere Worte auf kleinem Raum unterbringen müssen. (Aber warum sollten Sie das tun? Sie sind gewöhnlich besser damit bedient, Ihren

Haupttext kürzer zu halten und dann mit der Größe des Schriftsatzes hochzugehen, um den Text besser lesbar zu machen!) Ich habe auch festgestellt, daß meine Augen nicht zwischen Schriftsätzen unterscheiden können, die nur ein oder zwei Punktgrößen auseinander liegen. Ich gebe also generell einen größeren Sprung als diesen an, um zwischen Haupttext und Untertitel sowie zwischen Untertitel und Schlagzeile zu unterscheiden

Wie Sie Ihre Printwerbung plazieren

Angenommen, Sie möchten für die Produktlinie eines Versandhauses für Lebensmittel werben. Der Markenname soll *Gesunde Festtage* lauten. Das Unternehmen verkauft eine gesundheitsorientierte Linie von Festtagskuchen und -plätzchen, für die Sie bei gesundheitsbewußten, weiblichen Babyboomern in den Monaten November und Dezember werben wollen. Sie erwarten, daß diese Frauen das Gebäck bei Ihren Festtagsfeierlichkeiten anbieten und auch als Geschenke an Freunde und Verwandte verschicken werden.

Sie beschließen, in der hier fiktiven Zeitschrift *Gesundheit* zu inserieren, die sich auf Ihren Zielmarkt spezialisiert hat und sich gerade einer wachsenden Leserschaft erfreut. Sie rufen die Zeitschrift an, fragen nach der für Werbeanzeigen verantwortlichen Mitarbeiterin in Ihrem Gebiet und erklären, was Sie möchten. Sie bietet an, Ihnen Informationen zuzuschicken, und einige Tage später kommt ein Paket mit der Post. Das Paket enthält alle Standardinformationen, die Zeitschriften und Zeitungen Ihren zukünftigen Inserenten zur Verfügung stellen:

✔ **Auflagen- und Eigentumsmeldung:** Diese Erklärung enthält Informationen über die Auflage oder die Leserschaft der Veröffentlichung. Die durchschnittliche Verkaufsauflage von *Gesundheit* (der Durchschnitt aller geprüften Ausgaben) soll 947.682 betragen – eine Ziffer, die hoch genug ist, alle von Ihnen zu bewältigenden Aufträge an Land zu ziehen, falls die Anzeige ihre volle Wirkung entfaltet. Außerdem bemerken Sie, als Sie die Einzelheiten dieser Erklärung lesen, daß die meisten Abonnements über einen Zeitraum von vollen zwölf Monaten laufen und daß sie ohne Prämien bestellt werden. Diese zwei Statistiken deuten darauf hin, daß Leser *Gesundheit* zum regulären Abonnementpreis beziehen und ihre Abonnements weiterlaufen lassen – das sind gute Hinweise darauf, daß die Zeitschrift einen starken Appeal auf Ihren Zielmarkt ausübt und daß sie tatsächlich von den Abonnenten gelesen wird!

✔ **Überprüfte Daten in der Auflagen- und Eigentumsmeldung:** Die Kontrollbehörde, die Daten über die Auflage sammelt, sollte auf der ersten Seite der Auflagen- und Eigentumsmeldung genannt werden. Einige kleinere Veröffentlichungen werden wahrscheinlich keinen Auflagenüberprüfer einschalten; in diesem Fall sollten Sie deren Daten in Frage stellen. Die Daten für *Gesundheit* stammen von einem großen Anbieter von Dienstleistungen in der Auflagenkontrolle, dem Audit Bureau of Circulations in Schaumberg, Illinois, einer unabhängigen Organisation von Werbungtreibenden, Werbeagenturen und Verlagen, zur objektiven Kontrolle der Auflagenziffern von Zeitungen und Zeitschriften (entspricht der deutschen Informationsgemeinschaft zu Feststellung der Verbreitung von Werbeträgern e.V. (IVW), Bonn, Telefon: 02 28/8 20 92-50, Fax: 02 28/36 51 41).

✔ **Daten über Ihren Zielmarkt als Prozentsatz der Leserschaft:** Die Auflagenkontrolle unterteilt die Leserschaft häufig in grundlegende demographische Kategorien (Geschlecht, Alter, Bildungsstand, Einkommen und so weiter). Beispielsweise könnten 70 Prozent der *Gesundheit*-Leser Frauen im Alter von 35 Jahren und älter sein– was sie in den Zielmarkt für *Gesunde Festtage* rückt.

 Sie können dieses Datenmaterial ergänzen, indem Sie etwas über das Verhalten der Leser beim Kauf von Verbrauchsprodukten in Erfahrung bringen. Schlagen Sie *Gesundheit* in der jährlich erscheinenden Verbrauchs- und Media-Analyse (VuMA) des AG.MA nach. Das ist eine Markt-Media-Analyse zu Lebens- und Konsumgewohnheiten, Informations- und Mediennutzungsverhalten der bundesdeutschen Bevölkerung. Die VuMA wird Ihnen eröffnen, ob *Gesundheit*-Leser mehr oder weniger Plätzchen für ihren Haushalt kaufen als der durchschnittliche deutsche Haushalt – die Antwort lautet, daß sie eifrige Konsumenten von Plätzchen *sind* und daher ein reifer Markt für *Gesunde Festtage*!

✔ **Angaben zu den Ausgaben und dem Redaktionsschluß:** Jede Veröffentlichung hat einen Zeitplan für ihre Inserenten und Sie halten sich besser an diese Termine, wenn Sie Ihre Anzeige gedruckt sehen wollen! Sagen wir, Sie wählen die folgenden zwei Ausgaben aus dem Zeitplan von *Gesundheit* aus:

Ausgabe	1998 Redaktionsschluß, nationale Werbung	Verkaufsdatum
Oktober	01.08.1998	24.09.1998
November/Dezember	30.08.1998	05.11.1998

✔ **Preise:** Was ist das Entscheidende? Die Kosten für die Schaltung Ihrer Anzeige hängen von der gewählten Größe ab und davon, ob Sie die Anzeige in Schwarzweiß (am billigsten), zweifarbig (auch ziemlich günstig) oder vierfarbig (teurer, aber wahrscheinlich notwendig, um ein Nahrungsprodukt ins richtige Bild zu setzen) gedruckt haben wollen.

Preise schwanken auch mit der Auflage. Die Behörde zur Auflagenkontrolle liefert die sogenannte *garantierte Mindestauflage*, eine runde Zahl, die den Auflagenumfang repräsentiert, von dem sie sicher sind, daß ihn jede Ausgabe erreichen wird.

Schließlich variiert der Preis auch noch in Abhängigkeit von der Anzahl an Ausgaben, in denen Sie Werberaum kaufen. Veröffentlichungen belohnen im allgemeinen Inserenten dafür, daß sie mehrfach Anzeigenraum kaufen. *Gesundheit* bietet einen fünfprozentigen Rabatt für drei und mehr Schaltungen, acht Prozent für sechs und mehr und zwölf Prozent für zwölf und mehr.

Als Vermarkter für *Gesunde Festtage* werden Sie von dem Rabatt für dreifache Schaltung verleitet, ändern Ihren Plan und entscheiden sich für drei Inserate Ihrer Anzeige – jeweils in der Ausgabe vom September, Oktober und November/Dezember. Das bedeutet, Sie können fünf Prozent von dem Preis für einmalige Schaltung einer Vierfarbanzeige abziehen:

Größe	1x Preis/DM	3x Preis (5 Prozent Rabatt)/DM
1 Seite	58.064	55.160
2/3 Seite	44.128	41.920
1/2 Seite	36.576	34.744
1/3 Seite	26.128	24.824

Wahl der Anzeigengröße

Welche Anzeigengröße sollen Sie kaufen? Die Antwort hängt teilweise vom Design Ihrer Anzeige ab. Verfügt die Anzeige über aussagekräftiges, schlichtes Bildmaterial oder eine so geartete Schlagzeile, die Aufmerksamkeit erregt, sogar, wenn die Anzeige nur ein Drittel einer Seite einnimmt? Oder muß die Anzeige in einem größeren Format ausgestellt werden, um richtig zu wirken?

Zusätzlich zu Ihrem Urteil (oder dem Ihres Designers) über die genaueren Einzelheiten Ihrer Werbung können Sie auch noch einige allgemeine Statistiken darüber zu Rate zu ziehen, wieviel Prozent der Leser eine Werbung in dieser Größe *zur Kenntnis nehmen*. Wie Sie vielleicht erwarten, steigt die Rate – größere Anzeigen erhalten bei sonst gleicher Ausführung mehr Beachtung, wie eine Studie von Cahners Publishing Co. zeigt (siehe Tabelle 8.2):

Anzeigengröße	Prozent der Leser, die Anzeigen beachten (Median)
Seitenteilige Anzeigen	24 %
Einseitige Anzeigen	40 %
Doppelseitige Anzeigen	55 %

Tabelle 8.2: Auswahl der richtigen Größe

Also, je größer die Anzeige desto größer der Einfluß: Aber übersehen Sie nicht, daß der Prozentsatz der Leser, die Ihre Anzeige beachten, *nicht proportional zur Größe der Anzeige* steigt. Eine doppelt so große Anzeige wird Ihnen ungefähr ein Viertel mehr Betrachter einbringen, aber nicht zweimal so viele. Daran liegt es teilweise, daß der Preis für eine ganzseitige Anzeige nicht doppelt so hoch ist wie der für eine halbseitige. Aber der Unterschied wird sich wahrscheinlich nicht völlig in den Preisen widerspiegeln.

Ein Beispiel: Eine ganzseitige vierfarbige Anzeige in *Gesundheit* kostet 59 Prozent mehr als eine halbseitige Vierfarbanzeige. Aber meine beste Schätzung ist die, daß dieselbe Anzeige, wenn als ganzseitige statt als halbseitige Anzeige geschaltet, höchstens ein Drittel mehr Beachtungen durch Leser erlangen würde, d.h., daß Ihre Kosten pro Leser, der mit der Anzeige in Kontakt kommt, für die ganzseitige höher sind als für eine halbseitige Anzeige.

Vielen Werbungtreibenden würde es nichts ausmachen, daß eine größere Anzeige mehr pro Werbemittelkontakt kostet, weil sie andere Ziele im Auge haben. Ein großer nationaler Werbungtreibender könnte eine seitenteilige Anzeige als nicht übereinstimmend mit dem

Image eines Großunternehmens ansehen, das sie vermitteln soll, oder als zu klein für ihren Text. Vielleicht hat die Anzeige auch ein *Reichweiten-Ziel* – mit anderen Worten, sie müßte mehr Leser von *Gesundheit* erreichen, als es eine seitenteilige Anzeige würde.

Aber ein unternehmerischer Werbungtreibender wie unser hypothetisches *Gesunde Festtage*-Unternehmen möchte den besten Kauf tätigen, gemessen im *Tausenderkontaktpreis bezogen auf den Zielmarkt*. (Werbungtreibende stellen Ihre Kostendaten im allgemeinen auf eine Tausenderpreis-Basis um, damit sie mit zweckmäßigen Zahlen arbeiten können.)

Vergleich von Tausenderkontaktpreisen

In diesem Fall (und die Logik gilt für jeglichen Fall) wird der Tausenderpreis wie folgt geschätzt:

1. **Stellen Sie die Kosten von der Basis der garantierten Mindestauflage auf die Basis des Zielmarktes um.**

   Weil 70 Prozent der *Gesundheit*-Leser zum Zielmarkt von *Gesunde Festtage* gehören (Frauen ab 35), können Sie ausrechnen, daß von den 900.000 garantierten Lesern dieser Zeitschrift 0,7 x 900.000 oder 630.000 Frauen über 35 eine Ausgabe lesen werden, in der Sie Ihre Anzeige geschaltet haben.

2. **Reduzieren Sie die Zielmarkt-Auflagenhöhe basierend auf zu erwartender Beachtung.**

   Sie wissen, daß viele dieser *Gesundheit* lesenden Frauen ab 35 Ihre Anzeige übersehen werden. Daher beziehen Sie sie nicht in Ihre Schätzung des Tausenderpreises ein. Ich nehme Cahners Daten zum Maßstab und schätze, daß *Gesunde Festtage* erwartungsgemäß mit einer gut gestalteten halbseitigen Anzeige eine 30prozentige Beachtung durch *Gesundheit*-Leserinnen erreichen kann. Für eine ganzseitige Anzeige schließe ich mich Cahners 40 Prozent an. Wenn ich mir diese Prozentsätze der Zielmarkt-Leserschaft ansehe, komme ich zu Schätzungen darüber, wieviele Frauen ab 35 meine halb- oder ganzseitige Anzeige zur Kenntnis nehmen werden. Bei einer ganzseitigen Anzeige werden ungefähr 252.000 Frauen in meinem Zielmarkt die Anzeige beachten; bei einer halben Seite werden annähernd 189.000 Leserinnen meines Zielmarktes die Anzeige wahrnehmen.

    Was passierte mit dieser Auflagenhöhe von 900.000! Einige gehören nicht zum Zielmarkt, und einige werden die Anzeige überhaupt nicht beachten, daher können Sie diese nicht als brauchbare Kontakte zählen. In der Mediastreuplanung müssen Sie zwischen den Zeilen lesen.

3. **Schließlich rechnen Sie aus, was es pro tausend Kontakte kosten wird, diese Frauen um die 35 mit einer Anzeige in *Gesundheit* zu erreichen.**

   Die Kosten der ganzseitigen Anzeige liegen bei DM 58.064. Teilen Sie diese Kosten durch die Schätzung für die Anzahl der Leser in Ihrem Zielmarkt, die die Anzeige beachten werden, und es ergeben sich Kontaktkosten pro Person von ungefähr 23 Pfennig. Multiplizieren Sie diese Zahl mit tausend, und Sie erhalten Kosten in Höhe von DM 230,41 *pro tausend Leserkontakten* für die ganzseitige Anzeige.

Wenn Sie die gleiche Rechnung für die halbseitige Anzeige anstellen, ergeben sich Kosten von DM 193,52 *pro tausend*.

 ## Wird sich Ihre Anzeige auszahlen?

Ich möchte Ihnen zeigen, wie die Marketingleute von *Gesunde Festtage* die Erträge aus ihrer Werbung errechnen können. Marketingleute müssen immer auch über Erträge nachdenken, nicht nur über Ausgaben.

Um den Ertrag dieser Direct-Response-Werbung in der Zeitschrift *Gesundheit* zu berechnen, muß ich die *Response-Rate* einschätzen, also den Prozentsatz von Betrachtern, die der Aufforderung, auf die Anzeige zu reagieren, folgen werden. In diesem Fall besteht die vorherzusagende Antwort darin, *Gesunde Festtage* unter ihrer gebührenfreien Nummer 0130 Nummer anzurufen und eine Frage zu stellen oder eine Bestellung zu plazieren. Weil *Gesunde Festtage* ein junges Unternehmen ist, kann ich auf keine historischen Daten zurückgreifen, daher wähle ich eine vorsichtige Response-Rate von 1,5 Prozent für meine Vorhersage. Außerdem werde ich annehmen, daß die Response-Rate nur für die Leser der Zielgruppe gilt – diesen Frauen ab 35-, weil sie diejenigen sind, an die sich meine Anzeige richten soll.

Ich weiß, daß eine einzelne halbseitige Anzeige von ungefähr 189.000 *Gesundheit*-Leserinnen um die 35 gesehen werden soll. Ich werde diese Zahl einfach auf 300.000 für die geplante Dreifachschaltung hochsetzen, weil ich weiß, daß jedes Mal die gleichen 30 Prozent der Leserinnen meiner Anzeige keine Beachtung schenken werden. (Ich bin mir nicht ganz sicher, wie viel Überlappungen auftreten werden, aber meine Annahme ist vernünftig.)

Falls 1,5 Prozent dieser Frauen antworten, bedeutet das, daß ich 4.500 Anrufe als Ergebnis dieser Anzeigen verzeichnen können werde. Wieviel werde ich zahlen, um diese Anrufe zu generieren? Der Preis der Werbekampagne setzt sich zusammen aus drei halbseitigen Anzeigen für eine Gesamtsumme von DM 104.232 plus den Produktionskosten zur Erstellung der Anzeige (ich nehme DM 16.000 an). Das beläuft sich auf Gesamtkosten von DM 120.000 oder DM 26,67 für jeden angeregten Telefonanruf.

Ist das ein rentabler Vorschlag? Die Antwort hängt davon ab, wieviel Gewinn ich im Durchschnitt durch jede Anruferin erwirtschafte. Falls 80 Prozent der Anruferinnen eine Bestellung für diese Festtagssaison abgeben, die durchschnittliche Bestellung DM 112 wert ist und meine Gewinnmarge bei 30 Prozent liegt, dann erwirtschafte ich 0,8 (0,3 x DM 112) oder DM 26,88 pro Anruf in Anlehnung an diese Vorausplanung. Mit anderen Worten, ich liege gerade über dem Break-Even-Point, der Gewinnschwelle. Ich bekomme ungefähr DM 0,21 pro Anruf heraus, wenn sich die Wogen geglättet haben, ohne meine Betriebskosten für die Beantwortung dieser Anrufe zu berücksichtigen (ich hoffe, das ist in der Sparte »Versand und Bearbeitung« eingeplant!). Multiplizieren Sie diese Zahl mit der erwarteten Zahl der Bestellungen (80 Prozent von 4.500 Anruferinnen), und ich nehme netto umwerfende DM 756 durch diese Anzeige ein. Riesig!

Als Unternehmer würde ich zugreifen, weil ich erwarten würde, langfristige Kunden-beziehungen mit vielen dieser Anruferinnen aufbauen zu können und daher in zukünftigen Festtagssaisons in beträchlicherem Maß von ihnen zu profitieren. Eine Printanzeige ent-wickelt zu haben, die sich selber trägt, und einen Kundenstamm für zukünftige Geschäfte aufgebaut zu haben, ist gar nicht mal so schlecht. Aber falls ich dieses Jahr einen schnellen Riesengewinn machen wollte, denke ich nicht, daß ich mich damit abgeben würde. Es ist so viel leichter, mein Geld für ein paar Lotterielose aus dem Fenster zu werfen – was eben zeigt, daß es ziemlich hart ist, im Geschäftsleben leichtes Geld zu machen!

Für die knauserigen Unternehmer bei *Gesunde Festtage* ist die halbseitige Anzeige die beste Wahl. Drei Schaltungen einer vierfarbigen, halbseitigen Anzeige in der September-, Oktober- und November/Dezember-Ausgabe sollten ihnen zu ungefähr 3 x 189.000 oder 567.000 Kon-takten mit ihrem Zielmarkt verhelfen. (Die Kosten pro Kontakt sind sogar niedriger als in den vorangegangenen Schritten berechnet, weil der Marketingmensch bei *drei* Schaltungen einen fünfprozentigen Rabatt erhält, was die Kosten runterschraubt auf DM 183,84 pro Tausend oder rund 18 Pfennig pro Kontakt – ein hervorragender Preis!)

Viele dieser Kontakte werden Wiederholungen sein, weil die Auflagendaten ausweisen, daß *Gesundheit* regelmäßige Abonnenten und Leser hat. Obwohl es schwierig ist, *genau* einzuschät-zen, was passieren wird, können Sie doch annehmen, daß die dreifache Anzeigenschaltung die Aufmerksamkeit von mindestens der Hälfte der *Gesundheit*-Leser erregen wird und Sie es auch schaffen werden, die meisten Leser mehr als einmal zu erreichen – eine gute Strategie, wenn Sie versuchen, sie dazu zu motivieren, Ihre Nummer 0130 zu wählen und eine Feiertagsbestellung abzugeben. Einige Leser brauchen einen »Erinnerungs«- Kontakt, bevor sie irgendwie in Aktion treten, weil Leute generell zögern, wenn es um Feiertagseinkäufe geht!

Wie Sie Ihre Printwerbung testen und verbessern

Liest eigentlich irgendwer Ihre Anzeige? Eine *Direct-Response*-Werbung, eine, die Leser bit-tet, eine klare, meßbare Handlung zu begehen, liefert Ihnen innerhalb weniger Tage nach ihrem ersten Erscheinen deutliche Anzeichen für ihre Effektivität.

Zurück zur fiktiven Gesunde-Festtage-Werbekampagne in der Zeitschrift *Gesundheit:* in der Woche, in der die Ausgabe mit meiner Anzeige in den Verkauf geht, erwarte ich viele Anfragen und Bestellungen per Telefon. Wenn nicht, weiß ich, daß ich ein Problem habe. Was tun?

Ich müßte meine Werbekampagne vielleicht mit einigen *Mediakäufen* in letzter Minute er-gänzen – Kauf von zusätzlichem Werberaum oder zusätzlicher Werbezeit. Vielleicht sollte ich beispielsweise lokale Radiostationen in regionalen Schlüsselmärkten anrufen und Programm-Sponsorships für *Gesunde Festtage* kaufen mit gleichzeitiger Nennung seiner Nummer 0130. Während eindeutig außer Frage steht, die Anzeige in *Gesundheit* zu überarbeiten (da der Redaktionsschluß für die beiden nächsten Ausgaben schon im August lag), könnte ich es viel-leicht schaffen, in letzter Minute eine Direktversandaktion an eine ausgewählte Gruppe aus den Abonnentenlisten von *Gesundheit* zu starten, um der Anzeigenbotschaft zusätzlich Kraft zu verleihen. Was auch immer ich in der Marketingarena zu tun gedenke, um die fehlenden Reaktionen auf meine Anzeige zu überwinden, ich sollte auch in Betracht ziehen, meine Verkaufsplanung zurückzuschrauben, um zu vermeiden, daß ich auf einer Menge verderblichem Bestand sitzen bleibe!

Was ist, wenn Sie mehr darüber wissen wollen, warum die Direct-Response-Werbung nicht das erwünschte Maß an Antworten erreicht hat? Oder was, wenn Sie eine *Indirect-Response- oder Goodwill-Werbung* untersuchen wollen – eine, die ein Image oder eine Position schafft oder festigt, um dadurch den Verkauf anzuregen? Ein Großteil der Markenwerbung ist indirekt und überläßt es damit den Einzelhändlern oder Geschäftsstellen vor Ort, Verkäufe abzuschließen. Keine klingelnden Telefone, die Ihnen anzeigen könnten, ob die Anzeige gut oder schlecht ist, also, woher wissen Sie dann, ob die Anzeige Wirkung zeigt?

Um diese Art von Information zu erhalten, müssen Sie zu einem Marktforschungsunternehmen gehen und dort Ihre Anzeige auf Effektivität testen lassen. Falls Sie planen, sagen wir, mehr als DM 300.000 für Printwerbung auszugeben, dann sind die DM 30.000, die Sie brauchen, um eine Marktforschungsfirma mit dem Pretest Ihrer Anzeige zu beauftragen, gut angelegtes Geld. Bei einem *Pretest* bringt man Probanden in einem kontrollierten Umfeld mit der Anzeige in Kontakt und mißt deren Reaktionen auf die Werbung. (Natürlich, wenn Sie eine große Werbeagentur beauftragen, werden sie Ihnen Forschungsservice zusammen mit Design und Mediastreuplanung anbieten – aber Sie sollten immer noch genügend darüber wissen, um sie zu überwachen und deren Entscheidungen in die richtige Richtung zu lenken!)

Sie sollten auch wissen, daß Sie die großangelegten Studien über Anzeigenleserschaft anzapfen können, die von einigen Forschungsfirmen routinemäßig durchgeführt werden. Alles, was Sie dazu tun müssen, ist, die Studie zu abonnieren, und die Firma wird Sie mit detailliertem Datenmaterial darüber füttern, wie gut jede Anzeige wirkt, die Sie veröffentlichen (siehe Kapitel 6 und den nächsten Abschnitt für Namen von Forschungsfirmen).

 Eine ganze Reihe von kommerziellen Forschungsfirmen können Ihnen zusätzliche Informationen darüber liefern, wie und in welchem Ausmaß ihre Anzeigen gelesen werden. Roper Starch Worldwide (001/212-599-0700) ist vielleicht der bekannteste dieser Servicenabieter. Wenn Sie deren Starch Readership Service beziehen, wird der Service Konsumenten befragen, ob sie Ihre Anzeigen wahrgenommen haben. Starch untersucht jedes Jahr 75.000 Konsumenten und fragt sie nach speziellen Anzeigen, um herauszufinden, in welchem Ausmaß eine Anzeige beachtet und gelesen wird, und um den Grad des Interesses zu messen, das die Anzeige geweckt hat.

Im besonderen kennzeichnet Starch drei Kategorien von Lesern Ihrer Anzeige. Die Kategorien sind folgende:

✔ **Lesen das meiste:** Bezieht sich auf Leute, die die Hälfte oder mehr des Textes Ihrer Anzeige lesen.

✔ **Assoziierte Leser:** Hier handelt es sich um diejenigen, die die Anzeige zur Kenntnis genommen und auch genug davon gelesen haben, um den Markennamen wahrzunehmen.

✔ **Beachtende Leser:** Das sind Leute, die die Anzeige wahrgenommen, sie aber nicht unbedingt gelesen haben.

Was Sie wollen, sind Leute, die »das meiste« Ihrer Anzeige »lesen«, und was Sie nicht wollen, sind Leute, die Ihre Anzeige »beachten«, aber nicht dazu übergegangen sind, irgendwelche brauchbaren Informationen daraus zu gewinnen – oder noch schlimmer, viele Leser, die das verflixte Ding überhaupt nicht wahrgenommen haben.

Sie erhalten von Starch auch Daten, die die Leserschaft Ihrer Anzeige mit der von Anzeigen ähnlicher Größe in derselben Veröffentlichung vergleichen. So können Sie herausfinden, ob die Leserschaft Ihrer Anzeige niedriger oder höher ist als die der durchschnittlichen vergleichbaren Anzeige. Falls sie höher liegt, dann ist Ihr Tausenderpreis niedriger als der Durchschnitt, und Ihr Ertrag aus dieser Werbeinvestition ist hoch!

Nehmen wir mal an, daß Starch Daten ergeben, daß die Leserschaft Ihrer Anzeige etwas kleiner als der Durchschnitt ist, und daß, während zwar viele Leute die Anzeige wahrnehmen, nur wenige genug lesen, um zu verstehen, worum es geht, oder um auf den Markennamen zu stoßen. Sollten Sie diese Anzeige abschießen und noch mal von vorne anfangen?

Die Antwort hängt davon ab, was an der Anzeige nicht in Ordnung ist. Wieder kann Ihnen Datenmaterial von Starch (oder das eines ähnlichen Services) dabei helfen, es herauszufinden, da sich die Starch-Untersuchung sowohl einzelne Elemente der Anzeige als auch die Gesamtanzeige ansieht. Sie können erfahren, wieviele Leute die Schlagzeile lesen (oder sogar, wer die erste und/oder zweite Zeile einer zweizeiligen Schlagzeile liest). Dann können Sie sehen, wie viele im ersten Absatz des Haupttextes weiterlasen oder zum Photo, Logo oder Firmenzeichen übergehen.

Manchmal stoßen Sie auf ein Problem, das Sie lösen können, ohne ganz von vorne anzufangen. Angenommen, Ihre Schlagzeile und Ihr Photo schneiden bei der Bewertung durch Starch sehr gut ab, aber der Haupttext fällt durch. In diesem Fall können Sie versuchen, den Text neuzuschreiben und zu kürzen, und könnten ebenfalls probieren, das Layout oder die Wahl ihres Schriftsatzes zu verändern. Vielleicht ist der Haupttext ja umgekehrt gesetzt (helle Buchstaben auf dunklem Hintergrund), was schwer zu lesen ist. Oft reicht es schon aus, den Text in schwarze Buchstaben auf weißem Grund umzuwandeln, um höhere Starch-Punkte zu erzielen, ohne irgendwelche anderen Veränderungen!

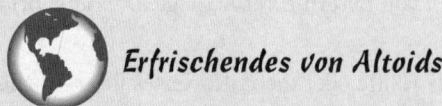 **Erfrischendes von Altoids**

Marketingleute nehmen im allgemeinen an, daß sie in vier Farben arbeiten müssen, damit die Anzeigen höchst wahrnehmbar sind. Statistisch gesehen haben sie recht. Aber werten Sie die Kraft eines phantasievollen Designs nicht ab. Manchmal ist eine zweifarbige Anzeige einer vierfarbigen hoch überlegen. Nehmen Sie beispielsweise eine halbseitige Anzeige für Altoids, »die merkwürdig frischen Minzbonbons«, die in einer unverwechselbaren weißen Metalldose mit roten Verzierungen an den Ecken angeboten werden. In einigen wöchentlichen Nachrichtenzeitschriften erscheint eine vertikale halbseitige Anzeige, die nur in schwarz und rot gedruckt ist. Trotzdem wette ich, daß die Anzeige von mehr als 90 Prozent der Leser beachtet wird.

Ihre volle Höhe von 30,48 cm wird von der Gestalt einer Person ausgefüllt, die in einen glänzenden silbernen Anzug und Helm gekleidet ist, wie er vielleicht von einem Astronauten oder einem Schweißer getragen wird, der den Sicherheitsbehälter in einem Atomkraftwerk repariert. Das Gesicht und der Kopf sind völlig hinter einem dunkel getönten Glasvisier und einem Rundumhelm verborgen. In der in einem schweren Handschuh steckenden Hand liegt ... eine Dose mit Altoids, die die Hand gerade öffnet, so als ob sie hineingreifen und sich ein Minzbonbon in den Mund stecken würde (fragen Sie mich nicht, wie).

Der Text ist auffallend einfach. Über dem unteren Teil erscheint in leuchtend roten, großen, umrißhaften 3-D-Großbuchstaben der Name des Produktes. Darunter steht nur der Slogan des Warenzeichens (in weiß, schwarz umrandet): »Die merkwürdig starken Minzbonbons«. Das ist der ganze Text abgesehen von einer Internetadresse (http://www.word.com/altoids, für den Fall, daß Sie nachsehen wollen, was die mit Lesern machen, die auf diese Anzeige reagieren). Zwei Farben. Fünf Wörter. Ein Typ in einem seltsamen Anzug. Diese einfache, nicht teure Anzeige ist höchst wirksam beim Aufbau von Markenbekanntheit und der Schaffung einer schrulligen Persönlichkeit für die Marke. Großartige Printwerbung muß nicht teuer sein, sie muß nur *clever* sein.

Oder vielleicht müssen Sie auch von einer Schwarzweiß- oder zweifarbigen Veranschaulichung auf eine vierfarbige umsteigen. Das kostet sicherlich mehr, aber falls die Starch-Punktbewertung weit genug ansteigt, könnte daraus eine Anzeige hervorgehen, die trotz ihres höheren Preises einen besseren Gewinn abwirft. Cahners Publishing berichtet ebenfalls aus seinen Untersuchungen, daß schwarzweiße und zweifarbige Anzeigen die Aufmerksamkeit von einem Drittel der Leser anziehen, während vierfarbige Anzeigen fast die Hälfte der Leser auf sich aufmerksam machen – um genau zu sein 46 Prozent. Also verhält es sich wie mit der Größe, mehr bringt mehr, wenn es um Farben geht. Trotzdem sollten Sie die Zahlen überprüfen, um zu sehen, wie die zusätzlichen Kosten und Leser Ihren Tausenderpreis beeinflussen werden. Wie bei allen Entscheidungen in der Printwerbung sollten Sie auch hier in der Lage sein, die Wahlmöglichkeiten auf vernünftige Schätzungen der Kosten und Gewinne zu reduzieren und dann die vielversprechendste Möglichkeit auszuwählen.

Radio- und Fernsehwerbung

In diesem Kapitel

▶ Wie Sie über Mediaselektionsentscheidungen nachdenken

▶ Wie Sie Fernsehwerbespots gestalten

▶ Wie Sie die emotionale Kraft des Fernsehens ausnutzen

▶ Wie Sie Fernsehwerbezeit kaufen

▶ Wie Sie Radiospots gestalten

▶ Wie Sie Radiomanuskripte schreiben, die Aufmerksamkeit erregen und die Zuhörer fesseln

Erstens ... ein Wort zur Mediaselektion

»Geh' mit den Hühnern ins Bett, steh' mit den Hühnern auf, arbeite wie wild und hab' gute Werbung drauf.« Das ist das persönliche Motto von Gertrude Boyle, der quirligen Vorsitzenden von Columbia Sportswear. Gute Idee, aber wie? Wenn Sie nur klar sagen würde, ob man in Zeitschriften, Zeitungen, im Fernsehen, Radio oder in einem anderen Medium werben soll.

Die meisten Kampagnen legen den Schwerpunkt auf ein Medium. Aber welches? Nun, ich bin hier, um Ihnen zu sagen, daß das beste Medium das ist, ... das wirkt! Manchmal können Sie Ihre Botschaft wirksamer oder preisgünstiger im Radio oder durch Außenwerbung vermitteln als in Printmedien. Manchmal sind die Bewegung und der Realismus des Fernsehens genau das, was Sie benötigen, um den größten Eindruck zu machen. Daher müssen Sie bereit sein, jedes Medium zu meistern, nach dem Ihr Programm verlangt. (Sie finden eine offiziellere Sammlung von auf Ihrem Marketing-Programm basierenden Mediaselektionskriterien in Kapitel 19.)

Obwohl die meisten Unternehmen und Programme sich auf ein einziges Medium als ihr primäres konzentrieren, gibt es auch Ausnahmen zu dieser Ausrichtungsregel. Manchmal macht es mehr Sinn, Ihre Werbung (mehr oder weniger) gleichmäßig auf mehrere Medien zu verteilen. Ich empfehle Ihnen, öfter mal eine Herangehensweise über mehrere Kanäle auszuprobieren.

Grundsätzlich sollten Sie immer dann mehrere Medien benutzen, wenn es wichtig ist, die *Zahl und Vielfalt der Kontakte zu maximieren*. Wenn Sie dem Ziel mit Ihrer Botschaft einen Schlag auf den Kopf versetzen wollen, dann könnte ein mehrkanaliger »*Bäng!*«-Ansatz genau Ihr Ding sein.

Dieser Ansatz verleiht Ihnen mehr Einflußmöglichkeiten und bringt Ihre Botschaft in verschiedenen Variationen, um nicht das Interesse der Zielgruppe zu verlieren. Vielleicht könnten Sie Ihre Werbekampagne mit Printwerbung anführen, aber eine starke Radiokampagne pulsierend einfließen lassen – und dann die ganze Sache mit einer breitangelegten Außen-werbung verstärken, um sicherzustellen, daß jedem der Markenname und die Positionierung Ihres Produktes geläufig sind.

 Was halten Sie zusätzlich von einer aktiven Web-Site und einem Call-Center, um Ihre Eins-zu-eins-Wechselwirkungen mit bestehenden und potentiellen Kunden zu erhöhen? Programme wie dieses haben große Auswirkungen und können meh-rere Marketingziele erfüllen. Aber Sie müssen vielseitig werden, – fähig in mehre-ren Medien gute Leistungen zu erbringen.

Radio, Fernsehen, Plakate, Reklametafeln, Busse, U-Bahn-Schilder, T-Shirts, Fahnen, Kalen-der, sogar Bootssegel werden benutzt, um Marketingbotschaften zu vermitteln. Als ich in San Francisco lebte, fiel mir oft ein großes Segelboot in der Bay auf, auf dessen Segeln der Marken-name »Esprit« prangte. Ich weiß, daß mittlerweile kleine Reklametafeln entlang der Sessellifte in vielen Skigebieten aufgestellt werden. (Würden Sie darauf für Après-Ski-Getränke werben, oder wäre Werbung für eine Krankenversicherung realistischer?) Der Punkt ist der, daß sich Ihnen viele, ständig zunehmende Möglichkeiten bieten, und Ihre Kreativität Sie zu Medien führt, die frischer und weniger überladen sind als die traditionellen. *Alles* ist möglich, wenn Sie nur einen Weg finden, das Medium für Ihre Zwecke funktionsfähig zu machen.

Ich erörtere in Kapitel 8 den Einsatz von Printmedien; dieses Kapitel konzentriert sich auf TV und Radio. Print, TV und Radio sind die Medien, die mit dem Großteil an Werbeausgaben bedacht werden. Selbst wenn Ihr Unternehmen mit dem Strom schwimmt und Print, TV oder Radio zum primären Medium auserwählt, müssen Sie immer noch in Betracht ziehen, Ihre Werbung mit Versandaktionen oder elektronischen Kommunikationsmaßnahmen, Telemar-keting, Einkaufsstättenwerbung und anderen Möglichkeiten zu unterstützen.

Die meisten der vielen Media-Alternativen sind wirklich nur Variationen der Printwerbung. Ein Außenplakat oder -schild, ein Spruchband, eine Tasse mit Seidensiebdruck oder ein T-Shirt als Geschenk: Sie alle nutzen die Elemente guter Printwerbung – Text und Kunst – angepaßt an die Größe und Betrachtungszeit des fraglichen Mediums. (Denken Sie darüber nach, wie lange die Durchschnittsperson sich eine Werbung in jedem Medium ansieht – am kürzesten bei Anzeigen, länger bei Radiospots und noch länger bei Fernsehspots usw.) Die Grundsätze für gutes Printdesign aus Kapitel 8 gelten auch für diese Medien (und für Web-Seiten, elektro-nische Schaufensterwerbungen, Direktversandbriefe und -kataloge – mehr Informationen dazu in Kapitel 11).

Aber zwei Ihrer Mediawahlmöglichkeiten – TV und Radio – sind grundsätzlich verschieden, jedes mit seinen eigenen Designanforderungen.

Gestaltung von Fernsehspots

Fernsehen ist Theater. Es kombiniert visuelle und verbale Kanäle in Echtzeithandlung, das macht das Fernsehen zu einem außergewöhnlich reichen Medium. Die Spottext muß so straff und bezwingend sein wie ein guter Printtext, aber die Wörter müssen auch noch gut *klingen* und *mit dem Bildmaterial harmonieren*, um Dramatik und Komik zu hervorzurufen.

Fernsehspots müssen *großartiges* Theater sein: Komik und Dramatik auf einige Sekunden voll unvergeßlicher Handlung verdichtet. Denken Sie an eine wirklich aussagekräftige, bewegende und unvergeßliche Szene aus einem Film. Wie wäre es (für Bogart-Fans) mit der Szene aus *To Have and Have Not*, in der Lauren Bacall zu Humphrey Bogart sagt: »Du weißt, Du mußt nicht mit mir schauspielern, Steve. Du brauchst nichts zu sagen, und Du mußt nichts tun. Gar nichts. Oh, vielleicht nur pfeifen. Du weißt, wie man pfeift, oder, Steve? Du spitzt Deine Lippen und bläst.«, während sie sich aus seinem Hotelzimmer schleicht.

Diese wenigen Sekunden der Dramatik scheinen sich ins Gedächtnis eines jeden, der diesen Film sieht, einzugraben. Warum? Ich weiß es nicht sicher. Großes Theater ist schwer auf eine Formel zu reduzieren. Ein gutes Drehbuch mit genau dem richtigen Gespür für genau das richtige Gefühl. Große Schauspieler. Gute Kameraführung und ein guter Szenenaufbau (erinnern Sie sich an die stimmungsvolle, schattenreiche Beleuchtung dieses Schwarzweißfilms?). Die Spannung einer sich entwickelnden Beziehung zwischen zwei interessanten Charakteren. Sie brauchen diesen Grad von Kunst nicht zu erreichen, wenn Sie einen guten TV-Spot drehen wollen, aber, um hervorzustechen, müssen Sie sicherlich einen Grad erreichen, der über dem Durchschnitt liegt. Falls Sie wirklich großes Fernsehen machen *können*, dann wird sich Ihr Spot in Gold auszahlen.

Fernsehen sieht leicht aus, wenn Sie vor dem Gerät sitzen, aber das ist es nicht. Beauftragen Sie eine erfahrene Produktionsfirma damit, Ihnen bei der Erstellung des Spots zu helfen, oder (was viele Marketingleute tun) beauftragen Sie eine große Werbeagentur zu hohen Werbeagenturpreisen, die Produktion Ihres Werbespots zu entwerfen und zu überwachen. Diese Möglichkeit ist kostspielig, aber wenigstens bekommen Sie Qualitätsarbeit.

 ### Video-Verrücktheiten

Ich werde nicht zu sehr auf technische Details über die Gestaltung von Fernsehspots eingehen, aus dem einfachen Grund, weil die meisten Leser wahrscheinlich nicht allzu viel mit dem Design für dieses Medium zu tun haben werden. Obwohl Fernsehwerbespots und andere Arten von Videos sehr populär und wichtig im Marketing sind, erweist sich deren Produktion als kostspielig und technisch schwierig. Ich entschied mich vor einiger Zeit, ein Videoband für den Markt der Mitarbeiterschulung herzustellen, und ich bereue es. Die Crew verbrachte einen geschlagenen Morgen damit, das Licht richtig einzustellen, bevor sie mich meinen dreißigsekündigen Einleitungstext sprechen lassen wollte. Ich habe fast meinen Verstand verloren – und meine Brieftasche –, während ich darauf wartete, daß sie alles richtig einstellten! Einige kleine Unternehmen sind durchaus erfolgreich bei der Produktion ihrer eigenen Videos oder Werbespots, es ist also sicherlich möglich. Aber es ist auch hart. Sie werden wesentlich höheres Engagement dafür an den Tag legen müssen, als es mir gelungen ist.

Design, Produktion und sogar Mediastreuung unter einen Hut zu bringen, ist wesentlich leichter für jedes andere Medium als für das Fernsehen. Trotzdem müssen Sie aber den Einsatz dieses einzigartigen Mediums gut beherrschen, um das meiste aus Ihrer Produktionsfirma oder Agentur herauszuholen. *Sie* entscheiden letztlich, ob das Skript das Potential zum Star hat oder nur einen weiteren Werbespot hervorbringt, den man getrost vergessen kann. Lassen Sie die Produktionsfirma nicht mit den Dreharbeiten beginnen, bevor sie nicht mit etwas so Unvergeßlichem wie einem alten Bogart-Film (oder etwas annähernd Gutem) aufwarten kann, ist das klar?

 Falls Sie für ein kleines Unternehmen arbeiten und an kleine Marketingbudgets gewöhnt sind, dann werden Sie wahrscheinlich bei meinem Ratschlag den Kopf schütteln. Sie denken, Sie könnten es auf eigene Faust machen. Ich weiß, daß Sie zu einer lokalen Kabelstation gehen und Ihre eigenen Brustbild-Spots für wenig Geld in deren Studios aufnehmen *können*. Aber Junge, Junge –diese Werbespots sehen doch billig aus! Warum sich in seinem eigenen lokalen Markt bloßstellen, und warum sogar wenig Geld rauswerfen für Spots, die ohnehin ihr Ziel nicht erreichen? Wenn Sie schon Fernsehen machen wollen, dann machen Sie es richtig. Werden Sie entweder selber Experte oder beauftragen Sie einen. Ohne hochwertige Produktion wirkt selbst das beste Design nicht. Warum? In den meisten Ländern sehen die Leute so viel fern, daß sie den Unterschied zwischen guten und schlechten Spots kennen – und sie sehen sich nur die besten an!

Lassen Sie uns emotional werden

TV unterscheidet sich von den anderen Medien in einem entscheidenden Punkt – indem es Handeln, Hören und Sehen kombiniert – aber diese Aspekte machen TV auch in weniger eindeutigen Punkten verschieden. TV eignet sich zum Beispiel hervorragend dazu, *Gefühle* heraufzubeschwören, ebenso wie das klassische Theater. Wenn Sie planen, TV als Ihr Marketinginstrument einzusetzen, denken Sie immer darüber nach, welche Gefühle Sie erzeugen möchten.

Wählen Sie einen Gefühlszustand, der bestens mit Ihrem Appeal und dem kreativen Konzept hinter Ihrer Werbung zu vereinbaren ist. Dann nutzen Sie die Kraft der Metaphorik, um dieses Gefühl hervorzurufen.

 Diese Strategie funktioniert, egal ob Ihr Appeal emotional *oder* rational ist. Nutzen Sie immer die emotionale Kraft des Fernsehens, um Ihre Zuschauer darauf *vorzubereiten*, diesen Appeal zu empfangen. Überraschung. Aufregung. Einfühlungsvermögen. Angst. Skepsis. Durst. Hunger. Die beschützenden Instinkte der Eltern. Sie können all diese emotionalen Zustände und mehr mit ein paar Sekunden Fernsehen schaffen. Eine gute Werbung erzeugt bei Hauptbetrachtern das richtige Gefühl für den Appeal. Der klassische »Besitzen Sie ein Stück des Steins«-Werbespot von Prudential zum Beispiel weist einen streng emotionalen Appeal auf, der gestaltet wurde, um uns den Eindruck von Beständigkeit und Zuverlässigkeit der beworbenen Investitionsprodukte zu vermitteln.

Einige Marketingleute messen Ihre TV-Werbung auf der Basis von *Wärme*. Wärme wird von Forschungsfirmen im allgemeinen als die positiven Gefühle definiert, die bei den Gedanken an Liebe, Familie oder Freundschaft erzeugt werden. Lassen Sie es also Ihrem Werbespot nicht an Wärme fehlen!

Gefühle, insbesondere positive, bewirken, daß man Botschaften der TV-Werbung so viel seltener vergißt. Dieser Effekt ist stärker, als viele Marketingleute erkennen, weil er nicht in den Standardmaßstäben für Werbe-Erinnerung vertreten ist. In Tests, die die Werbe-Erinnerung einen Tag nach dem Werbemittelkontakt messen, erinnern sich die Zuschauer an Werbespots mit emotionalem Appeal genau so leicht wie an solche mit rationalem Appeal. Aber eingehende Studien über deren Wirksamkeit zeigen eher, daß die mehr emotional geladenen Werbespots bessere Leistungen hinsichtlich der Verankerung der Botschaft und der Markenidentität im Gedächtnis der Betrachter erbringen.

Wenn Sie also an TV-Werbung denken, denken Sie an Gefühl. Das ist, was das Fernsehen leisten kann – besser als irgendein anderes Medium –, und Gefühl steht für äußerst wirksame Werbung.

Guck' mal Mama ...

Machen Sie sich auf jeden Fall eine andere große Stärke des Fernsehens voll zunutze: seine Fähigkeit zu *zeigen*. Sie können ein besonderes Merkmal des Produktes vorführen, ein Produkt beim Gebrauch zeigen und tausend andere Sachen machen, allein mit der Verbildlichung Ihrer Werbeidee.

In *jedem* Medium wollen Sie sowohl zeigen als auch erzählen. (Selbst im Radio können Sie gedankliche Bilder hervorrufen, um sowohl zu zeigen als auch zu erzählen. Darauf gehe ich später in diesem Kapitel ein.) Die visuellen und verbalen Formen verstärken sich gegenseitig. Einige Leute in Ihrem Publikum denken bildlich, während andere eine verbale Botschaft vorziehen, daher müssen Sie beide Grundlagen abdecken, indem Sie Worte und Bilder in Ihrer Werbung einsetzen. Aber im Fernsehen sollte diese Regel abgeändert werden: TV-Werbung sollte *zeigen* und erzählen (beachten Sie die Betonung auf zeigen). Vergleichen Sie das mit der Radiowerbung, wo Sie zeigen und *erzählen* sollten. Oder mit der Printwerbung, bei der die beiden Formen im allgemeinen eher ausgeglichen sind; daher lautet die Regel einfach, zu zeigen und zu erzählen.

 Diese Betonung auf dem Zeigen ist der Grund dafür, daß Designer von TV-Werbespots ihre Ideen in einem visuell-orientierten Manuskript grob skizzieren, sie zeichnen schnelle Entwürfe, die zeigen, wie die Werbung aussehen wird. Sie – oder vorzugsweise die kompetente Agentur oder der Drehbuchautor, den Sie angeheuert haben – müssen grobe *Storyboards* vorbereiten, wenn Sie verschiedene Werbekonzepte durchdenken und diskutieren. Das Storyboard ist ein einfaches Mittel, um die wichtigsten Bilder der Reihe nach zu zeigen. Die Skizzen befinden sich in den meisten Standardlayouts von Storyboards in der mittleren Spalte. Links davon erscheinen Anmerkungen dazu, wie jedes Bild gedreht werden soll,

wie Musik und Soundeffekte und eingesetzt werden sollen und ob Text auf den Bildschirm gelegt werden soll. Rechts wird die grobe Version des *Sprechertextes* eingetragen: die Worte, die von Schauspielern in den Szenen gesagt werden sollen oder in einem Off-Text für jede Szene. Abbildung 9.1 zeigt beispielhaft ein Storyboard.

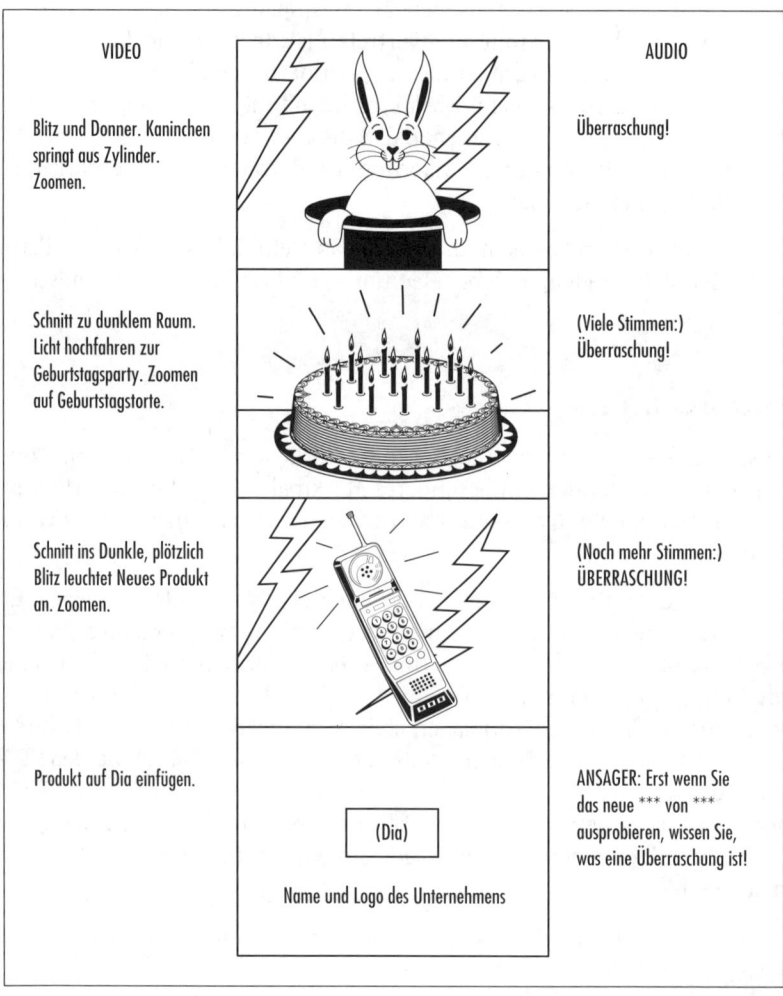

Abbildung 9.1: Grobentwurf eines TV-Werbespots auf einem Storyboard

Eine Frage des Stils

Sie können eine Vielzahl verschiedener Stile in der TV-Werbung einsetzen. Eine berühmte Persönlichkeit kann das Produkt empfehlen. Früchte aus Knetgummi können darüber singen und um das Produkt herumtanzen. Zeichentricktiere können einen Nutzer durch den Dschungel jagen, dargestellt als phantastische Übertreibung einer Situation aus dem wirklichen Leben. Phantasie und Videoband sind grenzenlos, besonders mit der seit kurzem steigenden Verfügbarkeit von hochqualitativer computerisierter Animation und speziellen Effekten zu gemäßigten Preisen. Aber einige der geläufigen Stile schneiden in Werbewirkungstests – im Durchschnitt – besser ab als andere. Tabelle 9.1 zeigt Stilrichtungen die mehr oder weniger wirksam sind.

Wirksamere Stilrichtungen	Weniger wirksame Stilrichtungen
Humorvolle Werbespots	Testimonials (Bezeugungen) im Kleinstbildkamerastil
Berühmte Persönlichkeit als Fürsprecher	Anerkennung durch einen Experten
Werbespots mit Kindern	Gesang/Tanz und musikalische Themen
Real-Life-Szenarien	Produktvorführungen
Markenvergleich (vergleichende Werbung in Deutschland nicht erlaubt!)	

Tabelle 9.1: Wenn das gewisse Etwas fehlt, kannst Du's vergessen!

Humor und *Befürwortung durch berühmte Persönlichkeiten (Testimonialwerbung)* scheinen – wiederum im Schnitt – in den meisten Studien am besten abzuschneiden. Versuchen Sie also, Wege zu finden, diese Stilrichtungen in die Kommunikation Ihrer Botschaften einfließen zu lassen. Andererseits ist es auch möglich, Werbespots zu gestalten, die die Ausnahme zur Regel darstellen, also geben Sie Ihre Hoffnung bezüglich anderer Stilrichtungen nicht auf. Sorgen Sie nur dafür, daß Ihr Werbespot weit über dem Durchschnitt liegt, wenn Sie nicht möchten, daß das Gesetz der Serie auf ihn zutrifft.

Ein Wort zum Kauf von Werbezeit im Fernsehen

Welche Fernsehtreffpunkte sind am besten für Ihren Werbespot? Sollten Sie zum Beispiel in einem öffentlichen oder privaten Sender werben? Sollte der Spot in der Werbezeit während der Hauptsendezeit, abends oder spätnachts geschaltet werden? Welche Programme liefern die besten Zuschauer für Ihren Spot?

 Wie in anderen Medien verlassen sich auch die Käufer von Fernsehwerbezeit auf demographische Studien, um die Größe und die Merkmale des jeweiligen Publikums herauszufinden. Die GfK-Fernsehforschung kann Ihnen hier die Augen öffnen. (Rufen Sie die Gesellschaft für Konsum-, Markt- und Absatzforschung in Nürnberg an – Telefon: 09 11/395-0, Fax: 09 11/395-2715; Anfragen werden jedoch meist nur schriftlich entgegengenommen.)

Aber die wichtigsten Daten über Fernsehmärkte liefert das Forschungsinstitut A.C. Nielsen. Sein Nielsen Fernseh-Index bewertet Programme basierend auf *Sweeps* oder vierteljährlichen Untersuchungen der Zuschauerschaft in großen Medienmärkten. Die Untersuchungen werden durchgeführt, indem die Teilnehmer gebeten werden, Buch darüber zu führen, was sie sich ansehen. Jetzt schaltet eine High-Tech-Verbesserung dieses Ansatzes auf Online-Betrieb: haushaltsinterne Kästen, *People Meters* genannt, die aufzeichnen, was ein Haushalt gerade anguckt, und die Daten an Nielsen weiterleiten (oder zu Arbitron, Nielsens stärkstem Konkurrenten in diesem Geschäft). Die resultierenden Einschaltquoten sollen Ihnen sagen, auf wie vielen Fernsehgeräten bestimmte Programme in einer bestimmten geographischen Region eingeschaltet sind. Dennoch streiten sich die Werbungtreibenden und die Fernsehindustrie dauernd über die Genauigkeit dieser Daten, weil leichte Differenzen in den Einschaltquoten große Verschiebungen in den Werbekosten verursachen!

Untersuchungen zur Einschaltquote liefern die folgenden Statistiken für ein geographisches Gebiet:

✔ Wie viele Fernsehgeräte gibt es insgesamt im Markt (= *Fernsehhaushalte* oder *TVHH*)?

✔ Wie viele Fernsehgeräte sind eingeschaltet (= *Zahl der effektiven Fernsehhaushalte*)?

✔ Wie viele dieser effektiven Fernsehhaushalte sind in ein bestimmtes Programm eingeschaltet (= *Zuschaueranteil*)?

✔ Welcher Prozentsatz von TVHHen ist in ein bestimmtes Programm eingeschaltet (= *Einschaltquote*)?

Sagen wir, eine Stadt verfügt über 800.000 TVHHe. Falls 25 Prozent davon in ein Programm eingeschaltet sind, erhält dieses Programm eine Einschaltquote von 25 Prozent. Falls nur die Hälfte aller Fernsehgeräte eingeschaltet sind, dann ist die Zahl der effektiven Haushalte gleich 400.000 und der Marktanteil dieses Programms liegt bei 50 Prozent.

In der Fernsehbranche ist *Markt* gleichbedeutend mit Haushalten, die ihren Fernseher eingeschaltet haben. Aber Markt kann für Werbungtreibende etwas davon sehr Verschiedenes bedeuten, sie definieren ihren Markt nämlich als die Anzahl der Personen, von denen sie hoffen, daß sie ihr Produkt kaufen werden. Daher achten Werbungtreibende im allgemeinen mehr auf Einschaltquoten als auf Marktanteilsdaten.

Der *Gross Rating Point* (*GRP* = *Bruttoreichweite*) steht für die aufaddierte Summe der Reichweiten Ihres Streuplans. (Ihr *Streuplan* sind alle Werbezeiten, in denen Sie einen Werbespot in einer bestimmten Periode schalten.) Wenn Streuplaner eine Reihe von Zeitblöcken für Ihren Spot im Fernsehen kaufen, werden sie alle Einschaltquoten von jeder der Zeiten/Stellen, wo Ihr Spot läuft aufaddieren und Ihnen die Summe präsentieren – die Bruttoreichweiten Ihrer Kampagne. Die Zahl wird hoch sein, aber sie wird Ihnen nicht besonders viel sagen.

Teil des Problems ist, daß diese Zahl nicht unterscheidet zwischen neuen Kontakten (*Nettoreichweite*) und wiederholten Kontakten (*Mehrfachkontakte*). Vielleicht erreicht Ihr Werbespot zehn Millionen Fernsehhaushalte, aber waren das dann zehnmal dieselbe Million Fernsehhaushalte – oder haben Sie zehn Millionen Haushalte jeweils einmal erreicht? Die Antwort liegt wahrscheinlich irgendwo dazwischen – aber wie lautet sie genau? Es ist für Sie wichtig, Einschätzungen der Nettoreichweite und der Mehrfachkontakte für jeden TV-Werbeplan zu erhalten, damit Sie die Bruttoreichweitenzahl interpretieren können. In einigen Kampagnen streben Sie vielleicht zehn oder zwanzig Kontaktwiederholungen an. In anderen liegt Ihr Ziel vielleicht bei einer oder zwei. Teilen Sie es Ihrer Werbeagentur oder Ihrem Streuplaner mit.

 Eine hilfreiche allgemeine Regel lautet, daß mehr Wiederholungen die Gewißheit und Brauchbarkeit der Einstellungen erhöhen, die Ihr Werbespot im Gedächtnis der Zuschauer formt. Planen Sie daher mehr Wiederholungen ein, wenn Sie es für notwendig halten, an diesen Einstellungsaspekten zu arbeiten. Aber eine oder wenige Wiederholungen sind im allgemeinen genug, um die erste Einstellung zu formen, also brauchen Sie nicht viele Wiederholungen, wenn Sie denken, daß der Zuschauer sich schnell mit der Botschaft Ihres Werbespots anfreunden und keine Schwierigkeiten damit haben wird, sich in Kaufsituationen daran zu erinnern.

Eine weitere Verfeinerung sollte den Zuschauerdaten hinzugefügt werden. Das Datenmaterial wird in demographische und andere Kategorien unterteilt, als Hilfestellung für Marketingleute, herauszufinden, welcher Prozentsatz all dieser in ein Programm eingeschalteten Haushalte eigentlich die richtigen Leute ausmacht, die Zielgruppe, an die sich der Werbespot richtet. Ich empfehle Ihnen, Gesamteinschaltquoten immer in eine Zahl umzuwandeln, die *Ihren eigenen Zielmarkt* repräsentiert – diese Zahl wird natürlich kleiner sein müssen, weil Ihre Zielgruppe nur ein Teil all derer sein wird, die sich irgendein bestimmtes Programm ansehen. Das bedeutet, daß die Kosten pro tausend Zuschauern höher sein werden, als sie erscheinen, wenn Sie sich an die Vorschriften halten und die Tausenderpreis-Zahlen nutzen, die von den Einschaltquotenfirmen angeboten werden.

 Eigentlich liegt die Schlüsselvariable zur Bestimmung, ob ein Werbespot ein guter Kauf ist oder nicht, oft darin, wie stark die Zielgruppe in irgendeiner Fernsehzuschauerschaft vertreten ist. Reichweiten heben die Größe der Zuschauerschaft eines Programms hervor und nicht die Übereinstimmung zwischen der Zuschauerschaft und Ihrem Zielmarkt. Sorgen Sie also dafür – oder *bitten Sie Ihre Werbeagentur*, dies zu tun –, Einschaltquoten in Zahlen *umzuwandeln*, die die Nettoreichweite in Ihrem Zielmarkt repräsentieren, und schließen Sie diejenigen aus, bei denen Sie nicht werben müssen. Wenn Sie sich die TV-Streuplanung auf diese Weise ansehen, werden Sie auf anderen Kanälen oder Programmen werben, als Sie es tun würden, wenn Sie sich an die reinen Reichweiten hielten.

Gestaltung von Radiospots

Wie das Fernsehen ist auch das Radio eine Form von Theater und hat daher mehr mit dem Fernsehen gemeinsam als mit jedem anderen Medium. Viele Marketingmenschen übersehen diesen Punkt, weil sie annehmen, daß das Fehlen von Bildelementen das Radio sehr stark einschränkt. Das ist falsch!

Mein zwölfjähriger Sohn bekam eine Sammlung von Kassetten mit alten Radiosendungen über diesen Amateurspürhund namens »Der Schatten« geschenkt. Daher haben wir uns diese klassischen Radioserien kürzlich bei uns zu Hause angehört. Warum sind diese alten Radioserien so einnehmend? Sie können ganz klar *sehen*, wie sich die Handlung entwickelt. Das Manuskript und die Geräuscheffekte schaffen eine Reihe von ausdrucksvollen Bildern in Ihrem Kopf, während sich die Geschichte entwickelt (beachten Sie, daß das Manuskript Ihnen sagt, was die Geräuscheffekte sind, um sicherzugehen, daß Sie sie »sehen«).

»Oh nein, die riesige schwarze Katze kommt direkt auf uns zu! Mein Gott, ihre Augen glühen!« *(Geräuscheffekt: Miiiauuu. Grrrr, grrr.)* »Hilfe, sie drängt mich zurück an den Rand des Hochhausdaches!« *(Geräuscheffekt: Grrr, spuck, grrr.)* »Paß auf , Margo, Du wirst runterstürzen!« *(Geräuscheffekt: Fallgeräusch, mit dem Schrei einer Frau, der mit zunehmender Entfernung leiser wird.)*

Sie können sehen, was passiert, nicht wahr?

Die herkömmliche Überzeugung besagt, daß Ihnen nur drei Elemente zu Verfügung stehen, mit denen Sie bei der Gestaltung eines Radiospots arbeiten können: Worte, Geräuscheffekte und Musik. Das stimmt im eigentlichen Sinn, aber Sie werden keinen großen Radiospot erschaffen, wenn Sie nicht daran denken, daß das Ziel oft darin besteht, diese Elemente einzusetzen, um *gedankliche Bilder* für den Hörer zu produzieren. Das heißt, daß Sie oft den grundlegenden Plan im Radio auf die gleiche Weise wie im Fernsehen ausführen können. Radio ist nicht so eingeschränkt, wie man denkt. Wir ziehen nur selten vollen Nutzen aus dem Radio, jetzt, wo die Liebschaft der Gesellschaft mit dem Radio von deren Liebe zu Film und Fernsehen in den Schatten gestellt worden ist.

Hier sind einige Hinweise zur Gestaltung von guten Radiospots, die ich aus einer alten Checkliste übernommen habe. Der Marketingprofessor und bekannte Lehrbuchautor Courtland Bovée hat sie entwickelt:

✔ Regen Sie die Phantasie des Zuhörers an, indem Sie mit Ihren Worten und Geräuscheffekten Bilder hervorrufen.

✔ Finden und benutzen Sie wirklich unvergeßliche Geräusche – ein cooler Klangeffekt, eine interessante Stimme oder eine eingängige musikalische Phrase (Ohrwurm). Nicht alle Geräusche werden gleich erzeugt!

✔ Bleiben Sie bei einer starken Idee. Radiospots kämpfen gegen die Neigung des Menschen an, Radio als Hintergrunduntermalung anzusehen, deshalb muß Ihr Werbespot unglaubliche Schlagkraft besitzen, um zu geistigem Engagement durchzudringen. (In vielen Ländern verbringen die Leute viel mehr Zeit mit dem Radio als mit irgendeinem anderen Medium – aber sie hören die meiste Zeit nicht unbedingt aufmerksam zu!)

✔ Winken Sie Ihre Zielzuhörer sofort heran. Der Anfang jedes guten Radiospots muß dem Hörer die Möglichkeit geben, selbst eine Auswahl zu treffen, damit die richtigen Leute hinhören.

Falls sich der Spot an Leute wendet, die einen neuen Haarschnitt brauchen, aber nicht mehr mit dem Service oder der Qualität ihres momentanen Friseursalons zufrieden sind, dann beginnen Sie damit, nach diesen Leuten zu greifen. Ihr Werbespot könnte mit dem Geräusch von zersplitterndem Glas (ein zerschmetterter Spiegel?) anfangen, gefolgt von der Stimme eines Sprechers »Nicht noch ein Tag mit *schlechtfrisiertem Haar*!« Genau jetzt sind alle Hörer, die das Gefühl haben, sie müßten etwas an ihren Haaren verändern, ganz Ohr, bereit, Ihrer Marketingbotschaft zuzuhören.

✔ Ziehen Sie direkte Werbeziele indirekten Werbezielen vor. Sicherlich wollen Sie manchmal das Radio einsetzen, nur um Markenbewußtsein zu schaffen (das ist *indirekte Werbung*). Dialog Design, eine führende Werbedesignfirma mit Sitz in Levrett, Massachusetts, sponsert die Kulturprogramme des öffentlichen Radios, nur um die Wiedererkennung ihres Namens zu bewirken – ein indirektes Werbeziel. Ich denke mir immer, daß man davon lernen kann, wie sich Werbeagenturen selber vermarkten! Aber Bovée weist darauf hin, daß im allgemeinen die wirksamsten Radiospots nach *direkter* Werbung verlangen.

Kommen Sie in einen unserer günstig gelegenen Läden. Rufen Sie unsere gebührenfreie Nummer an. Nehmen Sie an unserem Wettbewerb teil – Teilnahmekarten ab heute in den Geschäften. Kaufen Sie Eintrittskarten für unsere kommende Veranstaltung. Schalten Sie unser TV-Special ein, heute abend um 19 Uhr. Das sind alles angemessene direkte Werbeziele für die Radiowerbung. Wenn Sie darüber nachdenken, fällt Ihnen auf, daß Radiohörer häufig in Aktion treten als Reaktion auf Aufforderungen aus ihren Radios. Sie rufen oft in einer Talkshow an oder melden sich wegen eines Musikwunsches oder rufen an, um ein Ticket für irgendeine Veranstaltung zu kaufen. Eifrige Zuhörer – der Kern des Radiomarktes – sind handlungsorientiert. Also zögern Sie nicht, Ihre Handlungsaufforderungen ebenfalls loszuwerden!

✔ Erwähnen Sie früh und oft Ihren Markennamen und den Hauptnutzen ihres Produktes. Forschungsergebnisse zeigen, daß mehr Zuhörer sich an den Markennamen erinnern, wenn er früh auftaucht, als wenn er später genannt wird. Wiederholungen helfen ebenfalls – denken Sie daran, daß Sie jemanden, der das Radio nur als Hintergrunduntermalung nutzt, während er Auto fährt oder arbeitet, sehr oft ansprechen müssen. Ich glaube auch, daß alle Radiospots das indirekte Werbeziel, Markenbewußtsein aufzubauen, erfüllen können. Selbst Spots, hinter denen ein direktes Werbeziel steht, sollten so gestaltet werden, daß sie dieses indirekte Ziel auch erreichen.

 Lassen Sie den Markennamen früh und oft einfließen, unabhängig vom Manuskript. Wenn Sie es nicht schaffen, die erwünschte direkte Handlung auszulösen, werden Sie zumindest Bewußtsein und Interesse für die Marke aufbauen, was andere Kontaktsituationen in Ihrem Marketing-Programm unterstützt. Radio ist ein gutes unterstützendes Medium für andere Medien, und nicht genügend Marketingleute nutzen es in dieser Weise. Sie könnten also genausogut das Vakuum mit *Ihrer* Marketingbotschaft füllen!

Geräuscheffekte – Gefahr im Anmarsch

 Ich möchte noch eine einfache Regel ergänzen, die Sie von Schwierigkeiten fernhält, indem sie Ihnen hilft, keine Verwirrung zu stiften. Sorgen Sie dafür, daß Ihr Manuskript *alle Geräuscheffekte kennzeichnet*. Geräuscheffekte sind wunderbar und können Assoziationen heraufbeschwören, aber in Wirklichkeit hören sich viele fast gleich an. Ohne Kontext könnte sich Regen auf dem Dach wie Schinken, der in der Pfanne brutzelt, anhören oder wie eine Lötlampe, die sich durch die Metalltüre eines Banksafes schneidet – oder sogar wie ein abhebendes außerirdisches Raumschiff. Daher muß das Manuskript festlegen, was dieses Geräusch bedeuten soll, entweder durch eine direkte Erwähnung (»Oh Mann, ich denke der Motor des außerirdischen Raumschiffs wird angelassen.«) oder durch den Kontext.

Sie können den Zusammenhang durch das Manuskript, die Handlung oder einfach durch andere Geräuscheffekte herstellen. Das Geräusch von Eiern, die aufgeschlagen werden und in einer heißen Pfanne landen, durchlaufender Kaffee und jemand, der gähnt, helfen dabei, das Brutzeln als den Frühstücksspeck zu identifizieren, anstatt als Regen auf dem Dach oder als den kryptonbetriebenen Antriebsmechanismus eines außerirdischen Raumschiffs.

Ein Wort zum Kauf von Radiowerbezeit

Ich stelle fest, daß ich Marketingleuten oft den dringenden Rat gebe, Radio an Stelle Ihrer Standardmedienauswahl auszuprobieren. Warum? Während Radiospots häufig für lokale pull-orientierte Werbung von Einzelhändlern genutzt werden, übersehen die meisten anderen Marketingleute dieses Medium. Sie erkennen nicht, wie ausdrucksstark Radio sein kann – und ihnen wird auch dessen unglaubliche Reichweite wahrscheinlich nicht bewußt sein. In den USA hören beispielsweise 96 Prozent der Bevölkerung zumindest gelegentlich Radio, und 81 Prozent tun es täglich. Das sind ganz schön viele Leute. Ich wette, daß sich Ihre Zielhörerschaft irgendwo darunter befindet!

Die Reichweite des Radios ist tatsächlich höher als die anderer Medien in den USA (und in vielen anderen Nationen ebenfalls). Tabelle 9.2 zeigt die täglichen Reichweitenzahlen für Radio, TV und Zeitungen in den USA.

Medium	Tägl. Reichweite (Prozentsatz der US Bevölkerung 18 Jahre)
Radio	81 %
Fernsehen	76 %
Zeitungen	69 %

Tabelle 9.2: Strecken Sie Ihre Fangarme aus und schnappen Sie zu!

Theoretisch kann Radio ein größeres Publikum für Ihre Spots liefern als Print und TV. Radio ist bestimmt ein gutes Medium für breitgesteckte Reichweiteziele.

Außerdem können Sie Radiowerbung ziemlich gezielt einsetzen – sowohl hinsichtlich der Art der Hörerschaft als auch bezogen auf eine geographische Region. Diese Tatsache macht Radiowerbung zu einem sehr guten Kauf. Die generell fehlende Anerkennung dieses Mediums trägt ebenfalls dazu bei, was, meiner Meinung nach, die Preise für Radiowerbung künstlich niedrig hält. Tabelle 9.3 sieht sich einige Statistiken zum durchschnittlichen *Tausenderkontaktpreis (TKP)*, oder den Kosten, eintausend Hörer (älter als 14 Jahre) mit einem Radiospot zu erreichen, an und stellt den Vergleich zu anderen Medien her:

Land	Radio	TV	Zeitungen	Zeitschriften
USA	$ 1,53	$ 6,66	$ 11,26	$ 4,91
Deutschland	$ 2,20	$ 13,31	$ 7,41	$ 6,91
Italien	$ 3,24	$ 11,62	$ 5,80	$ 4,89

Tabelle 9.3: Die Kosten des Geschäftemachens

Radiospots sind 77 Prozent billiger als Fernsehspots und 86 Prozent billiger als Zeitungsanzeigen in den USA – ein erstaunlicher Unterschied (gemäß dieser Statistiken, die aus einer neueren akademischen Studie stammen). Radio ist im allgemeinen auch in anderen Ländern billiger. Dieser Unterschied kommt teilweise aufgrund des vorhin erläuterten Problems zustande, daß die Leute dem Radio, das im Hintergrund läuft, wahrscheinlich überhaupt keine Aufmerksamkeit widmen. Aber ein gut gestalteter Werbespot kann häufig ihre Aufmerksamkeit für ein paar Sekunden fesseln. Dieses Problem ist nicht nur auf das Radio beschränkt. Ich bezweifle stark, daß die Haushalte, die laut diesen Einschaltquoten ein Fernsehprogramm eingeschaltet haben, tatsächlich bewußt fernsehen. Wenn Leute Zeitung lesen, sind sie gewöhnlich aufmerksam – aber vielleicht nur den Artikeln gegenüber, die ihnen ins Auge springen, daher könnte *Ihre* Anzeige leicht übersehen werden. Radio ist einfach ein schrecklich guter Kauf, ungeachtet seiner Unterschiede zu anderen Medien. (Ich erkläre Ihnen in Kapitel 10, warum Außenwerbung auch ein unglaublich guter Kauf ist.)

Zielgerichtete Werbung über das Radio

Ich mag die Tatsache, daß Radiostationen sich sehr ins Zeug legen, um spezielle Hörerschaften als Zielgruppen anzusprechen – was schließlich das ist, was die meisten Werbungtreibenden auch zu tun versuchen. Sie können aussagekräftige Hörerschaftsdaten erhalten, – es sind sowohl demographische als auch lifestyle-bezogene oder einstellungsorientierte Informationen über Radiohörer erhältlich. Sie können auch oft Radiostationen ausfindig machen, die eine gut definierte Hörerschaft erreichen, in der die Leute reichlich vorhanden sind, die Sie als Zielgruppe ansprechen wollen, was Radio zu einem noch besseren Kauf macht.

Details zu Hörerschaftsmerkmalen für bundesdeutsche Radiostationen können Sie in der Loseblattsammlung *Werbung im Hörfunk – Das aktuelle Nachschlagewerk für die Hörfunkwerbung* nachlesen. Sie wird laufend aktualisiert und gibt Ihnen genügend Informationen, um die meisten Radiowerbekampagnen zu planen oder die Streuplanung abzuwickeln. Die Veröffentlichung bietet Einzelheiten über die einzelnen Sender und Ihre Zielgruppen sowie zu Marktforschungsprojekten und Studien, wie beispielsweise der Elektronischen Media-Analyse MA '97 (durchgeführt von der AG.MA). Die Reichweitenuntersuchungen liefern wertvolle Einblicke in den möglichen Wirkungsgrad Ihres Radio-Auftritts.

Hier ist noch eine andere Möglichkeit für Radiowerbung, von der ich wetten könnte, daß Sie sie noch nicht in Betracht gezogen haben. Was halten Sie davon, Werbespots über die internen Lautsprecheranlagen zu verbreiten, die es in vielen Geschäften gibt? Das ist ein weiterer guter Weg, auf eine bestimmte Hörerschaft abzuzielen – werben Sie zum Beispiel für Ihre Markenreifen in einer Kfz-Werkstatt. Diese Art Werbung wird *In-store-Audio-Werbung* genannt. Es ist ein vollkommen anderes Medium aus Sicht des Kaufens, weil die Programmierung von dem Geschäft oder einem speziellen Serviceanbieter entwickelt und kontrolliert wird. Folglich wissen die meisten Marketingleute nicht, wie man In-store-Audio-Werbung einsetzt. Aber eine Werbeagentur kann Ihnen helfen, Zugang dazu zu gewinnen, und einige spezialisierte Streuagenturen befassen sich auch mit dieser Art der Werbung.

Jetzt feuere ich meine Abschiedssalve zu diesem Thema ab, nur um sicherzugehen, daß Sie verstehen, worauf es mir ankommt: *Übersehen Sie Radiowerbung nicht!* Sie kann Ihnen eine bessere Reichweite geben, eine bessere Ausrichtung auf Ihren Zielmarkt und einen niedrigeren Tausenderkontaktpreis als irgendein anderes Medium. Wie das Fernsehen kann das Radio sowohl *zeigen* als auch erzählen – Sie müssen nur die Phantasie des Zuhörers einspannen, um visuelle Bilder zu kreieren. Wenn es Ihnen gelingt, ein wirklich gutes Manuskript zu erstellen, dann garantiere ich Ihnen, daß Sie die Aufmerksamkeit der Zuhörer wecken und *halten* werden.

Außenwerbung: Reklametafeln, Banner, Schilder und mehr

10

In diesem Kapitel

▶ Gestaltung von Außenwerbung

▶ Einsatz von Reklametafeln – Formate und Möglichkeiten

▶ Aufkleber, Schirme, Markisen und mehr

▶ Erfolgversprechende Schilder für Ihr Geschäft

▶ Einsatz von Fahnen und Bannern (warum tun Sie's nicht?)

▶ Einsatz von Verkehrsmittelwerbung

Außenwerbung bezieht sich auf ein Vielfalt von großen bis sehr großen Schildern und Plakaten, inklusive Reklametafeln am Straßenrand. Dieses Medium wird von einigen Marketingleuten auch *Außerhauswerbung* genannt. Schilder, Fahnen, und Banner werden herkömmlicherweise nicht unter dieses Medium gefaßt – aber warum das so ist, weiß ich nicht. (Außer, daß diese gewöhnlich von den Marketingleuten gestaltet und ausgestellt werden statt durch die Dienstleistungen der Werbebranche, daher unterliegen sie nicht der Kontrolle von denen da oben.)

Nach meinem Verständnis gehört jegliches plakatähnliche Display einer Marketingbotschaft an einem öffentlichen oder halböffentlichen Ort, egal ob drinnen oder draußen, in die Kategorie Außenwerbung, ob Sie nun von einer riesigen Anschlagtafel an einer Häuserfassade sprechen oder einem kleinen Aufkleber am Fenster eines Autos.

Warum? All diese Methoden sind Versuche, *Ihre Botschaft durch öffentliches Zurschaustellen zu vermitteln*, sei es durch ein Plakat, ein Schild oder ähnliche Gestaltungserfordernisse. Darum beziehe ich Schilder, Fahnen und Spruchbänder, Aufkleber, Verkehrsmittelwerbung und sogar T-Shirts neben den traditionellen Anschlagtafelformaten in dieses Kapitel mit ein. Diese Medien sind wirksamer als es viele Marketingleute erkennen – einige Unternehmen sind schließlich erfolgreich, obwohl sie keine andere Werbung einsetzen! In diesem Kapitel zeige ich Ihnen, wie Sie an die Gestaltung und den Einsatz von Außenwerbung herangehen. Ich werde viele der verschiedenen Einsatzmöglichkeiten besprechen, damit *Sie* dieses wichtige Medium in Ihrem Marketing-Programm nicht übersehen werden.

Gestaltungserfordernisse der Außenwerbung

Hier ist ein einfaches Beispiel, damit Sie die Gestaltungserfordernisse nachvollziehen können. Zeichnen Sie mit einem Lineal einen rechteckigen Kasten auf ein leeres Blatt Papier. Die Maße sollten 8,4 cm breit und 5,9 cm hoch sein. Das ist die Proportion eines Standardaußen*plakates* (eine große, gedruckte Werbeanzeige, die auf eine Anschlagtafel oder eine Häuserwand plakatiert wird). Obwohl das Plakat in Wirklichkeit viel größer ist, könnte es aus einiger Entfernung gut so klein aussehen wie dieser Kasten auf Ihrem Blatt, wenn Sie es eine Armeslänge von sich weg halten. (Siehe Abbildung 10.1.) Halten Sie jetzt Ihr Blatt Papier eine Armeslänge von sich weg und denken Sie darüber nach, welcher Text und welche Bildelemente zusammen in diesen Rahmen passen und leicht auf diese Entfernung gelesen werden könnten. Nicht viel, nicht wahr? Achten Sie darauf, daß Sie Ihre Botschaft auf ein paar fettgedruckte Wörter und Bilder begrenzen, ansonsten wird sie unverständlich sein.

KÖNNEN SIE DAS LESEN
KÖNNEN SIE DAS LESEN
KÖNNEN SIE DAS LESEN
KÖNNEN SIE DAS LESEN
KÖNNEN SIE DAS LESEN
KÖNNEN SIE DAS LESEN

Abbildung 10.1: Aus einiger Entfernung wird ein großes Plakat am Straßenrand nicht größer als dieser Kasten aussehen.

Das ist im allgemeinen das Problem mit der Außenwerbung – sie muß lesbar sein, in großer Eile und oft aus einer beträchtlichen Entfernung. Das bedeutet, die Werbeanzeige muß schlicht sein. Dennoch wird das gleiche Plakat immer wieder von denselben Leuten gesehen werden, die täglich dieselbe Straße oder denselben Gehsteig entlangfahren oder -gehen (oder dieselbe Rolltreppe benutzen oder mit derselben Buslinie fahren). Daher muß es anhaltendes Interesse mit großer Schlichtheit verbinden. Das ist eine echte Aufgabe!

Außenwerbung ist vergleichbar mit Printwerbung, außer, daß Außenwerbung wesentlich weniger Wörter und wesentlich schlichtere Bilder einsetzen muß, um ihr Anliegen ökonomischer und klarer vorzubringen – aber hoffentlich auch mit einem unterhaltsamen Aufhänger oder Motto, um die Aufmerksamkeit zu fesseln. Mit all diesen Einschränkungen erweist sich die Gestaltung wirksamer Außenwerbung als schwieriges Unterfangen.

Formate von Anschlagtafeln für Außenwerbung

Ihnen bieten sich mehrere Standardmöglichkeiten hinsichtlich der Größe Ihrer Außenwerbung und ihrer Entfernung vom durchschnittlichen Betrachter. Das Basisformat für Plakate in Deutschland ist der 1/1 Bogen (DIN A1) (59 x 84 oder 84 x 59 cm). Alle anderen Größen ergeben sich durch Halbieren oder Verdoppeln aus der Hochlage oder der Querlage des 1/1 Bogens. Das kleinste zulässige Format ist der 1/4 Bogen (29,5 x 42 oder 42 x 29,5 cm).

✔ Sie können sich für eine große, ausgefallene und aufsehenerregende Außenwerbung (*Spectacular* = Werbegroßanlage, bewegliche Leuchtwerbung) entscheiden, ein maßgefertigtes, oft häusergroßes Display, wie die, die den Times Square in New York oder den Picadilly Circus in London schmücken. Eine solche Außenwerbung kostet ein Vermögen und ist im allgemeinen als langfristige, imagebildende Investition gedacht.

Falls Sie Ihr neues Schädlingsbekämpfungsspray in Aktion zeigen wollen, wie es gerade eine riesige Kakerlake umniet, sollten Sie vielleicht in Erwägung ziehen, eine riesige Sprühdose mit diesem Zeug auf dem Dach eines Gebäudes zu postieren, die minütlich eine harmlose Spraywolke ins Gesicht einer enormen, an der Fassade des Gebäudes hochkrabbelnden Kakerlake sprüht. Hübsch? Nein. Aufmerksamkeitserregend? Ja. Es gelten nur wenige Regeln für Spectaculars – abgesehen von den Gesetzen der Schwerkraft und der Technik – also können Sie richtigen Spaß mit dieser ungewöhnlichen Form der Außenwerbung haben.

✔ Sie können ein *City-Light-Poster* auswählen. Das ist ein einteiliges, hinterleuchtetes 4/1-Bogen-Plakat (119 x 175 cm) in einer verglasten Vitrine. Sie kennen sie sicher, wenn Sie eifrige Busfahrgäste sind, denn die City-Lights werden hauptsächlich an Wartehallen öffentlicher Verkehrsmittel und als Stadtinformationsanlagen eingesetzt.

✔ Sie können auch ein *Großflächen-Plakat* einsetzen, eine ansehnliche Plakatausführung, die 356 cm an Breite und 252 cm an Höhe mißt (18 qm!). Aufgrund seiner 18/1-Bogen-Größe wird es in 6, 8 oder 9 Teilen gedruckt, weil es auf keine Druckmaschine paßt. Diese Werbefläche macht einen unglaublichen Eindruck von Nahem. Auf Großflächenplakaten ist der Text aber auch aus einer weiteren Entfernung noch lesbar, daher sind sie eine gute Wahl entlang von Ein- und Ausfallstraßen, wo der Betrachter nicht lange genug in der Nähe Ihrer Werbung ist, um irgend etwas zu lesen, was nahe Aufmerksamkeit erfordert.

✔ Den Größen-Knüller stellt dann das *Superposter* (40/1-Bogen, 526 cm breit x 372 cm hoch) dar, das überwiegend beleuchtet auftritt.

✔ Zudem haben Sie die Möglichkeiten, sich mit mehreren Werbungtreibenden eine Säule zu teilen, dann nennt sie sich *Litfaßsäule*, oder Sie mieten Sie alleine als *Ganzsäule*. Diese bietet Ihnen einen runden 15-qm-Auftritt.

Sie können auch die wachsende Zahl an Variationen dieser Standards erkunden. Möchten Sie Ihre Botschaft auf dem Boden im Eingangsbereich eines Gebäudes ausgestellt haben, auf einem Kiosk in einem Einkaufszentrum oder neben dem Schwarzen Brett von Gesundheits- oder Fitneßcentern? Oder wie wäre es mit Bandenwerbung auf Sportplätzen und rund um Spielfelder? All diese und weitere Möglichkeiten stehen Ihnen zur Verfügung, entweder direkt durch die Unternehmen, die diese Flächen verwalten, oder über die Vermittlung durch Werbeagenturen und Streuagenturen, die Ihnen einen Zugang im größeren Rahmen verschaffen können.

So maximieren Sie die Erträge aus der Außenwerbung

 Die Kosten der Außenwerbung sind sehr unterschiedlich, sie hängen vom jeweiligen Bundesland, der Größe der Stadt, dem Standort und der Belegungszeit ab (eine Belegungseinheit beläuft sich meist auf zehn Tage). Der jährlich erscheinende Media-Merker (Zahlen und Daten für die Werbung) der GWA (das ist die Gesellschaft Werbeagenturen-Service mbH in Frankfurt, Telefon: 069/2 56 00 80) liefert Ihnen »auf kleinem Raum« alles Wissenswerte zu Kosten, Terminen und Anschlagstellen – nicht nur zur Außenwerbung. Der *Fachverband Außenwerbung e.V.* (Frankfurt, Telefon: 069/707 49 69) gibt regelmäßig die *Plakat-Media-Analyse* (PMA) in Auftrag, die empirisch gesicherte Plakat-Planungsdaten und Leistungswerte der einzelnen Plakat-Alternativen zur Verfügung stellen soll. Über den Verband sind ebenfalls einzelne Studien zur Effizienz der Verkehrsmittelwerbung zu erhalten, also z.B. zu deren Reichweite (*Nettoreichweite*: Zahl der Betrachter, die das Plakat einmal, d.h. ohne Duplizierung, sehen – versus *Mehrfachkontakte*: Zahl Betrachter, die das Plakat häufiger sehen).

Angesichts des hohen Verkehrsaufkommens auf vielen Straßen und der Menschenmengen in den Innenstädte schneidet die Außenwerbung auf Basis des Tausenderkontaktpreises (Kosten pro tausend Betrachterkontakte) ziemlich gut ab. Ein Großflächenplakat beispielsweise ist wesentlich billiger als die meisten anderen Medien. (Die Ausgaben belaufen sich ungefähr auf die Hälfte der Kosten für Radio und auf Bruchstücke der TV- und Printkosten!)

Sie müssen aber die Wahrscheinlichkeit berücksichtigen, daß die Kontakte mit dem Massenmedium Plakat an Wert verlieren, wenn der Passant Ihre Reklametafel mehrere Tage hintereinander gesehen hat. Ist der zehnte Anblick derselben Anschlagtafel annähernd so wirksam wie der erste oder zweite? Wird sich irgendwer überhaupt die Mühe machen, mehrmals auf dieselbe Reklametafeln zu schauen? Nicht oft. In der Außenwerbung sprechen die Marketingleute von *Überprüfungsraten*, der durchschnittlichen Häufigkeit, mit der Betrachter dieselbe Außenwerbung lesen. Die besten Reklametafeln erhalten höhere Überprüfungsraten, weil die Leute sie interessant genug finden, um sie immer wieder anzusehen.

Sie sollten auch an das begrenzte Botschaftspotential der Außenwerbung denken, was bedeutet, daß das, was Sie zu diesem niedrigen Preis kommunizieren können, auch ziemlich wenig ist.

Dennoch ist Außenwerbung zu diesen Preisen ein guter Kauf. Wenn Sie nach einer günstigen Publicity für Ihren Markennamen oder nach einer Möglichkeit suchen, bei Konsumenten auf die Schnelle Bewußtsein für ein lokales Produkt oder eine Dienstleistung zu schaffen, dann ist Außenwerbung im allgemeinen die kostengünstigste Art, dies zu tun. In den meisten städtischen Märkten können Sie leicht genügend Außenwerbefläche kaufen, um (theoretisch zumindest) den Gesamtmarkt abzudecken. Diese Praxis wird in der Außerhaus-Branche ein *100 Showing* (»100%Reichweitenpaket«) genannt, was bedeutet, daß es die ausreichende Anzahl und die Angemessenheit der Standorte Ihrer Reklametafeln ermöglichen, 100 Prozent der Teilnehmer dieses Marktes mit Ihrer Botschaft in Kontakt zu bringen. (Ähnlich bringt Ihnen ein *50 Showing* maximal 50 Prozent an Marktabdeckung.)

 Wie generell in der Printwerbung variieren die Kosten auf der Grundlage der Anzeigengröße und der Größe des Publikums. Trotzdem verändert sich die Wirksamkeit nicht so sehr mit der Plakatgröße, wie es in der Standardprintwerbung der Fall ist. Dafür gibt es zwei Gründe, die beide von pfiffigen Marketingleuten ausgenutzt werden können.

✔ Wenn Sie eine Zeitschrift lesen, haben Ihre Augen den gleichen Abstand zu allen Anzeigen, unabhängig von deren Größe. Aber in der Außenwerbung werden die kleineren Formate generell näher an den Verkehrsfluß plaziert als die größeren. Das heißt, daß ein City-Light-Poster *effektiv* so groß und lesbar sein könnte wie ein Großflächen-Plakat, trotz seiner kleineren Maße, nur weil es tief und nah an die Straße plaziert ist. Selbst wenn das City-Light-Poster nicht ganz so imposant ist, ist es immer noch viel mehr als ein Viertel so beeindruckend – daher ist es im Vergleich wirklich günstig.

✔ Außenwerbung unterscheidet sich von Printwerbung in Zeitungen und Zeitschriften in dem Punkt, daß die Geschwindigkeit der Betrachter oder Leser nicht konstant ist. Sie können annehmen, daß die Leser mit der gleichen Geschwindigkeit durch eine Zeitschrift blättern, unabhängig davon, ob Sie nun auf einer viertel Seite oder ganzseitig inseriert haben. Das ist der Grund dafür, daß eine ganzseitige Anzeige die Aufmerksamkeit des Lesers wirksamer gewinnt – sie sticht in dem Bruchteil einer Sekunde besser hervor, in dem das Auge des Lesers die Seite überfliegt, bevor er sie umdreht.

Kontaktquoten der Außenwerbung basieren auf einer ähnlichen Prämisse. Sie setzen den gesamten Verkehr als gleich voraus, weil sie häufig *Verkehrszählungen* (Zahl der Fahrzeuge pro Tag – oder Tag und Nacht, falls Plakat angeleuchtet ist – mal der durchschnittlichen Insassenzahl eines Fahrzeugs) zur Grundlage haben. Aber es gibt einen Unterschied zwischen jemandem, der ein Plakat sieht, während er mit 130 km/h Meilen eine Autobahn entlangrast, jemandem, der ein Plakat wahrnimmt, während er mit 70 km/h auf einer Landstraße fährt und jemandem, der für zehn Minuten neben einem Plakat sitzt, während er im Stau steht. Wenn Ihnen oder Ihrem Streuplaner genug daran liegt, sich nach Standorten mit hohem und niedrigem Verkehrsaufkommen umzusehen (und möglicherweise zu warten, bis Sie an der Reihe sind), können Sie eine Werbetafel erwerben, die langsamer und sorgfältiger von einem höheren Prozentsatz der vorbeikommenden Leute gelesen werden wird!

Unter dem Strich sind nicht alle Außenwerbeanzeigen gleich. Der Standort hat einen sehr starken Einfluß auf die Wirksamkeit Ihrer Anzeige. Ein cleverer Einkäufer kann gute Standorte ausfindig machen, die bei weitem mehr für ihr Geld liefern als die durchschnittliche Außenwerbung. Darum hamstern einige Außenwerbungtreibende gute Standorte und verpflichten sich sogar, sie für mehrere Jahre zu mieten, nur um sie zu behalten.

Wann Sie Außenwerbung nicht einsetzen sollten

Ein bedeutender Anteil aller Ausgaben für Außenwerbung in vielen Industrieländern ist der Alkohol- und Zigarettenwerbung gewidmet (er ist wesentlich geringer in Ländern, in denen es keine Beschränkungen für Zigaretten- und Alkoholwerbung im Fernsehen gibt). Folglich kommen den meisten Marketingleuten Beispiele dieser Werbeanzeigen in den Sinn, wenn sie an Außenwerbung denken. Leider gewinnen sie dadurch den falschen Eindruck von Außenwerbung, weil diese Werbeanzeigen das Medium im allgemeinen zweckentfremden.

Außenwerbung ist nicht angemessen für Alkoholika und Tabakwaren, weil sie aus demographischer Sicht ein *Massenmedium* ist (obgleich aus geographischer Sicht ein äußerst zielgerichtetes). Alkohol- und Tabakwerbung sollte nicht auf ein Massenmedium zurückgreifen (ich zeige Ihnen gleich warum). Zusätzlich ist die Aussetzung der Außenwerbung in einer sehr breiten Öffentlichkeit unangebracht für diese Produkte, weil der zufällige Kontakt zu Bevölkerungssegmenten, die nicht mit diesen Anzeigen in Kontakt kommen sollten, hoch ist.

Außenwerbung ist *geographisch genau* – weil Sie Schilder je nach Bedeutung der Straße einsetzen können (innerhalb einer Stadt oder auf Pendlerstrecken). Das ist eine tolle Sache für einen lokalen Werbungtreibenden mit einem Produkt, das breitgefächerten Appeal in der näheren Umgebung genießt. Wenn Sie zum Beispiel Autokarosserien in fünf Städten vermarkten, dann können Sie annehmen, daß fast jeder, der ein Auto in diesen Städten besitzt und fährt, irgendwann an Ihrer Außenwerbung vorbeifahren wird. Dennoch kann fast jeder in diesen Autos sitzen, die an Ihrem Plakat vorbeifahren. Das ist der Grund, warum Sie Außenwerbung generell als Massenmedium behandeln sollten.

Sie können zum Beispiel nicht sicher sein, ob Leute, die regelmäßig Alkohol trinken, vorbeikommen oder solche, die nicht trinken. Autofahrer sind ein ziemlich buntgewürfelter Haufen. Wenn Sie den großen Anteil an Kindern und Jugendlichen berücksichtigen, die minderjährig sind und von Gesetzes wegen noch nicht trinken dürfen, bedeutet das, daß weit weniger als die Hälfte der Bevölkerung zu den geeigneten Zielpersonen eines Marketing-Programms für ein alkoholisches Produkt zählen. Dennoch garantiert Außenwerbung die gleichen Kontaktchancen mit dieser Mehrheit, die nicht zur Zielgruppe gehört. Nur ungefähr 20 Prozent der Erwachsenen rauchen Zigaretten, trotzdem wird die breite Mehrheit der Nichtraucher auch der Außenwerbung für Tabak ausgesetzt. Das ist eine schreckliche Verschwendung von Werbegeldern.

Was ich hier eindringlich und überzeugend darlege, ist, daß der Einsatz von Außenwerbung überhaupt keinen Sinn macht, es sei denn, die Öffentlichkeitswirkung, die Sie damit erreichen, schlägt sich hauptsächlich im angepeilten Publikum nieder. Ansonsten setzen Sie viele Leute Botschaften aus, die sie nicht betreffen und oder die ihnen nichts nutzen – und Sie tun dies in einem wirklich kolossalen Rahmen!

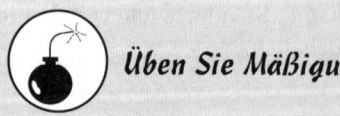 **Üben Sie Mäßigung**

Außenwerbeanzeigen sind oft ziemlich aufdringlich. Viele Leute reagieren verärgert, wenn ihre Sicht durch gigantische Werbeanzeigen versperrt wird! Sie sollten das im Hinterkopf behalten, wenn Sie darüber nachdenken, wie und wann Sie dieses Medium einsetzen wollen.

Eine neue Welle von Verboten einiger Formen der Außenwerbung könnten an Boden gewinnen – einen Meilenstein stellt z.B. das jüngste Verbot der meisten Außenanzeigen für Alkohol und Tabak der Stadt Baltimore in den USA dar. Obwohl die juristischen Streitereien, die sich aus diesem Verbot ergeben haben, noch nicht beigelegt worden sind, könnte das Verbot zu einer eher feindlichen Stimmung gegenüber der Außenwerbung auf US-Märkten führen.

Aber unabhängig davon, ob Ihr Produkt als gefährlich angesehen wird oder nicht, macht es einfach keinen Sinn, Außenwerbung einzusetzen, wenn sich keine hohe Öffentlichkeitswirkung in der anvisierten Zielgruppe daraus ergibt.

Falls Marketingleute sich weiterhin der Freiheit erfreuen wollen, Anzeigen praktisch nach Lust und Laune zu schalten, müssen sie versuchen, nicht die respektlose, Mitten-ins-Gesicht-Einstellung anzunehmen, die große Teile der modernen Werbung zu charakterisieren scheinen.

Bitte schalten Sie keine Außenwerbung, die einige Betrachter beleidigen könnte. Vertrauen Sie mir, es ist einfach nicht das Risiko wert, Gruppen diesem Medium gegenüber verdrießlich zu stimmen und den Hang zu umfassenden Verboten anzuheizen. Für solche Botschaften stehen wesentlich gezieltere Medien zur Verfügung. Ich bin sicher, Sie können eine Zeitschrift, einen Radiosender oder eine Versandliste finden, die Ihr Ziel vermitteln, ohne dabei nicht anvisierte Leute zu beleidigen.

Zurück zu den Grundlagen: Das unbedingt erforderliche Schild

Mir ist eine seltsame Sache aufgefallen, während ich dieses Buch schrieb: *Schilder* (kleine, informative Außenanzeigen oder Mitteilungen) tauchen nicht im Stichwortverzeichnis oder Inhaltsverzeichnis der meisten Bücher über Marketing auf. Schilder. Sie wissen schon, diese Dinger mit Marken- oder Firmennamen drauf, – und manchmal auch einer kurzen Marketingbotschaft oder einer nützlichen Information für den Kunden.

Schilder sind überall – falls Sie gerade in einem Büro sind, gehen Sie ans nächste Fenster, und Sie werden wahrscheinlich mit Leichtigkeit eine Handvoll davon sehen. Schilder sind zweifellos wichtig. Selbst wenn sie nur dazu dienen, ein Geschäft oder ein Büro ausfindig zu machen, sie erledigen eine Aufgabe, die für Marketingleute sehr wichtig ist. Falls Ihre Kunden Sie nicht finden, sind Sie aus dem Geschäft. (Ich zeige Ihnen gleich andere Einsatzmöglichkeiten für Schilder.) Also warum neigen Marketingleute – oder zumindest solche Marketingexperten, die die Bücher schreiben – dazu, Schilder so vollkommen zu ignorieren?

Sie werden keine nationale oder internationale Sammlung von Regeln für Schilder finden. Noch werden Sie eine größere Organisation ausfindig machen können, die Regeln fördert und sich für die besten Praktiken einsetzt. Was Schilder angeht, kann ich Sie nicht so leicht an »die Experten« weiterverweisen, wie beim Radio, Fernsehen, Print oder anderen Medien der

Außenwerbung. Sie werden am Ende wahrscheinlich mit einem Hersteller von Schildern vor Ort zusammenarbeiten, und Sie und Ihr Designer werden Angaben zu Größe, Materialien, Text und Bildelementen machen.

 ## Ein Zeichen unserer Zeit

Viele Zeichen/Schilder erfüllen einen öffentlichen Zweck – zum Beispiel, Sie davon abzuhalten, Fußgänger am Zebrastreifen umzufahren. Diese scheinen nichts mit Marketing zu tun zu haben. Dennoch verfolgen sie das gleiche grundlegende Ziel – das Verhalten von jemandem zu ändern, gewöhnlich sofort und gewöhnlich, indem sie beeinflussen, wo sie hingehen und wohin nicht.

Diese Straßenschilder bieten Hinweise für die Gestaltung aller Schilder. Beachten Sie, wie schlicht und klar sie sind. Schilder müssen schlicht sein, aufgrund ihrer geringen Größe in Verbindung mit den Ansichtsbedingungen: Leute sehen sich Schilder aus einiger Entfernung und in Eile an. Die gleichen Einschränkungen gelten für kommerzielle Schilder, also denken Sie daran, daß Sie diese Tatsache berücksichtigen, wenn Sie Ihre Schilder gestalten. Die Kommunikationsfähigkeit von Schildern ist ziemlich begrenzt. Falls das typische Schild eine Marketingbotschaft mit ausreichender Sichtbarkeit und Stärke vermitteln könnte, dann wären Reklametafeln schließlich nicht erfunden worden!

Aber Sie können Schilder nicht aus dem Spiel auszählen, wenn Sie diese überaus wichtigen Einflußpunkte über Ihre bestehenden und potentiellen Kunden im Auge haben. Äußere und öffentliche Schilder spielen eine wichtige Rolle bei der Anziehung von Kunden zu bestimmten Standorten. Interne Schilder gewinnen an Wichtigkeit in der Arena der Einkaufsstättenwerbung (siehe Kapitel 16). Schilder als selbstverständlich anzusehen, ist zu einfach – denken Sie an sie, wenn Sie Ihr Marketing-Programm entwickeln!

 Viele Städte und Großstädte regulieren die Aufmachung von Schildern an öffentlichen Orten (Einschränkungen können gewöhnlich bei den örtlichen Bebauungsämtern erfragt werden. Und wenn Sie Laden- oder Büroräume mieten, könnte der Vermieter eventuell auch ein paar Beschränkungen oder ein Recht auf Überprüfung in den Mietvertrag mit aufgenommen haben. Sie erkundigen sich besser nach diesen möglichen Beschränkungen, bevor Sie Geld für die Gestaltung und Herstellung von Schildern ausgeben! Wenn Beschränkungen den Anschein machen, Schwierigkeiten zu verursachen, werden Sie wahrscheinlich einen Rechtsanwalt konsultieren müssen, um Ihre Möglichkeiten klarzustellen, bevor Sie den Designprozeß einläuten.

 Wenn es soweit ist, daß ein Schild angefertigt werden muß, ziehen Sie Ihre örtlichen oder regionalen Branchentelefonverzeichnisse zu Rate. Sie sollten mehrere Möglichkeiten offen lassen. Sie könnten ein angesehenes Designbüro oder einen erfahrenen Designer um eine persönliche Empfehlung bitten.

 Ziehen Sie ebenfalls in Erwägung, einen Schreiner, Buntglasbläser, Ölmaler oder andere künstlerische oder handwerkliche Fachleute anzuheuern, um Ihr Schild zu fertigen. Die meisten Schilder sind sichtbare Beispiele für kommerzielle Kunst – mit wenig wirklicher Kunst. Wenn also ein Unternehmen einen Künstler damit beauftragt, den Firmennamen und das Logo in ein großes Stück Mahagoni zu schnitzen, dann ist das Ergebnis etwas wahrhaft besonderes! Ungewöhnliche und schöne Schilder verkünden der Welt ebenfalls, daß Ihr Unternehmen besonders ist. Ein wirklich außergewöhnliches Schild, gut ausgestellt in einem stark frequentierten Gebiet, besitzt mehr Kraft, ein Image aufzubauen oder zukünftige Kunden anzuziehen, als irgendeine andere Form von lokaler Werbung.

Was Ihr Schild bewirken kann

Schilder bieten nur eingeschränkte Möglichkeiten mit Blick auf die Marketingziele, die sie erfüllen können – aber vielleicht nicht ganz so eingeschränkte, wie Sie denken. Der Marketingberater Robert Bly schreibt, daß Schilder folgende Kommunikationsfunktionen ausüben können:

✔ **Schilder können Leute zu Ihrem Geschäftsstandort führen:** Bly erklärt das dahinterstehende Konzept sehr gut, wenn er sagt, daß »Schilder die Umgebung indizieren«. Viele Marketingleute verstehen diese Notwendigkeit in dem Maß, daß sie Außenwerbung an Autobahnausfahrten einsetzen, um die Reisenden in ihr Geschäft einzuladen. Aber dann unterlassen es die Marketingleute, richtungweisende Schilder für diese Reisenden nach dem Verlassen der Autobahn aufzustellen. Unterschätzen Sie nicht die Fähigkeit des Durchschnittskunden, sich zu verirren. Sorgen Sie dafür, daß Ihre Schilder die Umgebung gut genug ausweisen, so daß Sie keinen Kunden auf dem Weg verlieren!

Schilder wie Indizes zu benutzen, kann Ihnen dabei helfen, das Standortspiel erfolgreicher zu meistern, indem sie Ihnen Präsenz in der Nähe von Standorten der Konkurrenz verschaffen. Sie kennen das alte Sprichwort über die drei Regeln des erfolgreichen Einzelhandels – die lauten Lage, Lage, Lage! Nun, Sie können Schilder dafür einsetzen, einen breiteren, sichtbaren Fußabdruck für Ihren Standort zu schaffen. Wenn Sie beispielsweise überall in einem Einkaufszentrum Schilder für Ihr Geschäft aufstellen, werden mehr Kunden zu Ihnen kommen, und Sie werden weniger an die Läden der Konkurrenz verlieren!

✔ **Schilder können Straßenwerbung machen:** Schilder sind letztendlich die ursprüngliche und grundlegendste Form der Außenwerbung. Sie sind kleiner, eher vor Ort und vertrauter als die riesigen Reklametafelplakate, die in der modernen Außenwerbung eingesetzt werden. Aber sie können sogar noch effektiver sein als Reklametafeln. Sie kündigen Ihre Präsenz an; sie können und sollten auch eine ganze Menge über Ihre *Persönlichkeit* aussagen (siehe Kapitel 5 zur Wahl und Nutzung von Persönlichkeit im Marketing). Schilder sollten so gestaltet werden, daß Sie Ihren Standort so sichtbar wie möglich für alle vorbeigehenden oder -fahrenden Passanten machen. Sie sollten das auf eine Weise tun, die im Einklang mit Ihrem *Geschäftsimage* steht – der Persönlichkeit, die Sie gegenüber Ihren bestehenden und potentiellen Kunden zur Geltung bringen wollen.

✔ **Schilder können Image aufbauen:** Die Qualität eines Schildes sagt viel über die Qualität der Produkte oder Dienstleistungen aus, die der Kunde erwarten kann. Ich dränge Sie dazu, *alle Ihre Konkurrenten mit Schildern zu übertreffen*, um ein qualitativ höheres Image zu vermitteln. Im Marketing bedeutet Wahrnehmung Realität, und die Schilder üben für viele Geschäfte eine große Wirkung auf die Wahrnehmung der Kunden aus!

✔ **Schilder liefern nützliche Informationen:** Welche Produkte oder Dienstleistungen bieten Sie an? Wie und wann können Kunden ins Geschäft kommen? Was unterscheidet Sie von anderen Möglichkeiten? Nach welchen Geschäften oder Kunden halten Sie Ausschau? Kunden können diese Fragen zu oft nicht beantworten, wenn sie ein Geschäft von außen betrachten. Die Einzelheiten stehen einfach nicht zur Verfügung. Aber diese Einzelheiten können auf Schildern verewigt werden. Wenn Schilder diese ganzen Fragen beantworten, wird die Verwirrung von Kunden und Nicht-Kunden auf ein Minimum reduziert. Sie ziehen dann mehr der Geschäfte an, auf die Sie aus sind, und weniger oder keine Geschäfte, die Sie nicht tätigen wollen. Sehen Sie sich Ihre Schilder mal kritisch an – liefern Sie wirklich genügend Informationen für Ihre bestehenden und potentiellen Kunden sowie die bloß Neugierigen? Sorgen Sie dafür, daß Ihre Schilder vermitteln, wer Sie sind, was Sie tun, für wen Sie es tun, wann, wo und wie!

Text für Schilder

Texten für Schilder ist eine seltsame Kunst, aber eine, die der Marketingmensch meistern muß. Die Sprache auf Schildern ist zu häufig vieldeutig. Das Schild sagt einfach nichts aus, das präzise genug wäre, seinen Zweck klar darzustellen. Bevor Sie einem Design zustimmen, überprüfen Sie den Text, um sicher zu sein, daß er beispielhaft für klares Texten ist! *Versuchen Sie, die Wortwahl fehlzuinterpretieren.* Kann das Schild so verstanden werden, daß es eine Bedeutung bekommt, die Sie nicht beabsichtigt haben? Versuchen Sie über »dumme« Fragen nachzudenken, die das Schild nicht beantwortet. Einige Leute haben zum Beispiel einen schrecklichen Orientierungssinn, daher wird ein Schild an der Seite eines Geschäfts sie verwirren, wie sie dieses Geschäft betreten sollen, es sei denn, auf dem Schild ist klar sichtbar ein Pfeil und der Hinweis »Eingang vorne« ausgewiesen!

Einige Schilder sind so gestaltet, daß sie wichtige Informationen vermitteln – Anweisungen beispielsweise oder Einzelheiten über das Warensortiment des Geschäftes. Informative Schilder sind häufig zu kurz *und* zu langatmig. Der Text und das Design sollten in zwei Abschnitte eingeteilt werden, jeder mit einem eigenen Zweck.

✔ Der erste Abschnitt ist wie die *Schlagzeile* in einer Printanzeige, und sein Zweck liegt darin, Aufmerksamkeit von weitem zu erregen und Leute zu dem Schild hinzuziehen. Angesichts dieses Zwecks ist Kürze der Schlüssel –große, eingängige Schrift und/oder Bildelemente sind ebenfalls unerläßlich.

✔ Der zweite Abschnitt des Schildes muß *die wesentliche Information* genau und umfassend vermitteln. Falls der erste Abschnitt seine Aufgabe erfüllt, werden die Betrachter geradewegs zum Schild gehen, um den informativen Teil zu lesen, daher muß diese

Schrift nicht so groß und eingängig sein. Statt dessen muß die Formulierung und die Schrift leicht zu lesen und zu interpretieren sein und ausreichend vollständig, um alle möglicherweise auftretenden Fragen der Betrachter zu beantworten.

 Die meisten Schilder verfügen nicht über diese zwei verschiedenen Abschnitte, und folglich haben sie keinen Erfolg dabei, den jeweiligen Zweck besonders gut zu erfüllen. Sie ziehen die Passanten weder sehr stark an, noch informieren sie sie umfassend. Leider haben die meisten Schildmacher einen starken Drang, den gesamten Text in einer Größe zu setzen. Wenn Sie dazu gezwungen werden, machen die Schildmacher die Überschrift doppelt so groß wie den übrigen Text. Aber darüber hinaus Änderungen vorzunehmen, scheint sie aufzuregen. Na ja, um ein gutes Schild zu erhalten, müssen Sie vielleicht einige Leute aufregen. Das gilt für viele Aspekte des Marketing: Wenn Sie überdurchschnittliche Leistungen erreichen möchten, werden Sie wohl oder übel gegen den Strom schwimmen müssen.

Ein anderes Problem mit dem Text auf Schildern liegt darin, daß er in der offensichtlich dümmsten Weise verfaßt wurde. Tradition besagt, daß ein Schild, ungleich jeder anderen Marketing-Kommunikation, einfach die Tatsachen in einer direkten, phantasielosen Weise darstellen muß. Das Wörterbuch sollte »kreative Schilder« als Beispiel geben, wenn es das Wort »Oxymoron« definiert, weil »kreativ« und »Schilder« dazu neigen, sich wie Wasser und Öl zu vermischen.

Ein Grund dafür, daß Sie nicht besonders viel Kreativität auf Schildern finden, liegt darin, daß die meisten Marketingmenschen annehmen, Leute *lesen* Schilder. Es ist die herkömmliche Überzeugung, daß Ihre bestehenden und potentiellen Kunden Ihre Schilder automatisch finden und lesen.

Die durchschnittliche Einkaufsstraße in einer durchschnittlichen Stadt verfügt über mehr als hundert Schilder pro Häuserblock. Versuchen Sie mal, so einen Block entlangzugehen und nachher alle Schilder aufzulisten, an die Sie sich erinnern können. Einige werden hervorstechen (STOP beispielsweise), aber die meisten bleiben ungesehen. Ich wette, Sie schaffen es nicht, sich den Text vieler dieser Schilder wieder ins Gedächtnis zu rufen, auf denen Ihr Auge lange genug geruht hat, um sie zu lesen.

 Ich hasse es, der Überbringer schlechter Nachrichten zu sein, aber die Vorstellung, daß jedermann Schilder liest, ist ein Marketingmythos, und ein gefährlicher noch dazu. Nur die am besten gestalteten Schilder erregen und fesseln in Wirklichkeit die Aufmerksamkeit auf hohem Niveau. Dieses Medium enthält wahrscheinlich mehr Durcheinander als irgendein anderes. Sie sollten wirklich die Grundsätze des guten Designs und Textens (aus Kapitel 5) auf Ihr Schild anwenden. Was noch wichtiger ist, Sie müssen mit der Tradition brechen und einige kreative Ansätze ausprobieren, um Ihre Schilder herausstehen zu lassen und Betrachter anzuziehen (siehe Kapitel 4 zur Erstellung wirkungsvoller kreativer Konzepte).

 Das ist die schlechte Nachricht – daß Ihr Vertrauen in Schilder bedauerlicherweise unangebracht ist. Die gute Nachricht ist, daß Sie, immer wenn Sie andere Marketingleute blödsinnige Fehler machen sehen, deren Irrtümer in Ihre Chancen umwandeln können. Schilder ermöglichen nämlich Innovationen auf zwei interessanten Gebieten. Sie können Neuerungen im Text und im Bildmaterial einführen, genauso wie Sie es in jedem Printmedium tun können – von einer Zeitschriftenanzeige bis hin zu einer Reklametafel am Straßenrand. Aber Sie können sich auch hinsichtlich der Form des eigentlichen Schildes etwas Neues einfallen lassen. Experimentieren Sie mit Materialien, Formen, Beleuchtung und der Art, wie Sie Schilder zur Schau stellen, um mit einigen neuartigen Ideen aufzuwarten, die Ihrem Schild Anziehungskraft verleihen. Schilder sollten kreativ sein und Spaß machen! (Eigentlich sollte das für das gesamte Marketing gelten.)

Hier sind einige der vielen Variationen hinsichtlich der Form, die Sie sich zunutze machen können, wenn Sie ein kreatives Schild gestalten:

✔ Graphiken und Beschriftung aus Vinyl (schnell und preisgünstig, aber genau hinsichtlich Ihres Designs)

✔ Handgemalt (persönliches Aussehen und Gefühl)

✔ Holz (traditionelles Aussehen; Fräsen und Handschnitzerei erhöhen den Appeal)

✔ Metall (Vorteile sind Haltbarkeit und genaue Abbildung der Bildelemente und des Textes, aber nicht sehr hübsch)

✔ Fensterbeschriftung (handgemalt oder aus Vinylbuchstaben/Graphiken)

✔ Beleuchtete Kästen (Beschriftung mit Hintergrundbeleuchtung; nachts sehr gut sichtbar)

✔ Neonschilder (Wow!)

✔ Magnetische Schilder (für Ihre Fahrzeuge oder um die Computerverzeichnisse der Konkurrenten zu sabotieren)

✔ Elektronische Displays (auch bekannt als *elektronische Botschaftswiederholer*; Bewegung und längere Botschaften, plus High-Tech-Gefühl, machen diese in einigen Situationen angemessen)

Möchte irgendwer T-Shirts, Schirme und Aufkleber?

Vergessen Sie zudem nicht, daß Sie manchmal Leute dazu veranlassen können, Ihre Zeichen auf ihren Autos oder am Körper auszustellen. Ich gehe auf T-Shirts in Kapitel 11 ein, wenn ich Werbegeschenke bespreche (die auch viele andere, meist interne Wege eröffnen, Ihre Botschaft auszustellen). Ihre Kunden werden ein nettes T-Shirt vielleicht für eine Werbeprämie oder ein Werbegeschenk halten, aber Sie könnten es als eine Körperanschlagtafel ansehen! Ist das nicht toll, daß Leute bereit sind, mit Ihrer Werbebotschaft auf ihrer Kleidung durch die Gegend zu gehen? Übersehen Sie dieses Konzept als eine Form Ihrer Außenwerbung nicht.

Schirme (auch über Werbeprämien-Unternehmen zu beziehen – siehe Kapitel 11) können ebenfalls Ihr Logo und Ihren Namen sowie einen kurzen Slogan oder eine Schlagzeile verbreiten – obwohl nur bei besonders nassem oder übermäßig sonnigem Wetter.

 Übersehen Sie auch Aufkleber nicht. Falls sie raffiniert und einzigartig genug sind, werden Leute sie eifrig ausfindig machen, um damit ihre neuen hübschen Autos zu verunstalten. Fragen Sie mich nicht, warum. Aber weil sie es tun und weil die Produktionskosten für Aufkleber niedrig sind, warum sollten Sie sich da nicht ein raffiniertes Design ausdenken und Aufkleber in Zielmärkten als Geschenke an der Ladentheke zur Verfügung stellen oder als Rechnungsbeilage oder was auch immer?

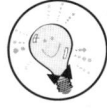 Sie können sogar einen ansprechenden Aufkleber in eine Direktversandaktion mit einbinden, wo er einen doppelten Zweck erfüllen kann – erstens als Anreiz zu fungieren, um Leute zu veranlassen, das Rundschreiben aufzubewahren und zu lesen, und zweitens noch als Außenwerbung für Sie, wenn die Adressaten den Aufkleber auf ihren Wagen anbringen. (Wenden Sie sich an örtliche Druckereien, Schildermacher oder Hersteller von Siebdrucken für T-Shirts; jede dieser Geschäftsarten stellt auch manchmal Aufkleber her.)

Das haben Sie in der Tasche

Während ich bei dem Thema Werbemaßnahmen, die Ihre Kunden für Sie ausstellen können, bin – wie steht es mit Einkaufstüten? Die großen Kaufhäuser glauben an deren Bedeutung als Werbemedium (siehe Kapitel 15). Aber die meisten anderen Geschäfte schaffen es nicht, sich die Tatsache zunutze zu machen, daß Einkaufende Taschen in belebten Einkaufszentren und Einkaufsstraßen herumtragen und ebenfalls in der U-Bahn, in Zügen und Bussen. Damit setzen sie die Botschaften auf den Tüten einer hohen Öffentlichkeit aus.

Um Tüten wirksam einzusetzen, müssen Sie sie viel leichter lesbar und wesentlich interessanter gestalten als die durchschnittliche braune Papiertüte oder weiße Plastikeinkaufstasche. Denken Sie daran, daß Sie nicht nur eine Tasche gestalten sondern eine Form von Außenwerbung. Also wenden Sie dieselben Designgrundsätze an. Lassen Sie sich einen Aufhänger einfallen: ein auffallendes Bild oder ein aufmerksamkeitserregendes Wort oder einen Satz, der jeden dazu bringt, auf diese Tüte zu gucken. Probieren Sie alternative Farben und Formen aus. (Übrigens, die meisten Lieferanten sind in der Lage, Tüten individuell zu gestalten – fragen Sie bei Lieferanten in Ihrer örtlichen Umgebung nach. Falls nicht, wenden Sie sich an Drucker und Siebdrucker. Die können auch immer Tütenbestellungen für Sie abwickeln.)

 Wenn Sie die größten und stabilsten Tüte in einem Einkaufsgebiet ausgeben, dann können Sie sicher sein, daß Einkaufende die Tüten jedes anderen Geschäftes in Ihre stopfen werden, was Ihrer Werbebotschaft die höchste Publicity verleiht. Sicher, größere, stabilere Tüten kosten mehr, darum vergeben die meisten Geschäfte ja diese schwächlichen Tüten, die Ihre Hände verletzen oder die aufreißen und ihren Inhalt in den Dreck befördern. Aber falls Sie eine Werbebotschaft ver-

mitteln wollen, sind die Kosten einer besseren Tüte ziemlich niedrig verglichen mit anderen Medien, also warum sollten Sie dieses Projekt nicht in Angriff nehmen?

 Falls Sie nicht im Einzelhandel tätig sind, denken Sie jetzt wahrscheinlich, daß diese Idee nicht auf Sie zutrifft. Falsch! Eine Menge von Geschäftsführern sehen Tüten eher als ärgerliche Ausgabe an statt als Marketingmedium. Bieten Sie diesen an, ihnen kostenlos bessere Tüten zu liefern, im Austausch für das Recht, Ihre Botschaft auf die Tüten drucken zu dürfen. Voilà! Ein neues Marketingmedium für Ihr Programm.

Gähnen Sie nicht, wenn es um Markisen geht

Eine andere Variation des Schildes muß noch erwähnt werden. Vergessen Sie nicht Markisen und Vordächer (Lieferanten stehen unter dieser Bezeichnung in den meisten Branchenfernsprechverzeichnissen). Markisen und Vordächer sind für Einzelhändler oft die ausdrucksvollste und attraktivste Form eines Schildes am Straßenrand, und sie können ebenfalls wertvoll für Bürogebäude sein.

Markisen verbinden strukturellen Wert mit Marketingwert, weil sie das Innere vor Sonne schützen und, was noch wichtiger ist, die Bodenfläche des Geschäfts erweitern, indem sie Teile des Gehsteigs als Übergangsfläche einnehmen. Eine Markise kann dieselben Funktionen erfüllen wie ein Schild, meist sogar mehr, und sie kann dies äußerst sichtbar, aber nicht aufdringlich tun. Meterlange Markisen sehen nicht so kraß und kommerziell aus wie riesige Schilder, obwohl es das ist, was sie sind. Unser Auge akzeptiert sie als strukturellen Teil des Gebäudes.

Warum nehmen Marketingleute Fahnen und Banner nicht ernst?

Während wir über Kreativität und Spaß sprechen, lassen Sie mich einen kleinen Abstecher zu Fahnen und Flaggen machen. Sie liefern einige kreative Alternativen zu Schildern und anderen Formen der Außenwerbung.

 Das Metropolitan Museum of Art in New York nutzt riesige, leuchtend bunte Stoffbahnen, um auf spezielle Ausstellungen aufmerksam zu machen. Sie schaffen einen wunderbar dekorativen Kontrast zu dem alten grauen Stein der Gebäudefassade und erzielen beachtliche Aufmerksamkeit von Passanten auf der Geschäftsstraße und den Gehwegen unterhalb.

Eine Reihe von Unternehmen spezialisieren sich auf die Herstellung von individuell gestalteten Fahnen und Spruchbändern. Natürlich sehen Sie gelegentlich geschmacklose Spruchbänder – oft vom örtlichen Fotokopierladen hergestellt –, die im Fenster von Einzelhandelsläden hängen. Aber ich spreche nicht von denen. Ich denke an eine riesige, herrliche Stoffahne, die im Wind flattert. Oder eine im Siebdruckverfahren hergestellte Fahne, die als Spannband an der Wand eines Büros oder bei einer Handelsmesse hängt. Oder ein Tischbanner aus Nylon, das die Front und die Seiten eines Tisches in Werbeflächen für Ihre Marketingbotschaft verwandelt. Oder ein die Straße überspannendes Spruchband, aufgehängt an einem Drahtseil, komplett ausgestattet mit Luftschlitzen, Verankerungen und sogar Sandgewichten, um die Botschaft bei jedem Wetter lesbar zu erhalten.

Erwägen Sie, eine Fahne oder ein Banner als Schild für Ihren Laden oder Ihr Geschäft zu nutzen. Diese Einsatzmöglichkeit ist vielleicht meine bevorzugte, weil so wenige Marketingleute sie sich zunutze machen. Eine Fahne oder ein Spruchband sind weniger statisch und langweilig als das typische Holz- oder Metallschild. Stoff ist *wesentlich* aufregender. Stoff bewegt sich, und selbst wenn er sich nicht bewegt, wissen wir, daß er das Potential zur Bewegung besitzt. Da ist auch etwas Dekoratives und Festliches an Fahnen oder Spruchbändern. Wir bringen Fahnen und Spruchbänder mit besonderen Ereignissen in Verbindung, weil sie traditionellerweise eher in diesem Zusammenhang eingesetzt werden als für die permanente Ausstellung. Wenn Sie einer der ersten sind, die mit dieser Tradition brechen, können Sie Nutzen aus einem höheren Maß an Interesse ziehen, als es feste Schilder für sich in Anspruch nehmen.

Die geringere Größe und dekorative Natur der meisten Fahnen und Spruchbänder macht sie weniger Anstoß erregend als andere Formen der Außenwerbung, man denke insbesondere an diese Anschlagtafeln entlang der Autobahnen und in der Innenstadt. In den USA haben viele Gemeinden und mehrere Bundesstaaten ein partielles oder totales Verbot gegenüber Reklametafeln verhängt, aber niemand hat Fahnen und Spruchbänder verboten. (Trotzdem, Flächennutzungsgesetze könnten eine Genehmigung Ihres Designs erforderlich machen. Klären Sie das mit Ihrem örtlichen Rathaus ab.) Wenn daher die öffentliche Akzeptanz einer großen Reklametafelbotschaft fraglich ist, versuchen Sie es mit einem eher zurückhaltenden, dekorativen Ansatz, indem Sie statt dessen mehrere Fahnen und Spruchbänder einsetzen. Sie werden niedrigere, nähere Standorte für deren Ausstellung finden müssen, weil sie kleiner sind. Aber eine lokale Immobiliengesellschaft sollte in der Lage sein, Ihnen eine Aufstellung der Gebäudeeigentümer auszuhändigen, die bereit sind, Ihre Fahnen wehen zu lassen. Es ist jedenfalls einen Versuch wert!

Diese und andere Möglichkeiten sind bei Unternehmen der Fahnenbranche erhältlich, die an das Nähen und Bedrucken von großen Stoffbahnen gewöhnt sind und die Ihnen auch Kabel, Stangen und andere Hardware zur Ausstellung von Fahnen und Spannbändern liefern können. In den letzten Jahren haben die Seidensiebdruck-Technologie und strapazierfähige, synthetische Fasern Fahnen und Spannbänder bunter und langlebiger gemacht und damit deren Einsatz im Marketing erweitert. Probieren Sie es aus!

 Eine komplette Reihe von vorrätigen und individuellen Produkten erhalten Sie bei vielen Unternehmen der Branche. Fragen Sie nach Preislisten für individuelle Fahnen und Spruchbänder, die meist viele Designideen und genaue Angaben beinhalten sowie zusätzlich einige Fotos von effektiven Spruchbändern erledigter Aufträge.

Abbildung 10.2 zeigt die bekanntesten Standardmöglichkeiten und Terminologien der Fahnen- und Banner-Branche in den USA und Deutschland (wobei die Amerikaner etwas kreativer in der Namensgebung für Ihre Produkte sind).

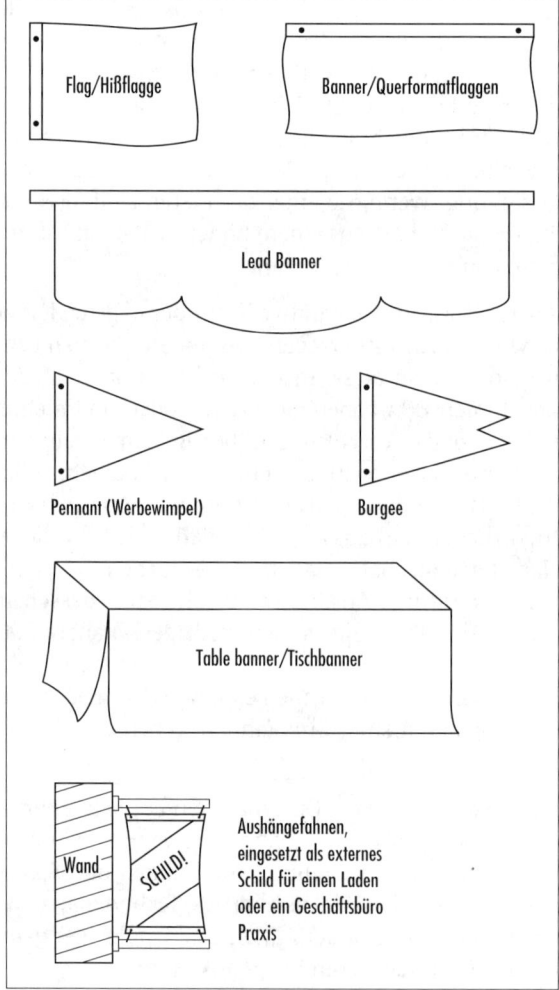

Abbildung 10.2: Fahnen- und Banneroptionen

 **Y-M-C-A**

Das Spannband für das YMCA Sommer Camp ist ein prima Beispiel dafür, wie man dieses Medium gut einsetzt. Die oberen zwei Drittel dieses Spruchbandes, das breiter als hoch ist, werden von den Silhouetten einer Reihe spielender Kinder eingenommen – Basketball, Seilspringen, Baseball, Schwimmen und Turnen werden alle klar durch diese einfachen Bildelementen veranschaulicht.

Das untere Drittel enthält den einzigen Text, in klaren Großbuchstaben: YMCA und ihr Logo auf einer Zeile und *Sommer Camp* genau darunter. Mit diesem minimalen Design vermittelt das Spruchband den Markennamen und erzählt uns eine Menge darüber, was für wen angeboten wird. Weil die Botschaft auf einem glänzenden Spruchband aus Stoff steht, gewinnt der Betrachter zusätzlich den Eindruck, daß die Botschaft etwas Besonderes und Aufregendes sein muß.

Verkehrsmittelwerbung: Botschaften auf Achse!

Verkehrsmittelwerbung ist jegliche Werbung in oder auf öffentlichen Verkehrsmitteln. Sie kann Busse, Taxen, Pendlerzüge und U-Bahnzüge umfassen und schließt auch Werbung auf Flughäfen, in Bus- und Zugbahnhöfen und Fährenterminals ein. Wer weiß? Vielleicht vermietet die NASA eines Tages Werbefläche auf der Außenseite des Spaceshuttles.

Verkehrsmittelwerbung wird von der Werbebranche als eine Form der Außenwerbung klassifiziert. Diese Klassifikation ist irreführend, weil einige Verkehrsmittelwerbeanzeigen auch drinnen sind: Anzeigen in einem Flughafenterminal, Plakate in einem U-Bahn-Wagen und so weiter. Solche Verwirrung um den Begriff *(dr)außen* führte zur Entwicklung des alternativen Begriffs *Außer-Haus*. Außer-Haus paßt besser zur Verkehrsmittelwerbung, weil sie auf Leute ausgerichtet ist, die unterwegs und nicht zu Hause sind.

Die Standardoptionen – die, die am leichtesten durch Streuagenturen und Werbefirmen zu erhalten sind – beziehen Anschlagtafeln an Wartehallen sowie externe Schilder auf Bussen und Taxen ein.

Hauptsächlich sieht man *City-Light-Poster* an Wartehäuschen von Bushaltestellen. Diese einteiligen 4/1-Bogen Plakate sind hinterleuchtet, damit sie auch nachts zu sehen sind. City-Light-Poster (1-4 Flächen je Markt) kosten je nach Marktgröße und Bestand ca. DM 13,00 pro Tag/Fläche. Sie werden ungefähr einhundert bis dreihundert Anschlagtafeln brauchen, um in einer Stadt genügend Kontakte für ein 100-Prozent-Showing zu erreichen, abhängig von der Größe der Stadt.

Busschilder haben gut akzeptierte Standardmaße – obwohl einige örtliche Busunternehmen mittlerweile auch Buskomplettbemalungen als eine Gestaltungsmöglichkeit anbieten. Im folgenden zeige ich Ihnen, was es in Deutschland rund um den Bus zu sehen gibt:

✔ **Rumpfflächenplakate:** Folien, die auf der Karosserie des Busses aufgezogen werden. Dieses Plakat kann sowohl auf der Straßenseite als auch der Bordsteinseite angebracht werden. Falls Sie sicherstellen wollen, daß Busfahrgäste und andere Fußgänger auf der Straße und in der Nähe der Bushaltestellen Ihr Plakat sehen, dann sollten Sie die Bordsteinseite bewerben. Rumpfflächenwerbung kostet ca. DM 600,- bis 1.000,- für Normal-Omnibusse bzw. DM 800,- bis 1.200,- für Gelenk-Omnibusse.

✔ **Front- und Heck-Fenster-Displays:** Diese messen 50 cm x 15 cm (für Seitenscheibenplakate, DM 12,-/13,- je Monat) oder 100 cm x 20 cm (für Heckfensterplakate, DM 60,- je Monat) und schenken Fahrern in der Nähe des Busses hohe Sichtbarkeit. Ein Heckplakat bietet hohe Kontaktmöglichkeiten mit Leuten in Autos hinter dem Bus. Aber falls der Auspuff des Busses rußig ist, wird Ihre Anzeige nach ein paar Tagen nicht mehr so toll aussehen, also überprüfen Sie das vor dem Kauf.

Kombinationen: Manchmal kombinieren Werbungtreibende eine Front-Heck-Buswerbung mit einer Bordsteinseiten-Werbung, um Ihren Eindruck auf Fußgänger zu maximieren, wenn diese den Bus vorbeifahren sehen. Fügen Sie ein Haltestellenplakat (City-Light-Poster) zu diesem Mix hinzu, und Sie haben eine unglaublich gute Abdeckung! Solche Kombinationen können effektiv sein, insbesondere wenn Sie denken, daß Ihre Anzeige anspruchsvoll zu lesen ist, oder wenn Sie demselben Betrachter zwei oder drei sich ergänzende Anzeigen zeigen wollen.

Falls Sie in einem europäischen oder anderen Land werben, werden diese Standards vielleicht nicht gelten. Außenwerbung im allgemeinen und insbesondere Verkehrsmittelwerbung ist nicht in allen Ländern vollkommen standardisiert. Also fragen Sie zuerst bei der Buslinie, den Besitzern der Anzeigentafeln – oder wer auch immer die Werbefläche kontrolliert – nach, bevor Sie Ihre Anzeige entwerfen.

Ein Vorteil der Verkehrsmittelwerbung ist, daß sie vielen Betrachtern häufig zugänglich ist. Fahrzeuge des öffentlichen Verkehrs fahren immer wieder die gleichen Strecken, und daher wird eine Anzeige auf einem solchen Fahrzeug eventuell mehrmals von fast jedem gesehen werden, der mit offenen Augen diese Strecke entlanggeht.

Behalten Sie diese hohe Betrachterfrequenz im Kopf, wenn Sie Ihre Verkehrsmittelwerbung entwerfen – Sie wollen doch nicht, daß Ihre Anzeige langweilig und lästig wird. Darum vermeiden Sie billigen Humor und allzu simple Gags.

Ziehen Sie in Betracht, die Regel der Außenwerbung zu brechen, die besagt, daß Sie Ihr Design klar und schlicht halten müssen. In der Verkehrsmittelwerbung tun Sie besser daran, das Design zu schichten, so daß Sie eine klare, groß angelegte und schlichte Botschaft für den Erst-Betrachter anbieten – aber ebenfalls eine detailliertere Gestaltung und Botschaft, die der wiederholte Betrachter im Plakat finden soll. Sie könnten einen trotteligen Charakter in Ihrer Anzeige verstecken, den die Leute finden sollen. Oder ein Rätsel oder Puzzle, das die Betrachter lösen sollen. Der Gedanke ist, daß die Betrachter mit der Zeit tiefer in die Anzeige eindringen können, wenn sie sie wiederholt sehen, und daß diese Attraktionen die Anzeige frisch erhalten und das Interesse des Betrachters in die Anzeige sowie in ihre Botschaft wecken und verstärken wird. Ich überlasse es Ihrer Phantasie, sich auszumalen, wie Sie dieses Ziel in Ihrem persönlichen Fall erreichen sollen. Aber ich dränge Sie dazu, es zu versuchen. Denn wenn Sie Erfolg haben sollten, werden Sie über eine außergewöhnlich wirksame Verkehrsmittelwerbung verfügen.

 Diese Idee ist um einiges offensichtlicher – wird aber immer noch von vielen Marketingleuten übersehen. Hat Ihr Unternehmen seine eigenen Fahrzeuge auf der Straße? Falls ja, nutzen Sie sie derzeit zur Außenwerbung? Die meisten Marketingleute sagen entweder »nein« oder »irgendwie«, wenn ich ihnen diese Frage stelle. Kleine, billige, magnetische Schilder zählen nicht. Noch tut es ein nur aufgemalter Name auf der Türe oder Seitenfläche eines Lkws. Falls Sie für so viel Ausstellungsfläche, wie sie sogar ein normal großer Lieferwagen bietet, *bezahlten*, würden Sie wahrscheinlich einen Designer oder eine Werbeagentur anheuern und viel Sorgfalt in Ihre Botschaft stecken. Sie zahlen tatsächlich für die Außenfläche auf Ihren Fahrzeugen; die Kosten tauchen nur nicht im Marketingbudget auf. Also warum ziehen Sie nicht in stärkerem Maße Kapital aus dieser Investition, indem Sie es als ein seriöses Marketingmedium behandeln? Montieren Sie Rahmen für busgroße Plakate und stellen Sie eine rotierende Sammlung von professionell gestalteten Anzeigen aus. Oder stellen Sie einen fähigen Airbrush-Maler ein, damit er jedes Fahrzeug individuell besprüht.

 Als ich sagte, Ihre Fahrzeuge bieten kostenlose Werbefläche, habe ich gelogen. Sie *sollten* Geld für eine Sache ausgeben – sorgen Sie dafür, daß Sie die Fahrzeuge oft genug *putzen*, damit die Anzeigen weiterhin gut aussehen.

Publicity, Werbeartikel und Mundpropaganda

11

In diesem Kapitel

▷ Wie Sie positive Publicity für Produkte und Organisationen schaffen

▷ Wie Sie eine wirksame Pressemitteilung schreiben

▷ Wie Sie den Einfluß der Mundpropaganda Ihrer Kunden nutzen

▷ Wie Sie Werbeartikel zur Motivation von Kunden und Verkäufern einsetzen

▷ Wie Sie bessere Werbeartikel auswählen und beziehen

S ie werden sich vielleicht fragen, wie Publicity und Werbeartikel im selben Kapitel landen konnten. Vielleicht liegt der Grund darin, daß beide unzureichend genutzte Marketingmedien sind. Sicherlich tun sich viele Marketingleute ziemlich schwer, die Nachrichtenmedien dazu zu bringen, ihnen bei ihren Marketingzielen auszuhelfen, obwohl das eine sehr wirksame Strategie ist. Obwohl eine Menge Unternehmen Werbeartikel und Anreize einsetzen, ist die typische Praxis ziemlich wenig überzeugend. Bitte zeigen Sie mir jetzt nicht einen billigen Stift mit dem Namen Ihres Unternehmens, oder ich werde versucht sein, Ihnen Ihr Exemplar des *Marketing für Dummies* wegzunehmen.

In diesem Kapitel bringe ich Ihnen bei, wie Sie wirksamen Nutzen aus diesen beiden unterbewerteten Medien ziehen. Ich werde auch auf ein sogar noch mißverstandeneres Medium eingehen – die Mundpropaganda durch Kunden.

Mundpropaganda ist die einflußreichste Form der Marketing-Kommunikation, weil sie mehr Einfluß auf Kaufentscheidungen ausübt als Werbung oder irgendeine andere Form der Marketing-Verkaufsförderung. Dennoch ignorieren die meisten Marketingleute Mundpropaganda einfach, weil sie annehmen, daß sie die Kunden nicht in dem, was sie sagen, beeinflussen können. Quatsch. Mundpropaganda sollte ein wesentlicher Teil jedes Marketing-Programms sein. Sie müssen Mundpropaganda im Auge behalten und zumindest den Versuch machen, sie zu Ihrem Vorteil zu beeinflussen.

Also lesen Sie weiter und sehen Sie sich die Möglichkeiten an, wie Sie diesen drei Waisenmedien ein gutes Zuhause in Ihrem Marketing-Programm geben können.

Keine Neuigkeiten sind schlechte Neuigkeiten: Wie Sie Publicity zu Ihrem Vorteil einsetzen

Publicity ist die Berichterstattung über Ihr Produkt oder Unternehmen im redaktionellen Teil jedes Nachrichtenmediums. Falls beispielsweise die Zeitschrift *Test* Ihr Produkt in einem Artikel als das beste seiner Kategorie anpreist, dann ist das Publicity. Gute Publicity. Falls aber im Gegensatz dazu die abendliche Nachrichtensendung einen Bericht ausstrahlt, in dem Ihr Produkt verdächtigt wird, zahlreiche Unfälle zu verursachen, dann ist das auch Publicity. Schlechte Publicity.

Diese beiden Beispiele verdeutlichen zwei gängige Gründe für Journalisten, über ein Produkt in einem Artikel zu berichten – entweder weil das Produkt besser oder weil es schlechter ist als erwartet. In beiden Fällen ist die *Produktqualität der Schlüssel zur Publicity*. Denken Sie an diese Tatsache.

Der beste Weg, positive Publicity zu initiieren, ist, ein wirklich überlegenes Produkt zu entwickeln und herzustellen. Der beste Weg, schlechte Publicity zu schaffen, ist, etwas Schlechtes zu produzieren. Daher sind die Qualität Ihrer Produktentwicklungs- und Produktion/Lieferungs-Prozesse ein wichtiger Faktor in Ihrer Nutzung von Publicity. Gute Publicity beginnt mit einem alle Managementprozesse durchdringenden Qualitätsstreben!

 Hier ist eine einfache Regel: Wenn über Ihre Organisation oder Produkte überhaupt nicht berichtet wird, ist das Ihre Schuld als Marketingmensch. Marketingleute sollten aktiv sein und positive Publicity erzeugen. Aber wenn Ihr Produkt schlechte Presse erhält, dann ist das im allgemeinen die Schuld des Managements. Natürlich bekommen Sie immer noch die Schuld zugeschoben und müssen mit der negativ eingestellten Öffentlichkeit fertig werden, aber da das Problem höchst wahrscheinlich seinen Ursprung in Fehlern des Managements hat, sollten Sie schleunigst die Geschäftsleitung hinzuziehen.

Public Relations (PR = *Öffentlichkeitsarbeit*) ist das aktive Streben nach Publicity für Marketingzwecke. Sie betreiben PR, um sich gute Publicity zu verschaffen und schlechte zu minimieren. Im allgemeinen sind Marketingleute für die Erzeugung guter Publicity verantwortlich. Wenn sie gute Geschichten kreieren und diese den Medien wirksam vermitteln, werden die Geschichten aufgegriffen und in Nachrichten- oder Unterhaltungsstoff umgewandelt. Gute Publicity.

In kleineren Organisationen übernehmen Marketingleute oder die Hauptgeschäftsführer auch die PR-Rolle, aber größere Unternehmen haben im allgemeinen einen PR-Manager oder eine PR-Abteilung, deren einzige Aufgabe in der Erzeugung positiver Publicity besteht. Viele Unternehmen stellen auch *Publizisten* oder *PR-Agenturen* ein – Experten, die sich mit PR auf einer freiberuflichen oder beratenden Basis beschäftigen.

Es gibt auch so etwas wie *schlechte Publicity*. Auf alle negativen Nachrichten muß gekontert und die eigentlichen Gründe dafür müssen ausgeschaltet werden, falls überhaupt möglich. Der Umgang mit schlechter Publicity ist ebenfalls ein wichtiges Marketingthema.

Marketingleute machen sich nicht auf die Suche nach schlechter Publicity. Schlechte Publicity ist gewöhnlich das Ergebnis eines schwachen Gesamtmanagements (das ungenügende finanzielle Resultate erbringt oder Produkte von minderwertiger Qualität herstellt), oder es ist das Ergebnis von bestimmten Managementfehlern (wie ein noch nicht ausgereiftes Design zu genehmigen, um ein Produkt schnell auf den Markt zu bringen). Manchmal ist schlechte Publicity das Ergebnis von eindeutigem Pech – in diesem Fall werden Sie den Medien gegenüber ein ehrliches, besorgtes Gesicht aufsetzen müssen, bis sich der Sturm legt.

Wenn etwas richtig schiefgeht und die Medien das nach allen Regeln der Kunst ausschlachten, dann stecken Sie in einer PR-Krise. Der erste Schritt, eine PR-Krise in den Griff zu bekommen, besteht darin, einen der Spitzenmanager alleine in einen Raum zu bekommen und ihn oder sie zu zwingen, Ihnen zu sagen, was wirklich passiert ist; sobald die Medien anfangen, zu graben, wird die Wahrheit schließlich doch ans Licht kommen. Der nächste Schritt ist, zu versuchen, dem Manager seine Zustimmung abzuringen, gegenüber den Medien auszupakken, indem man eine wahrheitsgetreue Erklärung darüber abgibt, was schiefgelaufen ist und wie das Unternehmen gedenkt, das Problem zu lösen. Wenn Sie das Management nicht dazu bewegen können, vergessen Sie's. Sie werden nicht in der Lage sein, die Flut der negativen PR einzudämmen. Die Krise wird sich weiter zuspitzen. In diesem Fall besteht Ihr bester Rückzug darin, Ihren Lebenslauf aufzupolieren und einen besseren Job zu finden. (Ist nicht ganz ernst gemeint!)

Krisenmanagement ist ein schillerndes Thema, und hoffentlich müssen Sie es niemals einberufen. Im Gegensatz dazu sollte positive PR eine tägliche oder zumindest wöchentliche Marketingaktivität darstellen. Der folgende Abschnitt zeigt Ihnen, wie Sie das anstellen.

Wie spüre ich eine gute Geschichte auf?

Für einen Journalisten ist eine gute Geschichte etwas, das genügend öffentliches Interesse erregen wird, um Leser, Zuschauer oder Zuhörer anzuziehen und ihre Aufmerksamkeit zu fesseln. Genauer heißt das: Eine Geschichte muß für einen Journalisten, der über die Plastikbranche berichtet, ausreichend gut sein, um die Aufmerksamkeit der Leute in dieser Branche zu fesseln. Ich sage nur ungern, daß das meiste, was Sie Ihrem Markt vermitteln wollen, ziemlich weit von einer guten Geschichte entfernt ist.

Journalisten und Herausgeber möchten *keine* Geschichten

✔ über Ihr neues Produkt oder Ihre neue Dienstleistung und wie diese sich von denen der Konkurrenz oder von Ihrem alten Modell unterscheiden (es sei denn, es ist das Spezialgebiet der Berichterstattung)

✔ darüber, warum Sie und der Geschäftsführer Ihres Unternehmens denken, daß Ihre Produkte wirklich hervorragend sind

✔ über alte Hüte – eine, über die sie schon einmal auf dieselbe Weise berichtet haben

✔ über irgend etwas, das jedem anderen, der nicht für Ihr Unternehmen arbeitet, langweilig und eigennützig erscheint.

Dennoch bekommen Reporter häufig genau solche Geschichten zu hören, weil die sich mit PR befassenden Leute keine ausgebildeten Journalisten sind und nicht einmal versuchen, *wie* gelernte Journalisten *zu denken*. Genau das müssen Sie aber tun. Sie müssen eine Geschichte aufspüren, genügend Informationen zusammentragen, um die Geschichte zu untermauern, und den Text für diese Version der Geschichte schreiben, die dann praktisch fertig zum Abdruck in Ihren Zielmedien ist. Alles, was Sie tun müssen, um gut bei der Erzeugung von positiver Publicity zu sein, ist ...

... wie ein Journalist zu denken!

Was ist der Aufhänger?

 Falls Sie nicht wissen, wie ein Journalist denkt, gebe ich Ihnen eine einfache Übung auf, damit Sie die Idee erfassen. Blättern Sie die heutige Tageszeitung durch (die, die Sie gerne lesen) und bestimmen Sie die fünf besten Artikel, gemessen daran, wie interessant sie für Sie sind. Analysieren Sie jetzt jeden einzelnen, damit Sie die eine Sache erkennen, die diesen Artikel interessant genug gemacht hat, um Ihre Aufmerksamkeit zu fesseln. Die *Aufhänger*, die Dinge, die jeden Artikel für Sie interessant gemacht haben, werden verschieden sein. Aber jeder Artikel wird, wenn auch unterschiedliche, Aufhänger aufweisen, und diese Aufhänger haben bestimmte Elemente gemeinsam:

✔ Aufhänger basieren häufig auf neuen Informationen (Informationen, von denen Sie nichts wußten oder die Sie nicht genau kannten).

✔ Aufhänger machen diese neuen Informationen relevant für Ihre Aktivitäten oder Interessen.

✔ Aufhänger wecken Ihre Aufmerksamkeit, oft indem sie Sie mit etwas überraschen, das Sie nicht erwartet hätten.

✔ Aufhänger versprechen Ihnen einen Nutzen – obwohl der Nutzen indirekt sein könnte –, indem sie Ihnen helfen, Ihre Welt besser zu verstehen, etwas Unerwünschtes zu vermeiden oder einfach Spaß beim Zeitunglesen zu haben.

Falls Sie die vorige Übung ausgeführt haben, denke ich, daß Sie den nächsten Absatz genausogut wie ich schreiben könnten:

Die logische Schlußfolgerung ist, daß Sie sich Aufhänger ausdenken müssen, um aus Ihrer Marketingbotschaft ansprechende Geschichten für Journalisten zu machen. Ihre Aufhänger müssen genau so wie diejenigen sein, die Ihre Aufmerksamkeit auf diese Zeitungsartikel gelenkt haben, mit einer Ausnahme: Sie müssen irgendwie an Ihre Marketinginformation gebunden sein. Es muß mindestens eine dünne Spur bestehen zwischen dem Aufhänger und Ihrer Markenidentität, der Nachricht, daß Sie gerade ein neues Produkt auf dem Markt eingeführt haben oder dem, wovon Sie die Öffentlichkeit sonst noch in Kenntnis setzen möchten. Wenn Journalisten Ihren Aufhänger in ihrer eigenen Arbeit nutzen, werden sie auf diese Weise schließlich einige Ihrer Marketinginformationen in ihre Artikel einfließen lassen, als ein fast zufälliger Nebeneffekt.

Journalisten wollen Ihnen nicht bei der Kommunikation mit Ihrem Zielmarkt behilflich sein. Ihnen könnte nicht weniger an Ihrem Zielmarkt liegen. Aber Journalisten nutzen gerne jede gute Geschichte, die Sie für sie zu schreiben bereit sind, und falls Ihr Produkt anschließend erwähnt oder Ihr Marketingmanager zitiert wird, ist das kein Problem. Daher liegt das Geheimnis, der Schlüssel, die Essenz einer guten Publicity in der Entwicklung von Geschichten mit wirksamen Aufhängern und deren Weitergabe an überarbeitete Journalisten, die auf ein bißchen Hilfe von einem Freiwilligen wie Ihnen erpicht sind.

Wie übermittle ich eine Geschichte an die Medien?

Wenn sie PR lehren, fangen die meisten Leute hier an – mit der Form, nicht dem Inhalt. Meiner Erfahrung nach bestreitet der Inhalt 90 Prozent der Schlacht, die Form nur 10 Prozent, also habe ich die traditionelle Reihenfolge umgedreht. Aber die Form hat auch Bedeutung. Sie müssen Ihre Geschichte in ein angemessenes und professionelles Format kleiden, damit die Journalisten wissen, worum es in Ihrer Geschichte geht und um damit gut arbeiten zu können.

Das wichtigste und grundlegendste Format für die Übermittlung einer Geschichte ist die *Presseveröffentlichung*, ein kurzes, schriftliches Dokument mit einer klaren Überschrift, ausreichend vielen Tatsachen und Zitaten, um eine kurze Nachrichtenmeldung zu unterstützen, kurze, untermauernde Hintergrundinformationen über das betreffende Produkt/Unternehmen, Datum und Kontaktinformation für Journalisten, die mehr Informationen wünschen oder ein Interview vereinbaren möchten.

Ich weiß, das ist eine langatmige Definition, viel länger als die in den Lehrbüchern über Public Relations. Aber wenn ich Presseveröffentlichung auf diese Weise definiere, muß ich Ihnen nicht viel mehr darüber erzählen, um Sie in die Lage zu versetzen, Ihre eigene schreiben zu können. Sorgen Sie nur dafür, daß Sie alle Elemente der Definition mit einbeziehen – und daß Sie einen guten Inhalt, einen Aufhänger, haben, um zu beginnen – dann werden Sie eine wirkungsvolle Presseveröffentlichung schreiben.

Abbildung 11.1 enthält alle wesentlichen Format- und Stilelemente. Sie können die Veröffentlichung in der Abbildung als eine Schablone für Ihre eigenen Presseveröffentlichungen benutzen.

 Die Chancen, daß Ihre Veröffentlichung von den Medien ausgewählt wird und überhaupt darüber berichtet wird, stehen schrecklich schlecht. Tut mir leid, Sie enttäuschen zu müssen. Journalisten und Herausgeber werfen mehr als 90 Prozent der Pressemitteilungen, die sie erhalten, weg. Also ist es Ihr Ziel (wie im Direktmarketing, siehe Kapitel 18), eine Mitteilung zu schreiben, die aus dem Schund im Posteingangsfach des Journalisten hervorsticht.

31. März 1997

ZUR SOFORTIGEN VERÖFFENTLICHUNG

Ansprechpartner für weitere Informationen:
Alexander Hiam (413) 253-3658

VERRÜCKTER AUTOR SCHREIBT BUCH ÜBER DUMMIES

ERSTES MARKETINGBUCH, DAS BEDÜRFNISSE DER PRAXIS ANSPRICHT

AMHERST, Mass. – Er ist jetzt fast fertig. Nur noch einen Abschnitt über Public Relations. Dann geht das Manuskript in den Druck und – vielleicht – wird Geschichte gemacht. Dieser Band ist nicht nur ein weiteres Buch über Business. Dieses Buch ist eine neue Definition des Marketinggebiets, das es endlich auf Touren hinsichtlich der rauhen Realitäten des Geschäftslebens bringt. Das Buch ist, passenderweise, von einem Autor, der die Grenzen zwischen dem Elfenbeinturm der Business Schools und den Schützengräben des Marketingmanagements überbrückt.

»Was wir an den Hochschulen über Marketing lehren, ist reine Fiktion«, klagt Alexander Hiam, der Autor von *Marketing für Dummies*. »Die Lehrstoffe basieren auf akademischer Forschung und nicht auf lebensnahen Praktiken und Problemen.« Hiam warf alle seine Lehrbücher raus und besuchte Kunden und andere Marketingpraktiker, bevor er sein neues Buch schrieb. Folglich ...

Abbildung 11.1: Wie Sie eine umwerfende Presseveröffentlichung schreiben

Um die Chancen zu erhöhen, achten Sie auf den Inhalt (um sicherzugehen, daß Sie eine gute Geschichte haben, siehe oben). Vermeiden Sie die folgenden Fehler in Presseveröffentlichungen, über die sich Journalisten beklagen:

✔ **Schicken Sie keine unangemessenen oder verspäteten Veröffentlichungen.** Richten Sie sich an die richtigen Medien und Kontaktpersonen. Der Food-Kritiker kann nichts mit einer Pressemitteilung über eine neue elektronisch gesteuerte Fertigungseinrichtung anfangen. Der Wirtschaftskorrespondent wohl auch nicht, wenn die Einrichtung vor zwei Monaten eröffnet wurde.

Sie müssen eine genaue Datenbank mit Medienkontaktpersonen aufbauen und Ihre Pressemitteilungen gelegentlich per Einschreiben verschicken, um sie rechtsgültig zu machen (dann bekommen Sie die Briefe zurück, falls Adressen falsch sind). Es ist oft vernünftig, Ihre Mitteilung zu faxen oder per E-Mail zu verschicken, weil Journalisten mit knappen Abgabeterminen arbeiten. Also fügen Sie Spalten für Fax- und E-Mail-Nummern in Ihre Datenbank ein. Ich empfehle Ihnen, eine Liste zu erstellen, indem Sie die Identität der Autoren feststellen, deren Geschichten sie mögen und von denen Sie denken, daß sie Ihren eigenen Geschichten ähnlich sind. Auf diese Weise bekommen Sie eine kleinere

Liste, aber dafür eine, die viel enger mit Ihrem Inhalt und Ihrer Zielgruppe überein-stimmt. Kommerzielle Listen und Verzeichnisse von Journalisten sind leicht von Versand-listenverkäufern zu erhalten.

✔ **Machen Sie keine Fehler.** Überhaupt keine. Druckfehler stellen die Fakten in Frage. Neh-men Sie keine falschen Fakten auf. Sie möchten, daß der Journalist Ihnen zutraut, daß Sie seriöse Nachforschungen angestellt haben, was ein großer Vertrauensvorschuß ist. Erweisen Sie sich dessen würdig!

✔ **Geben Sie keine unvollständigen Kontaktadressen an.** Sorgen Sie dafür, daß die angege-benen Namen, Adressen und Telefonnummern funktionieren. Informieren Sie die Kon-taktpersonen hinsichtlich der Zeit, zu der sie verfügbar sein sollen und dessen, was sie sagen sollen, damit sie kooperativ sein werden. Informieren Sie außerdem die Telefonver-mittlung oder geben Sie den Journalisten Instruktionen, wie sie durch das computerge-steuerte Voice-Mail-System navigieren sollen. Sie möchten doch nicht, daß der Pförtner einen Reporter davon abhält, dieses Interview zu führen!

✔ **Ignorieren Sie nicht die Nachforschungsbedürfnisse der Reporter.** Je mehr Hilfestellung Sie ihnen geben, desto leichter können sie über Ihre Geschichte berichten. Sie können Fotos des Experten hinzufügen, den Sie in einer verschickten Mitteilung zitiert haben (Datum, Name der Person und Informationen über den Lieferanten des Fotos sind auf der Rückseite oder dem Rand zu vermerken). Ziehen Sie in Erwägung, Besichtigungen der Produktionsanlagen, Interviewzeiten, Gratisproben der Produkte oder was sonst den Jour-nalisten helfen könnte, über Ihre Geschichte zu berichten, anzubieten.

✔ **Gehen Sie den Reportern nicht auf die Nerven.** Journalisten möchten Ihnen keine Zei-tungsausschnitte ihrer Artikel zuschicken, also machen Sie sich nicht die Mühe zu fragen. Noch liegt den Zeitungsleuten daran, mit Ihnen darüber zu diskutieren, warum sie eine Geschichte nicht gebracht haben oder warum ein Teil jenes Zitats gestrichen wurde, wenn sie die Geschichte doch gebracht haben. Die Reporter sind bereits mit der nächsten Ge-schichte beschäftigt. Vergessen Sie es. Sie sollten sich auch auf die nächste Geschichte konzentrieren.

✔ **Vergessen Sie nicht, daß Journalisten nach einer schnelleren Uhr arbeiten als Sie.** Wenn Sie ein Reporter wegen Ihrer Pressemitteilung anruft, erwidern Sie den Anruf (oder sor-gen Sie dafür, daß ihn jemand erwidert) innerhalb von Stunden, nicht Tagen. Falls Sie deren Anfragen nur langsam bearbeiten, werden sie eine andere Quelle gefunden oder eine andere Geschichte geschrieben haben, bis Sie auf sie zurückkommen.

Sollten Sie Video und elektronische Presseveröffentlichungen in Betracht ziehen?

Sie können eine Geschichte auch auf anderen Wegen an die Medien bringen. Sie können eine Videoveröffentlichung mit einer brauchbaren Länge produzieren. Ein Fernsehproduzent könnte sich vielleicht entscheiden, dieses Video in voller Länge oder als Teil einer Nachrichtengeschichte zu zeigen. Sie können auch eine geschriebene Presseveröffentlichung an einen Nachrichten-Service verschicken, der Hardcopies oder elektronische Pressemitteilungen an seine Medienkunden verteilt – natürlich gegen eine Gebühr an die Quelle dieser Mitteilung. Sie können Ihre Geschichten auch an dpa, Reuters oder andere Nachrichtenagenturen schikken. Ich werde diese Möglichkeiten nicht abdecken, weil sie für viele Marketingleute nicht so wichtig sind. Wenn Sie wirklich vorhaben, diese Optionen zu verfolgen, werden Sie wahrscheinlich ohnehin einen Publizisten oder eine PR-Firma anstellen müssen. Sie sollen nur wissen, daß diese Möglichkeiten bestehen, fragen Sie Ihren Publizisten nach genauen Einzelheiten, falls diese Optionen für Ihre Geschichte angemessen erscheinen.

Werbeartikel: Das am häufigsten mißbrauchte und zweckentfremdete Medium!

Eine *Werbeprämie* ist jedes Produkt mit einer Marketingbotschaft, das Sie verschenken. (Na gut, vielleicht verschenken Sie sie nicht *immer*, aber die Idee besteht darin, daß Sie es leicht machen, sie zu erhalten, damit Ihre Botschaft so weit wie möglich verbreitet wird.) Klassische Werbeartikel sind T-Shirts mit dem aufgedruckten Namen Ihres Unternehmens oder Ihres Logos, Kaffeebecher mit dem gleichen Aufdruck, Stifte, Wandkalender und Baseballmützen. Aber Sie müssen sich nicht auf diese Auswahl beschränken – noch sollten Sie es, weil sie oft die *falsche* Wahl sind.

 Das Problem ist, *Sie haben alles vorher schon einmal gesehen.* Wie viele Stifte mit dem Namen irgendeines Unternehmens haben in den vergangenen fünf Jahren den Weg in Ihren Besitz angetreten? Falls die Antwort lautet, zu viele, um sie zu zählen, dann würde einer mehr nicht die leiseste Veränderung in Ihrem Konsumverhalten bewirken.

Wie Sie eine Werbeprämie gestalten – indem Sie ein »Werbewirkungs-Szenario« benutzen

Wie in jeder Marketinginitiative liegt auch das Ziel einer Werbeprämie darin, *jemandes Verhalten zu verändern.* Diese Aufgabe ist schwer mit einem billigen Stift oder einer Tasse zu erfüllen. Was Sie tun müssen, damit eine Werbeprämie Wirkung zeigt, ist, ein *Werbewirkungs-Szenario* aufzubauen. Ein Werbewirkungs-Szenario ist eine realistische Geschichte über die Werbeprämie und ihren Nutzer, in der die Werbeprämie in irgendeiner Weise das Kaufverhalten des Nutzers beeinflußt.

Nehmen wir beispielsweise an, Sie vermarkten ein neues Bündel von Bankdienstleistungen für kleine Unternehmen, und Sie möchten die frohe Kunde über die Existenz dieser Dienstleistungen Geschäftseigentümern kundtun, die momentan ein Girokonto bei Ihrer Bank haben. Insbesondere möchten Sie sie wissen lassen, daß eine Vielzahl neuer Dienstleistungen zur Verfügung steht, die diese Kunden vielleicht nützlich finden. Und Sie möchten, daß die

Geschäftseigentümer die entsprechende Zweigstelle anrufen oder dort vorbeigehen, um mehr über diese Dienstleistungen zu erfahren.

Diese Wunschliste dessen, was der Zielkunde erfahren und tun soll, ist der Anfang eines Werbewirkungs-Szenarios. Sie beenden das Szenario, indem Sie über Wege nachdenken, wie Werbeartikel die Ziele Ihrer Wunschliste erfüllen könnten.

Wie wäre es, wenn Sie den Namen der Bank und den Slogan *Besserer Service für kleine Unternehmen* auf Stifte drucken würden, die Sie dann mit der nächsten Verschickung der Kontoauszüge verteilen? Diese Marketingtaktik ist einfach und kostengünstig. Aber versuchen Sie sich das Szenario vorzustellen: Eigentümer eines kleinen Unternehmens öffnet Kontoauszug. Stift fällt raus. Er greift nach dem Stift und liest eifrig den Slogan. Dann, neugierig auf das, was der Slogan bedeutet, wählt er sofort seine örtliche Zweigstelle an und wartet geduldig für einige Minuten in der Warteschleife. Wenn er dann endlich jemanden ans Telefon bekommt, sagt er, »He, ich habe Ihren Stift erhalten! Erzählen Sie mir von Ihren Dienstleistungen für kleine Unternehmen!«

Ich weiß nicht. Was meinen Sie? Irgendwie scheint dieses Szenario nicht plausibel. Ich denke eigentlich, daß die meisten Leute den Stift einfach in die nächste Schublade oder sogar in den Mülleimer werfen würden, ohne die Botschaft zu lesen oder darüber nachzudenken, was der Slogan bedeutet. Trotzdem, wenn Sie sich die meisten Werbeartikel richtig ansehen, sind sie ein Teil eines gleichermaßen unwahrscheinlichen Szenarios. Sicher, sie kosten wenig, und daher fallen Marketingleute oft auf sie herein. Diese »Spezialisten« arbeiten gewöhnlich auch schlecht.

Geben Sie aber die Hoffnung nicht auf. Sie müssen in der Lage sein, ein Werbewirkungs-Szenario zu finden, das funktioniert – irgendeine Möglichkeit, eine Werbeprämie einzusetzen, so daß die Kunden die Botschaft über diese neuen Bankdienstleistungen für Kleinunternehmer erhalten und sie folglich in Aktion treten.

Vielleicht würde ein Kaffeebecher bessere Dienste leisten, weil er eine größere Fläche bietet, um mehr Informationen über die Dienstleistungen aufzudrucken. Der Becher könnte mit einer »Wußten Sie schon?«-Überschrift bedruckt werden, gefolgt von kurzen, mit Blickfangpunkten markierten Tatsachen über die Probleme, die die Bank für Kleinunternehmer lösen kann: »Bank XY bietet automatische Rechnungszahlung an« und so weiter. Ein Kunde, der dabei ist, in seinem Büro Kaffee aus diesem Becher zu trinken, wird wahrscheinlich etwas eher neugierig genug auf eine der aufgelisteten Dienstleistungen sein, um beim nächsten Bankbesuch nach Einzelheiten zu fragen.

 Oder wie wäre es mit folgender Idee? Es gibt Unternehmen, die sich auf die Gestaltung von Spezialkarten verlegt haben: z.B. Schieb-Karten, Dreh-Karten oder ein Pop-up (es entfaltet sich zu einem dreidimensionalen Objekt, wenn geöffnet). Die könnten Sie der nächsten Sendung von Kontoauszügen beifügen. Ich finde die Idee einer Schieb- oder Dreh-Karte gut, weil die Karte neuartig und interaktiv ist. Die Karte kann leicht gestaltet werden, um ein Problem zu lösen oder Zugang zu ausgewählten Informationen für den Nutzer zu gewähren. Auf der Außenseite der

Karte könnte zum Beispiel in großen Buchstaben stehen, »Wie löst man die fünf weitverbreitetsten finanziellen Probleme kleiner Unternehmen« mit einer Auflistung dieser fünf Probleme. Auf einem inneren Bogen werden dann die entsprechenden praktischen Lösungen abgedruckt, jeweils mit einem schwarzen Punkt vorweg (jede Lösung bezieht natürlich den Einsatz einer der neuen Bankdienstleistungen mit ein).

Um die Karte zu nutzen, wählt der Kunde eine dieser fünf Optionen aus, in dem er den inneren Bogen solange verschiebt, bis ein schwarzer Punkt in einem Loch auf dem Außenbogen neben einem ausgewählten Problem erscheint. Diese Aktion richtet die passende Lösung in einem Fenster unten auf dem Außenbogen aus. Wenn Sie möchten, können Sie der Karte andere Seiten hinzufügen, wie eine Abreißpostkarte, mit der man sich für den Service einschreiben oder Informationen nachfragen kann.

Hier ist das Werbewirkungs-Szenario für diese Schieb-Karte: Der Kunde zieht ein eigenartiges Objekt aus dem Umschlag, wirft einen Blick darauf (Ungewohntes erzeugt Neugierde), sieht, daß das Objekt behauptet, finanzielle Probleme für kleine Unternehmen zu lösen, und beginnt – zumindest manchmal – mit der Karte herumzuspielen. Bald hat der Kunde eines dieser fünf finanziellen Probleme ausgewählt – voraussichtlich das relevanteste – und liest jetzt im Displayfenster, wie eine Ihrer neuen Dienstleistungen das Problem im Handumdrehen lösen wird. Vielleicht nimmt sich der Kunde auch einen Stift (und bemerkt nicht, daß der mit dem Namen einer Konkurrenzbank bedruckt ist), füllt die Abreißpostkarte aus und legt sie ins Postausgangsfach.

Wird diese Werbeprämie wirken? Vielleicht – zumindest ist das Szenario ziemlich plausibel. Sie müßten es natürlich ausprobieren. Falls Sie beispielsweise schätzen, daß einer von zwanzig Kunden, die die Schieb-Karte erhalten, am Ende eine der neuen Dienstleistungen ausprobieren wird, bringt Ihnen diese Zahl dann einen Ertrag ein, der groß genug ist, die Produktions- und Versandkosten für diese Schieb-Karten zu rechtfertigen?

Auf jeden Fall bellen Sie den richtigen Baum an, weil Sie ein Szenario haben, das den gesunden Menschenverstand anspricht. Ihre Werbeprämie ist nicht wie die vieler Marketingleute nur verschwendetes Geld. Ihre Werbeprämie hat zumindest eine Chance, Kundenverhalten zu beeinflussen, gemäß eines vorab entworfenen Plans.

Erwägen Sie einige Möglichkeiten von Werbeartikeln

Wenn Sie über den Einsatz von Werbeartikeln nachdenken, sollten Sie eine breite Auswahl in Betracht ziehen (siehe Tabelle 11.1). Wenn ich letztlich nicht zufällig auf diese raffinierten Schieb-Karten gestoßen wäre, hätte ich nichts von den Möglichkeiten erfahren, die sie für Marketingleute eröffnen.

Alte Klassiker	Neue Klassiker
Kugelschreiber, Bleistifte	Uhren, Armbanduhren
Kalender	Mauspads
Schlüsselanhänger	Geprägte Computerdisketten
Notizblöcke	Taschenmesser
Lineale	Taschenlampen
Becher	Taschenrechner
Mützen/Kappen	Anti-Stress Kugeln
T-Shirts	Frisbee-Scheiben
Thermometer	Schreib- und Aktenmappen aus Leder
Untersetzer	Kinderspielzeug
Luftballone	(Einkaufs)taschen aus Segeltuch oder Nylon
Schirme	magnetische Kalender
Golfbälle	abgepackte Snacks (Popcorn, Süßigkeiten)
Reversanstecknadeln	Trink-/Feldflaschen
	Bücher mit individuell gestalteten Einbänden
	Weltkugeln als Briefbeschwerer
	Kaleidoskope

Tabelle 11.1: Auswahlmöglichkeiten für Werbeartikel

Die Werbeartikelbranche bietet Werbern eine so große Möglichkeitenvielfalt an, daß es besser ist, bei Werbeartikeln von *vielen* spezialisierten Medien als von einem einzigen Medium zu sprechen.

Einsatz der Qualitätsstrategie

Die meisten Marketingleute denken an die *Botschaft* (Text und/oder Bildmaterial), die sie in dem Werbeartikel verpacken wollen. Aber diese Ausrichtung kann Sie dazu verführen, zu vergessen, daß der *Werbeartikel selber eine aussagekräftige Botschaft übermittelt*. Der Werbeartikel ist ein Geschenk von Ihnen an Ihre Kunden. Daher erzählt der Werbeartikel Ihren Kunden eine Menge über Sie und was Sie von ihnen halten. Ein billiges, minderwertiges Geschenk kann gut aussehen, wenn Sie sich die Kosten ansehen, aber es wird für den Kunden, der es erhält, nicht besonders gut aussehen. Dennoch sind die meisten Werbeartikel von geringer oder mittlerer Qualität. Nur wenige sind so gut wie oder besser als das, was wir uns selber kaufen würden.

Sie können Ihren Werbeartikel hervorstechen lassen, indem Sie einfach etwas von einer Qualität auswählen, die höher als gewöhnlich ist. Ein besseres Geschenk wird nicht so leicht vergessen, schafft ein stärkeres und positiveres Image des Marketingmenschen und wird wahrscheinlich eher aufbewahrt und über eine längere Zeit genutzt. Natürlich kostet ein besseres Geschenk gewöhnlich auch mehr. Aber Sie können die Kosten rechtfertigen, indem Sie ein Geschenk auswählen, das einen größeren Eindruck macht – und Sie können die Kosten reduzieren, indem Sie das Geschenk nur an eine hochqualitative, ausgewähltere Gruppe von Kunden verteilen.

Lassen Sie mich Ihnen ein Beispiel geben:

Werbeartikel A (Billiges Geschenk mit Kundenwerbung durch Direktversand)

Kosten des Werbeartikels A = DM 5 oder DM 5.000 für eine Verteilung von 1.000.

Response-Rate (Kunde bestellt innerhalb von einem Monat) = 1,5 Prozent oder 15 pro Tausend.

Falls Gewinn aus jeder Bestellung DM 1.000, dann *Werbeartikel-Brutto* = DM 15.000.

Gewinn = Brutto von DM 15.000/Tausend – Kosten von DM 5.000/Tausend = DM 10.000 pro Tausend.

Werbeartikel B (Teures Geschenk mit Kundenwerbung durch Direktversand)

Kosten des Werbeartikels B = DM 25 oder DM 25.000 für eine Verteilung von 1.000.

Response-Rate (Kunde bestellt innerhalb eines Monats) = 12 Prozent oder 120 pro Tausend.

Falls Gewinn aus jeder Bestellung DM 1.000, dann *Werbeartikel-Brutto* = DM 120.000.

Gewinn = Brutto von DM 120.000/Tausend – Kosten von DM 25.000/Tausend = DM 95.000 pro Tausend.

Falls die höhere Qualität des DM 25-Geschenkartikels bedeutungsvoll ist, können Sie einen positiveren Eindruck auf Ihre Kunden erwarten – und höhere Response-Raten in jedem Direct-Response-Programm. Somit ist der Gewinn aus einem hochqualitativen Werbeartikel oft bedeutend höher – vorausgesetzt, Sie wenden sich mit dem Werbeartikel an die richtigen Kunden (diejenige, die wahrscheinlich gemäß Ihres Szenarios reagieren werden) und verschleudern es nicht an eine minderwertige Liste.

 Die meisten Marketingleute haben Schwierigkeiten, sich selbst dazu zu überwinden, ein teures Geschenk zu vergeben. Sie zögern, verlieren die Nerven und entscheiden sich dann für den DM 5- statt den DM 25-Artikel. Nehmen Sie bloß nicht an, der billigere ist der bessere! Rechnen Sie es zuerst durch. Sehr oft gewinnt die Qualitätsstrategie und bringt Ihnen sowohl einen wesentlich höheren Gewinn ein als auch den bei weitem vorzuziehenden immateriellen Vorteil des verbesserten Markenimages und der Kundentreue. (Wenn Sie sich hinsichtlich der Response-Raten nicht sicher sind, können Sie im kleinen Rahmen experimentieren, bevor Sie eine endgültige Entscheidung treffen.)

Wenden Sie sich an den Gesamtverband der Werbeartikel Wirschaft e.V. in Düsseldorf (Telefon: 02 11/901 91-88, Fax: 02 11/90 191-39) um allgemeine Informationen über Aktivitäten der Branche, wie Fachzeitschriften, Messen, Anbieter ausgefallener Artikel usw., zu erhalten. Die Gelben Seiten verweisen auf regionale und überregionale Anbieter in Ihrer Nähe. Halten Sie die Augen auf nach wirkungsvollen Werbeartikeln, die andere Firmen verschicken. Die gängigen Artikel sind von vielen Quellen zu beziehen, und ich ermutige Sie dazu, sich nach dem besten Service, den günstigsten Preisen und der höchsten Qualität umzusehen.

 ## Werbeartikel als Profit Center

Speedo, der Vermarkter von Badebekleidung/Sportausstattung, nutzt seine T-Shirts sehr wirksam, um für seine Markenidentität zu werben. Die Firma stellt ausgezeichnete Designer ein, um einzigartige und attraktive T-Shirts zu entwerfen, die den Markennamen Speedo und das Logo in die graphische Gestaltung mit einbeziehen. Und die Leute lieben diese Shirts. So sehr sogar, daß eine beträchtliche Menge dieser T-Shirts in Sportwarengeschäften verkauft wird.

Verstanden? Die Qualität dieses Werbeartikels ist so hoch, daß Groß- und Einzelhandelskunden dafür *zahlen* wollen. Speedo muß seine T-Shirts nicht verschenken, damit Leute sie anziehen. Konsumenten zahlen für das Privileg, für den Markennamen Speedo auf ihren Körpern zu werben.

In ähnlicher Weise erkennen einige Unternehmen, daß ihre Markennamen so ansprechend sind, daß sie eine Lizenz für den Namen und das Logo an Hersteller von Bekleidung, Taschen und anderen Produkten vergeben können. Diese Hersteller sind bereit, einen gewissen Prozentsatz Ihrer Einnahmen für das Logo und den Namen abzuzwacken, weil sie der Meinung sind, daß dies Ihnen beim Verkauf ihrer Produkte hilft.

Jede bekannte Sportmannschaft kann gutes Geld mit ihren Lizenzierungsverträgen machen – im Kern heißt das, dafür bezahlt werden, Werbung zu betreiben anstatt für die Bewerbung zu zahlen! Sehr bekannte Markennamen wie Coke und Caterpillar bringen ebenfalls jede Menge Lizenzeinnahmen ein.

Wenn Sie die Stärke Ihrer Marke aufbauen, werden auch Sie erkennen, daß andere Marketingleute Kapital aus ihrem guten Namen schlagen wollen – und daß Sie deren Produkte zu Werbezwecken nutzen können, ganz so, als handelte es sich dabei um Werbeartikel!

Ein Loblied auf T-Shirts

Andererseits ist ein billiges T-Shirt manchmal gerade das richtige. Mein Dekorateur hat eine Schublade voll davon, und viele tragen ein Design, das für ein Unternehmen oder einen Markennamen wirbt. Manchmal sind T-Shirts genau das richtige Kleidungsstück und falls ein T-Shirt zu Ihrer Marke paßt, dann nutzen Sie doch T-Shirts als Werbeartikel! Sehen Sie sich den Abschnitt *Mehr T-Shirts, bitte* an, als Hilfestellung für Ihre Entscheidung, ob das eine gute Wahl für Ihr Unternehmen darstellt.

Selbst ein T-Shirt von guter Qualität ist nicht teuer. Daher ist es nicht schwer, hier die Strategie des Qualitätswerbeartikels anzuwenden. Qualität wird erreicht durch einen schweren, 100-prozentigen Baumwollstoff plus einem bezwingenden, von einem richtigen Designer entworfenen Design. Hören und sehen Sie sich doch nach Empfehlungen um.

Ach ja, und noch eine Sache. Sie brauchen einen erfahrenen, qualitätsbewußten Siebdrucker, um dieses schöne Design auf diese guten T-Shirts zu drucken.

 ## Mehr T-Shirts, bitte

Warum gehe ich so lange auf T-Shirts ein? Weil ich kürzlich einige Nachforschungen über den Kauf von T-Shirts und die Tragegewohnheiten angestellt habe, die mich davon überzeugen, daß das ein unterschätzter Markt ist. Ich fand heraus, daß Leute T-Shirts nicht wie andere Kleidungsstücke behandeln. Junge Erwachsene (im Collegealter) besitzen mindestens ein Dutzend, und starke Nutzer nennen über 50 ihr eigen. Erwachsene (bis zu den Babyboomern – aber keine älteren Amerikaner) besitzen oft fünf oder mehr, und diejenigen, die körperlich aktiv sind, haben mehr als 20. Wir reden hier also über ansehnliche T-Shirt-Mengen!

Wenn Sie außerdem Leute fragen, wie viele T-Shirts sie im letzten Monat gekauft haben, oder vorhaben, im kommenden Monat zu kaufen, stellt sich heraus, daß die mit den meisten T-Shirts auch die meisten kaufen. Das bedeutet, daß der Markt für T-Shirts nicht gesättigt wird. Leute, die T-Shirts lieben, sind immer darauf bedacht, Ihre Sammlung zu erweitern.

 Viele T-Shirt Besitzer und Käufer sind frustriert von der Auswahl an Shirts, die sich ihnen in Geschäften und durch andere Bezugsquellen bietet. Was diese Kunden zurückhält, ist ein Mangel an aufregenden neuen Designs, nicht der fehlende Platz in ihren Kleiderschränken. Daher ist alles, was Sie tun müssen, um Kinder, junge und mittelalte Erwachsene für Ihre T-Shirts zu begeistern, ein cooles Design darauf zu drucken. Das ist ein Werbeartikel, von dem Konsumenten nicht genug bekommen können – vorausgesetzt, Ihr Design ist frisch und ansprechend. Nein, ich möchte nicht noch einen billigen Kugelschreiber mit dem Namen irgendeines Unternehmens. Aber ich hätte gerne ein weiteres gutes T-Shirt. Es könnte sein, daß ich *Ihnen* sogar etwas dafür bezahle.

Um Unternehmen zu finden, die individuell gestaltete T-Shirts anbieten, gucken Sie doch einfach mal in den Gelben Seiten nach Textildruckereien in Ihrer Nähe. (Siebdruckereien bedrucken viele verschiedene Materialien und Produkte, sind aber dennoch meist unter Textildruckereien in den Telefonbüchern aufgeführt.)

 Die größeren und ebenfalls einige der kleineren Textildruckereien behaupten, daß sie auch Designservice anbieten, aber wenige von ihnen können den wirklich fähigen Graphikdesigner vorweisen, der für Sie ein überdurchschnittlich attraktives T-Shirt gestalten soll. Ich würde also immer noch einen Spezialisten mit dem Entwurf beauftragen, weil die meisten Siebdrucker kein allzu tolles Design an den Tag legen. Sie werden dafür etwas mehr Geld ausgeben, aber das bringt mit Sicherheit ein Shirt hervor, das jeder haben möchte und trägt, was den Schlüssel dafür liefert, daß dieser Werbeartikel als ein Marketingmedium Wirkung zeigt.

Mundpropaganda

Wenn Sie Konsumenten befragen, um die Quelle für positive Einstellungen gegenüber neuen Produkten herauszufinden, stellen Sie im allgemeinen fest, daß Antworten wie »Mein Freund hat mir davon erzählt« solche Antworten wie »Ich habe eine Werbeanzeige gesehen« zahlenmäßig um zehn zu eins übersteigen. Das heißt nicht, daß die Kommunikation über Ihr Produkt durch Mundpropaganda den Werbebotschaften tatsächlich zahlenmäßig überlegen ist; aber wenn Konsumenten sprechen, hören andere Konsumenten zu.

Mundpropaganda ist die glaubhafteste Informationsquelle über Produkte, abgesehen von der eigentlichen persönlichen Erfahrung mit diesen Produkten. Was sich Kunden über Ihre Produkte erzählen, hat enormen Einfluß auf Ihre Bemühungen, neue Kunden zu gewinnen. Mundpropaganda hat auch einen sekundären, aber dennoch bedeutenden Einfluß auf Ihre Bemühungen, alte Kunden zu halten.

Wie können Sie kontrollieren, was man über Ihr Produkt sagt? Es ist schwer, Kunden zu ermutigen, nette Dinge zu sagen und sie davon abzuhalten, Ihr Produkt mieszumachen – einige Marketingleute halten das für unmöglich. Aber Sie können Mundpropaganda beeinflussen, und das müssen Sie auch versuchen. Im folgenden stelle ich Ihnen einige Ideen vor, wie Sie die Mundpropaganda über Ihr Produkt in den Griff bekommen:

✔ **Machen Sie Ihr Produkt zu etwas Besonderem.** Ein Produkt, das die Konsumenten mit seiner unerwartet guten Qualität oder seinem Service überrascht, ist ausgefallen genug, um darüber zu reden.

✔ **Tun Sie etwas Erwähnenswertes im Namen Ihres Produktes oder Unternehmens.** Falls kein Aspekt des Produktes selber unglaublich wunderbar oder überraschend ist, stellen Sie etwas Cooles an, und bringen Sie das in Verbindung mit dem Produkt. Unterstützen Sie eine angesehene Response-Rate-Organisation in Ihrer Nähe (siehe Kapitel 12). Veranstalten Sie ein Spiel-und-Spaß-Fest für Kinder. Lassen Sie Ihre Mitarbeiter kurze »Forschungsurlaube« nehmen, um freiwillig in sozialen Einrichtungen mitzuhelfen. All diese Strategien haben in der Vergangenheit gut funktioniert, um positive Publicity und Mundpropaganda zu erzeugen. Werden Sie kreativ. Sie können sich etwas Lohnendes ausdenken, eine Hilfestellung, Ihre Welt zu verbessern, etwas, das die Leute überrascht und glücklich über das Gute macht, das Sie im Namen Ihres Produktes tun.

 *Ehrlichkeit zahlt sich aus*

Eine Woche nach dem Kauf meines letzten neuen Wagens erhielt ich eine Überraschung mit der Post – eine Nachricht von der Verkäuferin, die sich für einen Computerfehler entschuldigte, und einen Scheck über einen kleinen Geldbetrag zur Erstattung der Differenz.

Der besagte Betrag war ein winziger Bruchteil eines lächerlich hohen Kaufpreises. Aber es ist die Erstattung, an die ich mich erinnere, weil ich so überrascht darüber war, daß der Händler freiwillig den Fehler gefunden und ihn bereinigt hatte. Die Aktion zerstörte mein Mißtrauen in Autohändler und Verkäufer.

Ich erzählte diese Geschichte vielen Leuten, und letztendlich werden sich einige von ihnen beim nächsten Wagenkauf an diesen Händler wenden.

✔ **Nutzen Sie aufregende Verkaufsförderungsaktionen und Werbeartikel, nicht langweilige.** Ein 50-Pfennig-Gutschein ist nicht der Rede wert. Aber ein Wettbewerb mit Verlosung, bei dem der Gewinner einen Tag mit einer berühmten Persönlichkeit seiner Wahl erhält, ist erwähnenswert. Er wird zu positiver Publicity und sehr viel Mundpropaganda führen. Wenn Sie Notizblöcke und Kugelschreiber mit dem Namen Ihres Unternehmens verschenken, wird das niemand seinen Freunden und Verwandten gegenüber erwähnen. Aber wenn Sie sich etwas wirklich Ungewöhnliches als Geschenk für Kunden ausdenken, wird das zum Gesprächsthema werden. Insbesondere, wenn der Werbeartikel etwas ist, was die Kunden anziehen oder an einem gut sichtbaren Ort in ihrem Haus oder Büro ausstellen, weil Leute sie danach fragen werden.

✔ **Erkennen Sie Entscheidungsbeeinflusser und pflegen Sie die Beziehung zu ihnen.** In vielen Märkten zählen die Ansichten einiger Leute viel mehr als die anderer. Das sind *Entscheidungsbeeinflusser,* und wenn Sie den Fluß von Meinungen in einem Diagramm darstellen könnten, dann würden Sie erkennen, daß viele von ihnen ihren Ursprung bei diesen Leuten haben. Im Business-to-Business-Marketing sind die Entscheidungsbeeinflusser oft deutlich erkennbar. Eine Handvoll bekannter Manager, einige Redakteure von Wirtschaftszeitschriften und einige Mitglieder des Personals von Handelsverbänden üben wahrscheinlich einen starken Einfluß auf die Meinungen aller anderen aus. Erkennbare Entscheidungsbeeinflusser können auch in Konsumentenmärkten gefunden werden. Im Markt für Fußballausstattung zum Beispiel sind Jugendtrainer, Verbandsmanager und die Besitzer von unabhängigen Sportwarengeschäften wichtige Entscheidungsbeeinflusser.

Um sich Entscheidungsbeeinflusser zunutze zu machen, listen Sie auf, wer diese Leute sind und erstellen Sie dann einen Plan, um den Kontakt mit ihnen zu pflegen. Bringen Sie sie mit passenden Managern oder Verkäufern Ihres Unternehmens zusammen, die sie, nur zum Spaß, zu Veranstaltungen mitnehmen oder sie zum Mittagessen einladen können. Die Idee ist schlicht, dafür zu sorgen, daß Ihre Leute im persönlichen Netzwerk dieser Entscheidungs-beeinflusser präsent sind. Ziehen Sie in Betracht, eine Reihe von Geschenken und informativen Rundschreiben zu entwickeln, die Sie ihnen zuschicken. Ich würde Gratismuster eines neuen Fußballschuhs an Jugendtrainer verschicken, falls ich den Schuh an Jugendspieler verkaufen wollte. Wenn Sie wissen, wer spricht und wer zuhört, dann können Sie sich leicht auf die Beeinflussung der Sprecher konzentrieren.

Sonderveranstaltungen und Handelsmessen

In diesem Kapitel

▶ Wie Sie Veranstaltungen in Ihr Marketing-Programm einbauen

▶ Wie Sie eine Veranstaltung sponsern

▶ Wie Sie Ihre eigenen Veranstaltungen organisieren

▶ Denken Sie über Handelsmessen nach – die perfekte Veranstaltung für Business-to-Business-Verkäufe

▶ Vorführungen – wie Sie sie nicht vermasseln

Das elitäre Produktentwicklungsteam versammelt sich in einem Konferenzraum; Ihre Marketingleute und Ingenieure vermischen sich mit den Teams Ihrer Lieferanten und wichtigsten Kunden. Die Unterhaltung ist ernsthaft und gedämpft, während kleine Gruppen die Köpfe zusammenstecken, um die Ereignisse des Tages zu planen. Zuerst steht eine Teambildungsaktivität auf dem Programm, gefolgt von einer Erholungpause und dem Mittagessen. Nach dem Essen, Anweisungen des Projektmanagers, im Anschluß weitere Teamaufbauarbeit und Abendessen. Früh am nächsten Morgen werden die Leiter der Aufbruchteams ein spezielles Führungstraining erhalten. Nach dem Frühstück werden diese Leiter mit den Teams aufbrechen, um den Designprozeß zu starten.

Habe ich übrigens erwähnt, daß die erste Teambildungsübung ein Paint-Ball-Überlebensspiel und die zweite eine Kanufahrt auf dem Fluß Wye ist; das Führungstraining besteht aus einer einstündigen Helikopterflugstunde; die Erholungsmöglichkeiten umfassen Rallyefahren und Tontaubenschießen in Baskerville Hall? Das alles, weil diese Veranstaltung auf einem Gut in The Marches stattfindet, dieser wunderschönen Landschaft an der Grenze zwischen England und Wales. Diese neuen Erholungsmöglichkeiten werden zusammen mit »Veranstaltungsmanagement, Konferenzen und Vertrauensbildungskursen« angeboten. Die Verbindung von Natur, Annehmlichkeiten und Aktivitäten wird diese Veranstaltung zu etwas Besonderem machen – wahrscheinlich zur erinnerungswürdigsten Sache, die einer der Teilnehmenden jemals im Namen der Arbeit tun wird.

Sonderveranstaltungen, der Gegenstand dieses Kapitels, dienen vielen Zwecken im Geschäftsleben und im Marketing. Aber das allen gemeinsame Ziel ist, daß sie zu einer besonderen Erfahrung führen. In diesem Kapitel zeige ich Ihnen, wie Sie den Zauber der Sonderveranstaltung einfangen und ihn in Ihrem Marketing-Programm arbeiten lassen.

Die Marketingkraft von Sonderveranstaltungen

Eine Sonderveranstaltung ist alles, was Aufmerksamkeit auf Ihr Produkt und Ihre Botschaft lenkt, indem sie zuerst die Aufmerksamkeit auf sich selber zieht. Mit anderen Worten, die Veranstaltung muß eine beträchtliche eigene Anziehungskraft besitzen. Eine Sonderveranstaltung ist *Theater* – eine Art Vorstellung, die Leute in einer befriedigenden Weise unterhält oder anregt.

Sonderveranstaltungen sind ein großartiges Beispiel für den praxisbezogenen Marketinggrundsatz, Sie sollten so viel verteilen, wie Sie können. Im Wettbewerb um die Aufmerksamkeit der Konsumenten müssen Sie diesen häufig eine interessante Vorstellung bieten, um im Gegenzug deren Aufmerksamkeit zu gewinnen. Das hat TNN getan, indem sie eine wöchentliche Serie von Autorennen produzierten (siehe unten, *Auf zu den Rennen*). So etwas können Sie auch umsetzen. Aber wie? Soll es eine Party sein? Eine musikalische Aufführung? Ein Wochenende auf einem Golfgelände für Ihre besten Kunden, mit Preisen für die gewinnenden Golfer – und jeden anderen auch? Ein Wohltätigkeitsessen zur Spendensammlung für einen wichtigen Zweck? Eine Gemeindeveranstaltung wie ein Volksfest oder ein Kinderworkshop? Eine große Handelsmesse für Leute in Ihrer Branche? Eine Aufführung von einer bekannten Modern Dance Company? Oder vielleicht ein Schlamm-Ringen? Die Möglichkeiten sind endlos und vielfältig. Was sie alle gemeinsam haben, ist, daß sie Leute anziehen und deren Aufmerksamkeit fesseln. Diese Aufmerksamkeit brauchen Sie, um als Marketingmensch zu kommunizieren und zu überzeugen.

 **Auf zu den Rennen**

TNN steht für The Nashville Network, eine Kabelfernsehgesellschaft mit Sitz in Tennessee im Besitz der Gaylord Entertainment Company. Wie viele seiner Kabelfernsehenkonkurrenten kämpft auch TNN mit den drei großen US Fernsehsendenetzwerken plus einer steigenden Zahl an Kabelfernsehstationen um sein Publikum. Das Marketing von TNN ist bemerkenswert erfolgreich in dieser schwierigen Branche gewesen, was zweistellige Wachstumsraten bei den Werbeeinnahmen und den Abonnenteneinnahmen beweisen (die beiden Haupteinnahmequellen einer Kabelgesellschaft).

Was ist das Geheimnis dieses Erfolgs? Laut Brain Hughes, Programmdirektor von TNN, nutzt die Unternehmensstrategie Veranstaltungen, um ein Bewußtsein für das Sendernetzwerk aufzubauen. TNN weiß beispielsweise, daß seine Zielzuschauer Autorennen mögen. Daher veranstaltete das Netzwerk im Jahr 1996 ganze 69 Autorennen, um seine Zuschauer mit Live-Übertragungen von Rennen versorgen zu können! Das ist nun wirklich ein ernsthaftes Engagement für Sonderveranstaltungen!

Selbst-ist-der-Mann oder Huckepack bei anderen Veranstaltungen

Ihnen steht eine Riesenauswahl zu Verfügung – nicht nur hinsichtlich des Veranstaltungstyps sondern auch bezogen auf den Grad und die Natur Ihrer Teilnahme. Sie können eine Veranstaltung ins Leben rufen, wie es TNN getan hat. Das ist ein kostenintensiver und schwieriger Prozeß, aber manchmal ist es die beste Lösung. Besonders, wenn Sie genügend Kontrolle darüber haben wollen, daß nicht andere Marketingleute die Aufmerksamkeit nutzen, die diese Veranstaltung erregt. Aber Sie können auch einfach eine Veranstaltung auswählen, die andere organisieren, und dort als Sponsor auftreten. Das ist einfacher und oft kostengünstiger, aber es könnte weniger ausdrucksvoll in bezug auf die Marketingwirkung sein.

Konsumentenpublikum oder Geschäftspublikum?

Sie müssen sich auch noch entscheiden, ob Sie konsumentenorientierte Veranstaltungen durchführen wollen, wie es TNN tat, oder ob Sie eine Veranstaltung vorziehen, die sich auf ein Geschäftspublikum konzentriert.

Handelsmessen sind prima, weil sie Leute anziehen, die gerade ihre Geschäftsrollen spielen und bereit sind, Kaufentscheidungen für ihre Unternehmen zu treffen. Sie können auch Sonderveranstaltungen für Ihre eigenen Kunden und Mitarbeiter planen. (Veranstaltungen für Mitarbeiter liefern oft diese zusätzliche motivierende Kraft, die Sie brauchen, damit die Leute voll hinter Ihrem Marketingplan stehen.)

Egal für welche geschäftsorientierte Veranstaltung Sie sich entscheiden, erinnern Sie sich, daß Sie immer noch versuchen die *Aufmerksamkeit von Menschen zu erregen und zu fesseln*. Nicht von Geschäften. Menschen. Es sind die Menschen in jedem Geschäft, die die Verkaufsentscheidungen treffen. Gesellschaften haben nur ein rechtliches Leben. Sie sind mausetot, was das Marketing angeht. Also sorgen Sie vor allem dafür, daß Ihre geschäftsorientierten Veranstaltungen interessant für die beteiligten Leute sind.

Es ist sehr leicht, steif und geschäftsmäßig zu werden, aber wollen die Teilnehmer *wirklich* zwei Tage mit Vorträgen über die neuen Technologien in ihrer Branche durchhalten? Sie tun besser daran, ihnen freiwillige, einstündige Podiumsdiskussionen zu diesem Thema anzubieten, mit einem Rückgrat aus Außensportarten und Erholungsveranstaltungen, die viel Spaß machen und übrigens auch ein bißchen beim Teamaufbau helfen.

Die Notwendigkeit von Originalität

Die Tatsache, daß Sie kreativ und originell sein müssen, ist ein allgemeiner Grundsatz des praxisorientierten Marketing, aber er gilt noch stärker im Bereich der Sonderveranstaltungen. Also passen Sie genau auf, wenn ich Ihnen die eine Sache anvertraue, die Sie im veranstaltungsbezogenen Marketing niemals vergessen dürfen:

Es ist niemals so gut wie das erste Mal!

 Verstanden? Gut. Sorgen Sie jetzt dafür, daß Sie diesen Grundsatz anwenden, wenn Sie mit Sonderveranstaltungen arbeiten. Sponsern Sie nicht dieselbe Veranstaltung zweimal, nur weil es im vorigen Jahr gut funktioniert hat. Machen Sie nicht dieselbe Demonstration an demselben Stand auf drei verschiedenen Handelsmessen im selben Jahr. Suchen Sie immer nach etwas Neuem, Ungewöhnlichem und nach Spaß. Vermeiden Sie routinemäßige Wiederholungen. Liefern Sie den Leuten etwas Neues und Aufregendes.

Ich wette, Sie sagen jetzt, »Aber das ist doch offensichtlich!«. Ich weiß, ich weiß. Kein Künstler, der sein Geld wert ist, würde zweimal hintereinander denselben Witz erzählen oder dasselbe Lied singen. Sobald das Publikum lacht oder applaudiert, weiß jeder, daß es an der Zeit ist, sich etwas anderes einfallen zu lassen. Das gilt für uns alle, außer für kleine Kinder. Als meine Kinder zum ersten Mal Witze erzählen konnten, weiß ich noch, wie zufrieden sie mit dem daraus resultierenden Lachen waren, daß sie denselben Witz immer wieder zum besten gaben. Darauf mit einem echt klingenden Lachen zu reagieren, wurde immer schwieriger. Es war ein Segen, als sie durch dieses Stadium hindurch waren, und das hielt glücklicherweise nur ein oder zwei Monate an.

Aber einige Unternehmen lernen es nie. Viele – und vielleicht ist Ihres auch eines – wiederholen dieselben grundlegenden Veranstaltungen, als ob sie religiöse Rituale wären. Das Schlimmste für die Mitarbeiter sind die Preisverleihungsabendessen oder die Urlaubsgeschenk-Rituale oder die Motivationsreden der Manager, weil die Mitarbeiter die langweiligen Wiederholung über sich ergehen lassen müssen. Aber denken Sie mal daran, wie oft Sie Ihren Kunden dasselbe antun.

Falls Ihr Unternehmen, wie die meisten, denselben Stand mit denselben mit Broschüren wedelnden Verkäufern auf jeder Handelsmesse einsetzt, dann kann es auch immer wieder denselben Witz erzählen.

Auch wenn Ihr Unternehmen dieselben Wohltätigkeitsfeste gibt, hat die Wiederholung wahrscheinlich schon lange die Wirkung des Sponserns gedämpft.

 Die örtliche Bank in der Nähe meines Büros organisiert nur eine öffentliche Veranstaltung jedes Jahr – die United-Way-Kampagne. Immer im Herbst zerrt jemand die zwei Meter hohe Tafel mit derselben verblaßten Zeichung eines Thermometers heraus, um damit Spenden zu sammeln, als ob sie Quecksilber fördern würden. Jedes Jahr scheint das Thermometer etwas länger zu brauchen, um auf Temperatur zu kommen. Jedes Jahr komme ich einem Akt von Vandalismus näher. Vielleicht ist eine United-Way-Spendenaktion genau das Richtige für diese Bank (und vielleicht auch nicht – ich bezweifele, daß die Verantwortlichen je darüber nachgedacht haben). Aber selbst wenn, S*ie sollten ihre Spendenaktion niemals ohne einen sehr guten Grund zweimal auf dieselbe Weise durchführen.* Sie könnten es mit einer Spendensammlungsparty versuchen oder einer eintägigen Blitzaktion oder der Ausrichtung eines Jugendfußballturniers, in der jede Spende im Namen eines Spielers gemacht wird. Sie könnten auch ein dressiertes Pferd in die Stadt bringen und es die Spendensumme auszählen lassen, indem es mit seinem Huf auf eine Trommel klopft.

Es ist mir gleich, *was* Sie anstellen – solange die Aktivität neu und anders ist und tatsächlich einen gewissen Unterhaltungswert hat. Falls eine Sonderveranstaltung ein Geschenk an Ihre Kunden ist, warum geben Sie ihnen dann Jahr für Jahr dasselbe alte Geschenk?

Spezielle Anmerkung: Wann sollten Sie eine Sponsoringmaßnahme wiederholen? Manchmal möchten Sie die Immer-etwas-Neues-Regel brechen, aber seien Sie sicher, dafür einen guten Grund zu haben. Der beste mir bekannte Grund ist, daß eine bestimmte Sponsoring-maßnahme alle für Sie passenden Attribute aufweist und anhaltenden Unterhaltungswert besitzt. Wie ein jährliches Tennis- oder Golfturnier. Einmal im Jahr ist nicht wirklich zuviel für ein richtig interessantes Ereignis, und eine langfristige Unterstützung kann eine riesige Wirkung ausüben, indem Ihr Markenname dauerhaft mit der Veranstaltung identifiziert wird. Aber beachten Sie, daß dies für keine Veranstaltung gilt, die den Test auf langfristiges Interesse nicht besteht – inklusive einer United-Way-Kampagne. Falls Sie wirklich weiterhin den United Way unterstützen wollen, dann sollten Sie besser über einige kreative Ansätze für diese Veranstaltung nachdenken, um das öffentliche Interesse daran zu bewahren.

Wie Sie eine Veranstaltung sponsern

Einige Leute nehmen an, daß Sonderveranstaltungen nur unter bestimmten Umständen von Nutzen sind, wenn nämlich eine größere Anstrengung und höhere Ausgaben gerechtfertigt sind. So ist es aber nicht. Veranstaltungen im kleinen Rahmen auf die Beine zu stellen oder (wie ich hier zeige) auf den Rockschößen einer fremden Veranstaltung mitzufliegen, ist ebenfalls möglich.

Warum sollten Sie Ihre eigene Veranstaltung inszenieren, wenn schon so viele wunderbare Veranstaltungen existieren? So denken zumindest viele Unternehmen, die Veranstaltungen als Möglichkeit nutzen, ihre Namen einem wünschenswerten Publikum zu präsentieren.

 Sehen Sie sich zum Beispiel Verite an, eine Non-Profit-Organisation, deren Ziel es ist, Kinderarbeit und Ausbeuterei bei der Produktion von Kosumgütern für die Märkte der USA und Europas ein Ende zu bereiten. Verite organisierte eine Veranstaltung zur Spendensammlung, bei der ein Abendessen und Jazzmusik der bekannten Sängerin Montenia auf dem Programm standen. Das Ganze fand im Hampshire College in Amherst, Massachusetts statt. Viele Profit-Unternehmen unterstützten die Veranstaltung im Austausch gegen die öffentliche Nennung. Das Essen wurde von Restaurants vor Ort gespendet, die Musiker brachten ihre Zeit ein, das College stellte seine Einrichtungen zur Verfügung, und viele Unternehmen gaben Geldspenden im Austausch gegen eine Nennung im Programm. Alle erhielten Sichtbarkeit als Sponsoren, und das positive öffentliche Image von Verite sowie ihr Anliegen »färbten« ein bißchen auf jeden von ihnen ab. Hunderte von Gästen, die dieses Anliegen unterstützten und der Veranstaltung beiwohnten oder die Flugblätter, Briefe und die Publicity drumherum wahrnahmen, gewannen hoffentlich einen positiven Eindruck von den Sponsoren. Die Sponsoren

mußten sehr wenig Einsatz zeigen und gaben sehr wenig ihres hartverdienten Geldes aus, um in den Genuß dieses Nutzens zu kommen.

Sie können örtliche Organisationen durch örtliche Handelskammern ausfindig machen oder indem Sie die Veranstaltungshinweise in Lokalzeitungen oder der lokalen Radiosender verfolgen. Sie werden ebenfalls erkennen, daß Non-Profit-Organisationen Sie an andere Non-Profits verweisen können. Verite zum Beispiel arbeitet mit sehr vielen anderen Organisationen im Bereich der Kinderarbeit und der Menschenrechte zusammen, so daß sie eine gute Kontaktadresse für Sponsoringideen überall in der ganzen Welt sein können.

Anlaßbezogene Veranstaltungen

Die oben beschriebene Verite-Veranstaltung ist ein gutes Beispiel für *anlaßbezogenes Veranstaltungssponsoring*, eine Ihrer vielen Möglichkeiten als Veranstaltungssponsor. Allein in Nordamerika geben Unternehmen jährlich den unglaublichen Betrag von $ 485 Millionen für Anlaß-Sponsoring aus, und die Gesamtsumme steigt um erstaunliche 15 Prozent pro Jahr. Der Goodwill, der durch Anlaß-Sponsoring erzeugt wird, ist äußerst wichtig – zumindest, wenn der Anlaß und die Veranstaltung für Ihren Zielmarkt geeignet sind.

Trotzdem wird zuviel Geld für Veranstaltungen verschleudert, die zwar jemandem bei dem sponsernden Unternehmen ansprechend vorkommen, aber *nicht dessen Kunden ansprechen*. Achten Sie sorgfältig darauf, Anlässe auszuwählen, die nicht nur Sie und Ihre Kollegen ansprechen sondern auch Ihre Zielkunden. Vielleicht kann sich Ihr Generaldirektor so richtig für diese United-Ways-Kampagnen begeistern. Aber haben Sie Ihre Kunden mal gefragt, welche Wohltätigkeitsveranstaltungen *sie* begeistern? Viele Autohändler unterstützen Sportveranstaltungen, die deren männliche Manager anspricht, vergessen dabei aber, daß die Mehrheit Ihrer Kunden weiblich sind. (Genau, die Mehrheit der Autokäufer in den USA und in einigen europäischen Ländern sind Frauen. Was halten Sie davon, ein Programm zur Förderung des Bewußtseins für Brustkrebs zu unterstützen statt der lokalen Fußballmannschaft?)

Kunden fühlen sich schnell angegriffen, und das heißt, anlaßbezogenes Sponsoring kann mit großem Getöse nach hinten losgehen. Unterstützen Sie zum Beispiel keine Pro-Leben-Kundgebung vor einer Abtreibungsklinik, weil Umfragen gezeigt haben, daß die Mehrheit der Konsumenten nicht viel von diesem Anliegen und seinen Schlagzeilen heischenden Taktiken halten. Es gibt viele Anlässe, die alle Ihre Kunden ansprechend finden *werden*. (Wer könnte nur für Kinderarbeit sein?) Aber es gibt viele andere Anlässe, und Veranstaltungen im allgemeinen, die einige Leute ablehnen oder die sie als sexistisch, rassistisch oder klassenfeindlich empfinden. Die beste Verteidigung ist, eine ausgewählte Gruppe von Kunden zu fragen, was sie darüber denken.

Spenden an politische Kampagnen verärgern wahrscheinlich genauso viele Leute wie sie erfreuen, weil die meisten politischen Rennen die Wähler ziemlich gleichmäßig einteilen. In europäischen und anderen Ländern, wo mehrere Parteien gegeneinander konkurrieren, verärgert politisches Sponsoring gewöhnlich mehr Wähler, als es erfreut, weil voraussichtlich kein einzelner Kandidat die Mehrheit der Stimmen auf sich vereinen kann. Aus Sicht des Marketing sind Sie daher verrückt, Geld in politische Kampagnen zu stecken. Wählen Sie einen Anlaß oder eine Organisation, mit mindestens 90-prozentiger Rückendeckung – was automatisch alle Politiker ausschließt.

Ein einfacher Weg herauszufinden, ob ein Anlaß von vielen befürwortet wird, besteht darin, eine Pro-und-Contra-Umfrage unter Ihren Mitarbeitern durchzuführen (falls Sie sehr viele Mitarbeiter haben). Wenn viele Angestellte für den Anlaß sind, dann besteht die Chance, daß er weithin beliebt ist. Anlässe, die mit Gesundheit, Kindern, der Vorbeugung gegen Krankheiten und Drogenmißbrauch, dem Tierschutz und dem Erhalt der Natur zu tun haben, bestehen im allgemeinen den Test – es sei denn, die bestimmte Organisation wählt eine kontroverse Herangehensweise.

Ein anderer kluger Weg, öffentliche Meinungen zu einem Anlaß zu testen, ohne Geld dafür auszugeben, besteht darin, eine Anfrage nach Meinungen auf der Web-Seite Ihres Unternehmens zu verschicken. Beschreiben Sie (ohne genaue Namen zu nennen) eine Auswahl von Anlässen, die Sie sponsern könnten, und bitten Sie die Leute, Ihnen ihre Stimmen und Kommentare zu schicken. Vermeiden Sie dabei alles, was ärgerliche Kommentare hervorrufen könnte.

Kalkulation einer Veranstaltung

Passen Sie auf, daß Sie eine anlaßbezogene oder andere Veranstaltung auswählen, die Ihre Zielkunden wirksam *erreicht*. Ein Veranstaltungssponsoring muß, wie jede Marketing-Kommunikationsmaßnahme, vernünftig zu finanzieren sein. Fragen Sie sich deshalb, wie viele Leute zu der Veranstaltung kommen oder von Ihrem Sponsoring hören werden. Fragen Sie sich dann, wieviel Prozent dieser Gesamtzahl wahrscheinlich in Ihrer Zielgruppe sein wird. Das ist Ihre *Reichweite*. Teilen Sie Ihre Kosten durch diese Zahl, multiplizieren Sie sie mit 1.000 und Sie erhalten die Kosten Ihrer Reichweite pro Tausend. Sie können diese Kosten mit Kostenbeträgen anderer Medienreichweiten vergleichen, wie denen einer Direktversandaktion, einer Printanzeige oder eines Radiospots.

Wenn Sie denken, daß ein Veranstaltungssponsoring aufgrund seiner Angliederung an einen ansprechenden Anlaß glaubwürdiger und überzeugender ist als eine Werbeanzeige, können Sie Ihren Kostenbetrag entsprechend anpassen. Das nennt sich *Gewichtung des Kontakts*. Nehmen wir zum Beispiel an, ein Kontakt mit Ihrem Unternehmen oder Ihrer Marke durch ein Anlaßsponsoring ist zweimal so wirkungsvoll wie der Kontakt mit einer Ihrer Werbeanzeigen. Dann multiplizieren Sie die Zahl der Personen, die eine Veranstaltung erreicht, mit 2, bevor Sie die Kosten ausrechnen. Auf diese Weise werden Sie die Kosten, die entstehen, um 2.000 Personen mit dem Sponsoring zu erreichen, mit den Kosten zur Erreichung von 1.000 Personen durch die Anzeige vergleichen, was den höheren Wert, den Sie dem anlaßbezogenen Kontakt zumessen, anpaßt.

Nach meiner Erfahrung ist die *richtige* Sonderveranstaltung häufig wesentlich wirkungsvoller als eine Werbemaßnahme. Aber die Veranstaltung muß passend sein oder sie ist wertlos – also lesen Sie weiter.

Bewertung der Sponsoringmöglichkeiten

Wenn Sie Veranstaltungssponsoring in Betracht ziehen, befinden Sie sich in guter Gesellschaft. Die weltweiten Ausgaben allein für diese Art von Marketing belaufen sich jährlich auf über $ 12 Milliarden, nach Angaben der International Event Group, oder IEG (Chicago, Illinois, 001/312-944-1727). Diese Organisation stellt Veranstaltungssponsoren weltweit Beratungsdienste und mit Informationen vollgepackte Veröffentlichungen zur Verfügung. Der *IEG Sponsorship Report* zeigt, daß in Nordamerika die höchsten Sponsoringbeträge für Sportveranstaltungen ausgegeben werden und daß die nächst größere Kategorie Unterhaltung, Reisen und Attraktionen umfaßt (siehe Tabelle 12.1).

Veranstaltungstyp	Prozent des Gesamtbetrages	Ausgaben in US$
Sport	66 %	$ 3,54 Milliarden
Unterhaltung, Reisen und Attraktionen	10 %	$ 566 Millionen
Festivals, Volksfeste und jährl. Veranstaltungen	9 %	$ 512 Millionen
Anlässe	9 %	$ 485 Millionen
die schönen Künste	6 %	$ 323 Millionen
Gesamtsumme		$ 5,4 Milliarden

(Quelle: IEG Sponsorship Report, Chicago ,1996)

Tabelle 12.1: Sponsoringausgaben in Nordamerika nach Veranstaltungstypen

Wenn Sie diese Zahlen als Nennwert nehmen, sagen sie aus, daß Sie Ihr Geld am besten in Sportveranstaltungen investieren, gefolgt von Unterhaltung. Die Ergebnisse weisen darauf hin, daß die schönen Künste der schlechteste Platz für Investitionen sind. Das *könnte* stimmen – aber ich bezweifele es ernsthaft. Warum? Weil die meisten Entscheidungen für ein Veranstaltungssponsoring nicht systematisch getroffen werden. Sie spiegeln eher gefühlsmäßige Instinkte oder Gewohnheiten wider als sorgfältige Planung. Um diese Falle zu umgehen, nutzen Sie meinen todsicheren dreistufigen Auswahlprozeß.

Übrigens, wenn ich später andere Veranstaltungsformen beleuchte, werden Sie erkennen, daß derselbe dreistufige Prozeß von Nutzen ist. Das liegt daran, daß Sie alle Veranstaltungen durch eine sorgfältige Überprüfung von Möglichkeiten planen müssen, indem Sie kalkulieren und die Relevanz überprüfen.

Schritt 1: Erkunden Sie die Möglichkeiten

 Einige Unternehmen werden mit Anfragen für Sponsoringmaßnahmen überschwemmt, und so fallen ihnen jede Menge Möglichkeiten in den Schoß, während sie in ihrem Körbchen sitzen. Storybook Vineyards zum Beispiel, ein kleiner spezialisierter Produzent von erlesenen kalifornischen Zinfandel-Weinen, erhält durchschnittlich eine Anfrage pro Tag für eine Weinspende für besondere Veranstaltungen (sie sponserten die Verite-Spendensammler, die ich oben beschrieben habe). Aber selbst, wenn Sie so viele Anfragen wie dieser Produzent erhalten, könnten Sie vielleicht einige Veranstaltungsarten übersehen. Einige Länder haben unzählige Veranstaltungen im Jahr. Je mehr Sie von diesen kennen, desto besser.

 IEG veröffentlicht ein Quellenbuch, das viele der Möglichkeiten auflistet, inklusive fast jeder großangelegten Veranstaltung (wählen Sie 001/312-944-1727 und fragen Sie nach dem *IEG Sponsorship Sourcebook*). Wenden Sie sich auch an die Handelskammern in den Städten, wo Sie Ihre Sponsoringgelder anlegen wollen. Sie bieten Listen mit lokalen Veranstaltungen an, die vielleicht die größten Ereignisse in der Stadt darstellen, obwohl Sie persönlich noch nie davon gehört haben. Rufen Sie auch Organisationen an, die gut zu Ihrem Produkt und Ihren Kunden zu passen scheinen, um zu erfahren, ob sie von passenden Veranstaltungen wissen oder selbst welche inszenieren. Wenn Sie beispielsweise Sportausrüstung, Lehrspiele oder andere Produkte für Kinder vermarkten, sollten Sie sich vielleicht an die Fußball-Nationalmannschaft wenden, um zu sehen, ob Sie vielleicht an einer ihrer vielen Veranstaltungen teilnehmen können (vielleicht eine Schulveranstaltung mit bekannten Musikern und Fußballstars?)

Übersehen Sie Schulen und Universitäten nicht. Diese Einrichtungen haben oft einen starken Rückhalt in ihren Gemeinden, und einige verfügen zusätzlich über eine größere Reichweite durch ihre Ehemaligen, Sportmannschaften, bekannten Fakultäten und ähnliches. Versuchen Sie also, deren Abteilungen für Öffentlichkeitsarbeit zu kontaktieren, um herauszufinden, welche Arten von Veranstaltungen sie durchführen, die von Ihrer Unterstützung profitieren könnten.

Schritt 2: Kalkulieren Sie alles

Analysieren Sie die Marketingwirkung jedes Kandidaten für ein Sponsoring gründlich. Streichen Sie jede Veranstaltung von der Liste, deren Publikum nicht gut zu Ihrem Zielmarkt paßt. Streichen Sie alle, die kontrovers sind und wahrscheinlich sowohl auf negative wie auch positive Einstellungen stoßen werden. Streichen Sie alle, die scheinbar nicht über starke positive Images verfügen – es macht keinen Sinn etwas zu sponsern, wenn bei Ihren Kunden nicht eine gewisse Leidenschaft dafür besteht! Vergleichen Sie jetzt, was übriggeblieben ist, indem Sie Ihre Kosten pro tausend Kontakten für jede dieser Veranstaltungen berechnen.

Dieser Prozeß könnte Sie von den beliebtesten Arten des Sponsoring wegführen. Eine große, beliebte Veranstaltung (wie ein Fußballweltmeisterschaftsspiel) bringt Sie sicherlich mit vielen Leuten in Kontakt – Millionen sogar, wenn es im Fernsehen übertragen wird. Aber wie viele dieser Zuschauer gehören wirklich zu Ihrem Zielmarkt? Wie hoch sind die Kosten, sie auf diese Weise zu erreichen?

Falls Sie Ihre Kosten nach der Formel berechnen (siehe oben *Kalkulation einer Veranstaltung*), werden Sie feststellen, daß der Tausenderpreis für Ihre Zielkunden wirklich ziemlich hoch ist. Große Sport- und Unterhaltungsveranstaltungen erheben aufgrund ihrer Beliebtheit und Größe häufig einen Zuschlag (großangelegte Veranstaltungen liefern auf bequeme Weise ein großes Publikum, ohne auf seiten des Marketingmenschen viel Kreativität und große Anstrengung zu erfordern). Aber sie sind diesen Zuschlag nicht wert, wenn Sie eine ähnliche Reichweite auch für weniger Geld erhalten können, indem Sie mehrere kleine Veranstaltungen unterstützen. Wenn Sie alles durchrechnen, werden Sie oft erkennen, daß die Unterstützung einer Auswahl von kleineren, spezialisierten Veranstaltungen Ihnen eine bessere Reichweite für Ihr Geld liefert, als das Sponsern einer Großveranstaltung, weil die kleinen Veranstaltungen Ihnen ermöglichen, Ihr Zielpublikum wesentlich genauer anzusprechen.

Schritt 3: Überprüfen Sie die Relevanz

Die *Relevanz* gibt an, wie eng die Veranstaltung mit Ihrem Produkt und seiner Nutzung in Zusammenhang steht. Sie ist der wichtigste, aber am wenigsten berücksichtigste Faktor. Lassen Sie mich Ihnen einige Beispiele zur Verdeutlichung der Wichtigkeit der Relevanz geben.

Der am stärksten gesponserte Sport in Nordamerika sind Autorennen (38 Prozent aller Ausgaben für Sportsponsoring fließen in den Motorsport, laut IEG). Einige dieser Ausgaben bestehen den Relevanztest, aber viele versagen. Wenn Ford ein Autorennen sponsert, vermittelt diese Unterstützung vielleicht etwas relevantes über Ford Automobile. Aber wie steht es mit den Hauptsponsoren des Motorsports Philip Morris und Anheuser Busch? Die Beziehung zwischen Autorennen und Zigaretten ist ziemlich schwach. Und obwohl eine Verbindung zwischen Biertrinken und schnellem Fahren besteht, ist es bestimmt keine gute! Diese Unternehmen sollten dem Relevanztest zufolge den Motorsport nicht unterstützen. (Trotzdem spielt Tradition eine Rolle. In einigen Regionen der USA und auch in Europa sind Bier- und Zigarettenproduzenten die traditionellen Sponsoren von Autorennen, und deren Kunden, die häufig bei den Rennen rauchen und trinken, finden nichts Seltsames bei dieser Assoziation.)

Deren Werbeagenturen stimmen mir nicht zu – ich weiß das, noch bevor dieses Buch in Druck geht. Sie werden zweifelsohne behaupten, daß die Zuschauer von Autorennen potentielle Biertrinker und Zigarettenraucher sind. Und weil sie Autorennen mögen, warum sollte diese günstige Einstellung dann nicht auf die Zigaretten- und Bierunternehmen abfärben, die diese Veranstaltungen sponsern? Na, vielleicht wird es das ja. Aber nicht in dem Maß, wie wenn die Veranstaltung direkt relevant für das Produkt wäre. Diese Unternehmen könnten mehr aus ihren Sponsorgeldern machen.

 Jetzt gebe ich Ihnen ein Beispiel für eine höchst relevante – und sehr erfolgreiche – Sponsoringmaßnahme. Hierbei handelt es sich um ein privates kleines italienisches Restaurant in Amherst, Massachusetts. (Ich kenne sein Marketing, weil sich der Besitzer manchmal von mir inspirieren läßt, wenn ich zum Mittagessen dorthin gehe.) Das Restaurant stellte kostenlos Essen für die Eröffnung einer Kunstgalerie in der Nähe zur Verfügung. Diese frühabendliche Veranstaltung zog sehr viele kunstinteressierte Einwohner der Stadt an. Die Leute strömten herbei. Sie sahen sich die Bilder an. Sie aßen vom Büffet. Dann gingen sie rüber zum Restaurant und standen Schlange, um einen Platz zu bekommen, weil Ihr Geschmackstest sie davon überzeugt hatte, daß Il Pirata genau der richtige Platz für ein Abendessen war. Viele von ihnen wurden zu Stammkunden.

Dieses Veranstaltungssponsoring besteht den Relevanztest mit fliegenden Fahnen. Diejenigen, die Kunst schätzen, wissen auch gutes Essen zu schätzen. Indem sie das Essen probierten, überwanden sie jede Unsicherheit, die sie vielleicht gegenüber seinem Appeal gehabt hatten. Was könnte relevanter sein als eine Chance, potentielle Kunden mit Ihrem eigentlichen Produkt in einer gefälligen Umgebung in Kontakt zu bringen? Ähnlich erscheint auch ein Autosicherheitstraing, das von einem Automobilunternehmen wie Ford durch Leihwagen oder die Zurverfügungstellung seines Namens gesponsert wird, relevanter als eine Veranstaltung, bei der Leute lediglich Wagen an einem riesigen Ford-Schild auf einer Rennstrecke vorbeiflitzen sehen. Die Möglichkeit, ein Produkt zu nutzen oder es zumindest in der Nutzung zu *sehen*, verleiht der Veranstaltung höchste Relevanz. Je relevanter die Veranstaltung ist, desto relevanter sind diese Kontakte. Ich würde gerne fünf- oder zehnmal soviel für tausend Kontakte zahlen, wenn ich mir damit einen hohen Grad an Relevanz erkaufen könnte!

Wie Sie eine öffentliche Veranstaltung organisieren

Manchmal haben Sie keine andere Wahl, als die Veranstaltung selber auf die Beine zu stellen. Keine der Sponsorshipmöglichkeiten entsprechen Ihren Erfordernissen. Oder Sie brauchen wirklich die Exklusivität Ihrer eigenen Veranstaltung – ein Forum, in dem keine Botschaften der Konkurrenz Ihre eigenen stören.

 Ein großes Softwareunternehmen heuerte mich einmal als programmatischen Redner für eine Konferenzreihe an, die es in Großstädten quer durch die USA veranstaltete. Ich sprach über meine Arbeit im Total Quality Management, und die Teilnehmer erhielten Exemplare meines Buchs zu diesem Thema. Dann reichte man Ihnen ein üppiges Mittagessen. Nach dem ganzen Warmwerden bestiegen die Manager des Softwareunternehmens das Podium, um über einige Fallbeispiele von Managementproblemen zu sprechen und wie deren Software dabei geholfen hat, sie zu lösen. Einige Leute schlichen sich nach dem Essen weg, aber viele waren glücklich über einen Tag frei vom Büroalltag und blieben, um mehr von dem Unternehmen und seinen Produkten zu erfahren. Die Durchführung der Konferenzen und das denen vorangegangene Marketing kosteten Hunderttausende von

Dollar. Aber als ich einige Monate später den Marketingdirektor des Software-unternehmens anrief, erfuhr ich, daß sie genügend Absatz gemacht hatten, um die Ausgaben allein im ersten Jahr mehrfach zu decken.

Verkauf von Sponsorenrechten

Eine andere Möglichkeit, wie sich Ihre Veranstaltung selber trägt, liegt darin, andere Unternehmen zu finden, die diese Veranstaltung unterstützen möchten. Natürlich nicht Ihre Konkurrenten. Oft haben viele Unternehmen ein Interesse an denselben Veranstaltungen wie Sie, aber aus unterschiedlichen Gründen, und diese Unternehmen geben gute Co-Sponsoren ab. Im Grunde genommen haben Sie gute Karten, wenn die Veranstaltung relevant und neuartig ist und zudem höchstwahrscheinlich deren Zielpublikum anzieht. Jetzt brauchen Sie nur noch loszuziehen und Verkaufsgespräche mit potentiellen Sponsoren zu führen. (Denken Sie auch daran, die Veranstaltung angemessen publik zu machen, indem Sie sie in den Fachzeitschriften Ihrer Branche inserieren und die Veranstaltung im World Wide Web aufgeben.) Oder ziehen Sie in Betracht, ein Unternehmen für Veranstaltungmanagement zu engagieren (siehe Auflistung im nächsten Abschnitt). Einige dieser Unternehmen verkaufen Sponsorships und helfen Ihnen auch, Veranstaltungen zu organisieren und durchzuführen.

VH1, der US Musik-Kabelkanal, machte gutes Geld mit einer Sonderveranstaltung durch den Verkauf von Sponsorships. Sie veranstalteten die VH1 Fashion Awards als Teil ihrer Bemühungen, ihre Werbeeinnahmen von Werbungtreibenden für Mode, Gesundheit und Schönheit zu erhöhen. Preisverleihungen in der Show betonten die Verbindung zwischen Mode und Musik (wer ist der bestangezogene Musiker?), und alle von Rang und Namen waren dort (ich habe es leider verpaßt). Sie hatten sogar einen Publikumspreis, der sich aus Zuschauerstimmen während des Monats vor der Show ergab. (Kundenbeteiligung erhöht den Unterhaltungswert und die Relevanz einer Veranstaltung!) Das Beste dabei für VH1: Unternehmen wie Clairol und Hanes spuckten eine Gesamtsumme von $ 7 Millionen an Sponsorgeldern aus! Wenn Sie nicht fragen, werden Sie auch nichts bekommen. Und wenn Sie fragen, könnten Sie vielleicht sogar einen Gewinn bei Ihrer Veranstaltung machen.

Brauchen Sie Hilfe bei der Durchführung Ihrer Veranstaltung?

Einige Leute spezialisieren sich auf die Durchführung von Sonderveranstaltungen; sie arbeiten auf einer Beraterbasis, von der Konzeptionierung bis zur Abwicklung, um sicherzugehen, daß alle kommen und alles richtig läuft. Es gibt viele solcher Spezialisten, angefangen bei unabhängigen Experten (gucken Sie in die Gelben Seiten Ihrer Stadt) bis hin zu großen Unternehmen. Ich empfehle Ihnen, einen Spezialisten als Hilfestellung bei der Gestaltung und Durchführung jeder Veranstaltung einzuschalten, die viele Leute, Shows, Reden oder Aktivitäten, Verpflegung, die Reservierung von Hotelzimmern und Konferenzräumen, Sicherheitsmaßnahmen, Beförderung und all diese ganzen Einzelheiten umfassen, die richtig gemacht werden müssen, um eine Katastrophe zu vermeiden.

Der Härtetest für die Notwendigkeit von Expertenhilfe besteht darin, zu überprüfen, ob die von Ihnen geplante Veranstaltung *katastrophenanfällig* ist. Sie würden überrascht sein, wie viele Veranstaltungen katastrophenanfällig sind. Warum? Jede Funktionsstörung, die die Teilnehmer aufhält, frustriert oder verärgert, ist eine Katastrophe. Diese Art von Funktionsstörung schafft einen starken, negativen Eindruck, der die positiven Aspekte einer Veranstaltung überrollen könnte. Sie müssen sich zwei Fragen stellen, um herauszufinden, ob Ihre Veranstaltung katastrophenanfällig ist:

✔ Hängt die Veranstaltung von der Koordination mehrerer Aktivitäten mehrerer Personen außerhalb Ihrer Abteilung oder Ihres Unternehmens ab? Falls Sie auf Hotels, Fahrdienste, einen Partyservice und eine Horde von dressierten Affen angewiesen sind, besteht die Möglichkeit, daß zumindest einer aus den Latschen kippen wird. Der Experte kennt diese Tatsache und babysittet alle von ihnen, um sicherzugehen, das die Veranstaltung wie geplant weitergeht.

✔ Sind Teilnehmer empfindlich gegenüber geringen Planabweichungen? Falls es regnet, wird Ihr Golfwochenende dann ruiniert sein? Mit Sicherheit. Falls der Frühstückskaffee, Gebäck und Früchte nicht vor der Morgenveranstaltung Ihrer Konferenz geliefert worden sind, werden die Teilnehmer dann aufgebracht sein? Mit Sicherheit. Immer wenn eine Veranstaltung sich haargenau an ihren Plan halten muß, um ein Erfolg zu sein, dann sollte ein Experte ständig jedes einzelne Detail überwachen. Pläne entwickeln sich nicht selbständig in ordentlicher Weise. Bei einigen Veranstaltungen sind kleine Planabweichungen vertretbar. Aber in anderen Fällen eben nicht. Sorgen Sie dafür, daß Sie wissen, in welche Kategorie ihre Veranstaltung fällt!

Präsenz auf Handelsmessen und Ausstellungen

Müssen Sie auf Handelsmessen ausstellen? Falls Sie sich in einer Business-to-Business-Verkaufssituation befinden, nehme ich an, daß das der Fall ist. Ausstellen ist fast immer notwendig, auch wenn Sie es nur tun, um Konkurrenten davon abzuhalten, Ihnen Ihre Kunden auf der Messe wegzuschnappen! Darum widmen Business-to-Business-Marketingleute in den USA im Schnitt ein Fünftel ihres Marketingbudgets der Teilnahme an Messen, in Europa ist die Ziffer sogar noch höher – ein Viertel des Budgets fließt hier in Messen.

Andere Quellen deuten an, daß Handelsmessen im Schnitt 18 Prozent der Verkaufsvorgaben erfüllen – und daher einen größeren Teil des Absatzes als der Budgets erklären. Demzufolge erwirtschaftet man mit Handelsmessen einen höheren Gewinn als mit anderen Komponenten des Marketing-Programms – zumindest, wenn Sie Kaufreaktionen brauchen. Es verweist ebenfalls auf einen Weg zur Einschätzung Ihrer Ausgabenhöhe. Warum sollte man nicht den Prozentsatz vom

Budget mit den angeregten Käufen vergleichen und die Ziffer des Budgetprozent-satzes so lange anpassen, bis Sie die Ausgabenhöhe finden, die die besten Gewinne bei den Verkaufsergebnissen einbringen?

Kalkulation von Handelsmessen

Nehmen wir an, Sie versuchen zehn Prozent Ihres Budgets für Handelsmessen auszugeben, und das bringt Ihnen 15 Prozent Ihrer Verkaufsvorgaben für das Jahr ein. Dann versuchen Sie es damit, 20 Prozent Ihres Budgets für Handelsmessen zu verwenden und das führt zu so viel mehr Umsatz, daß sie 75 Prozent aller Vorgaben ausmachen. Das Experiment sagt Ihnen, daß Sie steigende Gewinne aus einer Investition in Handelsmessen erhalten, und Sie könnten viel-leicht versucht sein, ein sogar noch höheres Messebudget für kommendes Jahr aufzustellen. Vielleicht 25 Prozent Ihres Budgets? Schließlich finden Sie die Obergrenze und setzen Ihre Ausgaben etwas niedriger an. Sie können auch die tatsächlichen Verkaufsgewinne aus diesen Kaufreaktionen einschätzen, was Ihnen oder Ihren Mitarbeitern in der Buchhaltung erlaubt, den Investitionsertrag (Return on Investment = ROI) verschiedener Betragshöhen für Messe-investitionen zu berechnen, bis Sie die Stufe mit dem höchsten ROI finden.

Was Handelsmessen für Sie erreichen können

Handelsmessen bieten viele Möglichkeiten, Kaufanreize zu schaffen, neue Kunden zu finden und die Wahrnehmung Ihrer aktuellen Kunden mit Blick auf Ihr Unternehmen zu erhalten oder zu verbessern. Sie können Handelsmessen ebenfalls nutzen, um ein neues Produkt auf den Markt zu bringen oder eine neue Strategie einzuführen. Sie bieten zusätzlich eine gute Gelegenheit, Ihre Leute im Hintergrund des Unternehmens (wie das Personal der Verkaufs-unterstützung oder sogar den Direktor) den Kunden persönlich vorzustellen.

 Nutzen Sie Handelsmessen, um ein Netzwerk von Beziehungen in Ihrer Branche aufzubauen. Die Vertreter und Verkäufer des besten Herstellers werden gewöhn-lich gefunden, indem man Verbindungen auf Messen knüpft. Falls *Sie* insgeheim hoffen, einen besseren Arbeitgeber zu finden, könnten Sie sich ein bißchen unter die Aussteller mischen, was Ihnen vielleicht ein Angebot auf der nächsten großen Handelsmesse einbringen würde. Sprechen Sie auch mit möglichst vielen der Teil-nehmer und nichtkonkurrierenden Aussteller, um herauszufinden, was die neue-sten Trends sind und was Ihre Konkurrenten gerade im Markt anstellen. Die Infor-mationen, die ein guter Netzwerker auf einer Handelsmesse ausfindig macht, sind oft mehr wert als die Teilnahmegebühr. Denken Sie nicht ans Verkaufen – seien Sie smart und *unterhalten Sie sich.*

Kurzum, Handelsmessen sind aus vielen Gründen für Ihr Marketing-Programm wichtig. Selbst wenn Sie denken, Sie würden Geld dabei verlieren, könnte sich eine Handelsmesse auf lange Sicht doch lohnen. Gewöhnlich führt ein gut gestaltetes Ausstellungsstück zu einem fast sofortigen Investitionsertrag.

Wie Sie das Fundament für einen guten Messestand legen

Marketingleute legen den Schwerpunkt auf den *Messestand*, wenn sie darüber nachdenken, wie Sie an eine Handelsmesse herangehen. Aber der Stand ist wirklich nur ein Teil Ihrer Gesamtmarketingstrategie für die Messe. Sie besitzen keine Messestrategie, solange Sie nicht etwas Intelligentes unter jede dieser Überschriften geschrieben haben:

✔ Wie ziehen wir die richtigen Leute zur Messe und zu unserem Stand?

✔ Was sollen, unseren Wünschen entsprechend, die Besucher unseres Stands erfahren, was sollen Sie auf der Messe und an unserem Stand tun?

✔ Wie werden wir mit den Besuchern kommunizieren, und wie werden wir sie motivieren, wenn sie zu unserem Stand kommen?

✔ Wie werden wir herausfinden, wer die Besucher sind, und wie werden wir mit ihnen an unserem Stand umgehen?

✔ Wie werden wir Informationen über sie, ihre Interessen und Bedürfnisse erlangen?

✔ Was werden wir weiterhin unternehmen, um unsere Beziehung zu ihnen auszubauen und zu erhalten?

Die Strategie muß damit beginnen, viele zukünftige und bestehende Kunden anzuziehen, und der leichteste Weg dies zu tun, ist, »mit dem Strom zu schwimmen«, indem man eine Messe wählt, an der potentielle Konsumenten bereits interessiert teilnehmen. Fragen Sie sich, welche Messen Ihre Kunden besuchen werden. Falls Sie zum Beispiel Geschenkartikel importieren und Ihre Kunden die Einkäufer von Geschenkeinzelhandelsgeschäften sind, wohin werden sie dann gehen, um ihre Einkäufe zu tätigen? Wird Ihnen eine internationale Geschenk-Messe beispielsweise unbegrenzten Zugang zu den Märkten aller deutschen Bundesländer gewähren, oder werden Sie zu regionalen Messen gehen müssen? Eine Entscheidungsmöglichkeit besteht darin, die sponsernden Organisationen danach zu fragen, wer letztes Jahr an der Messe teilgenommen hat und/oder wer sich für die diesjährige Messe angemeldet hat. Sie müssen dabei eine Menge Ihrer Zielkunden sehen. Ansonsten ist die Messe reine Zeit- und Geldverschwendung für Ihr Unternehmen.

Sie können auch eine Stichprobe von Kunden nach deren Meinung über Ihren Stand befragen. Der einfachste Weg bei dieser Untersuchung ist, das einzusetzen, was Forscher *informelle qualitative Interviews* nennen – und das gemeine Volk als *Gespräche* bezeichnet. Sprechen Sie einfach mit einigen Kunden, vorzugsweise auf der Messe, weil deren Erinnerung an Ihren Stand dann noch klar sein wird. Finden Sie heraus, was sie denken. Sie können auch einige *Abfanginterviews* auf der Messe führen. Bei einem Abfanginterview gehen Sie auf Personen zu, die an Ihrem Stand vorbeikommen, und bitten sie, Ihnen einige Fragen zu beanworten, wie »Gefällt Ihnen der So-und-so-Stand?« und »Wie aufregend finden Sie das Design dieses Stands?«. Ich empfehle, die Fragen geschlossen zu formulieren und eine Ratingskala hinzuzufügen (Siehe Kapitel 6 für Einzelheiten über die Strukturierung dieser Fragen.)

Attraktives Unternehmen sucht passende Handelsmesse für romantisches Wochenende

 Wie erfährt man von möglichen Handelsmessen? Ich dachte schon, Sie würden nie fragen! Wenn Sie Fachzeitschriften abonnieren, werden die Messen in Ihrer Branche Sie finden, weil die Zeitschriften Ihre Abonnentenlisten den Messeausrichtern verkaufen. Aber gehen Sie nicht nur danach, was mit Postwurfsendungen ins Haus flattert, dabei könnten Sie etwas Wichtiges übersehen. Der *Ausstellungs- und Messeausschuß der Deutschen Wirtschaft e.V. (AUMA)* in Köln (Telefon: 02 21/20 907-0, Fax: 02 21/20 907-12) und die *Interessengemeinschaft Deutscher Fachmessen und Ausstellungsstätten (IDFA)* in Stuttgart (Telefon: 07 11/25 89-616, Fax: 07 11/25 89-621) können Ihnen bei allen relevanten Fragen zu Messen und Ausstellungen Auskunft geben (branchenbezogene Messen, Messedaten, Termine, Standorte etc.)

Aber Ihnen steht noch eine andere Quelle zur Verfügung, eine, die ich für wesentlich zuverlässiger als jede andere halte. Das sind *Ihre Kunden*. Das Ausstellen auf Handelsmessen dient nur einem Zweck, nämlich Kunden zu erreichen. Warum fragen Sie also nicht einfach *sie*, wo Sie ausstellen sollen? Rufen Sie eine Auswahl Ihrer besten Kunden an oder gehen Sie bei ihnen vorbei und bitten Sie sie um einen Rat, wo und wann Sie ausstellen sollen. Ihre Kunden wissen, was gerade angesagt ist und was nicht.

Wie Sie den perfekten Stand gestalten

Als nächstes müssen Sie einen Standort und eine Standgröße auswählen. Die besten Standorte liegen in der Nähe einer der Haupteingänge, der Essensstände, der Toiletten oder jedes anderen Orts, wo Leute in konzentrierter Form auftreten. Am Ende eines Gangs steht es sich auch gut. Je größer, desto besser – im allgemeinen ist der größte Stand, den Sie sich leisten können, der richtige für Sie.

Aber selbst wenn Sie mit einem Miniaturstand in der Mitte eines Gangs landen, verzweifeln Sie nicht. Viele Einkäufer versuchen, alle Gänge einer Messe zu besuchen, und diese Standorte können auch ihren Zweck erfüllen, vorausgesetzt, die Messe zieht genügend der für Sie richtigen Kunden an. Tatsächlich sehen sich schlaue Einzelhändler oft an den kleinsten, billigsten Ständen um, in der Hoffnung, etwas Zugkräftiges und Neues von einem am Hungertuch nagenden, unternehmerischen Lieferanten zu entdecken.

 Wieder können Experten hilfreich beim Entwurf und Bau Ihres Stands sein und Ihnen dabei unter die Arme greifen, das Messeprogramm zu bewältigen und die daraus resultierenden Kaufgesuche abzuwickeln. Wenden Sie sich an den Fachverband Messe- und Ausstellungsbau e.V. (FAMAB) in Rheda-Wiedenbrück (Telefon: 052 42/94 54-0, Fax: 052 42/94 54-10) und den Zentralverband des Bundes Deutscher Schauwerbegestalter e.V. in Böblingen (Telefon: 070 31/22 78 77, Fax: 070 31/23 24 68), um von kompetenten Ansprechpartnern zu erfahren.

Unzählige Unternehmen bieten Standdesign-Service an – ziehen Sie Wirtschaftsnachschlagewerke in einer Bibliothek zu Rate, oder suchen Sie im Internet nach Kaufinteressenten. Viele Werbeagenturen befassen sich zudem mit Handelsmessen als Teil eines Gesamt-Marketing-Programms.

Vorführungen

Sehen heißt glauben. Dieses alte Sprichwort enthält Weisheit, und falls Sie denken, daß eine Vorführung auf Ihre Güter oder Dienstleistungen anwendbar ist, dann sollten Sie definitiv in Betracht ziehen, eine zu machen. Vorführungen sind oft die wirkungsvollsten Wege, ein neues Produkt auf den Markt zu bringen oder sogar ein altes Produkt bei neuen Kunden einzuführen. Sie können bei *jeder* Veranstaltung eine Vorführung geben. Wirklich. Selbst dann, wenn Sie die Veranstaltung eines anderen sponsern. Sie müssen nur früh genug anfragen, dann werden die Veranstalter schon eine Zeit und einen Ort finden, an dem Sie Ihre Vorführung inszenieren können (und das ist auch ein guter Weg, die Relevanz Ihres Kontaktes zu erhöhen!). Wenn Sie die Veranstaltung oder Teile davon unter sich haben, dann verfügen Sie über einen beträchtlichen Freiraum bei der Gestaltung von Vorführungen. Lassen Sie mich Ihnen einige genauere Einzelheiten zeigen.

Vorführungen in Geschäften, Einkaufszentren und auf Gehwegen

Eine Vorführung in einem Geschäft, einem Einkaufszentrum oder an einem anderen konsumentenorientierten Standort ist häufig die überzeugendste Form der Verkaufsförderung. Gelegentlich sehen Sie diese lahmen Vorführungen in Ihrem örtlichen Lebensmittelgeschäft: Eine gelangweilte Propagandistin verteilt winzig kleine Häppchen der schlammigen neuen Sorte eines Bohnendips von einem Spieltisch am Ende des Toilettenpapiergangs? Gib' mir 'ne Chance. Eine richtige Einzelhandelsvorführung sollte folgendermaßen sein:

✔ **Realistisch!** Zeigen Sie das Produkt in einem *natürlichen Nutzung*szusammenhang, und das umfaßt normale Essensportionen. (Natürliche Nutzung meint, wie der Kunde es normalerweise nutzen würde. Falls ein Lebensmittelprodukt zum Abendessen gegessen wird, denken Sie über einen Weg nach, das auch so darzustellen.)

✔ **Wunderbar!** Das Ereignis sollte die Aufmerksamkeit wert sein, mit richtigem Unterhaltungswert, der dem Produkt etwas Aufregendes verleiht. Versuchen Sie es mit einer Kochvorführung mit viel Handlung, nicht nur eine Kostprobe von einem Bissen. Oder veranstalten Sie einen Geschmackstest, bei dem der Bohnendip einen Wettbewerb gewinnt und die Probierer die Preise bekommen. Stellen Sie sich vor, Sie schreiben einen Sketch für eine Fernsehshow – das ist die Art von Unterhaltung, der die Leute Aufmerksamkeit widmen.

✔ **Eine Marketingpriorität!** Hier ist Ihre Chance, das Produkt direkt an Kunden zu verkaufen. Denken Sie an einen politischen Kandidaten, der in die Öffentlichkeit geht und Hände schüttelt (beachten Sie, daß der Kandidat immer seinen besten Anzug trägt und sein breitestes Lächeln aufsetzt). Trotzdem werden zu oft schlecht qualifizierte Aushilfskräfte mit den Vorführungen betraut. Wen wollen Sie wirklich da draußen haben, um Ihr Produkt zu verkaufen – jemanden, der das Produkt gut aussehen läßt, oder jemanden, den Sie sich nicht anzusprechen trauen würden, wenn er neben Ihnen in der U-Bahn säße?

Wenn Sie sich an diese drei Regeln halten, werden Sie großartige Vorführungen entwickeln. Aber beachten Sie, daß sie teurer sind als die lahmen Vorführungen, auf die wir gewöhnlich stoßen. Das ist in Ordnung, weil sie wirkungsvoller sind. Setzen Sie sie sparsamer ein, aber stecken Sie mehr in jede einzelne, und sie werden Sie mit einem überraschend hohen Grad an Kundenenthusiamus belohnen.

Vorführungen auf Handelsmessen

Auf einer belebten Handelsmesse kann eine gute Vorführung das Anonymitätsproblem überwinden und Leute zu Ihrem Stand anlocken, die ihn ansonsten niemals bemerkt hätten. Mim Goldberg, eine erfahrene Planerin von Messevorführungen, ist die Präsidentin der Marketech Inc. (Westbor, Massachusetts), einem Unternehmen, das Hilfestellung bei der Gestaltung von Ausstellungsgegenständen und der Schulung von Ausstellungspersonal leistet. Sie rät, Ihre Vorführung unter einer Länge von zehn Minuten zu halten, inklusive der Zeit für eine Frage-und-Antwort Periode. So lange werden Sie ein Publikum auf einer Handelsmesse halten können, und dieser Zeitrahmen berücksichtigt periodische Wiederholungen der Vorführung. Ihr Rat für eine gute Handelsmessenvorführung lieferte meine Inspiration für die folgenden Strategien:

✔ **Sorgen Sie dafür, daß Sie sich auf wichtige Nutzen für Ihr Zielpublikum konzentrieren.** Versuchen Sie nicht, jeden auf der Messe zu unterhalten und zu überzeugen – oder Sie werden Ihre Ausrichtung verlieren.

✔ **Wählen Sie eine spezielle Botschaft für die Vorführung aus und halten Sie sich daran.** Sorgen Sie auch dafür, daß die Botschaft der Vorführung in die Gesamtaussage des Messestands paßt.

✔ **Sie sollten wissen, was Sie mit den Interessenten machen werden.** Falls eine Menge Leute kommen, müssen Sie genügend Stehplätze zur Verfügung stellen, einen Weg, damit der Verkehr durch Ihren Stand hindurchfließen kann, und vielleicht sogar einen Sitzbereich. Sorgen Sie dafür, daß der Stand groß genug ist oder holen Sie sich die Erlaubnis von der Messeleitung und den benachbarten Ausstellern ein, auch den Gang mitbenutzen zu dürfen.

✔ **Schulen Sie Ihr Personal, anstatt einen Schauspieler anzustellen.** Die Produkt- und Branchenkenntnis des Personals macht es geeigneter, Fragen zu beantworten und nachfolgende Verkäufe abzuschließen.

✔ **Wiederholen und üben Sie, genau wie Schauspieler und andere Künstler.** Mit etwas Übung können die Moderatoren mit einer kurzen Liste von Stichworten arbeiten, anstatt ein langweiliges Skript vorzutragen. Sie werden dadurch besser in der Lage sein, mit dem Publikum zu interagieren und auf das Publikum zu reagieren, was wichtig für eine wirkungsvolle Vorführung ist.

✔ **Planen Sie das Vorher und Hinterher.** Wie wollen Sie für jede Vorführung werben und sie ankündigen, um ein großes und geeignetes Publikum anzuziehen? Wie wollen Sie die Namen und Adressen von potentiellen Kunden festhalten, die zu der Vorführung kommen? Denken Sie daran, das Ziel der meisten Messeaussteller ist es, Verkaufsanreize zu schaffen. Verteilen Sie Formulare, die Interessenten ausfüllen können, um mehr Produktinformationen zu erhalten oder um an einer Verlosung teilzunehmen. Setzen Sie zusätzliche Mitarbeiter ein, die Fragen beantworten und sich um Anfragen und Bestellungen kümmern. Erleichtern Sie nachfassende Informationsanfragen für das Publikum, indem Sie die Möglichkeit anbieten, seine Visitenkarte in einer Sammeldose am Ende der Menschenmenge zu hinterlassen.

Werbegeschenkverteilung und Veranstaltungen

Werbegeschenkartikel, wie sie die Branche nennt, sind einfach Geschenke für Ihre Kunden und Mitarbeiter. Keine Bestechungen. Geschenke. Sie sollten als Belohnung für eine Handlung ausgehändigt werden – nachdem die Tat vollbracht ist, nicht als Bedingung, es zu tun. Oft stellen Geschenke eine dumme Verschwendung von Zeit und gutem Willen der Kunden dar – wer möchte schon einen billigen Kalender mit dem Namen seiner Versicherungsgesellschaft auf jeder Seite? Aber das richtige Geschenk, im richtigen Moment überreicht, kann ein beachtenswertes Ereignis darstellen. Sehen Sie das Geschenkemachen als eine Form von Theater an, als eine besondere Möglichkeit unter besonderen Veranstaltungen, und Sie werden die üblichen Dummheiten vermeiden. Sie könnten sogar die Aufmerksamkeit und das Wohlwollen der Kunden gewinnen! (Siehe Kapitel 11 für Details zu Werbeartikeln.)

Preisgestaltung und preisgestützte Verkaufsförderungsmaßnahmen

13

In diesem Kapitel

▷ So verstehen Sie die Kundenwahrnehmung von Preis und Wert

▷ Vermeiden Sie die *drei Mythen der Preisgestaltung*

▷ Wie Sie Ihre Preisliste erstellen und verändern

▷ Wie Sie preisgestützte Sonderangebote einsetzen (Rabatte, Gutscheine, usw.)

▷ Wie Sie sich von gesetzlich heißen Gewässern fernhalten (das Wasser ist *sehr* heiß, was die Preisgestaltung angeht!)

»**D**er Kunde hat immer recht.« »Geben Sie den Leuten, was sie wollen.« »Erkennen Sie ein Bedürfnis und erfüllen Sie es.« »Kunden zuerst, zuletzt und immer.« Gedanken wie diese sprudeln aus den Mündern der Marketingleute. Sie zieren die Wände auf den Fluren und in den Büros der Marketingabteilungen. Manchmal beeinflussen sie sogar die Art, wie wir mit Kunden umgehen. Aber es gibt eine große Ausnahme der Regel, daß Kunden immer recht haben, und die tritt dann ein, wenn es um Preisgestaltung geht. Denn beim Preis bekommen Sie das, was Ihnen gehört. All die guten Dinge, die Sie für Ihre Kunden tun, sollen hier erwidert werden. Bei der Preisgestaltung müssen Sie dafür sorgen, daß Ihr Unternehmen das erhält, was es verdient. Niemand wird Ihnen mehr zahlen als das, wonach Sie fragen, passen Sie deshalb auf, daß Sie sich nicht unter Wert verkaufen.

Bevor ich mich in die vielen Fachausdrücke der Preisfestsetzung und den Verkauf auf der Grundlage von Preisen stürze, möchte ich Ihnen die einzigartige Rolle der Preisgestaltung mit einer kleinen Geschichte verdeutlichen, die der Journalist John Tierney in seiner Kolumne »The Big City« im *New York Times Magazine* zum besten gegeben hat. Er war neugierig herauszufinden, wie kundenfreundlich der berüchtigte New Yorker Taxifahrer sei. Er zog sich schwarze Kleidung und eine Skimaske an, warf einen prallen Stoffsack mit der Aufschrift »Bank« über seine Schulter und versuchte, vor Bankfilialen Taxen heranzurufen. In fünf Fällen hatte er keine Schwierigkeiten, ein Taxi zu bekommen. Wenn er ihnen außerdem erzählte, er habe gerade DM 25.000 gestohlen, und sie fragte, ob das falsch gewesen wäre, bestätigten sie ihn nur in dem, was er getan hatte und beschleunigten sogar, wenn er sagte, er befürchte, verfolgt zu werden!

Dennoch *gab* es eine Grenze für die Toleranz des Taxifahrers gegenüber den Anfragen seines Fahrgastes. Als er einen Taxifahrer bat, vor einer anderen Bank anzuhalten und zu warten, weigerte sich dieser und wollte sofort bezahlt werden.

New Yorker Taxifahrer wissen etwas über Marketing, was der Rest von uns noch lernen muß: Die Kunden haben immer recht, solange sie *zahlen*. Sie werden ein erfolgreicher Marketingmensch sein, wenn Sie sich die Philosophie des Taxifahrers auch zu eigen machen. (Nun, nicht buchstäblich – sehen Sie nicht stillschweigend über illegales Verhalten hinweg –, aber Sie verstehen, was gemeint ist!) Das Entscheidende bei allen Marketingaktivitäten ist, daß der Kunde – gerne und (hoffentlich) schnell – für Ihre Produkte oder Dienstleistungen zahlen muß. Um dafür zu sorgen, daß Kunden früh und oft bezahlen, vermeiden Sie bitte die *drei Mythen der Preisgestaltung*.

Die drei Mythen der Preisgestaltung (– fallen Sie nicht darauf herein)

Viele Marketingleute nehmen an, daß die folgenden Mythen der Wahrheit entsprechen – auf eigene Gefahr! Passen Sie auf, daß Sie nicht auf diesen ansprechenden, aber völlig unzutreffenden Glauben über Preisgestaltung hereinfallen. Es bringt Sie nur in Schwierigkeiten.

Mythos 1: Konsumenten kaufen auf der Grundlage von Preisen ein

Viele Unternehmen fallen diesem Mythos zum Opfer. Sie setzen ihre Preislisten niedriger als nötig an. Oder wenn sie den Absatz ankurbeln müssen, machen sie das, indem sie Rabatte anbieten oder Gratiseinheiten verschenken. Sie werden es in diesem Kapitel erkennen: Wenn Sie darauf bestehen, auf der Grundlage des Preises zu verkaufen, dann werden Ihre Kunden auch auf der Grundlage des Preises einkaufen. Aber es gibt fast immer Alternativen. Sie können Markenwert aufbauen (siehe Kapitel 3 und 14), die Qualität erhöhen, Prestige-Preisgestaltung einsetzen (später im Kapitel) oder zusätzlichen Wert durch Zeit- und Ortsvorteile schaffen (siehe Kapitel 7 und 16). Natürlich ist die Preisgestaltung wichtig, aber sie muß nicht das einzige sein – es sei denn, der Marketingmensch glaubt an diesen Mythos.

Mythos 2: Niedriger ist besser

Marketingleute sind schüchtern gegenüber Preiserhöhungen und haben oft auch Angst, sie umzusetzen. Seien Sie es nicht! Gehen Sie nicht davon aus, daß der Kunde zurückschrecken wird und Verkäufe auf ein zu niedriges Maß fallen, um die Erhöhung rentabel zu machen. Wenn Marketingleute den zusätzlichen Fehler machen, diese Furcht vor einer Preiserhöhung mit der weitverbreiteten Annahme zu kombinieren, daß Marketingprobleme durch eine Preissenkung gelöst werden können, erkennen Sie einen allgemeinen Abwärtstrend bei den Preisen über den Produktlebenszyklus in vielen Branchen. Diese Furcht vor Preiserhöhungen bezahlen viele Unternehmen mit verlorenen Gewinnen. Denken Sie daran, daß jede Preiserhöhung mit einer anschließenden Preissenkung zurückgenommen werden kann. Preiserhöhungen lassen sich viel leichter zurücknehmen, wenn sie nicht funktionieren, als Preissenkungen.

Selbst wenn eine Preiserhöhung die Verkäufe reduziert, könnten die Einnahmen einen Auftrieb erfahren. Nehmen Sie zum Beispiel ein Produkt, das momentan eine Bruttogewinnspanne von 30 Prozent hat. Wenn Sie den Preis um fünf Prozent erhöhen, werden Sie die Gewinnschwelle erreichen, falls der Absatz um 14 Prozent fällt. Alles, was darunter liegt, stellt einen Gewinn dar. Eine zehnprozentige Preiserhöhung ist rentabel, solange der Absatzrückgang nicht über 25 Prozent liegt. Andererseits muß eine fünfprozentige Preisverringerung eine 20prozentige Erhöhung des Absatzes bewirken, damit die Gewinne sich nicht verändern – ein unwahrscheinliches Szenario für die meisten Produkte. Bei einer zehnprozentigen Verringerung liegt die Gewinnschwelle bei einer Absatzsteigerung um 50 Prozent – auch ein unwahrscheinliches Ergebnis. Also werden Sie nicht Opfer des Mythos, daß niedriger besser ist. Überprüfen Sie immer die Zahlen, um zu sehen, wie Ihr Gewinn aussehen würde. Und fragen Sie immer bei Ihren Kunden nach, um zu sehen, wie sie antworten werden! (Lesen Sie die folgenden Ausführungen über Preisempfindlichkeit, um Genaueres darüber zu erfahren, wie Sie Kundenreaktionen abwägen können.)

Der Punkt ist, daß die Kunden nicht so preisempfindlich sein könnten, wie sie befürchten. Sie könnten eine *Erhöhung* besser hinnehmen, als Sie denken, und Sie könnten auf eine Preisreduzierung nicht so enthusiastisch reagieren, wie Sie es von ihnen brauchen, damit diese Reduzierung rentabel wird. Sie könnten vielleicht sogar annehmen, daß Preis mit Qualität in Beziehung steht. In diesem Fall werden sie Ihr Produkt nicht kaufen, wenn der Preis nicht *hoch* genug ist. Ehe Sie annehmen, daß eine Preissenkung notwendig ist, immer wenn Sie Ihre Gewinne ankurbeln wollen, fangen Sie doch an, indem Sie mit einer Preiserhöhung experimentieren. Seien Sie voller Widerspruchsgeist. Querdenker sind gewöhnlich diejenigen, die Erfolg haben!

Mathematik der Preisempfindlichkeit

Ich werde jetzt nur kurz mit Fachausdrücken um mich werfen. Sie können – und sollten – die Höhe der Preisempfindlichkeit der Konsumenten einschätzen. Mit anderen Worten, Sie sollten *ausrechnen, wie stark sich der Absatz mit jeder Preisänderung verändern wird*. Sie können diese Gleichung mathematisch lösen, indem Sie das wirtschaftswissenschaftliche Modell der *Preiselastizität der Nachfrage* anwenden (die gleich der prozentualen Veränderung der nachgefragten Menge geteilt durch die prozentuale Veränderung des Preises ist). Falls Sie den Preis in der Vergangenheit geändert haben und brauchbare Verkaufsdaten darüber besitzen, was danach passiert ist, können Sie die Berechnung anstellen. Dann können Sie die Statistiken der Preiselastizität benutzen, um die Reaktion auf eine weitere Preiserhöhung vorherzusagen.

Natürlich, dieses Modell nimmt an, daß Kunden wieder auf dieselbe Weise reagieren werden. Aber Sie wissen, daß sie das nicht tun werden. Wenn Sie beispielsweise die Preise um fünf Prozent erhöhen und daraus ein einprozentiger Absatzrückgang resultiert, dann liegt laut der Formel eine negative Elastizität von 0,2 vor. Und das soll bedeuten, daß eine weitere Preiserhöhung einen Rückgang von nur 0,2 – oder ein Fünftel des Umfangs – hervorbringen wird. (Beispiel: Falls Sie die Preise um 20 Prozent erhöhten, würden die Verkäufe nur um vier Prozent zurückgehen.) Wenn das wahr ist, dann werde ich einfach dauernd meine Preise erhöhen, weil es den Absatz nicht sehr beeinträchtigt und die Gewinne beträchtlich in die Höhe getrieben werden. Aber das ist natürlich nicht wahr. Glauben Sie niemals einer Formel! Das Problem liegt darin, daß die Kunden preisempfindlicher werden, wenn der Preis steigt und wahrscheinlich auch, wenn er fällt. Die Beziehung ist keine einfache, gerade Linie – es muß eine komplexe *Nachfragekurve* (oder eine gebogene Linie, die die Nachfrageveränderungen bei verschiedenen Preishöhen darstellt) konstruiert werden. Daher brauchen Sie sehr viele Daten über eine breite Palette von Preisen und viele andere Einzelberechnungen, um herauszufinden, wie Konsumenten sich verhalten werden.

Sie haben wahrscheinlich keine umfassenden Aufzeichnungen darüber, wie Verkäufe auf Preiserhöhungen und -senkungen auf verschiedenen Preisstufen reagiert haben, unabhängig von allen anderen Faktoren. Selbst wenn Sie Zugriff auf moderne Scannerdaten besitzen, könnte das unzureichend sein – es hängt von der Geschichte Ihrer Produktkategorie ab. Oft wird Scannerdatenmaterial aus Lebensmittelgeschäften für diesen Zweck eingesetzt, aber der Prozeß ist anspruchsvoll und nicht immer zufriedenstellend. Wenn Sie es erkunden wollen, wenden Sie sich an einen Beratungsexperten.

Wie können Sie nun um alles in der Welt die Preisempfindlichkeit von Kunden einschätzen, wenn Ihnen gutes Datenmaterial fehlt? Die folgende Checkliste führt eine Reihe von *qualitativen Indikatoren* der Preisempfindlichkeit auf. Stellen Sie sich also einen Haufen von Fragen über Ihre Kunden, Ihr Produkt und Ihren Markt. Dann summieren Sie diese ganzen Antworten und sehen sich an, in welche Richtung sie gehen. Diese Befragung ist nicht wissenschaftlich, aber sie ist besser, als das Problem komplett zu ignorieren!

Checkliste zur groben Schätzung der Preisempfindlichkeit Ihrer Kunden

Anleitung: Haken Sie jedes Kästchen, das Sie mit »ja« beantworten, ab.

❑ **Wird der Preis erwartet?** Wenn Sie sich innerhalb eines erwarteten Preisrahmens bewegen, dann werden Kunden nicht sehr preisempfindlich sein. Außerhalb dieses erwarteten Preisrahmens werden sie es jedoch schon sein.

❑ **Ist das Produkt zu (fast) jedem Preis wertvoll?** Einige Produkte sind einzigartig, und die Kunden wissen, daß sie es schwer haben werden, einen preisgünstigeren Ersatz zu finden. Diese Tatsache senkt die Preisempfindlichkeit.

❑ **Wird das Produkt dringend gebraucht?** Mir ist es egal, wieviel es kostet, einen gebrochenen Arm in der Notaufnahme eines Krankenhauses richten zu lassen – zumindest, wenn mein Arm gebrochen ist! Ich bin auch nicht zu preisempfindlich gegenüber Pannenhilfe und Abschleppdiensten, wenn mein Wagen nachts auf der Landstraße eine Panne hat. Diese Produkte erfüllen wichtige Bedürfnisse. Aber wenn Ihr Produkt ein unnötiges ist (Kunden möchten es gerne, müssen es aber nicht sofort haben), dann werden sie preisempfindlicher sein.

❑ **Stehen keine Ersatzprodukte zur Verfügung?** Wenn der Kunde in einem Bereich einkauft, wo Ersatzprodukte schwer zu bekommen sind, dann ist die Preisempfindlichkeit niedriger. Wenn man preisgestützt einkauft, dann sind dazu Ersatzprodukte zu verschiedenen Preisen erforderlich. (Beispiel: Falls Sie das einzige Unternehmen sind, das einen Notdienst für Installationsreparaturarbeiten in Ihrer Stadt an Wochenenden anbietet, dann werden Ihre Kunden gerne einen hohen Preis für Ihren Dienst zahlen.)

❑ **Sind dem Kunden Ersatzprodukte nicht bewußt?** Was der Kunde nicht weiß, kostet ihn etwas. Einkaufen ist ein komplexes, informationsabhängiges Verhalten. Ich lebe in einer kleinen Hochschulstadt in New England, wo es nicht besonders viel Ersatz für Konsumprodukte gibt. Folglich sind die Preise hoch. Aber ich habe die Gelben Seiten für Manhattan in meinem Büro, und ich kaufe per Telefon oft in New York City ein, um bessere Preise zu erhalten. Falls mehr Konsumenten in unserem örtlichen Markt wüßten, wie einfach diese Einkaufsmethode ist, würden sie auch preisempfindlicher sein – aber sie sind sich dieser Möglichkeit nicht bewußt.

❑ **Ist es für den Kunden schwierig, Möglichkeiten zu vergleichen?** Selbst dort, wo es Wahlmöglichkeiten gibt, können diese in manchen Produktkategorien sehr schwer zu vergleichen sein. Was macht einen Arzt besser als einen anderen? Ich weiß nicht – ich habe keine Ahnung, welcher Arzt fähiger sein wird, mich zu behandeln. Die technische Komplexität ihrer Arbeit plus der Tatsache, daß Sie medizinische Versorgung erst konsumieren können, nachdem Sie Ihre Kaufentscheidung getroffen haben, bedeuten, daß es schwer ist, Möglichkeiten zu vergleichen. Das macht Konsumenten von Gesundheitsfürsorge weniger preisempfindlich – und Ärzte reicher.

❑ **Erscheint das Produkt den Kunden als preisgünstig?** Kunden sorgen sich nicht allzu sehr um den Preis, wenn sie das Gefühl haben, ein hochwertiges Produkt zu erhalten. Dennoch – wenn Kunden sich beim Kauf unwohl fühlen, werden Sie genau auf den Preis achten. Darum verhandeln wir so hart, wenn wir ein Haus oder ein Auto kaufen. Selbst Produkte, die wesentlich weniger kosten, können teuer *erscheinen*, wenn sie am oberen Ende einer Preisskala stehen. Sie werden beispielsweise preisempfindlicher sein, wenn Sie sich nach einem ausgefallenen Hochleistungslaptop umsehen als nach einer einfachen, grundlegenden Desktopeinheit, weil das Laptop höchstwahrscheinlich 50 bis 100 Prozent mehr kosten wird, was es im Vergleich teuer erscheinen läßt.

> Je mehr Kästchen Sie abhaken, desto weniger preisempfindlich werden Ihre Kunden sein. Wenn Sie mehrere Kästchen abgehakt haben, können Sie wahrscheinlich Ihre Preise erhöhen, ohne die Verkäufe bedeutend zu beeinträchtigen. Das ist eine tolle Neuigkeit!

Sie können Ihre Einschätzung der Preisempfindlichkeit (aus der vorangegangenen Checkliste) mit konkreten Tests ergänzen – wenn Sie zum Beispiel denken, daß eine fünfprozentige Preiserhöhung die Verkäufe nicht beeinflussen wird, dann probieren Sie diese Erhöhung in einem Testmarkt oder für einen kurzen Zeitraum aus, während Sie den Rest Ihres Marketing konstant halten. Hatten Sie recht? Falls ja, dann rollen Sie die Erhöhung landesweit aus (oder stadtweit, für Euch kleine Geschäftsleute). Sie können auch Kunden nach ihrer Meinung befragen. Natürlich wissen die nicht immer genau, wie sie sich verhalten werden (Sie sollten nicht darauf zählen, daß Kunden ihre Reaktion auf Preise genau vorhersagen können). Daher bitten Forscher sie, zwischen alternativen Kombinationen von Preis- und Produktnutzen zu wählen, um es herauszufinden. Dieser Prozeß wird *Trade-off-Analyse* genannt. (Details zur Durchführung von Marktforschung, siehe Kapitel 6.)

Mythos 3: Der Preis ist das, was zählt

Wenn wir über Preisgestaltung nachdenken, nehmen wir häufig an, daß der Schwerpunkt auf dem *Preis* liegen sollte. Aber der Cash-flow und die Gewinne Ihres Unternehmens werden von vielen Faktoren angetrieben, nicht nur vom Listenpreis Ihrer Produkte. Denken Sie noch mal an den New Yorker Taxifahrer zu Beginn dieses Kapitels. Er war nicht über den Preis beunruhigt, den er dem Bankräuber abverlangen würde – der ist ohnehin gesetzlich festgelegt – sondern nur darüber, *wann* er den Fahrpreis erhalten würde. Wenn Ihre Managerin Ihnen sagt, Sie sollen ausrechnen, wie man die Preise erhöhen kann, weil die Gewinne zu niedrig sind, gehen Sie nicht davon aus, daß sie recht hat.

Überprüfen Sie, wie die Rechnungseingänge laufen – zahlen die Käufer innerhalb von 65 Tagen? Falls ja, könnte die Kürzung dieser Zeit um 25 Tage die benötigten Gewinne ohne eine Preiserhöhung ausgleichen.

Die Einnahmen und Gewinne Ihres Unternehmens werden auch von den ganzen Rabatten und Vergünstigungen, die es anbietet, beeinflußt. Daher müssen Sie sich diese auch ansehen, bevor Sie davon ausgehen, daß der Preis der Übeltäter ist. Ziehen Kunden Nutzen aus Mengenrabatten, um sich preisgünstig zu bevorraten und dann zwischen den Rabattzeiträumen nicht mehr einzukaufen? Falls ja, haben Sie ein Problem mit Ihrer Verkaufsförderung und nicht mit Ihrem Listenpreis. Vielleicht sind Sie aber auch in einen Dienstleistungsunternehmen tätig, das einen Grundpreis plus Gebühren für besondere Dienstleistungen und Extras berechnet. Wenn das der Fall ist, sehen Sie sich sorgfältig an, wie die Gebühren bemessen werden. Vielleicht erhebt Ihr Unternehmen in einigen Fällen keine Gebühren. Oder Ihr

Gebührensystem ist veraltet und spiegelt Ihre Kostenstruktur nicht mehr genau wider. Eine Bank beispielsweise, die einen niedrigen Preis für Standardgirokonten plus eine Bearbeitungsgebühr pro Scheck berechnet, könnte sehr wohl feststellen, daß ihre Gewinne plötzlich zurückgehen, wenn die Kunden auf die automatische Scheckbearbeitung über den Bankcomputer umsteigen – weil die Einführungsgebühren für diesen Service oft niedrig angesetzt sind oder ausgesetzt werden, um zum Ausprobieren anzuregen. Falls das so ist, dann liegt das Problem nicht im Grundpreis für ein Girokonto, sondern in der Natur der Gebührenstruktur.

 Übrigens gilt Mythos 3 auch für Kunden. Marketingleute nehmen an, daß die Kosten der Kunden im Preis, den sie zahlen, bestehen. Das ist nicht so. Gewöhnlich kommen noch andere Kosten hinzu, und in einigen Fällen sind die anderen Kosten des Kunden höher als der Preis selbst. Hier ist ein Beispiel. Besitzen Sie ein Auto? Wenn ja, werden Sie sich wahrscheinlich nicht mehr genau daran erinnern, welchen Preis Sie dafür gezahlt haben. Aber Sie wissen, wieviel Sie die letzte Wartung gekostet hat, wie hoch Ihre monatlichen Darlehensraten sind, vielleicht sogar, wieviel Sie an Autoversicherung zahlen. Und Sie wissen, wieviel eine Tankfüllung kostet und wie hoch der Betrag für Ihr letztes Parkticket war. Wenn Sie alle diese zusätzlichen Kosten aufaddieren, werden Sie wahrscheinlich *mehr als das Doppelte des Listenpreises dieses Wagens* in der Zeit ausgeben, in der er in Ihrem Besitz ist.

Die wahren Kosten des Eigentums sind immer höher als der Listenpreis – für einige Autobesitzer bei weitem höher. Was, wenn Sie in einen schweren Unfall verwickelt sind? Sie müssen vielleicht für medizinische Versorgung aufkommen, und Sie werden wahrscheinlich für die Reparaturen einiges aus Ihrer Tasche zahlen müssen (Ihre Versicherung kommt mit einer Eigenbeteiligung daher – und Prämien steigen, wenn Sie einen Unfall verursachen).

 Außerdem leiden Sie vielleicht an Schmerzen oder Beschwerden und werden nicht in der Lage sein, einige Dinge zu erledigen, die Sie tun wollen oder müssen, weil Ihr Auto fahrunfähig ist oder Sie verletzt sind. Diese letzteren sind Beispiele für *Opportunitätskosten*, wie es die verpaßte Möglichkeit wäre, dieses Autogeld für ein neues Haus oder ein Weiterbildungsprogramm auszugeben. Obwohl Opportunitätskosten von Kunden häufig nicht als wichtig angesehen werden, können sie es manchmal dennoch sein.

Aber gilt denn Mythos 3 nicht wenigstens für einfache, geringerpreisige Produkte? Nein. Nehmen Sie etwas wirklich Einfaches, wie eine Packung Waschmittel. Ich kann dieselbe Marke, die ich normalerweise im Lebensmittelgeschäft bekomme, 25 Prozent billiger erwerben, wenn ich zur nächsten Ab-Lager-Verkaufsstelle fahre. Aber ich mache es nicht, weil dieser Laden eine halbe Stunde weiter von meinem Haus entfernt liegt als der Lebensmittelladen. Die zusätzliche Zeit und die zusätzlichen Treibstoffkosten bedeuten mir wesentlich mehr als die 25 Prozent Rabatt vom Listenpreis. Der einzige Weg, meine Kaufentscheidung zu verstehen, ist, sich meine Gesamtkosten für die beiden Möglichkeiten anzusehen, nicht deren Listenpreise.

Sie sollten *immer die Gesamtkosten der Kunden untersuchen*, sowohl indem Sie selbst darüber nachdenken, als auch indem Sie eine Kundenstichprobe befragen oder beobachten. Tabelle 13.1

kann auch hilfreich sein, wenn Sie über die Gesamtkosten des Kunden für Ihr Produkt nach-denken. Ich bin mir sicher, daß Sie, nach einem kurzen Blick darauf, nie wieder einen Preis für bare Münze nehmen werden!

Worin bestehen die wirklichen Kosten für den Kunden?	Welche Kosten reduzieren den Listenpreis des Vermarkters?
Gesamtkosten des Kunden = gezahlter Preis plus:	tatsächlicher Preis des Vermarkters = Listenpreis:
Steuern	Abweichungen der Einzelhändler/Groß-händler von Ihrem Listenpreis
Sonderabgaben	Handelsspanne des Einzelhandels
Transportkosten	Handelsspanne des Großhandels
Kosten des Kaufs (in Zeit, Geld oder Frustration)	Mengenrabatte
Aufbaukosten (in Zeit, Geld oder Frustration)	Skonto
Beseitigung der Verpackung	In-Zahlungnahmen, Händlerrabatte (das geht an Groß- u. Einzelhändler)
Beseitigung des Produktes am Ende seines Lebens	Gratismuster
Finanzierungskosten des Kaufs	direkte Kosten des Verkaufs
Unterhaltskosten	Service- und Unterstützungskosten
Betriebskosten	Garantiekosten
Versicherungskosten	Umtausch
Risiko des Eigentums	uneinbringbare und verspätete Zahlungen
Opportunitätskosten (was hätten Sie sonst tun können?)	Bestandskosten (liegt Ihnen das Produkt auf der Tasche?)
alle anderen Kosten, die Ihnen einfallen	Ausgaben für Gemeinschaftswerbung (Werberechnungen der Einzelhändler)
	Opportunitätskosten (hätte Ihr Geld klüger ausgegeben werden sollen?)
	Beseitigung und Wiederbearbeitung von qualitativem Ausschuß
	Beseitigung alter, unverkäuflicher Produkte
	alle anderen Kosten, die Ihnen einfallen

Tabelle 13.1: Was ist der wirkliche Preis für Kunde und Vermarkter?

Festlegung oder Veränderung eines Listenpreises

Falls Sie einen Listenpreis feststellen müssen, haben Sie einen der härtesten Jobs des Ge-schäftslebens am Hals. Untersuchungen unter Managern zeigen, daß sie unter einem hohen Grad von Preisbesorgnis leiden. Also lassen Sie sich von mir auf logische Weise hier durch führen, Schritt für Schritt. Preisgestaltung muß keine höchst besorgniserregende Aufgabe sein, wenn Sie es richtig angehen! (Abbildung 13.1 illustriert den Prozeß, den ich unten beschreibe.)

Schritt 1: Stellen Sie fest, wer Preise festlegen wird

Dieser Schritt ist nicht offensichtlich. Sie, als Marketingmensch, können und werden einen Listenpreis festlegen. Aber Ihr Preis wird wahrscheinlich nicht der sein, den der Konsument schließlich zahlt. Sie werden auf einen Großhändler und einen Einzelhändler stoßen, die alle ihre Händlerspannen einstreichen. Außerdem hat der Hersteller im allgemeinen nicht das gesetzliche Recht, den letztendlichen Listenpreis zu diktieren. Das bleibt dem Einzelhändler überlassen. Daher wird Ihr Listenpreis wohl eher nur ein Vorschlag sein als eine Anordnung. Falls dem Einzelhändler der vorgeschlagene Preis nicht paßt, wird das Produkt zu einem anderen Preis verkauft.

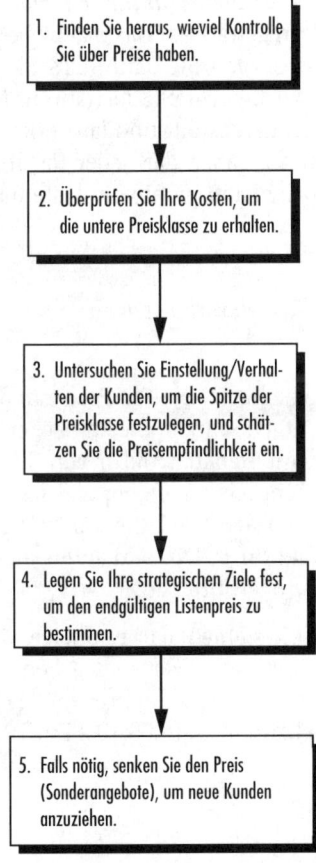

Abbildung 13.1: Ein hilfreicher Preisgestaltungsprozeß

Daher müssen Sie damit beginnen, zu bestimmen, wer außer Ihnen sonst noch Preise festlegen wird. Beziehen Sie diese Parteien in Ihre Entscheidungsfindung mit ein, indem Sie sie fragen, was *sie* denken. (Darum machen Sie diesen Schritt zuerst.) Sie könnten Ihnen sagen, daß Sie Einschränkungen in Betracht ziehen müssen. Finden Sie heraus, worin diese Einschränkungen bestehen, bevor Sie anfangen.

Wenn Sie zum Beispiel gerade dabei sind, den Preis für ein neues Buch festzulegen, werden Sie feststellen, daß die großen Buchhandlungsketten einen 50prozentigen oder höheren Rabatt vom Listenpreis erwarten. Da Sie das wissen, können Sie einen Preis festsetzen, der hoch genug ist, um Ihnen auch bei einer 60prozentigen Rabattrate noch einen gewissen Gewinn einzubringen. Aber wenn Sie nicht erkennen, daß diese Ketten wesentlich höhere Rabatte erwarten als andere Buchläden, könnte Sie deren Forderung kalt erwischen.

Marketingleute, die in einem oder durch einen mehrschichtigen Distributionskanal operieren (d.h., sie haben Verteiler, Großhändler, Regalgroßhändler, Einzelhändler, Agenten oder andere Arten von Mittelspersonen), müssen die *Struktur der Händlerrabatte* erstellen. Händlerrabatte sind, was Sie diesen Mittlern gewähren. Das macht sie wirklich zu einem Kostenpunkt für den Marketingmenschen, also sorgen Sie dafür, daß Sie wissen, wie die Rabattstruktur höchstwahrscheinlich aussehen wird, bevor Sie fortfahren. Normalerweise wird die Rabattstruktur als eine Reihe von Zahlen dargestellt und läßt erkennen, was jeder einzelne Mittler als Rabatt bezieht. Der Trick daran ist aber, daß jeder Rabatt von dem abgezogen wird, was vom vorangegangenen Mittler übrigbleibt, nicht vom Listenpreis.

Berechnung von Rabattstrukturen

Verwirrt? Lassen Sie mich Ihnen zeigen, wie Sie Preise und Rabatte in einem komplexen Distributionskanal berechnen. Angenommen, Sie entdecken, daß in dem Markt, in den Sie Ihr Produkt einführen wollen, eine Rabattstruktur von 30/10/5 typisch ist. Das bedeutet, falls Sie mit einem DM 100-Listenpreis anfangen, daß der Einzelhändler mit 30 Prozent Abzug vom Listenpreis (0,30 x DM 100 = DM 70) bezahlt. Der Einzelhändler vergütet daher den Verteiler, der ihm das Produkt für DM 70 verkauft, erhöht es auf (annähernd) DM 100 und macht ungefähr DM 30 Bruttogewinn.

Wir wissen durch die Rabattstrukturzahlen, daß es noch andere Vermittler gibt – einen für jeden aufgelisteten Rabatt. Es muß einen Verteiler geben, der an den Einzelhändler verkauft, und der Rabatt des Verteilers beträgt zehn Prozent des Preises, für den er das Produkt an den Einzelhändler verkaufen kann (das sind 0,10 x DM 70 = DM 7 Bruttogewinn für den Verteiler).

Daraus können wir auch schließen, daß dieser Verteiler DM 70 – DM 7 oder DM 63 für das Produkt an einen *anderen* Vermittler gezahlt haben muß (wahrscheinlich der Vertreter oder Großhändler eines Herstellers). Dieser Vertreter ist derjenige, an den der Marketingmensch verkauft. Die 30/10/5-Formel sagt uns, daß dieser Vermittler einen fünfprozentigen Rabatt erhält: 0,05 x DM 63 = DM 3,15 an Gewinn für ihn.

Wenn wir wieder subtrahieren, können wir bestimmen, daß der Marketingmensch das Produkt an seinen ersten Vermittler zu DM 63 – DM 3,15 oder DM 59,85 verkaufen muß. Alles in allem müssen Sie als Marketingmensch mehr als 40 Prozent dieses DM 100-Listenpreises an Vermittler verschenken, wenn Sie diese 30/10/5-Rabattstruktur benutzen. Also muß jeder Gewinn, den Sie von einem DM 100 Listenpreis machen, als *von Ihrem Netto* (von DM 59,85) *abgezogene Kosten* berechnet werden. Das ist alles, was Sie jemals davon sehen werden!

Schritt 2: Überprüfen Sie Ihre Kosten

Sehen Sie sich noch mal Tabelle 13.1 an (weiter oben in diesem Kapitel), insbesondere die zweite Spalte. Diese Spalte listet alle Dinge auf, die den Preis, den Sie für Ihr Produkt erhalten, reduzieren könnten. Es ist wichtig, daß Sie Ihren wirklichen derzeitigen Preis kennen, wenn das Produkt bereits auf dem Markt ist. (Falls nicht, versuchen Sie einzuschätzen, wie solche Faktoren an dem von Ihnen gewählten Listenpreis herumhacken könnten.) Die Händlerrabattberechnung in dem Kasten *Berechnung von Rabattstrukturen* ist hilfreich, aber Sie werden den Listenpreis vielleicht auch an weitere Faktoren nach unten anpassen müssen, bevor Sie berechnen, wie Ihr wirklicher Nettopreis wahrscheinlich aussehen wird.

Gut. Jetzt können Sie herausfinden, wieviel es Sie kostet, dieses Produkt herzustellen und zu verkaufen. Hoffentlich gibt es eine nette, fette Spanne zwischen Ihren Kosten und Ihrem Nettopreis. Wenn nicht, zurück ans Reißbrett.

Aber woher wissen Sie, wie hoch Ihre Kosten sind? Das ist einfach – in der Theorie. Theoretisch werden Ihre ganzen Kosten schon durch das ausgezeichnete Kostenrechnungssystem Ihres Unternehmens erfaßt, und irgendein Typ mit einer grünen Augenblende kann Ihnen einfach den Betrag nennen.

In der Praxis ist der gesamte Prozeß aus zwei Gründen eine ganze Ecke härter. Erstens, Ihre Kosten variieren bei unterschiedlichen Verkaufszahlen. Dadurch hängt Ihre Kosteneinschätzung von Ihrer Verkaufsvolumeneinschätzung ab. Aber wie genau können Sie den Absatz des nächsten Jahres vorhersagen?

 Da Sie aber mit einer von Natur aus unsicheren Absatzvorhersage arbeiten müssen, ist es am klügsten, die Kosten pro Rechnungseinheit Ihres Produktes für mehr als ein Absatzniveau zu berechnen – zum Beispiel, indem Sie eine Vorhersage für ein niedriges, ein mittleres und ein hohes Absatzniveau machen. Dann können Sie einen Preis festlegen, der Ihnen auf allen drei Niveaus eine angemessene Gewinnspanne einbringt, und Sie werden nicht gefeuert werden (oder pleite gehen), falls die Dinge nicht genau nach Plan laufen.

Der zweite Grund, warum eine Kostenanalyse hart ist, liegt darin, daß eine genaue Kostenzuteilung schwierig ist. Ich verbrachte einmal einige Wochen damit, alte Unternehmensaufzeichnungen für eine große Speditionsfirma durchzugehen. Sie mußten wissen, welche ihrer Routen den meisten und welche den geringsten Gewinn abwarfen. Sie waren außerdem besorgt, daß das Buchaltungssystem ihnen nicht genügend Einzelheiten offenbarte, um sicher zu sein. Sie hatten recht. Als wir richtig in den Einzelheiten wühlten, entdeckten wir eine Reihe von Faktoren, für die keine Rechenschaft abgelegt wurde. Der größte Rechnungsposten waren die Rabattraten, die vom Standardlistenpreis abgezogen und verschiedenen Kunden angeboten wurden. Einigen Kunden wurden höhere Raten gewährt als anderen. Einige Kunden nutzten einige Routen intensiver als andere. Folglich mußte das Geld, das die Firma auf jeder Route netto einnahm, noch mal berechnet werden. Als wir alle Kosten für Personal, Lkw und andere Ausgaben pro Route ausrechneten, erkannten wir, daß das Unternehmen bei einigen dieser Routen sehr viel Geld verlor! Das Projekt war höllisch, weil es sich um ein großes Unternehmen handelte, mit Tausenden von Kunden und Hunderten von Routen. Aber am Ende gelang es uns, einige Preisanpassungen durchzusetzen, die sich nicht sehr stark auf die Kunden auswirkten, aber Rentabilität auf allen Routen gewährleisteten.

 Die Moral von der Geschicht' ist, daß Sie die Annahmen Ihrer Buchhalter nochmals prüfen sollen und müssen, immer wenn Sie sich Kosten ansehen. Sorgen Sie dafür, daß Sie diese Kosten auf vernünftige Weise erfassen und Nettopreise berechnen, so daß Sie es nachvollziehen können und es aus der Marketingperspektive Sinn macht. Wenn nicht, dann werden Ihnen keine genauen Informationen über Gewinne zu Verfügung stehen.

Wenn Sie erst einmal Ihre Kosten geprüft haben, sollten Sie eine ziemlich genaue Vorstellung davon haben, was Sie mindestens berechnen können. Diese Forderung beläuft sich, bei einem bloßen Minimum, auf Ihre tatsächlichen Kosten. (Na gut, manchmal wollen Sie ein Produkt für weniger als seine Kosten abgeben, um es bei den Kunden einzuführen – aber nutzen Sie diesen Trick nicht, um Kunden von Konkurrenten abzuwerben – oder Sie werden am Ende wegen Dumping verklagt.) Häufiger werden Sie aber einen Preis brauchen, der die *Kosten plus einer Gewinnspanne* umfaßt – sagen wir 20 oder 30 Prozent. Das heißt also, daß Sie Ihre Kosten als 70 bis 80 Prozent des Preises ansehen und dazu eine 20- bis 30prozentige Spanne einbeziehen müssen, die Ihr Unternehmen braucht.

Diese Kosten-plus-Gewinn-Ziffer ist die *unterste Grenze Ihrer Preisgestaltungspalette* (siehe Abbildung 13.2). Jetzt müssen Sie feststellen, ob Kunden diese Preisforderung zulassen werden – oder Ihnen vielleicht sogar erlauben, einen höheren Preis zu erheben!

Schritt 3: Überprüfen Sie die Preiswahrnehmung der Kunden

Ihre Kosten- und Gewinnerfordernisse erlegen dem Preis eine untere Grenze auf. Aber die Wahrnehmung Ihrer Kunden erzwingt eine obere Grenze. Sie müssen beide bestimmen, um die mögliche Preisskala zu erkennen. Also besteht der nächste Schritt darin, auszurechnen, was die Kunden bereit sind zu zahlen.

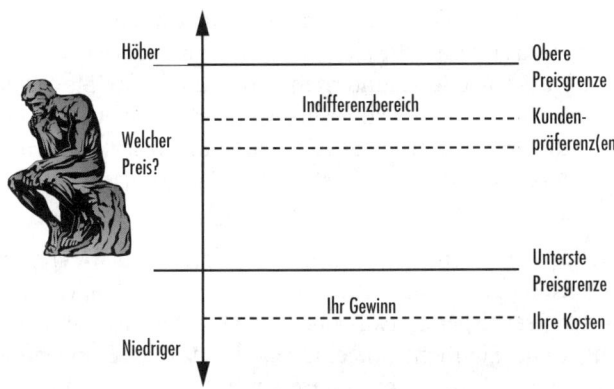

Abbildung 13.2: Bestimmung Ihrer Preisgestaltungspalette

In Abbildung 13.2 bezeichne ich den Preis, den Kunden bevorzugen, als »Kundenpräferenz«. Beachten Sie, daß die Kundenpräferenz nicht die Obergrenze sein muß. Falls Kunden nicht zu preisempfindlich sind, dann werden sie vielleicht nicht bemerken oder sich nicht darum kümmern, daß Sie Ihren Preis etwas höher als den von ihnen bevorzugten Preis gesetzt haben. (Siehe Abschnitt über Preisempfindlichkeit oben in diesem Kapitel.)

Earl Naumann, ein in Boise, Idaho ansässiger Marketingberater, nennt in seinem interessanten Buch *Creating Customer Value* den Unterschied zwischen dem vom Kunden erwünschten Preis und einem *merklich* höheren Preis den *Indifferenzbereich*. Innerhalb dieses Indifferenzbereichs stehen die Kunden sowohl Preiserhöhungen als auch Preissenkungen unentschieden gegenüber. Seien Sie dennoch vorgewarnt, daß der Bereich kleiner wird (prozentual gesehen), wenn der Preis eines Produktes steigt. Wie groß oder klein ist der Indifferenzbereich in Ihrem Fall? Gehen Sie zur Checkliste für die Preisempfindlichkeit zurück. Der Bereich ist klein, wenn Sie davon ausgehen, daß Ihre Kunden höchst preisempfindlich sind, und er ist groß, wenn sie eher preisunempfindlich sind. Treffen Sie einfach einige Annahmen, die im Moment vernünftig erscheinen – ich weiß, daß dies teilweise reine Vermutung sind, aber es ist dennoch besser, die Preisgestaltungsentscheidungen in eine Reihe von kleineren, wohlbegründeten Vermutungen zu unterteilen, als eine Zahl aus der Luft zu greifen! Falls es nicht anders kommt, werden Ihre Fehler bei all diesen kleinen Vermutungen willkürlich sein und sich in diesem Fall gegenseitig aufheben. Das können Sie zumindest Ihrem Chef erzählen.

Sie können Kunden direkt nach ihrer Meinung fragen. Sie werden Ihnen wahrscheinlich erzählen, daß niedriger besser ist, natürlich, aber wenn Sie sie drängen, können sie oft sagen, was sie als fairen Preis für ein bestimmtes Produkt empfinden würden.

Sie können auch kunstvolle Marktforschung betreiben und verschiedene Preisniveaus testen, angefangen bei Fragen der Trade-off-Analyse das ganze Spektrum entlang bis zu *simulierten Testmärkten*. Diese beziehen die Schaffung eines imitierten Geschäftes mit ein (oder eines Katalogs oder was Ihre Einkaufsstätte nun mal gerade darstellt), das mit dem typischen Sortiment an Möglichkeiten plus Ihrem Produkt in den Regalen ausgestattet ist. (Messebauunternehmen und Unternehmen für die Gestaltung von Einkaufsstättendisplays stellen beide diese Geschäftsimitationen her – also sehen Sie sich die Adressen-Hinweise in den Kapiteln 12 und 16 an.) Dann wird ein Marktforschungsunternehmen Kunden für Sie anwerben, die durch dieses imitierte Geschäft gehen werden. Schließlich werden Sie sehen, wieviel diese von Ihrem Produkt kaufen – wobei die Preise während des Experiments variiert werden. Verkäufe werden ab einem bestimmten Preisniveau schnell sinken – das ist dann die Obergrenze Ihres Preisgestaltungsbereichs.

Bei diesen Tests erhalten Sie manchmal überraschende Ergebnisse. Verkäufe können zum Beispiel *unter* ein bestimmtes Preisniveau abfallen, wenn Kunden denken, daß der Preis irgend etwas über die Qualität aussagt. Also seien Sie nicht überrascht, wenn Sie nicht nur eine Obergrenze des Kundenpräferenzbereiches entdecken, sondern auch eine untere Grenze. Seien Sie auch gewarnt, daß bei Tests generell angenommen wird, daß die Konkurrenten an ihren aktuellen Preisgestaltungsniveaus festhalten. Aber wenn Sie plötzlich ein konkurrierendes Produkt auf dem Markt einführen, könnte die Konkurrenz ihre Preise radikal herabsetzen oder attraktive Rabatte anbieten, um Sie vom Markt auszuschließen. Diese Reaktionen können den vom Kunden bevorzugten Preis sinken lassen! (Mensch, Marketing ist wirklich hart.)

Eine andere Möglichkeit, die Kundenpräferenz zu bestimmen, liegt darin, die aktuelle Preisstruktur im Markt zu beobachten. Was zahlen die Kunden für vergleichbare Produkte? Gibt es einen Abwärtstrend bei den Preisen vergleichbarer Produkte? Oder sind sie stabil? *Gehen Sie einkaufen*, um zu sehen, wie die bestehende Preisstruktur aussieht; so erhalten Sie ausgezeichnete Hinweise darüber, wie Kunden auf verschiedene Preise für Ihr Produkt reagieren werden.

Gut! Ich nehme an, daß Sie durch diese Aktivitäten wenigstens annähernde Zahlen dafür erhalten haben, was der bevorzugte Preis der Kunden ist und um wieviel höher Sie den Preis ansetzen könnten, ohne daß diese es merken. Das bedeutet, Sie haben ihre obere Preisgrenze bestimmt.

Die einfachste Herangehensweise an die Preisgestaltung ist, Ihren Preis an der Obergrenze festzulegen. Solange die Preisklasse oberhalb der Untergrenze liegt, das heißt, solange der bevorzugte Preis plus dem Indifferenzbereich gleich oder höher als Ihre Kosten plus dem erforderlichen Gewinn ist, sind Sie aus dem Schneider.

Aber Sie können nicht *immer* Ihren Preis an der Obergrenze der Preisklasse festsetzen. Im nächsten Schritt des Preisgestaltungsprozesses zeige ich Ihnen, wie Sie Ihren endgültigen Preis ausrechnen können.

Schritt 4: Überprüfen Sie sekundäre Einflüsse auf den Preis

Ihre Kosten und die Obergrenzen der Kunden sind die zwei primären Gesichtspunkte. Sie setzen eine Preisskala fest. Aber Sie müssen noch viele andere Faktoren in Betracht ziehen. Diese Faktoren könnten Ihre Entscheidung derart beeinflussen, daß Sie gezwungen sind, Ihren Preis in der Mitte oder dem unteren Bereich der Preisskala festzulegen statt im oberen Bereich.

Denken Sie an konkurrenzgestützte Fragen. Müssen Sie einem nahen Konkurrenten Marktanteil abgewinnen? Falls ja, stellen Sie den Preis so ein, daß er leicht (aber merklich) unterhalb dem des Konkurrenten liegt. Erwägen sie auch mögliche zukünftige Preistrends. Gibt es einen Abwärtstrend bei den Preisen in diesem Markt? Dann müssen Sie Ihre Zahlen etwas nach unten anpassen, um in Abstimmung mit dem Markt zu bleiben. In ähnlicher Weise könnten Währungsschwankungen Ihre Kosten beeinflussen und damit auch Ihre Preisgestaltungsmöglichkeiten. Wenn Sie befürchten, Sie könnten einen Schlag von den Devisenkursen abbekommen, gehen Sie lieber auf Nummer Sicher und setzen Sie Ihren Preis am oberen Ende der Skala fest. Schließlich könnte das Produktmanagement noch einen leicht niedrigeren oder höheren Preis diktieren. Sie müssen vielleicht ein Spitzenprodukt preislich bedeutend höher ansetzen als andere in seiner Produktlinie.

Schritt 5: Stecken Sie sich Ihre strategischen Ziele

Sie werden wahrscheinlich noch andere Ziele haben als die Maximierung der Einnahmen und des Gewinns. Viele Marketingleute setzen Ihren Preis in der Nähe der unteren Grenze Ihrer Preisskala fest, um Ihren Marktanteil zu erhöhen. (Das tun Sie, weil Ihnen ein höherer Marktanteil später wahrscheinlich höhere Gewinne einbringen wird – also ist es eine Investitionsstrategie. Siehe Kapitel 3.)

 Diese Niedrigpreis-Strategie macht nur Sinn, wenn der Kunde ziemlich preisempfindlich ist! Wenn nicht, werfen Sie mögliche Einnahmen zum Fenster raus ohne einen wirklichen Zugewinn an Marktanteil. Sie sollten Ihren Preis am oberen Ende der Skala ansiedeln und die zusätzlichen Einnahmen nutzen, um in Qualität und markenaufbauende Werbemaßnahmen zu investieren, mit dem Ziel, Ihren Marktanteil zu erhöhen (siehe wieder Kapitel 3 zu Strategiemöglichkeiten).

In anderen Fällen haben Marketingleute ein bestimmtes Absatzvolumenziel, das Sie erreichen müssen – wenn es beispielsweise wichtig ist, eine Fabrik bis fast an die Kapazitätsgrenze auszulasten. Daher werden sie vielleicht den Preis am unteren Ende der Preisskala festsetzen, um den Stückverkauf zu maximieren, selbst wenn dieses Verhalten nicht die Nettogewinne pro Stück maximiert (wieder hängt der Verkaufszuwachs für eine gegebene Preissenkung vom Grad der Preisempfindlichkeit ab).

Manchmal wollen Marketingleute sogar das Stückvolumen *minimieren*, zum Beispiel wenn sie ein neues Produkt einführen. Sie werden vielleicht nicht die Kapazitäten besitzen, um das Produkt auf einem Massenmarkt zu verkaufen und daher entscheiden, *den Markt abzuschöpfen*, indem Sie das Produkt zu so einem hohen Preis verkaufen, daß nur die richtig vermögenden oder am wenigsten preisempfindlichen Kunden es kaufen werden. Die Preise werden später gesenkt, wenn durch die Spitzen-Kunden maximale Gewinne eingefahren und die Produktionskapazitäten erweitert worden sind. Produkte wie CD-Spieler, Faxgeräte und Satellitenschüsseln zum Empfang von Fernsehprogrammen wurden anfangs zu hohen Preisen auf den amerikanischen und europäischen Märkten angeboten, unter Einsatz der Abschöpfungsstrategie. (Warnung: Nutzen Sie die Abschöpfungsstrategie nicht, wenn Sie nicht sicher sein können, daß Sie kurzfristig vor Konkurrenz gefeit sind!)

Wie Kunden Preise wahrnehmen und erinnern

Wenn die Obergrenze Ihrer Preisskala für ein Kinderspielzeug bei DM 10 liegt, wollen Sie ihn wahrscheinlich auf DM 9,99 oder 9,89 senken, aus dem einfachen Grund, daß dieser Preis den meisten Kunden viel niedriger *erscheint*. Angenommen, sie sind überhaupt preisempfindlich, dann werden sie bedeutend mehr kaufen, obwohl die Preisdifferenz nur Pfennige beträgt. Warum? Kunden nehmen Preise, die mit einer 9 enden, als billiger wahr – im allgemeinen drei bis sechs Prozent billiger als geradzahlige Preise. Es ist nur die Art, wie der Kunde ihre Preise sieht (von links nach rechts), und Sie können einen Nutzen daraus ziehen.

Der einzige Haken an Preisen, die mit einer 9 enden – sie werden übrigens *gebrochene Preise* genannt – ist, daß Kunden sie manchmal mit schlechter Qualität assoziieren. Also setzen Sie gebrochene Preise nicht bei Kunden ein, die empfindlicher auf die Qualität als auf den Preis reagieren. Gebrochene Preise könnten beispielsweise das Image eines originalen Kunstwerks in einer Kunstgalerie verringern. Aber im allgemeinen scheint diese Strategie zu funktionieren.

Vielleicht wollen Sie auch Ihren Preis abstimmen, damit er in Ihre Produktlinie paßt oder in das Produktsortiment, das von Ihren Einzelhändlern oder Verteilern verkauft wird. Der Gedanke ist, Ihr Produkt in eine Reihe von Alternativen einzupassen und dem Produkt damit einen logischen Punkt im Gedächtnis des Kunden zu geben. Diese verbreitete und im allgemeinen wirkungsvolle Strategie wird *Einheitspreisfestsetzung* genannt.

Sie könnten Ihre Preise auch in Relation zu einem oder mehreren wichtigen Konkurrenten festsetzen. Diese Praxis nennt man aus ersichtlichen Gründen *Wettbewerbspreisbildung*. Falls Sie in einem Markt mit starker Konkurrenz tätig sind, sollten Sie sich lieber in der Wettbewerbspreisbildung üben. Entscheiden Sie, welches konkurrierende Produkt der Kunde als am nächsten zu Ihrem ansehen wird, und dann gestalten Sie Ihren Preis ausreichend höher oder niedriger, um Ihr Produkt zu unterscheiden. Wie groß der Unterschied sein muß, hängt von der Größe des Indifferenzbereichs der Kunden ab – den habe ich bereits oben erörtert.

Sollten Sie Ihren Preis ober- oder unterhalb dieses starken Konkurrenten ansiedeln? Diese Entscheidung hängt davon ab, ob Sie mehr oder weniger Nutzen und Qualität anbieten. Falls es weniger oder fast gleich ist, dann muß Ihr Preis bedeutend niedriger liegen, damit es wie ein besserer Wert für's Geld aussieht. Falls Ihre Nutzenversprechen besser sind, dann kann Ihr Preis etwas höher sein, um diese Tatsache kenntlich zu machen – aber nicht zu hoch, weil Sie ja sicher sein wollen, daß Ihr Produkt als besserwertig erscheint als das Konkurrenzprodukt.

Wenn Sie sich selbst als der Konkurrenz weit überlegen positionieren wollen, dann sorgen Sie dafür, daß Ihre Preise deutlich höher sind. Wenn der Schmuck von Tiffany & Company mit zu niedrigen Preisen versehen wäre, dann würde er sein prestigeträchtiges Image verlieren. Das ist genau das, was passierte, als Avon Tiffany kaufte – Avon versuchte, den Namen Tiffany an Massen zu vermarkten, indem es ihn auf billigen Schmuck setzte. Millionen Dollarverluste später verkaufte Avon seine Anteile, und Tiffany wurde erneut erfolgreich – wieder zu exklusiv hohen Preisen.

Manchmal sollten Sie Ihre Preise genau am Preis des Konkurrenten ausrichten. Dieses Vorgehen ist eine gute Idee, wenn Sie das Produkt durch einen feinen Unterschied abheben wollen, weil sich dann die Aufmerksamkeit des Kunden auf den Unterschied und nicht auf den Preis richtet.

Schließlich versuchen einige Konkurrenten, Kunden davon zu überzeugen, daß deren Produkt besser ist, aber weniger kostet. Niemand glaubt dieser Behauptung – es sei denn, Sie erbringen den Beweis. Wenn Sie es tun, werden die Kunden Sie lieben – wir alle hoffen schließlich, mehr für weniger zu bekommen! Ein Personalcomputer mit einem neuen, schnelleren Chip könnte wirklich besser sein, aber weniger kosten. Eine neue Antifaltencreme könnte bessere Wirkung zeigen, aber weniger kosten, falls Sie eine neue Rezeptur entdeckt haben. Ein Einzelhändler könnte in der Lage sein, dieselben Marken zu günstigeren Preisen zu verkaufen, weil seine Geschäfte größer sind und mehr Waren aufnehmen können. Solange Sie ein plausibles Argument haben – und es den Kunden vermitteln können – können Sie den Preis des Konkurrenten unterbieten und gleichzeitig Anspruch auf überlegenere Nutzenversprechen erheben. Aber sorgen Sie dafür, daß Sie den Anspruch absichern, oder die Kunden werden vermuten, Ihr niedrigerer Preis bedeutet, daß Ihr Produkt schlechter ist.

 ## Sie wollen den Preis nicht festsetzen? Lassen Sie es die Kunden tun!

Eine Auktion ist immer eine Möglichkeit, Ihre Produkte und Dienstleistungen zu verkaufen – aber Auktionen sind außerhalb bestimmter Branchen selten. Kunstgegenstände werden oft auf Auktionen versteigert, aber Möbel werden gewöhnlich nach Listenpreisen gekauft, es sei denn, sie werden durch einen Nachlaßverkauf erworben. Wenn Sie also ein Möbeleinzelhändler sind, warum sollten Sie dann nicht eine Neuheit einführen durch eine monatliche Versteigerung? Diese Aktion könnte viel Aufmerksamkeit erregen und Ihnen ermöglichen, Ihren Bestand wesentlich schneller umzusetzen. Wenn Ihr Bestand ansprechend ist, werden Kunden vielleicht einfach die Preise höher treiben, als Sie sie normalerweise festgesetzt haben könnten!

Ich habe noch eine viel bessere Idee. Warum nicht eine Auktion im Internet veranstalten? American Airlines versteigert jetzt auf seiner Web-Site (`http://www2.amrcorp.com/cgi-bin/aans`) Flugzeugsitze an Reisende, und andere Fluggesellschaften folgen diesem Beispiel. Der Vorteil einer Online-Auktion liegt darin, daß die Aufregung eines Live-Ereignisses eingefangen und das Angebot Kunden weltweit zur Verfügung gestellt wird. (Um von anderen Online-Auktionen zu erfahren, versuchen Sie es mit »Auktion« bei einer Schlüsselwortsuche.)

Seien Sie vorgewarnt: Manchmal passiert es, daß Ihre Verkäufe für den Rest des Monats dramatisch abfallen, wenn Sie ein periodisches »Special« wie eine Auktion veranstalten. Das könnte Ihr Unternehmen Einnahmen kosten. Achten Sie darauf, Ihre finanzielle Situation unter Kontrolle zu behalten.

Spiel mit dem Preis: Rabatte und andere Sonderangebote

Sonderangebote sind vorübergehende Anreize, um Kunden auf der Basis des Preises oder aufgrund preisverwandter Faktoren zum Kauf zu bewegen. Sonderangebote spielen mit dem Preis und bieten Konsumenten (oder Vermittlern) eine Möglichkeit, das Produkt preisgünstiger zu erstehen – zumindest so lange das Angebot gilt.

Warum sollte man mit dem Preis spielen? Wenn man findet, daß der Preis niedriger sein sollte, warum senkt man den Preis dann nicht einfach dauerhaft?

Der Grund: Eine Preissenkung ist leicht umzusetzen, aber schwer wieder rückgängig zu machen. Ein Sonderangebot ermöglicht Ihnen, den Preis vorübergehend zu senken, während Sie den Listenpreis noch in seiner alten Höhe beibehalten. Wenn das Angebot vorbei ist, ist der Listenpreis derselbe – nichts wurde dauerhaft weggegeben. Das ist in vielen Fällen wichtig:

✔ wenn Ihr Grund für die Preissenkung kurzfristig ist, wie um auf ein Sonderangebot eines Konkurrenten zu kontern oder auf eine Neuprodukteinführung zu reagieren

✔ wenn Sie mit dem Preis experimentieren wollen (um etwas über die Preisempfindlichkeit der Kunden herauszufinden), ohne sich auf eine dauerhafte Preissenkung festzulegen, bis Sie die Daten sehen

✔ wenn Sie Kunden dazu anregen wollen, Ihr Produkt zu probieren und Sie glauben, daß diese, wenn sie es erst einmal getestet haben, das Produkt gut genug finden werden, um es wieder zu kaufen, dann zum vollen Preis

✔ wenn Ihr Listenpreis hoch bleiben muß, um Qualität zu signalisieren (Festsetzung von Prestigepreisen) oder in Einklang mit anderen Preisen Ihrer Produktlinie zu sein (Einheitspreisstrategie)

✔ wenn Ihre Konkurrenten es tun und Sie keine andere Wahl haben, weil Konsumenten mittlerweile Sonderangebote erwarten

Dieser letzte Grund ist der schlimmste, es macht mich total verrückt, daß so viele Marketingleute ihre Kunden dazu erzogen haben, Sonderangebote zu erwarten und nur als Reaktion darauf zu kaufen. Ich meine das ernst. Sehr ernst. Das ist der größte und dümmste Fehler, den Marketingleute machen und den sie schon seit vielen Jahren immer und immer wieder machen. Folglich werden viele Produkte jetzt eher auf der Grundlage des Preises als auf der Grundlage von Qualität und Nutzen gekauft. Das Ergebnis ist, daß in den USA und in Kanada sowie in vielen europäischen Länder die Einlöseraten von Gutscheinen weiter steigen. Schließlich nehmen Sonderangebote einen immer größeren Teil der Marketingbudgets in Anspruch und greifen unnötigerweise die Gewinne an.

 Was passiert, wenn sich Konkurrenten zu sehr darin verrennen, neue Sonderangebote zu machen und die der anderen zu überbieten, ist, daß sie die Kunden mit preisgestützten Verkaufsförderungsaktionen überfluten. Rabatte und andere Werbegeschenke beginnen mehr Gewicht zu haben als markenbildende Marketing-

botschaften, indem sie die Aufmerksamkeit der Kunden mehr auf den Preis als auf Marken- und Nutzengesichtspunkte bannen. Sonderangebote erhöhen tatsächlich die Empfindlichkeit des Kunden für den Preis. Sie ziehen *Markenwechsler* an, Konsumenten, die keiner Marke treu sind, sondern nur auf der Grundlage des Preises einkaufen. Sie ermutigen Kunden zu Markenwechslern zu werden, verringern damit die Größe der Stammkundschaft und erhöhen die Zahl der Randkunden. Das bedeutet, Sonderangebote haben das Potential, Markenwert zu untergraben, Kundentreue zu verringern und Ihre Gewinne zu kappen. Dieser Hang ist rutschig, und es ist ein leichtes, darauf seinen Halt zu verlieren!

 Die Marketingmanager bei Procter & Gamble kamen kürzlich zur gleichen Schlußfolgerung und trafen die Entscheidung, alle preisgestützten Verkaufsföderungsaktionen komplett zu stoppen. Keine Gutscheine und Rabatte mehr. Punkt. Aber sie kamen mit der Veränderung nicht durch. Einzelhändler beschwerten sich. Die US-Regierung meinte, dieser Zug käme einer Preisabsprache gleich (weil Procter & Gamble wollten, daß die Konkurrenz auch damit aufhörte), und das verstößt natürlich gegen die Kartellgesetzgebung. Also rutschen sie immer noch den Sonderangebotshang hinunter, trotz ihres Wunsches aufzuhören.

Na gut, Sie sind davor gewarnt worden, was Manager von General Foods gerne *Gutschein-Fieber* nennen. Aber Sie könnten immer noch berechtigte Gründe haben, Sonderangebote einzusetzen (siehe vorangegange Liste). Oder Sie haben vielleicht nicht die Macht, Praktiken in Ihrem Markt zu verändern – schließlich konnten es Procter & Gamble auch nicht – also müssen Sie wohl mit dem Strom schwimmen. Wenn das der Fall ist, falls Sie Sonderangebote einsetzen *müssen*, erklären die folgenden Abschnitte einige Möglichkeiten, die Ihnen zur Verfügung stehen.

Wie Sie Gutscheine und andere Sonderangebote entwerfen

Sie können Gutscheine, Rückerstattungen, Prämien (= Geschenke) und zusätzliche Gratisprodukte, kostenlose Muster in Probiergröße, Wettbewerbe mit Verlosung und andere ereignisorientierte Werbegeschenkpläne sowie andere Sonderangebote anbieten, die Sie sich ausdenken können – ziehen Sie nur Ihre Rechtsanwälte zu Rate, um sicherzugehen, daß die Verkaufsförderungen legal sind. (Es gibt gesetzliche Einschränkungen. Sie dürfen Kunden nicht darüber irreführen, was sie bekommen. Und ein Wettbewerb – auch mit Verlosung – muß für alle offen und nicht an einen Kauf gebunden sein.)

Wenn Sie im *Handel* werben, als Zwischenhändler, wie Groß- und Einzelhändler gemeinsam genannt werden, dann können Sie auch Dinge anbieten wie Abkommen über kostenlose Güter, Rückkaufzugeständnisse, Display- und Werbeunterstützung und finanzielle Unterstützung bei den Werbekosten (*Gemeinschaftswerbung*).

Eine große (und wachsende) Mehrheit aller Sonderangebote erscheint als *Gutscheine,* und daher werde ich meinen Schwerpunkt auf diese Form legen, um zu erklären, wie Sie Sonderangebote entwerfen.

Jede Bescheinigung, die den Inhaber zu einem reduzierten Preis berechtigt, ist ein Gutschein, was eine ziemlich weite Definition ist – und das heißt, daß Raum für Kreativität in diesem Bereich im Überfluß vorhanden ist. Der beste Weg, ein gutes Gefühl für die Möglichkeiten und Ansätze zu bekommen, ist, einfach einen Packen neuerer Gutscheine aus Ihrer eigenen oder anderen Branchen zu sammeln.

Wieviel soll angeboten werden?

Wieviel eines Geschäfts sollten Sie Kunden auf einem Gutschein oder in einem anderen Sonderangebot anbieten? Die Antwort hängt davon ab, wieviel Aufmerksamkeit Sie erregen wollen? Die meisten Angebote versagen dabei, die breite Mehrheit der Kunden zu motivieren, also denken Sie daran, daß das typische Sonderangebot in Ihrer Branche wahrscheinlich nicht besonders wirksam ist. Eine gute Werbekampagne erreicht wahrscheinlich mehr Kunden.

Aber Sie können die Reichweite Ihres Sonderangebots immens steigern, indem Sie das Angebot einfach großzügiger machen (diese Tatsache bewahrheitet sich natürlich eher dort, wo Preisempfindlichkeit höher ist). Bei kurzlebigen Verbrauchsgütern wie Zahnpasta und Dosensuppen zeigen Forschungsergebnisse, daß Sie mindestens fünfzig Pfennig vom Listenpreis abziehen müssen, um viel Aufmerksamkeit zu erregen. Kleinere Angebote werden nur von den treuesten Gutscheinausschneidern beachtet – diese Angebote sind nur für weniger als zehn Prozent der Kunden in Umfragen ansprechend. Aber wenn Angebote die Fünfzig-Pfennig-Marke überschreiten, wächst die Attraktivität rasch – und erreicht manchmal sogar die 80-Prozent-Marke! In diesem größeren Prozentsatz der interessierten Konsumenten sind viele markentreue Stammkunden – sowohl Ihre als auch die Ihrer Konkurrenten. Diese sind wesentlich attraktiver für Sie als die reflexgesteuerten Gutscheinausschneider, die den Großteil derjenigen ausmachen, die von den kleineren Angeboten angesprochen werden.

Daher denke ich (und in diesem Punkt stimme ich mit vielen Marketingleuten nicht überein), daß Sie besser daran tun, weniger, größere Angebote zu nutzen, als endlos miese Gutscheine einzusetzen. Es ist schon viel zu laut, also warum wollen Sie in das Durcheinander von Botschaften einsteigen, wenn Sie Ihre Anstrengungen auf weniger und wirksamere Gutscheine konzentrieren können?

Vorhersage von Einlösequoten (Viel Glück – Sie werden es brauchen!)

 Einen Gutschein zu entwerfen, ist nicht die höchste Hürde. Der schwere Teil ist, zu raten, wie hoch die *Einlösequote* (oder Prozentsatz der Konsumenten, die den Gutschein nutzen) sein wird. Die Einsätze sind höher für diese großen Angebote, die ich befürworte, was sie riskanter in der Vorhersage macht. Vorhersagen wird einfacher für Verkäufe in Lebensmittelläden, weil immer mehr Läden die Einlösung für Kunden, die eine Rabattkarte dieses Ladens besitzen, automatisch abfertigen, und deren Datenbanken geben ihnen vorab die Informationen, um zu schät-

zen, wie hoch die wahrscheinliche Einlösequote sein wird. Aber in den meisten Fällen kommt es bei der Einlösung auf die Frage an, wie viele Kunden den Gutschein sehen, ihn ausschneiden und sammeln, es schaffen, ihn nicht zu verlieren und ihn dann tatsächlich den Anweisungen entsprechend vorzulegen, um den Kostenvorteil zu erhalten. Falls viel mehr Kunden diesen Prozeß durchlaufen, als Sie erwartet haben, könnten Sie vielleicht einfach Ihren Job verlieren oder Ihr Unternehmen sogar in den Bankrott stürzen! Also muß Ihre Einlösungsvorhersage ziemlich genau sein.

 Ich kann Ihnen sagen, daß im Schnitt etwas über drei Prozent der Gutscheine eingelöst werden (und daß der durchschnittliche Gutschein etwas unter 40 Prozent vom Listenpreis abzieht). Das ist also ein guter Anfangspunkt für Ihre Schätzung. Aber die Bandbreite ist weit – einige Angebote sind so ansprechend und so leicht zu handhaben, daß 50 Prozent der Gutscheine eingelöst werden. Für andere kann die Einlösequote nahe bei Null liegen. Also welches Schweinderl hätten's denn gern?

Sie können Ihre Einlösungsschätzung verfeinern, indem Sie sich Ihr Angebot im Vergleich zu anderen ansehen. Bieten Sie etwas Großzügigeres oder leichter Einzulösendes als in der Vergangenheit an oder als es Ihre Konkurrenten tun? Wenn ja, dann können Sie von einer bedeutend höher als der Durchschnitt liegenden Einlösequote ausgehen – vielleicht zweimal oder mehrfach so hoch.

Sehen Sie auch Ihre bisherigen Daten nach ausgezeichneten Hinweisen durch. Falls Sie jemals zuvor Gutscheine eingesetzt haben, sollte Ihr Unternehmen umfassende Informationen über Response-Raten haben. Achten Sie darauf, daß Sie bisherige Angebote sorgfältig überprüfen, um eines auszusuchen, das sich wirklich mit dem aktuellen Angebot deckt, bevor Sie annehmen, daß sich die gleiche Response-Rate wiederholen wird.

Denken Sie über Preisempfindlichkeit nach. Noch einmal. Ja, gehen Sie zurück zum Anfang dieses Kapitels, und nutzen Sie die Formel der Preiselastizität in dem Kasten *Mathematik der Preisempfindlichkeit* (falls Ihnen Daten zur Verfügung stehen) und die qualitative Bewertung der Preisempfindlichkeit. Was Ihr Angebot wirklich macht, ist, den Preis auf einer vorübergehenden Basis zu verändern – teilweise auf Kosten der Kunden, aufgrund der »Schwierigkeiten«, die sie auf sich nehmen müssen, um den Gutschein einzulösen. Also ist der »wirkliche« neue Preis etwas weniger als der Rabatt, der im Gutschein angeboten wird – passen Sie ihn ein bißchen an, um die wahrgenommenen Kosten der Einlösung widerzuspiegeln. Fragen Sie sich jetzt, ob dieser wirkliche Preis ausreichend geringer als der Listenpreis ist, um Nachfrage zu verändern? Liegt der Preis außerhalb des Indifferenzbereichs der meisten Kunden oder nicht?

Viele Gutscheine verschieben den Preis nicht sehr weit hinter den Indifferenzbereich, darum ziehen Sie im allgemeinen diese Randkunden an, die preisgestützt kaufen, aber nicht die Stammkunden anderer Marken. Deshalb betragen die Einlösequoten im Schnitt nur wenige Prozent. Dennoch, wenn Ihr Gutschein den Preis weit hinter den Indifferenzbereich verschiebt, dann besteht eine hohe Wahrscheinlichkeit, daß Sie eine viel höhere Einlösequote erhalten als üblich. Das ist der weitverbreitetste Grund, warum Leute Ihren Job wegen wild-gewordener Gutscheinaktionen verlieren. Also prüfen Sie das Angebot mit dem, was Sie über Kundenwahrnehmung und Preisempfindlichkeit wissen, um sicherzugehen, daß Sie nicht irr-tümlicherweise den Preis so weit verschieben, daß jeder beliebige Gutscheine einlöst.

Kostenvorhersage für Sonderangebote

Nun gut, wo Sie jetzt über die Einlösequote nachgedacht haben, nehmen wir an, Sie glauben, daß vier Prozent der Kunden einen Gutschein im Wert von zehn Prozent Ermäßigung auf Ihr Produkt einlösen werden. Um die Kosten für Ihr Gutscheinprogramm zu schätzen, müssen Sie zuerst entscheiden, ob die vier Prozent der Kunden für nur vier Prozent der Verkäufe Ihres Produktes in dem Zeitraum stehen werden, in dem der Gutschein gilt. Wahrscheinlich nicht. Sie werden sich wahrscheinlich einen Vorrat anlegen, um das Sonderangebot voll auszuko-sten. Also müssen Sie schätzen, *wieviel mehr als üblich die Kunden kaufen werden.*

Wenn Sie denken, sie werden zweimal so viel wie üblich kaufen (das ist eine ziemlich hohe Zahl, aber sie verhilft zu einer einfachen Veranschaulichung), dann verdoppeln Sie das durch-schnittliche Kaufvolumen. Vier Prozent der Kunden, die zweimal so viel kaufen wie normaler-weise in einem Monat (falls das die Laufzeit für den Gutschein ist), werden zu wie vielen Ver-käufen führen? Wenden Sie jetzt die Rabattrate auf diese Verkaufszahl an, um herauszufinden, wieviel Sie das Sonderangebot kosten wird. Können Sie es sich leisten? Ist die Verkaufsförde-rung ihr Geld wert? Das müssen Sie entscheiden – und es ist ein Appell an Ihr Urteilsvermö-gen; die Mathematik kann es Ihnen mit Sicherheit sagen.

 Einige Marketingleute haben das eine, ohne auf das andere zu verzichten, wenn es um Sonderangebote geht. Sie nutzen das, was *Werbeartikel zum Selbstkostenpreis* genannt wird, was sie langfristig überhaupt kein Geld kostet. Ein *Werbeartikel* ist jedes Produkt, das Sie an Kunden verschenken oder zu ermäßigtem Preis verkaufen, als Belohnung für eine geschäftliche Beziehung mit Ihnen (siehe Kapitel 11 für zahlreiche Ideen, wie man Werbeartikel einsetzt). Ein Werbeartikel zum Selbstko-stenpreis ist einer, für den Kunden letztlich bezahlen – sie decken zumindest Ihre Kosten dafür. Angenommen, Sie veranstalten einen Wettbewerb, bei dem einige der Kunden, die Ihre Verpackung öffnen, sofortige Gewinner sind, weil sie eine beson-dere Werbeprämie erhalten können, wenn sie ihr Gewinnlos und DM 4,95 einschik-ken. Falls sich Ihre direkten Kosten für das Werbegeschenk, das Sie ihnen schicken, auf DM 4,95 belaufen, werden Sie nichts aus eigener Tasche für etwas bezahlen, was für den Kunden sehr wohl Spaß und ein wertvoller Nutzen sein könnte.

Wie Sie nicht mit dem Gesetz in Konflikt kommen

Jeder, der Preise festlegt oder Ermäßigungen darauf anbietet, läuft durch ein gesetzliches Mi-nenfeld, zumindest in sogenannten freien Marktwirtschaften, weil die Preisgestaltungs-praktiken in hohem Maß mit Wettbewerbsfähigkeit zusammenhängen. Es gibt umfangreiche (und oft verwirrende) Regelungen, um Marketingleute vom Einsatz unfairer Preise abzuhalten. Für Sie sollten daher das *Gesetz gegen Wettbewerbsbeschränkungen* (GWB), das *Gesetz gegen den unlauteren Wettbewerb* (UWB) und das *Rabattgesetz* (RabattG) keine Bücher mit sieben Siegeln sein.

 Mit unfair meine ich, ungerecht in den Augen Ihrer Konkurrenten oder Kunden. Wenn sich ein Hersteller von Milchgetränkekartons für den Schulverkauf mit seinen führenden Konkurrenten zusammensetzt und sie übereinkommen, die Preise um zehn Prozent zu erhöhen, ist das unfair Ihren Kunden gegenüber. Es ist offensichtlich auch gesetzwidrig, darum sitzen einige Manager dieser Branche jetzt hinter schwedischen Gardinen. Auch wenn eine Bank einer kleinen Gruppe von Antragstellern höhere Zinsen für Haushypotheken abverlangt als den anderen, ist das den Kunden gegenüber ungerecht, und wenn es herauskommt, wird wahrscheinlich jemand den Laden dichtmachen. Oder was ist, wenn jemand ein großes Schild vor seinem Geschäft aufstellt, das besagt, »Neuester IBM-PC 75 % unter dem Listenpreis!«? Das ist toll, solange Sie diesen Computer auch zum Kauf vorfinden, wenn Sie den Laden betreten – aber wenn man Ihnen sagt, daß sie letzte Woche alle verkauft haben, und der Verkäufer Sie zu einem teureren Gerät umzustimmen versucht, dann ist das sichtbar ungerecht gegenüber dem Kunden. Abschließend – was ist, wenn eine große Lebensmittelladenkette in ihren Filialen in der Nähe örtlicher Tante-Emma-Läden die Preise senkt, bis die kleineren Läden schließen müssen? Das ist unfair den Konkurrenten gegenüber und hat zu einigen bedeutenden Übereinkünften bei Gerichtsfällen im Laufe der Jahre geführt.

 In der Marketingpraxis müssen Sie keine Gesetzeskanone sein, um zu wissen, wann Preisgestaltung illegal ist. Wenn ein Kunde oder Konkurrent einen klaren Fall für unfaire oder irreführende Preisgestaltung vor Gericht bringen kann, dann sind Sie so gut wie geliefert. Dennoch, um die gesetzestreuen Adler glücklich zu machen, liefere ich Ihnen eine kurze Auflistung der bekannteren und ernsteren illegalen Preisgestaltungspraktiken. Achten Sie darauf, das richtig zu lesen – dies sind Dinge die Sie *nicht* tun sollten!

✔ **Preisabsprachen:** Stimmen Sie keine Preise mit anderen Unternehmen ab (oder sprechen Sie mit ihnen nicht einmal darüber). Die Ausnahme ist natürlich ein Unternehmen, dem Sie etwas verkaufen – aber beachten Sie, daß Sie sie nicht zwingen können, Ihr Produkt zu einem bestimmten Preis weiterzuverkaufen.

✔ **Versteckte Preisabsprachen:** Viele Ideen sind schon ausprobiert worden. Sie funktionieren nicht. Wenn Ihre Konkurrenten möchten, daß Sie die gleichen Anzahlungsbeträge fordern oder Ihre Verhandlungen auf demselben Listenpreis wie sie beginnen oder einen standardisierten Vertrag zur Kreditausweitung benutzen oder ein Joint-venture zum Vertrieb all Ihrer Produkte (zum selben Preis) eingehen, machen Sie sich besser klar, daß dies alles Formen der Preisabsprache sind. Sagen Sie einfach nein. Und lehnen Sie es in Zukunft sogar ab, Telefonate von ihnen entgegenzunehmen.

✔ **Preisabsprachen unter Käufern:** Glauben Sie es oder nicht, selbst Marketingleute sollten nicht unfair behandelt werden. Wenn sich Käufer zusammentun, um ihren Lieferanten Preise zu diktieren, wird das auch oft als Preisabsprache angesehen. Lassen Sie einen fähigen Rechtsanwalt solche Pläne überprüfen.

✔ **Austausch von Preisinformationen:** Sehen Sie, Sie können nicht einfach mit Ihren Konkurrenten über Preise sprechen. Verstanden? Falls es jemals ans Licht kommt, daß jemand aus Ihrem Unternehmen Informationen weitergibt und im Gegenzug welche bekommt, dann sind Sie in großen Schwierigkeiten. Selbst wenn Sie nicht das Gefühl haben, aufgrund dieser Informationen gehandelt zu haben. Das ist ziemlich ernst. Nehmen Sie es ernst. (Übrigens wird *Preisankündigung* – Bekanntgabe einer geplanten Preiserhöhung – manchmal als unfairer Austausch von Preisinformationen angesehen. Das Problem ist, daß Konkurrenten diese Ankündigungen benutzen, um anderen zu signalisieren, daß eine Preiserhöhung von jedem durchgeführt werden soll.)

✔ **Angebotsmanipulation:** Wenn Sie ein Angebot für einen Vertrag machen, gilt der vorangegangene Punkt. Teilen Sie keine Informationen mit irgendwem. Vergleichen Sie keine »Notizen« mit einem anderen Anbieter. Erklären Sie sich nicht bereit, ein identisches Angebot abzugeben. *Teilen* Sie nicht, indem Sie zustimmen, nicht für einen Auftrag zu bieten, wenn der Konkurrent nicht für einen anderen bietet. Pfuschen Sie in keiner Weise am Prozeß der Angebotserteilung herum.

✔ **Parallele Preisgestaltung:** In einigen Fällen können Sie sogar wegen Preisabsprache angeklagt werden, wenn Sie nicht mit Ihren Konkurrenten gesprochen haben – nur weil Ihre Preisstrukturen dieselben sind. Letztlich ist das Ergebnis vielleicht dasselbe – Preise unfair in die Höhe zu treiben. In anderen Fällen werden ähnliche Preise als natürlich angesehen. Das Gesetz ist komplex und diese Ausführungen sind es nicht, daher werde ich nur sagen, daß eine sinnvolle Regel lautet: Spiegeln Sie nicht die Preise der Konkurrenz wider, es sei denn, auch ein Blinder sieht, daß Sie diese Preise selbst ausgewählt haben müssen – *insbesondere*, wenn dieses Vorgehen eine Preiserhöhung mit sichbringt.

✔ **Preisbeschränkung, Kampfpreise, Grenzpreisfestlegung und Dumping:** Für den durchschnittlichen Marketingmenschen sind diese Formen effektiv gleich (obwohl sie unter verschiedenen Vorschriften geprüft wurden). Sie umfassen die Nutzung von Preisen, um Konkurrenten aus dem Verkehr zu ziehen oder sie aus einem bestimmten Markt zu drängen oder davon fernzuhalten. Die klassische *Preisbeschränkung* beispielsweise beinhaltet die Festlegung von zu hohen Großhandelspreisen für Bestellungen kleinen Umfangs. Das drängt den unabhängigen oder kleinen Einzelhändler aus dem Geschäft, indem es den Einkäufern der großen Ketten einen unfairen Vorteil einräumt, der zu einem Mengenrabatt berechtigen kann. Auf der Einzelhandelsstufe haben *Kampfpreise* die Festsetzung von so niedrigen Preisen zur Folge, daß lokale Anbieter nicht mithalten können. Kampfpreise werden auch von Ketten und multinationalen Unternehmen genutzt, um Ortsansässige vom Markt zu vertreiben. Wenn Sie Ihre Preis in Höhe Ihrer Kosten oder darunter festlegen, dann praktizieren Sie wahrscheinlich die Festlegung von Kampfpreisen. Ähnlich, selbst wenn Sie Preise höher als Ihre Kosten ansetzen, wenn Ihre Preise so aggressiv sind, daß sie andere Wettbewerber aus einem Markt ausschließen, dann haben Sie sich wahrscheinlich der *Grenzpreisfestlegung* schuldig gemacht. Eine Variante ist auch das *Dumping*, bei der Sie versuchen, sich den Weg in einen neuen Markt zu erkaufen, indem Sie Unmengen Ihres Produktes auf diesem Markt zu künstlich niedrigen Preisen abladen. Lassen Sie es.

Es ist soviel illegal in der Preisgestaltung, daß einige Leute voller Verzweiflung die Hände über den Kopf zusammenschlagen und sagen: »Was *kann* ich tun?« Also werde ich hinzufügen, daß der Versuch, Preise in *gewisser* Weise zu beeinflussen, in Ordnung ist. Sie *können* Mengenrabatte anbieten, um umfangreichere Käufe anzuregen, solange Sie niemanden aus dem Markt verdrängen. Obwohl Sie als Marketingmensch einen Einzelhändler nicht zwingen können, einen bestimmten Preis für Ihr Produkt zu verlangen, so *können* Sie sie doch dazu »ermutigen«, indem Sie Werbung für den vorgeschlagenen Einzelhandelspreis machen und ihn als solchen auf Ihrem Produkt aufführen. Sie *können* Konsumenten auch immer eine »effektive« Preissenkung durch einen Konsumentengutschein oder andere Sonderangebote anbieten. Einzelhändler stimmen gewöhnlich zu, um solche Angebote zu honorieren (wenden Sie sich an eine Werbeagentur, den Einzelhändler oder an einen Rechtsanwalt, um herauszufinden, wie solche Verträge gestaltet werden). Dennoch, wenn Sie Ihren Einzelhändlern eine Ermäßigung anbieten, können Sie diese nicht zwingen, sie an Ihre Kunden weiterzugeben. Die Händler könnten das Geld einfach zur Bank tragen und den Kunden weiterhin den vollen Preis abverlangen. He, das ist Marketing.

Entwicklung, Namensgebung und Management Ihrer Produkte

14

In diesem Kapitel

▶ Wie Sie starke, brandaktuelle Produkte gestalten und entwickeln

▶ Wie Sie Ihr Produkt in Produktlinien einpassen

▶ Wie Sie den passenden Namen finden

▶ Wie Sie starke Identitäten unter Handelsmarkengesetzgebung schaffen

▶ Wie Sie schlechte Produktkonzepte aussieben

▶ Wissen Sie, wann Sie ein Produkt aus dem Markt nehmen müssen?

Das Produkt ist das Herz und die Seele jedes Marketing-Programms. Wenn das Produkt gut ist – wenn der Zielkunde wirklich zufrieden damit ist – dann hat dieses Marketing-Programm eine angemessene Erfolgschance. Aber wenn das Produkt nichts taugt – nichts Besonderes in den Augen der Kunden ist, – dann wird es auch kein Marketing-Programm schaffen, aus diesem Produkt langfristig einen Gewinner zu machen. Dieser Punkt steht bei vielen Leuten im Marketingbereich und im Geschäftsleben allgemein auf verlorenem Posten, weil sie ihre Kunden unterschätzen und die Überzeugungskraft des Marketing überschätzen. Im Herzen jedes Marketing-Programms muß etwas von wirklichem Wert stecken. Das Produkt – ob nun ein Gut, eine Dienstleistung, eine Idee oder eine Person – sollte besser einige bemerkenswerte Vorteile aus Sicht der Konsumenten verzeichnen.

Dieses Kapitel zeigt Ihnen, wie solche gewinnenden Produkte geplant und entwickelt werden, wie sie als Teil einer Produktlinie verwaltet werden und wie ihre Namen ausgewählt werden, um ihre natürlichen Stärken zu unterstreichen und sie dem Zielkunden zu vermitteln.

Bewertung Ihrer Produktmöglichkeiten

Marketingbücher und Professoren singen im allgemeinen aus demselben Gesangsbuch, wenn es um Produktstrategien geht. Der Standardansatz ist, den Studenten beizubringen, daß es das Produkt betreffend drei Handlungsmöglichkeiten gibt. Sie können ein Produkt in den Markt einführen, das Produkt in irgendeiner Form verändern oder vom Markt nehmen.

Diese herkömmliche Überzeugung trägt den Ring des gesunden Menschenverstands – und sie bestimmt Ihre Möglichkeiten auf allgemeine Art. Immer wenn Sie über Produktstrategien nachdenken, sollten Sie zuerst in Betracht ziehen, ob Sie eine dieser drei Sachen umsetzen sollten. Weil dieses Buch für die Praxis und nicht für das Klassenzimmer gedacht ist, werde ich Ihnen einige spezielle Kriterien an die Hand geben, die Ihnen bei der Entscheidung helfen, wann Sie jede dieser drei Grundstrategien anwenden sollten.

Aber dieser Rat ist auch unerträglich vage. Falls Sie ein neues Produkt auf dem Markt einführen werden, was für ein Produkt soll das dann sein? Wie denken Sie sich großartige neue Produktideen aus? Welche Möglichkeit gibt es, wenn Sie versuchen, ein bestehendes Produkt zu verbessern? Wann und wie ziehen Sie einen Schlußstrich unter Produkte? Sind einige Ansätze gewinnbringender als andere?

Was Praktiker verzweifelt brauchen, ist eine komplette zusätzliche Ebene von Einzelheiten. Danach folgen die drei Hauptproduktstrategien zusammen mit so vielen Substrategien, wie ich finden kann, plus einigen guten Ideen und Techniken für deren Umsetzung. Wenn alles gesagt und getan ist, wird das, was zählt, wahrscheinlich die Frage sein, *wie* Sie an eine dieser Grundstrategien herangehen und nicht *ob* Sie es tun. Ich rate Ihnen also, sich die Einzelheiten der Umsetzung sehr genau anzusehen.

Wann und wie Sie ein neues Produkt auf dem Markt einführen

Ich wünschte, ich könnte sagen, daß Sie sich nicht sehr oft Sorgen um die Neuproduktentwicklung machen müssen. Aber wenn Ihre Märkte den meisten anderen gleichen, dann sind Innovationen eine bedeutende Quelle für einen Wettbewerbsvorteil. Die bedeutende Neuprodukteinführung eines Konkurrenten verändert wahrscheinlich das Gesicht Ihres Marktes – und bringt Ihre Verkaufsplanung und Ihre Gewinnmargen durcheinander – mindestens einmal alle paar Jahre. Das heißt, Sie können es sich nicht leisten, die Neuproduktentwicklung zu ignorieren. Niemals.

Sie sollten daher neue Produkte auf dem Markt einführen, so oft Sie sie entwickeln können. Die Hauptbeschränkung, der Sie sich gegenüber sehen, ist wahrscheinlich die Höhe der Investitionen, die Ihr Unternehmen bereitwillig für Neuproduktentwicklung und Markteinführung tätigt, weil diese Aktivitäten kostenintensiv sind.

Sie müssen jedes Quartal erneut Zeit und Mittel für die Neuproduktentwicklung einplanen. Aber wieviel sollen Sie in diese entscheidende Bemühung investieren?

Viele Marketingexperten sagen, Sie sollten Ihre Neuproduktinvestition an Ihren Konkurrenten und Ihrer Branche eichen. Falls Unternehmen typischerweiser fünf Prozent Ihres Absatzes für Neuproduktentwicklung ausgeben, dann müssen Sie das auch tun, wenn Sie am Ball bleiben wollen.

Ich stimme dem nicht zu. Ich möchte gewinnen und nicht nur am Ball bleiben. Daher lautet meine persönliche Regel, die noch nie zuvor in der Öffentlichkeit aufgedeckt wurde: *Erhöhe Dein Neuprodukt-Budget* solange, bis Du sinkende Einnahmen verzeichnest. Weiterhin empfehle ich, Einnahmen im Sinne von Steigerung der Neuproduktverkäufe als einen Teil des Gesamtabsatzes zu verstehen. Ziel ist es, den Prozentsatz der Einnahmen Ihres Unternehmens aus dem Verkauf der Neuprodukte solange zu erhöhen, bis Sie eine natürliche Grenze erreichen. (Was Sie eingrenzt, ist die Bereitschaft Ihrer Kunden, neue Produkte anzunehmen.)

Wenn Sie momentan fünf Prozent Ihrer Einnahmen für Neuprodukte ausgeben, versuchen Sie es mal mit zehn Prozent. Angenommen, nächstes Jahr schnellt der Einnahmenanteil aus Neuproduktverkäufen von 15 Prozent des Absatzes auf 23 Prozent, und als Ergebnis erfahren Sie einen 53prozentigen Gewinn. Das ist eine bedeutende Reaktion, und sie läßt erkennen, daß Sie kaum nahe an der Grenze der Fähigkeit und Bereitschaft Ihrer Kunden, neue Produkte anzunehmen, angelangt sind. Kurbeln Sie die Ausgaben für Neuprodukte wieder an. Und nochmal. Bis Sie nicht mehr länger in der Lage zu sein scheinen, Ihren Verkaufsmix weiterauszudehnen. Gehen Sie dann etwas zurück und Sie werden *den maximalen Grad an Neuproduktentwicklung, den Ihre Kunden befürworten werden*, gefunden haben. Jetzt werden Sie die Normen festlegen, die Konkurrenten anzutreiben, Marktführer werden und von größeren Marktanteilen und höheren Gewinnspannen profitieren. (Erzählen Sie nur niemandem mein Geheimnis, oder er wird es auch ausprobieren!)

Woher Sie große Produktideen bekommen

Also gut, Sie meinen, Sie brauchen ein starkes neues Produkt. Aber woher bekommen Sie die Idee? Erstens, gehen Sie nochmal zurück zu den grundlegenden Kreativitätstechniken in Kapitel 4. Dieses Kapitel bietet eine Menge an Brainstorming und Ideenfindungstechniken, die Sie anwenden können. Falls Sie und Ihre Marketingkollegen alles nur noch routinemäßig machen, holen Sie sich Mitarbeiter aus der Verkaufspraxis, der Produktion, der Werkstatt oder dem Call Center hinzu. Versuchen Sie, einige Kunden für eine Brainstorming-Sitzung zu gewinnen. Ihr Ansatz ist eigentlich nicht von Belang, solange er neu und anders ist. *Neue Ideen entstehen in neuen Gedankenprozessen, die wiederum aus neuen Herangehensweisen an das Denken entstehen.* Tun Sie etwas Neues, um etwas Neues zu produzieren!

Ziehen Sie auch zwei günstige Quellen für Neuproduktideen in Betracht, die die Produktentwicklungsspezialisten bei Rosenau Consulting (in Houston, Texas und Santa Monica, Kalifornien) für wertvoll halten: alte Ideen und die Ideen anderer Leute. Ach ja, vergessen Sie nicht, Ihre Kunden nach Ideen zu fragen.

Rein mit den Alten

Alte Ideen sind jegliche Neuproduktkonzepte, die vorher von Ihnen oder einem anderen Unternehmen aufgegeben worden sind. Da sich Menschen seit Jahrzehnten in den meisten Branchen sehr anstrengen, neue Produkte zu entwickeln, liegen eine große Menge aufgegebener Ideen herum. Manche Unternehmen schaffen es oft nicht einmal, Buch darüber zu führen, also müssen Sie Altgediente befragen und sich durch verblichene Ordner kämpfen, um herauszufinden, was diese Ideen waren. Aber diese Ideen sind eine Schatzgrube, weil die ursprünglichen Einwände heute oft nicht so ernstzunehmend sind wie zu der Zeit, als die Ideen ausgemustert wurden. Technische Fortschritte oder sich verändernder Geschmack der Kunden könnten die wilden Ideen von gestern heute ganz praktisch aussehen lassen. Selbst wenn keine der alten Ideen so genutzt werden kann, wie sie ist, könnten sie Sie doch zu frischen Wegen führen, über das Problem nachzudenken – vielleicht deuten sie auf ein Kundenbedürfnis hin, an das Sie bisher nicht gedacht hatten.

 Beachten Sie auch, daß alte Produkte in einem Markt neue Produkte in einem anderen darstellen können. Altmodische handgekurbelte Registrierkassen verkaufen sich in einigen Länder gut, obwohl sie in anderen Ländern durch elektronische Registrierkassen ersetzt worden sind. Der Gebrauch von elektronischen Registrierkassen hängt von der Natur der lokalen Wirtschaft ab und der Verfügbarkeit und Zuverlässigkeit der lokalen Elektrizitätsdienste. Sie können Ihre toten Produkte aus den USA oder Europa in Gewinner in anderen Ländern verwandeln, falls Sie unter den lokalen Verteilern Partner finden.

Das Stehlen – eh, Ausleihen – von Ideen

Die zweite Quelle, die *Ideen anderer Leute*, wird oft durch Lizenzen verfolgt. Ein privater Erfinder hat vielleicht ein tolles neues Produktkonzept und ein Patent dafür, aber ihm fehlen die Marketingmuskeln und das Kapital zur Einführung des Produkts. Sie können das liefern, und Sie zahlen dem Erfinder fünf oder zehn Prozent Ihrer Nettoeinnahmen als Belohnung für seine oder ihre Inspiration.

Viele Unternehmen machen Erfindungen, die außerhalb Ihres Marketingbrennpunkts liegen. Diese Unternehmen vergeben gerne eine Lizenz an jemanden, der sich in diesem Zielmarkt spezialisiert.

Das ist der offizielle Weg, die Ideen anderer Leute zu nutzen; dennoch gibt es noch einen anderen Weg, der wahrscheinlich verbreiteter und sicherlich wichtiger für die meisten Marketingleute ist. Er besteht darin, einfach *Ideen zu stehlen*. Mit »stehlen« meine ich jetzt nicht, etwas zu nehmen, was Ihnen nicht gehört. Ein *Patent* schützt ein Design, ein *Warenzeichen* schützt einen Namen oder ein Logo, ein *Copyright oder Urheberrecht* schützt Texte, Kunstwerke, Aufführungen und Software. Sie müssen diese gesetzlich verankerten Rechte anderer Leute auf den Ausdruck ihrer Ideen respektieren. Aber Sie müssen auch erkennen, daß in anderen Ländern, in denen Sie höchstwahrscheinlich geschäftlich tätig sind, die zugrunde liegenden *Ideen nicht gesetzlich geschützt werden können*.

Falls sich die Ideen ihren Weg zu Ihren Augen oder Ohren durch einen legitimen öffentlichen Kommunikationskanal bahnen, dann können Sie sie nutzen. (Verstecken Sie bloß keine Wanzen in der Zentrale Ihres Konkurrenten, durchwühlen nicht deren Müllcontainer, oder machen Sie nicht deren Techniker betrunken – diese Handlungen könnten gegen die *Gesetze zum Betriebsgeheimnis* verstoßen – fragen Sie einen Anwalt, bevor Sie etwaige fragwürdige Nachforschungen anstellen.)

Obwohl ein Konkurrent aufgebracht darüber sein könnte zu sehen, wie Sie seine jüngste Idee aus dem Ärmel schütteln oder überbieten, kann er Sie nicht aufhalten, solange Ihre Quelle öffentlich (nicht geheim) war und Sie nicht gegen ein Patent, Warenzeichen oder Urheberrecht verstoßen. (Das wird Ihnen nicht passieren, falls Sie nur eine öffentliche Idee aufgreifen und sie ganz selbständig entwickeln.) In den meisten Branchen stehlen Konkurrenten routinemäßig Ideen. Sie können es noch besser machen, indem Sie die Liste der Quellen für Ideen anderer Leute erweitern. Schauen Sie mal rüber zu anderen Branchen für Inspirationen, die Sie auch in Ihrer verwenden können. Der gute Ideen-Dieb ist aufgeschlossen – Sie wissen ja nie, wo Sie etwas Stehlenswertes finden!

Lassen Sie sich von Ihren Kunden inspirieren

Eine letzte Quelle für Neuproduktideen ist der Kunde. Kunden sind wirklich die beste Quelle, aber das Problem ist, sie wissen es nicht. Bitten Sie einen Kunden, ein großartiges neues Produkt zu beschreiben, das Sie für ihn oder sie anbieten sollten, so ernten Sie eventuell einen ausdruckslosen starren Blick oder Schlimmeres. Dennoch nagen im Unterbewußtsein des Konsumenten Frustrationen über die bestehenden Produkte und alle möglichen Unzufriedenheiten, Bedürfnisse und Wünsche, bei denen Sie helfen könnten.

Wie öffnen Sie diese Schatztruhe voller Bedürfnisse, von denen viele verborgen oder unerkannt sind? Wenn Sie die Antworten der Kunden sammeln, können Sie Einblick in deren Denkweise gewinnen – also sprechen Sie mit ihnen und machen Sie sich Notizen, indem Sie Zitate aufnehmen, oder nehmen Sie deren Kommentare auf Band auf. Bringen Sie sie zum sprechen und lassen Sie sie ein bißchen abschweifen, so daß Sie eine Gelegenheit haben, dem Unerwarteten zu begegnen. Beobachten Sie Kunden, während sie Ihr Produkt kaufen und nutzen. Beobachtung könnte vielleicht verschwendete Zeit und Bemühungen aufdecken, Unfähigkeit oder andere Probleme, die der Kunde als selbstverständlich erachtet – aber die er gerne ausschalten würde, wenn Sie darauf hinweisen.

 Fokusgruppen und eingehende Interviews sind beides nützliche Forschungstechniken, wenn Sie etwas über Kundenbedürfnisse herausfinden wollen. Viele Marktforschungsunternehmen können Ihnen bei dem Einsatz dieser Standardtechniken helfen – siehe Kapitel 6 für Kontaktadressen. Aber hier ein Hinweis zur Vorsicht: Vielen Unternehmen gelingt es nicht, weniger offensichtliche Kundenbedürfnisse zu enthüllen – die häufig die besten sind, um sie in neue Produkte umzuwandeln, – weil sie nicht genügend Forschung betreiben. Mehrere Sitzungen sind daher besser.

Eine interessante Studie zu diesem Thema zeigte, daß drei oder vier Sitzungen notwendig sind, um 75 Prozent der Kundenbedürfnisse aufzudecken. Eine oder zwei lassen nur die Hälfte oder weniger der Bedürfnisse erkennen. Sie werden sieben oder acht Schwerpunktgruppen brauchen, um 90 Prozent der Kundenbedürfnisse zu enthüllen. Ich empfehle mehr Forschung hinsichtlich Kundenbedürfnissen zu betreiben, als in Ihrer Branche üblich ist – Sie können sicher sein, Einblicke in Ihre Kunden zu erhalten, die Ihren Konkurrenten verborgen bleiben.

Nutzen Sie die Strategie des »signifikanten Unterschieds«

Erwähnte ich die Kehrseite der Neuproduktentwicklung? Nein? Oh, nun, ich vermute, Sie sollten eigentlich wissen, daß *fast alle Neuprodukte keinen Erfolg haben*. Zwischen 75 und 95 Prozent scheitern – abhängig von der Branche, und wie Sie Mißerfolg definieren. (Meine Definition von Mißerfolg lautet (a) führt zu keinem angemessenen finanziellen Investitionsertrag und (b) gewinnt keine bemerkenswerte Anhängerschaft unter Kunden.) Ausgehend von den hohen Mißerfolgsraten, müssen Sie dafür sorgen, daß Ihre Neuprodukte das Unmögliche möglich machen – daß sie viel besser als das typische Neuprodukt sind. Wie?

Gesunder Menschenverstand und ein großer Stapel an Forschungsberichten sagen, daß Neuprodukte mehr Erfolg haben – mehr Geld über längere Zeit einbringen – wenn etwas an ihnen verblüffend neu für die Kunden ist. Gehen Sie den Gang im Supermarkt entlang und achten Sie auf die Anzahl der Verpackungen, die behaupten, etwas Neues zu beinhalten. Wenn nicht das Wort quer darüber geschrieben wäre, würden Sie vielleicht nie in der Lage gewesen sein, es als neu zu erkennen.

 Um zu wirklichem Erfolg zu kommen, müssen Sie etwas auf den Markt bringen, das nicht nur neu ist, sondern das auch *für den Markt neu und anders aussieht*. Das Produkt braucht ein radikales Anderssein, einen klaren Unterscheidungspunkt. Innovationen, die Konsumenten schneller und leichter erkennen, liefern dem Marketingmenschen einen größeren Gewinn. Forscher, die den Erfolg neuer Produkte untersuchen, benutzen den Begriff *Intensität*, um dieses Phänomen zu beschreiben – je intensiver der Unterschied zwischen Ihren alten und neuen Produkten ist, desto höher ist die Wahrscheinlichkeit, daß das Produkt ein Erfolg wird.

Wann und wie Sie ein bestehendes Produkt verändern

Einige Produkte sind so perfekt, daß sie von Natur aus zu ihren Kunden passen und in Ruhe gelassen werden sollten. Zum Beispiel ... nun, mir fällt eigentlich gerade jetzt kein Beispiel ein. Was Ihnen etwas Wichtiges über Produktmanagement verrät: Sie sollten Ihre Produkte besser mit jeder neuen Saison und jedem neuen Marketingplan verändern, um die Leistung, den Wert und die Qualität zu verbessern.

Sie konkurrieren auf einem sich verändernden Spielfeld. Ihre Konkurrenten geben sich sehr viel Mühe, ihre Produkte besser zu machen, und Sie müssen dasselbe tun. Suchen Sie immer nach Einblicken, wie Sie Ihr Produkt verbessern könnten. Halten Sie immer Ausschau nach frühen Anzeichen für Verbesserung durch Ihre Konkurrenten und seien Sie bereit, in Ihrer Reaktion einen Schritt weiterzugehen. Wenden Sie sich immer an Ihr Marketingorakel, den Kunden, um Einblicke zu gewinnen, wie Sie Ihr Produkt verbessern könnten.

Die folgenden zwei Abschnitte sind Tests, die ein Produkt bestehen muß, um weiterhin lebensfähig zu bleiben. Falls Ihr Produkt die Tests nicht besteht, betrachten Sie es als warnendes Zeichen dafür, daß Sie Ihr Produkt verbessern oder verändern müssen.

Kunden hören auf, irgend etwas Besonderes in Ihrem Produkt zu sehen

Am *Kaufort* – dem Ort oder der Zeit, wenn Kunden ihre eigentlichen Kaufentscheidungen treffen – muß Ihr Produkt etwas Besonderes vorweisen. Es muß nach mindestens einem Teil des Marktes greifen. Ihr Produkt muß in einigen Kriterien besser sein, aufgrund innewohnender Designfaktoren. Oder es muß genauso gut sein, aber ein besserer Kauf, weil Sie einen aufrechtzuerhaltenden Kostenvorteil besitzen. (Haben Sie den? Kostenvorteile sind seltener als es Marketingleute im allgemeinen erkennen!) Oder das Produkt muß die beste Wahl sein aufgrund fehlender Alternativen.

Wenn Sie beispielsweise Nähnadeln verkaufen, wird Ihr Produkt wahrscheinlich so gut wie die meisten Konkurrenzprodukte sein – aber nicht deutlich besser. Aber wenn Sie zufälligerweise das Unternehmen sind, von dem eine große Lebensmittelladenkette als einzige Quelle Nadeln für ihre kleine Nähabteilung bezieht, dann haben Sie einen Distributionsvorteil am Verkaufsort.

Gehen Sie nicht davon aus, daß das Fehlen von besonderen Eigenschaften bedeutet, das Ihr Produkt nichts Besonderes ist. Sie können besonders sein, indem Sie da sind, wenn Kunden das Produkt brauchen. Wenn Sie die Möglichkeit besitzen, Ihren Distributionsvorteil beizubehalten, dann ist das genug, um Ihr Produkt weiterhin am Leben zu erhalten. Aber der Punkt ist, daß es etwas Besonderes an dem Produkt am Verkaufsort geben muß, damit man von ihm einen zukünftigen guten Gewinn erwarten kann. Ansonsten wird es wohl im Gedränge untergehen.

Wenn Ihre Kunden Ihr Produkt überhaupt nicht einzigartig finden, dann werden Sie sich wohl davon verabschieden müssen. Aber nicht zu schnell. Stellen Sie zuerst fest, ob Sie es nicht doch noch durch die Ausstattung mit einem wichtigen Unterschied ins Blickfeld rücken können.

Ihrem Produkt fehlen Kundenchampions

Mit *Kundenchampions* meine ich diejenigen Kunden, die Ihr Produkt wirklich lieben, die darauf bestehen, es bevorzugt zu kaufen und es ihren Freunden und Kollegen weiterempfehlen. Aber solche treuen Kunden sind selten. Besitzt Ihr Produkt Champions?

Der Championstest ist härter als der Unterscheidungstest. Vielen Produkten fehlen die Champions – selbst einigen, die durchaus gewinnbringend für Ihre Marketingleute sind. Aber wenn ein Produkt diesen besonderen Status erreicht – wenn einige Kunden im Distributionskanal es wahrhaft lieben – dann ist dem Produkt ein ungewöhnlich langes und rentables Leben sicher. So ein hohes Kundenengagement sollte Ihr ständiges Ziel sein, wenn Sie den Lebenszyklus Ihres Produktes managen.

Produkte, die in der Gunst der Kunden so hoch stehen, werden von einer umfassenden Mundpropaganda begleitet und aufgrund dessen steigen ihr Absatz und Marktanteil. Was noch wichtiger ist, sie werden treu von ihren Champions wiedergekauft. Dieses Wiederholungsgeschäft ist wesentlich gewinnbringender und kostengünstiger, als es neue Geschäfte sein würden. (Aber das wissen Sie ja schon, weil Sie die Grundsätze des guten Marketing in Kapitel 1 gelesen haben.)

Der Haken an der Sache ist, daß der Wiederholungskäufer den Kauf wiederholen _wollen_ muß. Diese Kunden müssen Bekehrte sein, wahre Gläubige. Ansonsten müssen Sie es wie einen neuen Verkauf ansehen, und dieser Verkauf wird Sie fast so viel kosten, als wenn Sie an jemanden verkaufen würden, der das Produkt niemals zuvor benutzt hat.

 Woher wissen Sie, ob Sie Champions oder normale, durchschnittliche Kunden vor sich haben? Wenn Sie sie nach dem Produkt fragen, klingen Sie aufgeregt und enthusiastisch. »Ich würde niemals etwas anderes als einen Volvo fahren. Sie sind bequem und sicher, sie haben keine Pannen, und sie halten länger als amerikanische Wagen.« Das sind die genauen Antworten einiger Kunden, wenn man sie nach ihrem Volvo fragt, also hat Volvo eine ausgezeichnete Basis von Wiederholungskäufern. Das ist der Grund dafür, daß deren Modelle nicht jedes Jahr so sehr variieren, wie das bei anderen Autos der Fall ist. Die Existenz von Kundenchampions ermöglicht Volvo den Luxus, praktisch denselben Wagen immer wieder zu verkaufen, während GM und Ford alle ein bis zwei Jahre wie verrückt ihre Produktionsanlagen umrüsten.

Wann Sie einem Produkt den Rest geben sollten

Im Gegensatz zu Menschen und Unternehmen sterben Produkte nicht von alleine. Sie hatten sowieso niemals einen Puls, und es gibt nicht so etwas wie einen Produktbankrott. Folglich muß ein Marketingmensch das Feingefühl besitzen, zu wissen, wann ein altes Produkt kein Leben mehr in sich hat und die Aufrechterhaltung nur noch eine Verschwendung von Ressourcen ist, die statt dessen eigentlich an die neuen Produkte fließen sollten.

Trotzdem sehen Sie oft schwächliche Produkte herumliegen. Diese werden trotz sinkender Verkäufe auf dem Markt gehalten, weil es jeder, vom Hersteller bis zum Einzelhändler, haßt, der Realität ins Gesicht zu sehen. Was noch schlimmer ist, Sie sehen manchmal, daß Marketingleute hochgeschätzte Ressourcen in den Versuch investieren, den Absatz zurückgehender Marken durch wiederaufgenommene Werbung oder Verkaufsförderungsaktionen anzukurbeln. Wenn das Produkt ohnehin schon mit einem Fuß im Grab steht, sollten diese Ressourcen in die Einführung einer radikal verbesserten Version oder eines Ersatzproduktes gesteckt werden.

Sie müssen den Tatsachen ins Auge blicken: Viele Produkte sollten besser von ihrem Elend erlöst und durch etwas Frisches und Innovatives ersetzt werden. »Aber«, werden Sie mit Recht einwenden, »wie werden wir wissen, wann unser bestimmtes Produkt diesen Punkt ohne Wiederkehr erreicht?«

In den folgenden Abschnitten erörtere ich die Warnsignale dafür, daß ein Produkt reif für Ersatz ist.

Der Markt ist gesättigt, und Sie halten einen schwachen/ sinkenden Anteil davon

Sättigung bedeutet, daß Sie und Ihre Konkurrenten Ersatzprodukte verkaufen. Sie haben nicht viele neue Kunden um sich, die Sie bekehren können. Wachstum verlangsamt sich, begrenzt durch die Ersatzquote für das Produkt plus dem, was immer an grundlegendem Wachstum hinsichtlich der Größe des Zielmarktes auftritt.

Sättigung allein ist kein Grund, ein Produkt aufzugeben – viele Märkte sind gesättigt. Ein offensichtliches Beispiel ist der Automobilmarkt. Sie werden nur sehr wenige Erwachsene finden, die nicht schon ein Auto besitzen, falls sie die Mittel zum Kauf besitzen und ein entsprechendes Bedürfnis vorhanden ist. Deshalb kämpfen Hersteller und Händler um Erneuerungsverkäufe und Erstverkäufe an junge Fahrer, die immer noch für einige der Wettbewerber gewinnbringend sein können – aber gewöhnlich nicht für alle. Wenn Sie ein Produkt haben, das einen Anteil von weniger als, sagen wir, 75 Prozent des Marktanteils des führenden Produktes besitzt, und wenn Ihr Anteil im Vergleich zum Marktführer sinkt, dann befinden Sie sich auf einer langen, langsamen Abwärtsrutsche.

Es ist besser, einen Ersatz einzuführen und dem alten Produkt die letzte Ehre zu erweisen, als auf das Ende zu warten. Sie müssen das Produkt letztlich doch austauschen und je früher Sie das tun, desto weniger wird Ihr Marktanteil und Ruf leiden. Egal was passiert, Sie können es sich nicht leisten, als eine vergangene Größe in einem gesättigten Markt gesehen zu werden!

 Übrigens, vergessen Sie nicht, daß ich den Begriff *Produkt* im Marketingsinn benutze, um alles einzuschließen, was Sie auch anbieten, ob das nun ein Gut, eine Dienstleisung, eine Idee oder sogar eine Person ist – wie ein politischer Kandidat oder ein Star. Denken Sie auch daran, daß Dienstleistungen, Ideen und sogar Menschen manchmal vom Markt zurückgezogen werden müssen, ebenso wie Güter.

Eine Reihe von Verbesserungen haben die Sache nicht wieder ins Rollen bringen können

 Oft probieren Unternehmen eine Reihe von »neuen und verbesserten« Versionen aus: neue Verpackungen, ausgefallene Gutscheinprogramme, Wettbewerbe und Förderaktionen in der Einkaufsstätte, um Produkten neues Leben einzuhauchen, wenn sie erstmal aufgehört haben, Jahr für Jahr Absatzwachstum zu produzieren. Manchmal funktionieren diese Tricks, und Wachstum ist wieder hergestellt. Manchmal auch nicht. Meine persönliche Regel habe ich beim Baseball abgeguckt, aber sie scheint zu funktionieren: Drei verfehlte Schläge, und du bist draußen. Geben Sie sich nicht die Mühe, es ein viertes Mal zu versuchen. Es ist Zeit für einen neuen Spieler, ins Spiel zu kommen.

Etwas stimmt nicht mit Ihrem Produkt

Nur allzu oft entdecken Marketingleute einen Fehler an einem Produkt, der droht, den Ruf des Unternehmens zu schädigen oder seine Kunden einem Risiko auszusetzen. Wenn Ihre Ingenieure denken, daß der Gastank in einem Ihrer Kleintransporter während eines Unfall explodieren könnte, sollten Sie dann (a) das Modell sofort aus dem Markt ziehen und eine sicherere Version einführen oder (b) ihn weiterhin verkaufen und den technischen Bericht dem Papierwolf zum Fraß vorwerfen? Ein großes Automobilunternehmen wählte Alternative »b«. Langfristig hat es einige seiner Kunden getoastet und mußte eine höchst unrentable Rückrufaktion inszenieren, neben einer Wiedergutmachung-des-Schadens-Publicitykampagne und gekrönt mit mehreren Gerichtsprozessen.

Markenwert und Gewinne beziehen eine Abreibung immer dann, wenn es auch Ihren Kunden widerfährt. Aber vielen Marketingleuten fehlt der Mumm oder die interne politische Schlagkraft, um einem schlechten Produkt ein Ende zu bereiten, selbst wenn das Produkt Kunden töten könnte.

Ich weiß nicht genau, warum einige Marketingleute dauernd diese Fehler machen, aber ich hoffe, Ihnen passiert das nicht. Ziehen Sie das Produkt aus dem Verkehr, falls Sie herausfinden, daß es Krebs verursacht, Kunden Elektroschocks versetzt, ein Baby erstickt oder selbst, wenn es einfach nicht so funktioniert, wie es sollte. Setzen Sie das Produkt sofort ab. Stellen Sie später erst Fragen. Schreiben Sie eine Pressemitteilung, daß Sie im Interesse Ihrer Kunden handeln, nur für den Fall, daß die Gerüchte wahr sein sollten. Indem Sie diesen entschlossenen Schritt sofort einleiten, lassen Sie den Markt wissen, daß Sie wesentlich mehr Integrität besitzen als die meisten. Und Ihr Markenwert wird stärker und nicht schwächer sein. Vertrauen Sie mir – ein Produkt vom Markt zu nehmen, erfordert Mut, aber es ist die beste Alternative, wenn sich die Wogen wieder glätten. Falls Sie meinen Rat befolgt haben, immer kreative Energie und Mittel in Produktentwicklungsbemühungen zu investieren, werden Sie immer etwas Besseres als Ersatz anzubieten haben.

Wie Sie ein Produkt umbringen

Eigentlich ist es das kleinste Problem, ein altes Produkt loszuwerden. Liquidatoren umkreisen höchstwahrscheinlich schon Ihr Unternehmen, wie Geier, die auf ein Aas hoffen. Falls nicht, wenden Sie sich wegen Empfehlungen an einige Ihrer Verteiler oder Ihren Handelsverband. Jemand kann gutes Geld mit dem Verkauf Ihres Bestands unterhalb Ihrer Kosten machen.

 Aber eine elegantere Strategie – und eine, die die negative Einstellung der Kunden vermeidet, die Ihre alten Produkte zu einem Zehntel ihres Normalpreises angeboten sehen – ist, eine Verkaufsförderungsaktion zu veranstalten, um den alten Bestand durch die normalen Distributionskanäle an Ihre Kunden zu bringen. Ich ziehe diese Alternative durchaus vor, insbesondere, wenn die Akrion gleichzeitig die Kunden mit dem neuen Produkt bekannt macht. Aber diese Methode funktioniert nur, wenn Sie anfangen, bevor das alte Produkt seinen Appeal verliert, also

müssen Sie dynamisch gegenüber dem Ersatz Ihres Produktes auftreten. Warten Sie nicht darauf, daß der Markt Ihr Produkt zur Strecke bringt; legen Sie selber Hand an. (Siehe Kapitel 12 und 13 für damit verbundene Informationen, wie man Verkaufsförderungsaktionen und Sonderveranstaltungen gestaltet.) Die folgenden Abschnitte behandeln noch mehr Strategien, die Ihnen helfen, sich elegant zu verabschieden.

Die Rockschoß-Strategie

Die *Rockschoß-Strategie* benutzt das alte Produkt zur Einführung des neuen. Die Vielfalt der Möglichkeiten, diese Strategie umzusetzen, werden nur durch Ihre Phantasie eingeschränkt. Sie können den Käufern des alten Produktes einen Gutschein für eine Gratisprobe Ihres neuen überreichen. Sie können die beiden in einer speziellen Zwei-für-eins-Förderaktion zusammen verpacken. Sie können besondere Rundschreiben verschicken oder persönliche oder telefonische Verkaufsaufrufe an die bestehenden Kunden richten. Falls die beiden Produkte aus einer funktionalen Perspektive ziemlich ähnlich sind, können Sie das neue Produkt genauso nennen wie das alte und versuchen, es mit der alten Identität zu verschmelzen, so als ob Sie eher eine verbesserte Version als etwas Brandneues in den Markt einführen würden.

Mit anderen Worten, Sie können dem neuen Produkt den Mantel des alten Produktes anziehen, anstatt es nur an den Rockschößen zu befestigen. Diese listige Strategie muß aus Sicht des gesunden Menschenverstands vertretbar sein, oder Sie werden Kunden verärgern; falls Sie das Argument vertreten können, daß Kunden eine »umfassendere und bessere« Version desselben Produkts bekommen, dann sollte die Strategie eigentlich funktionieren.

Die Hersteller von Personalcomputern werden diese Strategie an. Das Macintosh PowerBook beispielsweise ist im Inneren völlig unterschiedlich – und erbringt wesentlich bessere Leistungen als noch vor fünf Jahren. Aber es ist immer noch an dem Markennamen PowerBook zu erkennen, weil dieser Name eine starke Position im Markt besitzt, die Apple sich nicht leisten kann, auf's Spiel zu setzen.

Die Rockschoß-Strategie ist ein gutes verkaufsförderndes Instrument, um ein altes Produkt durch ein neues zu ersetzen. Setzen Sie sie ein, immer wenn Sie einem alten Produkt den Gnadenstoß versetzen wollen, um für ein neues Platz zu schaffen. *Platz* kann Platz im Verständnis des Kunden bedeuten, Platz auf einem Geschäftsregal, Platz im Katalog eines Verteilers oder Platz in Ihrer eigenen Produktlinie. Produkte nehmen Platz in Anspruch – entweder physischer oder geistiger Raum kann eine wichtige Ressource darstellen. Aber das Risiko – und das ist groß – liegt darin, daß konkurrierende Produkte versuchen können, den Platz, den Sie für Ihr neues Produkt geschaffen haben, statt dessen zu beschlagnahmen. Warum? Alle Kunden, die noch immer dem alten Produkt treu sind, müssen ihre Kaufmuster überdenken, und könnten daher vielleicht Ihrem neuen Produkt das eines Konkurrenten vorziehen. Einzelhändler, Verteiler oder andere Beteiligte am Distributionskanal könnten Ihren Platz einem anderen Produkt zuteilen. Also müssen Sie an Ihrem Platz festhalten, sogar wenn Sie Ihr Produkt ausschalten. Bewerkstelligen Sie dies, ohne irgendwelche Lücken in der Verfügbarkeit Ihrer Produkte aufkommen zu lassen.

Die Produktlinien-Platzhalter-Strategie

Sie können *Produktlinien* nutzen, um klare Produktnischen zu schaffen, und diese für Ersatzprodukte zu halten. Die Preisgestaltung sollte auch mit der Produktposition in Ihrer Produktlinie in Einklang stehen – eine Praxis, die sich *Einheitspreisfestlegung* nennt.

Eine Bank könnte zum Beispiel Ihren Einzelhandelskunden eine Auswahl an unterschiedlichen Sparmöglichkeiten anbieten – eine Mischung aus konventionellen Sparkonten, Sparkonten mit Schecks, offenen Investmentfondskonten und Sparzertifikate mit variierenden Laufzeiten. Wenn die Bank diese Alternativen zu einer schlüssigen Produktpalette anordnet und sie in einer einzigen Broschüre der Reihe nach dem geringsten Risiko/den geringsten Gewinnen bis zum höchsten Risiko/den höchsten Gewinnen auflistet, dann schafft sie eine klare Produktlinie mit gut bestimmten Plätzen für diese Produkte. (Die Bank muß sicher sein, daß jedes Produkt an einer einzigartigen Stelle auf diesem Spektrum steht – keine Überschneidungen bitte!)

Wenn die Bank jetzt ein neues Produkt einführen möchte, kann Sie das neue für ein altes einsetzen, und die Kunden werden akzeptieren, daß dieses neue Produkt die gleiche Stelle in der Produktlinie ausfüllt. Die Bank kann auch die Produktlinie in die eine oder in beide Richtungen ausdehnen oder Lücken mit neuen Produkten ausfüllen. Egal, was die Bank macht, die Produktlinie kann als Platzhalter fungieren, um den Eintritt neuer Produkte zu erleichtern. (Siehe die folgende Erörterung der Warenzeichenpolitik für mehr Informationen zu Produktlinien.)

Wie Sie ein Produkt mit Ihrem Warenzeichen versehen und ihm einen Namen geben

Wie werden Sie Ihr Produkt nennen? Sollten Sie es unter einer bestehenden Markenidentität in den Markt einführen oder ihm eine neue verpassen? Sollten Sie den Versuch starten, den Wert zu steigern (und den Preis zu erhöhen), indem Sie eine positive Markenidentität schaffen, oder sollten Sie Ihr Marketinggeld beisammen halten und das Produkt einfach zum Ort des Kaufs bringen? Das sind alles schwierige Entscheidungen. Lassen Sie mich Ihnen zeigen, wie Sie sie zufriedenstellend treffen.

Entwurf einer Produktlinie

Eine *Produktlinie* ist jede logische Gruppierung von Produkten, die Kunden angeboten wird. (Denken Sie daran, Produkte können Güter, Dienstleistungen, Ideen und sogar Menschen sein.) Gewöhnlich werden Produktlinien über einen Dachmarkennamen plus individuelle Markenidentitäten identifiziert.

 Die Compaq Computerlinie umfaßt viele verschiedene Produkte, aber sie tragen alle denselben Markennamen Compaq, und sie sind alle unterschiedlich genug, daß sie dem Kunden gemeinsam eine breite Auswahl bieten. Sie können Produktlinien wie diese als Produktfamilien ansehen – wie bei richtigen Familien muß deren Beziehung eng und klar sein.

Sie müssen zwei wichtige Fragen berücksichtigen, wenn Sie Ihre Produktlinien entwerfen:

✔ **Erstens, die Frage nach der *Tiefe*.** Wie viele Alternativen sollten Sie dem Kunden innerhalb jeder einzelnen Kategorie vorstellen? Sollten Sie beispielsweise ein einziges T-Shirt-Design sowohl in XL und XXL als auch in kleineren Größen herstellen? Wie ist der Vorschlag, das Design in mehreren verschiedenen Farben anzubieten? Diese ganzen Alternativen erhöhen die Tiefe, weil sie dem Kunden mehr Wahlmöglichkeiten eröffnen.

Der Vorteil der Tiefe ist, daß sie die Wahrscheinlichkeit einer guten Übereinstimmung zwischen einem interessierten Kunden und Ihrem Produkt erhöht. Sie wollen doch keinen Verkauf auslassen, nur weil jemand zu groß für die Größe Large war. Der Nachteil der Tiefe ist, daß sie den Kunden nicht dazu verleitet, mehr als ein Produkt zu kaufen – der Kunde hat nur dasselbe Produkt in verschiedenen Größen zur Auswahl. Diese Größenauswahl vermeidet zwar, daß Sie einige Verkäufe auslassen müssen, aber es wird keine bedeutende Quelle für neue Verkäufe sein.

Sie sollten die Tiefe immer dann ausweiten, wenn Sie Kunden verlieren, weil Sie kein passendes Produkt für sie hatten, obwohl sie das Produktkonzept mochten. Größere Auswahltiefe verringerte die Gefahr, zukünftige Kunden zu enttäuschen.

✔ **Zweitens, die Frage nach *Breite*.** Hier können Sie neue Verkäufe herbeiführen. Sie sollten zum Beispiel erwägen, auch verschiedene T-Shirt-Designs in Ihrer Produktlinie anzubieten. Fügen Sie neue Kunst hinzu, so daß der Kunde zwei verschiedene Designs, beide in XXL, kaufen kann. Wenn Sie irgend etwas ergänzen, was der Kunde als eine getrennte Auswahlmöglichkeit ansieht, nicht als Variante desselben Auswahlkriteriums, dann erweitern Sie die Breite der Produktlinie. Eine breite Linie von T-Shirts würde mehrere Dutzend verschiedener Designs umfassen. Eine breite und tiefe Produktlinie würde jedes dieser Designs in vielen Größen und vielen verschiedenen Farben und Formen von T-Shirts anbieten.

Sie sollten die Breite immer erweitern, wenn Ihnen ein neues Produkt einfällt, das in die Linie zu passen scheint. Mit *passen* meine ich, daß die Beziehung zur Linie für Kunden offensichtlich ist. Vermischen Sie keine Produkte, die keine Beziehung zueinander haben – das stellt keine Produktlinie dar, weil es in den Augen der Kunden niemals eine klare, logische Identität haben wird. Aber erweitern Sie eine erfolgreiche Linie so weit wie möglich. Der Sinn liegt auf der Hand: Sie verkaufen neue Produkte an alte Kunden. Natürlich könnte die Linie auch neue Kunden erreichen, was gut ist. Aber an Ihre alten Kunden läßt es sich leichter (sprich *billiger*) verkaufen, also sollten Sie Ihre geschäftlichen Beziehungen mit ihnen in Zukunft ausbauen.

Aufrechterhaltung Ihrer Produktlinie: Wann Sie etwas verändern

Das Geheimnis eines guten Produktmanagements lautet: »Gutes sollte angeschaut werden«. Aber wenn Sie Ihre Produktlinien ständig erweitern, werden Sie offensichtlich nach einer Weile auf praktische Grenzen stoßen. Woher wissen Sie, wann das Pendel in die andere Richtung schwingen wird, wann es an der Zeit ist, einen Frühjahrsputz abzuhalten?

Sie sollten Tiefe und/oder Breite verringern, wenn Ihre Distributionskanäle den Kunden nicht die gesamte Produktlinie vorstellen können. Oft ist die Distribution ein Engpaß und verweist Sie in Ihre praktischen Grenzen hinsichtlich des Umfangs Ihrer Produktlinie, auf die Sie die Kunden aufmerksam machen können.

 Als ich vor einigen Jahren die Kellog Brush Company beriet, war ich erstaunt zu erfahren, daß sie mehrere Hundert verschiedene Dinge produzierten. Trotzdem stellten die Lebensmittel- und Haushaltsgeschäfte, die deren Produkte verkaufen, nie mehr als ein Dutzend davon aus. Offensichtlich war deren Produktlinie wesentlich breiter und tiefer, als ihre Endkunden jemals wahrnahmen. Ich empfahl, daß sie entweder einen direkten, kataloggestützten Distributionskanal entwickeln sollten, um diese Auswahl an den Kunden zu bringen, oder daß sie die Produktlinie auf die 20 oder 30 Spitzenprodukte kürzten, die von den Einzelhändlern gekauft wurden und versuchten, diese besser und preisgünstiger zu machen. (Sie wählten die letzte Alternative.)

 Sie sollten Ihre Produktlinie ebenfalls einschränken, wenn Kunden sie nicht verstehen. Procter & Gamble halbierten kürzlich aus eben diesem Grund fast ihr Produktangebot. Untersuchungen zeigten, daß deren Kunden von der ganzen Vielfalt verwirrt waren und keine klare Vorstellung davon hatten, was das Unternehmen anbot und warum. Eine zu große Auswahl frustriert die Kunden und führt zu Verwechslungen zwischen Produkten. Markenidentitäten beginnen sich zu überlappen, und Kundenentscheidungen werden erschwert anstatt erleichtert.

Eichen Sie immer Ihre Produktlinie an Ihren Distributionskanälen und Kunden. Überhäufen Sie sie nicht. Unterfordern Sie sie auch nicht. Bleiben Sie im Gespräch mit allen Kunden und beobachten Sie, wie sie sich verhalten, um zu erkennen, ob Sie Ihre Produktlinie kürzen oder ausweiten müssen.

Ein Bier mit irgendeinem anderen Namen ...

Die Boston Beer Company ging kürzlich an die Börse. Berühmt für seine Senkrechtstarter unter den Bieren, die unter dem Markennamen Samuel Adams verkauft werden, ist das Unternehmen mit Sitz in Boston ein Beispiel für einen lokalen Brauer, der es bis auf den nationalen Markt geschafft hat. Aber läuft das Unternehmen Gefahr, sein Spezialitäten-Image zu verlieren, wenn es immer größer wird? Ein Bier zu trinken, das andere noch nicht probiert haben, fügt etwas zum Appeal des Spezialitätenmarktes hinzu – und jetzt haben die meisten Biertrinker wenigstens von Samuel Adams gehört, wenn Sie es nicht sogar schon gekostet haben.

Um die Assoziation des Unternehmens mit der Spezialitätenbrauerei im kleinen Umfang nicht zu verlieren, führten sie einen zusätzlichen Markennamen ein: LongShot. Der Name LongShot wird dem Gewinner eines weltweiten Wettbewerbs um selbstgebrautes Bier verliehen – Hobbybrauer brauen erlesenes Bier in ihren Kellern. Sie finden ein LongShot Black Lager, ein LongShot American Ale und ein LongShot Hazelnut Brown Ale – jedes ein Preisträger bei dem professionell bewerteten Wettbewerb. Die Veranstaltung an sich und der neue Markenname LongShot verstärken beide die mickrigen Wurzeln des Unternehmens. Der Name LongShot und »1680 Anmeldungen, drei Gewinner« fangen die Aufregung eines Amateur-Bräus ein, das es bis an die Spitze geschafft hat. Jemand bei der Boston Beer Company muß wohl eine Marketingkappe getragen haben, als er oder sie auf die Idee für diesen neuen Markennamen gekommen ist.

Namensgebung für ein Produkt oder eine Produktlinie

Einen Namen für ein neues Produkt zu finden, ist nicht einfach, aber Sie können eine Reihe wirksamer Methoden anwenden. Sie können ein Wort oder eine Kombination von Worten auswählen, die den Konsumenten genau den *Charakter* Ihres Produkts beschreibt – wie Long-Shot (siehe Kasten *Ein Bier mit irgendeinem anderen Namen ...*).Dieser Ansatz ist ähnlich, wie einem neuen Welpen einen Namen zu geben. Sie müssen zuerst ein Gefühl für seine Persönlichkeit bekommen und ihm dann einen Namen geben, der zu ihm paßt. Ein distanzierter Pudel könnte Fifi sein, aber für einen verspielten Köter wäre das albern!

Der Ford Mustang, ein äußerst erfolgreicher Markenname, nutzte diese Strategie. Das Auto sollte einfach die Persönlichkeit des kleinen, zähen Pferdes der amerikanischen Ebenen haben, von dem es seinen Namen entlieh. Der Fahrer war vermutlich ein moderner Cowboy, verwandt mit den wirklichen Cowboys, die die Mustangs zähmten und sie für ihre Arbeit einspannten. Diese Strategie der Namensgebung ist ausdrucksstark, weil viele existierende Begriffe eine Bedeutung haben, die Sie auf Ihr Produkt übertragen können.

Eine ganz andere Herangehensweise ist, sich ein brandneues Wort einfallen zu lassen, das noch keine vorherige Bedeutung besitzt. Dieser Ansatz gibt Ihnen etwas, das in einem Gerichtssaal leichter zu schützen ist. Aber es wird nicht so wirksam bei der Vermittlung des Charakters Ihres Produkts sein. Sie müssen beträchtlich viel Zeit und Geld investieren, um eine Bedeutung für den neuen Namen im Kopf des Kunden zu entwickeln.

Aber Sie können diesem Problem mit erfundenen Namen zu Leibe rücken, die Sie aus *Morphemen* bilden – das sind, nach einer Definition von NameLab Inc., San Francisco, »die semantischen Kerne von Wörtern«. NameLab begann mit dem Wort »akkurat« (vom lateinischen Wort *accuratus*) und zog ein Morphem heraus, um es als neuen Autonamen zu nutzen: *Acura*. Sie entwickelten auch *Compaq*, *Auto*zone, *Lumina* und *Zapmail* auf dieselbe Weise. Jedes bildet ein neues Wort, aber vermittelt insbesondere etwas über das Produkt aufgrund von Bedeutungen, die wir mit seinen Komponenten assoziieren.

 Diese Technik wird *Konstruktionslinguistik* genannt und sollte am besten von Linguistikexperten durchgeführt werden, die Zugriff auf umfangreiche Datenbanken mit Morphemen haben.

Wie Sie den Namen und die Identität Ihres Produktes gesetzlich schützen

Sie können gesetzlichen Schutz für den Gebrauch einer einzigartigen Kennzeichnung für Ihr Produkt erhalten, ebenso für eine Produktlinie und sogar für Ihr gesamtes Unternehmen oder eine Abteilung oder Einheit. Dieser Schutz kann für Namen und kurze wörtliche Beschreibungen sowie auch für visuelle Symbole gelten. Sie alle sind *Zeichen*, die die Identität der Sache, auf die sie angewendet werden, repräsentieren. Der Name und/oder das visuelle Symbol eines handfesten Produktes ist ein *Warenzeichen* und wird im Warenzeichengesetz geregelt. Der Name einer Dienstleistung ist mit dem Begriff *Dienstleistungsmarke* belegt – aber es wird in der Gesetzgebung ähnlich wie ein Warenzeichen gehandhabt. Der Name eines Unternehmens ist das *Firmenzeichen* – wieder mit einem ähnlichen gesetzlichen Schutz.

Für weitere Informationen zur Anerkennung und Stärkung von Warenzeichen wenden Sie sich an Ihren Rechtsanwalt, jede erfahrene Werbeagentur, die Marken-Marketing anbietet, oder ein Namenslabor.

 **Eintragung von Warenzeichen in Deutschland**

Wenden Sie sich mit Ihrem ganzen Erfindungsreichtum an das Deutsche Patentamt (DPA) in München (Zweibrückenstr. 12, 80 331 München, Telefon: 030/259 92-0, -10, Fax: 030/259 92-404) oder eine der zahlreichen Patentauslegestellen, die in vielen Städten zu Ihren Diensten stehen. Dort erhalten Sie als Patentanmelder ein kostenloses Merkblatt, das Sie ein Stück weiter in eine vielleicht gewinnversprechende Zukunft bringt. Denken Sie daran, daß Sie in Deutschland ohne eine Eintragung überhaupt keine Rechte oder einen Schutz auf Ihre Erfindung beanspruchen können. Mit dem Rat eines nationalen oder internationalen Patentanwaltes sollten Sie nicht knausern.

Die meisten Länder, in denen Sie warhscheinlich Geschäfte machen wollen, unterzeichnen zum Beispiel die Berner Konventionen, was bedeutet, daß der gesetzliche Schutz für eine veröffentlichte Arbeit in einem Land (inklusive eines Labels oder einer Werbemaßnahme) auch in anderen Ländern geachtet werden soll.

Verpackung und Etikettierung: Produkte erfolgreich einkleiden

15

In diesem Kapitel

▶ Hilfen, wie Produkte bei der Kaufentscheidung Aufmerksamkeit erhalten

▶ Prüfung Ihres Verpackungsdesigns

▶ Anwendung des VIEW-Modells (Visibility, Information, Emotion, and Workability – Sichtbarkeit, Information, Gefühle und Funktionalität)

▶ Test neuer Strategien, Ihre Verpackung effektiver zu gestalten

▶ Vermeidung von zulässigen Verpackungszeitbomben

An einer Stelle in jedem Marketing-Programm muß das Produkt das Steuer übernehmen und sich selbst vermarkten. An diesem Punkt treffen sich normalerweise Produkt und Verbraucher. Hier wird auch die Kaufentscheidung gefällt oder nicht. Ein Kunde geht in ein Lebensmittelgeschäft, schaut durch die Regale, nimmt ein Paket heraus und bringt es zur Kasse. Der Kunde öffnet einen Katalog, blättert schnell durch die Seiten, wählt ein Produkt aus und bestellt unter der gebührenfreien Nummer. Der Kunde benutzt America Online, um Flugtickets zu kaufen, oder nimmt so eine Hotelreservierungen vor. Bei all diesen Punkten der Kaufentscheidung findet der Marketingmensch keine Berücksichtigung. Das Produkt muß sich selbst verkaufen. Damit dies geschieht, muß es beachtet werden. Es muß verlocken. Es muß besser aussehen (und einen höheren Wert darstellen) als das Produkt der Konkurrenz.

Dieser Gütegrad stellt hohe Ansprüche an Ihr Produkt, besonders in der Praxis, denn der Kunde muß häufig erst ein Produkt kaufen, damit er es beurteilen kann. Mit anderen Worten, niemand kann in einem Geschäft einen Happen eines verpackten Lebensmittels abbeißen oder eine Hose aus einem Katalog anprobieren oder gar die Matratze eines entfernten Hotelzimmers testen, bevor er die Kaufentscheidung fällt.

Sie müssen sorgfältig überlegen, wie Ihr Produkt aussehen und präsentiert werden soll, damit es für die Solorolle bei der so wichtigen Kaufentscheidungsphase vorbereitet ist. Sie selbst können diese alles entscheidende Rolle für Ihr Produkt nicht übernehmen, aber Sie *können* die Bühne auswählen und den Szenenaufbau sowie das Kostüm Ihres Produktes gestalten. Die *Bühne* wird durch das Geschäft, den Katalog oder andere Treffpunkte (siehe auch Kapitel 17) gegeben. Der *Szenenaufbau* umfaßt die Plazierung im Verkaufsregal, Schilder, Präsentation und andere verkaufsfördernde Gestaltungsmöglichkeiten (siehe Kapitel 16). Und das *Kostüm* ist die Verpackung, die Sie Ihrem Produkt geben (Erläuterung in diesem Kapitel).

Wenn Sie all diese Hilfestellungen sorgfältig berücksichtigen und gestalten, verkauft sich das Produkt selbst erfolgreich. Falls Sie diese Hilfen jedoch nicht beachten, dann werden die besten Produkte schmachtend in den Warenhäusern oder in den Regalen zurückbleiben. In diesem Kapitel konzentriere ich mich auf den Star der Show – das Produkt und sein Kostüm. Beide zusammen machen das aus, was Marketingleute als *Verpackung* bezeichnen

Wird Ihre Verpackung das Geschäft machen?

Die Verpackung »macht das Geschäft« bei den meisten Kaufentscheidungen (zusammen mit einigen zusätzlichen Kaufentscheidungseinflüssen, die die Aufmerksamkeit auf das Produkt lenken – im nächsten Kapitel können Sie mehr darüber lesen): Das bedeutet, daß die Verpackung der wichtigste Teil Ihrer Marketingstrategie sein kann.

Ja, das ist richtig. Trotz der großen Geldsummen und der Aufmerksamkeit, die in anderen Bereichen verschwendet werden, wie z.B. für Anzeigen, Marktumfragen oder andere Möglichkeiten, kommt es letztlich besonders auf die Verpackung an. Wird der mögliche Käufer das Produkt wahrnehmen und es anderen vorziehen? Studien über den Kaufentscheidungsprozeß zeigen, daß die meisten Menschen selten vor dem *Moment der Kaufentscheidung* wissen, was Sie kaufen werden – Sie treffen an Ort und Stelle Ihre Kaufentscheidung. Die Mehrzahl der Kunden ist bereit, sich bei der Kaufentscheidung beeinflussen zu lassen, wie die Ergebnisse in Tabelle 15.1 (aus einer Studie des Point-of-Purchase Advertising Institute) zeigen:

Art der Kunden-Kaufentscheidung	% der Käufe, Supermärkte	% der Käufe, Großsupermärkte
Ungeplant	60 %	53 %
Ersatz	4 %	3 %
Generell geplant	6 %	18 %
Gesamt = Entscheidungsrate im Geschäft	70 %	74 %

Tabelle 15.1: Der Prozeß der Kaufentscheidung

Wie diese Tabelle zeigt, sind ungeplante Käufe die größte Kategorie. Des weiteren machen speziell geplante Käufe (nicht in dieser Tabelle aufgelistet) weniger als ein Drittel aller Käufe aus – der ganze Rest kann letztlich teilweise durch die Verpackung oder andere kauffördernde Kommunikationsmittel beeinflußt werden.

Diese Fakten zeigen, daß die Verpackung für viele Produkte wichtiger ist als irgendein anderes Element Ihres Marketing-Programms. Wow! Tatsächlich fragen Sie sich nun, ob Sie alle anderen Formen der Marketing-Kommunikation vernachlässigen können und nur noch in die Verpackung und verkaufsfördernde Promotion sowie Präsentation investieren können. Wenn Ihre Zielgruppe offen ist für eine Entscheidung kurz vor dem Kauf, dann ist dieses Extrem eine Möglichkeit (falls Sie nicht sicher sind, wer Ihre Zielgruppe ist, lesen Sie dazu Kapitel 3).

Durch die hundertprozentige Konzentration auf den Augenblick des Kaufs sind Sie besser in der Lage, diesen Punkt zu handhaben, als andere Konkurrenten. Diese Idee ist trotzdem einen Gedanken wert, weil Sie so radikal ist und Ihr Mitbewerber nicht auf diese Idee kommt.

Was ist die »Verpackung«?

Allgemein bezeichnet *Verpackung* alles, was man zum Einpacken von Dingen verwenden kann. Sie kann auch das Einpacken an sich meinen. Wenn Sie ein Geburtstagsgeschenk in helles Papier verpacken und es verschiffen möchten, dann legen Sie es in ein gepolstertes Paket und senden es jemandem. Hier verpacken Sie und benutzen Verpackung. Aber der wirklich interessante Teil des Verpackens aus Sicht des Marketing ist der Teil des gesamten Prozesses, der das Produkt »verkauft« – die »Verpackung« in der Marketingsprache. Während die Polsterung und der Karton Ihr Versandgut schützen, haben Geschenkpapier und Bänder eine andere Funktion. Sie machen das Geschenk besonders, und es wird dem Empfänger in Erinnerung bleiben. Dieses Geburtstagsgeschenk ist in diesem Zusammenhang interessant, denn es gibt Aufschluß über die Faktoren, die es für den Empfänger besonders erscheinen lassen, und was es vermittelt. Wenn Marketing dem Konsumenten ein Produkt liefert, ist es genauso wichtig, es schön zu verpacken. Betrachten Sie Ihr Produkt als Geschenk an die Kunden. In jedem Fall sollte Ihre Verpackung nötige Informationen über den Inhalt klar erkennbar auflisten. Die Verpackung sollte nichts verstecken wie etwa das Geschenkpapier.

Ein weiterer interessanter Aspekt des Geburtstagsgeschenks hilft uns, die Verpackung zu verstehen. Bis es ausgepackt ist, werden Geschenk, buntes Papier und Band als eine Einheit betrachtet – sie sind zusammen die »Verpackung«. »Hast Du mein Päckchen erhalten? Ja? Gut. Aber öffne es nicht vor Deinem Geburtstag!« Ähnlich ist das mit Ihrem Produkt: Aus der Sicht des Konsumenten sind Verpackung und Produkt eins. Folglich ist die Verpackung nicht nur das Material, mit dem Sie Ihr Produkt einkleiden, sondern das Neue, was Sie durch das Einpacken schaffen. Damit Sie sich diesen Punkt besser merken können, wiederholen Sie das nun folgende fünfmal: »*Die Verpackung ist das Produkt, die Verpackung ist das Produkt,...*«

Haben Sie es? Gut. Es mag sich wie Semantik anhören, aber dieses Konzept ist sehr wichtig. Das Produkt existiert nicht, bis es ausgepackt und benutzt wird. Bis zu diesem Zeitpunkt ist die Verpackung, aus der Sicht des Kunden, diese neue Kreation, die Sie geschaffen haben, als Sie das Produkt verpackt haben. Und diese neue Kreation bildet die Bühne für den Akt des Konsums. Sie vermittelt den ersten Eindruck der Produktgestalt. Häufig stellt sie dem Konsumenten das Produkt vor, da, wie ich im vorangegangenen Abschnitt erläutert habe, die Mehrzahl der Kaufentscheidungen im Augenblick des Kaufes getroffen werden. An diesem Punkt befindet sich der Konsument außerhalb der Marketingeinflüsse – ausgenommen der Verpackung. So beruht die eigentliche Kaufentscheidung auf der Verpackung plus der Markenkenntnis, die der Kunde aufgeschnappt hat, und den besonderen kauffördernden Einflüssen, die Sie und Ihr Einzelhändler ausgeübt haben (siehe Kapitel 13 und 16). Aber die Verkaufsförderung kostet normalerweise zusätzliches Geld und ist langfristig keine Grundlage. Folglich steht die Verpackung an vorderster Front im Krieg um das Interesse und die Kaufentscheidung des Kunden.

Jedes Produkt hat eine Verpackung!

Falls Sie im Bank- oder im Immobiliengewerbe arbeiten oder Windschutzscheibendichtungen an Automobilhersteller verkaufen oder Ihre Produkte durch Versand anstatt im Geschäft vertreiben, können Sie dieses Kapitel dann überschlagen? Sorry, aber nein. Denken Sie daran, daß die Verpackung den ersten Eindruck vom Produkt vermittelt. Im weiten Sinn bedeutet diese Definition, jedes Produkt hat eine Verpackung, ob sie Ihrer traditionellen Auffassung entspricht oder nicht. Daher müssen Marketingleute sorgfältig über die Verpackungsgestaltung nachdenken, und zwar ohne Berücksichtigung des Produktes an sich. Serviceleistungen, Ideen und sogar Menschen gehören hier dazu, weil sie alle Produkte im entsprechenden Kontext sein können.

 Okay, ich gehe davon aus, daß Sie diese Definition prinzipiell akzeptieren: Jedes Produkt hat eine Verpackung. Aber wie können Sie diese Erkenntnis in der Praxis umsetzen? Sich eine Verpackung für ein nicht greifbares Produkt (wie z.B. eine Serviceleistung oder eine Idee) vorzustellen, ist schwierig. Es ist aber Ihre Aufgabe herauszufinden, wie diese Verpackung beschaffen sein muß, damit Sie den Eindruck, der vermittelt wird, kontrollieren können. Wenn Sie Produkte auf diese Weise näher betrachten, erkennen Sie ein Paradoxon: Je weniger offensichtlich die Verpackung ist, desto komplexer und vielseitiger ist ihre Erscheinung! Die Kombination vieler Faktoren bildet eine Art psychologischer Verpackung für professionelle Dienstleistungen wie Investment-Fonds-Management. Wenn Sie all diese Komponenten erkennen und effizient anwenden, können Sie eine wirksame Verpackung schaffen, die hilft, Ihr Produkt zu verkaufen, und die positiven Erfahrungen des Kunden bestärkt. Falls Sie die Verpackungskomponenten nicht beachten, wie viele andere Marketingleute, haben Sie nicht die Kontrolle über den so wichtigen ersten Eindruck, den der Kunde von Ihrem Produkt und seiner Gestalt gewinnt. Bitte beachten Sie, daß die Verpackung eine wichtige Rolle in Ihren Plänen und Budgets spielt – auch wenn Sie keine sogenannten abgepackten Güter vermarkten. Tabelle 15.2 gibt Ihnen einige allgemeine Richtlinien, die Ihnen helfen, die Verpackungskomponenten Ihres scheinbar nicht verpackten Produktes zu bestimmen.

Produktart	Verpackungskomponenten
Professionelle Dienstleistungen	Gestaltung des Lieferortes (wenn der Kunde zu Ihnen kommt)
	Persönliche Präsentation der Dienstleister (falls es welche gibt)
	Gestaltung der Post, Briefe und anderer Drucksachen (dieses Material ist Ihre Verpackung!)
	Personal, das über Telefon oder Computer mit dem Kunden in Kontakt ist

Produktart	Verpackungskomponenten
Direktversandprodukte, gekauft via Telefon oder schriftliche Bestellung (Diese haben zwei Kaufentscheidungspunkte – die anfängliche Kaufentscheidung, beeinflußt durch »Katalogverpackung« und das erste Aufeinandertreffen von Produkt und Kunde, beeinflußt durch »versandte Verpackung«)	Cover des Katalogs/Magazins/Mailers, in dem das Produkt erscheint
	Werbung, die das Produkt darstellt
	Erscheinung/Image/Persönlichkeit der graphischen Gestaltung, die Ihr Produkt repräsentiert
	Personal, das per Telefon oder Computer mit dem Kunden in Kontakt ist
	Gestalt und Servicequalität des Kuriers und des Versandkartons/-materials
	Innenverpackung des/der Produkte/s im Versandcontainer
Kandidaten (für ein politisches Amt oder einen Job)	Bekleidung der Kandidaten
	Menschen, mit denen Sie verkehren (eingeschlossen ihre Referenzen)
	Umfeld und Kontext der Kandidaten
	Gesichtsausdruck (live, im Fernsehen, auf Photos – diese Gesichtsausdrücke können als Verpackung für ihre Gedanken angesehen werden)
	Ausstrahlung des Kampagnenmaterials/der Plakate, Büros und des Personals (oder ihre Programme etc.)
Großhandelsgüter zum Wiederverkauf	Unternehmens-/Markenpersönlichkeit (Verkaufsort ist in der Regel das Kundenbüro)
	Gestaltung der Belegseiten, Kataloge, Muster und Korrespondenz (Das ist Ihr Verpackungsmaterial!)
	Auftreten und Servicequalität des Kuriers und des Versandkartons/-materials
	Unternehmens-/Markenpersönlichkeit (Verkaufsort ist in der Regel das Kundenbüro)
Ersatzteile und Lieferungen für die Industrie	Gestaltung der Belegseiten, Kataloge, Muster und Korrespondenz (Das ist Ihr Verpackungsmaterial!)
	Auftreten und Servicequalität des Kuriers und des Versandkartons/-materials
	Interne Berichte an das Management über Ihre Produktqualität und Lieferzeiten (In großen Firmen haben Sie nur indirekte Kontrolle über dieses Element, aber Sie müssen sich dennoch darauf konzentrieren, damit es so gut wie möglich ankommt. Bringen Sie in Erfahrung, wie die Manager Ihr Produkt bewerten, da diese Wertung Ihre Verpackung für die Manager ist!
Einzelhandelsgüter ohne Etikett und Verpackung (z.B. Schuhe werden »pur«, ohne Karton, ausgestellt)	Das Äußere des Produktes (Nike verwendet sein Zeichen auf den Schuhen, so wie Coca Cola seine Wellenlinie auf der Dose hat)
	Einkaufsstättendisplay (Die Präsentation im Laden ist die Verpackung der Schuhe, siehe Kapitel 16 über Verkaufsstrategien)

Tabelle 15.2: Erkennen Sie die versteckte Verpackung!

Bewertung eines Verpackungsdesigns

Was macht eine gute Verpackung aus, und welche ist schlecht? Sie müssen diese Fragen be-antworten, wann immer Sie ein Marketing-Programm bewerten (falls Sie einen jährlichen Marketingplan erstellen oder Wege suchen, z.B. das Marketing für ein Produkt oder für eine Produktreihe zu verbessern).

Wenn Sie ein neues Produkt einführen wollen, oder einem alten, verbesserten Produkt eine neue Verpackung geben möchten, werden Sie wahrscheinlich zwischen verschiedenen Ver-packungsdesigns wählen müssen, die Ihnen Ihre Werbeagentur oder die Verpackungshers-teller anbieten. Treffen Sie diese Entscheidungen allein, so müssen Sie wissen, welches Ihrer Konzepte erfolgreich sein wird. Beauftragen Sie ein gutes Unternehmen, so sollten alle Gestaltungspunkte die Grundanforderungen erfüllen. Hierbei ist zu beachten, daß diese mit den Gesetzen konform sind, den Inhalt beim Versand, im Lager und während des Gebrauchs schützen und in Einklang mit dem Charakter oder der Persönlichkeit des Produktes stehen. Aber einige Designs werden sich viel besser verkaufen als andere. Wie picken Sie aus einem guten Bewerberfeld den Gewinner heraus?

Wann immer Ihnen langweilig wird oder Sie nicht genug wichtige Arbeiten zu erledigen ha-ben (machen Sie sich nichts aus den Trivialfragen Ihres Chefs oder der Kunden), sollten Sie sich einen halben Tag Zeit nehmen, um sich mit Ihrer Verpackung zu beschäftigen. (Verwen-den Sie den Verpackungsrevisionsprozeß, beschrieben in Abbildung 15.1.) Funktioniert Ihre Verpackung noch gut? Kann die Verpackung verbessert werden? Hat die Konkurrenz ihre Ver-packung verändert, so daß Ihre nicht mehr so klar hervorsticht – oder hat hierdurch Ihre Verpackung die positive Ausstrahlung verloren? Weil die Verpackung Ihr Produkt ist, bis der Kunde es auspackt, ist es immer ratsam, die Verpackungen zu bewerten, wenn Sie nach einem Weg suchen, Ihr Marketing-Programm zu verbessern.

Eine von Experten häufig angewendete Methode zur Verpackungsbewertung ist das *VIEW-Modell*; es steht für *visibility, information, emotion and workability* (Sichtbarkeit, Information, Gefühle und Funktionalität). Das Akronym soll gleichzeitig an die erste Schlüsselfunktion der Verpackung in der Einkaufsstätte erinnern: Sie soll dem Kunden ins Auge fallen, so daß er sie als erste bemerkt! Mit Hilfe des VIEW-Modells stellen Sie sicher, daß Ihr Produkt alle vier VIEW-Funktionen bestmöglich erfüllt und besser ist als die Alternative, die Sie übertreffen möchten. Die Funktionen, die eine Verpackung erfüllen sollte, beschreibe ich in den folgen-den Abschnitten und ich gebe Ihnen Hinweisen, wie man sie am besten umsetzt. Wenn Sie sich diese vier Funktionen ansehen, setzen Sie sich in Blickweite Ihrer Verpackung, und füh-ren Sie an ihr eine kurze mentale Revision durch. Ich versichere Ihnen, Sie werden Schwach-stellen oder Fehler entdecken, die Sie verbessern können! (Falls Sie keine finden, ist meine Arbeit getan; Sie sind ein diplomiertes Verpackungsgenie.)

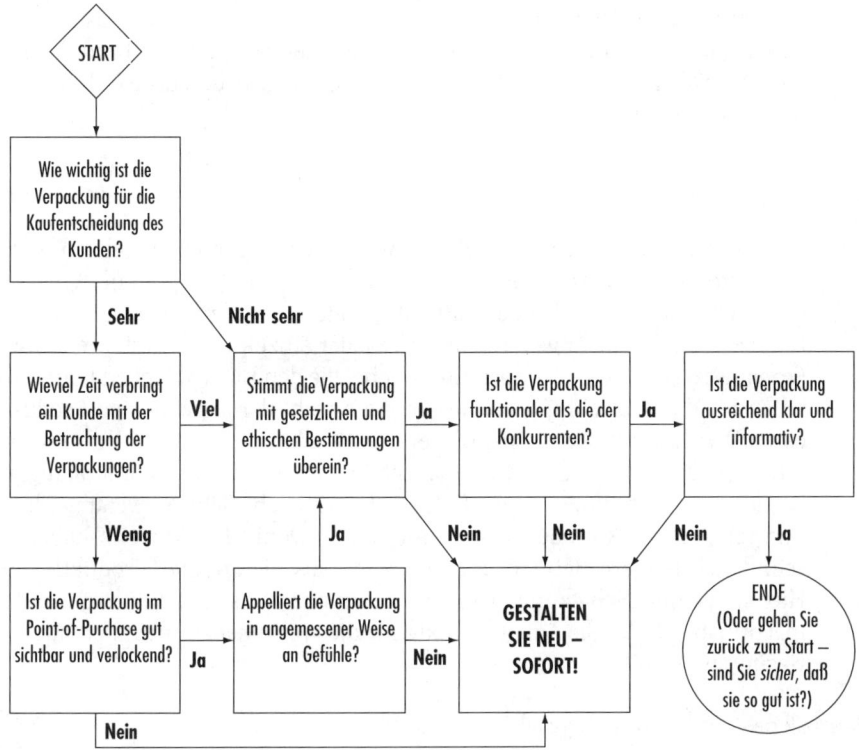

Abbildung 15.1: Schleusen Sie Ihre Verpackung durch folgenden Prozeß, bis Sie das Nonplusultra gefunden haben.

Visibility – Sichtbarkeit

Hinter diesem Punkt verbirgt sich die Frage: »Erregt die Verpackung im Moment der Kaufentscheidung die Aufmerksamkeit?« Aufmerksamkeit zu erhalten, ist schwerer als Sie denken. Forschungsberichte haben erwiesen, daß Käufer in einem Lebensmittelgeschäft durchschnittlich ungefähr zehn Sekunden lang Produkte ansehen, bevor Sie eins auswählen. Ihr Produkt muß für dieses Minimum an Aufmerksamkeit gegen all die Konkurrenzprodukte bestehen und muß die Produkte, die dem Käufer zufällig ins Auge fallen, aber nicht zur Konkurrenz gehören, ebenfalls besiegen. Die konkurrierenden und ablenkenden Verpackungen stehen oft zu Dutzenden oder gar zu Hunderten im Regal, so daß die durchschnittliche Zeit für eine einzige Verpackung weniger als der Bruchteil einer Sekunde sein kann, bevor die Kaufentscheidung getroffen wird.

 Aus diesem Grund hat Nabisco 1996 seine Oreo-Keksverpackung verändert (die erste Veränderung seit der Einführung des Produkts 1951). Der Name ist nun zweimal so groß, und die weißen Buchstaben sind dicker, damit Sie den Kunden

an die Cremefüllung in den Keksen erinnern sollen. Stimmte etwas mit der alten Verpackung nicht mehr? Nein – die Verbraucher mochten das Produkt noch immer. Aber die Keksregale sind heute voller als 1951, so daß die Erscheinung wichtiger geworden ist.

Beobachtung Ihrer Kunden

 Sie können herausfinden, wieviel Zeit Konsumenten für den Angebotsüberblick in Ihrer Produktkategorie verwenden, indem Sie in einige repräsentative Geschäfte gehen und die Kunden bei der Kaufentscheidung mit einer Stoppuhr beobachten. Dann zählen Sie die Angebote, inklusive jeder einzelnen ausgestellten Alternative (konkurrierende Verpackungen und solche, die den Blick ablenken könnten). Nun teilen Sie die Betrachtungszeit durch die Anzahl der angebotenen Produkte, um einen Durchschnittsbetrachtungswert für Ihre Verpackung und Ihren Kunden zu erhalten. Diese Zahl variiert dramatisch abhängig von der Produktkategorie, daher ist die Sammlung eigener Daten sehr nützlich. Sehr aufwendige, komplexe und teure Produkte oder solche mit relativ wenig Konkurrenz haben durchschnittlich längere Betrachtungszeiträume als die anderer Produktkategorien. Hier sind einige Schätzungen, die ich heimlich in Geschäften in meiner Nähe gemacht habe, damit Sie Anhaltspunkte für die Werte haben (nein, ich bin nicht im Gefängnis gelandet):

Produktkategorie	Betrachtungszeit	Anzahl der Optionen	Betrachtungszeit pro Packung/Gegenstand
Frühstücksmüsli	25 Sekunden	65	0,38 Sekunden
Zahnpasta	10 Sekunden	25	0,40 Sekunden
Zimmerplanzen	6 Minuten	650	0,55 Sekunden
Katalogkleidung	8 Minuten	700	0,69 Sekunden
Lüftungen	7 Minuten	8	52,50 Sekunden
Ihr Produkt			

Tabelle 15.3: Durch Kundenspionage gesammelte Informationen

Stellen Sie nun Ihr Produkt auf die andere Seite des Raumes und umgeben Sie es mit handlichen Gegenständen, die im Geschäft oder in einem Katalog vom Kauf Ihres Produktes ablenken könnten. Versuchen Sie dann, Ihr Produkt nur der durchschnittlichen Betrachtungszeit entsprechend anzusehen, die Sie durch Ihre Nachforschungen erhalten haben. Was können Sie sehen? Was vermissen Sie? Tritt Ihr Produkt hervor, ruft es nach mehr Aufmerksamkeit oder nicht? **Warnung:** Diese einfache Übung läßt viele Verpackungsdesigns schlecht aussehen!

Erhöhte Sichtbarkeit

 Wenn Sie Ihr Produkt sichtbarer machen wollen, sollten Sie hellere Farben oder solche, die nicht häufig in Ihrer Kategorie vorkommen, verwenden. Achten Sie auf ausdrucksstarke Buchstaben und Graphiken. Probieren Sie andere Packungs- formen und -größen aus. Der Kerngedanke beruht hier darauf, daß die Sichtbar- keit der Verpackung ein relatives Merkmal ist; es hängt im Moment der Kaufent- scheidung von den Verpackungen im Umfeld ab. Wenn Ihr Produkt wie die ande- ren aussieht, kann es genausogut eine getarnte Motte auf einen Baumstamm sein. Seien Sie also innovativ – suchen Sie nach einem einzigartigen Aussehen. Norma- lerweise fällt eine schwarze rechteckige Schachtel nicht auf – aber wenn Sie von großen, hellfarbigen Flaschen umgeben ist, sticht sie natürlich ins Auge!

 All das mag leicht klingen, aber es gibt einen Haken. Ihre Kreativität ist durch eine ernsthafte Einschränkung gehemmt. Eine Einschränkung, die Sie davon abhalten wird, all Ihre Produkte in Sicherheitsorange zu färben oder eine stroboskopische Beleuchtung auf sie zu setzen: Die Verpackung muß die *Markenidentität* des Pro- duktes unterstützen, sein Gesamtimage und die Positionierung. Eine ausgeflippte Verpackung wird eine feine Ledertasche auffälliger machen, doch paßt das nicht mit dem Produktimage zusammen. Sicherlich werden Leute es beachten, aber dann werden sie wieder wegsehen. Der Trick besteht darin, die Sichtbarkeit zu maximieren, ohne das Markenimage zu beschädigen.

 Ein gutes Beispiel für diese Strategie ist, daß Nabisco die SnackWells-Kekse in Grün verpackte, anders als die Konkurrenz. Die neue Farbe ist besser sichtbar – und paßt besser zum gesunden »grünen« Image der Marke.

Die Notwendigkeit, Verpackungsdesign und Markenidentität zu koordinieren, erscheint pro- blematisch, doch kann hier auch eine Chance liegen. Markengestaltung (Kapitel 14) sollte unter Berücksichtigung des Sichtbarkeitsproblems gelöst werden. Ein unverwechselbarer Markenname wie Snapple oder ein hervorstechendes Warenzeichen wie das »Intel-Inside«- Logo mit seiner Kreisumrandung können das sein, was Ihr Produkt bei der Kaufentscheidung sichtbar macht. Es erfordert viel Mühe, eine Markenidentität zu schaffen und zu kommunizie- ren. Also schlagen Sie Kapital aus dieser Bemühung, wenn Sie versuchen, Ihr Produkt in der Einkaufsstätte sichtbarer zu machen!

Information

Fragen Sie sich selbst: »Liefert meine Verpackung dem möglichen Käufer die nötigen Infor- mationen?« Alle Verpackungen müssen verdeutlichen, was dieses Produkt ist und warum diese Marke oder Produktversion einzigartig oder besser ist als die der Konkurrenten. Verpackungs- und Etikettengesetze legen fest, welche Informationen vermittelt werden müssen und wie (weitere Informationen in diesem Abschnitt). Aber Sie können viele oder all diese Informatio- nen auf der Rückseite oder sonstwo unterbringen, wo sie nach dem Kauf gelesen werden oder nicht. Denken Sie auch darüber nach, ob Ihre Verpackung die Informationen enthält, die man benötigt, damit das Produkt vom Regal in den Einkaufskorb wandert – bildlich oder wirklich. (Diese Informationen wiederum sollten vorne auf der Verpackung stehen, damit sie bei der Kaufentscheidung sichtbar sind.)

Die Verpackung muß zuallererst einen einfachen Marketingslogan transportieren. Dieser Slogan muß einfach sein, da die meisten Verpackungen sehr klein sind und sie bei der Kaufentscheidung nur kurz betrachtet werden. Stellen Sie sich beispielsweise vor, Sie müßten einem Mitarbeiter einen Brief schreiben, daß er sein Verhalten ändern muß und Sie in Sitzungen nicht ständig unterbricht. Angenommen, Sie können ihm das nicht per Post schicken, sondern müssen es ihm auf einem überfüllten Schwarzen Brett mitteilen, damit er die Nachricht sieht. Außerdem können Sie nur auf einen Stück Papier von der Größe einer Karteikarte schreiben. Wie wahrscheinlich erreichen Sie die gewünschte Verhaltensveränderung? Fast unmöglich, oder?! Nun, solche Anforderungen muß die Verpackung unter anderem erfüllen. Die Verpackung muß Aufmerksamkeit erregen und die Verkaufsentscheidung positiv beeinflussen. Es ist hierbei nötig, die Informationen auf ein absolutes Minimum zu reduzieren und dann herauszufinden, wie man am deutlichsten kommunizieren kann und so viel vermittelt wie möglich. Im Idealfall übermittelt ein Wort oder Bild die nötigen Schlüsselinformationen. Denken Sie über unvergeßliche Verpackungen nach, wie z.B. von Coca Cola oder den 3M-Post-It-Produkten. Hieran sehen Sie, daß dieses schwere Ziel erreichbar ist.

 Verpackungsdesigns konzentrieren sich meistens ganz auf den Moment des Kaufes. Das ist für Marketingleute eine wichtige Herausforderung. Aber was ist mit dem Moment des Wiederkaufs? Sie haben noch nicht davon gehört? Ich auch nicht. Ich habe es nur erfunden. Aber es gibt hoffentlich eine Situation, in der der Kunde sagt: »Dieser Gegenstand ist abgenutzt. Ich ersetze ihn besser durch ein neues Produkt.« An dieser Stelle ist Ihre alte Verpackung längst in Vergessenheit geraten und kann Ihnen beim Neukauf nicht mehr helfen. Falls der Kunde ins Geschäft geht, Ihre neue Verpackung im Regal findet und Ihr Produkt wieder kauft, ist es gut. Manchmal geschieht dies jedoch nicht, z.B. als ich mein Lieblingsflanellhemd ersetzen wollte, das ich vor einigen Jahren aus dem WestGuard-Katalog ausgewählt hatte. Doch leider fand ich es im neuen Katalog nicht mehr. Ich konnte mich nicht mehr genau an das Design erinnern, so daß ich bei WestGuard auch nicht nachfragen konnte, ob sie das Hemd noch haätten. Aber seit einiger Zeit näht diese Firma ein bleibendes Etikett mit der Artikelnummer und der gebührenfreien Telefonnummer in die Kleidung. Bingo! Also bestellte ich zwei neue Hemden, die Ende dieser Woche geliefert werden sollen.

Und die Moral? Verwenden Sie permanente Etiketten an oder in Ihren Produkten, schließen Sie damit den normalen Einkaufsprozeß kurz und erleichtern Sie so Ihren Kunden die Neubestellung direkt bei Ihnen. Andernfalls kann es passieren, daß dem Kunden wichtige Informationen verlorengehen und er sich für die Verpackung eines Konkurrenten entscheidet. Betrachten Sie die Verpackung auch unter diesem Aspekt, dem möglichen Nachkauf – eine Gelegenheit, bei der Sie einen Vorteil gegenüber Ihren Konkurrenten geltend machen können. Sie sollten diese Chance nutzen!

Emotion – Gefühle

Welche Gefühle wird die Verpackung beim Kunden auslösen und wie stark werden sie sein? Die Bedeutung der Gefühle variiert sehr stark von Produkt zu Produkt, aber sie sind zumindest immer Teil der Kaufentscheidung. Sie müssen sicher sein, daß Ihre Verpackung ein angemessenes Gefühl hervorruft. Um dies zu tun, sollten Sie zunächst das »richtige« Gefühl auswählen und beschreiben. Dieser Punkt ist einfach, wenn Sie ihn schon für Anzeigen, Markenname oder andere Positionierungsstrategien festgelegt haben. Verwenden Sie diese alten Notizen und prüfen Sie, ob das Produkt »elegante, kultivierte Gefühle« weckt, oder was sonst suggeriert werden soll. Falls Sie hierüber noch nicht nachgedacht haben, sollten Sie festlegen, welches Gefühl am ehesten zum Kauf führt. Wenn der Kunde Ihre Verpackung untersucht und fühlt etwas Wohliges oder Aufregendes, Nostalgisches, Selbstvertrauen oder gar Effizienz – würde das zu einer höheren Kaufwahrscheinlichkeit führen? Einer dieser Punkte, oder ein ähnlicher, ist am besten. Beachten Sie bitte, daß die Verpackung, egal welches Gefühl Sie mit ihr vermitteln wollen, dabei hilft, das Produkt von denen der Konkurrrenten zu unterscheiden. Sie wollen doch nicht gegen das Sichtbarkeitsprinzip verstoßen, indem Sie die gleichen Gefühle wie Ihre Mitbewerber wecken!

Beleben Sie die Verpackung durch Gefühle

Wie kann man Gefühle in einer Verpackung verarbeiten? Die Wahrheit ist – die Marketingleute haben dieses Problem noch nicht bewältigt. Wir sind erfahrener in der Kommunikation von Gefühlen durch Vierfarbdruckanzeigen, Hörfunkspots und Fernsehwerbung, die Schauspieler oder ausdrucksvolle Comicfiguren einsetzen. Die Verpackung kann statisch und einschränkend sein, was die kommerziellen Künstler frustriert. Die meisten Verpackungen rufen bei mir keine Gefühle hervor. Bestenfalls ist die durchschnittliche Verpackung subtil. Sie vermeidet einfach alle Gefühle, die die Markenidentität oder vorangegangene Anzeigen mit dem Produkt in Verbindung gebracht haben könnten. Aber Sie können es besser machen! Im Moment der Kaufentscheidung haben Sie die Möglichkeit, Ihr Produkt zum Leben zu erwecken; es mit menschlichen Gefühlen zu versehen, während die Konkurrenten es nicht tun. In Kapitel 5 gehe ich auf die allgemeine Frage ein, wie man ein Gefühl auswählt und kommuniziert. Alles, was dort aufgezeigt wird, gilt auch für Verpackungen. Aber man sollte die Verpackungen dennoch speziell behandeln. Die nachfolgenden Abschnitte enthalten einige gute Anregungen, die Sie berücksichtigen sollten.

Verwenden Sie menschliche Gesichter und Formen

 Wir Menschen können sehr gut Emotionen aus der Mimik, aus Körperposen und anderen nonverbalen Gesten ablesen. Und wir verfügen über die natürliche Neigung, Emotionen, die wir bei anderen sehen, nachzufühlen. Dennoch erscheinen Menschen selten auf Verpackungen. Wenn dies geschieht, haben Sie neutrale, nicht-emotionale Gesichtsausdrücke und Gesten.

 Betty Croker, das fiktive Gesicht der General-Mills-Produktreihe, wurde im Laufe der Zeit zahlreiche Male neu gezeichnet – aber niemals mit starken Emotionen. Sie lächelt ein wenig, schaut gelangweilt und desinteressiert die eigenen Produkte an. Bislang ist ihr Gesicht wirksam im Produktverkauf, weil es dem Konsumenten einfach ein menschliches Gesicht präsentiert. Was würde geschehen, wenn General Mills beschließen würde, den Gesichtsausdruck und die Gesten zu verändern, um für jedes Produkt ein angemessenes Gefühl zu schaffen? Zum Beispiel auf einer Schokoladenbackmischung für eine Feierlichkeit eine glückliche Ausstrahlung – vielleicht akzentuiert durch das Leuchten von Geburtstagskerzen. Aber ein sorgsamer, mütterlicher Ausdruck mit leicht nach vorne gebeugter Geste (als würde man ein Kind umarmen wollen) wäre besser für eine Muffinmischung. Sie verstehen, was ich meine?

Das menschliche Gesicht ist so ausdrucksvoll, daß es der vorrangige Weg geworden ist, über den die Menschen die meisten Gefühle vermitteln. Warum sollte man also keine menschlichen Gesichter auf Produkten abbilden, um Gefühle hervorzurufen? Ja, ich weiß, das macht keiner, aber gerade das ist ja das Gute. Wenn Konsumenten aus einer Reihe von Packungen mit Text oder solchen mit einem Gesicht drauf wählen könnten, welche würden wohl länger betrachtet?

 Und falls Sie mir nicht glauben, fragen Sie die Leute beim Softwareunternehmen JIAN, die dieses Prinzip bei ihren Produkten erfolgreich anwenden. Jedes dieser Produkte ist auf der Verpackungsvorderseite und in allen Anzeigen mit dem Gesicht eines Models kombiniert. Diese Gesichter symbolisieren die Produkte, und auf der emotionalen Ebene werden sie zu den Produkten. Zum Beispiel der Mann auf der Hülle der Software für erfolgreiche Geschäftsplanung strahlt Selbstsicherheit und Kompetenz aus. Er hat gräuliches Haar, sieht aber dennoch jugendlich aus. Seine Augen vermitteln einen Hauch von Inspiration, aber sein leichtes Lächeln drückt aus, daß er auch eine ernste, sorgsame Seite hat. Er ist ein perfekter Unternehmer, die Art Mann, dem die Banken und Investoren gerne Geld leihen. Und Sie wissen, wenn Sie die Verpackung ansehen, daß er die gleichen emotionalen Qualitäten in Ihren Geschäftsplan einfließen läßt. Ist das der Grund, weshalb das Produkt in den USA ein Bestseller ist?

Verwenden Sie Gefühlssymbole wie die Maler

Künstler kämpfen ebenfalls mit dem Problem, daß sie durch Gefühle etwas vermitteln möchten. Häufig machen sie das besser als Verpackungsdesigner. Aber wie? Nach Meinung des Künstlers und Lehrers Nigel Holmes besteht der Trick darin, »das Symbol so einfach wie möglich zu gestalten, aber den Gefühlen freien Lauf zu lassen«. Künstler verwenden Symbole, um ihre Gefühle darzustellen. Helle Farben oder Zickzack-Linien symbolisieren Aufregung, horizontale Linien und neutrale Farben symbolisieren Ruhe. Dunkle Farben, schwere Linien und Monumentales stehen für Stärke. Leichte Töne und dünne Linien symbolisieren Feinheit. Und viele andere Emotionen werden dadurch ausgelöst, daß Situationen gezeigt werden, die diese

Gefühle im alltäglichen Leben hervorrufen. Das Bild eines Paares, das ein Ehegelöbnis spricht, ist voller Emotionen. Und sie sind ganz anders als die Empfindungen beim Anblick einer großen häßlichen Spinne. Oder der Kuppel einer Kathedrale. Oder eines Kindes, das seine Mutter umarmt. Oder eines rostigen, alten Autos, das in einem Feld steht. Oder des letzten Blattes, das von einem herbstlichen Baum fällt. Bilder wie diese können starke emotionale Reaktionen hervorrufen. Aber man sieht diesen künstlerischen Ansatz sehr selten auf Verpackungen.

Was wäre, wenn van Gogh Ihre Verpackung gestaltet hätte? Ich wette, Sie wäre so emotional geladen, daß der Käufer unfähig wäre, die in der Nähe stehenden Produkte zu betrachten.

Sollten Emotionen oder Informationen Ihr Design dominieren?

Die abschließende Frage ist, ob Emotionen oder Informationen das dominante Merkmal Ihres Produktes ausmachen sollen. Sie können sich nur auf eine der beiden konzentrieren. (Jedenfalls in der Theorie; ich bin allerdings sicher, daß sich *einige* Ausnahmen finden lassen.)

 Die SnackWell-Verpackung hebt den emotionalen Appeal an den guten Geschmack und die Gesundheit hervor. Sie weckt ein Gefühl von Gesundheit, das weitgehend durch den Namen und die frische grüne Farbe der Packung bewirkt wird. Eine Alternative wäre die Verwendung einer Tabelle, eines Textes oder eines Balkendiagramms, um die Informationen zu vermitteln, daß die SnackWells-Produkte weniger Fett enthalten als andere Kekse und dennoch laut Kundentests gut schmecken. Solch eine informationslastige Verpackung würde der Marke nicht guttun, da die meisten Kekskäufe impulsiv und eher auf Emotionen gestützt als aufgrund rationaler Analysen getätigt werden.

Aber informationsgestützte Verpackungen sind geeignet für Schraubenschachteln in einem Eisenwarengeschäft. Der Konsument trifft eine geplante Kaufentscheidung für dieses Produkt und orientiert sich in der Regel an einer Reihe von Merkmalen, von der Größe bis zum Material, die auf der Verpackung angegeben werden müssen.

In anderen Produktkategorien kann man jeden der beiden Ansätze verwenden – Sie müssen selbst entscheiden, welche Lösung für Ihre Situation am besten ist. Zum Beispiel gibt es Anlageberatungs- und Investitionsprodukte, die mit vielen Fakten über Ihre Anwendung verkauft und verpackt werden, wohingegen andere an Emotionen appellieren. Ich bin sicher, daß Sie für beide Möglichkeiten Beispiele finden.

Workability – Funktionalität

Welche Aufgabe kann die Verpackung übernehmen? Erfüllt die Verpackung irgendwelche hilfreichen Funktionen für den Konsumenten oder für die Marketingleute? In den meisten Fällen hat die Verpackung einen funktionalen Aspekt, und so sind Ihre Überlegungen nicht abgeschlossen, bevor Sie nicht darüber nachgedacht haben, welche Funktionen Ihre Verpackung übernimmt.

Funktionen, die die Verpackung/das Etikett erfüllen muß

Nachfolgend sind die Schlüsselaufgaben aufgelistet, die eine Verpackung erfüllen sollte:

✔ den Inhalt schützen

✔ leicht lagerbare und präsentierbare Inhalte für den Marketingmensch

✔ leicht tragbare und lagerbare Inhalte für den Konsumenten

✔ Inhalte müssen vom Konsumenten leicht genutzt werden können

✔ leichte Verwertung und leichtes Recycling für den Konsumenten.

Egal wie etabliert und gut entwickelt Ihre Verpackung in Ihrem Marktsegment ist, ich versichere Ihnen, Sie können Wege finden, sie zu verbessern. Es gibt immer Raum für Innovationen. Sie glauben mir nicht? Dann denken Sie nach, wie sich die Verpackungen im Laufe der Zeit verändert haben! Neue Materialien, neue Formen und Größen, neue Deckel oder Verschlüsse, Verwendung von recyclebaren Materialien, tropffreie Flaschen, neue Etikettenmaterialien und Klebstoffe, kostensparende Verpackungsprozesse und -materialien usw. Wenn nun die Menschen es in der Vergangenheit geschafft haben, die Funktion, die die Verpackung übernimmt, zu verbessern, so ist es auch in Zukunft möglich – folglich ist es besser, derjenige zu sein, der die Innovationen einführt, als einer der vielen, der Sie kopieren muß.

Funktionen, die die Verpackung/das Etikett nicht erfüllen müssen

Bei Ihren Überlegungen sollten Sie auch darüber nachdenken, was Ihre Verpackung nicht tun sollte. Dieser Aspekt wird häufig von den Marketingleuten außer acht gelassen, aber niemals von den Konsumenten. Wann haben Sie das letzte Mal eine teure Frucht gekauft und dann festgestellt, daß der Aufkleber nicht abgeht? Wie war das, als Sie letztlich ein Kinderspielzeug in einer durchsichtigen Plastikschachtel gekauft haben und feststellen mußten, daß das Plastik mit Schere und Messer nicht zu verwüsten war? Ich zum Beispiel habe mir in den Finger geschnitten, als ich versucht habe, ein Modellauto für eines meiner Kinder zu öffnen. Und falls das noch nicht schlimm genug ist, meine beiden anderen Kinder warten darauf, daß ich ihre auch auspacke. Erinnern Sie mich bitte daran, wenn ich das nächste Mal Geschenke kaufe, solche Verpackungen zu meiden! Dann gibt es noch die rostigen Dosen, die die Malerfirma nach dem Anstrich meines Hauses zurückgelassen hat. Die Stadt will sie nicht mit meinem Müll entsorgen, da sie als Sondermüll klassifiziert sind. Wahrscheinlich werde ich diese Verpackungen noch besitzen, wenn die Farbe bereits vom Haus abblättert – sie werden mich daran erinnern, mit diesem Maler keine Geschäfte mehr zu machen.

Um negative Erfahrungen Ihrer Konsumenten zu vermeiden, achten Sie darauf, daß Ihre Verpackungen und Etiketten die folgenden Kriterien nicht erfüllen:

✔ Hinterlassen sie einen Rückstand auf dem Produkt? (Das ist der häufigste Fehler; beachten Sie, daß viele Kleber, die nur kurzzeitig halten sollen, über Monate in Lagern liegen und fest werden.)

✔ Erschweren Sie dem Konsumenten den Zugang zu Ihrem Produkt, oder ist die Verpackung gefährlich?

✔ Lassen Sie den Konsumenten mit Verpackungen, die schwer zu entsorgen oder recyclen sind, alleine?

✔ Lassen Sie den Konsument allein mit Abfällen, die ihn oder seine Kinder gefährden (inklusive Atem schädigendem und feuergefährlichem Risikomüll)?

✔ Präsentieren Sie Ihre Produktidentität/Ihr Markenimage in unattraktiver Weise auf weggeworfenem Verpackungsmüll? (Falls Ihre Kartons in den Garagen der Kunden verrotten oder auf den Bundesstraßen enden, dann ist das sehr negative Werbung für Sie.)

 McDonald's bekämpft dieses Problem durch biologisch abbaubare Verpackungen und Mülleimer vor den Restaurants. Nichts ist unappetitlicher als dreckige McDonald's-Verpackungen auf dem Bürgersteig!

✔ Verheimlichen Sie ansprechende Aspekte Ihres Produkts?

 3M verpackt seine Post-It-Zettel in eine einfache durchsichtige Cellophanfolie, nur mit dem aufgedruckten Markennamen auf der Vorderseite, so daß der Kunde das Produkt buchstabengetreu vor sich sieht, nach dem er im Regal sucht. Falls die Verpackung das Produkt ist, muß auch das Produkt die Verpackung sein können.

 Zusätzlich sollte die Verpackung niemals die *Sicht auf das Produkt* selbst versperren. Für die Leser, die nicht genau wissen, was ich damit meine, gebe ich nun ein Beispiel: Vor einigen Jahren habe ich festgestellt, daß Geschäftsleute Hilfe brauchten, um die radikalen Veränderungen in ihrem Industrie- oder Geschäftszweig zu bewältigen. Sie mußten lernen, was die Experten unter *Veränderungen des Managements* verstehen. Als Berater, Trainer und Autor wollte ich dieses Bedürfnis erfüllen. Ich wußte, daß ich nicht genug Wissen über diesen Themenbereich hatte, daher lud ich führende Leute aus der Praxis zu einer Konferenz ein. Es sollte die Konferenz über Managementveränderung sein, die ich selbst organisieren und vermarkten wollte. Aber als ich mich an die Arbeit machte, mußte ich feststellen, daß es unmöglich war, all diese Experten an einem Ort und zu einem Zeitpunkt zusammenzurufen, ganz abgesehen von den hilfsbedürftigen Geschäftsleuten. Mein Plan konnte so nicht funktionieren. Als ich einen Artikel über virtuelle Geschäfte las, kam mir die Idee, eine virtuelle Konferenz zu veranstalten. Das bedeutete, nur die Verpackung meines Produktes zu verändern! Anstatt die Weisheiten der Experten in einer Live-Konferenz zu vermitteln, erhielt ich nun ihre schriftlichen Präsentationen und machte daraus eine Veröffentlichung, die ich »The Portable Conference on Change Management« (»Die tragbare Konferenz zum Veränderungsmanagement«) genannt habe. Das Produkt ist nun in einem roten Ringhefter verpackt und wird durch einen Postdirektverlag vertrieben, aber es ist immer noch das gleiche Produkt, nur in einer anderen Verpackung.

 ## Den Verpackungsdesigns auf der Spur

In der heutigen Geschäftswelt können Sie leicht die Kontrolle über Ihre Verpackungsdesigns verlieren. Dutzende oder gar Hunderte Varianten können zum gleichen Zeitpunkt existieren oder häufen sich im Laufe der Zeit an. Wenn Sie über die nationalen Grenzen hinaus vermarkten möchten, müssen Sie die gesetzlichen und kulturellen Ansprüche der jeweiligen Nation erfüllen, so daß Sie meistens neue Verpackungen entwickeln müssen. Der Papierkram kann so entmutigend sein, daß Marketingleute die Kontrolle über Ihre Verpackungsdesigns verlieren. Die Markenidentität wird auf einigen Verpackungen oder in einigen Ländern falsch repräsentiert. Die Marketingleute einer Geschäftsstelle machen noch einmal die Arbeit, die sie eigentlich von einer anderen Niederlassung fertig übernehmen könnten. Das Problem wird noch dramatischer, wenn Sie – wie es heute häufig der Fall ist –in einem globalen Netz von Vertragspartnern stehen, die kämpfen müssen, um sich die Verpackungs- und Warenzeichenregelungen Ihres Unternehmens anzueignen. Das Chaos ist weiter verbreitet, als es die meisten Marketingleute zugeben möchten!

Eine Softwarelösung scheint hier das Chaos um die Verpackung beseitigen zu können und bietet zahlreiche Möglichkeiten für verschiedene Formen der Zusammenarbeit. Die neuen Softwareprodukte speichern digitale Bilder der Verpackungen und machen sie jedem im Netzwerk permanent zugänglich. Sie liefern außerdem digitale Schablonen von Markenkennzeichnungen für den Gebrauch vor Ort, Kassetten mit Werbefilmen, die auf der ganzen Welt verwendet werden, und sie können für die zentrale Überprüfung von weit verstreuten Verpackungsdesign-Entscheidungen eingesetzt werden. Das führende System heißt *IdentiLink* und wurde von der Coleman Group (in New York, Telefon: 001/212-421-9030) entwickelt. Nestlè verwendet das *IdentiLink*, um Marketingstrategien für seine mehr als 8.000 Marken in 13 Niederlassungen auf der ganzen Welt zu verfolgen. Ich denke, man kann daher mit gutem Gewissen sagen, daß diese Software wahrscheinlich auch Ihre Probleme in den Griff bekommen kann.

Während groß angelegte Anwendungsprogramme wie *IdentiLink* sehr teuer sind, haben Produkte wie Lotus Notes genügend Kapazität, um die Arbeit für kleinere Firmen zu erleichtern, wenn sie mit Scannern, Bilddatenbanken und viel Platz für Bildspeicher ausgerüstet sind.

Ähnliche Umwandlungen können in fast jeder Produktkategorie durchgeführt werden, wenn Sie nur noch einmal über die Verpackung nachdenken. Backpulver wird in einer größeren Packung zu Hausreiniger und in einer Tube zu Zahnpasta. Bücher können zu Internet-Web-Sites werden. Papiertücher in einer rechteckigen Schachtel werden für das Gesicht verwendet, die auf einer Rolle für andere Zwecke. Kennen Sie eine weitere Verpackung, die ihnen eine dritte Funktion verleiht? Wie wäre es in einem kleinen Umschlag als Brillenreinigungstuch? Oder als Pad, um die Glasscheibe des Computermonitors zu reinigen? Oder auf einer kleinen Rolle in einem weißen Behälter mit rotem Kreuz, der sich im Bad befindet und die Erste-

Hilfe-Utensilien bereithält? All das besteht aus dem gleichen Basispapierprodukt, aber Sie können daraus neue Produkte entwickeln, genauso schnell, wie Ihnen neue Verpackungen einfallen.

Dieses Spiel ist im Marketing sehr wichtig. Nehmen Sie zum Beispiel die Wiederverpackung von Lebensmitteln. Das gleiche Produkt wird zu einem anderen, wenn es frisch, gefroren, gefriergetrocknet, in Dosen oder in Schachteln ist. Das gilt für alle Produktkategorien – glauben Sie mir! Informationen können in vielen verschiedenen Arten verpackt und wiederverpackt werden und es entstehen neue Produkte. Das gilt auch für die Anweisung eines Arztes oder Geldanlageberaters. Die einzige Begrenzung ist Ihre Vorstellungskraft für Verpackungen!

Gesetzesbestimmungen für Etiketten und Verpackungen

Es macht keinen Unterschied, ob Sie Ihre Verpackung selbst gestalten oder den Auftrag einem Vertragspartner zukommen lassen, Sie müssen die Gesetze beachten. Sie sollten besser mehr tun, als nur die Gesetze zu befolgen, Sie müssen sicher im Umgang mit den öffentlichen Bestimmungen sein, damit Ihre Verpackung keine legale oder ethische Zeitbombe ist. Wenn Sie die anderen Kapitel auch gelesen haben, wissen Sie, daß es schwer ist, diese Sicherheit zu erreichen, denn die Marketinggesetzgebung ist komplex und kann ganz verschieden ausgelegt werden. Jeder, der es sich leisten kann, engagiert einen Anwalt mit dem nötigen Fachwissen. Diejenigen, die denken, sie könnten es sich nicht erlauben, stellen oft fest, daß sie es sich nicht leisten können, es *nicht* zu tun!

Die Ausnahme zu dieser Regel tritt ein, falls es eine gibt, wenn Sie innerhalb sicherer Standards der Praxis arbeiten, z.B. wenn Sie ein Etikett für ein Produkt überarbeiten, das bereits von Experten begutachtet worden und seit einiger Zeit auf dem Markt erhältlich ist, ohne in Konflikt mit Gesetzen zu geraten. Oder wenn Sie möglicherweise eine Verpackung oder ein Produkt einführen, das in vielerlei Hinsicht den bereits verkauften Ihres Industriezweigs ähnelt. In diesen Fällen ist die allgemeine Handelspraxis ausreichend und eine komplette rechtliche Analyse überflüssig. Vielleicht aber auch nicht – das werden Sie erst später herausfinden. Das ist das Problem mit den öffentlichen Bestimmungen.

Gleichgültig jedenfalls, ob Sie zu einem Experten gehen oder sich auf Ihr eigenes Urteil verlassen – Sie sollten die wichtigsten Gesetzesbestimmungen kennen, die für Ihre Bemühungen relevant sind. Die nachfolgenden Abschnitte liefern Ihnen einen kurzen Überblick über die Verpackungsgesetzgebung.

Verbraucherschutz & Co.

Der Zweck des Gesetzeskanons – aus Lebensmittel- und Bedarfsgegenständegesetz (LMBG) inklusive Kennzeichnungsverordnung und Fertigpackungsverordnung, Arzneimittelgesetz, Eichgesetz (EichG), sowie Ausstattungs- und Geschmacksmustergesetz – ist es, dem Kunden genaue Informationen über den Inhalt und die Qualität des verpackten Produktes zu geben (ähnliche Gesetze gibt es bezüglich des Verpackungsdesigns in vielen anderen Ländern). In der Theorie zumindest soll dies letztlich den Vergleich zwischen konkurrierenden Produkten erleichtern. (Ist das bei Ihnen der Fall?) Die Gesetzgebung betrifft diejenigen, die Güter über die regionalen Grenzen hinaus verkaufen, deshalb muß der Marketingmensch und nicht der Einzelhändler gewährleisten, daß die Verpackung mit den Gesetzen übereinstimmt.

Damit dies der Fall ist, muß die Verpackung klare Informationen zu den folgenden Punkte ausweisen:

✔ Verpackungsgröße

✔ Verkaufpreise oder Hinweise (Beachten Sie, daß der Handel den Verkaufspreis bestimmt.)

✔ Angabe über die Inhaltsstoffe

✔ Angaben über Polsterung oder Luftfüllung in der Verpackung

✔ Verpackungsgrößen-Standards

Ich werde hier keine detaillierten Informationen auflisten, die eine Verpackung erfüllen muß, um diesen Anforderungen gerecht zu werden, weil dies Dutzende Seiten in Anspruch nehmen würde. Teilweise resultiert die Komplexität aus der Tatsache, daß die Verpackungsgesetzgebung im Laufe der Zeit an viele verschiedene Situationen angepaßt und ausgearbeitet wurde. Ihre Verpackung wird auch von einer Menge Bestimmungen betroffen sein, die für andere Verpackungen nicht gelten.

Wer reguliert Ihre Verpackung?

Sie können mehr über Ihren eigenen Fall herausfinden, wenn Sie den richtigen Ansprechpartner kontaktieren: einen Anwalt oder einen Verpackungsexperten aus Ihrer Produktkategorie. Wenn Sie Lebensmittel, Arzneimittel, medizinische Geräte oder Kosmetika verpacken, ist das Bundesgesundheitsministerium einer Ihrer wichtigsten Ansprechpartner. Verpacken Sie andere Arten von Konsumgütern, dann ist das Bundeswirtschaftsministerium zuständig. Wenden Sie sich an die entsprechenden Regierungsstellen, und Sie erhalten innerhalb einiger Wochen hilfreiche Veröffentlichungen und Richtlinien. (Für Europa gilt: Beachten Sie, daß Sie mit der EU-Gesetzgebung und den Ländergesetzen konform sind.)

Zusätzlich werden gefährliche Substanzen durch spezielle Gesetze geregelt, wie z.B. das Gefahrenschutzgesetz oder das Chemikaliengesetz. Hier werden einzelne Informationspunkte spezifiziert, die auf Ihrem Etikett erscheinen müssen, angefangen damit, ob auf der Packung z.B. »Gefahr«, »Warnung« oder »Giftig« stehen muß bis zu gegebenenfalls erforderlichen Erste-Hilfe-Maßnahmen. Falls letzteres zutrifft, wenden Sie sich an einen Experten!

Eine ideale gesetzeskonforme Checkliste für Verpacker

 Ich versuche nun, die häufigsten Schlüsselbestimmungen zusammenzufassen, obwohl es kaum möglich ist, die Regelungen über Verpackung und Etikettierung zu vereinfachen, ohne daß wichtige Informationen verlorengehen. Die folgende Liste sollte von Marketingleuten für alle abgepackten Konsumgüter beachtet werden (auch von Zwischenhändlern). Natürlich ist die Liste nicht vollständig – ich versichere Ihnen aber, daß Sie, wenn Sie einen oder mehrere Punkte dieser Liste nicht beachten, in Schwierigkeiten geraten werden! Es ist am besten, wenn Sie die Liste hinsichtlich möglicher Probleme und Fragen mit einem Experten durchsprechen. Falls Sie alleine zurecht kommen müssen, vergewissern Sie sich, welche Bestimmungen Ihre Verpackung betreffen, und verwenden Sie die Liste dann als Richtschnur, um die wichtigsten gesetzlichen Bestimmungen zu befolgen.

Die Verpackung und ihr(e) Etikett(en) müssen folgendes erfüllen:

❏ Produkt klar identifizieren

❏ Name und Adresse des Herstellers, Verpackers oder Vertreibers angeben

❏ gesetzlich geregelte Nettomengen des Inhalts

❏ genaue Identifikation des Inhalts, in der richtigen Form und mit allgemeinen Bezeichnungen und Abkürzungen

❏ Name und Warenzeichen müssen mit gesetzlichen Anforderungen in diesen Bereichen übereinstimmen und noch nicht von einem anderen Unternehmen eingetragen worden sein.

❏ Übereinstimmung mit den Vorschriften bezüglich der Verkaufsförderung (Sie regeln den Gebrauch von Wörtern wie »Preisvorteil«, »Sparpaket« und »Einführungsangebot« auf Verpackungen. Fragen Sie nach weiteren Details!)

❏ Übereinstimmung mit den Garantiebestimmungen, falls es welche für das Produkt gibt

❏ Übereinstimmung mit branchen- und produktspezifischen Gesetzen (Hier ist eine lückenhafte Liste: Jede gefährliche Substanz, alles aus dem Bereich Kosmetik, Lebensmittel, Arzneimittel, medizinische Geräte, Kinderschlafanzüge, Textilien, Pelze, Brillen, Fernsehgeräte, Radios, Stereoanlagen, Batterien, Hausisolierungen, Schlafsäcke, Haus- und Privatschulen, Investmentprodukte und -dienstleistungen sowie Ausziehleitern unterliegen alle besonderen Bestimmungen.)

❏ Fügen Sie eine Rechnung bei oder reichen Sie sie bei der Lieferung ein. (Die Rechnung muß ebenfalls eine bestimmte anerkannte Form aufweisen.)

Führen Sie gut Buch!

 Verpackungsgesetze und die Vernunft verlangen, daß Sie übersichtliche Aufzeichnungen über Ihre Verpackungsdesigns machen. Bewahren Sie Beispiele von all Ihren Verpackungen und Etiketten auf, und dokumentieren Sie Ihre Analysen und die Aufzeichnungen von den Gesprächen mit Anwälten und Experten. Behalten Sie außerdem Designs und Hinweise der Firmen, die Sie mit der Entwicklung eines Etiketts und einer Verpackung beauftragt haben. Wenn Sie der allgemeinen Praxis in Ihrem Industriezweig folgen, dann heben Sie Verpackungen Ihrer Konkurrenten auf, um später beweisen können, daß Sie nur nach den allgemeinen Regeln gehandelt haben. Haben Sie Ihre Arbeit sorgfältig erledigt und bei der Regierung, Ihren Anwälten und Industrieexperten nachgefragt, dann werden diese hoffentlich einen Teil der Verantwortung übernehmen; sollte dennoch etwas schiefgehen, schauen Sie in Ihren Aufzeichnungen nach, um den Fehler zu finden.

Vertrieb, Einzelhandel und Point of Purchase (POP)

16

In diesem Kapitel

▶ Weshalb Sie an der Spitze von Vertriebstrends bleiben müssen

▶ Informationsquellen über Vertriebswege und deren Mitglieder

▶ Überlegungen zur Gestaltung von Marketingkanälen

▶ Einzelhandelstheorie und -praxis

▶ Anreize und Displays im POP

S tellen Sie sich vor, Sie gehen in ein Autohaus und kaufen das Auto, das Sie immer schon gerne gehabt hätten, nicht so ein Massenprodukt oder eines, das man auch bei anderen Händlern kaufen könnte. Sie können sich das Auto so zusammenstellen, wie Sie es wirklich möchten, in Ihrer Lieblingsfarbe und mit allen Extras, die Sie gerne hätten oder auch nicht. Mit anderen Worten, Sie können das Auto kaufen, das Sie wirklich gerne kaufen, und nicht das, was verkauft werden soll. Schließlich ist ein Auto wahrscheinlich der größte Kauf, den Sie in einem Jahr tätigen werden. Sie sollten daher in der Lage sein, das Auto zu kaufen, das Ihren Ansprüchen gerecht wird, stimmt's?

Nun, das ist unmöglich. Jedenfalls zur Zeit. Das liegt daran, daß die Vertriebsmethode für ein Auto vom Hersteller zum Kunden ein solch großes Angebot nicht zuläßt. Dies, wie andere Marketingprobleme auch, stellt sich als großes Vertriebsproblem dar. Wenn Kunden mit der Produktauswahl oder dem Service unzufrieden sind, liegt die Lösung häufig eher im Vertriebsweg und seinem Aufbau als im Produkt und seinem Service. Und wenn Marketingleute mit dem Marktanteil oder den Verkaufszahlen nicht zufrieden sind, kann dem am ehesten mit einer besseren Vertriebsstruktur als mit einer neuen Werbekampagne oder verstärkter Verkaufsförderung abgeholfen werden. Der Vertrieb ist das Nadelöhr zwischen dem Marketingmenschen und dem Kunden und häufig hemmt er latent die Leistung.

 Daher baut General Motors (GM) große regionale Vertriebszentren in den ganzen Vereinigten Staaten. Der Centerbestand enthält alle GM-Marken und bringt eine große Auswahl näher an Händler und Kunden. Die Center sind so angelegt, daß die Lieferung aller Fahrzeugtypen noch am selben Tag aus dem Lager möglich ist. Wird diese Innovation im Vertriebssystem von GM die Kundenzufriedenheit und Verkaufszahlen steigen lassen? Ich denke schon, weil eine GM-Marktanalyse erwiesen hat, daß 35 Prozent der Autokunden nicht das Auto finden, das sie suchen, wenn sie zu konventionellen Händlern gehen, und dann einen Kompromiß eingehen müssen. Die Kunden werden mit dem neuen Plan zufriedener sein. Des weite-

ren hat die GM-Analyse gezeigt, daß elf Prozent der Kunden einen anderen Auto-händler aufsuchen, wenn sie nicht das gewünschte Auto finden. Daher wird der Plan ebenfalls mehr Kunden zurückkommen lassen.

Es ist faszinierend, was Vertrieb bewirken kann. Vielleicht sollten Sie sorgfältig darüber nach-denken, wie Ihr Unternehmen seine Produkte vertreibt.

Finden und nutzen Sie Vertriebstrends

Auf den ersten Blick scheinen Vertriebswege (der Pfad zwischen Hersteller und Konsument) sehr statisch. Aber das täuscht. In Wirklichkeit unterliegt jeder Vertriebsweg Veränderungen, auch wenn sie lange Zeit benötigen, bis sie vollzogen sind. Auf einigen Wegen gibt es mehr Zwischenstationen (Unternehmen, die dem Hersteller helfen, ihn mit dem Kunden zu verbin-den), um neue Serviceleistungen anzubieten. In anderen Fällen werden sie eingespart, und der Hersteller sucht neue Wege, schneller an den Händler zu kommen. Oder er entwickelt gar eine eigene direkte Marketingverbindung zum Endverbraucher (siehe Kapitel 18 zum Direkt-marketing, falls Sie das auch so machen möchten). Auf wiederum anderen Wegen wird ein Händler oder Vertriebspartner durch einen anderen ersetzt. Wenn Sie diese Veränderungen durchschauen, werden Sie in der Lage sein, sie vorwegzunehmen. Wenn nicht, werden die Veränderungen Sie überrollen. Auch wenn die Veränderungen lange Zeit brauchen, eine Mo-difizierung des Vertriebs ist sehr wirkungsvoll. Und Sie wollen doch nicht, daß eine Dampf-walze Ihre Marketing-Strategie überrollt!

Lassen Sie mich einige Beispiele nennen, damit Sie meine Warnung ernst nehmen:

✔ In der Schreibwaren- und Büromaterialbranche sind unabhängige Händler durch Händ-lerketten ersetzt worden. Mehr noch, die Ketten kaufen direkt beim Hersteller und schneiden so den traditionellen Vertrieb ab.

✔ Auf dem US-Markt für Süßbackwaren ($ 16 Milliarden Jahresumsatz laut Find/SVP, einer Marktanalysefirma) gewinnen Bäckereiketten und solche in Supermärkten zu Lasten der unabhängigen Bäckereien. Bäckereien, die direkt an den Kunden verkaufen, wachsen schnell auf Kosten derer, die Waren anderer Bäckereien im Einzelhandel verkaufen – und zum Nachteil der Hersteller und Vertreiber, die sie beliefern.

✔ In der US-Pflegeindustrie kämpfen mehr als tausend Krankenpflege-Anbieter um eine Posi-tion, da die neue Form der Pflegeorganisation die traditionellen Krankenhäuser, Kliniken, medizinischen Gesellschaften und Versicherungen verdrängt. *Mengen-Vorteile* (geringere Kosten für mehr Operationen) scheinen medizinische Organisationen mit umfangreiche-ren Einschreibungen zu begünstigen, deshalb wird der Konsolidierungstrend anhalten.

✔ Viele Industriezweige wie Elektromotoren-, Siegel-, Schrauben- und Maschinenwerk-zeugbranche werden globalisiert, so daß Firmen, die regional konkurrieren, nun mit Übersee-Billigproduzenten zurechtkommen müssen. Das bedeutet einen härteren Wett-kampf auf den Inlandsmärkten und auch eine größere Notwendigkeit, im Export-/Import-sektor effektiver zu sein.

Bei einer Vielzahl von Industrie- und Konsumprodukten gibt das World Wide Web den Kunden mehr Macht. Es erlaubt ihnen, Angebote aus einer großen Menge von Anbietern leichter ausfindig zu machen und zu bewerten. Dieser Trend heizt den Markt an, noch konkurrenzfähiger zu werden im Hinblick auf Qualität und Preis. Dieser Trend erlaubt es auch einigen Vermarktern, direkt über das Web zu gehen und so traditionelle Vertreiber zu ersetzen. Zum Beispiel haben Hersteller und Vertreiber von Halbleitern ihren Katalog im Web, so daß viele Kunden im Netz surfen, um das zu finden, was sie brauchen.

✔ Das Web ist nicht der einzige Weg, den Produzenten gefunden haben, um Absatzmittler auszuschalten. In den meisten Branchen wird Direktmarketing immer gebräuchlicher. So gibt es in den USA beispielsweise 12.000 Firmendirektverkaufsgeschäfte und 300 Herstellereinkaufszentren. Die Tatsache, daß Ab-Lager-Verkäufe mit Vertreibern und Händlern konkurrieren, scheint kein Abschreckungsmittel zu sein. Produzenten sind immer häufiger in der Lage, hinter dem Rücken ihrer Vertriebspartner ihre eigenen Wege aufzubauen und so mit den traditionellen Absatzmittlern in Konkurrenz zu treten.

Forschungskanäle

Falls Sie eine Branche analysieren, besteht die erste Aufgabe darin, herauszufinden, welche Spieler es auf jeder Vertriebsstufe gibt. Wie werden Produkte hergestellt und zum Kunden gebracht? Je besser Sie diesen Prozeß verstehen, um so besser können Sie Vorteile hieraus ziehen, um Ihr eigenes Vertriebsnetz zu Ihrem Vorteil und dem der Kunden aufzubauen.

Wer *stellt* Produkte *her*? Versuchen Sie, über Handelsorganisationen (Büchereien haben davon Verzeichnisse) die Hersteller in einem Industriezweig zu identifizieren. Zum Beispiel listet die Polyurethan-Hersteller-Vereinigung in Glen Ellyn, Illinois viele der großen Hersteller dieses seltenen Produktes sowie eine Anzahl der Firmen, die dieses Material verarbeiten (z.B. Firmen, die Räder für Rollerskates herstellen), in ihrem Mitgliederverzeichnis auf.

Wer *vertreibt* die Produkte? Gibt es Großhändler oder andere Absatzmittler im Vertriebsnetz? Falls ja, wer sind sie und können Sie diese finden? Branchentelefonbücher werden in jeder Region veröffentlicht (rufen Sie bei Ihrem Adreßbuchverlag an, um sie zu bestellen), und sie verweisen häufig auf die gesuchte Vermittlerkategorie in den Gelben Seiten. Sie werden auch einige hilfreiche Handelsvereinigungen und Handelsmessen finden, die sich auf den Vertrieb in bestimmten Industriebereichen spezialisiert haben. Einige Tage auf einer solchen Veranstaltung aus dem Bereich und Sie werden mehr über die entsprechende Vertriebsstruktur und die Trends wissen, als Sie erwartet haben.

Sie können sich auch an den Bundesverband des Deutschen Groß- und Außenhandels e.V. mit Fragen zu diesem Themenbereich wenden (Bonner Talweg 57, PF 1349, 53113 Bonn, Telefon: 02 28/6004-0, Fax: 02 28/26004-55). Es gibt ebenfalls unzählige Fach- und Industrieverbände, die sich in allen Bundesländern mit dem Vertrieb der verschiedenen Produkten befassen. Hier schlummern sicherlich wertvolle Informationen für Sie!

 Wer sind die *Einzelhändler*? Einzelhändler sind leichter zu finden, denn es ist ihre Aufgabe, leicht erreichbar zu sein. Sie sind in den Gelben Seiten jeder Stadt aufgelistet, die für Sie in Frage kommen. Sie haben auch ihre eigenen Handelsvereinigungen. Fragen Sie bei Vereinigungen nach umfassenden Listen (Sie erhalten diese in den entsprechenden Bereichen der meisten Büchereien). Versuchen Sie schließlich herauszufinden, wo die wichtigsten Händler eines speziellen geographischen Marktes sitzen. Alles, was Sie dazu tun müssen, ist, ein verkehrsstarkes Gebiet aufzusuchen und die bekanntesten und erfolgreichsten Händler des Gebietes zu identifizieren. (Einzelhandelsanteile werden oft durch Beobachtungsuntersuchungen ermittelt, aber Sie können auch den Marktforschungsstudien über Kaufgewohnheiten entnommen und aus diesen berechnet werden.) Rufen Sie für detailliertere Informationen den Hauptverband des deutschen Einzelhandels e.V. (HDE) erhalten (Gothaer Allee 2, 50 969 Köln, Telefon: 0221-93 655-02).

Struktur und Aufbau der Vertriebswege

Effizienz ist die treibende Kraft beim Aufbau eines Vertriebsweges. Traditionell haben sich solche Wege entwickelt, um die Transaktionen zu reduzieren, weil sie dadurch effektiver werden.

Wie Abbildung 16.1 zeigt, gibt es in einem System mit vier Herstellern und vier Kunden, die direkte Geschäfte machen, 16 (4 x 4) mögliche Transaktionen. Das ist nicht so schlecht, doch in der Praxis werden die Zahlen schnell noch höher, denn es gibt Dutzende oder Hunderte von Produzenten und Tausende oder Millionen von Kunden.

Die Zahl der Transaktionen läßt sich durch einen Zwischenhändler leicht reduzieren, weil es jetzt nur um einfache Addition statt Multiplikation geht. In dem Beispiel in Abbildung 16.1 brauchen Sie mit Hilfe eines Zwischenhändlers 8 (4 x 4) Transaktionen, um jeden der vier Kunden mit jedem der vier Hersteller zu verbinden. Jeder Kunde oder Produzent hat nur mit dem Zwischenhändler zu tun, der ihn mit allen Herstellern oder Kunden, mit denen er Geschäfte machen möchte, verbindet.

 Obwohl Zwischenhändler den Preis erhöhen, sind sie dennoch häufig nützlich, da sie die Zahl der Transaktionen beeinflussen und so die gesamten Vertriebskosten reduzieren. Fügt man eine Stufe von Zwischenhändlern in ein System ein, so wird dadurch die Anzahl der Transaktionen reduziert, die man braucht, um jeden Händler und jeden Kunden miteinander Geschäfte machen zu lassen.

Ich weiß, daß dieses Beispiel vereinfacht ist, aber es zeigt die Logik, nach der komplexere, größere Vertriebswege funktionieren. Führen Sie viele Kunden und Produzenten zusammen, verbinden Sie diese durch mehrere Zwischenhändler, vielleicht auch durch zwei oder drei weitere Ebenen von Zwischenhändlern, so erhalten Sie einen klassischen indirekten Marketingkanal. Sie verfügen wahrscheinlich über einige ähnliche Wege in Ihrem Industriezweig.

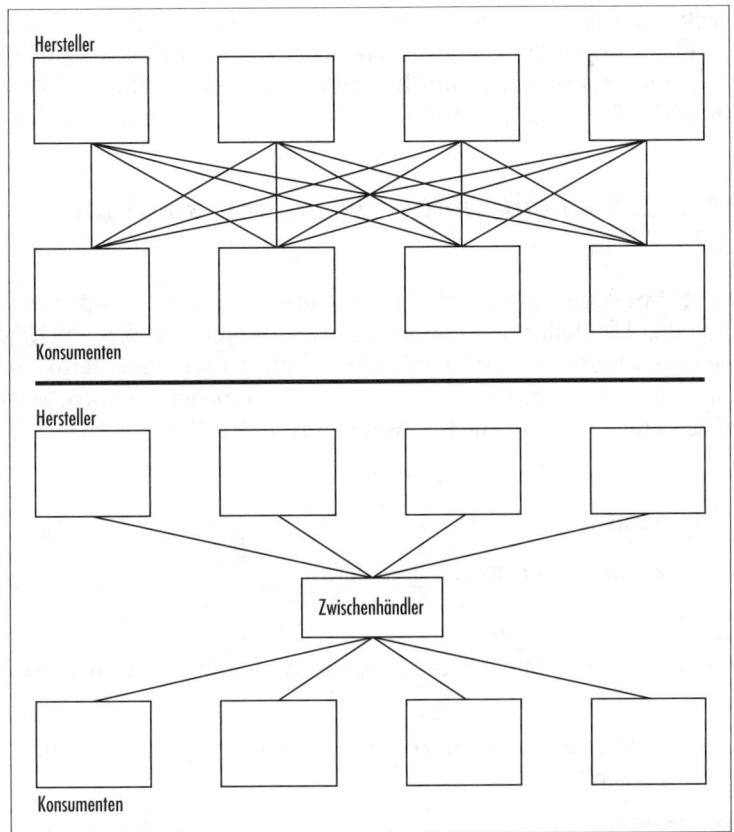

Abbildung 16.1: Verringerung der Transaktionen durch Zwischenhändler

Ich muß Sie jedoch warnen, daß ich diesen Kanälen mißtraue. Je länger und komplexer sie sind, je mehr Vermittlerarten es gibt und je öfter das Produkt von Vermittler zu Vermittler gereicht wird, desto weniger mag ich den Distributionskanal.

Ich mag diese Kanäle deshalb nicht, weil ich nicht glaube, daß sie der beste Weg sind, den Vertrieb effizienter zu machen. Ich bin der Meinung, daß ein verbessertes Transportsystem, computergestützte Verbindungen zwischen den Kanalteilnehmern (via *Electronic Data Interchange (EDI) = elektronischer Datenaustausch)*, die Einführung von Just-in-Time-Inventarsystemen, in denen Lieferanten nur das liefern, was gebraucht wird, und das Aufkommen von Technologien und Praktiken des Direktmarketing es erleichtern, ranke und schlanke Kanäle zu betreiben. Genauso wie große Firmen Ebenen zurückbilden, um effizienter zu werden, verfahren auch die großen Vertriebsketten in vielen Branchen.

In Zukunft wird Vertrieb noch einfacher und direkter sein als bisher, und die Marketingleute werden besser in der Lage sein, wesentlich mehr Kunden auf eigenen Wegen ohne Zwischenhändler zu bedienen. Allein Techniken der Datenbankverwaltung tragen erheblich dazu bei.

 Denken Sie also gut darüber nach, wie Sie näher zum Kunden kommen. Können Sie Ebenen Ihres Systems reduzieren oder eigene direkte Wege (per Post, Telefon oder Internet) aufbauen, um Ihre traditionellen indirekten Wege zu ergänzen? Vielleicht. Falls nicht, wette ich, einige Ihrer Konkurrenten können es.

Was müssen Zwischenhändler tun, damit sie ihren Anteil verdienen?

Der Hauptgrund, Ihre Wege zu vereinfachen, ist, daß jeder Zwischenhändler seinen Anteil verlangt und so den Hersteller und die Kunden Geld kostet. Für diese Mehrkosten sollten Zwischenhändler am besten eine oder mehrere wichtige Funktionen erfüllen. Tatsächlich machen sie das auch, oder man arbeitet nicht lange mit ihnen zusammen. Schauen Sie sich die verschiedenen Funktionen an, die Ihr Zwischenhändler erfüllen soll:

- ✔ Kundeneinstellungen und -wünsche erforschen

- ✔ Kaufen und verkaufen

- ✔ Großlieferungen für Wiederverkäufe aufteilen

- ✔ Preise festlegen

- ✔ Verkaufsfördernde Maßnahmen in der Einkaufsstätte/im Point-of-Purchase ergreifen und verwalten

- ✔ Werbung auf lokaler Ebene betreiben (_»Pull«-Werbung_, die Kunden in Geschäfte und andere Unternehmen lockt)

- ✔ Produkttransport

- ✔ Produktlagerung

- ✔ Käufe finanzieren

- ✔ Kunden ermitteln und einschätzen

- ✔ Kundenservice und -hilfe anbieten

- ✔ Geschäftsrisiko mittragen

- ✔ Ihre Produkte mit anderen verbinden, damit ein angemessenes Angebot präsentiert wird

Diese Liste mag sehr lang und irgendwie ernüchternd wirken, weil Sie vielleicht noch nicht bemerkt haben, wie viele Dinge Ihre Zwischenhändler für Sie tun. (Falls Sie bis jetzt noch keine Zwischenhändler haben, sollten Sie darüber nachdenken, ob diese nicht ein Teilrisiko und einige dieser Aufgaben übernehmen könnten. Wäre das nicht gut?) Tatsächlich erfüllen Zwischenhändler nützliche Funktionen, daher sollten Sie genau überlegen, ob Sie dieselbe Arbeit genauso gut auf andere Art regeln könnten, bevor Sie einen Zwischenhändler aus Ihrem Vertriebskanal streichen.

Überlegungen zu Wegstrukturen

Ja, die Zwischenhändler können mehrere nützliche Dinge für Sie tun, wie aus den vorangegangenen Listen hervorgeht. Sie müssen nur entscheiden, wer welche Aufgabe erledigen soll. Aber bei diesen Überlegungen sollten Sie die folgenden Strategiepunkte beachten. Jeder hängt davon ab, wie Sie Ihre Vertriebswege gestalten und managen.

✔ **Marktabdeckung:** Wie gut funktioniert Ihr Kanal zum Erreichen Ihrer Zielkunden? Wenn Sie es auf direktem Wege tun und dabei alles alleine machen, werden Sie nicht in der Lage sein, den Markt so abzudecken, wie Sie möchten. Durch Einfügen von nur einer Zwischenhändlerebene haben Sie gleich einige Personen oder Eisen mehr im Feuer. Wenn Sie mehrere Ebenen in Ihr System einfügen, wird der Boden des Kanals größer, so daß Sie den Markt wesentlich besser abdecken können.

Kurz gesagt, die Marktabdeckung steigt, wenn Sie mehr Ebenen und Mitglieder in Ihr Verteilungssystem einbringen. Wenn Sie Ihre Marktabdeckung erhöhen, erhöhen Sie ebenfalls Ihre Erreichbarkeit für Kunden, was wiederum Ihre Verkaufszahlen und Marktanteile wachsen läßt. Das ist unbestreitbar. So macht es manchmal mehr Sinn, einen neuen Weg zu bauen, als eine Ebene abzuschneiden. Vergewissern Sie sich nur, ob Sie wirklich mehr Marktanteile abdecken und daß dies steigende Verkaufszahlen bewirkt. Andernfalls sind diese Zwischenhändler nicht effizient.

✔ Intensitätsniveau: Es ist oft hilfreich, das Problem der Marktabdeckung im Hinblick auf *Intensität,* d.h. auf das Maß der geographischen Abdeckung des Marktes, zu überdenken. Eine konventionelle Theorie besagt, daß es drei Strategien gibt. *Eine intensive Vertriebsstrategie* versucht, jeden Kunden in Reichweite Ihres Produktes zu bringen und verwendet dazu so viele Zwischenhändler und Ebenen, wie nötig sind, um eine maximale Abdeckung zu schaffen. Diese Strategie ist geeignet für ausgereifte Märkte, wo Ihre Konkurrenten das gleiche versuchen, oder für Märkte, auf denen der Kunde aufgrund des intensiven Vertriebs eines Produktes bequeme Käufe tätigen kann. Beachten Sie, daß diese Strategie kostenintensiv und unter Umständen gar nicht nötig ist.

Die zweite Alternative ist die *selektive Vertriebsstrategie,* mit der Sie sich an die wünschenswertesten Regionen oder Mitglieder Ihres Marktes wenden. So könnte der Business-to-Business-Vermarkter zum Beispiel beschließen, auf eine Region abzuzielen, in der viele Benutzer ihrer Technologie Hauptsitze haben. Die Marketingleute von Konsumprodukten könnten etwa beschließen, in die Postleitzahlregionen oder Bundesländer zu gehen, in denen eine Vielzahl ihrer Nutzer ansässig ist.

Die dritte Alternative ist der *Exklusivvertrieb,* bei dem Sie versuchen, die Rosinen aus der Menge der Zwischenhändler und Kunden zu picken. Diese Strategie ist dort angemessen, wo Sie keine wirklichen Konkurrenten haben, und wo Sie ein besonderes Produkt anbieten, das Sie immer auf dem gleichen profitablen Niveau halten wollen. Diese Methode wird Ihren Marktanteil nicht wesentlich vergrößern, bewirkt aber maximale Profitmargen – und das ist doch nicht schlecht!

Der Exklusivvertrieb ist auch geeignet, wenn Sie ein neues Produkt, eine neue Ware oder Dienstleistung einführen. Sie finden eine begrenzte Zahl von frühen Nachahmern in jedem Markt, daher mißlingt normalerweise der breit angelegte Versuch, ein neues Produkt auf den Massenmarkt zu bringen. Beginnen Sie mit dem Exklusivvertrieb bei denjenigen Kunden, bei denen das Interesse, neue Produkte auszuprobieren, am größten ist. Arbeiten Sie dann mit selektivem Vertrieb weiter, wenn Konkurrenz aufkommt und das Produkt dem Hauptstrom folgt. Danach gehen Sie in Richtung Intensivvertrieb, wenn der Markt reift ist und Sie nicht länger versuchen müssen, Erstnutzer zu finden, sondern um Wiederkäufer kämpfen.

Die unglaublich expandierende Firma

Ronin, eine in New York City gegründete Consultingfirma unter der Leitung von drei Geschäftsführern, ist scheinbar nicht in der Lage, Großaufträge für zehn kooperierende Kunden in zehn verschiedenen Städten zur gleichen Zeit zu bewältigen. Die Firma hat keine großen Büros und kaum Personal in diesen Städten.

Dennoch hat diese Firma keine Personalprobleme, denn mit Hilfe einer Datenbank aus qualifizierten Beratern im ganzen Land und auf der ganzen Welt kann sie Projektteams für jeden Kunden bilden, egal, wo er sich befindet und welches Problem er hat.

Ronin benutzt effektiv sein Netzwerk von unabhängigen Beratern als Zwischenhändler. Sie übernehmen den Kundenservice, wenn der Bedarf wächst. Und weil Ronin diesen ungewöhnlichen Vertriebsweg eingeführt hat, ist das Unternehmen in der Lage, mit vielen größeren Firmen zu konkurrieren, ohne teures Personal und Büros in jeder Großstadt zu haben wie viele Firmen der Konkurrenz.

✔ **Geschwindigkeit auf dem Markt.** Je länger der Weg ist, desto langsamer ist der Transport vom Hersteller zum Kunden. Eine Staffelmannschaft könnte niemals einen Einzelläufer in einem Sprint besiegen. Wenn Ihre Kunden schnellere Lieferung und rascheren Service wünschen, werden Sie die Vertriebswege so zusammenschrumpfen lassen müssen, bis die Konsumenten zufrieden sind.

Denken Sie nur an den Trend zum Katalogdirektverkauf in der Textilindustrie. Konsumenten können eine Auswahl an Design und Größen aus einem großen Sortiment bekommen, und das innerhalb weniger Tage, wenn man Transporteure wie UP, OPC o.ä. nutzt, ja sogar bis zum nächsten Tag, wenn der Übernacht-Luftfracht-Service in Anspruch genommen wird. Sie glauben, daß ein Kauf in einem Kaufhaus schneller geht, weil Sie mit Ihrem Kauf hinausgehen können. Aber der vielbeschäftigte Konsument hat vielleicht tage- und wochenlang keine Zeit, in ein Geschäft zu gehen, wohingegen Nachtanrufe zu »Land's End« sofort bearbeitet werden. Sie müssen mehrere Geschäfte aufsuchen, um zu finden, wonach Sie suchen, was mehrere Tage und Mittagspausen in Anspruch nimmt. Dagegen ist es einfacher, Kataloge durchzusehen. Ein Grund, weshalb Katalogverkäufe gegenüber Einzelhandelsgeschäften gewinnen, ist, daß viele Konsumenten Katalogkäufe für die schnellere und einfachere Alternative halten.

Verkaufsstrategien und -taktiken

Wenn Sie Einzelhandelsverkauf an einer Handelsschule studieren oder einen spezialisierten Designer zu Rate ziehen, werden Sie bald *Planogramme* aus Ihren Regalen ziehen (Diagramme, wie Sie den Verkauf im Geschäft gestalten und präsentieren müssen) und *SKUs* zählen (Stock-Keeping-Units – Lagerhaltungseinheiten – eine für jedes einzelne Teil in Ihrem Lager). Vielleicht werden Sie auch die Statistiken über Verkaufszahlen analysieren, die von der Präsentation am Gangende (höherer Verkauf) gegenüber der Gangmitte (niedrigerer Verkauf) und von Displays in Augenhöhe (höherer Verkauf) gegenüber den in unteren oder oberen Regalen (niedriger Verkauf) abhängen. Großartig. Tun Sie das. Ich kann Sie nur vorwarnen, daß Sie mit dieser Methode keinen großen Verkaufserfolg erzielen werden.

Die wahren Gewinner im Verkauf sind diejenigen, die kreativ nachdenken und gut plazieren, und zwar in dieser Reihenfolge. Diese beiden wichtigen Punkte entscheiden, ob Ihr Geschäft gute oder schlechte Leistungen bringt. Ein kreativ ansprechendes Geschäftskonzept. An einem Ort, der den richtigen Verkehr anzieht, und davon viel.

Verkehr ist der Fluß von Zielkunden, der nah genug am Geschäft vorbei strömt, um von den externen Displays und der örtlichen Werbung ins Geschäft gelockt zu werden. Sie wollen viel Verkehr, ob es Fußverkehr auf einem Bürgersteig ist, Automobilverkehr auf der Straße oder Autobahn oder virtueller Verkehr auf einer Web-Site. Händler sind davon abhängig, daß Leute in ihr Geschäft gehen, fahren oder surfen. Es kommen nicht viele Kunden, wenn Sie nicht genügend ansprechen können.

 Ein alter Witz über den Einzelhandel sagt: »Es gibt drei Erfolgsgeheimnisse im Einzelhandelsgeschäft: die Lage, die Lage und die Lage.« Nicht sehr komisch, wirklich, es sei denn, Sie haben noch nie versucht, in einer schlechten Gegend ein Geschäft am Leben zu halten. Dann nämlich werden Sie sehr über diesen Witz lachen, wenn auch eher hysterisch! Suchen Sie sich Ihren Standort sorgfältig aus, und sorgen Sie dafür, daß der richtige Verkehr am Geschäft vorbeifließt. Sehen Sie die Gestaltung eines Einzelhandelsgeschäftes wie das Graben eines Teiches an. Sie würden keinen Teich ausheben, wenn nicht irgendwo fließendes Wasser in der Nähe wäre, um den Teich vollaufen zu lassen. Dennoch heben stets einige Leute ihre Einzelhandelsteiche in Wüsten und auf steilen Hügeln aus, abseits vom nahegelegenen Straßenfluß.

Sie würden kein Wasserreservoir neben einem kleinen Fluß bauen. Sie müssen Ihr Geschäft an die Stärke und Art des Verkehrs in seiner Umgebung anpassen. In meiner kleinen Stadt, Amherst, Massachusetts, haben wir im Stadtinneren einen zwei Blocks großen Einkaufsbereich. Der Bereich hat Dutzende von Geschäftsfronten und zu jeder Zeit ist eine Handvoll von ihnen zu vermieten, weil die Geschäfte wie ein Fisch ohne Wasser verdurstet sind. Die Ladenlokale stehen einige Monate leer, bis eine mutige Seele kommt und ihr Glück versucht. Manchmal ist derjenige ein glückloser Unternehmer, der als nächster scheitern wird. Manchmal ist es auch eine große Firma, die es doch besser wissen sollte (McDonald's kam und ging wieder, da nicht genügend Umsätze gemacht wurden, um das Geschäft fortzuführen).

Ich mache manchmal ein Ratespiel daraus, wer als nächster scheitern wird und wer gewinnt. Das ist wirklich nicht sehr schwer. Der Grund ist, daß es in der Stadtmitte von Amherst nicht viel Verkehr gibt. Die Stadt ist klein, und selbst mit dem großen College in der Nähe gibt es nicht genügend Leute, die die Bürgersteige bevölkern könnten.

Jeder Händler muß eine breite Masse dieses Verkehrs ansprechen oder etwas so Ansprechendes bieten, daß Leute von außerhalb in die Stadt kommen, um es zu kaufen. Diese Ansprache nennt man *Anziehungskraft,* und nur wenige Verkaufskonzepte sind so einzigartig, daß sie in der Lage wären, Verkehr über die nähere Umgebung hinaus anzuziehen. Aber einige schaffen es.

Zum Beispiel hat das Juweliergeschäft in der Stadt ein so gutes Angebot, daß es mehr Kunden anzieht als die umliegenden Läden. Und sein Besitzer stimuliert diesen Verkehr durch ein Direktversandprogramm und dadurch, daß er dem Geschäft eine einzigartige und äußerst sichtbare Erscheinung verleiht. Das Geschäft befindet sich in einem großen, verzierten, viktorianischen Haus am Stadtrand. Die Geschäftsstrategie basiert auf einem Aspekt, den der alte Witz ausläßt: das *Geschäftskonzept.* Konzept bedeutet in diesem Zusammenhang eine kreative Mischung aus Merchandising-Strategie und Atmosphäre, die Sie verwenden können, um Ihrem Geschäft eine überdurchschnittliche Zugkraft zu geben.

Merchandising-Strategien

Egal, ob Sie Waren oder Dienstleistungen verkaufen, Sie müssen über Ihre Merchandising-Strategie (zur Absatzsteigerung im Einzelhandel) nachdenken. Sie haben auf jeden Fall eine Strategie, ob Sie sie nun kennen oder nicht – und falls Sie sie nicht kennen, dann basiert Ihre Strategie auf Konventionen in Ihrer Branche und braucht wohl mal einen Tritt in den Allerwertesten, dami sie sich von diesen Konventionen abhebt. *Merchandising-Strategie* bedeutet die Auswahl und das Angebot der offerierten Produkte. Sie ist meistens die wichtigste Quelle für Wettbewerbsvor- oder -nachteile der Einzelhändler.

Ich möchte Sie ermutigen, kreativ auf Merchandising zuzugehen. Innovationen in diesem Bereich sind der Hauptgrund für Erfolge im Verkauf. Daher sollten Sie täglich über neue Merchandising-Optionen nachdenken – und die vielversprechendsten so oft wie möglich ausprobieren. Nachfolgend finden Sie einige Strategien, die Ihnen als Anregungen für Ihr Geschäft dienen sollen. Vielleicht hat sie niemand in Ihrer Branche oder Region ausprobiert, oder Sie werden neue Varianten entdecken.

Allgemeiner Merchandise-Verkauf

Diese Strategie funktioniert, weil sie ein Sortiment von Produkten beinhaltet, das sowohl breit als auch tief ist. So hat der Kunde die Möglichkeit, leicht zu finden, wonach er sucht – unabhängig davon, um welches Produkt es sich handelt. Kaufhäuser und kleine Geschäfte fallen in diese Kategorie. *Hypermärkte* sind die europäische Expansion der Lebensmittelgeschäfte mit einigen Produktlinien eines Kaufhauses. Sie sind ein Beispiel für eine allgemeine Merchandise-Strategie. In den USA sind Kmart und Wal-Mart Marktführer, weil sie eine größere Auswahl (und manchmal bessere Preise) anbieten als benachbarte Konkurrenten. Das Warenhausgeschäft (wie Home Depot oder Staples) ist auch ein Beispiel für allgemeinen Merchandise-Verkauf. Wie die Liste der Beispiele zeigt, kann diese Strategie in vielerlei Hinsicht umgesetzt werden.

Begrenzter Linienverkauf

Diese Strategie zieht Tiefe der Vielfalt vor. In New England spezialisiert sich die Lebensmittelkette Bread & Circus auf natürliche und pflanzliche Lebensmittelprodukte. Folglich kann die Kette eine wesentlich größere Auswahl in diesem Bereich anbieten als das durchschnittliche Lebensmittelgeschäft. Ebenso kann eine Bäckerei eine größere und bessere Auswahl an Backwaren anbieten, weil das alles ist, was Bäckereien verkaufen.

Der begrenzte Linienverkauf ist besonders gebräuchlich bei professionellen und persönlichen Dienstleistungen. Viele Buchführungsfirmen machen nur Kostenrechnung. Die meisten Chiropraktiker bieten nur chiropraktischen Service an. Die meisten Anwaltskanzleien beschäftigen sich nur mit den Gesetzen. Aus einigen Gründen gibt es wenige Innovationen in den Marketingservices.

Vielleicht können Sie einige ergänzende Serviceleistungen zu einer weniger beschränkten Linie zusammenfassen als Ihre Konkurrenten. Falls Ihnen das gelingt, ohne daß Qualität und Angebotsbreite darunter leiden, bieten Sie damit Ihren Kunden höhere Bequemlichkeit, und das soll Sie zum Gewinner machen.

Zusammenfassend kann festgehalten werden, daß die Begrenzte-Linien-Strategie nur sinnvoll ist, wenn dadurch der Kunde an Qualität und Auswahl gewinnt, was er an Bequemlichkeit einbüßt. Bedauerlicherweise scheitern viele spezialisierte Händler an diesem Versprechen, und sie werden leicht überrannt, wenn eine weniger begrenzte Linie in der Nähe angeboten wird. Was macht die Auswahl des örtlichen Schreibwarenladens oder Schuhgeschäftes besser als das, was Staples oder Kmart in einer bequemeren Umgebung anbietet? Wenn Sie ein kleiner Geschäftsmann sind, dann sollten Sie viele Antworten auf diese Fragen haben! Sie sollten wissen, weshalb Ihre Merchandise-Auswahl, Ihr Konzept und/oder Ihre Lage anders und besser sind als die Ihrer monströsen Mitbewerber.

Gemischtes Merchandising

Konsumenten haben vorgefaßte Meinungen darüber, welche Produktlinien und Kategorien zusammengehören. In einem Lebensmittelgeschäft nach frischen Produkten zu suchen, ist heute sinnvoll, weil getrocknete und frische Produkte von so vielen Händlern kombiniert werden. Aber vor fünfzig Jahren wäre diese Idee radikal gewesen, weil frische Produkte von spezialisierten Händlern angeboten wurden. Als Lebensmittelgeschäfte diese beiden Kategorien zu kombinieren begannen, verwendeten sie die *Mischmerchandise-Strategie*, eine, in der ungewöhnliche Produktlinien miteinander kombiniert werden. Heute werden in einem modernen Lebensmittelgeschäft Abteilungen zusammengefaßt wie Fleischabteilung, Bäckerei, Delikatessenabteilung, Meeresfrüchteabteilung und viele andere. Tankstellen werden mit Fast-Food-Restaurants und kleinen Läden mit gemischtem Sortiment kombiniert, die sowohl dem Auto als auch dem Fahrer eine kurze Pause gönnen. Diese gemischten Merchandise-Geschäfte sind heute weitgehend akzeptiert. Aber neuere Experimente wie die Einführung von Bekleidungsreihen, CafÈs oder Buchläden in Lebensmittelgeschäften sind weniger verbreitet.

 **Mischen und Zusammenstellen**

Können Sie sich die neue perfekte Geschäftskombination vorstellen? Wie wäre die Kombination von Gymnastik und Wäscherei, so daß man während der Wäsche seiner Kleidung Sport treiben kann? Oder ein »Beziehungs«-Geschäft, das den Service eines Blumenladens, eines Juweliers und eines Geschenkgeschäftes in einem anbietet, über E-Mail oder Internet zugänglich ist, Geschenkverpackungs- und Versandservice sowie computerisierte Treffen/Vorstellungen anbietet? Alles unter einem Dach, das Geschäft könnte allen dienen, die an der Schaffung und Aufrechterhaltung von persönlichen Beziehungen interessiert sind. Verstehen Sie? Neue Kombinationen herauszubringen ist nicht schwer – versuchen Sie es!

Mischen ist ein guter Weg zur Innovation. Es trifft den Kern der Kreativität, weil viele Leute Kreativität als die Suche nach unerwarteten Kombinationen von Gegenständen und Ideen ansehen. Ich hoffe, Sie werden diese Strategie ausprobieren. Aber ich warne Sie davor, diese Strategie nur zu Ihrer Entlastung als Marketingmensch anzuwenden. Viel zu oft fügen Händler eine Produktionslinie ein, weil es so einfach ist. Sie kennen jemanden in einem anderen Industriezweig, der die Linie für sie handhabt, oder sie haben die Möglichkeit, ein gescheitertes Geschäft für wenig Geld zu kaufen. Dies sind die falschen Gründe. Mischen funktioniert nur, wenn Sie es *aus der Sicht des Kunden* betrachten, bei der Suche nach neuen Kombinationsmöglichkeiten, die Kunden besonders ansprechen.

So haben verschiedene Investoren in den gesamten USA unabhängig voneinander über ein Konzept nachgedacht, wie man ein CafÈ und Internetservice in einem Geschäft kombinieren kann. Das Ergebnis ist ein normales CafÈ, wo Sie Ihren Espresso genießen können und dabei im Internet mit einem anderen Kunden online *surfen oder flirten* können. Dies ist eine neue

Kombination, die mehr als die Summe ihrer Bestandteile zusammenfaßt und dem Kunden eine unterhaltsame neue Einzelhandelserfahrung vermittelt.

Atmosphäre

Die *Atmosphäre* in einem Geschäft ist das Bild, daß es auf Grundlage seiner Dekoration und Gestaltung vermittelt. Atmosphäre ist ein abstrakter Begriff, der schwer zu beschreiben und definieren ist. Aber Sie können es *fühlen,* und wenn die Atmosphäre Wohligkeit und, Aufregung suggeriert, dann führt die Kunden dieses Gefühl in das betreffende Geschäft und bereichert ihre Kauferfahrung. Daher sollten Sie auf eine gute Atmosphäre achten.

Gute Händler beauftragen Architekten und Designer, um die richtige Atmosphäre zu schaffen, die dann viel Geld für tolle Lampen, neue Teppiche und Regale ausgeben, um ihre Pläne umzusetzen. Manchmal funktioniert dieser Versuch, aber manchmal auch nicht. Meine größte Sorge ist, daß die meisten professionellen Designer sich immer einig sind, wie ein Geschäft aussehen und welche Atmosphäre geschaffen werden muß. Das bedeutet, daß Ihr Geschäft wie jedes andere aussieht.

Ich denke, daß Sie selbst das Konzept für Ihr Geschäft entwickeln müssen. Wenn Sie glauben, ein virtueller tropischer Garten sei die richtige Atmosphäre, dann sollten Sie einige verrückte Künstler und Designer beauftragen, aus Ihrem Geschäft einen Tropenwald zu machen. Das Rainforest CafÈ hat das vor einigen Jahren so gemacht und eine phantastische Umgebung zum Einkaufen und Essen geschaffen. Ihr erstes Geschäft in der Mall of America in Minnesota war so erfolgreich, daß mehr im ganzen Land eröffnet wurden.

Vielleicht mögen Sie alte Dampfmaschinen. Gut. Machen Sie daraus ein Thema für Ihr Spielwarengeschäft oder eine Herrenboutique. Lassen Sie Modellzüge um das Geschäft fahren, hängen Sie Poster von Dampfmaschinen auf und verbinden Sie die Dampflockpfeife mit der Hintergrundmusik. Einige Leute werden es lieben, andere werden denken, Sie seien verrückt. Aber letztlich wird niemand Ihr Geschäft vergessen.

Der Grund, weshalb Atmosphäre so wichtig ist, liegt darin, daß Konsumenten mehr in Einzelhandelsgeschäften suchen als nur ein bestimmtes Produkt. In der Konsumgesellschaft ist Kaufen selbst eine wichtige Tätigkeit. Untersuchungen zeigen, daß weniger als ein Viertel der Käufer in Einkaufszentren geht, um spezielle Produkte zu suchen. Konsumenten gehen oft einkaufen, um Langeweile und Einsamkeit zu verdrängen und sich somit nicht mit ihren lästigen Pflichten und Lebensproblemen herumschlagen zu müssen. Sie suchen nach der Erfüllung ihrer Phantasien oder nur nach Unterhaltung. Falls das wirklich viele Käufer motiviert, dann sollten Sie diese Motivation berücksichtigen, wenn Sie Ihr Geschäft gestalten.

 Vielleicht ist es das Einfachste und Ehrlichste, wenn Sie Ihre Kunden mit Unterhaltung versorgen. So wie eine lustige Anzeige Leute unterhält und nebenbei deren Aufmerksamkeit lange genug fesselt, um eine Nachricht zu übermitteln, so kann auch ein Geschäft Kunden lange genug unterhalten, um ihnen sein Warenangebot vor Augen zu führen.

 Die Disney-Geschäfte verwenden diese Strategie sehr effektiv, weil Disneys Designer so viel Erfahrung mit dem Unterhaltungsgeschäft haben. So zeigen sie im hinteren Teil des Geschäftes auf einer großen Leinwand ständig einen Film. Oft kommen Käufer nur, um den Film zu sehen, was sie zweimal durch das Geschäft lockt – beim Hineingehen und beim Hinausgehen. Folglich gehen sie oft an vielen Produkten vorbei und finden so eher etwas, was sie haben möchten oder brauchen. Ich glaube nicht, daß jemand wirklich etwas aus einem Disney-Geschäft *braucht*. Aber das scheint den Verkauf nicht zu beeinträchtigen!

Preis- und Qualitätsstrategien

Einzelhandelsgeschäfte haben im allgemeinen einen bestimmten Platz in der Linie von möglichen Preis- und Qualitätskombinationen. Manche sind offensichtliche Luxusboutiquen, spezialisiert auf die feinsten Produkte zum höchsten Preis. Andere sind Mittelklasse bei ihrer Positionierung, während wieder andere den schlimmsten Kram aus Liquidationen verkaufen, und zwar so billig, daß ihn sich fast jeder leisten kann. In dieser Hinsicht hält Verkauf die alten Klassenunterschiede aufrecht, auch wenn sie im modernen Amerika und Europa nur schwer zu sehen sind.

Für Sie als Händler bedeutet diese Unterscheidung, daß die Kunden verwirrt sind, bis Sie sie genau wissen lassen, wo Sie auf der Klassenskala stehen. Gehört Ihr Geschäft zu den erstklassigen, oder ist es gehobene Mittelklasse, mittlere oder untere Mittelklasse? Sehen Sie Ihre Kunden als Angestellte oder Arbeiter?

 Nachdem Sie Ihre Entscheidung getroffen haben, wie Sie Ihr Geschäft gestalten, können Sie überlegen, welche Preisstrategie Sie verfolgen wollen. Allgemein gilt, je höher die Klasse, desto höhere Preise, die Sie verlangen können. Aber der wahre Trick ist, die *Preise niedriger als Ihr Image* anzusiedeln. So haben die Kunden das Gefühl, beste Qualität für niedrige Preise zu zahlen. Und das macht sie tatsächlich sehr glücklich!

Einzelhandelsverkäufe

Viele Händler gehen passiv an den Verkauf heran. Sie stellen ihre Produkte in die Regale, dekorieren sie und warten auf Kunden, die sie herausnehmen und zur Kasse tragen. Andere sind ein wenig aktiver. Sie haben Personal, das durch die Reihen und Flure geht und Kunden, die Hilfe brauchen, berät. Aber wenige Händler machen Nägel mit Köpfen und stellen geschultes Verkaufspersonal in die Geschäfte, um die Kunden zu beeinflussen.

Verschiedene Zahlen kursieren in der Branche, aber die ich gehört habe, besagen, daß weniger als 20 Prozent der Händler sich aktiv bemühen, Käufe abzuschließen. Wahrscheinlich weniger. Selbst die weniger aktive Strategie, Kunden zu fragen, ob sie Hilfe brauchen, wird von nur ca. 20 Prozent angewendet. In der Mehrzahl der Fälle geht niemand auf den Kunden zu.

Ich denke, das ist manchmal auch sinnvoll. Aber allgemein gilt, daß Kunden, wenn sie in ein Geschäft gehen, um etwas zu kaufen, eine bestimmte Erwartung haben. Für mich heißt das, es muß jemand vorhanden sein, der herausfindet, was die Kunden wünschen und brauchen und der ihnen hilft, es zu finden! Die Bemühung sollte vorhanden sein. Tatsächlich darf der Kunde nicht bedrängt werden, denn sonst werden weniger Leute zurückkommen, aber das Bemühen sollte nicht gering sein.

Finden Sie heraus, wonach Kunden suchen, bieten Sie Ihnen alles an, was Ihrer Meinung nach relevant sein könnte, und fragen Sie dann, ob der Kunde es gerne kaufen möchte. Der letzte Teil, die Frage, ob der Kunde kaufen möchte, ist besonders wichtig. Im Verkauf nennt man das den *Abschluß*. Wenn Sie versuchen, Käufe abzuschließen, erhöhen Sie automatisch die Verkaufsrate. Lesen Sie dazu Kapitel 17 für weitere Informationen.

 ## Zeigen Sie Interesse am Verkaufsabschluß

Heute sind Angestellte des Einzelhandels selten geschult oder ermächtigt, als Verkäufer zu handeln. Sie versuchen selten, ein Geschäft abzuschließen. Sie werden selten damit konfrontiert, dem Kunden bei der Auswahl behilflich zu sein. Teilweise liegt das daran, daß die Geschäfte zu wenig Personal haben, um soviel Zeit mit Kunden zu verbringen. Ein großer Fehler. Und teilweise gibt es das Problem, weil Geschäftsführer schlecht qualifizierte Arbeiter zu niedrigen Löhnen suchen, die dann auch nicht mit den Kunden sprechen sollen.

Ich rate Ihnen, wenn Sie im Handel tätig sind, zu einem Experiment. Lassen Sie einen Tag in der Woche mehr Personal arbeiten, und vergewissern Sie sich, daß die besten Leute als Verkäufer da sind. Vielleicht können Filialleiter diese Aufgabe für die Dauer des Experimentes übernehmen. Dann vergleichen Sie die Umsätze mit ähnlichen Tagen ohne mehr Personal und Kundenberatung. In der Mehrzahl der Fälle werden Sie feststellen, daß sich mehr Personal durch größere Umsätze bezahlt macht. Langfristig werden die Kunden Ihr Geschäft als freundlicher und serviceorientierter bewerten, und das wird Ihnen auch höhere Wiederverkaufszahlen bringen.

POP! Wie stimuliert man Käufe im Point-of-Purchase?

Point of Purchase, oder POP (Einkaufsstelle), ist der Ort, an dem sich Kunde und Produkt treffen. Das kann in den Gängen eines Geschäftes, auf einer Katalogseite oder auf dem Computermonitor sein, aber wo immer diese Begegnung stattfindet, gilt das Prinzip der POP-Werbung.

 **Mehr Spritzigkeit für Ihr POP**

Für weitere Informationen über POP, gibt es ein Verzeichnis der POP-Designer und Hersteller oder einen Kalender mit Handelsmessen und Veranstaltungen für die Industrie, das Sie bei POPAI in 1660 Street N.W., 10th Floor, Washington, DC 20036 bestellen können. Sie können POPAI telefonisch unter 001-202-293-7000, per Fax unter 001-202-530-3030 erreichen. Internet Surfer möchten Sie bestimmt via E-Mail ansprechen unter *popai @ popai.org.* Ich empfehle Ihnen auch POPAI¥s Buch *Point of Purchase Design Annual,* das Farbfotos und Hunderte von Ausstellungsplänen liefert. Schauen Sie sich die letzten Gewinner des Merchandising Preises richtig an, damit auch Sie mit Ihren POP- oder Verkaufskonzepten gewinnen. Bitte übersehen Sie nicht die Wechselbeziehung zwischen Verpakkungsdesign/Etikettierung und POP (siehe Kapitel 15) und lesen Sie auch Kapitel 10 für nähere Details über den Gebrauch und das Design von Schildern und Spannbändern.

Das Point-of-Purchase Advertising Institute ist besonders wichtig für Verkaufsdesign und verkaufsförderndes Marketing, daher sollten Sie sich die Zahlen in Tabelle 16.1 kurz ansehen:

	Supermärkte, % der Käufe	Großkaufhäuser, % der Käufe
ungeplant	60 %	53 %
Ersatz	4 %	3 %
allgemein geplant	6 %	18 %
speziell geplant	30 %	26 %

Tabelle 16.1: Art der Konsumenten-Kaufentscheidung

Einige Käufe werden außerhalb des Geschäftes geplant – 30 Prozent der Supermarktkäufe und 26 Prozent der Massenwarenkäufe fallen in diese Kategorie. In diesen Fällen treffen Kunden eine rationale Entscheidung, in welche Geschäfte sie gehen, um etwas zu kaufen. Weil sie genau wissen, was sie brauchen, können ihre Käufe nicht so sehr durch Marketing beeinflußt werden. So hilft Ihnen die richtige Produktauswahl, Lage, Atmosphäre und Preisstrategie, die Kunden für ihre geplanten Käufe in Ihr Geschäft zu locken. Die richtige Geschäftsgestaltung sowie kauffördernde Präsentationen helfen dem Kunden, einfacher und schneller zu finden, wonach er sucht. So haben Sie selbst bei den speziell geplanten Käufen einen Einfluß auf das, was passiert. Des weiteren (und das sind gute Nachrichten für Marketingleute) haben Sie einen wesentlich größeren Einfluß auf die Mehrheit der Käufe, als Sie zunächst annehmen. Alle Studien, auch die vorangegangene, aus der ich die Tabelle 16.1 entnommen habe (und auch die Statistiken sagen, daß drei Viertel aller Leute, die Einkaufszentren besuchen, keine speziellen Waren suchen), kommen zu folgendem Schluß:

Käufer sind bemerkenswert ziellos und beeinflußbar!

Die Tatsache, daß *zwischen der Hälfte und drei Viertel aller Einzelhandelskäufe ungeplant* sind, ist wirklich unglaublich. Was wurde aus der ehrwürdigen Einkaufsliste? Wie gleichen die Konsumenten ihre Konten bei so viel impulsivem Kaufen aus? Warum spazieren sie in erster Linie ziellos durch Geschäfte – haben sie keine Berufe, Familien oder Hobbys, die sie beschäftigen? Offensichtlich nicht.

Ich gebe nicht vor, die Konsumgesellschaft zu verstehen, ich schreibe nur über sie. Denn ich kann nicht erklären, weshalb sich der moderne Einzelhandelskäufer die meiste Zeit in einer Art Zombiezustand befindet; ich kann Ihnen nur versichern, daß verkaufsförderndes Marketing für alle Marketingleute von Konsumgütern und Dienstleistungen sehr wichtig ist. Egal, ob Sie ein Händler, Großhändler oder Hersteller sind, Sie müssen erkennen, daß meistens eine impulsive Entscheidung getroffen wird – entweder, um Ihr Produkt zu kaufen oder nicht. Daher sollten Sie besser alle Hebel in Bewegung setzen, damit die Entscheidung für den Kauf zu Ihren Gunsten ausfällt. Andernfalls fällt sie zugunsten des Konkurrenten, der offensichtlich mehr dafür getan hat.

Wenn »Jäger und Sammler« einkaufen gehen

Ich habe meine eigene Theorie, weshalb Konsumenten scheinbar so leicht beeinflußbar sind bei ihrer Kaufentscheidung. Meine Theorie basiert auf der Beobachtung, daß wir Menschen in der meisten Zeit unserer Evolution vom Jagen und Sammeln in natürlicher Umgebung gelebt haben. Falls Sie es noch nie versucht haben, werde ich beschreiben, wie das so ist. Sie standen auf, wenn Ihnen danach zumute war, machten Frühstück aus den Resten von gestern, ruhten sich bis zum Tagesanbruch aus und schlugen vor: »Hey, ich denke, ich gehe jetzt etwas zum Abendessen suchen.« Dann nahmen die Frauen und Kinder ihre Stöcke und Taschen, die alten Männer gingen wieder schlafen und die jungen versuchten ihr Glück mit Pfeil und Bogen bei der Jagd.

Meistens verfolgte die Jagdgesellschaft für einige Stunden Spuren und kehrte dann, wenn sie hungrig und durstig war, zurück zum Lager. Hin und wieder erlegten sie eine Antilope oder ein anderes Tier, so daß sie mit viel Fleisch zum Grillen zurückkamen.

Währenddessen sammelten die Frauen und Kinder alles das, was irgendwie reif und lecker aussah. Frische Früchte und Beeren, Körner, die zu Mehl gemahlen wurden, und Wurzeln und Pilze, die sie mit ihren Stöcken ausgruben. Manchmal fanden sie auch frische Vogel- oder Schildkröteneier oder ähnliches.

Wenn Sie sich dieses Szenario als Einkaufen ohne Kasse, die gefüllt werden muß, vorstellen, verstehen Sie die modernen Kaufgewohnheiten besser, da sie auf diesem instinktivem Futterverhalten basieren.

Diese Futtersuche läßt sich nicht spezifisch planen. Gut, Sie können ein Auge auf Beeren werfen, planen zurückzukommen und, wenn sie reif sind, sie zu pflücken – aber diese vorgeplante Art der Nahrungssuche funktioniert nur in wenigen Fällen. Meistens müssen Sie geschickt und anpassungsfähig sein, jemand, der nach dem Gefühl handelt, wenn etwas gut aussieht, der seinen Augen vertraut und mit der Nase Dinge findet. Oder Sie müssen ergiebige Orte, an denen Sie schon waren, aufsuchen. Wenn Sie nach Hause zurückkommen, packen Sie Ihre Taschen aus, untersuchen die Beute und entscheiden, was Sie zum Essen machen.

Die Daten über das Kaufverhalten machen wenig Sinn im Kontext der heutigen knappen Haushaltsbudgets, aber sie sind zutreffend für Jäger und Sammler. Mein Rat für Marketingleute ist, die Entscheidung über Produktdesign/Verpackungen, Ladengestaltung und kauffördernde Auslagen unter Berücksichtigung des Jäger-und-Sammlermodells zu treffen. Schlüpfen Sie in diese alten Konsumenteninstinkte, um ergiebige Orte auszumachen, wandern Sie dann durch diese auf der Suche nach reifen Früchten, die Sie in Ihren Sack packen können. Bieten Sie den Konsumenten genug Herausforderung, um Ihr Terrain interessant zu machen. Aber es ist leicht, dieses Spiel zu gewinnen, wenn Sie sicher sind, daß Kunden viele Dinge finden, die sie mitnehmen können. Plazieren Sie Dinge in Augenhöhe und so, daß sie leicht erreichbar sind (die Leute haben heute nicht mehr diese großen Stöcke), und gestalten Sie die Produkte so, daß sie reif und verlockend aussehen.

Oh, und noch was! Beachten Sie, daß einige Käufer im tiefen Inneren Jäger und keine Sammler sind. Das sind die Leute, die Spaß daran haben, Dinge langatmig und beharrlich zu verfolgen. Für ein Produkt streifen sie von Laden zu Laden, so daß sie in Untersuchungen unter der Rubrik »geplante Käufe« erscheinen. Aber sie kaufen selten ein Produkt, wenn sie es zum ersten Mal sehen, weil sie auf eine Gelegenheit warten, ihre Beute zu erlegen. Um diesen Jägern zu gefallen, brauchen Sie Dinge, die High Involvement verlangen und von Routinekäufen abgegrenzt werden. Verstecken Sie diese Produkte, damit die Jäger diese entdecken können, bieten Sie ihnen einen besonderen Handel (durch Preis oder Anbindung an ähnliche Produkte), so daß die Jäger das Gefühl haben, einen wirklich »guten Schuß« gemacht zu haben, den sie nicht verpassen durften.

Design der POP-Displays

Um die Jäger-Sammler-Metapher (des vorherigen Abschnitts) weiter zu verwenden, können Sie Ihre Verkaufszahlen erhöhen, indem Sie moderne Versionen von Büschen und Bäumen schaffen, von denen die Konsumenten Ihre Produkte pflücken können. Freistehende Auslagen haben den besten Effekt, werden aber weniger gern von Händlern genutzt. Sie nehmen zuviel Platz weg. Ständer, Regale sowie Schilder und Auslagen an der Kasse sind nicht so wirkungsvoll, aber in Geschäften häufig zu finden. Jedes wirklich ansprechende und ausgefallene Display ist ein gutes funktionierendes Mittel, weil es einen Einfluß auf den Geschäftsverkehr und die Verkäufe haben wird, genauso wie aufsteigende Verkaufszahlen für das Produkt, für das es werben soll. Ansprechende Auslagen erhöhen die Geschäftsatmosphäre oder den Unterhaltungswert. Das mögen die Geschäftsführer.

Weil Kreativität einer der Schlüssel zu erfolgreichen Geschäftskonzepten ist, folgt daraus, daß Kreativität auch dem Erfolg von POP Aufschwung verleiht. Um zu zeigen, was ich meine, gebe ich Ihnen ein Beispiel, das erfolgreich war und unter anderem einen Designerpreis für seine Originalität gewonnen hat.

Als Procter & Gamble eine neue Rezeptur des Wick Hustensaftes einführten, schafften sie ein verkaufsförderndes Display (das freistehend oder an einem Wandständer benutzt werden kann), das einen rotierenden Rahmen zeigt, in dem zwei durchsichtige Flaschen ausgestellt sind. Jede enthält etwas roten Sirup – eine mit Wick, die andere mit einem konkurrierenden Hustensaft. Wenn nun ein Kunde den Rahmen zum Drehen bringt, sieht er, daß Wick die Innenseite der Flasche benetzt, während das Konkurrenzprodukt sofort auf den Boden der Flasche herunterläuft. Der Zweck dieses interaktiven Displays ist es, zu zeigen, daß Wick Ihren Hals besser schützt als andere Produkte, und so hält es, was es verspricht. Ich mag diese Werbung, weil sie interaktiv ist – sie bietet dem Kunden etwas Interessantes an, in das er sich mit einbringen kann – und weil es das *USP* (*unique selling proposition* – einzigartiges Verkaufsversprechen –, das es von allen anderen Produkten unterscheidet) zeigt. Wie eine gute Werbeanzeige, so zieht dieses POP-Display die Aufmerksamkeit auf sich, schafft Bezug und vermittelt dann einen einzigen, aussagekräftigen Aspekt des Produktes.

Zu oft leisten POP-Displays nicht alles, was das Wick-Display zeigt. Sie funktionieren nicht gut, solange sie nicht:

✔ **Aufmerksamkeit erregen:** Gestalten Sie diese neu, unterhaltend oder verblüffend.

✔ **Bezug schaffen:** Bieten Sie den Leuten etwas zum Nachdenken oder Handeln an, damit sie in die Auslage einbezogen werden.

✔ **das Produkt verkaufen:** Vergewissern Sie sich, ob die Auslage das Besondere Ihres Produktes erkennen läßt. Die Auslage muß die Positionierung und USP (hoffentlich vorhanden!) zeigen. Das Produkt nur zu präsentieren, ist nicht genug. Sie müssen das Produkt auch verkaufen, sonst erkennt der Händler den Grund für die Auslage nicht. Einzelhändler können die Produkte zwar ohne die Hilfe des Vermarkters ausstellen. Hilfe erwarten sie jedoch beim *Verkauf* dieser Produkte.

Sie werden bemerkt haben, daß ich besorgt darüber bin, ob Händler POPs mögen und verwenden. Diese Sorge ist ein wichtiger Punkt laut David Rush, einem Geschäftsführer der Konsumproduktberatungsfirma KSA; er schätzt, daß zwischen 50 und 60 Prozent der POPs niemals den Verkaufsraum erreichen. Wenn Sie ein Produkthersteller sind, der versucht, POP-Displays in den Einzelhandelsgeschäften auszustellen, dann sehen Sie sich einem schweren Kampf gegenüber. Die Statistiken sagen, daß Ihre Auslage oder Ihr Plakat zweimal so gut sein muß wie der Durchschnitt, denn sonst fliegt es in den nächsten Mülleimer.

Fakten über POP

Ich habe Ihnen die Prinzipen von POP erklärt – nun werde ich Ihnen einige Fakten geben, die Ihnen helfen sollen, Ihr eigenes POP-Programm zu entwickeln und anzuwenden.

1. **Wer sollte POP gestalten und dafür bezahlen – Marketingleute oder Einzelhändler?**

   In einigen Fällen erstellen Marketingleute POPs, die sie den Händlern als Teil ihres Marketing-Programms anbieten. In anderen Fällen entwickeln die Händler ihre eigenen POPs. Das Point-of-Purchase Advertising Institute (POPAI) berichtet, daß die Branche hier genau geteilt ist. Mit anderen Worten, die Hälfte der POP-Auslagen werden direkt durch den Händler verkauft, die andere Hälfte von den Vermarktern, die dann ihre Materialien den Händlern anbieten. So lautet die Antwort: sowohl Marketingleute als auch Einzelhändler zahlen einen Teil.

2. **Welche Art von POPs verwenden Marketingleute?**

   Wieder ist das Point-of-Purchase Advertising Institute eine hilfreiche Datenquelle. Die Untersuchungen zeigen, daß POPs am häufigsten für Dauerauslagen verwendet werden (meistens kaufen die Händler diese Auslagen). Danach sind die ladeninternen Medien und Schilderoptionen (basierend auf Kosten) sehr beliebt. Den dritten Platz der Beliebtheitsskala behaupten die temporären Auslagen. Normalerweise denken Marketingleute zuerst an temporäre Auslagen, wenn sie über POP sprechen. Vielleicht sollten sie ihre Konzepte überdenken, den Schwerpunkt zugunsten von ständigen Auslagen und Schildern verschieben und temporäre erst an zweiter Stelle berücksichtigen.

3. **Um wieviel wird POP Ihre Verkaufszahlen steigen lassen?**

   Lift bedeutet den Anstieg an Verkäufen, hervorgerufen durch POP-Marketing. Forscher vergleichen Verkäufe mit und ohne POP, um den Anstieg (die Differenz zwischen beiden) zu ermitteln. Sie müssen den Anstieg schätzen, damit Sie wissen, was Sie für bestimmte POP-Investitionen zurückbekommen. Zuerst kann ich Ihnen sagen, daß im allgemeinen Zubehör und Routinekäufe die höchsten Anstiege haben. Auch bedeutende neue Produkte haben große Anstiege zu verzeichnen, wenn Ihre POPs effektiv sind und den Konsumenten über ihren Vorteil informieren. Zweitens kann ich Ihnen eine Reihe von Anstiegsstatistiken geben (siehe. Tabelle 16.2) basierend auf einer detaillierten Untersuchung des Point-of-Purchase Advertising Institutes.

4. **Wieviel Ihres Marketingbudgets sollten Sie für POP verwenden?**

    Ich kann es Ihnen nicht mit Sicherheit sagen, weil jedes Programm von seinen individuellen Umständen bestimmt wird. Aber ich weiß, daß POP-Werbung auf Platz drei der Kosten bei den erfaßten Medien in den USA rangiert, was mich sehr verblüfft hat (zuerst Fernsehen – ca. $ 30 Milliarden, Print an zweiter Stelle mit ca. $ 25 Milliarden und dann POP an dritter mit $ 12 Milliarden). Das bedeutet, daß POP ein größeres Medium ist, als die meisten Marketingleute erkennen. Bisher teilweise deshalb, weil die weiteren Kosten zwischen Händlern, Vertreibern,

Großhändlern und Produzenten verteilt sind; POP bekommt nicht die Aufmerksamkeit, die andere Medien in Marketing-Programmen und -Plänen erhalten. Das ist ein großer Fehler. Versuchen Sie herauszufinden, wer in Ihrem Distributionskanal mit POPs betraut ist, die Ihre Verkaufszahlen beeinflussen können. Arbeiten Sie in Richtung einer integrativen Strategie oder eines Plans, so daß Sie dieses verborgene Medium ins Rampenlicht stellen können, und lassen Sie es für Ihren Plan wirksamer arbeiten.

POP Auslagen/Schilder für	typischer Anstieg (%)
Film/Fotoarbeiten	48
Socken/Unterwäsche/Strumpfhosen	29
Spülmaschinenreiniger	22
Kekse und Cracker	18
Videos	12
Butter/Margarine	6
Haustierartikel	6
Schreibwaren	5
Salzige Snacks	4
Salatdressing	3

Tabelle 16.2: Anstiegsstatistiken

Notwendigkeiten beim Verkauf und Service

17

In diesem Kapitel:

▷ Entscheiden, ob der persönliche Verkauf der Schlüssel zu Ihrem Marketing ist

▷ Machen Sie den Verkaufsfähigkeitstest, um Ihre Leistung beim Verkauf vorherzusehen oder zu verbessern

▷ Management des Verkaufs-/Service-Prozesses

▷ Aufbau des Verkäuferspersonalstabs

▷ Entlohnung des Verkaufspersonals

*B*ei Black & Decker ist der Verkauf an und der Service für Großhändler und wichtige Einzelhändler mindestens genauso wichtig wie gute Produkte. Laut Bruce Cazenave, Vizepräsident bei Black & Decker, stellt der *Handel* – alle diese Groß- und Einzelhändler, die ihre Produkte an den Endverbraucher wiederverkaufen – drei Forderungen von hohem Niveau an den Produzenten:

✔ Lieferunterstützung

✔ Verkaufsunterstützung im Markt

✔ Kundenservice

Wenn die Firma diese drei Aspekte gut erfüllt, behält sie ihre Handelskunden und baut den Verkauf durch sie auf. Wenn nicht, könnte die Firma leicht Handelskunden an ihre Konkurrenten verlieren – und das würde bedeuten, alle Endverbraucher, die sie erreicht, ebenfalls zu verlieren. Damit ist Verkauf und Service – vielleicht besonders der Aspekt des Services beim Verkauf – der Schlüssel zum Erfolg bei Black & Decker.

Black & Deckers Anforderungen sind ähnlich denen von Millionen anderer Firmen. Ohne enge, persönliche Beziehungen, aufgebaut durch unzählige Verkaufsgespräche und ernsthaften Service und Kundendienst, würde das Marketing der Firma ins Wanken geraten. Wenn das gleiche für Ihre Geschäfte gilt – und das können Sie durch den Test etwas später im Kapitel herausfinden –, dann müssen Sie den Verkauf und Service zum Hauptgegenstand Ihrer Marketingbemühungen machen.

Sollte dies der Fall sein, müssen Sie ebenfalls gut im Verkauf sein – oder Leute einstellen, die es sind. Dieses Kapitel enthält einen Test, um die Verkaufsfähigkeit zu diagnostizieren und um herauszufinden, welche Bereiche zu verbessern sind. Es erklärt darüber hinaus die Details der Verwaltung und Verbesserung Ihres Verkaufsprozesses, die Organisation von Verkaufskräften, die Einstellung von Außendienstmitarbeitern und wie man den richtigen Vergütungsplan ausarbeitet, damit die Verkäufer hochmotiviert bleiben.

Das sind alles schwierige Aufgaben voller Gefahren. Sollten Sie diese jedoch gut umsetzen, dann wird der Lohn enorm sein. Ein gut verwalteter, gut organisierter Stab von Verkäufern mit den richtigen Vorgesetzten und einer guten Verkaufspräsentation kann jedes gute Produkt verkaufen, und deshalb empfehle ich, dieses Kapitel sorgfältig zu lesen.

 **Ein Blick auf den Absatz**

Die Wichtigkeit des persönlichen Verkaufs wurde mir vor vielen Jahren deutlich vor Augen geführt, als ich eingeladen wurde, dem Mitarbeiterstab der Consolidated Freightways (CF), einer großen Firma, die Transport- und Logistikservice für andere Firmen anbietet, beizutreten. Mit dem freien Wettbewerb bei der Lastkraftwagen- und Luftfrachtindustrie in den frühen 80er Jahren in den USA, wurde diese Firma mit einer neuen Stufe des Wettbewerbs und gleichsam vielen neuen Möglichkeiten konfrontiert. Deshalb beschlossen ihre Angestellten, daß die Firma in die Welt des modernen Marketing eintreten müssen und ich wurde gefragt, ob ich helfen könnte, eine neue Marketingabteilung als Teil dieser Initiative aufzubauen. Wir machten uns daran, das Marketing bei CF zu modernisieren, moderne Forschungsanalysen und -pläne an alle Tochtergesellschaften zu verteilen, aggressive Printwerbung und öffentliche Kampagnen zu starten, weltoffenes Telemarketing und Direktversandprogramme zu entwickeln, neue Produkte in den Markt einzuführen etc.

Aber nach einer Weile stellte ich fest, daß all diese neuen Marketingkomponenten keinen großen Unterschied machten. Wir haben alles versucht, wir konnten den Blickwinkel des Kunden nicht verändern, der weiterhin auf die Beziehungen mit den Verkäufern setzte. Kunden bevorzugten CF vor den Wettbewerbern besonders aufgrund der Begegnungen von Angesicht zu Angesicht mit den Verkäufern. Sie verhielten sich so aus Gründen, die außerhalb unseres Einflußbereichs lagen. Wann immer sie ein Problem hatten, war der Verkäufer der Ansprechpartner, um solche Dinge zu regeln. Dieses Verhältnis kann also sehr wichtig für die Kunden sein, und der Rest des Marketing-Programms muß dies gegebenenfalls unterstützen.

Wann sollte man sich auf persönlichen Verkauf konzentrieren?

Manchmal ist *persönlicher Verkauf* – Verkauf von Angesicht zu Angesicht – entscheidend für den Marketingprozeß, und wenn das der Fall ist, dann muß sich das Hauptaugenmerk auf die Marketingpläne und -aktivitäten richten. Die Werbung, der Direktversand, das Telemarketing, das Veranstaltungssponsoring, die Öffentlichkeitsarbeit und alles andere, woran Sie denken können, müssen gegenüber dem Absatz zurücktreten. Falls der Absatz wichtig ist, folgt daraus, daß der Verkauf der wichtigste Einflußpunkt über die Kunden ist.

Sind persönliche Verkäufe und Service der Schlüssel zu Ihrem Marketing-Programm?

❏ ja ❏ nein Unser typischer Kunde macht viele kleine Käufe und/oder zumindest ein paar sehr große in einem Jahr.

❏ ja ❏ nein Unser typischer Kunde braucht normalerweise Hilfe, um auszurechnen, was er kaufen und/oder wozu er das Produkt gebrauchen will.

❏ ja ❏ nein Der Geschäftsbereich unseres typischen Kunden ist sehr komplex und stellt besondere Anforderungen an unsere Produkte/ unseren Service.

❏ ja ❏ nein Unsere Produkte/unser Service sind ein wichtiger Bestandteil des gesamten Geschäftsprozesses unseres Kunden.

❏ ja ❏ nein Unser Kunde ist es gewohnt, mit Verkaufsleuten zu arbeiten, und erwartet persönliche Aufmerksamkeit und Unterstützung.

❏ ja ❏ nein Unsere Konkurrenten führen regelmäßige Verkaufsgespräche mit unseren Kunden und/oder Interessenten.

❏ ja ❏ nein Wir müssen für individuellen Service sorgen, um einen Kunden zu behalten.

Wenn Sie den Kasten *Ein Blick auf den Absatz* gelesen haben, dann wissen Sie, daß der persönliche Verkauf den größten Einfluß auf die Kunden von Consolidated Freightways (CF) hat. Warum? Ich glaube, ich kenne die Antwort:

✔ Erstens hat der Kunde des Gütertransports meistens einzigartige und komplexe Bedürfnisse, weil jede Geschäftstätigkeit verschieden ist. Der Transport von Rohstoffen und Fertigprodukten ist normalerweise entscheidend für den Erfolg der Firmentätigkeiten. Auf der Grundlage der jeweiligen Bedingungen des Kunden sind die Problemlösung von Angesicht zu Angesicht und der Verhandlungsprozeß der beste Weg, um einen Service zu schaffen und zu bewerten, der jedem Kunden individuell geboten wird.

✔ Zweitens sind Kunden vom täglichen Güterverkehr abhängig und wollen deshalb eine persönliche Beziehung zu jemandem haben, der ein dringendes Problem regeln und einen spezielle Anfrage beantworten kann.

✔ Und schließlich kaufen CF-Kunden normalerweise eine große Menge an Transportleistungen – genug, damit das Geschäft mit ihnen sichtlich lohnend ist. Wenn CF den persönlichen Verkauf nicht in den Vordergrund stellen würde, würden die Konkurrenten die lukrativen Kunden abwerben, ungeachtet wie viele CF-Anzeigen diese Kunden in Zeitschriften gesehen haben!

Das gleiche könnte auch für Ihr Geschäft gelten. Wenn dem so ist, dann wissen Sie etwas sehr Wichtiges, etwas, das es Ihnen erlaubt, den Blick auf Ihr Marketing-Programm für persönlichen Verkauf und Service zu richten.

 Alles was Sie tun müssen, um diese unschätzbare Einsicht zu erreichen, besteht darin, Ihren Bleistift anzuspitzen und einen schnellen Test zu machen. Der folgende Teil stellt Ihnen sieben Fragen. Wenn Sie vier oder mehr mit »ja« beantworten, dann muß dem persönlichen Verkauf Ihre Hauptaufmerksamkeit gelten. Obwohl Sie natürlich auch viele andere Dinge machen möchten, sollten Sie auf jeden Fall den Rest Ihrer Marketingbemühungen der Unterstützung des persönlichen Verkaufsprozesses widmen, weil hierin der Schlüssel zu Ihrem Erfolg liegen wird – oder aber zu Ihrem Mißerfolg. Und das bedeutet, daß *Sie sehr gründlich darüber nachdenken müssen, wie Sie Verkäufer anwerben, verwalten, organisieren, unterstützen und motivieren. Deren Leistung wird bestimmen, ob Ihr Marketing erfolgreich ist oder scheitert.*

Behalten Sie Kunden durch umfassenden Service

Die andere Sache, die ich bei CF lernte, ist, daß Verkauf und Service Hand in Hand arbeiten. Wo persönlicher Verkauf wichtig ist – wie in vielen Business-to-Business-Märkten und ebenfalls in vielen Konsumentenmärkten – können Sie darauf wetten, daß Kundenservice auch ein Schlüssel zum Erfolg ist. Warum? Während persönlicher Verkauf neue Kunden liefert, sichert der persönliche Service die bereits vorhandenen Kunden. Wenn Sie nicht wissen, wie Sie neue Kunden behalten, dann haben Sie auch keinen Grund, neue Kunden zu werben. Sie werden Sie sowieso wieder verlieren.

 Wenn Ihr Kundenstamm sehr instabil ist oder um eine Rate von zehn Prozent pro Jahr fluktuiert, dann gehe ich jede Wette ein, daß Sie ein Kundenserviceproblem haben. Finden Sie es heraus, indem Sie die Kundenlisten von zwei aufeinander folgenden Jahren vergleichen, oder bitten Sie Ihre Verkäufer (wenn Sie welche haben), das Datenmaterial zu sammeln, wenn Sie dies nicht so leicht Ihrer zentralen Kundendatenbank oder den Rechnungsunterlagen entnehmen können.

Anmerkung: Manchmal bezeichnen Firmen einen verlorenen Kunden als jemanden, dessen Kaufrate um mehr als die Hälfte zurückgegangen ist, was eine eher vorsichtige Einschätzung darstellt verglichen mit der Definition, die nur solche Kunden berücksichtigt, die völlig aufgehört haben, bei Ihnen zu kaufen.

Um Ihre Ausfall-Rate herauszufinden, folgen Sie bitte diesen Anweisungen:

1. **Vergleichen Sie die Kundenlisten von letztem und von diesem Jahr, um zu ermitteln, wie viele Kunden Sie während des letzten Jahres verloren haben.**

   Ignorieren Sie neue Kunden bei dieser Aufstellung.

2. **Zählen Sie die Gesamtzahl der Kunden auf der ersten der beiden Listen.**

   Das ist die Basis, von der Sie ausgegangen sind.

3. **Teilen Sie die Gesamtzahl der verlorenen Kunden (aus Punkt 1) durch die Gesamtzahl der Kunden (aus Punkt 2), um Ihre Kundenfluktuation oder Ausfall-Rate zu erhalten.**

Beispiel: Wenn Sie das Jahr mit 1.500 Kunden begonnen und 250 verloren haben, ist Ihre Fluktuationsrate 250/1.500 oder ungefähr 17 Prozent. Wenn dies der Fall ist, haben Sie meinen zehn Prozent-Test nicht bestanden und sollten besser herausfinden, was mit Ihrem Kundenservice nicht stimmt.

Haben Sie genau das, was man braucht?

Manche Menschen scheinen zum Verkauf geboren worden zu sein, während andere zum Scheitern verurteilt sind. Aber der Rest der Bevölkerung, nun, der wuselt weiter, kämpft darum, seine Verkäuferqualitäten zu verbessern und fragt sich, ob er wirklich über die richtigen Qualitäten verfügt. Die meisten Menschen sind weder geniale Verkäufer noch Versager. Sie befinden sich irgendwo in der Mitte, fähig zu großartigen Leistungen, aber auch nicht so talentiert, daß diese Leistungen quasi von Natur aus kommen.

Und deshalb testen immer mehr Firmen die Verkäuferfähigkeiten als Einstellungsbedingung. Die verfügbaren Tests sind alle schrecklich subjektiv, und viele sind extrem schlecht geschrieben. (Eine Anzahl von gedruckten Bewertungshilfen werden den Personalabteilungen von Firmen verkauft, aber ich kann keine davon empfehlen.) Trainingsprogramme sind entwickelt worden, um die Verkaufsfähigkeiten zu bewerten und die zu verbessernden Bereiche zu diagnostizieren. Trotz all dieser Tests und des Trainings scheinen Firmen immer noch die falschen Leute einzustellen, was durch die Tatsache bewiesen wird, daß die Verkaufskräftefluktuation nach einigen Studien bei durchschnittlich 70 Prozent pro Jahr liegt. Wo die Verkaufskräftefluktuation hoch ist, da ist auch die Kundenfluktuation hoch – also müssen Sie die richtigen Verkäufer finden und sie behalten.

Ich kann kein einzelnes Bewertungsverfahren ohne wesentliche Einschränkungen empfehlen, aber ich glaube, daß ein bedeutender Nutzen aus der Einschätzung von Verkaufsfähigkeiten resultiert. Also folge ich der alten Regel, die besagt: »Wenn du etwas richtig machen willst, dann mache es lieber selbst.«

Es folgt daher meine eigene Version eines *Tests der Verkaufsfähigkeit*. Nehmen Sie sich fünf Minuten Zeit, um die Fragen zu beantworten, und dann weitere fünf Minuten zur Auswertung. Am Ende werden Sie ein nützliches Feedback über Ihre gesamten augenblicklichen Verkaufsfähigkeiten besitzen. Hinzu kommen die Bereiche, auf die Sie Ihr Augenmerk richten müssen, wenn Sie Ihr Gesamtergebnis in der Zukunft verbessern wollen.

 Arbeitgeber, aufgepaßt! Dieser Test garantiert niemandem einen Erfolg – die Qualität Ihres Managements und des Rests Ihres Marketing-Programms ist ebenso wichtig für die daraus resultierende Leistung, wie es die Verkaufsfähigkeit ist. Aber auf der anderen Seite ist jeder, von dem Sie denken, er hätte in vielen dieser Testpunkte schlecht abgeschnitten, definitiv nicht in der Lage, ein wichtiges Verkaufsgebiet zu übernehmen.

Messen Sie Ihre Verkaufsfähigkeit:

Kreuzen Sie jede Aussage an, die auf Sie zutrifft. Wenn eine Aussage auf Sie nicht zutrifft, lassen Sie das Kästchen leer.

1. ❏ Ich fühle mich die meiste Zeit gut.

2. ❏ Ich sage normalerweise das Richtige zur richtigen Zeit.

3. ❏ Die Menschen suchen meine Firma auf.

4. ❏ Ich werde nicht entmutigt, selbst wenn ich wiederholt scheitere.

5. ❏ Ich bin ein exzellenter Zuhörer.

6. ❏ Ich kann die Stimmungen und die Körpersprache anderer Leute mit Leichtigkeit deuten.

7. ❏ Ich strahle Wärme und Enthusiasmus aus, wenn ich Leute das erste Mal treffe.

8. ❏ Ich kann die wahren Gründe für eine negative Antwort gut erkennen und zur Sprache bringen.

9. ❏ Ich sehe viele Wege, ein Problem zu definieren und seine Ursachen zu verstehen.

10. ❏ Ich bin fähig, die Probleme und Sorgen anderer Leute zu erkennen.

11. ❏ Ich weiß genug über das Geschäft, um anderen mit Leichtigkeit zu helfen, ihre Probleme zu lösen.

12. ❏ Ich bin so vertrauenswürdig und hilfsbereit, daß ich die Menschen schnell überzeuge, mit mir wirklich zusammenzuarbeiten.

13. ❏ Ich teile mir meine Zeit so gut ein, daß ich die wichtigsten Arbeiten an einem Arbeitstag bewältigen kann.

14. ❏ Ich konzentriere mich mehr auf die wichtigen Ziele, die für mich und meine Firma die größte Bedeutung haben, als immer nur auf die letzten Krisen und lästigen Pflichten zu reagieren.

15. ❏ Ich kann die Balance halten zwischen der Wichtigkeit, neue Kunden zu finden, und dem Anspruch, bereits bestehende Kundenbeziehungen zu erhalten und zu stärken.

16. ❏ Ich suche weiter nach Wegen und finde sie, damit ich effektiver und effizienter sein kann.

17. ❏ Ich glaube, daß für mich das Gefühl der Leistung weitaus lohnender als Geld ist.

18. ❏ Meine eigenen Ansprüche und Erwartungen sind höher als die, die andere an mich stellen.

19. ❏ Ich kümmere mich nicht darum, wie lange es dauert, eine Sache erfolgreich zu beenden. Ich weiß, daß ich am Ende erfolgreich sein werde.

20. ❏ Ich fühle, daß ich den Respekt und die Anerkennung meiner Kunden und Kollegen verdiene.

Auswertung:

A. Eine positive Persönlichkeit?

Gesamtzahl der Kreuze bei den Aussagen 1 bis 4: _____

(Weniger als drei Kreuze = Sie brauchen eine Verbesserung Ihrer persönlichen Einstellung, Ihrer emotionalen Stabilität und Ihres Selbstvertrauens.)

B. Zwischenmenschliche Fähigkeiten?

Gesamtzahl der Kreuze bei den Aussagen 5 bis 8: _____

(Weniger als drei Kreuze = Sie brauchen eine Verbesserung bei den Kommunikations- und Zuhörfähigkeiten einschließlich der Fähigkeit, Ihre eigenen non-verbalen Verhaltensweisen zu kontrollieren und die Körpersprache der anderen zu lesen.)

C. Fähigkeiten zur Lösungsfindung?

Gesamtzahl der Kreuze bei den Aussagen 9 bis 12: _____

(Weniger als drei Kreuze = Sie brauchen eine Verbesserung bei den Problemfindungs-, kreativen Problemlösungs- und gemeinsamen Verhandlungsfähigkeiten.)

D. Selbstverwaltungsfähigkeiten?

Gesamtzahl der Kreuze bei den Aussagen 13 bis 16: _____

(Weniger als drei Kreuze = Sie brauchen eine Verbesserung der Organisations-, Strategie- und Konzentrationsfähigkeiten.)

E. Selbstmotivation?

Gesamtzahl der Kreuze bei den Aussagen 17 bis 20: _____

(Weniger als drei Kreuze = Sie müssen Ihre persönliche Motivation aufbauen und lernen, wie man die Belohnung in der Genugtuung findet, einen Job gut zu machen und ein Ziel zu erreichen.)

F. Gesamthöhe der Verkaufsfähigkeit?

Gesamtzahl der Kreuze bei allen Aussagen (1 bis 20): _____

Gesamtzahl der Kreuze	Ergebnis
0 – 5	Zum Scheitern verurteilt.
6 – 9	Geringe Verkaufsfähigkeit. Wahrscheinlich nicht von Erfolg gekrönt.
10 – 12	Geringe Verkaufsfähigkeit. Mit Verbesserung zu mäßigen Leistungen fähig.
13 – 15	Mäßige Verkaufsfähigkeit. Fähig zu Verbesserungen.
16 – 18	Hohe Verkaufsfähigkeit. Fähig zu Verbesserungen.
19 – 20	Garantiert erfolgreich. Potential zum Superstar.

Wenn Sie mehr als 13 oder mehr Felder angekreuzt haben, besitzen Sie genügend Fähigkeiten, um direkt loszulegen und Verkaufsgespräche zu führen. Das heißt jedoch nicht, daß Sie perfekt sind. Wenn Sie eine Gesamtzahl von weniger als 19 oder 20 angekreuzt haben, arbeiten Sie an Ihren schlechten Seiten – und wenn Sie dies tun, sollte sich Ihre Verkaufserfolgsrate steigern.

Der Verkaufsprozeß

Verkaufen ist ein Prozeß – manchmal ein schmerzvoller Prozeß. Wenn Sie in dieser Art und Weise über den Verkauf denken, können Sie ihn aufteilen und erobern. Sie können Verkäufe in verschiedene Schritte einteilen und dann jeden Schritt einzeln betrachten, wenn Sie den Verkaufsplan vorbereiten und nach Wegen suchen, wie Sie die Verkaufseffektivität verbessern können. Wie in jedem komplexen Prozeß gibt es auch hier eine Schwachstelle. Wenn Sie die Schritte in Ihrem eigenen Verkaufsprozeß unter die Lupe nehmen, versuchen Sie, den zu finden, der im Moment am schwächsten ist. Diesem sollte das Hauptaugenmerk gelten!

Abbildung 17.1 zeigt den Verkaufs-/Serviceprozeß als Flußdiagramm. Beachten Sie, daß das Diagramm nicht automatisch vom Anfang zum Ende fließt. Sie sind möglicherweise gezwungen, zu einer früheren Stufe zurückzukehren, falls irgend etwas falsch läuft. Aber im Idealfall verlieren Sie nie einen Interessenten oder Kunden für immer – sie werden lediglich als Kaufinteressenten wiederaufbereitet, und neuer Aufwand wird betrieben, um sie für sich zu gewinnen.

Ich verwende Abbildung 17.1 für das Praxistraining, und deshalb habe ich sie sehr unterschiedlich zu denen in den Verkaufslehrbüchern und Firmen-Trainingsprogrammen gezeichnet. Der größte Unterschied ist, daß ich den Absatz und den Serviceprozeß integriert habe. Warum? Weil das den Verkauf in der Realität darstellt. Man kann nicht aufhören, wenn man einen Verkauf abschließt und die Bestellung schreibt. Ihre Konkurrenten werden bestimmt nicht aufhören zu versuchen, dieses Geschäft für sich zu gewinnen. Deshalb müssen Sie von einem kompletten Verkauf denken, er sei der Beginn des Aufbaus einer Beziehung. Mehr Verkaufsgespräche, weitere Präsentationen und Mühen, um neue Wege zu finden, dem Kunden zu dienen – darauf muß Ihr Augenmerk gerichtet sein, wenn Sie einen Verkauf abgeschlossen haben.

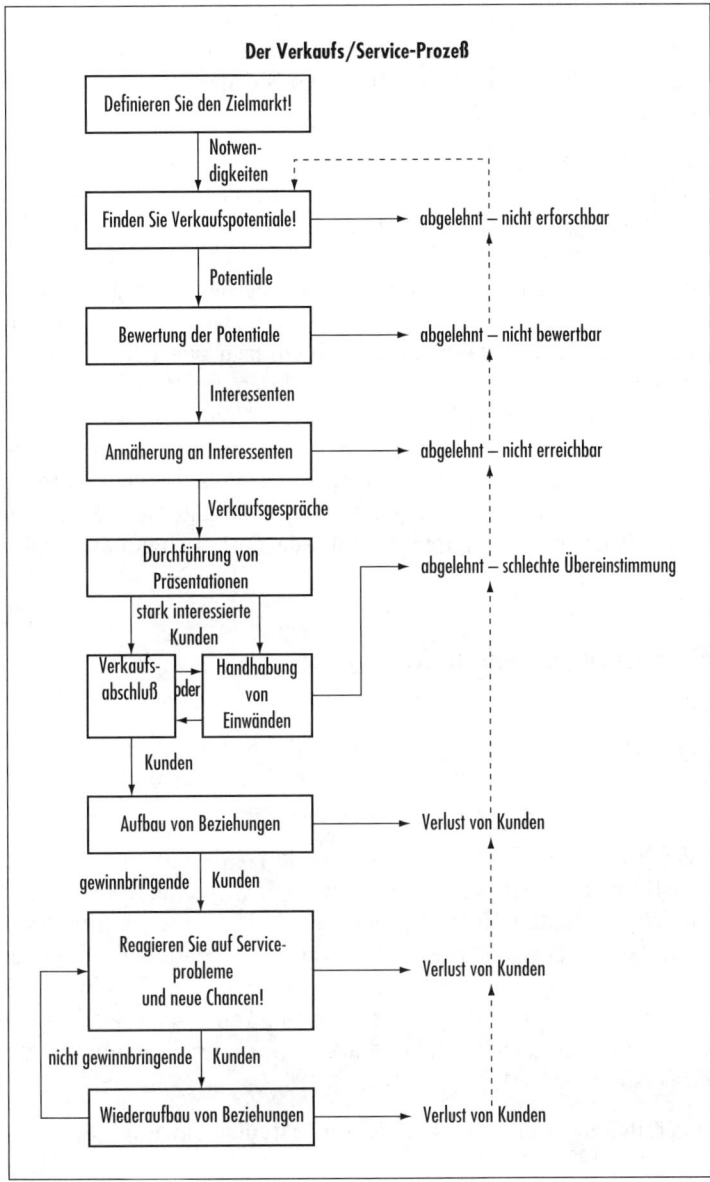

Abbildung 17.1: Das Flußdiagramm erklärt Ihnen den Prozeß des Verkaufs und der Dienstleistung. Versuchen Sie es!

Nicht nur das, Sie müssen auch *Probleme voraussehen*. Man hat immer Probleme an irgendeinem Punkt – irgend etwas geht schief, das Ihren Kunden verstimmt, enttäuscht oder sogar wütend macht. Glauben Sie mir, das passiert, egal, für wie leistungsfähig Sie Ihre Firma halten.

Deshalb sollte Ihr Verkaufsprozeß eine *Service-Wiederherstellungsstufe* besitzen. Das bedeutet, Sie müssen herausfinden, wie Sie ein Serviceproblem aufspüren können. Wie gut ist die Kommunikation mit Ihrem Kunden? Gewährleisten Sie, daß der Kunde bei jedem Problem seinen Verkäufer zu erreichen weiß.

 Wie gut kann ein Verkäufer auf ein Problem reagieren? Wenn der Verkäufer in Verkaufsgesprächen untergeht, hat er nicht die Zeit, das Problem zu lösen. Also planen Sie, sagen wir mal, eins von zehn Verkaufsgesprächen als *Service-Wiederherstellungszeit* ein, um sich auf diese Möglichkeit vorzubereiten. (Nach und nach sollten Sie in der Lage sein, die Zeit zur Wiederherstellung herunterzusetzen; vielleicht werden Sie nächstes Jahr nur eines von 20 Gesprächen einplanen.) Und denken Sie daran, daß der Verkäufer noch ein paar zusätzliche Dinge mehr braucht als Zeit, um die Probleme des Kunden zu lösen und Beziehungen wiederaufzubauen. Geben Sie dem Verkäufer eine gewisse finanzielle Vollmacht, damit er den Kunden entschädigen und seine Wut in Zufriedenheit umwandeln kann. Die treuesten Kunden sind diejenigen, die ein großes Problem hatten, das Sie zuvorkommend und großzügig lösen konnten, so daß alles, was an Zeit und Geld in die Servicewiederherstellung investiert wurde, dort auch gut angelegt ist.

 ## Eine Karte für jede Gelegenheit?

Sie wissen, daß eine gelungene Kommunikation hilft, Kunden zu behalten, und gleichsam ein Schlüssel ist, um mögliche Probleme zu ermitteln, so daß Sie mit den Service-Wiederherstellungsbemühungen sofort beginnen können.

Einige Verkäufer haben herausgefunden, daß eine kurze persönliche Notiz auf der Innenseite einer attraktiven Grußkarte genau der richtige Weg ist, eine Kundenbeziehung aufzubauen oder aufrechtzuerhalten. Haben Sie Schwierigkeiten, einen Termin festzulegen? Versuchen Sie mal, dem Interessenten eine Notiz auf einer netten Karte zu schreiben. Zu beschäftigt, um mal kurz vorbeizuschauen und einem Kunden für eine kürzliche Bestellung zu danken oder sich für eine verspätete Lieferung zu entschuldigen? Versuchen Sie es mal mit einer persönlich unterschriebenen Karte. Diese schnelle Kommunikationsform ist ebenfalls recht persönlich.

Schauen Sie doch mal in Ihrem örtlichen Schreibwarenladen vorbei!

Ich werde kurz auf einige andere Fragen eingehen, die der Schlüssel zum glatten und effizienten Ablauf des Verkaufs-/Serviceprozesses sind. In vielen Firmen sind die wichtigsten Schritte diejenigen, in denen potentielle Käufer gefunden und bewertet werden, weil – wie in jedem Prozeß – die »Müll rein, Müll raus«-Regel gilt.

 Belasten Sie Ihren Verkaufs-/Serviceprozeß nicht mit wertlosen potentiellen Käufern. Achten Sie darauf, daß Sie Ihren Absatzprozeß mit einem konstanten Fluß von qualitativ guten potentiellen Verkaufsabschlüssen speisen.

Schaffung von Verkaufspotentialen

Es gibt ein neues vielstufiges System, um qualifizierte Verkaufspotentiale für Verkäufer ausfindig zu machen. In einigen Firmen haben sich die Verkaufsgespräche um 70 Prozent verbessert, nachdem das neue System eingeführt wurde. Dies ist eine recht gute Werbung für das System! Und so funktioniert es: Starten Sie es, indem Sie Namen von potentiellen Interessenten aus diversen Verzeichnissen heraussuchen – dies können z.B. Branchenverzeichnisse, Veröffentlichungen der Industrie- und Handleskammern oder möglicherweise Datenbanken sein. Diese Quellen sollten Unternehmen nach ihrem Produkttyp sowie nach Standort und Größe (dargestellt durch den jährlichen Umsatz) gruppieren, so daß Sie beispielsweise Ihre Zielfirmen nach der gewünschten Stadt und der Branche herausfiltern und jede, die Ihnen zu klein er scheint, ausschließen können.

Als nächstes können Sie eine Telemarketing-Firma (oder einen aushilfsweisen Telemarketer) anweisen, jeden potentiellen Käufer anzurufen, den angemessenen Entscheidungsträger zu finden und eine kurze Untersuchung über die Branche durchzuführen.

Als letztes analysieren Sie die Antworten aus der Untersuchung, um die zukünftigen Kunden zu identifizieren, die an dem Service und den Produkten, die Sie vertreiben, interessiert sind. Ihre Verkäufer können nun, nachdem die potentiellen Käufer durch die Telemarketer bewertet worden sind, ein persönliches Treffen mit den Entscheidungsträgern arrangieren.

 Ich hasse es, über Erfolg zu streiten, aber eine Sache bei vielen Potentialisierungssystemen von Firmen ärgert mich: Es ist heute üblich, dem Telemarketer ein *Befragungsskript* für die Telefongespräche zu geben, die er zur Bewertung potentieller Käufer führen muß. Der Grund ist, daß Leute eher auf eine Befragung antworten, als mit einem Verkäufer zu sprechen. Aber dies ist eine trügerische Vorgehensweise. Als ein Mitglied der American Marketing Association erinnere ich mich zufällig daran, daß deren Ethik »Verkauf und Spendensammlung in Gestalt von Forschung« verbietet. Warum? Erstens ist diese Praxis irreführend, weil sie das Vertrauen des Beantworters mißbraucht. (Und Betrug beim Verkauf kann in Konflikt geraten mit entsprechenden Gesetzen – also ist es sowohl illegal als auch ethisch nicht haltbar.) Zweitens irritiert eine betrügerische Befragung den Antwortenden. Wenn es also häufig gemacht wird, hören Leute auf, an legitimer Marketingforschung teilzunehmen. Das wäre ein großes Problem für Vermarkter. Man kann den gleichen vielstufigen Prozeß verwenden, ohne die potentiellen Käufer zu täuschen, indem man sicherstellt, daß die Quellen gut und die Telemarketer qualifiziert sind.

 Benutzen Sie also einen vielstufigen Überprüfungsprozeß, um qualifizierte Potentiale zu schaffen. Suchen Sie sich Firmennamen aus jeder geeigneten Datenbank. Und beauftragen Sie auf jeden Fall jemanden, der die potentiellen Kunden anruft, um herauszufinden, ob sie für einen Verkaufsbesuch in Frage kommen. Geben Sie nicht vor, etwas anderes –beispielsweise eine Untersuchung – zu machen. Ein ehrliches Telemarketing-Skript kann funktionieren. Solange Ihre Fragen kurz sind, auf den Punkt kommen und klar sind, nimmt sich die Mehrheit der Entscheidungsträger die Zeit, Ihnen zu antworten. Sie können den vollen Nutzen ohne irgendeine Unehrlichkeit erhalten. Die vielstufige Informationssammlung und -überprüfung macht diese Methode zu einem Erfolg.

 Und denken Sie daran, Telemarketer sind die ersten Leute Ihrer Firma, die mit den Entscheidungsträgern in den Firmen der zukünftigen Kunden sprechen. Also versichern Sie sich, ob sie sich gut ausdrücken können und höflich sind. Lassen Sie am besten sofort Ihre Verkäufer die Telemarketer aussuchen und ausbilden, so daß sie die Kontrolle über diesen ersten entscheidenden Eindruck haben.

Vergessen Sie unangemeldete Besuche in Haushalten

Der klassische Einzelhandelsvertreter geht durch ein Wohngebiet und klingelt an Haustüren, um Besen, Enzyklopädien, Aluminiumjalousien oder andere Haushaltsprodukte zu verschleudern.

Vergessen Sie das! Diese Methode funktioniert in den meisten nordamerikanischen und europäischen Staaten nicht mehr. Niemand ist mehr tagsüber zu Hause, und die wenigen Leute, die zu Hause sind, haben Angst – oder sollten sie eigentlich haben –, einen Fremden mit einem großen Koffer hereinzulassen. Einige Non-Profit-Organisationen (wie Greenpeace) werben von Tür zu Tür mit mäßigem Erfolg während der Essenszeit – falls sie Wohngebiete auswählen, wo ihr Name bekannt und ihre Beweggründe populär sind. Aber diese Taktik funktioniert nicht für die meisten Vertreter. Unangemeldete Besuche von Tür zu Tür sind veraltet.

 Aber wie benutzen Sie persönliche Verkäufe, um Haushalte zu erreichen? Bei Encyclopaedia Britannica, die ihre traditionelle Verkaufsweise vor zehn Jahren aufgab, lautet die Antwort: durch die Schaffung von Potentialen mittels Werbung und Vermittlung. Danach fassen Sie mit Telemarketing oder, wenn es wirklich nötig ist, persönlich nach. Der Trick, unangemeldete Besuche bei Hausbewohnern auszuschließen, liegt darin, wirklich gut in der Schaffung von Verkaufspotentialen zu werden – und viele andere Marketing-Programmkomponenten für eben diese Aufgabe zu verwenden.

 Eine weitere Alternative eröffnet sich, wenn Sie eine Web-Seite oder ein Online-Mitteilungsblatt einsetzen, um Interessenten zu erreichen sowie Besuche und Anfragen in die Wege zu leiten, die Sie in Kaufpotentiale verwandeln können. Lesen Sie in Kapitel 7, wie man diese neue Technik zur Versorgung Ihrer Verkäufer mit besseren Verkaufpotentialen anwendet.

 Überlegen Sie, dem Vorbild einer Gruppe der erfolgreichsten Kosmetikfirmen zu folgen. Bei Avon liegt die Lösung zur Erreichung von Haushalten in einem *Netzwerk* von persönlichen und professionellen Kontakten, um Termine auszumachen – normalerweise nach den üblichen Arbeitszeiten. Diese Strategie durchbricht das natürliche Mißtrauen der Menschen und kommt deren vollen Terminplänen entgegen. Allein in Nordamerika hat Avon 445.000 Vertreterinnen – der Beweis, daß der Verkauf von Mensch zu Mensch in der Einzelhandelsindustrie noch nicht tot ist. Er muß lediglich anders durchgeführt werden, mit ein bißchen mehr Raffinesse als in der alten Zeit. Mary Kay benutzt eine ähnliche Strategie mit gleichem Erfolg. Ihre Vertreter führen durch ihr Kontaktnetzwerk eine persönliche Präsentation oder eine Nachbarschaftsveranstaltung durch. Das erlaubt den Verkaufsrepräsentanten, kosmetische Produkte in den Häusern erfolgreich zu verkaufen.

 ### Ein beratender Ansatz

So beschreibt Wallace Computer Service in einem kürzlich erschienenen Geschäftsbericht, was sie machen:

Wallace produziert und vertreibt ein breites Spektrum von Informationsmanagement-Produkten, Service und Lösungen, die Firmen helfen, ihre Kosten zu minimieren, die Effizienz der Informationsverarbeitung zu verbessern sowie Geschäftstransaktionen zu vereinfachen und zu beschleunigen.

Und ich habe gedacht, sie seien ein Geschäft für Etiketten und Vordrucke. Sie sind es irgendwie auch. Aber sie investieren gleichsam viel Zeit, um herauszufinden, wie sie ihren Kunden helfen können, ihre Inventarkosten zu reduzieren, Warenverteilung auszulagern, Bevorratung aufzugeben und die Notwendigkeit für Formulare und Aktenpapiere loszuwerden. Sie liefern Vorteile wie schnellere Abfertigung bei der Erfüllung der Kundenbestellung und beim Kundenservice – echte Lösungen für echte Geschäftsprobleme. Und ihre Kunden lieben es – der Absatz und die Gewinne bei Wallace steigen ständig, und die Kundenfluktuation ist gering. Der Ansatz – Hilfe und Sachverstand, um das Leben der Kunden zu verbessern und ihre Profite zu steigern – dürfte das Richtige für Sie sein. Besonders wenn Ihr Produkt an ein breites Spektrum von Kundenwünschen und -problemen angepaßt werden kann. (Kann es das? Denken Sie mal ernsthaft über diese Frage nach!)

Erfolgreiche Verkaufspräsentationen und -beratungen

Die Verkaufspräsentation ist der kritische Schritt, bei dem der Verkäufer den Interessenten überzeugen muß, ein Kunde zu werden. Und dies ist ebenfalls eine allgemeine Quelle des Ärgers. Nur die wirklich gute Präsentation kann den Interessenten mit einer hohen Erfolgswahrscheinlichkeit überzeugen, ein Kunde zu werden.

Was macht eine Verkaufspräsentation perfekt? Erfolg. *Jede* funktionierende Präsentation, die Kunden zu einem schnellen und häufigen »Ja« bewegt, ist eine außerordentliche Präsentation. *Jede* Präsentation kann ein Erfolg sein – also seien Sie bereit zu experimentieren, und denken Sie kreativ über Ihre Aufgabe nach.

Für jeden speziellen Markt und jede spezielle Firma ist diese perfekte Präsentation *unterschiedlich*. Glauben Sie nicht, was heutzutage gesagt wird – daß der einzige Weg zu verkaufen in einem langen, beratenden Stil besteht, d.h., Sie stellen gründliche Nachforschungen über Ihre Kunden an, nehmen die Geschäftsbedürfnisse Ihres Kunden unter die Lupe und schließlich, endlose Stunden oder Monate später, zeigen Sie diesem Kunden, wie Ihre Produkte eingesetzt werden können, um seine Bedürfnisse auf kreative Weise zu erfüllen. Sicher funktioniert das ganz gut für manche Firmen – wie Wallace Computer Services, Inc. (Hillside, Illinois), wo einige meiner früheren Marketingschüler als Verkäufer arbeiten. Betrachten Sie einmal den obenstehenden Kasten *Ein beratender Ansatz* für weitere Informationen.

ABER, beratender Verkauf könnte vielleicht nicht das Richtige für Ihre Firma sein. Vielleicht können Sie keinen offensichtlichen Weg sehen, wie Sie wertvollen Firmenservice in Einklang mit Ihren Produkten verkaufen. Sie wollen lediglich ein exzellentes Produkt verkaufen und den Kunden sich darum kümmern lassen, was er damit macht. Wenn dem so ist, dann ist das letzte, was Sie von Ihren Verkäufern wollen, daß sie vortäuschen, sie wären Managementberater.

Oder – und das ist immer mehr im Kommen – vielleicht *könnten* Sie die Probleme der Kunden lösen, aber die Kunden geben Ihnen nicht die Zeit. Es braucht beträchtlich viel Zeit, um einen Verkäufer so weit mit einem Unternehmen vertraut zu machen, daß er dessen Probleme lösen kann. In vielen Märkten können die Käufer nicht verärgert werden. In diesem Fall können Sie den beratenden Verkauf vergessen. Was Sie brauchen, ist der gute altmodische *Konserven-Ansatz*. Sie brauchen etwas wie die Key-Medical-60-Sekunden-Verkaufspräsentation. Überprüfen Sie diese Methode (im nebenstehenden Kasten *Die 60-Sekunden-Präsentation*) und schauen Sie, ob ein ähnliches Skript auch für Sie funktionieren könnte.

Ein einfacher Konserven-Ansatz ist genauso gut wie ein anspruchsvoller Ansatz, weil die Methode in dem Kontext funktioniert, für den sie geschaffen wurde. Schneidern Sie sich Ihren Verkaufsstil, um den Wünschen des Kunden entgegenzukommen.

 ## Die 60-Sekunden-Präsentation

Der Präsident von Key Medical Supply, Matt Hession, möchte, daß unabhängige Apotheken seine medizinischen Geräte an ihre Kunden verkaufen.

Rollstühle, Krankenhausbetten, alles was für die Heimversorgung gebraucht wird, kann Key Medical liefern, aufbauen und dem Kunden die Bedienung erklären. Aber wie erreicht man die Patienten, die diese Geräte brauchen, in ihren Häusern? Hession erkannte, daß die örtlichen Apotheken großartige Verteilungskanäle für seinen Service waren. Aber er wußte, daß der unabhängige Apotheker bereits zwischen den täglichen Anforderungen seiner Firma und dem ansteigenden Wettbewerb der großen Ketten kämpft. Diese Apotheker haben keine Zeit und kein zusätzliches Geld, um medizinische Geräte von Key Medical in ihr Angebot aufzunehmen.

Deshalb fand Hession heraus, wie man es leichter und billiger für den Apotheker machen kann, die medizinischen Geräte zu verkaufen. Alle Apotheker hängen Informationen über die Geräte und den Service von Key Medical aus. Wenn ein Kunde danach fragt, ruft die Apotheke Key Medical auf deren kostenloser Leitung an, und von da an übernimmt Key Medical – und zahlt dem Apotheker eine großzügige Verkaufskommission, weil er einen Kunden angeworben hat.

Aber selbst mit einem besseren Produkt bezeichnete Hession den Verkauf an Apotheken als eine schwierige Aufgabe. Die Apotheker sind viel zu beschäftigt, um mit Verkäufern zu sprechen. Die Lösung ist eine sorgfältig ausgearbeitete Präsentation, die nur eine Minute dauert. Ein Key-Verkaufsrepräsentant sucht den Angestellten hinter der Theke auf, wo der Apotheker arbeitet. Er sagt (laut genug, daß es der Apotheker hört): »Ich weiß, daß der Apotheker beschäftigt ist, aber wenn er einen Moment Zeit hat, kann ich ihm eine 60-Sekunden-Präsentation zeigen.« (An diesem Punkt beginnt er seine Uhr abzunehmen und zeigt damit, daß er es ernst meint). »Und er kann seine Brieftasche in der Tasche lassen.«

Mit diesem Anfang erweckt er im allgemeinen das Interesse des Apothekers, der von diesem ungewöhnlichen Verkaufsauftritt amüsiert ist. Innerhalb von ein paar Minuten wird der Key-Verkaufsvertreter hinter die Theke gebeten, um seine 60-Sekunden-Präsentation vorzustellen. Er stellt sich zuerst vor, hält die Uhr hoch, um die Zeit für die Präsentation zu stoppen und fängt sofort an. Das Skript ist sorgfältig ausgearbeitet, um dem Apotheker zu zeigen, wie er dem Kunden einen speziellen Service bietet, den konkurrierende Ketten nicht bieten. Das Skript verdeutlicht ebenfalls, daß der Apotheker weder besonders viel Zeit noch Geld verliert, wenn er diesen neuen Weg in seinem Geschäft einschlägt. Dann ist die Minute um. Der Verkaufsvertreter hinterläßt eine Kopie der »Partnerschaftserklärung« (die Details beinhaltet, wie der Apotheker seine Kommission bekommt) und verläßt die Apotheke mit dem Versprechen, nächste Woche anzurufen.

Hunderte unabhängiger Apotheken bieten jetzt Key-Medical-Produkte in den Staaten von Texas und Illinois an. Alles aufgrund einer Verkaufspräsentation, die »Kaltstart«-Gespräche in heiße zukünftige Verkäufe in nur 60 Sekunden verwandelt!

Organisation des Verkaufspersonals

Wer tut was, wann und wo? Solche organisatorischen Fragen quälen viele Verkaufs- und Marketing-Manager, und sie können einen großen Unterschied für Produktivität der Verkaufskräfte machen. Sollten Verkäufer aus lokalen, regionalen oder nationalen Büros gesteuert werden? Sollten sie in Büros angesiedelt sein, wo das Personal tägliche Unterstützung liefert und wo ihr Chef ihre Aktivitäten genau überwachen kann? Oder sollten sie freigestellt sein, damit sie auf der Straße ihre Arbeit verrichten und die Anzahl der Gespräche maximieren können – und mit der Firma über High-Tech-Laptops kommunizieren anstelle von regionalen Büros? Oder wenn Sie eine kleine Firma besitzen, sollte der Eigentümer den ganzen Verkauf alleine tätigen, oder ist es sinnvoll, einen Verkäufer auf Kommission einzustellen? Ich weiß es nicht. Ehrlich. Diese Entscheidungen sind abhängig von Ihrer Situation. Aber ich kann *Ihnen* helfen, sich zu entscheiden, indem ich Ihnen eine Idee von den vorhandenen Möglichkeiten gebe – es gibt einige – und ferner, indem ich Ihnen einiges an traditionellem Wissen vermittle, das Ihnen hilft, Ihre spezifische Situation zu bewerten.

Wie viele Verkäufer brauchen Sie?

Haben Sie bereits einen Verkaufsstab, dann sollten Sie die Leistungen in jedem Gebiet untersuchen, um zu entscheiden, ob mehr Vertreter von Vorteil wären oder ob Sie es vielleicht mit weniger schaffen würden. Gibt es in einigen Gebieten viele Interessenten, zu denen Verkäufer einfach nicht hinkommen? Dann überlegen Sie, diese Bereiche aufzusplitten. Überlegen Sie weiterhin, ein Team aufzusplitten oder eine zweite Person hinzuzufügen, um ein Team zu schaffen, wenn Sie eine hohe Kundenfluktuation in einem Gebiet feststellen. Fluktuation weist vielleicht auf einen Mangel an Service oder an nachfassenden Besuchen hin. Alternativ, wenn Sie einige Gebiete erkennen, die wenig Potential haben (Wie Verkaufspotential abzuschätzen ist, wird in Kapitel 6 beschrieben), dann könnten Sie sie mit anderen Gebieten verschmelzen. (Gleiches gilt für den kleinen Geschäftsinhaber, der auch darüber nachdenken sollte, Verkäufer auf Kommissionsbasis einzustellen, wenn er aufgrund von Zeitmangel und zu langen Wegstrecken nicht in der Lage ist, alle Interessenten adäquat zu bedienen.

 Sie können gleichsam einen anderen, systematischeneren Versuch starten – dieser Ansatz ist relevant, wenn Sie einen Verkaufsstab ganz neu zusammenstellen. Sie müssen dann den Markt untersuchen, um herauszufinden, wie viele Verkaufsgespräche Sie über einen Zeitraum von einem Jahr geführt haben wollen. Dieser Prozeß ist nicht sehr kompliziert und wird im nebenstehenden Kasten *Wie viele Verkäufer braucht man, um eine Glühbirne zu verkaufen?* genau erklärt.

Stellen Sie Ihre eigenen Außendienstmitarbeiter ein, oder greifen Sie auf Verkaufsrepräsentanten zurück?

Die Grundfrage ist, ob ich es selber mache oder durch Subunternehmen. Gute Verkaufsfirmen existieren in den meisten Branchen, die für Sie die Aufgabe übernehmen, Vertreter einzustellen und auszubilden. Diese *Verkaufsrepräsentanten* arbeiten normalerweise für eine direkte Kommission von ca. zehn bis 20 Prozent abhängig von der Branche und wieviel Raum in der Preisstruktur für ihre Kommission besteht. Auch in Bereichen, wo mehr Arbeit getan werden muß – Unterstützung des Kunden durch Beratungsgespräche und Kundenservice –, erhalten und verdienen Repräsentanten eine höhere Kommission.

Wenn Ihre Firma klein ist und die Produktlinie schmal, empfehle ich Verkaufsrepräsentanten einzusetzen. Sie sind die beste Option, wann immer Sie ein Mengenproblem haben, das die Kosten für die Einstellung Ihrer eigenen treuen Verkäufer in gewisser Weise nicht rechtfertigt. Maßstabsprobleme treten auf, wenn Ihre Produktpalette zu klein ist, was bedeutet, daß Verkäufer dem Kunden nicht viel zu verkaufen haben und jedes Verkaufsgespräch nur eine insgesamt geringe Anzahl von Bestellungen zur Folge hat, so daß diese noch nicht mal die Kosten des Gesprächs decken. Repräsentanten vertreten normalerweise die Produktpaletten vieler Firmen, so daß sie eine größere Auswahl von Produkten besitzen, die sie präsentieren können, wenn sie einen Kunden besuchen, als Ihr eigener unabhängiger Verkäufer es tun könnte. Viele Produktlinien verteilen die Kosten dieses Verkaufsgespräch über mehr Produkte, was das Verkaufsgespräch – auch für den Käufer – wertvoller macht. Wenn Sie zu wenig Produkte verkaufen, wird ein beschäftigter Käufer wohl nicht gewillt sein, sich die Zeit zu nehmen, der Präsentation Ihres Verkäufers zuzuhören – also hat der Repräsentant wieder einen Mengenvorteil.

 ## Wie viele Verkäufer braucht man, um eine Glühbirne zu verkaufen?

Man braucht einen, um sie zu halten und zehn, um sie zu überreden, sich zu drehen? Ich bin nicht ganz sicher, welche Antwort die beste auf diese Frage ist, aber ich weiß, wie Sie die Anzahl der Verkäufer bestimmen können, die nötig sind, Ihr Produkt und Ihren Service zu verkaufen. Damit Sie Ihre persönliche Antwort auf diese brennende Frage finden können, folgen Sie den Anweisungen:

1. **Zählen Sie, wie viele potentielle Kunde Sie in Ihrem ganzen Markt haben.**

2. **Entscheiden Sie, welchen Teil/wie viele dieser Kunden Sie besuchen wollen.**

3. **Entscheiden Sie, wie viele Gespräche Sie im nächsten Jahr mit jedem Kunden im Durchschnitt führen wollen (z.B. zwei pro Monat oder 24 im Jahr).**

4. **Multiplizieren Sie Schritt 2 mit Schritt 3.**

   Wenn Sie dies tun, erhalten Sie die Gesamtzahl der Gespräche für das ganze Jahr.

5. **Entscheiden Sie, wie viele Gespräche eine Person realistisch an einem Tag führen kann.**

   Die Antwort hängt von der Art des Gesprächs und von der Reisezeit zwischen den Kunden ab.

6. **Multiplizieren Sie die Tageszahl (aus Schritt 5) mit der Anzahl an Arbeitstagen in Ihrem Firmenkalender.**

7. **Teilen Sie die Gesamtzahl der notwendigen Gespräche pro Jahr (aus Schritt 4) mit der Zahl der Gespräche, die ein Verkäufer in einem Jahr führen kann (aus Schritt 6).**

8. Wenn Sie dies tun, erhalten Sie die Anzahl der Verkäufer, die Sie für alle diese Gespräche benötigen.

Beispiel: 10.000 notwendige Verkaufsgespräche im nächsten Jahr, geteilt durch 1.000 Gespräche von Verkäufern pro Jahr, heißt, daß Sie einen Verkaufsstab von zehn Personen brauchen, um diesen Plan auszuführen. Wenn Sie nur fünf beschäftigen, sollten Sie besser noch fünf weitere einstellen oder einige Verkaufsrepräsentanten verpflichten, die Ihr Personal unterstützen – wenn Sie keine Zustimmung für beide Pläne erhalten, dann sollten Sie die Verkaufsziele auf die Hälfte herunterschrauben. Sie werden diese Glühbirne niemals mit nur fünf Verkäufern verkaufen.

Wie dem auch sei, wenn Sie es irgendwie rechtfertigen können, Ihre eigenen Verkäufer einzustellen und zu beschäftigen, machen Sie es auf jeden Fall. Sie werden eine viel bessere Kontrolle haben, besseres Feedback vom Markt, und Sie werden merken, daß ein treuer Verkaufsstab den Verkaufsrepräsentanten im allgemeinen zwischen zwei- und zehnmal übertrifft. Warum? Aufgrund der Konzentration auf und der Abhängigkeit des Verkäufers von Ihrem Produkt. Dem Verkaufsrepräsentanten ist es oft egal, was er verkauft, solange nur etwas verkauft wird. Und deshalb machen die Repräsentanten eher die leichten Verkäufe, die nicht Ihre sein sollten!

Das Auffinden guter Verkaufsrepräsentanten

Wie findet man Verkaufsrepräsentanten? Das Offensichtliche funktioniert nicht – man findet sie nicht in irgendeinem Telefonbuch. Ich weiß nicht warum, aber Repräsentantenagenturen ziehen es vor, daß man sie im Computernetz findet. Vielleicht ist dies ein Mittel, um nicht mit unzähligen Anfragen von Firmen belästigt zu werden, die den Gewerbezweig nicht kennen und keine anständigen Produkte haben. Aber wenn Sie Repräsentanten finden wollen, müssen Sie es auf deren Weise machen, was entweder bedeutet, eine mündliche Empfehlung zu erhalten oder sie auf einer Handelsmesse oder Industriekonferenz zu treffen.

Was mündliche Empfehlungen betrifft, empfehle ich, die Firmen, an die Repräsentanten bereits verkaufen, nach ihrer Meinung über die besten Repräsentantenagenturen zu fragen. Schließlich sind dies die Kunden, denen die Repräsentanten Ihre Produkte verkaufen sollen. Deshalb ist deren Meinung die wichtigste! Sie können ebenfalls Empfehlungen von anderen Firmen bekommen, die (nicht-konkurrierende) Produkte durch dieselbe Art von Repräsentanten verkaufen. Und wenn Sie schon einige Repräsentanten haben, dann können diese Ihnen einiges über Firmen erzählen, die andere Gebiete abdecken.

Ich empfehle ebenfalls, Ihre Fühler nach Repräsentanten auf Handelsmessen in Ihrer Branche auszustrecken. Repräsentanten besuchen Handelsmessen, und viele von ihnen mieten einen Messestand, um ihre Produkte dort vorzustellen. Sie können Sie einfach finden, indem Sie durch die Ausstellungshalle wandern und Ihre Augen und Ohren offen halten sowie gelegentliche Fragen stellen.

Managen Sie Ihre Repräsentanten – mit einem eisernen Handschuh!

Nachdem Sie Repräsentanten für jedes Gebiet angestellt haben, hat Ihre Arbeit gerade erst begonnen. Sie müssen, ich betone, Sie *müssen*, ihre Verkaufsmühen in regelmäßigen Abständen überprüfen. Welche Repräsentantenagenturen sind die besten und welche die schlechtesten Verkäufer? Normalerweise wickeln zehn bis 15 Prozent der Repräsentanten fast alle Ihre Verkäufe ab. Wenn Sie sehen, daß sich so ein Raster entwickelt, dann können Sie die anderen schnell unter die Lupe nehmen. Und wenn diese nicht schnell heißlaufen, dann können Sie diese ersetzen. Mit konstantem Düngen und Jäten können Sie die zehn Prozent auf 75 Prozent oder mehr steigern, was wenigstens eine Annäherung an das untere Ende der Leistungsskala eines unabhängigen Verkaufsstabs bedeutet.

Mieten Sie einen Verkäufer

Zeitarbeiter sind heutzutage populär, warum nicht auch Verkäufer auf Zeitbasis? Zeitarbeitsagenturen haben Telemarketer auf der zeitlichen Basis seit Jahren geliefert. Sie werden oft nur für einige Wochen in Verbindung mit einem speziellen Projekt gebraucht, das telefonische Erstanfragen oder Nachlaßaktionen erfordert – wie z.B. potentielle Kunden für ein neues Produkt oder Gebiete auszukundschaften.

 Jeder der führenden Zeitarbeitsagenturen kann eine Anfrage nach einem erfahrenden Telemarketer erfüllen. Schauen Sie unter Zeitarbeit in Ihrem Branchenverzeichnis nach (oder wenden Sie sich an Stellenagenturen, wenn Ihr Verzeichnis keinen solchen Eintrag hat). Eine der großen Zeitarbeitsagenturen hat wahrscheinlich ein Büro in Ihrer Nähe, so daß Sie im Telefonverzeichnis ebenfalls z.B. nach Manpower Personaldienstleistungen (mit Büros in den meisten Teilen Nordamerikas und Europas) suchen sollten.

 Weniger verbreitet, jedoch effektiver, sind zeitlich befristete Verkäufer. Und heutzutage kann man wirkliche Profis finden, die den Nagel auf den Kopf treffen und Ihnen helfen, einen neuen Bereich zu erschließen, ein neues Produkt einzuführen oder die dem Rückstand von Verkaufspotentialen der letzten Handelsmesse nachgehen, auf der sie vorigen Monat ausstellten. Sie wollen möglicherweise solche Art von Zeitarbeitern auf einer monatlichen Basis einstellen, um ihnen etwas Zeit zu geben, eine gewisse Kontinuität zu entwickeln. Und überlegen Sie, ein Team mit diesen und Ihren Vollzeitangestellten (wenn Sie welche besitzen) zu bilden, um den Übergang für neue Zeitarbeiter zu erleichtern, wenn die zeitliche Serviceperiode zu Ende ist.

Zeitlich befristetes Personal kann ein nützliches Instrument sein, wenn kurzfristig ein Verkaufsbedarf auftritt, der Ihre interne Verkaufskapazität überschreitet. Häufig braucht ein Marketingplan nur einen rapiden Anstieg der Verkaufsgespräche für ein paar Wochen oder Monate – und nun kennen Sie einen einfachen Weg dahin.

Laptop-Magie

Viele Verkäufer schwören auf ihre Laptops, weil sie als Verkäufer etwas tun können, was niemand anders im Geschäftsleben geschafft hat: Sie können ihr Laptop in ein virtuelles Büro verwandeln, das alle unterstützenden Funktionen besitzt, um die Arbeit gut zu verrichten. Terminplanung. Detaillierte Datenbanken über Kunden. Verkaufsberichte. Korrespondenz. Prognosen und Vorhersagen. Die letzten Business-News. E-Mails vom Heimatbüro. All diese Informationen befinden sich im Laptop, und Ihre Verkäufer sind vollkommen informiert und organisiert, egal wohin sie gehen.

Um diese Magie des virtuellen Büros auf einem Laptop zu vollenden, wollen Sie sicher eines der speziellen Software-Programme laden, die extra für Verkäufer geschrieben wurden. Das beste, was ich gesehen habe, war ACT! von Symantec Corporation (021 02-74530).

Rally Center ersetzen Heimbüros

Wenn Sie im Team arbeiten, um ein Produkt zu verkaufen, sind Sie wahrscheinlich den ganzen Tag mit dem Auto unterwegs und arbeiten von Ihrem Laptop aus. Sie brauchen nicht extra ins Büro zu kommen, bevor Sie sich auf die Straße begeben. Warum zahlen Sie also Miete für Büroräume?

Die Einrichtung der Rally Center (Versammlungszentren) übernimmt die Stelle der Heimbüros bei MCI, wo die Verkäufer jetzt von ihren Laptops und Autos aus operieren. Sie verbringen so viel Zeit auf der Straße, daß sie morgens nicht an ihre Schreibtische zu kommen brauchen. Also läßt die Firma ihre Schreibtische und Büros verschwinden.

Trotzdem brauchen sie manchmal Zugang zu Büroeinrichtungen, und dies bietet das Rally Center auf der Basis der Teilung. Versammlungsräume, einen Video-Trainingsbereich sowie Computer-Arbeitsplätze für spezielle Fälle und Projekte sind vorhanden. Es gibt noch zusätzliche Räume für die Unterhaltung von Klienten oder zum Austausch mit anderen Verkäufern. Die Verkäufer kommen vorbei, wenn sie die Räumlichkeiten brauchen, aber nicht täglich. Das hat zur Folge, daß Sie für ein Rally Center nicht so viel Bürofläche mieten müssen, wie Sie es gewohnt waren, als jeder Verkäufer seinen eigenen Schreibtisch oder sein eigenes Büro besaß.

Entlohnung der Arbeitskräfte

Dies ist eine der härtesten und wichtigsten Management-Entscheidungen im Marketing – wie entlohnt man die Vertreter? Die Bezahlung hat einen bedeutenden Einfluß auf die Motivation und die Leistung des Verkaufspersonals, und natürlich hat die Leistung der Vertreter einen großen Einfluß auf den Absatz. Das Problem wird schwieriger, da Motivation ein schwer einzuschätzender Faktor ist und die Wirkung der Entlohnung darauf nicht immer eindeutig ist.

 Wenn Sie bestimmte Verkäufer anwerben wollen, dann müssen Sie ihnen einen speziellen Entlohnungsplan bieten. Die Idee dahinter besteht darin, etwas völlig von der Norm in Ihrer Branche Abweichendes zu tun, um Ihre Arbeitsangebote wirklich außerordentlich erscheinen zu lassen. Aber was ist beispielsweise der Fall, wenn Sie sichergehen wollen, daß Ihre Verkäufer einen hohen beratungs- und serviceorientierten Ansatz verwenden, mit langfristiger Unterstützung und dem Aufbau von Beziehungen? Was Sie brauchen, sind Leute mit Geduld und Hingabe, Leute, die nach einer festen Anstellung suchen und Geschäfte über längere Zeit aufbauen wollen. Versuchen Sie also, ihnen weniger Kommission zu bieten als sie anderswo bekämen. Gestalten Sie die Entlohnung gehaltsorientiert. Wenn Sie ihnen Verkaufsanreize geben, denken Sie an einen Bonus für die Beibehaltung langjähriger Kunden und Geschäfte mit vorhandenen Kunden. Ihr Entlohnungsplan wird aus denen Ihrer Konkurrenten hervortreten und ein klares Signal über die Art des Verkaufsverhaltens aussenden, das Sie erwarten.

Und wenn Sie die heißesten, motiviertesten Verkäufer anlocken möchten, bieten Sie mehr Kommission als Ihre Konkurrenz. Das ist, was Realty Executives, eine Firma aus Phoenix mit Hauptsitz in Arizona, macht. In einer Branche, in der Kommissionen von Hausverkäufen typischerweise aufgeteilt werden zwischen dem Vertreter und seiner Immobilienfirma, gibt Realty Executives 100 Prozent der Verkaufskommission an seine Grundstücksmakler. Und statt ein Basisgehalt zu zahlen, wird den Vertretern eine monatliche Gebühr für die Nutzung des Firmennamens und der Firmeneinrichtungen berechnet. Diese ungewöhnliche Vorgehensweise zeigt Wirkung auf die Topverkäufer, die jährlich $ 15.000 mehr verdienen als ein durchschnittlicher Makler. Und es siebt leistungsschwächere Makler aus, die durch ihr Basisgehalt und eine gelegentliche Provision bei einer traditionelleren Firma ins Schleudern geraten würden.

Direktmarketing via Werbung, Telemarketing und Direktversand

18

In diesem Kapitel

▶ Entdeckung der Vorteile des Eins-zu-eins-Marketing

▶ Schaffung von effektiver Direct-Response-Werbung

▶ Einsatz des Direktversandes

▶ Einsatz des Telemarketing

▶ Einrichtung von Call-Centern zur Bedienung Ihrer direkten Kunden

▶ Kampf um die Response-Chancen, während Sie an Ihrer Integrität festhalten

Continental Cablevision hat 4,5 Millionen Abonnenten in den USA. Das sind viele Kunden. Und so viele Kunden zu gewinnen, hat große Marketingbemühungen gekostet. Aber wie viele Kunden werden bei Continental bleiben, wenn der Wettkampf um den Markt beginnt und sich Alternativen bieten? Hmm. Ich weiß es nicht. Continental mußte sich damit in der Vergangenheit nicht beschäftigen. Aber nun macht diese Firma sich Sorgen. (Und Sie sollten es auch tun!) Continentals Antwort auf die Konkurrenz lautet *Direktmarketing* im großen Rahmen (Direktmarketing bedeutet, Medien zu verwenden, um direkt mit den Kunden zu kommunizieren und neue Verbindungen zu ihnen herzustellen, statt über Zwischenstationen wie z.B. Einzelhändler). Um dies zu erreichen, beauftragte Continental einen Direktversandmanager, fing an, ihren Kunden per Post spezielle Angebote zu schicken und eine Informationsdatenbank über sie anzulegen.

Teil der Continental-Initiative ist ein Programm, das sich Inner Circle nennt, ein bevorzugtes Kundenprogramm, das seinen Mitgliedern verschiedene Anreize und Services bietet. Das Ziel dieses Programms ist es, mit jedem Kunden eine Beziehung einzugehen, die ihn dazu einlädt, mehr Geschäfte mit Continental Cablevision zu machen, und so seine Treue wachsen läßt. Ich empfehle Ihnen sehr, diese Strategie ebenfalls zu verfolgen – d.h. den Kunden Mitgliedschaft an einem Programm anzubieten, das ihnen besondere Vorteile bringt und sie direkt mit Ihnen verbindet.

Vielleicht beruht Ihr Geschäft auf indirekten oder unpersönlichen Arten von Marketing. Falls ja, dann werden Sie wahrscheinlich dieses Kapitel lesen, weil Sie bemerkt haben, daß Ihre aktuellen Marketingbemühungen verstärkt werden müssen durch eine treueschaffende direkte Kundenbeziehung, in der Sie Medien wie Post/Fax, Telemarketing, E-Mail und das World Wide Web einsetzen. Sie haben recht. Lesen Sie weiter. Fast jedes Marketing-Programm muß Direktmarketing mit anderen Elementen verbinden.

Oder vielleicht betreiben Sie schon Ihr Geschäft als direkter Marketer. Eine schnell wachsende Anzahl von Unternehmen greift auf Direktmarketing zurück, um Geschäfte zu führen, und umgeht so indirekte Vertriebswege. Diese Strategie ist ebenfalls sehr gut und noch dazu eine, die zunehmend durch das Auftreten neuer Medien und neuer Informationsmanagement-Technologien erleichtert wird.

Direktmarketing ist ein wichtiges Element – und es so weit zu meistern, daß Sie jede Chance ergreifen und überdurchschnittlich hohe Response-Raten erhalten, ist unerläßlich. Ich werde in diesem Kapitel immer wieder auf dieses Konzept zurückkommen, um Ihnen zu helfen, die verschiedenen Probleme und Praktiken des Direktmarketing zu überdenken. Dieses Kapitel konzentriert sich primär auf konventionelle Medien – Printanzeigen, Post und Telefon. Denken Sie daran, daß diese mit Internet-Marketing (siehe Kapitel 7) verbunden oder dadurch ersetzt werden können.

Und beachten Sie außerdem, daß hinter jedem effektiven Direktmarketing-Programm (oder Programm des persönlichen Verkaufs) eine gute, durchorganisierte Datenbank mit dem Namen von Kunden und Interessenten steht. Falls Sie Hilfe mit Ihrer Datenbank brauchen, beachten Sie den Kasten *Nutzung einer Datenbank*.

Nutzung einer Datenbank

Fast alle Direktmarketer verwenden computergestützte Datenbanken. Sie sollten zu dieser Technologie umschwenken, falls Sie es nicht schon gemacht haben. Aber eine Computer-datenbank ist nicht unbedingt sinnvoll, wenn Sie nicht einige tausend Kunden in Ihrer Kartei haben. Daher können kleinere Direktmarketer die Entscheidung für eine Datenbank vertagen, wenn sie Computer nicht mögen. Tatsächlich ist die einfachste Form einer Datenbank eine Schachtel mit Karteikarten, die Vermarkter über Jahre hinweg benutzt haben, bis die Computerindustrie sie mit neuen Programmen lockte, die diese Arbeit erledigen können. Die folgende Tabelle zeigt einige der führenden Marken der Datenbankmanagement-Software für Direktmarketing:

Datenbankmanagement-Programme

Programm	Hersteller
MS FoxPro	Microsoft
dBase and Paradox	Borland International
Access	Microsoft
Approach	Approach Software
4th Dimension/4D First	ACI Inc.
FileMaker	Pro Claris
Helix Express	Helix Technologies
Oracle	Oracle Corp.

Falls Ihnen der Umgang mit diesen Programmen nicht geläufig ist, sollten Sie an einem Lehrgang über Datenbankmanagement für Direktmarketing teilnehmen. Oder lesen Sie die ... *Für Dummies* Produktreihe, die Bücher über eine Vielzahl von Computerprogrammen umfaßt.

Falls Sie ein Datenbanksystem installieren oder überarbeiten, machen Sie eine Liste von Funktionen, die das Programm übernehmen soll. Schreiben Sie Ihre Liste nicht in der Fachsprache. Kümmern Sie sich nicht darum, wie das Programm seine Wunder vollbringt, so lange wie es sie nur *vollbringt*. Während z.B. verschiedene Programme und interne Systeme verschiedene Techniken verwenden, um vergangene Kundenkäufe zu verfolgen, ist alles, was Sie tun müssen, darauf zu achten, daß Ihr Programm Kunden nach Regelmäßigkeit oder Aktualität getätigter Käufe zuordnen kann oder Ihnen eine Verkaufsgeschichte spezieller Kunden gibt. Einige Programme erlauben diese Art der Analyse, andere vielleicht nicht, also schauen Sie auf Ihre Liste, welche Funktionen Ihr Programm erfüllen soll, bevor Sie eines kaufen.

Nachfolgend die wichtigsten Anforderungen an jede Marketingdatenbank:

✔ Sortieren nach Neukäufen

✔ Sortieren nach Kaufhäufigkeit

✔ Sortieren nach dem Gesamtwert der abgeschlossenen Verkäufe innerhalb eines ausgewählten Zeitraums

✔ Unterstützen des Listen-Managements (Misch- und Löschfunktionen)

✔ Integration neuer Felder (inklusive Daten aus Verkaufslisten und Marktanalysen)

✔ Unterstützung der Namenauswahl (durch *Segmentierung* – Listen in ähnliche Untergruppen teilen, *Profilieren* – Beschreibung der Kundentypen nach ihren Eigenschaften und *Modeling* – Entwicklung statistischer Modelle, um Response-Raten vorauszusagen oder zu erklären).

✔ Unkomplizierte Datensortierung, Aktualisierung und Korrektur

✔ Leichte Analyse und Verfolgung individueller Reaktionen auf spezielle Kommunikationsmaßnahmen, um die Effektivität eines Briefes und Skriptes zu prüfen.

✔ Einfaches Aufrufen und Ergänzen von Profilen aller Kunden (oder zumindest von Kunden, die einem Club angehören oder an einem Programm teilnehmen) für Telefonvermittler in *Call-Centern*. Call-Center haben die Aufgabe, Anrufe von Kunden zu bearbeiten – lesen Sie Kapitel 18 über Telemarketing und wie man es aufbaut.

Die vorangehende Liste ist länger, als ich sie eigentlich machen wollte, aber wenn Sie darüber nachdenken, wollen Sie doch viele Dinge mit der Datenbank machen können. Denken Sie sorgfältig darüber nach, und fragen Sie einen Softwarehersteller oder Vertreiber, Berater oder Ihren Unternehmensprogrammierer, welches Programm Ihren Wünschen am besten entspricht. Andernfalls werden Sie viel Zeit damit verbringen, zu lernen, was Ihr Programm nicht kann, und das ist nicht lustig!

Was ist eigentlich Direktmarketing?

Direktmarketing. Beziehungsmarketing. Eins-zu-eins-Marketing. Interaktives Marketing. Im Grunde bezeichnen diese Begriffe alle dasselbe, daher ist es egal, welchen Sie verwenden.

Für mich beginnt Direktmarketing, wenn Sie als Marketingmensch die Kundentransaktionen über eine Distanz durch ein oder mehrere Medien selbst schaffen und managen.

In vielen Industriezweigen sind die Kunden zu zahlreich oder verstreut, als daß der Produzent mit ihnen direkt ins Geschäft kommen könnte, oder umgekehrt. Ich würde z.B. nicht gerne nach San Francisco zum Hauptsitz von Levi-Strauss & Co. fahren müssen, um mir eine Jeans zu kaufen, so würde umgekehrt Levi Strauss nicht gerne einen Vertreter mit einem Lkw voller Jeans bei mir zu Hause vorbeischicken. So können wir persönlich keine Geschäfte machen. Statt dessen kommen eine Reihe von Zwischenhändlern – Vertreibern und Händlern – ins Spiel. Levi Strauss & Co. schickt eine Auswahl an LeviStrauss-Kleidung an Händler in meiner Nähe, und die locken mich an, dort meine Kleidung zu kaufen. Die Vertriebswege, wie sie von Levi Strauss & Co. genutzt werden, sind eine Lösung, um viele oder entfernte Kunden zu erreichen.

Aber Direktmarketing bietet eine Alternative, einen Weg, über den Sie Ihre Reichweite erhöhen und keine Zwischenhändler brauchen. Sears war Pionier auf dem Gebiet und führte die Bestellung über Versandkataloge ein, anstatt den Verkauf über Geschäfte zu tätigen. Und der moderne Direktmarketer ist auch eine Art von virtuellem Händler, der in der Lage ist, durch den cleveren Einsatz von Medien seine Fühler auszustrecken und mit allen Kunden, die schwer zu erreichen sind, einen Austausch herbeizuführen.

 Das ist zumindest meine Definition von Direktmarketing. Falls Sie eine offizielle Definition wünschen, hier ist die der Direct Marketing Association: Direktmarketing ist ein interaktives Marketingsystem, das ein oder mehrere Werbemedien verwendet, um meßbare Antworten und/oder Transaktionen an jedem Ort anzuregen. Ich habe es nicht geschrieben, deshalb fragen Sie mich nicht, was es bedeutet. Diese Definition fügt meiner weniger formalen jedoch zwei wichtige Konzepte hinzu.

✔ **Interaktivität:** Seien Sie davon nicht zu begeistert! Einige predigen das Evangelium des interaktiven Marketing, als wäre eine Wechselwirkung mit dem Kunden via Internet, Telefon oder Post eine unglaubliche, bahnbrechende Erfahrung. Quatsch. Die Wahrheit ist, daß die Initiative vom Kunden ausgehen muß, um einen Kauf zu tätigen. Sie machen etwas. Der Kunde macht etwas. Das ist die Grundlage jedes Marketingaustauschs. Natürlich muß Ihr Direktmarketing eine Interaktion zwischen Ihnen und dem Kunden auslösen. Andernfalls ist das, was Sie betreiben, kein Marketing. Kunden aus der Ferne zum Handeln zu bewegen, kann sehr schwer sein, daher konzentriert sich Direktmarketing darauf, Kunden zu dieser Handlung zu bewegen.

✔ **Meßbare Reaktionen:** Die Idee hinter diesem Konzept ist, daß Sie gute Aufzeichnungen darüber führen können und sollten, was Sie im Direktmarketing machen. Es ist leicht herauszufinden, welche Kosten entstehen, um einen neuen Kunden zu werben, und was

Sie dafür zurückbekommen. Das bedeutet, daß Direktmarketing auf klaren Informationen darüber beruht, was Sie machten und was dann passierte. Mit diesen Informationen in der Hand können Sie schnell aus Erfahrungen lernen. Noch einmal: Meßbare Reaktionen sind kein typisches Merkmal des Direktmarketing. Jede Art des Marketing sollte gemessen und kontrolliert werden, damit Sie sicher sind, welche Ergebnisse Sie erhalten. Aber die Wichtigkeit der Messungen und Analysen zu wiederholen, ist niemals falsch.

Auch wenn Sie nicht viel oder keine Erfahrungen mit Direktmarketing haben – haben Sie Vertrauen, daß eine kleine Initiative genügend Informationen bietet, aus denen Sie lernen können, wie Sie Direktmarketing besser und in größerem Umfang einsetzen können und auf ein höheres Niveau bringen. Das Beste, um im Direktmarketing gut zu werden, ist, damit anzufangen. Steigen Sie ins Direktmarketing mit einem bescheidenen Programm ein, um Ihr eigenes Risiko zu mindern, und beginnen Sie so, zu lernen und zu wachsen. Dieses Prinzip gilt, ob Sie klein oder groß, Einzelhändler oder Großhändler, eine Profit- oder Non-Profit-Organisation sind. Diese Richtlinie ist auch für Levi Strauss gültig. Der Konzern hat gerade eine Direktmarketinginitiative begonnen, in der er jeder verkauften Jeans eine Registrierkarte beifügt. Diese Methode ist bei Ausrüstungsvermarktern bekannt, ist aber in anderen Märkten weniger gebräuchlich. Falls dieser Ansatz für Levi's Markenjeans funktioniert, dann werden Levi Strauss & Co. eine Kundendatenbank anfertigen. Und wenn Sie diese erst einmal in Händen haben, können Sie von dort aus Direktmarketing beginnen.

Eine Vielzahl von Medien und Strategien sind für Direktmarketer verfügbar. In den folgenden Abschnitte werden die Möglichkeiten betrachtet.

Direct-Action-Werbung

Denken Sie, es gibt viele potentielle Kunden, die Ihr Produkte lieber direkt bestellen, aber nicht wissen, daß Sie es können? Wissen diese Kunden auch, daß es Sie gibt, und denken sie auch gerade an Sie? Falls nicht, dann sollten Sie versuchen, diese durch *Direct-Action-Werbung* zu erreichen – Werbung, die Leute reizt, mit Nachforschung oder Kauf zu antworten. (Einige Vermarkter nennen das Direct-Response-Werbung. Treffen Sie Ihre Wahl!) Die Registrierkarten von Levi Strauss fallen auch in diese Kategorie, obwohl Direct-Action-Werbung in Printmedien – Zeitschriften und Zeitungen – und jetzt auch im Internet und auf Faxgeräten geläufiger ist.

Die Leute, die auf diese Werbung antworten, haben sich als Kunden und Interessenten für Ihre Produkt selbst ausgewählt. Sie brauchen für diese Kunden zwei Dinge:

✔ Sie müssen Ihr Bestes geben, um einen Kauf abzuschließen, indem Sie diese dazu bewegen, etwas zu kaufen.

✔ Sie müssen so viel wie möglich über sie erfahren und die Informationen in Ihrer Datenbank für zukünftige Bemühungen im Direktmarketing speichern.

Viele Unternehmen haben durch diesen Prozeß Direktmarketingkapazitäten geschaffen. Sie plazieren Werbung an den Orten, von denen sie hoffen, daß es ein angemessener Zielmarkt sei. Danach versuchen sie, langfristige Direktmarketingbeziehungen mit denjenigen, die ihnen antworten, aufzubauen (z.B. durch Zusendung von Katalogen oder Direktversandbriefen). Mit der Zeit wird die Datenbank um neue Antworter ergänzt, Informationen über sie erweitert, und viele von ihnen werden regelmäßige Direktkäufer.

Direct-Response-Werbung ist nicht der einzige Weg, um Reaktionen zu stimulieren. Ich werde Ihnen in den nachfolgenden Abschnitten zeigen, wie Sie Direktversand und Telemarketing nutzen können. (Und vergessen Sie nicht die neuen Kapazitäten durch das Internet!) Beide, Print- und Fernsehwerbung, haben erfolgreiche Berichte auf diesem Gebiet vorzuweisen – und das Radio kann es auch, aber dort besteht das Problem, daß Menschen selten aufschreiben, was sie im Radio hören. (Folglich ist das Radio nicht sehr handlungsorientiert und bedarf einer innovativen Lösung dieses Problems.)

Eine hohe Reaktionsquote – das anspruchsvollste Ziel bei der Gestaltung von Direktwerbung

Weil es Ihr Ziel ist, Konsumenten zu einer Reaktion zu bewegen, muß Ihre Direct-Action-Werbung eine schwere Aufgabe erfüllen. Sie müssen verstehen, daß viele der Interaktionen zwischen Ihrer Anzeige und Ihrer Zielgruppe nicht so funktionieren, wie Sie es möchten. Viele Direktwerbungen scheitern! Daher ist Ihr eigentliches Ziel, die Mißerfolgsrate zu minimieren.

Schauen Sie sich die Statistiken an, wenn Sie mir nicht glauben:

✔ Eine ganzseitige Anzeige in einer Zeitschrift lockt in der Regel 0,05 – 0,2 Prozent der Leserschaft an. (Die *Pull-Rate* ist die Prozentzahl der Leser, die durch Anruf oder Post – gemäß den Anzeigeninstruktionen – reagieren.) Das Höchste, was Sie von einer solchen Anzeige erwarten können, sind zwei Antworten pro Tausend. Ziemlich schlecht, hm?

✔ Ein Direktversandbrief mit individueller Adresse lockt zwischen 0,5 und 5 Prozent der angeschriebenen Personen. Die stärkste Reaktion, die Sie auf einen solchen Brief erwarten können, sind 50 Antworten pro Tausend. Besser, aber immer noch schlecht. (Übrigens ist der Tausenderkontaktpreis – TKP – eines Briefes höher, so daß Sie nicht unbedingt besser mit Direktversand als mit Zeitschriftenanzeigen bedient sind.)

✔ Eine Direktversandanzeige, die Ihr Produkt in einer Gruppe von Produkten zeigt, wie in Katalogen oder auf Karten, wird noch weniger locken. Teilen Sie die 50 pro Tausend durch die Anzahl der Konkurrenzprodukte, um eine ungefähre vorstellung von einer maximal möglichen Response-Rate zu bekommen. (Dennoch erhöht günstige Plazierung die Rate; dies gilt auch, wenn der Kunde dazu neigt, mehrere Käufe aus dem Katalog zu tätigen.) Wenn Ihr Produkt zum Beispiel auf einer Postkarte in einem verpackten Stapel von 50 Karten abgebildet ist, so wird die maximale Antwort eine pro Tausend sein. Das ist wirklich schlecht.

✔ Ein Telemarketing-Center schneidet hier etwas besser ab, da es nach einer bewerteten Liste gezielt Anrufe tätigt. Das Center kann eine Reaktionsrate zwischen 0,75 und 5 Prozent für ein Konsumprodukt erreichen, steigt aber möglicherweise bis auf 15 Prozent für einige Business-to-Business-Verkaufsbemühungen. Trotzdem überwiegen beim Telemarketing die Mißerfolge, und sein TKP ist oft höher als beim Direktversand.

Kurz, in der Mehrzahl der Fälle funktioniert Direktmarketing nicht. Zumindest ist Direktmarketing nicht sehr gut bei der Suche von geeigneten Kunden, die in der richtigen Stimmung sind, zu antworten (daher klagen so viele über Postwurfsendungen und ärgerliche Telemarketinganrufe). Das ist das traurige Geheimnis, das die Branche der Welt verheimlichen will, aber Sie müssen die Tatsachen vorher genau kennen, bevor Sie versuchen, ein Direktmarketing-Programm zu gestalten oder besonders, wenn Sie die ersten Pull-Anzeigen entwerfen, um neue Kunden und Zielgruppen anzulocken. Bevor Sie verzweifeln, sollten Sie wissen, daß gute Direktmarketing-Programme höhere Quoten bringen und sehr lukrativ sein können. Seien Sie also nicht entmutigt – versuchen Sie nur, besser zu sein als der Durchschnitt.

Was Sie tun können und müssen, ist, sehr viel kreative Energie und Aufmerksamkeit auf Details in die Anzeige zu stecken, damit sie besser ist als die typischen Direktanzeigen. Falls es Ihnen gelingt, das obere Ende dieser Pull-Skala zu erreichen oder zu übertreffen, die ich zuvor erwähnt habe, dann wird die wirtschaftliche Seite der Direct-Response-Werbung Ihr Lohn sein. Aber wenn Ihre Anzeige nur die Mitte oder das untere Ende dieser Bereiche erreicht, dann werden Sie Probleme damit haben, Gewinne aus dem Direktmarketing zu ziehen.

Die Ziele von Direct-Action-Werbung

Die hohe Mißerfolgsrate erscheint logisch, wenn man bedenkt, wieviel mehr die Direct-Action-Anzeige leisten muß im Vergleich zu typisch imagebildenden oder markenorientierten Anzeigen. Die letztere hat einen schwierigen Auftrag. Sie muß Aufmerksamkeit erregen, Betrachter miteinbeziehen, eine ansprechende Nachricht vermitteln, und während sie das macht, muß der Betrachter immer einen guten Eindruck von Ihrem Produkt haben, damit er auf die anderen Elemente der Marketingstrategie reagiert. Aber diese anderen Elemente haben die Aufgabe, den Verkauf abzuschließen und kommen häufig aus dem Vertriebssektor. Vergleichen Sie das mit Direct-Action-Anzeigen, die genügend Enthusiasmus schaffen müssen, um Menschen, aus eigener Initiative auf der Stelle zum Kaufabschluß zu bewegen.

 Wie können Sie dieses Ziel erreichen? Ich werde Ihnen anhand einer erfolgreichen Direktanzeige das Geheimnis verraten. Das Beispiel ist Jahrzehnte alt, eine ganzseitige Anzeige aus einer Zeitschrift. Sie wirbt für Hausmusikkurse der US School of Music, die in New York City ansässig war, aber nicht mehr im Telefonbuch von Manhattan steht. (Ich weiß nicht, was mit ihr geschah. Vielleicht hat sie aufgehört, Anzeigen zu schalten.) David Ogilvy, Mitbegründer der Werbeagentur Ogilvy & Mather und Autor des wundervollen Buches *Ogilvy on Advertising*, sagt, die Anzeige dieser Schule sei eine der besten, die je geschrieben wurden.

Die Werbung zeigt eine Tuschezeichnung einer Gruppe von Menschen in einem Wohnzimmer. Einer von ihnen setzt sich gerade hin, um für die anderen Klavier zu spielen. (Ich glaube, daß die Ersetzung des Klavieres durch Fernseher in amerikanischen Wohnzimmern das Verschwinden der US School of Music erklären könnte.) Aber der größte Teil der Anzeige ist Text, angefangen mit der großgedruckten Überschrift, gefolgt vom Haupttext, die die Geschichte des Protagonisten in der ersten Person erzählt:

Sie lachten, als ich mich ans Klavier setzte.
Aber als ich anfing zu spielen ...

Zum Erstaunen all meiner Freunde ging ich selbstbewußt zum Piano und setzte mich. »Jack macht wieder seine alten Tricks«, kicherte jemand. Die Menge lachte. Sie waren alle sicher, daß ich keine einzige Note spielen könne.

»Kann er wirklich spielen?« flüsterte ein Mädchen zu Arthur.

»Himmel nein«, rief Arthur, »er hat noch nie in seinem Leben eine Note gespielt ... Aber schau ihm nur zu. Das wird gut.«

Ich beschloß, das beste aus der Situation zu machen. Mit gespielter Würde zog ich ein Seidentaschentuch heraus und entstaubte leicht die Klaviertasten. Dann stand ich auf, gab dem drehbaren Klavierstuhl eine Vierteldrehung, so wie ich es bei einem Paderewski-Imitator in einem Vaudeville-Sketch gesehen hatte.

»Was hältst du von seiner Aufführung?« rief eine Stimme aus dem Hintergrund.

»Wir finden's toll!« kam die Antwort zurück, und die Menge bog sich vor Lachen.

Dann fing ich an zu spielen.

Sofort fiel eine gespannte Stille über alle Gäste. Das Gelächter verschwand wie durch ein Wunder von ihren Lippen.

Die Anzeige erzählt weiter, wie Arthur, der Freund des Protagonisten, »selbst ein guter Pianist«, denkt, er müsse wohl seit Jahren spielen. Aber das war nicht so, denn die US School of Music »hatte eine neue vereinfachte Methode, die Ihnen jedes Instrument in ein paar Monaten per Post beibringt.« Dieses Versprechen der Anzeige würden die meisten von uns in die Überschrift gesetzt haben. In dieser Anzeige erscheint es aber in der Mitte von drei Textspalten. Die Leute haben die Aussage trotzdem verstanden, und zwar in Rekordzahlen, weil die Hintergrundgeschichte der Anzeige so unterhaltsam und glaubwürdig ist.

Ich weiß nicht, ob es diesen Jack gibt, aber die Anzeige funktioniert, weil sich die Leser mit ihm identifizieren und sich vorstellen, wie sie genauso von dem Kurs profitieren könnten. Er war so real, wie ein fiktiver Charakter nur sein kann, und die Anzeige ließ sich wie eine gute Geschichte lesen. Die Anzeige endet mit einem abtrennbaren Bestellformular, und eine große Anzahl der Leser hat es ausgefüllt, nach der kostenlosen Broschüre sowie einer Probestunde gefragt und per Post zurückgeschickt.

Während die Voraussetzung sowie die Sprache und der Humor der Anzeige überholt sind, funktioniert ihr Erfolgsgeheimnis noch immer. Vergewissern Sie sich, ob Ihre Direct-Response-Anzeige die folgenden Punkte erfüllt:

✔ **Ihre Zielleser ansprechen:** Eine gute Geschichte, ein Charakter, mit dem sie sich identifizieren können oder der einen Wunsch verkörpert. Das sind die zeitlosen Elemente des richtigen Appeals.

✔ **Ihr Hauptversprechen über das Produkt unterstützen:** Weil die Anzeige nicht nur Interesse wecken, sondern auch zu Verkaufsabschlüssen führen soll, muß sie genug Anlaß bieten, logische Einwände der Leser auszuschließen. Wenn die Vorteile des Produktes offensichtlich sind, dann zeigen Sie diese mit einer Nahaufnahme des Produktes. Falls nicht (wie z.B. im Fall eines Services), dann verwenden Sie Zeugen, eine ansprechende Geschichte, Statistiken aus objektiven Produkttests – kurz, einige Beweise, die logisch oder emotional überzeugen, – oder besser beides tun.

✔ **Ansprechen des Lesers durch unterhaltende, persönliche Sprache:** Die Sprache aus der vorangegangenen Anzeige ist zugegebenermaßen etwas veraltet, aber zu ihrer Zeit war die Anzeige natürlich, leicht zu lesen und glaubwürdig. Ihre Anzeige muß ebenso natürlich und angenehm für Leser sein. Werden Sie nicht übermütig! Schreiben Sie gut. Schmücken Sie aus und verdichten Sie. Suchen Sie nach besseren, triftigeren, klareren Ausdrücken. Aber bitte werden Sie nicht steif und formal. Sie schreiben keinen Bericht für Ihren Chef, Sie schreiben eine Anzeige.

✔ **Sprechen Sie gezielt mögliche Leser an:** Ihre Response-Rate wird dramatisch durch die Anzeigenleser beeinflußt. Tatsächlich kann die gleiche Anzeige, in zwei verschiedenen Veröffentlichungen plaziert, unterschiedliche Response-Raten an beiden Enden der Skala haben. Je klarer Sie Ihre Zielkonsumenten definieren und je mehr von ihnen die Anzeige lesen, um so besser ist Ihre Anzeigenleistung.

Sehr selektive Veröffentlichungen eignen sich besser für Response-Werbungen. Eine spezielle Zeitschrift kann eine größere Leserschaft liefern als allgemeine Zeitschriften oder Zeitungen. Falls Sie sich an Frauen richten, wählen Sie Publikationen aus, die von ihnen gelesen werden. Das läßt Ihre Response-Rate um 50 Prozent steigen. *Good Housekeeping* z.B. erreicht fünf Millionen Leser – die meisten von ihnen sind Frauen.

✔ **Erleichtern Sie Reaktionen:** Beachten Sie, daß die vorangehende Klavier-Anzeige mit dem Angebot für eine freie Broschüre und Probestunde endet. Die Anzeige fragt nicht nach Geld, sondern nur nach Namen und Adressen interessierter Kunden. Das Ziel der Anzeige ist es, geeignete Zielgruppen zu finden, die in zahlende Kunden umgewandelt werden können. Weshalb? Ich bin sicher, daß sich die Werbungtreibenden genauso bemüht haben, wie Sie es jetzt tun, neue Kunden an Land zu ziehen, aber das in einer einzigen Anzeige unterzubringen, wäre zu schwer gewesen. Nicht für den Werbungtreibenden – die Schecks einzulösen, wenn sie per Post ankommen, ist nicht schwer – aber für den möglichen Kunden. In diesem Fall ist es unwahrscheinlich, daß ein Kunde ohne nähere Informationen einen ganzen Hausstudienkurs kauft. So macht die Anzeige es dem Kunden leichter, zu handeln, indem sie ihm einen einfacheren und weniger riskanten Zwischenschritt anbietet.

Manchmal ist dieser Zwischenschritt nicht nötig. Falls Sie unsicher sind, probieren Sie zwei Versionen der Anzeige aus – eine mit Zwischenschritt und die andere, die den Verkauf auf direktem Weg initiiert. Dann werden Sie sehen, welche langfristig besser ist.

Vermarkter bei Cahners, einem Bostoner Handelsblatt, setzen Direct-Action-Anzeigen ein, um Anfragen von Werbungtreibenden anzuregen, die daran interessiert sind, Werberaum in deren Zeitschrift zu kaufen. Sie verwenden Direct-Response-Werbung, um Leute zu erreichen, die Mediakaufentscheidungen beeinflussen. Ihre Strategie konzentriert sich auf Auswahl. Sie bieten Lesern viele Kontaktmöglichkeiten und eine Menge Dinge, nach denen sie fragen könnten. Die zahlreichen Möglichkeiten erlauben es vielen Interessenten, auf einfache Weise Kontakt aufzunehmen, und zwar dadurch, daß sie ihnen die Wahl der von ihnen bevorzugten Reaktion überlassen.

Wenn Direktwerbung funktioniert, funktioniert sie wirklich

Ein moderner Klassiker vermittelt eine Vorstellung von der Fähigkeit einiger Direktanzeigen, Käufe ohne irgendwelche Zwischenschritte abzuschließen. Sie werden vielleicht immer noch diese kleine einfache schwarzweiß Anzeige auf den hinteren Seiten des *New York Times Sunday Magazines* finden. Der Werbungtreibende ist David Morgan von Bothell, Washington, ein Vertreiber des Cattleman, eines traditionellen australischen Hutes, hergestellt von Akbura aus Australien. Die Anzeige zeigt nur das Photo eines Filzhutes mit einem Haupttext, der Informationen enthält wie »vorgeformt durch Akbura Imperial Qualität aus reinem Filz, ganz geformt mit 3° Rand und Dekorband«. Die Anzeige nennt die Artikelnummer und den Preis: $ 85 plus $ 5 Versandgebühren und Bearbeitung. Der Text erwähnt auch, daß David Morgan eine große Auswahl an Produkten anbietet von keltischem Schmuck bis zu Landkarten von Britannien. Für Bestellungen ist eine gebührenfreie Telefonnummer angegeben, für diejenigen, die lieber schreiben, eine Adresse sowie eine E-Mail-Adresse.

Ich habe diese Anzeige ohne Veränderungen über einige Zeit in vielen Magazinen gesehen. Das muß bedeuten, daß sie funktioniert. Und sie funktioniert wirklich. Weshalb? Die Anzeige präsentiert ein Produkt, das jemand offensichtlich haben möchte. Ich mag diese Dinger nicht, aber Männer, die ungewöhnliche Hüte mögen, haben vielleicht von ihnen gehört und suchen nach einer Bezugsquelle. Der Text ist schlicht und einfach – keine Geschichten – aber er richtet sich klar an diejenigen, die sich vorstellen können, solch einem Hut zu tragen. Und es werden auch genügend Informationen über die anderen Produkte der Firma gegeben, um den Lesern das Gefühl zu vermitteln, daß es sich hier um einen wirklich ungewöhnlichen Händler handelt; eine potentielle Bezugsquelle für Produkte, die man in normalen Läden nicht bekommt.

Schließlich bietet die Anzeige einen einfachen Weg für Leser, mit dem Händler in Kontakt zu treten. Drei verschiedene Möglichkeiten werden angeboten: Telefon, Post und E-Mail. Außerdem offeriert sie auf Anfrage einen Katalog, nicht nur um den Hut zu bestellen, so erhält der Leser zwei Nachfaßmöglichkeiten. All das macht eine billige Anzeige im hinteren Teil der Zeitung aus. Vielleicht sollte ich meine vorhin gemachte Behauptung relativieren: Direktmarketing funktioniert sehr oft nicht, doch wenn es funktioniert, funktioniert es richtig gut!

Direktversand

Der Direktversand ist die klassische Form des Direktmarketings – tatsächlich wurde früher das gesamte Feld Direktmarketing genannt, bis Experten den Begriff änderten. *Direktversand* ist der Gebrauch von persönlichen Verkaufsbriefen und hat ein eigene lange Tradition. Ich werde gleich besprechen, was die besten Ideen aus dieser Tradition sind; aber zuerst möchte ich festhalten, daß Direktversand wirklich nicht mehr oder weniger ist als eine Form der Printwerbung. Denken Sie in diesem Kontext über Direktversand nach, bevor Sie jemanden engagieren, um einen Direktversandentwurf anzufertigen (beachten Sie auch Kapitel 4 und 5).

Eigentlich ist ein Direktversandobjekt nicht wie eine einfache gedruckte Anzeige. Es besteht vielmehr aus zwei Printanzeigen.

✔ Die erste ist diejenige, die der Zielkunde sieht, wenn die Post ankommt. Normalerweise ein Umschlag. Und diese Werbung muß ein schwieriges Ziel erreichen: Der Betrachter soll den Umschlag nicht wegwerfen, sondern öffnen. Die meiste Direktversandpost endet in der Altpapiertonne – ohne jemals geöffnet worden zu sein! Behalten Sie diesen Punkt im Gedächtnis! Sorgen Sie besonders dafür, daß Ihr Umschlag (a) außergewöhnlich ist – er muß beachtenswert und anders sein, und daß Sie (b) dem Leser einen Grund liefern, den Brief zu öffnen (verkaufen Sie den Vorteil oder wecken Sie die Neugier oder noch besser: versprechen Sie eine Belohnung!).

✔ Die zweite Anzeige funktioniert nur, wenn die erste erfolgreich ist. Sie besteht aus dem, was im Inneren steckt. Handlungsziel ist es, den Leser dazu zu bewegen, mit einem Kauf oder einer Nachfrage zu reagieren. In dieser Hinsicht ist diese Anzeige wie andere Direct-Action-Anzeigen. Beim Direktversand gelten also die gleichen Regeln wie bei jeder Kommunikation, die überzeugen will, und darüber hinaus muß man einige spezifische Regeln befolgen.

Die Geheimnisse des erfolgreichen Direktversands

Es gibt eine große Anzahl von sogenannten Formularen für den erfolgreichen Direktversand-brief. Keines davon erfüllt seinen Zweck. Zumindest sollte in Ihrem Brief nichts formularartig sein. Ihr Brief muß kreatives Texten und Design von seiner besten Seite zeigen. Er muß die vorher beschriebenen Geheimnisse der Gestaltung von Direktwerbung anwenden. Ihr Brief sollte die Prinzipien des kreativen Marketing und der ansprechenden Kommunikation bein-halten (siehe Kapitel 4 und 5).

Einige Strategien helfen Ihnen, diese Prinzipien des guten Designs für ein Direktversand-produkt zu nutzen. Nachfolgend einige Punkte, die Ihnen helfen können.

Erstens enthalten die wirksamsten Direktversandbriefe verschiedene Elemente, jedes mit einer eigenen, klaren Rolle:

✔ **Lockangebot:** Eine Art von Lockangebot sollte vorhanden sein, um den Blick des Lesers anzuziehen und Aufmerksamkeit zu erregen, damit der Brief überhaupt gelesen wird.

✔ **Argument:** Dann brauchen Sie ein gutes Argument – logisch, emotional oder beides – weshalb das, was Sie anbieten, für den Leser so großartig ist und daß es ein spezifisches Problem löst. Die Mehrzahl der Briefe ist so angelegt, den Leser so gut wie möglich davon zu überzeugen. Und das ist eine vernünftige Vorgehensweise.

✔ **Zur Handlung auffordern:** Schließlich sollten Sie unmittelbare Handlungen fordern – eine Art Aufhänger, der den Leser zum Anruf bewegt, um ein Muster zu bestellen, sich für einen Wettbewerb einzuschreiben oder eine Bestellung aufzugeben oder etwas ähnliches. Solange Leser reagieren, ist der Brief erfolgreich. Deshalb ist dieser Aufhänger der Höhe-punkt des Briefes und muß so angelegt sein, daß er bestimmt funktioniert.

Diese drei wesentlichen Elemente können auf verschiedene Arten beschrieben werden. Eine, die von vielen Textern favorisiert wird, ist: *Stern, Kette und Aufhänger.* Wenn Sie nicht alle drei Elemente in Ihrem Brief finden und markieren können, taugt er nichts:

✔ **Der Stern:** ein beliebiger Briefanfang. Er soll Aufmerksamkeit und Interesse wecken.

✔ **Die Kette:** Dieser Teil des Briefes ist Ihr Argument – die Produktvorteile und Ihr Verspre-chen über das, was das Leben des Kunden durch den Kauf des Produktes einfacher macht.

✔ **Der Aufhänger:** Dieser Teil ist das Ende des Briefes. Es fordert den Leser auf, etwas sofort zu tun. Falls der Brief keine Kaufanfrage ist, sollte er dem Leser den Anreiz bieten, seinen Namen und seine Adresse einzusenden oder nach Informationen zu fragen.

Diese Formeln beziehen sich auf den Text Ihres Briefes selbst. Denken Sie gut darüber nach, was noch in Ihre Post mit einfließen sollte. Das Äußere des Briefumschlags muß den Leser animieren, den Brief zu öffnen. Nachfolgend einige Techniken, um Ihren Briefumschlag inter-essant genug zu gestalten, damit er geöffnet wird:

✔ **Der listige Umschlag:** Sie verkleiden Ihren Brief, so daß er aussieht wie eine Rechnung oder private Post – oder überhaupt nicht eingeordnet werden kann. Es bleibt zu hoffen, daß der Leser den Brief öffnen wird, nur um herauszufinden, was im Inneren ist.

✔ **Der Profit-Umschlag:** Sie verwenden eine Schlagzeile, vielleicht einen kleinen Text oder sogar eine Graphik, die die Leute über den Inhalt des Briefes informiert und sagt, weshalb Ihr Angebot vom Empfänger gelesen werden sollte. Mir gefällt diese Variante am besten, denn sie ist so ehrlich und direkt – und es ist schließlich Direktmarketing! Außerdem können Sie mit Hilfe dieser Methode sicher sein, daß diejenigen, die diesen Brief öffnen, ein Interesse an Ihren Produkten haben. Aber diese Technik funktioniert nur, wenn Sie einen deutlichen Vorteil oder Unterschied auf Ihrem Umschlag anbieten. Falls Sie nicht sagen können »Öffnen Sie schnell, um den niedrigsten Preis des Produktes XYZ, hochgelobt in *Consumer Reports,* zu bekommen!«, dann funktioniert der Trick nicht.

✔ **Der Sonderangebotsumschlag:** Dieser Umschlag lockt mit dem Aufhänger – denken Sie nicht ans Angebot. Dadurch, daß Sie Konsumenten anbieten, an einem Wettbewerb teilzunehmen und eine Milliarde Dollar zu gewinnen, freie Muster zu erhalten, tolle Wertgutscheine oder eine Dollarnote im Umschlag finden, hat der Leser einen Grund, den Brief im Inneren zu lesen. Aber der Umschlag versucht nicht, das Produkt zu verkaufen – er überläßt das dem sorgfältig geschriebenen Brief im Inneren.

✔ **Der kreative Umschlag:** Wenn Ihr Brief einzigartig genug ist, möchte ihn jeder öffnen, um herauszufinden, wer Sie sind und was Sie vorhaben. Eine übergroße Verpackung in einer unerwarteten Farbe. Ein Umschlag mit lustigem Cartoon oder Zitat auf der Rückseite. Ein Fenster, das den Leser mit der Aussicht auf etwas Interessantes im Innern neckt. Sie können Ihren Brief zum aufregendsten Poststück des Empfängers machen, indem Sie alle erdenklichen kreativen Ideen verwenden. Diese Strategie ist nicht sehr gebräuchlich, da kreative Umschläge sehr teuer sind. Aber seien Sie nicht geizig. Wenn Sie mehr als 25 Prozent oder mehr als das Doppelte und Dreifache an Reaktionen bekommen, dann haben Sie Ihrem Unternehmen viel Geld für Porto eingespart, indem Sie mehr für den Umschlag ausgegeben haben!

Was sollte noch in Ihrer Sendung enthalten sein? Einen Brief kombiniert mit einem *Werberundschreiben* – einer Art Katalog, der ihr(e) Produkt(e) beschreibt – das lockt stärker als ein einzelner Brief. Werberundschreiben funktionieren nicht für alle Produkte (verwenden Sie es nicht für Zeitschriftenbestellungen), aber es funktioniert bei Produkten und Dienstleistungen, die der Kunde als teuer und komplex ansieht. Verwenden Sie Werberundschreiben für Produkte, für die das Kauf-Involvement (innere Beteiligung) hoch erscheint, weil das Werberundschreiben dem Leser die Möglichkeit bietet, sich zu beteiligen. Gestalten Sie Werberundschreiben kunstvoller, einbeziehend und größer, glänzend bunt, wo höheres Involvement vorhanden sein sollte. Große Hefte für teure Ware, kleine für billige.

Fügen Sie auch Antwortformular bei. Ermöglichen Sie dem Leser so, auf verschiedenen Ebenen mit Ihnen in Kontakt zu kommen. Geben Sie dem Leser die Möglichkeit, auf Angebote zu reagieren, die ihn interessieren. Freigestempelte oder bezahlte Antwortschreiben erhöhen normalerweise die Antwortquote, und so rechtfertigen Sie Ihre Mehrkosten viele Male. Vernachlässigen Sie nicht die Form, denn eine Antwort zu erhalten, ist das Wichtigste für Sie.

Der letzte Gestaltungspunkt ist, wie Sie den Brief versenden. Als Drucksache, Infopost oder normale Post? Sollten Sie spezielle Angebote der Post für Geschäftsleute in Anspruch nehmen? Oder sollten Sie den Brief per Fax oder E-Mail verschicken? Das Fax erweist sich im Business-to-Business-Marketing als ein nützliches Medium – besonders für zeitempfindliche Angebote wie Ankündigungen neuer Produkte. Aber im allgemeinen ist der Postservice am besten. Im Schnitt ziehen Drucksachen ebenso viele Kunden an wie reguläre Briefe, also sparen Sie Ihr Geld.

 Ich empfehle Ihnen, die Direktpost an Ihre interne Liste in bestimmten Abständen mit der regulären Post zu schicken, damit Sie Rückmeldungen über falsche Adressen bekommen. Das bewirkt eine Reinigung oder Bewertung Ihrer Datenbank.

 Lassen sich diese Prinzipien auch für E-Mail anwenden? Ja, aber mit zwei Anpassungen. Erstens denken Sie an Monitore, nicht Seiten, wenn Sie einen E-Mail-Verkaufsbrief schreiben. Es braucht genauso viel Mühe (und Involvement), eine neue Bildschirmseite anzuklicken wie eine Papierseite umzublättern, dabei umfaßt eine Bildschirmseite weniger als ein Blatt Papier. Seien Sie daher präziser und weniger wortreich, oder Ihre Mail wird weniger verlocken als der gleiche Brief in gdruckter Form. Zweitens, denken Sie gut darüber nach, wie Sie Ihre Mail in einen verlockenden virtuellen Umschlag verpacken können. Die meisten E-Mails fangen mit langweiligem Kram an, den die Software lädt – z.B. mit Informationen über den Weg und Vertrieb der Nachricht. Können Sie diese Dinge unterdrücken? Falls nicht, können Sie vielleicht etwas Interessantes hinzufügen, z.B. indem Sie eine E-Mail Adresse verwenden, die etwas über Ihr Angebot aussagt? Es ist nicht so schwer, eine interessante, verlockende und einzigartige E-Mail-Adresse für eine Massen-Mail zu kreieren. Und das zieht mehr Leser als ein guter Briefumschlag.

Wie verschicken Sie Ihren Brief?

Ein kleines Detail läßt Erst-Direktversender grübeln: Wie sollen Sie nun Ihren Brief drucken, falten, kuvertieren und verschicken? Falls Sie es nicht wissen, ist es am besten, wenn sie jemanden engagieren, der Ahnung davon hat. In Ihrem örtlichen Telefonbuch sind diese Firmen unter »Verpackungen und Versand« aufgelistet; häufig machen auch professionelle Druckereien diese Arbeit. Druckereien können alles vom kleinen Umschlag bis zu Katalogen bearbeiten. Fragen Sie bei mehreren Druckereien nach, damit Sie einen Überblick über Service und Preise bekommen.

 Falls Sie wenige Sendungen verschicken möchten – sagen wir unter 2.000 auf einmal – wird es billiger und schneller sein, wenn Sie diese selbst drucken. Viele Geschäfte in Ihrer Nähe und einige Non-Profits bearbeiten für Sie kleine Auflagen von Sendungen, da der Gebrauch von Druckern für sie nicht wirtschaftlich genug ist. Falls Sie diese Kompetenz in Anspruch nehmen möchten, fragen Sie bei Ihrer Poststelle nach, wie man Postwurfsendungen behandelt. Und denken Sie darüber nach, die folgenden Versandausrüstungsgegenstände zu kaufen (alle sind in der Lage, Standardsendungen zu verarbeiten): Einlegeapparate, Siegel, Briefwaagen, Maßstäbe und manchmal zusätzliche Artikel mehr. Kombinieren Sie diese Ausrü-

stung mit den Fähigkeiten Ihres Copy-Shops, um effizient kleine Auflagen der Postwurfsendungen zu produzieren, falten und kuvertieren, so haben Sie Ihr eigenes kleines Direktversandzentrum!

Telemarketing

In den USA nutzen drei Viertel aller Konsumenten mindestens einmal im Jahr eine gebührenfreie Nummer. Mehr als $ 500 Milliarden werden per Telefonverkauf umgesetzt. Telemarketing ist in den letzten 15 Jahren zum Hauptmedium des Direktmarketing geworden. (Telemarketing ist eine gute Unterstützung für den Direktverkauf – besonders beim Business-to-Business-Marketing – siehe Kapitel 17.)

Weil Telemarketing nur mit einem Telefon betrieben werden kann, ist normalerweise eine gebührenfreie inländische Nummer effizienter. In Deutschland ist dieser Service für alle 0130-Nummern erhältlich.. Die Idee besteht für Sie als Marketer darin, die Telefonkosten des Kunden zu übernehmen, damit dieser bedenkenlos anruft. Natürlich ist eine Ortsnummer genauso gut, wenn nicht sogar besser (viele Leute wollen ihre Geschäfte vor Ort erledigen), aber die gebührenfreie Nummer ist bei Vermarktern beliebter, weil alle Anrufe zur Beantwortung in einem *Call-Center* (ein Büro, das ankommende Anrufe bearbeitet) zusammengeschaltet werden können.

 Eine andere Möglichkeit, die Sie mit den meisten Telefongesellschaften absprechen können, ist eine örtliche Telefonnummer in jedem gewünschten Markt zu installieren. Dann berechnet Ihnen die Telefongesellschaft die zusätzlichen Kosten für die Übermittlung zu Ihrem nicht-lokalen Büro. Auf diese Weise zahlen die Anrufer nur ein Ortsgespräch und glauben, sie würden bei einem Händler in ihrer Nähe anrufen und nicht bei einem unpersönlichen nationalen Unternehmen. Lassen Sie die Ortsnummer in die entsprechenden örtlichen Gelben Seiten oder in andere Telefonbücher eintragen, um wirksame örtliche Werbung zu machen! Diese Alternative zur gebührenfreien Nummer ist weniger bekannt, könnte aber vielleicht effektiver für Sie sein.

Die gebührenfreie Nummer ist nur für eine Form des Telemarketings sinnvoll: dem *Inbound Telemarketing,* bei dem die Kunden Sie als Reaktion auf eine Direct-Action-Werbung anrufen. Und jede Direktwerbung sollte als eine Kontaktmöglichkeit eine gebührenfreie Telefonnummer haben – mit einem geschulten Telemarketing-Verkäuferstab oder einem eifrigen Unternehmer am anderen Ende.

Ich muß meine Aussage präzisieren, denn in einigen Call-Centern sind Computer auf dem Vormarsch. Mit den neuen *Interactive-Voice-Response-Technologien (IVR)* können Computer Informationen von Anrufern erfragen, ihre Anrufe richtig weiterleiten, sogar Bestellungen aufnehmen oder Informationen verfolgen. Wenn Ihr Call-Center viele Routineanrufe annimmt, sollten Sie darüber nachdenken, diese neue Technologie einzusetzen – das kann wiederum die Kosten reduzieren und die Geschwindigkeit der Anrufbearbeitung erhöhen. Aber bedenken Sie, daß viele Leute lieber mit einer Person reden als mit einem Computer, vergewissern Sie sich, was Ihre Kunden bevorzugen!

Die andere Form des Telemarketing ist das *Outbound Telemarketing*. Hier rufen Vertriebsleute an, um per Telefon mögliche Zielgruppen zu finden – und sie dann zu *pitchen* (sie dazu zu bewegen, einen Kauf zu tätigen; siehe Kapitel 17, wie man einen gute Verkaufspräsentation gestaltet). Wie der persönliche Verkauf stößt auch das Outbound Telemarketing auf breite Ablehnung.

Der Prozentsatz der Ablehnung ist bei Outbound Telemarketingaktionen oft schrecklich hoch. Der Grund dafür ist, daß es viel weniger kostet, jemanden anzurufen, als ihn zu besuchen, so daß Marketer weniger Mühe in die Erstellung guter Listen stecken. Sie stellen Studenten gegen Stundenlohn ein und lassen diese Anrufe tätigen, in der Hoffnung, pro hundert durchgeführte Anrufe einige aussichtsreiche Interessenten zu finden. Diese Art des Marketing ist nicht sehr clever! Und bitte verschwenden Sie nicht Ihre Zeit und den guten Willen der Konsumenten, indem Sie Nummern aus dem Telefonbuch anwählen!

Sie können die *Trefferquote* (Anzahl der erfolgreichen Telefonate pro Anzahl der Anrufe) drastisch erhöhen, wenn Sie vorher eine gute Telefonliste erstellen. (Beachten Sie meine folgenden Ausführungen zu diesem Thema.) Wenn Sie das machen, können Sie es sich tatsächlich leisten, Verkäufer ans Telefon setzen, damit Ihre Firma nicht von Dilettanten repräsentiert wird. Ich weiß nicht, weshalb so viele Telemarketer dies nicht beachten und ungeschultes Personal ans Telefon setzen, das den Firmennamen nicht richtig aussprechen kann; schließlich ist das der erste Kontakt zwischen Ihnen und dem möglichen Kunden. Um das zu vermeiden, müssen Sie Listen (siehe Kapitel 20) und ein Skript anfertigen, das Ihren Anrufenden eine Trefferquote von mindestens 15 Prozent ermöglicht. Ich schätze, dieses Ziel ist im Moment zehnmal der Durchschnitt für Konsumgüter-Telemarketing-Operationen.

Übrigens werde ich nicht auf diese verflixten Computer eingehen, die Outbound Telemarketing Anrufe tätigen. Was für eine scheußliche Idee! Falls Sie einen verwenden, vergewissern Sie sich nur, daß Sie ihm nicht meine Nummer geben. Seien Sie vorgewarnt, daß diese Geräte in vielen Ländern verboten sind.

»Guten Tag, ich rufe von (Firmenname) an, die von (einen angesehenen Wirtschaftsmagazinverleger) beauftragt wurden, und möchte nachfragen, ob Sie Ihre Ausgabe (Magazinname) pünktlich und in gutem Zustand erhalten.« So sprach mich eine Anruferin letztlich in meinem Büro an. Und meine »Antenne für beleidigendes Marketing« sendete sofort eine Warnung aus.

Als ich dann äußerte, daß sie aus einem anderen Grund anrief, gab sie zu, daß sie mir »eine Chance« geben wollte, meine Mitgliedschaft zu verlängern, weil »die Preise steigen würden«, sie könnte mir aber eine Mitgliedschaft über mehrere Jahre zum selben Preis, den ich jetzt zahle, anbieten.

 ## Profilierung von Telemarketing-Programmen

Lassen Sie mich Outbound Telemarketing anhand von zwei verschiedenen Beispielen erklären.

Zuerst eine Firma (ich nenne keine Namen), die einen Staubsauger der gehobenen Qualität verkauft. Das Gerät wird für einen sehr hohen Preis verkauft – einen, der eine wesentlich höhere Gewinnspanne hat, als es in der Produktkategorie üblich ist – und er ist nur über ihre Direktmarketing-Organisation erhältlich.

Ihr Marketing-Programm verwendet Outbound Telemarketing, um aus dem örtlichen Telefonbuch potentielle Interessenten zu finden. Diese Interessenten werden dann von einem Vertreter besucht, der ihnen die gesamte Verkaufspräsentation vorführt und einen Kauf abschließen möchte.

Telefonverkäufer sind meistens Frauen mit gefälligen Manieren am Telefon. Ihnen werden $ 5 pro Stunde gezahlt, und sie machen im Fünfstundentakt 200 Anrufe. Die meisten Leute hängen direkt wieder ein, aber 25 dieser 200 sind interessiert genug, um der Telefonstimme zuzuhören. Davon qualifizieren sich fünf in finanzieller Hinsicht (sie müssen einen Vollzeitjob haben, eine Kreditkarte und ein eigenes Haus).

Einige aus diesem Pool werden von einem Vertreter zu Hause besucht, und ein oder zwei kaufen vielleicht ein Gerät. Folglich liegt die Abschlußrate bei ca. ein Prozent. Die (illegale) Beschäftigung von billigen Stundenkräften hält die Kosten niedrig, so daß die Operationen tragbar sind – bis dann jemand vom Arbeitsministerium die Steuerfahndung sie wegen Steuerhinterziehung belangt.

Die zweite Geschichte gefällt mir besser, da ihr Ansatz verantwortungsbewußter und tragbarer ist. The Steppenwolf Theatre in Chicago verkauft Abonnements, damit Publikum für jede Aufführung garantiert ist. Die Marketingleute des Theaters haben herausgefunden, daß eine 16 Wochen dauernde Telefonkampagne, bei der sie alle früheren und aktuellen Kunden sowie bewertete potentielle Kunden und weitere relevante Personen anriefen, sehr effektiv beim Verkauf von Abonnements war.

Beachten Sie, daß dieses Telemarketing-Programm mit Erfolg verkauft. Es riskiert dabei keinen Verstoß gegen finanzielle und gesetzliche Verpflichtungen oder setzt Interessenten inkompetenten – und möglicherweise unhöflichen – Anrufen von Telemarketern aus.

Außerdem schließt dieses Programm den Verkauf vollkommen ab, anstatt einen Nachfaßbesuch erforderlich zu machen. Dieser Ansatz ist deshalb wesentlich besser als das erste Beispiel. Outbound Telemarketing umfaßt ein breites Feld. Planen Sie, an der Spitze des Feldes zu stehen, nicht am Ende!

Als ich dann bemerkte, daß ihre Gesprächseröffnung ein gutes Beispiel für einen illegalen Verkaufsanruf war – er war so angelegt, daß ich zuerst glaubte, sie riefe aus einem anderen, altruistischeren Grund an – hing sie schnell ein. Und verwehrte mir so, einen weiteren illegalen Aspekt ihres Anrufes zu erklären. Haben Sie es bemerkt? Ja, die Behauptung, daß die Preise steigen, war nicht wahr. Als ich meine Rechnungen durchsah, stellte ich fest, daß die Beiträge in den letzten Jahren leicht zurückgegangen und nicht gestiegen waren.

Das Entscheidende ist, daß dieses Telemarketingskript nicht korrekt ist und Probleme mit dem Gesetz bewirken kann. Aber das ist bei vielen Telemarketing-skripten heutzutage so. Weshalb? Weil der Druck so viel höher ist. Über das Telefon zu verkaufen, ist schwerer, als es früher war – egal. ob es sich um eine Zeitschrift oder eine Fernrufdienstleistung handelt. Die Leute haben genug von diesen Verkaufsanrufen. Deshalb arbeiten die Marketer mit geheimen Techniken (vergleichen Sie *Die Geheimnisse des erfolgreichen Direktversands*, oben in diesem Kapitel beschrieben), und das kann zu gesetzlichen und ethischen Regelübertretungen führen.

Es passierte also folgendes: Ein ehemals neuer Vertriebsweg wurde reif. Zielkunden wurden vor Jahrzehnten mit Postwurfsendungen, Printanzeigen, Werbeplakaten und Radio- und Fernsehspots bombardiert. Aber das Aufkommen des Telemarketings in den 80er Jahren gab den Marketingleuten neuen Raum für Experimente. Es war – für eine Weile – ein großer Spaß. Aber nun haben die meisten Interessenten Hunderte oder gar Tausende Verkaufsanrufe erhalten. Ich bekomme in meinem Büro mindestens sechs pro Tag, wenn ich an einem Wochentag zu Hause bleibe, kommen ungefähr ein Dutzend hinzu. Meine Aufmerksamkeit am Telefon zu gewinnen, ist genauso schwer wie per Post oder durch andere Medien.

Das bedeutet, daß heutige Telemarketer nur zwei Wahlmöglichkeiten haben. Entweder können sie so weiter machen wie bisher. Das wird zu Mißerfolgen und schäbigen Praktiken führen, wenn das Medium reif wird und ihre Branche verblaßt. Oder sie wachen auf, riechen den Kaffee und bemerken, daß alles nur ein Traum war. Telemarketer müssen neue Strategien für ein kürzlich gereiftes Medium finden. Die Spielregeln lauten:

- ✔ **Benutzen Sie das Telefon nicht übermäßig:** Bewahren Sie sich Anrufe auf für Gelegenheiten, die aus der Sicht des Interessenten wirklich persönlichen Kontakt erfordern. Und wenn Sie etwas wirklich Wichtiges zu besprechen haben, dann brauchen Sie keine irreführenden Aufhänger, um den Kunden am Telefon zu halten. Denken Sie daran, daß jedes Marketing-Programm eine ausgewogene Mischung von Methoden und Medien umsetzen sollte. Sie können nicht alle Aufgaben mit einem Werkzeug erfüllen. Beachten Sie bitte ebenfalls, daß Ihre Kunden nicht ständig angerufen werden möchten, auch wenn Anrufe nötig sind. Geben Sie ihnen etwas Raum zum Atmen.

- ✔ **Seien Sie respektvoll:** Sie stören jeden, den Sie per Telefon erreichen.

✔ **Bezahlen Sie Telemarketer dafür, Beziehungen aufzubauen und nicht sie zu zerstören:** Wenn Telemarketer nur auf Erfolgshonorarbasis arbeiten, dann werden sie bald frustriert und fangen an, Ihre Kunden zu beschwatzen und ihnen auf den Fersen zu sein. Beachten Sie die Regel, daß Sie keine *Subunternehmer* (Firmen, die für Sie Telemarketing betreiben.) hinzuziehen sollten, wenn diese nur für jeden Erfolg zahlen – und das machen die meisten!

✔ **Kümmern Sie sich um vorhandene Kunden:** Nachdem ich den Anruf vom Wirtschaftsmagazin erhalten habe, schrieb ich ihnen, um mich zu beschweren und meine Mitgliedschaft zu kündigen. Telefonverkaufs-taktiken, die betrügen, verwirren und unter hohem Druck erfolgen, schaffen zwar einen gutaussehenden Verkaufsbericht am Ende eines Tages, aber sie erhöhen garantiert die Kundenfluktuation. Warum? Diese Telemarketer schaffen den geschäftsgeneigten Käufer heran, der vom nächsten Telemarketer weggeschnappt wird, und sie irritieren Ihre treuen Kunden, statt sie zu belohnen. Verwenden Sie allermindestens zwei verschiedene Strategien und Skripte: Eins für vorhandene Kunden und eins für potentielle Kunden. Am besten konzentrieren Sie Telemarketing darauf, die Treue der vorhandenen Kunden zu stärken, indem Sie anrufen, um wirklich zu erfahren, ob Sie das Produkt oder die Servicequalität verbessern können.

✔ **Lernen Sie von anderen Medien:** Die Aufmerksamkeit so lange zu halten, daß Sie eine Marketingbotschaft übermitteln können, ist sehr schwer, nicht nur im Telemarketing. Und vernünftige Lösungen sind in anderen Medien bereits gefunden worden. Warum probieren Sie nicht einige im Telemarketing aus? Sie können ein unterhaltsames Skript schreiben – eine kleine Geschichte, einen Witz oder eine andere Eröffnung, die wesentlich besser Interesse weckt, als einen fälschlichen Grund für den Anruf zu nennen. Ähnlich kann eine Verkaufsförderung Aufmerksamkeit fesseln. Beispielsweise könnte Ihr Skript mit dem Angebot eines Wettbewerbs oder der Verschenkung freier Muster anfangen und dann über das Produkt informieren.

 Theoretisch kann jede Kontaktaufnahme, die in einem anderen Medium funktioniert, auch für Telemarketing verwendet werden. Bisher hat noch keiner diese Mittel ausprobiert. Zeit für Kreativität!

Einführung und Betrieb eines Call-Centers

Das *Call-Center* ist der Platz, an dem Telefonanrufe Ihrer Kunden beantwortet werden. Es kann ein realer Ort sein – ein Raum mit Telefonausrüstung und Angestellten. Es kann auch ein virtueller Ort sein, eine Telefonnummer, die zu irgendeinem Subunternehmer, der ständig Ihr Telemarketing bearbeitet, führt.

Egal, ob intern oder extern, Ihr Call-Center sollte folgende Dinge sehr gut erfüllen:

Seien Sie für Wunschkunden erreichbar, wenn diese Sie anrufen möchten

Wenn Sie Dienstleitungen für Unternehmen verkaufen, dann sind Öffnungszeiten in Ordnung (aber vergewissern Sie sich, daß Sie die Bürozeiten in den verschiedenen Zeitzonen der Unternehmen abdecken, nicht nur Ihre eigenen). Falls Sie Kundenservice bieten, bereiten Sie sich darauf vor, Telefonate zu späten Stunden entgegenzunehmen. Einige der besten Bekleidungs-katalog-Kunden kaufen z.B. mitten in der Nacht ein, kurz vor dem Schlafengehen.

Denken Sie daran, daß erreichbar zu sein nicht nur bedeutet, Personal am Telefon zu haben. Sie müssen sicherstellen, daß keiner ein Besetztzeichen zu hören bekommt (Ihre Telefonge-sellschaft hat verschiedene Möglichkeiten, dieses Problem zu lösen – fragen Sie nach Details).

Sie müssen auch Kundenwartezeiten messen und minimieren. Lassen Sie Kunden nicht län-ger als angemessen warten. Abhängig von Ihrem Produkt und Ihren Kunden beträgt dieses Zeitlimit wahrscheinlich weniger als zwei wahrgenommene Minuten. *Eine wahrgenommene Minute* ist der Zeitraum, den der wartende Konsument für eine Minute in Echtzeit hält – diese Zeit beläuft sich mit den Stoppuhr gemessen meist auf ungefähr 40 Sekunden. Sie müssen wirkliche Wartezeiten in wahrgenommene Wartezeiten umwandeln, um der Kundensicht-weise gerecht zu werden.

Der verborgene Vorteil eines unternehmensinternen Kontrollzentrums liegt nach Ted Furgeson von Taos Computer (Palo Alto, Kalifornien) darin, daß Manager die Erreichbarkeit überprüfen und schnell mehr Leitungen und Personal zuschalten können, wenn es nötig wird.

Sammeln Sie sorgfältig Informationen über jeden Anruf und Anrufer

Eine der wichtigsten Funktionen Ihres Call-Centers ist es, Anfragen zu sammeln oder Bestel-lungen von neuen Kunden einzutragen, wenn diese auf Ihre verschiedenen Direktwerbungen antworten – wie z.B. Zeitschriftenanzeigen, Briefe an Kauflisten und Reaktionen auf Ihre Web-Site. Diese Anrufer sind heiße Drähte. Sie wollen deren Bestellungen nicht so sehr wie deren *Daten*. Lassen Sie diese nicht aus Ihrem Call-Center entkommen. Versichern Sie sich, daß Ihre Vermittler jeden Anrufer nach dem vollen Namen und der Adresse fragen, und da-nach wie sie von Ihrer Firma gehört haben, sowie vielleicht noch nach einigen anderen ein-ordnenden Informationen.

Der beste Weg, ankommende Anrufe zu verwerten, besteht darin, Ihre Vermittler online zu schalten, so daß sie die Daten direkt in die Datenbank eingeben können, wenn sie diese erhalten.

Erkennen Sie wiederholte Kunden, und kümmern Sie sich um sie

Wenn Sie Ihre Telefonvermittler online schalten, löst das ein weiteres Problem, nämlich wie-derholte Kunden zu erkennen. Ihre Namen werden als Referenz für den Vermittler auf dem

Bildschirm erscheinen. Auf diese Art müssen die Vermittler keine dummen Fragen stellen, und sie können die Kunden mit ihrer Kenntnis überraschen.

Sammeln Sie Daten zur Effektivität der Direktmarketing-Anzeigen

Ich bin oft überrascht, wie wenig Informationen Vermarkter über die Effektivität ihrer eigenen Arbeit sammeln. Was Sie nicht wissen, wird Ihr Marketing negativ beeinflussen, das ist sicher! Herauszufinden, welche Direktanzeigen am besten locken und welche am schlechtesten, ist so einfach, und wenn Sie das umsetzen, wird Ihr Marketing-Programm mit der Zeit effektiver werden. Der einfachste Weg, dieses Ziel zu erreichen, ist, Ihre Vermittler fragen zu lassen, wo der Kunde von der Firma gehört hat (fragen Sie wiederholte Kunden, was sie bewegt hat, noch einmal anzurufen).

Viele Direktversender verwenden einen gesonderten Code für jede Sendung als Hilfestellung, einen Anruf auf eine bestimmte Sendung zurückzuführen. Diese Technik kann auf jede Werbung in Schriftform ausgeweitet werden – auch auf die im Internet. Ein Identifikationscode verbindet Anrufe mit bestimmten Anzeigen, was eine problemlose Analyse ihrer Effektivität erlaubt.

Sie können die Codes auch für jede Anzeige verwenden, um individuell geschaltete Verkaufsförderung zu unterstützen. Zum Beispiel könnte eine Postsendung einen Zwei-für-einen-Preis über zwei Monate anbieten – mit dem Code kann Ihr Vermittler die Konditionen des Angebotes schnell auf den Bildschirm holen.

Wenn Sie nicht selbst ein Call-Center einrichten möchten, dann können Sie einen Berater engagieren, der das für Sie macht – oder eine Service-Firma, die diese Funktion für Sie übernimmt.

Die Wichtigkeit von höflichem Auftreten im Direktmarketing

Viele Vermarkter gehen zu Direktmarketing über mit der oft falschen Vorstellung, daß sie ihre Kunden besser handhaben können als Zwischenhändler. Aber wenn Sie nicht gewohnt sind, mit Kunden direkt umzugehen, scheitern Sie schnell am Direktmarketing. Der häufigste Weg zu scheitern, ist, zu direkt zu sein.

Wenn Sie dem Kunden »gegenüberstehen«, dann gehen Sie ihm vielleicht auch auf die Nerven. Direktmarketing soll eine Brücke zwischen Ihnen und dem Kunden bauen. Aber der Weg, den einige Firmen gehen, um dies zu tun, erscheint eher so, als sei das Ziel, den Kunden mit den Brückenbau-Materialien vor den Kopf zu stossen und ihn dann unter die Brücke zu schleifen, wo man sich über ihn hermacht (ich nenne dies *Troll-Strategie).*

Wo sollen Sie die Grenze zwischen angemessenem Marketing und irritierender Invasion ziehen? Die Antwort ist im Direktmarketing schwerer zu finden, weil dieses Marketing nicht wirklich direkt ist. Das heißt, Sie befassen sich nicht mit Individuen auf einem persönlichen Niveau, sondern Sie erreichen diese durch unpersönliche Medien. Aber weil Sie durch diese Medien versuchen, eine Art künstlichen persönlichen Kontakt herzustellen, lassen Sie die Regel des persönlichen sozialen Kontaktes Ihre Richtlinie sein.

Mit anderen Worten, machen Sie nichts im Direktmarketing, das auch bei persönlichem Kontakt als rüde empfunden würde. So einfach ist das. Und wenn Sie dieser elementaren Regel folgen, werden Sie weniger Kunden verlieren (was weniger Fluktuation und weniger schlechte Mundpropaganda bedeutet). Außerdem werden Sie besser in der Lage sein, eine langfristige Beziehung mit dem Kunden einzugehen, was Sie ja auch wirklich beabsichtigen und brauchen.

 Ein gelegentlicher Realitäts-Check Ihres Ansatzes ist ebenfalls hilfreich, und Sie können ihn durchführen, indem Sie einen ziemlich kleinen Teil Ihrer Kunden analysieren (zwischen 25 und 50 Kunden). Das ist keine wissenschaftliche Untersuchung, erwarten Sie deshalb keine stimmigen Statistiken. Aber so können Sie erfahren, ob es ein *Wahrnehmungsproblem* gibt (Sie wollen nicht, daß die Kunden etwas Negatives über Ihr Telemarketing denken). Fragen Sie die Zielkundengruppe, wie sie über Ihre Kontakte denkt (Post, Telefonanrufe, etc.). Stellen Sie Fragen, die es dem Kunden leichtmachen, negative Gefühle auszudrücken.

Die offene Frage »Möchten Sie, daß wir etwas an der Art ‚wie wir Sie kontaktieren, ändern?« ist ein gutes Beispiel dafür. Falls Sie mehrere Antworten erhalten wie »Hören Sie auf, mich durch rüde Anrufe beim Essen zu stören.« oder »Warum haben Sie meinen Namen in der Postwurfsendung, die Sie mir geschickt haben, falsch geschrieben?«, dann wissen Sie, daß Sie einige Probleme lösen müssen.

Teil IV

Die Zehnerliste

The 5th Wave — By Rich Tennant

Durch eine Verkettung seltsamer Umstände wird DOUGs Hähnchen zur Ausrichtung einer kleinen religiösen Gruppe, die nach Antworten sucht.

In diesem Teil...

Ich könnte Ihnen zehn gute Gründe nennen, weshalb Sie diesen Teil lesen sollen, aber warum so viel Aufwand – er enthält schon mehr als 20! Hier finden Sie die Warnung, wie Sie allgemeine Fehler und Ursachen für Mißerfolge vermeiden. Ich beabsichtige, diesen Teil einmal im Monat zu lesen, damit meine Marketing-Impfungen garantiert immer aufgefrischt werden.

Oh, und noch was. Ich wette, Sie möchten durch Marketing so viel wie möglich sparen. Glauben Sie mir, dieses Ziel hat jeder Marketingmensch. Aber nur wenige erreichen es, zumindest nicht, ohne die Einnahmen und Gewinne des nächsten Jahres zu ruinieren und Kunden verärgert wegzuschicken. Lesen Sie daher bitte diesen Teil des Buches, damit Sie wissen, wie man Geld sparen sollte und wie nicht!

(Mehr als) zehn Wege, um im Marketing Geld zu sparen

19

In diesem Kapitel

▶ Denken Sie in kleinen Dimensionen

▶ Senken Sie Ihre Fixkosten

▶ Planen Sie Ihr Marketing-Programm

▶ Zielen Sie auf Ihr Publikum ab

▶ Seien Sie kreativ

▶ Konzentrieren Sie Ihre Mittel

▶ Stellen Sie Ihr Produkt von Region zu Region vor

▶ Koordinieren Sie Ihre Kommunikationsmaßnahmen

▶ Konzentrieren Sie sich wohlüberlegt auf eine Sache

▶ Geben Sie Ihr Geld weise aus

▶ Verwenden Sie neue Kommunikationskanäle und Medien

▶ Seien Sie ein Kostensenker

▶ Geben Sie Geld aus

---

*J*eder möchte wissen, wie man Marketing billig hält. Der Rat, den man im allgemeinen auf diese Frage erhält, ist wertlos. Sicher, es ist recht billig, wenn man fotokopierte Zettel unter die Scheibenwischer der Leute schiebt. Aber wenn Sie den Einfluß von billigen Flugblättern unter dem Scheibenwischer mit der Wirkung gut produzierten TV-Spots vergleichen, können Sie leicht den Unterschied im Preis rechtfertigen. Im allgemeinen bekommen Sie das, wofür Sie im Marketing zahlen. Die billigsten Berater, Designer und Forscher können brillante Profis auf dem Weg nach oben sein – aber normalerweise sind sie es nicht. Und kostenlose Werbemittelkontakte erreichen im allgemeinen nicht den Zielmarkt, oder wenn sie es tun, wirken sie nicht vorteilhaft ihn. Es ist schwierig, Marketing zu betreiben, das gleichzeitig gut und billig ist.

Dennoch können Sie Wege finden, um im Marketing Geld zu sparen. Wirkliches Geld. Viel davon. Sie sind nicht so offensichtlich oder leicht zu finden, wie einige uns glauben machen wollen, aber sie können funktionieren. Im allgemeinen beinhalten sie echtes Marketing, nicht irgendeinen billigen Ersatz. Die Methode, wirklich Geld zu sparen, lautet, die richtigen Dinge zu tun – besser zu tun. Hier sind einige gute Wege, um Geld zu sparen, ohne Ihre Effektivität zu reduzieren und Sie in Ihrem Niveau herabzusetzen.

Denken Sie in kleinen Dimensionen!

Ich glaube, diese Überschrift lenkt mehr Blicke auf sich, als alle anderen in diesem Kapitel – einfach, weil sie so viel kleiner ist. Manchmal können Sie einen großen Eindruck im Marketingbereich machen, indem Sie kleiner als die anderen sind. Eine kleingedruckte Anzeige übertrifft manchmal eine große. Sicher nicht im Durchschnitt. Aber manchmal. Und das ist alles, was Sie wissen müssen, weil es bedeutet, daß Sie in der Lage sind, ein große kleine Anzeige selber zu entwickeln, wenn Sie hart genug daran arbeiten.

Das gleiche gilt für andere Medien. Besonders in Medien, wo die Größe einer Anzeige in Zeit gemessen wird. Die meisten Radiospots dauern 30 Sekunden. Und die meiste Zeit bemühen sich die Verfasser, die Aufmerksamkeit des Hörers für die ganzen 30 Sekunden auf sich zu ziehen. Warum den Kampf nicht aufgeben und einfach nur Zehn-Sekunden-Radiospots machen?

 Die gleiche Strategie funktioniert im Fernsehen. Anfang 1997 sendete ABC Sports eine Serie von Zehn-Sekunden-Fernsehspots, um die Zuschauer zu ermutigen, ihre Sendungen über die bald folgenden Eiskunstlauf-Weltmeisterschaften in den USA 1997 einzuschalten. Die Anzeigen waren sehr kurz und ausdrucksstark. Jede zeigte einen Eiskunstläufer, der von oben gefilmt wurde und eine Nummer in das Eis ritzte, um die Tage bis zum Beginn der Weltmeisterschaft rückwärts zu zählen. Die von Leonard/Monaham, einer in Providence, Rode Island ansässigen Agentur entwickelten Spots waren ungewöhnlich erfolgreich darin, Aufmerksamkeit zu erregen und die Erinnerungsbotschaft zu vermitteln. Und weil sie nur zehn Sekunden lang waren, kosteten sie nur einen Bruchteil von dem, was die konventionellen täglichen Werbespots kosten.

Ein anderer Weg, in der Werbung in kleinen Dimensionen zu denken, besteht darin, weniger teure Medien zu nutzen als die, die Sie in der Vergangenheit genutzt haben oder die von der Konkurrenz verwendet werden. Im folgenden dazu einige Überlegungen:

✔ Wenn Ihre Branche viel Fernsehwerbung macht, dann versuchen Sie es statt dessen mit einer Druckkampagne. Selbst wenn Sie nur ein Drittel oder ein Viertel von dem, was Sie für eine Fernsehkampagne ausgeben würden, einsetzen, würden sich diese Ausgaben für Anzeigen in nationalen Zeitschriften schon bezahlt machen.

✔ Wenn Ihre Konkurrenz auffällige Druckanzeigen und Reklametafeln verwendet, ziehen Sie in Betracht, einen teuren Showdown in diesen Medien zu umgehen, indem Sie das Radio für Ihre Botschaften nutzen. Oder das Internet.

✔ Entwerfen Sie ein attraktives Rundschreiben und legen Sie eine Datenbank von Interessenten an, um dieses Rundschreiben via Direktversand zu verschicken.

✔ Wechseln Sie von der kommerziellen Radiowerbung zum Sponsoring von gemeinschaftlichen, öffentlichen Radioprogrammen. Es ist billiger, macht auf einige Zuhörer einen viel größeren Eindruck und bewirkt ein besseres Image.

✔ Vermeiden Sie nationale Anzeigen, die Ihre Marke aufbauen sollen, völlig und stecken Sie Ihre begrenzten Ressourcen lieber in ein gutes Verpackungsdesign sowie eine Serie ausgeklügelter Point-of-Purchase-Displays.

✔ Hören Sie auf, Geld mit all diesen Gutscheinen herauszuwerfen und unterstützen Sie lieber einen kleinen Wettbewerb. Die meisten Konsumenten sind motivierter durch die Chance, nächsten Winter für zehn Tage nach Hawaii zu reisen als durch die glorreiche Aussicht auf 20 Cents Rabatt auf ihren nächsten Kauf – außerdem kostet ein 20-Cents-Preisnachlaß den Marketingmenschen normalerweise viel mehr.

 Stellen Sie eine Road Show auf die Beine, wie Rollerblade es getan hat – mit einem Team von unglaublich talentierten Inline-Skatern, die mit dem Bus durch das Land touren, um ihr Können zu demonstrieren.

✔ Streichen Sie Ihre Druckanzeigen in Branchenzeitschriften, um sich größere Messestände auf den Handelsmessen zu leisten, mit Telemarketing und Direktversand-Nachfaßaktionen für alle, die den Messestand besuchen (wie einige Business-to-Business-Marketingleute es getan haben).

✔ Geben Sie mehr freie Muster als irgendein anderer Konkurrent. Wenn Ihr Produkt wirklich besser ist, dann sind Proben der weitaus billigste Weg, um diese Nachricht zu verbreiten.

Es gibt immer eine preisgünstigere Medienalternative. Es braucht nur Kreativität und Risikogeist, um sie zu finden.

Ein anderer Weg, in kleineren Dimensionen zu denken, besteht darin, den Blick auf einen kleineren Markt zu richten, um Ihre Ressourcen gezielt einzusetzen. Im wesentlichen macht Sie das zu einem größeren Fisch in einem kleineren Teich. Viele Unternehmer verfolgen diese Strategie erfolgreich, beispielsweise durch anfänglichen Vertrieb in einem einzigen Stadtgebiet. Wenn sie einmal einen bedeutenden Marktanteil in einer kleinen Umgebung erlangen, dann können sie es sich leisten, sich auf andere Gebiete auszudehnen. Der Trick dieser Strategie ist, die Effekte der *Menge* in Ihrem Geschäft zu verstehen. Es gibt eine minimale rentable Marktgröße in den meisten Branchen, und diese variiert drastisch. Also machen Sie einige über den Daumen gepeilte Kalkulationen. Wird eine zehnprozentige oder 20prozentige Beteiligung am Markt einer einzigen Region, Stadt, eines einzigen Bundeslandes genug sein, um die Fixkosten genauso wie die variablen Kosten zu decken und Sie deutlich in die schwarzen Zahlen zu bringen? Sie wird – *falls* Ihre Fixkosten nicht zu hoch für den Markt sind. Deshalb müssen Firmen mit hohen Fixkosten – eine Fabrik zum Beispiel – normalerweise in größeren Dimensionen denken, wenn sie sich einen Markt aussuchen.

Senken Sie Ihre Fixkosten

Denken Sie darüber nach, Ihre Kosten zu senken. Das ist, wenn es auch mehr nach Buchführung oder Unternehmensmanagement als nach Marketing klingt, in der Tat eine unglaublich einflußreiche Marketing-Strategie.

Lassen Sie Ihrer Marketing-Phantasie zur Abwechslung mal im Kostenmanagement freien Lauf und sehen Sie, ob ein weniger umfangreicher Weg für die Produktion dieses Produktes oder die Durchführung des Firmenprozesses gangbar ist. Wenn ja, ermöglicht es Ihnen, Marketingaktivitäten in kleinerem Rahmen und vor Ort durchzuführen, von denen Ihre Konkurrenten nicht profitieren können – aber Sie können es. Wenn Sie zum Beispiel versuchen herauszufinden, wie Sie ein neues Produkt mit einem minimalen Budget einführen können, erwägen Sie, einen billigen Anbieter zu suchen, der das Produkt für Sie in kleinen Schüben herstellen kann. Selbst wenn die Gesamtkosten geringfügig höher sind, fallen Ihre Fixkosten erheblich geringer aus, weil Sie keine Mengenbestellungen vorab tätigen und später überschüssige Einheiten einlagern müssen. Dann werden Sie in der Lage sein, Ihre Situation alleine zu meistern (oder aus Ihrem eigenen Cash-flow zu gedeihen), indem Sie eine kleine Menge Ihres Produktes produzieren und in einem kleinen Markt vertreiben, dann Ihren Gewinn in eine etwas größere zweite Menge investieren usw.

Der Plan zur Planung

Marketing ist vielleicht die am wenigsten gut geplante von allen wichtigen Geschäftsaktivitäten. Meine Schätzung ist, daß die Hälfte aller Marketingkosten nicht geplant sind, und zwar in dem Sinn, daß Geld vergeudet wird, ohne darüber nachzudenken, wie es in das Gesamtbild des Marketing-Programms paßt. Firmen legen häufig ihre vierfarbigen Broschüren neu auf, erneuern die Verträge ihrer Vertreter, kaufen teure Großanzeigen in Telefonbüchern und Fachzeitschriften, inventarisieren enorme Mengen von schlecht zu verkaufenden Produkten oder geben Geld für verrückte Verpackungen aus, ohne eine Vorstellung davon zu haben, ob dies richtige Marketinginvestitionen sind. Wenn Sie und Ihre Organisation sich dagegen entschieden haben, etwas für Marketing auszugeben, ohne zu wissen warum – und ohne über Alternativen nachzudenken –, dann werden Sie Ausgaben für Marketingaktivitäten vermeiden, die keinen großen Einfluß auf den Absatz haben. Und viele Aktivitäten haben keinen Einfluß. Je mehr Zeit Sie für die Entwicklung von Strategien und für das Verfassen Ihres Programms verwenden, desto kosteneffizienter und ökonomischer wird Ihr Marketing sein.

Zielen Sie auf Ihr Publikum ab

Viele Marketing-Programme vergeuden einen Großteil ihrer Mühen für Personen oder Organisationen, die niemals gute Kunden werden, weil sie sich nicht im Zielmarkt befinden – oder nicht befinden sollten. Denken Sie mal über die Vergeudung nach, die mit einer Werbung verbunden ist, die Tausende oder Millionen sehen, wenn lediglich ein kleiner Teil der Zuschauer Ihre Zielgruppe bildet. Und denken Sie an die Vergeudung, die mit Direktmarketingaktivitäten an eine Adressenliste verbunden ist, die nur eine einprozentige Antwortrate hervorbringen.

Seien Sie kreativ

Die Regel ist, je mehr Sie für Marketing ausgeben, desto mehr verkaufen Sie. Konkurrenten mit den größten Marketing-Programmen ernten mehr Aufmerksamkeit und Absatz. Es ist kein Wunder, daß es recht teuer ist, den Marketingkrieg zu gewinnen. Eines der wundervollsten Dinge des Marketing jedenfalls ist, daß Sie diesem Ausgabenkrieg entkommen können – indem Sie kreativer als Ihre Konkurrenten sind. Jedes Jahr basieren eine oder zwei der effektivsten Werbekampagnen auf einem minimalen Budget, die wegen ihres großartigen kreativen Konzepts dennoch erfolgreich sind.

 Als die Trickfilm-TV-Spots für California Raisins mit den Knetgummi-Sängern das erste Mal ausgestrahlt wurden, stiegen sie an die Spitze der Werbebranchen-Charts, obwohl sie ein geringeres Budget hatten als andere Top-Ten-Spots. Ähnlich ist es bei einem neuen kreativen Produktkonzept oder Verpackungsdesign, bei einer cleveren Point-of-Purchase-Werbung, bei einem neuen Weg, ein Produkt zu vermarkten – jede dieser Innovationen kann Ihnen helfen, das große Geld durch kurzzeitige Investitionen einzufahren. Es ist möglich, große Ergebnisse durch minimale Budgets zu erzielen, aber das wird einige Kreativität erfordern!

Konzentrieren Sie Ihre Ressourcen

Tanzen Sie nicht auf zu vielen Hochzeiten. Konzentrieren Sie Ihre Verkaufskräfte, Ihre Geschäfte, Ihr Direktmarketing oder was Sie sonst in Ihrem Programm machen, auf bestimmte Gebiete oder Zeitabschnitte, damit Sie aus diesen *Economies of Scale* (Kosteneffekte durch Mengenvorteile) Kapital schlagen können.

Economies of Scale bedeutet, daß Ihre Kosten pro Anzeige oder Ihre Ausgaben für andere Marketingaktivitäten sinken, wenn Sie mehr tun. Vergewissern Sie sich, daß Sie jede Marketingaktivität im großen Rahmen gestalten, damit sie sparsam ist. Ziehen Sie Nutzen aus Mengenrabatten von Druckereien, Versandlistengeschäften und den Medien, die Anzeigenzeit und -raum verkaufen.

Dehnen Sie sich schrittweise aus

Sich schrittweise auszudehnen, ist ein guter Weg, Ihre Ressourcen zu konzentrieren. Auch die größten Konsumentenmärkte verwenden diese Strategie zu diesem Zweck. Die Idee ist, ein neues Produkt Region für Region einzuführen, anstatt es direkt gleichzeitig überall zu verkaufen. Die Ausdehnungsstrategie ist eine Variante der Konzentrationsstrategie. Nutzen Sie diese, indem Sie nur einen Markt gleichzeitig bearbeiten. Sind Sie dort erfolgreich, gehen Sie auf den nächsten Markt über. Diese Strategie funktioniert nicht nur für die Einführung neuer Produkte sondern auch für andere Dinge. Sie können eine teure Werbekampagne in einem oder zwei Märkten starten und das Feedback dieser Investition abwarten, bevor Sie das Programm in weiteren Märkten finanzieren. Wenn Sie Geduld haben, werden Sie sich ein höheres Werbeniveau leisten können und viel mehr Antworten erhalten, als es Ihr jährliches Budget scheinbar zuläßt.

Koordinieren Sie Ihre Kommunikationsmaßnahmen

Die meisten Marketingleute nutzen viele Kommunikationskanäle, um ihre Kunden zu erreichen – sie verwenden viele Einflußmöglichkeiten (siehe Kapitel 1). Außerdem neigen sie dazu, diese vielfältigen Kanäle *nicht* koordiniert zu nutzen. Die Werbebotschaften sind häufig widersprüchlich in Kontext und Stil, und folglich sind ihre Kommunikationsmaßnahmen relativ unwirksam.

Im japanischen Versuch, Qualitätsmanagement zu betreiben, können Sie manchmal den Ausspruch hören: »zu viele Hasen«, um die Situation zu beschreiben, in der viele Initiativen ergriffen werden ohne ausreichende Koordination. Obwohl die meisten Marketing-Programme einen großen Hasen verlangen, sind statt dessen zu viele Hasen unterwegs. Um das »Zu-viele-Hasen«-Problem zu lösen, müssen Sie alle Ihre Marketing-Kommunikationsmaßnahmen folgendermaßen koordinieren:

1. **Gleichen Sie alle Kommunikationskanäle mit Ihrem Markt ab (einige können Sie bis jetzt noch nicht kontrollieren – siehe Kapitel 1).**

2. **Entwerfen Sie eine umfassende Botschaftsstrategie, die eine Aussage darüber trifft, was Ihre Organisation durch alle möglichen Kanäle vermitteln soll, und die gleichzeitig ein einheitliches Gefühl oder einen einheitlichen Stil für diese Kommunikation definiert.**

Durch den Einsatz integrierter Marketing-Kommunikation werden Sie Ihre Botschaft sehr viel effektiver vermitteln, so daß Sie vielleicht Ihr Budget kürzen und trotzdem Ihr Anliegen rüberbringen können.

Konzentrieren Sie sich auf das richtige Ziel

Viele Marketingleute geben Geld aus, damit ihre Marke mehr Beachtung findet, obwohl das für sie gar nicht notwendig wäre. Wenn die Konsumenten die Marke bereits kennen, dann hilft es nicht – oder wenig –, den Verkauf zu fördern, indem Sie das Produkt häufiger zur Schau stellen. Besser ist es, wenn Marketing am Image einer Marke arbeitet, so daß mehr Konsumenten, die bereits davon gehört haben, sich entschließen, sie auszuprobieren. Das Problem ist vielleicht auch, daß viele die Marke getestet haben, aber nur wenige zu regelmäßigen Nutzern wurden. Die Ursache dafür liegt möglicherweise im Produkt selbst. In diesem Fall sollte Marketing mehr Geld für die Verbesserung des Produktes aufbringen statt für teure Verkaufsveranstaltungen und Anzeigen. Wenn Sie Ihre Problemzone nicht kennen, werden Sie Ihr Geld nicht vernünftig ausgeben. Versichern Sie sich, daß Sie sich nur auf ein Ziel konzentrieren, das für Sie das erstrebenswerte ist. (Kapitel 2 und 3 beinhalten weitere Hinweise, wie Sie Ihre Marketingziele abstecken können.)

Verschwenden Sie kein Geld

Ich kann manchmal nicht glauben, wie unvernünftig einige Marketingleute ihr Geld ausgeben. Viele Marketingleute investieren die Hälfte oder mehr ihres Budgets in preisorientierte Verkaufsförderung. Ich weiß nicht, wie oft ich Manager sagen gehört habe: »Die Verkäufe scheinen diesen Monat vorbei zu sein. Laßt uns die Preise senken und sehen, ob es hilft.« Sicherlich haben Rabatte und Preissenkungen ihre Funktion, aber sie sollten niemals genutzt werden, bevor Sie nicht genau wissen, daß das Endergebnis rentabel sein wird. Und das ist normalerweise nicht so, wie ich bereits in Kapitel 13 gezeigt habe. Manchmal sind Kunden sehr preisbewußt, Konkurrenten unterbieten Sie, und Sie haben keine andere Wahl als ebenfalls die Preise zu senken. Normalerweise sollten Sie jedoch nicht über den Preis konkurrieren. Gewinne machen (und im Geschäft bleiben) ist wesentlich leichter, wenn Sie in einigen Aspekten der Produktqualität wetteifern, etwas bewirken, das Ihr Produkt einzigartig und besser macht. Dennoch kämpfen einige Marketingleute freiwillig um den Preis, überschütten die Kunden mit Gutscheinen und Rabatten, bis die Konsumenten diese Kategorie als regulären Handelsartikel ansehen und nur noch preiswerte Waren und Dienstleitungen kaufen. Diese Strategie macht das Geschäftemachen immer teurer. Sie schraubt Gewinnmargen bis zum Limit herunter und verschlingt Ihr Marketingbudget, so daß Sie nur wenig ausgeben können, um Ihre Marke zu differenzieren.

Setzen Sie neue Medien und Kanäle ein

Direktmarketing im Internet ist billiger als am Telefon, hauptsächlich weil das Internet relativ neu und unerprobt ist. Machen Sie daraus einen Vorteil und gehören Sie zu den Innovatoren, die beweisen, daß das Web funktioniert. Oder seien Sie einer der ersten in Ihrer Branche, der von der Post zum Fax für Produkt-Neuankündigungen wechselt. Oder seien Sie einer der ersten, der das Experiment wagt, Direktmarketing als Ersatz für traditionelle Zwischenhändler in Ihrer Branche zu verwenden. Auch wenn Sie Medien auswählen, bevorzugen Sie neue Zeitschriften mit wachsenden Leserzahlen, weil die Preise dieser Zeitschriften immer hinter ihrer Auflage zurückliegen und Sie mehr Kontakte für weniger Geld bekommen.

Finden Sie, wann immer es möglich ist, neue Dinge, den letzten Schrei, und seien Sie Vorreiter. Ihr Marketinggeld reicht dann aus zwei Gründen länger. Erstens: Neu bedeutet unerprobt, und Preise sind folglich oft niedriger. Zweitens: Neu bedeutet kleiner, so daß Sie ein großer Fisch in einem kleinen Teich sein können. Ihr Anteil ist in einem neuen Medium höher als in einem überfüllten, erprobten.

Helfen Sie Ihrer Firma, Kosten zu sparen

Marketingleute haben Zugang zu einer wichtigen Perspektive, die andere nicht haben – zum Standpunkt des Kunden –, und für einen Kunden erscheinen viele Posten im Budget eines Unternehmens unwichtig. Bisher fragt niemand den Kunden – oder die Marketingleute –, wessen Job es ist, die Kundenperspektive zu vertreten, was sie über das Firmenbudget denken. Wenn Sie dies tun würden, würden Sie vielleicht die Ausgaben zurückschrauben, die die Produktqualität oder Erreichbarkeit aus der Sicht des Kunden nicht berühren. Für den Kunden ist die Landschaft um den Firmenhauptsitz uninteressant. (Vielen im Inneren des Gebäudes geht es ähnlich!) Einige der Ausgaben der Marketingabteilung werden selbst an Kunden verschwendet, die nicht einmal bemerken oder denen es egal ist, ob der Briefkopf der Firma in einer oder zwei Farben gedruckt ist, oder ob die Verkäufer alte oder neue Autos fahren.

 Die tägliche Campuszeitung an der Schule, an der ich unterrichte, brachte eine Umfrage in Umlauf, um herauszufinden, was ihre Leser interessiert. Die Untersuchung bat Studenten, die Wichtigkeit von Dingen wie »nationale Nachrichtenberichterstattung« und »Genauigkeit der Reportagen über Administrationsangelegenheiten« zu bewerten. Einige dieser Dinge erhalten höhere Quoten als andere, daher beschließen Manager, in sie zu investieren. Aber was ist, wenn die Untersuchung etwas Wichtiges ausläßt? Der genannten Untersuchung unterlief dieser Fehler – sie fragte nicht nach dem Grad der Wichtigkeit des Unterhaltungswertes ihrer Zeitung. Und das ist wahrscheinlich der Schlüssel zu ihrer Leserschaft. Falls jemand wirklich einem nationalen Nachrichtenereignis folgen möchte, wird er nicht losrennen und die Campuszeitung kaufen. Aber er *wird* sie kaufen, wenn er unterhaltsamen zehnminütigen Lesestoff sucht. Macht Ihre Firma ähnliche Fehler? Investieren Sie in relativ unwichtige Aspekte Ihres Produktes, statt seine guten Kernattribute zu stärken? Ich wette, Sie tun es.

Geben Sie Geld aus

Diese Anweisung scheint fehl am Platze in einem Kapitel über das Geldsparen, aber denken Sie daran, daß gut gemachte Marketing-Programme eine Investition in zukünftige Verkäufe sind. Der offensichtlichste Weg, um im Marketing Geld zu sparen, scheint die Kürzung des Marketingbudgets zu sein, aber allgemeine Kürzungen funktionieren selten. Sie sparen dieses Jahr Geld ein, aber das vermindert die Gewinne und Verkäufe im nächsten Jahr unverhältnismäßig. Falls Sie keine Kunden erreichen, werden diese Sie auch nicht erreichen! Betrachten Sie Marketing als eine Investition für zukünftige Erträge und Gewinne. Sie sparen Geld, indem Sie cleverer investieren und nicht dadurch, daß Sie die Investitionen ganz stoppen.

Zehn weitverbreitete Marketingfehler

20

In diesem Kapitel

▶ Nicht zuhören

▶ Zu sehr zuhören

▶ Keine Forschung betreiben

▶ Sich völlig auf die Zahlen der Forscher verlassen

▶ Die falschen Dinge tun

▶ Zu viele Dinge tun

▶ Nicht zum Verkauf auffordern

▶ Sich zu stark auf kleinere Produktunterschiede konzentrieren

▶ Versuchen, ein Konzept zu verkaufen, das man nicht einfach erklären kann

▶ Die Außenwelt ignorieren

Im Marketing vergeuden viele Menschen ihre Zeit damit, das Rad neu zu erfinden. Das ist zu dumm – und ich hoffe, Sie werden diesen Fehler vermeiden, indem Sie dieses Buch nutzen, um Lösungen anderer Leute zur Behebung Ihrer Probleme zu verwerten. Aber es ist nicht annähernd so schlimm, das Rad neu zu erfinden, wie in dieselbe Falle zu tappen, die schon andere vor Ihnen übersehen haben. Sie sollten niemals die Fehler anderer Leute wiederholen – aber Sie werden es sicher tun! Das passiert jedem von uns irgendwann. Es ist einfach unmöglich, genügend von den Erfahrungen anderer Leute mitzubekommen, um in der Lage zu sein, aus allem, was relevant sein könnte, zu lernen.

Aber Sie können die Gelegenheiten, bei denen Sie Marketingfehler neu erfinden, durchaus auf ein Minimum beschränken. Es kann vielleicht gelegentlich passieren, aber machen Sie es sich nicht zur Gewohnheit. In diesem Kapitel umreiße ich einige der weitverbreitetsten Fehler, solche, die ich immer wieder sehe. Schauen Sie sie sich genau an. Es sind ziemlich große Fallen, deshalb brauchen Sie nur zu wissen, wo sie liegen, damit Sie nicht hineintappen.

Hören Sie Ihren Kunden nicht zu?

»Also«, frage ich Manager oft, »was halten Ihre Kunden denn von dieser Idee?« Nur allzu häufig erhalte ich einen ratlosen Blick als Antwort. Die meisten neuen Marketingideen (und

Geschäftspläne im allgemeinen) entspringen im Inneren des Unternehmens. Einigen Managern oder Angestellten ist die Idee eingefallen. Das ist gut! Wem sonst liegt genug an Ihrem Erfolg, um ihm ungeteilte Aufmerksamkeit zu widmen? Aber das Problem ist, daß dem Kunde Ihre Ideen vielleicht gar nicht gefallen. Denken Sie an das Unternehmen, das den Versuch gemacht hat, fritiertes Gemüse auf dem Markt einzuführen. Tolle Idee – schade nur, daß niemand es essen wollte. Deshalb können Sie eine unglaubliche Zahl von Fehltritten und vergeblichen Bemühungen vermeiden, indem Sie die Ideen vorher bei Ihren Kunden testen, bevor Sie sie umsetzen.

Hören Sie Ihren Kunden zu?

Es ist ein riesiger Fehler, seinen Kunden nicht zuzuhören. Aber denken Sie doch mal über folgendes nach: Manchmal ist es ein noch größerer Fehler, seinen Kunden *zuzuhören*! Manchmal müssen Sie sich auf Ihren Instinkt verlassen. Es ist an der Zeit, Ihrem Instinkt zu vertrauen, wenn Sie glauben, einen aureichenden Überblick zu haben, um Ihre Kunden und Ihren Markt so zu lenken, daß sich dabei ein positiver Wandel zugunsten Ihres Produktes vollzieht.

Sie könnten zum Beispiel glauben, daß Klienten, wenn Rechtsanwälte über Internet-Chat-Rooms sofortigen Rat geben könnten, viele Fehler vermeiden würden, die später hohe Anwaltsrechnungen nötig machen. Diese Idee hört sich gut an – für einen Idealisten. Aber für den durchschnittlichen Rechtsanwalt, der gewohnt ist, im nachhinein die Scherben aufzusammeln, anstatt sich an vorbeugender Medizin zu beteiligen, und der niemals auf die Idee käme, sein Geschäft im Internet zu betreiben, klingt das verrückt. Viele Kunden werden dieser Einschätzung auf den ersten Blick zustimmen. Für sie ist die Idee auch ungewohnt, und um solch einen Service in Anspruch zu nehmen, müßten sie nicht nur ihre Einstellung Rechtsanwälten gegenüber ändern, sondern auch ihr Entscheidungsverhalten. Deshalb wird fast jeder, dem Sie von dieser Idee erzählen, Sie auslachen. Trotzdem könnte die Idee eigentlich hochaktuell sein. Eines Tages werden die Leute vielleicht rechtlichen Rat über das Internet einholen und routinemäßig online schalten, um einige Meinungen einzuholen, bevor sie eine wichtige Entscheidung treffen. Daher könnte es ein großer Fehler sein, diese Idee aufzugeben, nur weil Kunden darüber gelacht haben.

Manchmal müssen Sie Ihrem Weitblick trauen und Ihrem Instinkt folgen. Es ist ein Fehler, sich nicht hin und wieder an der Marktführerschaft zu probieren.

Verzichten Sie auf Marktforschung?

Das ist eine Variante des »Sie-hören-Ihren-Kunden-nicht-zu«-Fehlers. Es ist erstaunlich, wie viele Marketingleute ihre Programme entwerfen, ohne Marktforschung zu betreiben. Wenn Sie nicht gerade ein Außerirdischer mit übersinnlichen Kräften sind, können Sie unmöglich genug wissen, um Entscheidungen zu fällen, bis Sie einige Nachforschungen angestellt haben.

Der Bereich der Marktforschung bietet viele Wege an, Ihren Kunden und Märkten zuzuhören (siehe Kapitel 6), aber oft ist der einfachste Ansatz der beste. Sie könnten wenigstens einige Kunden fragen, was sie von Ihren Ideen halten. Hören Sie dann aufmerksam zu, was sie sagen, ohne sie zu unterbrechen mit »Aber Sie verstehen nicht« und »Aber die technische Abteilung sagt, ...«. Daß Ihr Unternehmen die Idee für vernünftig hält, ist hier nicht von Bedeutung. Lassen Sie den Kunden Ihnen seine rein gefühlsmäßige Reaktion darauf mitteilen. Wenn es aus der marketingunerfahrenen Perspektive des Kunden nicht wie ein Renner aussieht, dann *ist* es auch keiner.

Schenken Sie den Zahlen Glauben?

Wenn Sie formale Marktforschung betreiben oder sogar Berichte über Ihre Industrie lesen, werden Sie schnell bis zum Hals in Zahlen stecken. »X Prozent der Kunden sind nicht mit Ihrer momentanen Marke zufrieden und sind bereit, bei dem richtigen Angebot zu wechseln.« »Y Prozent der Kunden sagen, sie würden zu Ihrer Marke wechseln, wenn der Preis niedriger wäre.« Und so weiter. Jede einzelne Tabelle und jeder Prozentsatz erzählen ihre eigene Geschichte, und viele dieser Geschichten sind nachvollziehbar. Sie könnten etwas tun, weil die Zahlen andeuten, daß es eine gute Idee ist. Trotzdem garantiere ich Ihnen, daß ich eine andere Forschungsstudie durchführen und mit einem anderen Ergebnis, einer entgegengesetzten Zahl aufwarten könnte. Es hängt zu viel davon ab, wie Sie Ihre Stichproben zusammenstellen, wie Sie Ihre Fragen formulieren, wie Sie die Daten auswerten und sogar, wie Sie Ihre Ergebnisse interpretieren. Sie können nicht ohne Marktforschung auskommen, aber andererseits sollten Sie sie auch nicht zu ernst nehmen!

Bevor Sie zu einer Schlußfolgerung kommen oder eine Handlung ergreifen, schlüpfen Sie in Ihre Skeptikerrolle und versuchen Sie, alternative Erklärungen und Interpretationen für das Ergebnis zu finden. Bis Sie sie in Betracht gezogen haben, sollten Sie sich auf keine Ergebnisse in Form von Prozentzahlen verlassen. Selbst wenn Ihre anfängliche Interpretation als die am ehesten wahrscheinliche erscheint, gehen Sie einen Schritt weiter in Richtung Sicherheit. Bestätigen Sie Ihre Interpretation auf zwei anderen Wegen, die unabhängig von Ihrer ursprünglichen Quelle sind. Finden Sie andere Quellen oder Wege, Ihre Schlußfolgerung zu testen. Wenn Ihre Interpretation nach all dem noch hieb- und stichfest ist, können Sie den Zahlen Glauben schenken. Aber seien Sie vorsichtig – oft lügen die Zahlen.

Machen Sie die falschen Sachen gut?

Das ist sicherlich das häufigste Problem, das mir in der Praxis bei der Beratung begegnet. (Eigentlich bin ich der Meinung, daß es in allen Managementaspekten auftritt, nicht nur im Marketing.) Die Wurzel dieses Irrtums steckt in der Managementphilosophie, die besagt, daß Angestellte ihre Arbeit *ausführen* und nicht zu viel Zeit damit verschwenden sollen, *darüber nachzudenken*. Theoretisch – obwohl es eine schwache Philosophie ist – muß nur der Chef wissen, *warum*. Jeder andere soll sich darauf konzentrieren, zu wissen, *wie*.

Die Realität des Geschäftslebens – insbesondere des Marketing – besteht darin, daß jeder Angestellte sofortige Entscheidungen darüber treffen muß, was zu tun ist. Geschäftsführer kennen im allgemeinen drei Viertel der Entscheidungen, die ihr Unternehmen fällt, nicht. Was bleibt, sind viele Leute, die ihre Aufgaben so sorgfältig wie möglich erfüllen, ohne darüber nachzudenken, ob ihre Tätigkeiten sinnvoll sind oder nicht.

Die Mehrheit der Leute im Marketing verrichten heute ihre Arbeit auf eine bestimmte Weise, weil es schon immer so gemacht wurde. Stop! Machen Sie nie etwas, weil es das ist, »was wir tun« oder »wie wir es tun«. Überdenken Sie Ihre Marketingpraktiken und -voraussetzungen regelmäßig. Es wird Sie davor bewahren, daß Sie bei Ihrem Job die Langeweile überfällt, und Ihr Unternehmen davor schützen, seine wertvollen Ressourcen für annähernd nutzlose oder deutlich destruktive Aktivitäten aus dem Fenster zu werfen.

Tun Sie zu viele gute Dinge auf einmal?

Selbst das höchste Marketingbudget ist zu klein, um mehr als eine oder zwei größere Initiativen gleichzeitig zu unterstützen. Große Unternehmen sind vielleicht in der Lage, mit zwei Projekten fertig zu werden, aber Ihr Budget ist wahrscheinlich wesentlich kleiner als das von Procter und Gamble, deshalb ist dieser Fehler besonders gefährlich für Sie.

Übernehmen Sie nie mehr als ein großes neues Marketingprojekt gleichzeitig, falls Sie es irgendwie vermeiden können. (Falls Sie es nicht vermeiden können, verschicken Sie schon mal Ihr neues Bewerbungsschreiben, für alle Fälle.) Mir ist egal, welche Gründe dafür sprechen – sie *erscheinen* immer gut, aber Sie sollten ihnen widerstehen. Falls Ihr Unternehmen ein großartiges neues Produkt erfunden und gerade eine andere Firma aus der Branche aufgekauft hat, dann haben Sie eine gute Entschuldigung, zwei Projekte auf einmal zu übernehmen. Aber glauben Sie mir, es gibt keinen Weg, wie Sie Ihre Verkäufer mit denen des aufgekauften Unternehmens integrieren und das neue Produkt zur selben Zeit auf den Markt bringen können. Keine der Bemühungen wird erfolgreich verlaufen. Entscheiden Sie, welches Projekt wichtiger ist und führen Sie es zuerst aus. (Ich schlage vor, zuerst das Produkt einzuführen und als zweites die Verkaufskräfte zu koordinieren.)

Fordern Sie zum Kauf auf?

Ich habe Sie in Kapitel 16 und 17 auf die Wichtigkeit des Verkaufsabschlusses hingewiesen. Der Verkaufsabschluß ist ein häufiger Schwachpunkt bei Verkäufern wie bei Einzelhändlern. Dennoch ist der Fehler weit verbreitet. Viele Anzeigen beispielsweise beinhalten keine *Handlungsaufforderung* – die Version der Werbung für den Verkaufsabschluß. Sie fordert das Publikum der Anzeige auf, etwas zu tun, wie eine gebührenfreie Nummer anzurufen oder zu einem bestimmten Geschäft zu gehen, wo das Produkt vorrätig ist.

Gemeinschaftswerbung, die in Zusammenarbeit des Produktvermarkters und des Einzelhändlers entworfen und bezahlt wird, ist oft besser als allgemeine markenorientierte Werbung, weil sie die Kunden bittet, für den Produktkauf zu einem bestimmten Geschäft oder einer Handelskette zu kommen.

Manchmal empfinden es Marketingleute als schwierig, eine Handlungsaufforderung mit einzubeziehen, weil sie nicht wissen, wie sie Anfragen und Käufe handhaben sollen. Das ist oft dann der Fall, wenn der Marketingkanal lang ist und jemand anderes den Verkauf durchführt. Aber selbst wenn andere Organisationen normalerweise den Verkauf übernehmen, müssen Sie in allen Marketingbemühungen versuchen, Verkäufe abzuschließen. Schicken Sie die Kunden zu den richtigen Einzelhändlern, oder bauen Sie eine Direktmarketingkompetenz auf.

Weisen Sie *alle* Ihre Angestellten mindestens einmal im Monat darin ein, wie sie mit Kunden umgehen sollen. Wenn Sie auf diese Weise mit einem Kunden ins Gespräch kommen, werden sie sich sicherlich um ein Geschäft bemühen, statt den Kunden zu verjagen. Sie glauben nicht, daß Angestellte geschäftsschädigend sein können? Rufen Sie bei einem der großen Kosumgüterunternehmen an. Falls Sie es sogar schaffen, am Telefoncomputer vorbeizukommen und ein menschliches Wesen an den Hörer zu bekommen, wird diese Person ihr Bestes tun, um Sie wieder loszuwerden. Viele Großunternehmen scheinen einfach nicht zu verstehen, daß der ganze Sinn ihrer Arbeit darin bestehen sollte, Verkäufe abzuschließen.

Machen Sie zuviel Aufhebens um einen kleineren Produktunterschied?

Erinnern Sie sich daran, als klare Getränke, die wie Wasser aussahen, der letzte Schrei waren? Vor nur einigen Jahren schien es, als ob klare Sodagetränke und Biere die Branche übernehmen würden. Riesige Marketing-Programme unterstützten diese innovativen neuen Produkte. Konsumenten waren davon entzückt. Aber nach einiger Zeit ließ diese Begeisterung nach.

Der Trend starb, weil die ganze Sache auf einer ziemlich unbedeutenden Basis beruhte. Was hat das für einen Zweck, wenn Sie ein Sodagetränk herstellen können, das aussieht wie Wasser? Was hat das mit dem Hauptnutzen des Produkts zu tun? Sehr wenig, wie die Konsumenten bald feststellten. Sie sollten Ihre Erwartungen in Differenzierungsstrategien nicht zu hoch schrauben, wenn sich Ihr Produkt nicht *merklich* von denen der Konkurrenz unterscheidet, und das in einem Bereich, der große Bedeutung für Kunden besitzt. Das Kernprodukt ist am allerwichtigsten, nicht die Nebensächlichkeiten wie Farbe oder Verpackung. Kunden sind nicht auf den Kopf gefallen, deshalb können Sie sich solche Fehler auch nicht leisten.

Versuchen Sie etwas zu verkaufen, das Sie nicht mit maximal fünf Wörtern erklären können?

Na gut, vielleicht werde ich Ihnen zwölf Wörter zugestehen, weil ich so viele gebraucht habe, um die Überschrift für diesen Abschnitt zu schreiben. Aber nicht mehr! Der Punkt ist der, daß selbst die fortgeschrittensten und wichtigsten Produkte schließlich zu mundgerechten Happen zugeschnitten werden müssen, um auf dem Markt Erfolg zu haben. Dasselbe gilt für Ihre Marketingbotschaften. Geben Sie sich beispielsweise erst gar nicht damit ab, Werbeanzeigen zu entwerfen, bevor Sie die Aussage nicht in fünf (na schön, maximal zwölf) Wörtern zu Papier bringen können. Ansonsten wird es Ihre Idee nicht über die vielen Hürden bis in das Gedächtnis der Kunden schaffen. Denn Sie wissen ja, »in der Kürze liegt die Würze«!

Ignorieren Sie die Welt außerhalb Ihrer eigenen Branche oder Ihres Marktes?

Wow! Das ist ein geläufiger Fehler. Viele Leute erkennen nie, daß sie ihn begehen. Es ist ja nur natürlich, sich darauf zu konzentrieren, was Ihre Wettbewerber gerade machen, und sich danach einzuschätzen. Aber die meisten Dinge, die Sie im Marketing und auch im Rest Ihres Geschäftes erledigen, stehen ebenfalls in vielen anderen Branchen auf der Tagesordnung. Es gibt nur sehr wenig, was von Branche zu Branche einzigartig ist. Das wird deutlich, wenn Sie eine *Prozeßperspektive* einnehmen – das heißt, wenn Sie die Prozesse ausfindig machen, die Ihre Abteilung oder Ihr Unternehmen durchläuft.

Sie machen Vertreterbesuche und bieten Service und Unterstützung an. Sie stellen Produkte her und liefern sie. Sie nehmen Kundenanrufe entgegen. Sie verwalten eine Kundendatenbank. Sie stellen Verkaufspersonal ein und motivieren es. Sie stellen auf Handelsmessen aus, um Nachfrage zu schaffen. Sie entwerfen Marketing-Programme. Sie verstehen schon, was ich sagen will. Aber viele andere Unternehmen – die meisten in anderen Branchen und vielleicht sogar in anderen Ländern – machen genau die gleichen Dinge. Also, wie stehen die Chancen für jemanden in Ihrer Branche, der Beste in jedem dieser Prozesse zu sein? Ziemlich dünn. Warum setzen Sie sich dann Ihre Konkurrenten zum Maßstab? Warum messen Sie sich dann nicht mit dem Besten überhaupt?

Es ist Zeit, Ihren Horizont zu erweitern, nach Unternehmen in anderen Branchen Ausschau zu halten, die besser in diesen gemeinsamen Prozessen sind als irgend jemand in Ihrer Branche – und von ihnen zu lernen. Dadurch werden Sie bald Ihrer Branche um Längen voraus sein, anstatt durch sie zurückgehalten zu werden.

Wie Sie einen Marketingplan schreiben

Einen *Marketingplan* können Sie sich ganz einfach als die Zusammenfassung Ihrer Marketingziele und -strategien – siehe Teil 1 dieses Buches – und der Komponenten Ihres Marketing-Programms vorstellen – siehe Teil 3 dieses Buches. Wenn Sie bereits an Ihren Strategien und Ihrem Programm gearbeitet haben, dann haben Sie alle Vorbereitungen getroffen, um mit dem Schreiben Ihres Marketingplans zu beginnen.

Falls Sie jedoch nicht ganz sicher sind, wie Sie Ihr Programm zusammenstellen sollen, lesen Sie Kapitel 1 und nutzen Sie die Beispielprogramme als Leitfaden.

Marketingpläne variieren deutlich in der Aufmachung und unterscheiden sich von Unternehmen zu Unternehmen, aber alle verfügen über Hauptkomponenten, die in den folgenden Abschnitten beschrieben werden:

Zusammenfassung

Schreiben Sie diesen Teil zuletzt, aber stellen Sie ihn an den Anfang. Fassen Sie die Hauptpunkte Ihres Plans zusammen und stellen Sie klar heraus, ob der Plan leistungsorientiert oder wirkungsorientiert ist. Ist erstgenanntes der Fall, sagen Sie, daß Ihr Plan eine umfangreiche Anzahl an spezifischen Veränderungen in die Marketingpraxis einführt. Ist jedoch letztgenanntes der Fall, dann stellen Sie heraus, daß Ihr Plan eine bedeutende Chance oder ein wichtiges Problem erkennt und eine neue Strategie anwendet, um darauf zu reagieren. Sorgen Sie dafür, daß Sie Endergebnisse zusammenfassen – wie hoch Ihre geplanten Gewinne sein werden (je Produkt oder Produktlinie, es sei denn, Sie haben zu viele, um sie auf einer Seite aufzuführen) und wie hoch die Kosten sind. Zeigen Sie auch, wie sich diese Zahlen von denen des Vorjahres unterscheiden. Die ganze Sache sollte nicht mehr als eine Seite beanspruchen.

Falls Sie zu viele Produkte besitzen, um die Zusammenfassung unter einer Seite zu halten, *können* Sie sie auch nach Produktlinien auflisten. Aber eine bessere Alternative ist, mehr als einen Plan zu machen. Jeder Plan, der nicht auf einer Seite zusammengefaßt werden kann, ist zu komplex, um klar durchdacht zu sein. Lösen Sie die Komplexität auf, indem Sie die einzelnen Bereiche aufteilen.

Ziele

Die *Ziele* sind das, was Ihr Plan erfüllen soll. Wird der Plan beispielsweise den Absatz um 25 Prozent steigern, ein Produkt neu positionieren, um es attraktiver für anspruchsvolle Käufer zu machen, eine Direktmarketingfunktion über das Internet einführen und folglich den

Direktversand auslaufen lassen oder ein neues Produkt auf den Markt bringen? Wird der Plan vielleicht mehrere Produkte zu einer einzigen Dachmarke verbinden und das Bewußtsein für diese Marke durch Print- und Radiowerbung aufbauen, um damit Marktanteile von mehreren Wettbewerbern zu gewinnen, oder wird er vielleicht die Marketingkosten verringern, indem er ineffiziente Gutscheinverteilung, Streuplanung oder unproduktives Verkaufsmanagement ausschaltet? Das sind die Dinge, die in dem Abschnitt über die Ziele des Plans erwähnt werden müssen.

Wenn Sie klare, bezwingende Ziele formulieren, werden Sie niemals mit dem durcheinander kommen, was Sie in anderen Abschnitten festhalten müssen, weil Sie immer wieder zu diesem Abschnitt zurückblättern können, wenn Sie nicht weiter wissen, und so können Sie sich selbst daran erinnern, was Sie zu erreichen versuchen und warum.

Ich versuche, diesen Teil des Plans zuerst zu schreiben – aber ich weiß schon jetzt, daß ich ihn oft neu schreiben werde, während ich mehr Informationen sammle und intensiver darüber nachdenke. Langfristig gesehen werde ich ihn wohl ganz zum Schluß noch mal überarbeiten. Ziele stellen ein so wichtiges Fundament für den Rest des Plans dar, daß Sie niemals aufhören können, über sie nachzudenken. Trotz ihrer Bedeutung brauchen sie aber nicht viele Worte. Eine halbe bis zwei Seiten maximal genügen.

Situationsanalyse

Was passiert gerade? Das ist die Frage, die Ihre *Situationsanalyse* beantworten muß. Die Antwort kann viele Formen annehmen, deshalb kann ich Ihnen keine Formel zur Vorbereitung einer Situationsanalyse an die Hand geben. Sie sollten die wichtigsten Marktveränderungen analysieren, weil sie die Quellen für Probleme oder Chancen sind (siehe Kapitel 6 für formale Forschungstechniken und -quellen).

Aber was *sind* die wichtigsten Veränderungen, seit Sie die Situation das letzte Mal überprüft haben? Die Antwort hängt von der Situation ab. Erkennen Sie die Schwierigkeit? Dennoch müssen Sie irgendwie genügend Einblick in das, was passiert, gewinnen, um die Probleme und Chancen klar zu erfassen.

Ihr Ziel ist eigentlich, die Veränderungen *klarer als die Konkurrenz* zu zu sehen. Warum? Wenn Ihre Situationsanalyse schlechter als die der Konkurrenz ist, dann verlieren Sie Marktanteile an sie. Wenn Ihre Analyse ungefähr gleich ist, dann werden Sie wahrscheinlich auf dem gleichen Stand bleiben. Nur wenn Ihre Situationsanalyse besser ist, werden Sie einen Vorsprung vor der Konkurrenz gewinnen.

Was Sie von Ihrer Situationsanalyse erwarten sollten, ist

✔ *Informationsgleichheit:* Mit diesem Begriff beschreibe ich den Zustand, in dem Sie genau so viel wie die führenden Wettbewerber wissen. Falls Sie nicht genügend Forschung oder die richtige Art von Analyse betreiben, dann werden Ihre Wettbewerber einen Informationsvorteil genießen. Daher besteht das erste Ziel darin, genug Einblick zu gewinnen, um mit Ihren Konkurrenten auf gleicher Höhe zu stehen.

✔ *Informationsvorteil:* Dies ist der Einblick in den Markt, den Ihre Wettbewerber nicht besitzen. Der Zweck eines Informationsvorteils ist, höher zu stehen als Ihre Konkurrenten. Das ist eine unheimlich gute Position, von der aus man ein Marketing-Programm oder eine Werbekampagne entwerfen und auf den Markt einführen kann!

Die meisten Marketingpläne und -planer benutzen diese Begriffe nicht und denken über ihre Ziele nicht in dieser Weise nach. Ich verrate Ihnen eines meiner bestgehüteten Geheimnisse, weil ich nicht möchte, daß Sie Zeit mit der typischen *Pro-Forma*-Situationsanalyse verschwenden, in der der Marketingmensch die üblichen Vermutungen zusammenträgt und Informationen zur Schau stellt, die jeder eigentlich kennen sollte, bevor er den Plan liest. Diese Herangehensweise, obwohl weitverbreitet, trägt nichts dazu bei, dem Plan zum Erfolg zu verhelfen. Falls *Sie* sich auf dieses Minimum hätten beschränken wollen, glaube ich nicht, daß Sie sich die Mühe gemacht hätten, dieses Buch überhaupt zu kaufen.

Marketingstrategie

Viele Pläne nutzen diesen Abschnitt, um nähere Einzelheiten über die Ziele festzulegen, indem sie erklären, wie diese erreicht werden sollen. Einige Schreiber finden diese Aufgabe leicht, während andere immer wieder mit der Unterscheidung zwischen einem Ziel und einer Strategie durcheinanderkommen. Ein Ziel hört sich folgendermaßen an:

Wir werden unsere Führung im inländischen PC-Markt festigen.

Eine Strategie klingt so:

Wir führen attraktive, neue Produkte auf dem Markt ein und werben für unseren Markennamen, um unsere Führung auf dem inländischen PC-Markt zu festigen.

Beachten Sie, daß die Strategie die allgemeine Herangehensweise zur Erfüllung des Ziels betont. Sie gibt einige gute Hinweise darauf, welchen Weg Sie einschlagen werden. Aber einige Leute sehen den Unterschied zwischen Zielen und Strategien als eine ziemlich feine Linie an. Wenn Sie sich mit der Unterscheidung anfreunden können, dann schreiben Sie einen separaten Strategieabschnitt. Wenn nicht, dann kombinieren Sie diesen Abschnitt mit dem Abschnitt über Ziele, und nennen Sie ihn »Ziele und Strategien«; denn es ist egal, wie sie genannt werden, solange sie nur gut sind.

Mehr Einzelheiten über die Entwicklung und Bestimmung von Marketingstrategien finden Sie in Kapitel 2 und 3.

Überblick über ein Marketing-Programm

Ein Marketing-Programm ist eine Kombination von Marketingaktivitäten, mit denen Sie eine Zielgruppe von Kunden beeinflussen wollen, damit diese ein bestimmtes Produkt oder eine Produktlinie kaufen. Ich habe Ihnen in Kapitel 1 gezeigt, wie Sie Marketing-Programme entwickeln und analysieren. Aus meiner Sicht beginnt ein Marketing-Programm mit der Analyse dessen, was Ihre *Einflußpunkte* sind – mit anderen Worten, welche Wege Ihrem Unternehmen offenstehen, um die Kaufentscheidungen der Kunden zu beeinflussen. Das Programm endet mit Entscheidungen darüber, wie die Einflußpunkte genutzt werden können.

In Kapitel 1 schlage ich vor, Prioritäten zu setzen, indem Sie einige primäre Einflußpunkte auswählen – solche, die das Programm für die kommende Planungsperiode beherrschen werden. Der Hauptgrund für diese Herangehensweise ist der, daß Sie Ihre Mittel auf bestimmte Einflußpunkte konzentrieren, was Ihnen mehr Einfluß verleiht als sonst (und vielleicht mehr Einfluß als weniger ausgerichtete Wettbewerber). Treffen Sie eine sorgfältige Wahl, indem Sie versuchen, eine bis drei Stützen herauszusuchen, auf denen Ihr Marketing-Programm stehen kann. Dann setzen Sie die (gewöhnlich zahlreichen) anderen Einflußpunkte in sekundäre Positionen zur Unterstützung der primären Punkte ein, indem Sie alles um sie herum auffüllen. (Sie denken sicherlich, der Plan werde durch mehr Stützen stärker, aber das stimmt nicht. Er wird nur kürzer.)

Wenn Sie meinem Rat in Kapitel 1 folgen (es ist noch nicht zu spät!), haben Sie bereits Ihre Einflußpunkte erkannt und verfügen über eine gute Vorstellung darüber, wieviel Ihr Unternehmen letztes Jahr für sie ausgegeben hat. Wählen Sie einige aus, auf die Sie sich konzentrieren (falls Sie sich nicht sicher sind, welche, sehen Sie sich noch mal die Kapitel über Programmkomponenten in Teil 3 an, um Einflußpunkte zu finden, die am besten für Ihre Bedürfnisse und Ihren Markt geeignet sind). Dann fangen Sie an, spezielle Pläne für jeden zu entwickeln, gegebenenfalls immer noch mit Rückgriff auf Teil 3, um den Einsatz der verschiedenen Komponenten zu verdeutlichen.

Angenommen, Sie ziehen beispielsweise in Betracht, Werbeanzeigen in Fachzeitschriften einzusetzen, um Einkäufer des Einzelhandels von Ihrer attraktiven neuen Produktlinie und den Displaymöglichkeiten in Kenntnis zu setzen, die Sie für sie haben. Das ist toll, aber Sie müssen jetzt ins Detail gehen. Sie sollten einige Zeitschriften auswählen (rufen Sie ihre Werbeabteilungen an, um Einzelheiten über ihre demographischen Daten und Preise herauszufinden – Genaueres in Kapitel 8). Sie müssen auch entscheiden, wie viele Anzeigen welcher Art Sie schalten wollen, und dann die Kosten dieses Werbeprogramms berechnen.

Führen Sie dieselbe Analyse für jeden Punkt auf Ihrer Liste mit Programmkomponenten durch. Arbeiten Sie sich durch die Einzelheiten, bis Sie eine erste Kostenziffer für das haben, was Sie mit jeder Komponente machen wollen. Summieren Sie diese Kosten und sehen Sie, ob das Endergebnis realistisch ist. Sind die Gesamtkosten in Relation zu Ihren geplanten Verkäufen zu hoch? Liegen sie höher als der vom Chef bestimmte Budgethöchstbetrag? Wenn ja, stellen Sie sich darauf ein und versuchen Sie es noch mal. Nach einiger Zeit sollten Sie in der Lage sein, ein Budget aufzustellen, das akzeptabel im Endergebnis aussieht und ebenfalls aus praktischer Perspektive Sinn macht.

 Eine Tabellenkalkulation ist eine große Hilfe in diesem Prozeß. Abbildung A.1 zeigt das Format für eine sehr einfache Lösung. Alles, was Sie tun müssen, ist, Formeln aufzustellen, die die Kosten zu Zwischensummen und einer Gesamtsumme addieren, und dann die Gesamtsumme von der geplanten Verkaufsziffer abzuziehen, um das Endergebnis für Ihr Programm zu erhalten. In dieser Abbildung habe ich gezeigt, wie das Programm für ein Großhandelsunternehmen aussieht, das seine Produkte an Geschenkeläden in den USA verkauft. Dieses Unternehmen nutzt persönlichen Verkauf, Telemarketing und Printwerbung als seine primären Programmkomponenten. Es hat ebenfalls Mittel in seinem Budget für diese Periode vorgesehen, die der abschließenden Entwicklung und der Einführung einer neuen Produktlinie dienen.

Überblick über das Programm an die Zielgruppe Einzelhandelseinkäufer

Programmkomponenten	Direkte Marketingkosten ($)
Primäre Einflußpunkte:	
– Vertreterbesuche	450.700
– Telemarketing	276.000
– Anzeigen in Fachzeitschriften	1.255.000
– Entwicklung einer neuen Produktlinie	171.500
	Zwischensumme: 2.153.200
Sekundäre Einflußpunkte:	
– Mengenrabatte	70.000
– Displays in Einkaufsstätte	125.000
– Neue Web-Seite mit Online-Katalog	12.600
– Gedruckter Katalog	52.000
– Publicity	18.700
– Stand auf jährlicher Handelsmesse	22.250
– Neudesign der Verpackung	9.275
	Zwischensumme: 309.825
Geplanter Verkauf aus diesem Programm	23.250.000
minus Gesamtprogrammkosten	-2.463.025
Netto-Verkaufseinnahmen aus diesem Marketingprogramm	20.786.975

Abbildung A.1: Dieses Programmbudget, aufgestellt durch Tabellenkalkulation, gibt einen schnellen und genauen Überblick über das Marketing-Jahresprogramm eines Großhändlers für eine Linie von Geschenkartikeln.

Die sekundären Komponenten des Unternehmens beanspruchen nicht viel des Marketing-budgets verglichen mit den primären Komponenten (die 87 Prozent des Gesamtbudgets ausmachen). Aber die sekundären Komponenten sind ebenfalls wichtig. Eine neue Web-Seite soll erwartungsgemäß einen Großteil der Kundenanfragen abfangen und als ein virtueller Katalog dienen, was dem Unternehmen ermöglicht, seine Kosten für Katalogdruck und Mailings zurückzufahren. Das Unternehmen plant auch, eine neue Linie von Bodendisplays einzuführen, die von ausgewählten Einzelhändlern in der Einkaufsstätte eingesetzt werden. Diese Display-einheit in Kombination mit verbesserter durchsichtiger Verpackung soll den Umsatz der Produkte des Unternehmen in Einzelhandelsgeschäften erhöhen.

Wenn Ihr Marketingplan mehrere Kundengruppen abdeckt, dann müssen Sie mehrere Tabellenkalkulationen einbeziehen (wie die in Abbildung A.1), weil jede unterschiedliche Kundengruppe vielleicht ein unterschiedliches Marketing-Programm brauchen wird.

Das Unternehmen zum Beispiel, dessen Großhandelsmarketing-Programm in Abbildung A.1 dargestellt ist, verkauft an Geschenkläden – dafür steht das Programm. Aber es ist auch mit Schreibwarenläden im Geschäft. Obwohl dieselben Vertreter beiden Besuche abstatten, sind die Produkte und Verkaufsförderungen für diese beiden Kundengruppen unterschiedlich. Sie kaufen aus verschiedenen Katalogen. Sie nutzen nicht dasselbe Display. Sie lesen unterschiedliche Fachzeitschriften. Folglich muß das Unternehmen separate Marketing-Programme für jede der beiden entwickeln und alle sich überlappenden Ausgaben entsprechend verteilen. (Beispiel: Wenn zwei Drittel der Vertreterbesuche auf Geschenkläden fallen, dann sollten die Ausgaben für Vertreterbesuche im Geschenkladenprogramm zwei Drittel des gesamten Verkaufsbudgets ausmachen.)

Falls Sie unterschiedliche Produkte oder Produktlinien verschieden vermarkten müssen, dann sollten Sie auch hier ein eigenes Marketing-Programm für jedes Produkt vorbereiten. Selbst wenn ein einziger Plan alle Ihre Produkte oder Linien abdeckt, sorgen Sie dafür, daß jedes in eine eigene Programmübersicht für diesen Abschnitt des Plans eingeteilt wird.

Details des Marketing-Programms

In diesem Teil Ihres Plans müssen Sie zu den Einzelheiten Stellung nehmen, wie Sie jede Komponente in Ihrem Marketing-Programm einsetzen werden. Sie sollten jeder Komponente einen Abschnitt widmen, was bedeutet, daß dieser Teil Ihres Programms ziemlich lang sein könnte (geben Sie ihm so viele Seiten, wie Sie brauchen, um die notwendigen Fakten darzustellen). Sie müssen sich ohnehin über diese Dinge detailliert Gedanken machen, also schadet es nicht, wenn man sie aufschreibt. Je mehr Ihrer Gedanken Sie zu Papier bringen, desto leichter wird es später sein, den Plan umzusetzen – ebenso wie den Plan im nächsten Jahr neu zu schreiben.

Obwohl dieser Teil der längste Ihres Plans ist, werde ich mich hier nicht ausführlich damit beschäftigen, weil Teil 3 diese Aufgabe bereits erfüllt. Jedes Kapitel behandelt eingehend, wie man spezielle Komponenten eines Marketingplans handhabt. Sehen Sie sich die relevanten Kapitel noch mal an, um Ideen zu bekommen, wenn Sie diesen Teil Ihres Plans schreiben.

Dieser Teil des Plans sollte mindestens Abschnitte über die *vier Ps* enthalten – das Produkt, die Preisfindung, die Plazierung (oder Distribution) und die Promotion (wie Sie mit Kunden kommunizieren und sie überzeugen). Aber es ist wahrscheinlicher, daß Sie diese Kategorien in speziellere Fragen unterteilen müssen – wie ich es in den Kapiteln von Teil 3 dieses Buches mache.

 Beziehen Sie keine Abschnitte über Programmkomponenten in Ihren Marketingplan ein, die Sie nicht verändern können. Oft kann derjenige, der den Marketingplan schreibt, die Preispolitk nicht ändern oder eine neue Produktlinie in Auftrag geben oder eine Veränderung in der Distributionsstrategie diktieren. Erkunden Sie Ihre Grenzen, versuchen Sie sie auszuweiten, aber akzeptieren Sie letztendlich, daß sie existieren, oder Ihr Plan wird nicht praxisnah sein. Wenn Sie nur die Promotion/Verkaufsförderung kontrollieren können, dann sollte sich dieser Teil des Plans auch nur mit den Möglichkeiten befassen, wie Sie für Ihr Produkt werben können. Denken Sie in diesem Fall nicht an die anderen drei Ps. Sie tun, was Sie tun können.

Management des Marketing-Programms

Dieser Teil des Plans ist nicht obligatorisch, aber es ist eine gute Idee, ihn einzubeziehen. Der Abschnitt über Management faßt die Hauptaktivitäten zusammen, die durchgeführt werden müssen, um Ihr(e) Marketing-Programm(e) umzusetzen. Dieser Abschnitt teilt diese Aktivitäten dann einzelnen Personen zu und rechtfertigt diese Zuteilung mit Gesichtspunkten wie deren Fähigkeiten, Kapazitäten und wie sie begleitet und kontrolliert werden. Der Hauptzweck dieses Abschnitts des Plans liegt darin, einfach sicherzustellen, daß genügend fähige Leute an den richtigen Stellen zur richtigen Zeit vorhanden sind, um die Arbeit zu erledigen. Manchmal wird dieser Abschnitt etwas ausgefeilter, wenn Managementangelegenheiten angesprochen werden, etwa, wie man den Verkaufsaußendienst produktiver machen könnte oder ob man den Marketingbereich dezentralisieren sollte.

Jetzt sollten Sie in Ihre Rolle des Buchhalters und Projektmanagers schlüpfen. (Keine von beiden paßt so richtig zu Ihnen, ich weiß, aber Sie müssen sie für einen oder zwei Tage spielen.) Sie müssen

✔ den zukünftigen Absatz für jedes Produkt in Ihrem Plan schätzen, in Einheiten und in D-Mark.

✔ diese Schätzungen rechtfertigen und, falls sie schwer zu belegen sind, Versionen des »schlimmsten Falls« aufzeigen.

✔ eine Zeitlinie ziehen, die zeigt, wann die Kosten Ihres Programms auftreten und Programmaktivitäten ausgeführt werden (das wird Ihnen bei dem vorangegangenen Abschnitt über Management helfen und wird auch auf die unangenehme Aufgabe vorbereiten, ein monatliches Marketingbudget aufzustellen.)

✔ ein monatliches Marketingbudget verfassen, das alle Kosten Ihres Programms für jeden Monat des kommenden Jahres auflistet und auch Verkäufe monatlich nach Produkten oder Gebieten aufschlüsselt.

Weitergabe des Schwarzen Peters

Ich sage, daß Sie diese unangenehmen Aufgaben jetzt erfüllen müssen, aber ich sollte das etwas relativieren. Einige der Pläne, an denen ich gearbeitet habe, sind strategieorientiert – damit ist der Autor hinsichtlich dieser Einzelheiten aus dem Schneider! Der Gedanke der Strategieorientierung liegt für die Marketingleute darin, herauszufinden, worin die Ziele und Strategien bestehen, und Vorschläge zu machen, wie man das Marketing-Programm zu ihrer Umsetzung nutzen könnte. Dann wird der Plan an die »Experten« im Verkauf, in der Werbung und in anderen Funktionsbereichen weitergegeben, damit sie detaillierte Umsetzungspläne entwickeln. Aber selbst wenn Sie diese Teile der Planung delegieren, überwachen und prüfen Sie die Arbeit sorgfältig. Es ist Ihr Plan, und die Zahlen sollten besser stimmen.

Sie müssen den »Einkauf« erhöhen (und sogar Ihren Hals retten), indem Sie Beteiligung an den Einnahmen und Gewinnzahlen für Ihren Plan bekommen. Aber manchmal ist es schwierig, andere Leute, insbesondere aus anderen Abteilungen (falls Sie ein großes Unternehmen sind), dazu zu bewegen, Ihnen auszuhelfen. Sie können versuchen, ihnen zu erzählen, daß ich gesagt hätte, es wäre eine gute Idee, die Werbeleute das Werbebudget und die Verkaufsleiter das Verkaufsbudget aufstellen zu lassen, wenn Sie glauben, daß sie das überzeugen könnte. Sie könnten ebenfalls darauf hinweisen, daß sie ein persönliches Interesse daran haben sollten, darauf zu achten, daß diese Teile Ihres Plans aus deren Sicht praktische Relevanz besitzen – auf diese Weise hat eine Beteiligung sowohl für Sie als auch Ihre Kollegen Sinn.

Kohle machen – wie Sie Absatz vorhersagen

Nehmen Sie das Szenario des schlimmsten Falls an – Sie haben das Schreiben eines ausgewachsenen Marketingplans am Hals und erhalten keine Hilfe von Spezialisten oder Beteiligung von anderen Abteilungen. Wenn das der Fall ist, dann bin ich äußerst besorgt um Ihre Absatzvorhersage. Ich denke, Sie werden sich durch den Rest durchwursteln, das heißt durch die Kostenseite, weil es schließlich nicht schwer ist auszurechnen, wie man Geld ausgibt. Kaufen Sie einfach einen Strauß wahrscheinlich klingender Marketingaktivitäten ein – Anzeigen, eine PR-Agentur, Broschüren, egal was – und addieren Sie diese Ausgaben, um auf Ihr Gesamtergebnis zu kommen. Der Mathe-Teil ist trivial, und weil Sie im Marketing tätig sind (und mit diesem Buch bewaffnet sind), denke ich, daß ich Ihrem Urteil über den Rest davon trauen kann. Aber wie sieht es mit diesen Absatzprognosen aus? Wenn Sie keine Kristallkugel besitzen, empfehle ich Ihnen, daß Sie sich etwas eingehender mit der Kunst des Vorhersagens beschäftigen, bevor Sie sich zu irgendwelchen Zahlen auf Papier bekennen.

Das Geheimnis um Marketingprognosen, Vorhersagen und Budgets lautet, sich diese aus der Perspektive des Kapitalertrags anzusehen. Es ist nicht wichtig, wieviel Sie ausgeben, sondern wieviel Ihre Ausgaben dem Unternehmen wieder einbringen.

Es kann sein, daß eine 50prozentige Kürzung in den Gesamtausgaben Ihnen prozentual einen höheren Gewinn liefern wird. Oder daß eine 200prozentige Steigerung das vermag. Oder daß dasselbe Budget, anders verteilt, um leistungsfähiger und wirksamer zu sein, eine 25prozentige Erhöhung der Erträge einbringt. Wenn Sie Ihren Marktvorhersagen, Verkaufsprognosen und Budgets genügend Sorgfalt widmen, dann werden Sie in der Lage sein, Erträge aus Marketing-Investitionen genau genug vorauszusagen und zu messen, um solche Einsichten gewinnen zu können. Achten Sie nur darauf, daß Sie spezielle Marketing-Programme sorgfältig mit speziellen Ergebnissen verbinden (wie Abbildung A.1 zeigt). Dann werden Sie wissen, wofür Sie Ihr Geld ausgeben, und können einschätzen (und später untermauern), wie die Erträge im Verhältnis zu Ihren Marketingausgaben ausfallen.

Absatzschätzungen

Zur Vorausplanung von Verkäufen stehen mehrere hilfreiche Techniken zu Verfügung. Ich werde sie besprechen, dann können Sie sich die geeignetste heraussuchen. Falls Sie unsicher sind, nutzen Sie einfach die Technik, die Ihnen die vorsichtigste Vorausplanung liefert. Ein gängiger Weg, auf Nummer Sicher zu gehen, ist, mehrere Techniken zu nutzen und von ihren Ergebnissen den Durchschnitt zu bilden.

✔ Aufbau-Vorhersagen: Diese gehen vom Speziellen zum Allgemeinen oder von unten nach oben. Wenn Sie Verkaufsrepräsentanten oder Vertreter beschäftigen, lassen Sie jeden von ihnen den Absatz in seinem Gebiet vorhersagen und seine Vorausplanung rechtfertigen, basierend auf den Veränderungen, die er für die Situation erwartet. Sammeln Sie dann alle Vorhersagen der Außendienstmitarbeiter an, um eine umfassende Zahl zu erhalten.

Falls Sie nur so wenige Kunden haben, daß Sie lediglich die Verkäufe pro Kunde vorausplanen können, dann bauen Sie Ihre Vorhersagen auf diese Weise auf. Sie sollten mit vernünftigen Schätzungen arbeiten, und zwar des Absatzvolumens, das Sie von jedem Geschäft, das Ihre Produkte führt, oder von jeweils tausend verschickten Katalogen erwarten können. Egal, wie die grundlegenden Bausteine Ihres Programms aussehen, beginnen Sie mit Schätzungen für diese Elemente und addieren Sie diese Schätzungen dann auf.

✔ Indikator-Vorhersagen: Diese Methode bindet Ihre Vorhersage an ökonomische Faktoren, die mit dem Absatz variieren sollten. Wenn Sie beispielsweise im Baugewerbe tätig sind, werden Sie feststellen, daß vergangene Verkäufe für Ihre Branche mit dem Wachstum des BSP (Bruttosozialprodukt) in Beziehung stehen. Daher können Sie Ihre Absatzvorhersagen nach oben oder unten angleichen, je nachdem, ob den Erwartungen nach die Wirtschaft im nächsten Jahr schnell oder langsam wachsen soll.

✔ Mehrfachszenario-Vorhersage: Diese basiert auf Was-Wäre-Wenn-Geschichten. Sie beginnt mit einer geradlinigen Vorhersage, in der Sie annehmen, daß Ihr Absatz nächstes Jahr um denselben Prozentsatz steigen wird wie letztes Jahr. Dann denkt man sich Was-Wäre-Wenn-Geschichten aus und schätzt deren Einfluß auf diese Vorhersage, um eine Vielfalt an alternativen Vorhersagen zu erstellen.

Sie könnten zum Beispiel die folgenden Szenarien aufstellen:

✔ Was wäre, wenn ein Wettbewerber einen technologischen Durchbruch in den Markt einführt?

✔ Was wäre, wenn Ihr Unternehmen einen Konkurrenten aufkauft?

✔ Was wäre, wenn der Bundestag unsere Branche dem freien Wettbewerb überläßt/sie reguliert?

✔ Was wäre, wenn ein führender Konkurrent versagt?

✔ Was wäre, wenn unser Unternehmen in finanzielle Probleme gerät und einige unserer Verkäufer und Marketingleute entlassen muß?

✔ Was wäre, wenn unser Unternehmen seine Werbeausgaben verdoppelt?

Denken Sie bei jedem Szenario darüber nach, wie sich die Kundennachfrage verändern könnte. Ebenfalls, wie sich Ihr Marketing-Programm verändern müßte, um der Situation am besten gewachsen zu sein. Dann machen Sie eine passende Verkaufsvoraussage. Wenn zum Beispiel ein Wettbewerber einen technologischen Durchbruch einführen würde, könnten Sie vermuten, daß Verkäufe um 25 Prozent unter Ihre geradlinige Vorausplanung sinken würden.

Die Schwierigkeit bei der Mehrfachszenario-Analyse ist, daß sie Ihnen unterschiedliche Situationen präsentiert. Ihr Chef möchte aber eine einzige Absatzvorhersage, einen Einzeiler oben auf Ihrem Marketingbudget. Ein Weg, diese ganzen Möglichkeiten in eine Zahl oder eine Reihe von Zahlen umzuwandeln, ist, einfach die Möglichkeit herauszusuchen, die Ihnen am wahrscheinlichsten scheint. Das ist nicht besonders zufriedenstellend, wenn Sie sich überhaupt nicht sicher sind, welche, wenn überhaupt eine, sich bewahrheiten wird. Ein anderer Weg ist also, alle Alternativen zu nehmen, die eben noch möglich erscheinen, für jede eine Auftrittswahrscheinlichkeit im nächsten Jahr festzusetzen, jede mit ihrer Wahrscheinlichkeit zu multiplizieren und dann den Durchschnitt aus allen zu bilden, was eine ziemlich abenteuerliche Zahl ergibt.

Zum Beispiel: Vorhersage für Szenario A = $ 5 Millionen und für Szenario B = $ 10 Millionen. Die Wahrscheinlichkeit für Szenario A = 15 % , für B = 85 %. Die Absatzvorhersage = [($ 5 Mio. x 0,15) + ($ 10 Mio. x 0,85))/2 = $ 4.630.000.

✔ **Zeitraum-Vorhersage:** Um diese Methode zu nutzen, arbeiten Sie mit Wochen oder Monaten. Schätzen Sie, wie viele Verkäufe in jedem Zeitraum zustande kommen werden, und summieren Sie sie dann über das gesamte Jahr auf. Dieser Ansatz ist hilfreich, wenn Ihr Programm oder Markt nicht über das ganze Jahr konstant ist. Skiorte nutzen diese Methode, weil sie bestimmte Einnahmen nur zu bestimmten Zeiten im Jahr erzielen können. Marketingleute, die planen, neue Produkte während des Jahres einzuführen oder verstärkt in einem oder *zwei Stößen* (konzentrierte Zeiträume) Werbung einzusetzen, nutzen diese Methode auch, weil ihre Verkäufe in diesen Perioden deutlich steigen werden. Schließlich müssen sich Unternehmer, kleine Geschäfte und jeder andere mit einer straffen Cash-flow-Leine dieser Methode bedienen, weil sie ihnen eine bessere Vorstellung davon gibt, wieviel Geld pro Woche und Monat in die Kassen fließen wird. Eine jährliche Verkaufszahl hinsichtlich des Geldeingangs ist ihnen nicht aussagekräftig genug, um zu erkennen, ob sie in einigen Perioden während des Jahres knapp bei Kasse sein werden.

Kontrollen

Dieser Abschnitt sollte der letzte und kürzeste Ihres Plans sein – aber in vielerlei Hinsicht der wichtigste. Der Zweck dieses Abschnitts erlaubt es Ihnen und anderen, Leistung nachzuvollziehen.

Identifizieren Sie einige Orientierungsgrößen für Leistung und halten Sie sie klar im Plan fest. Zum Beispiel:

✔ Alle Verkaufsgebiete sollten die neuen Kataloge und Verkaufsmanuskripte ab 1. Juli einsetzen.

✔ Einnahmen sollten zum Ende des ersten Quartals um $ XXX steigen, falls die Verkaufsförderungskampagne nach Plan verläuft.

Diese Erklärungen geben Ihnen (und leider auch Ihren Arbeitgebern) einfache Mittel an die Hand, Leistung zu überwachen, wenn Sie Ihren Marketingplan umsetzen. Ohne sie existiert keine Kontrolle über den Plan. Niemand kann sagen, ob oder wie gut der Plan funktioniert. Mit ihnen können unerwartete Ergebnisse oder Verzögerungen schnell erkannt werden – rechtzeitig für angemessene Reaktionen, falls Sie diese Kontrollen richtig gestaltet haben.

The 5th Wave

By Rich Tennant

Stichwortverzeichnis

Z

Marketing für Dummies – Schummelseite

Die wichtigsten Marketingmaßstäbe

Kundenzufriedenheit = Kundeneinschätzung der Gebrauchserfahrung versus Konkurrenten und versus Erwartungen

Markenwert = (Markenerinnerung) x (Kundentreue) x (Einstellung der Kunden gegenüber der Marke)

Marktanteil des Produktes* = (Ihr Jahresumsatz) / (Gesamt-Jahresumsatz in der Produktkategorie)

Rate der Umsatzsteigerung* = [(Ihr Umsatz aus Jahr 2) - (Ihr Umsatz aus Jahr 1)] / (Ihr Umsatz aus Jahr 1)

Marktwachstumsrate* = [(Gesamtumsatz aus Jahr 2 in der Produktkategorie) – (Gesamtumsatz aus Jahr 1 in der Produktkategorie)] / (Gesamtumsatz aus Jahr 1 in der Produktkategorie)

Rate der Kundenfluktuation* = (Anzahl der verlorenen Kunden bis 31. Dezember des Jahres) / (Anzahl der Kunden am 1. Januar des Jahres)

Rate der Neuprodukt-Mißerfolge* = (fehlgeschlagene Produkteinführungen) / (alle Produkteinführungen)

Multipliziere mit 100, um in Prozent umzuwandeln (%)

Techniken zur Erzeugung kreativer Ideen

✔ Brainstorming
✔ Analogien
✔ Wunschdenken
✔ Pass-along
✔ Befragungen
✔ Konkurrierende Teams
✔ Kreative Aufträge

Typische Kunden-Response-Raten (Direct-Response-Marketing)

Medium	Response Rate
ganzseitige Zeitschriftenanzeige	0,05 bis 0,20 % der Auflage
Brief per Post	0,5 bis 5 % der angeschriebenen Personen
Telefonanruf	0,75 bis 5% der angerufenen Personen
gefaxter Brief	2 bis 10 % der angefaxten Personen

Möglichkeiten im Internet-Marketing

✔ Gestalten Sie Ihre eigene Web-Seite
✔ Gestalten Sie Ihre eigene Web-Site
✔ Kaufen Sie Werberaum auf anderen Seiten/Sites
✔ E-mailen Sie Direct-Response-Briefe
✔ Veröffentlichen Sie eine virtuelle Zeitschrift oder ein Rundschreiben

Break-even-Points (Gewinnschwellen) für Preisveränderungen (bei 30 %iger Brutto-Gewinnspanne)

✔ Eine Preiserhöhung von 5 % erreicht die Gewinnschwelle bei einer Absatzverringerung (in DM) von 14 %
✔ Eine Preiserhöhung von 10 % erreicht die Gewinnschwelle bei einer Absatzverringerung (in DM) von 25 %
✔ Eine Preissenkung von 5 % erreicht die Gewinnschwelle bei einer Absatzsteigerung (in DM) von 20 %
✔ Eine Preissenkung von 10 % erreicht die Gewinnschwelle bei einer Absatzsteigerung (in DM) von 50 %

Marketing für Dummies – Schummelseite

Das Menü des Marketingmenschen

Instrumente zur Beeinflussung der Wahrnehmung und des Kaufverhaltens der Kunden

Absatz (Kapitel 17)	Kreativität (Kapitel 4)	Radiospots (Kapitel 9)
Appeal (Kapitel 4)	Mundpropaganda (Kapitel 11)	Reklametafeln (Kapitel 10)
Banner/Fahnen (Kapitel 10)	persönlicher Verkauf (Kapitel 17)	Schilder (Kapitel 10)
Direct-Response-Werbung (Kapitel 18)	Plan (Gestaltung von Marketingplan/-strategie) (Kapitel 2, 3)	Servicequalität (Kapitel 17)
Direktversand (Kapitel 18)	Preise (Kapitel 13)	Telemarketing (Kapitel 18)
E-Mail (Kapitel 7)	Printwerbung (Kapitel 8)	TV-Spots (Kapitel 9)
Einkaufsstättendisplays (Kapitel 16)	Produktdesign (Kapitel 14)	Veranstaltungssponsoring (Kapitel 12)
Einkaufsstättenwerbung und -veranstaltungen (Kapitel 16)	Produktentwicklung (Kapitel 14)	Verpackung (Kapitel 15)
Einzelhandelsatmosphäre (Kapitel 16)	Produktqualität (Kapitel 14)	Vertrieb (Kapitel 16)
Etiketten (Kapitel 15)	Programm (Gestaltung des Marketing-Programms) (Kapitel 1)	Warenzeichenpolitik (Kapitel 3, 4, 14)
Geschenke (Kapitel 11)	Publicity (Kapitel 11)	Web-Seiten (Kapitel 7)
Gutscheine (Kapitel 13)	Pull-Werbung (Kapitel 8, 18)	Werbeartikel (Kapitel 11)
Handelsmessen (Kapitel 12)	Rabatte (Kapitel 13)	Wettbewerbe (Kapitel 12, 13)

Einfache Regeln, um gesetzliche Schwierigkeiten zu vermeiden

✔ Diskutieren Sie niemals mit Konkurrenten über Preise

✔ Vergewissern Sie sich immer, daß Ihre Preisegestaltung den Kunden und Konkurrenten gegenüber gerecht ist

✔ Äußern Sie niemals etwas Betrügerisches oder Irreführendes in der Werbung oder im Rahmen anderer Kommunikationsmaßnahmen

✔ Vertreiben Sie niemals Produkte, die Nutzern oder anderen Personen bedeutenden Schaden zufügen können

✔ Kennzeichnen Sie immer umfassende Warnhinweise und Einzelheiten zu Inhalt und Herkunft auf den Etiketten

✔ Stellen Sie immer die Garantiegrenzen für Dienstleistungen oder Güter klar heraus

✔ Beschränken Sie niemals den Zugriff auf besondere Angebote

✔ Bieten Sie immer Güter oder Dienstleistungen an, die denen der Konkurrenz gleichwertig oder überlegen sind, niemals schlechter

✔ Bitten Sie Rechts- und Branchenexperten regelmäßig um eine Einschätzung Ihres Risikos und Ihrer Öffentlichkeitswirkung

✔ Verfolgen Sie eine offene und ehrliche Medienpolitik

Die zehn Grundsätze der Marketingpraxis

✔ Ihre Kunden hören Ihnen nicht zu

✔ Alle anderen schreien Ihre Kunden auch an

✔ Der Rest Ihres Unternehmens denkt, Sie sind verrückt

✔ Sie können Ihr Programm nicht ohne den Rest des Unternehmens durchführen

✔ Wenn Sie keinen Erfolg haben, sind Sie weg vom Fenster (und mit Ihnen der Rest des Unternehmens)

✔ Je mehr Sie geben, um so mehr bekommen Sie zurück

✔ Gut zu sein, ist nicht genug, Sie müssen besser sein

✔ Marketing sollte der kreativste Teilbereich Ihres Unternehmens sein (aber das ist es wahrscheinlich nicht)

✔ Marketing sollte der logischste Teilbereich Ihres Unternehmens sein (aber das ist es wahrscheinlich nicht)

✔ Alles ist Marketing

Business für Dummies

Gelb und frech, aber trotzdem fundiert und kompetent, das sind unsere Dummies. Mittlerweile gibt es weltweit fast 50 Millionen gedruckte Exemplare. Die Dummies-Fan-Gemeinde wächst und wächst.

Ursprünglich gab es nur Computer-Dummies. Aber warum sollte das einzigartige und bewährte Konzept der Dummies nur Computer-Themen vorbehalten bleiben? Wenn man humorvoll und frech in die Computerwelt einsteigen kann, warum dann nicht auch in andere Themen, z.B. in den häufig so bierernst angegangenen Business-Bereich?

Gesagt, getan, hier sind sie: unsere Business-Dummies! Damit nicht nur Computerfreaks was zum Lachen haben, sondern auch Manager, Marketingleiter, und natürlich auch Leute wie Sie und ich.

Erfolgreich Verhandeln für Dummies

Michael C. und Mimi Donaldson. Aus dem Amerikanischen von Reinhard Christiansen

Verhandeln muss man öfter als man denkt – eigentlich täglich. Sowohl im Geschäftsleben als auch im privaten Bereich kann es nicht schaden, wenn man andere von dem überzeugen kann, woran man selbst glaubt.

Erfolgreich Verhandeln für Dummies ist genau das richtige Buch, um auf amüsante Art Ihr Verhandlungsgeschick zu verbessern und so das zu bekommen, was Sie wollen.

400 Seiten
49,80 DM
ISBN 3-8266-2792-X

Businessplan für Dummies

Paul Tiffany und Steven Petersen. Aus dem Amerikanischen von Beate Majetschak und Sabine Walter

Keine Firma kommt ohne Planung aus. Auch wenn sich jeder in der Firma am liebsten vor dieser unliebsamen Beschäftigung drücken würde, es muss halt sein!

Dieses Buch zeigt kurz und knackig, und – wie Dummies nun einmal sind – auch mit ein bisschen schrägem Humor und spritzigen Cartoons, wie man ohne zuviel Stress den Geschäftserfolg plant und die ersten Schritte angeht.

368 Seiten
49,80 DM
ISBN 3-8266-2795-4

Kundenservice für Dummies

Karen Leland und Keith Bailey. Aus dem Amerikanischen von Thorsten Vogel

Die Dienstleistungsbranche boomt, der Kunde ist König. Nur wer sich an Kundenwünschen orientiert, kann heutzutage erfolgreich sein. Aber wie können Sie erreichen, dass Ihre Kunden mit dem von Ihnen gebotenen Service zufrieden sind?

Kundenservice für Dummies zeigt Ihnen, wie ein guter Dienst am Kunden aussehen sollte und wie Sie ihn ohne allzuviel Aufwand erreichen können. Schritt für Schritt gibt Ihnen dieses Buch Erfolgsrezepte und gute Tipps mit auf den Weg. Wie immer sorgen dabei eine lockere Schreibe und die weltberühmten Rich-Tennant-Cartoons dafür, dass auch der Spaß nicht auf der Strecke bleibt.

352 Seiten
49,80 DM, kart.
ISBN 3-8266-2791-1

Endlich!
Prima Ratschläge
ohne Fachchinesisch

Noch mehr Business für Dummies

Erfolgreich Präsentieren für Dummies

Malcolm Kushner. Aus dem Amerikanischen von Cornelia M. Y. Nicol

Ob Sie es mit einer oder mit tausend Personen zu tun haben – die Fähigkeit, Informationen geordnet und überzeugend zu übermitteln, ist überall gefragt. Um etwas im Leben zu erreichen, muss man sich und seine Überzeugungen präsentieren können – sei es bei der Forderung nach einer Gehaltserhöhung oder bei einem Vortrag. Malcolm Kushner verrät Ihnen unzählige Tips und Tricks, wie Sie solche Situationen überzeugend meistern können.

464 Seiten
39,80 DM, kart.
ISBN 3-8266-2935-3

Erfolgreich Verkaufen für Dummies

Tom Hopkins. Aus dem Amerikanischen von Ingeborg Lange

Verkaufen muss man nicht nur im Laden oder im Außendienst. Nicht nur Produkte oder Dienstleistungen werden verkauft, sondern jeder ist täglich in der Situation, sich und seine Ideen, Überzeugungen an den Mann bringen zu müssen. Werden Sie mit »Erfolgreich Verkaufen für Dummies« ein Verkaufsprofi im Alltag! Setzen Sie sich durch, überzeugen Sie andere von dem, wovon Sie überzeugt sind. Tom Hopkins, erfolgreicher Verkaufstrainer und Multimillionär, plaudert aus dem Nähkästchen und verrät Erfolgsstrategien.

416 Seiten
39,80 DM, kart.
ISBN 3.8266-2757-1

Management für Dummies

Bob Nelson und Peter Economy. Aus dem Amerikanischen von Olav van Gerven und Grischka Petri

Manager haben's schwer. Die Welt des Management ist stressig, frustrierend und arbeitsreich. Bob Nelson und Peter Economy verraten Ihnen die Tips und Tricks, die Sie kennen sollten, um sich und Ihren Mitarbeitern das Leben leichter zu machen.

Ob Sie schon jahrelang ein Manager oder gerade erst befördert worden sind – dies ist genau das richtige Buch für Sie!

384 Seiten
39,80 DM, kart.
ISBN 3-8266-2898-5

Marketing für Dummies

Alexander Hiam. Aus dem Amerikanischen von Birgit Neuß und Claudia Graf

Auch wenn die Konkurrenz hart ist, können Sie sie mit den richtigen Konzepten und Ideen auf dem Markt problemlos überholen. Marketing für Dummies ist ein kompetenter Wegweiser ins Marketing 2000 – ohne tonnenschwere Theorie-Bleigewichte, dafür aber mit viel Witz und Praxisnähe.

416 Seiten
39,80 DM, kart.
ISBN 3-8266-2763-6

Zeitmanagement für Dummies

Jeffrey J. Mayer. Aus dem Amerikanischen von Ursula Schnitzler

Auch wenn Ihnen Organisationstalent nicht gerade in die Wiege gelegt wurde, können Sie Ihren Arbeitsalltag voll in den Griff bekommen. Starten Sie eine Entrümpelung Ihres Arbeitsplatzes. Lernen Sie, Wesentliches von Unwichtigem zu trennen. Am Ende werden Sie Ihren Schreibtisch nicht mehr wiedererkennen und verblüfft feststellen, dass Sie plötzlich wieder Zeit für Ihre Familie, Freunde oder den neuesten Film haben ...

Auf der CD: eine Probeversion der Zeitmanagement-Software ACT! 3.

350 Seiten
49,90 DM, kart., mit CD-ROM
ISBN 3-8266-2838-1

Neugierig geworden?
Als Kostprobe einige Seiten aus »Management für Dummies«

Delegieren: erledigen lassen, ohne selbst erledigt zu werden

3

In diesem Kapitel

▶ Führen durch Delegieren

▶ Entlarven der Mythen über das Delegieren

▶ Wirksam delegieren

▶ Zu delegierende Aufgaben auswählen

▶ Arbeitsablaufkontrolle der Mitarbeiter

D ie Kraft des effektiven Managements ist nicht allein das Ergebnis Ihrer Anstrengungen (Sorry, wenn wir gerade Seifenblasen haben platzen lassen), sondern die Summe der gemeinsamen Anstrengungen aller Mitglieder Ihrer Abteilung. Hätten Sie nur ein paar Mitarbeiter, könnten Sie mit der nötigen Anstrengung, so Sie es wollten, vielleicht die Aufgaben aller übernehmen.

Sind Sie jedoch Manager in einem wesentlich größeren Unternehmen, dann können Sie unmöglich eine effektive Führungskraft sein, wenn Sie versuchen, alle Arbeiten selbst zu erledigen. Sie werden vielmehr als eine »kleinliche« Führungskraft betrachtet werden als jemand, der zu sehr in die Einzelheiten der Organisationsabläufe eingreift. Sie werden schnell als ein Mensch gelten, der mehr Zeit hat, sich um die Aufgaben anderer zu kümmern als um seine eigenen. Und es kommt noch viel schlimmer: Ihre Mitarbeiter übernehmen immer weniger Verantwortung, weil Sie sowieso immer alles für sie erledigen oder sie zumindest überprüfen.

Manager weisen die Verantwortung für Aufgaben mittels *Delegieren* anderen zu. Wie noch in diesem Kapitel beschrieben wird, reicht es nicht, einfach nur eine Aufgabe zuzuweisen und dann wegzulaufen. Vielleicht haben Sie Bemerkungen wie diese auch schon gehört: »Helga, weißt Du, was ich als nächstes machen soll?« Damit Delegieren funktionieren kann, müssen Manager ihren Mitarbeitern auch noch die dazu erforderlichen Entscheidungskompetenzen sowie die notwendigen Hilfsmittel mitgeben. Und letzten Endes überwachen Manager, die delegieren, die Fortschritte ihrer Mitarbeiter auf dem Weg zu den gesteckten Zielen.

Die Mythen des Delegierens

Es gibt möglicherweise viele Rechtfertigungen, nicht delegieren zu können. Leider behindern Sie diese Rechtfertigungen ständig dabei, ein effektiver Manager zu werden. Kommt Ihnen vielleicht der eine oder andere der nachfolgenden Mythen bekannt vor? *Na, seien Sie einmal ehrlich!*

Mythos 1: Sie können nicht auf die Verantwortung der Mitarbeiter vertrauen

Wenn Sie Ihren Mitarbeitern nicht vertrauen können, wem denn dann? Stellen Sie sich einmal vor, daß Sie zumindest einen Teil Ihrer Mitarbeiter selbst eingestellt haben. Vergessen wir zunächst mal jene, die Sie nicht selbst eingestellt haben. Der Entscheidungsprozeß bis zur endgültigen Einstellung war vermutlich nicht ganz einfach, Sie erinnern sich bestimmt an den Stapel Bewerbungsunterlagen, die Sie erhalten haben. Zunächst die Beurteilung und Einteilung nach Gewinnern, potentiellen Gewinnern und Verlierern. Nach stundenlangen Studien haben Sie die potentiellen Kandidaten selektiert, und sich nach einigen Gesprächen für diejenigen entschieden, die die besten Fähigkeiten und Qualifikationen sowie die größte Erfahrung zur Bewältigung der gestellten Aufgaben aufwiesen.

Sie haben bestimmte Mitarbeiter ausgewählt, weil Sie der Meinung waren, daß sie Ihr Vertrauen verdienten. Und jetzt ist es Ihre Aufgabe, ihnen dieses Vertrauen entgegenzubringen, ohne sie wie Marionetten zu behandeln.

 In der Regel ernten Sie, was Sie gesät haben. Die Mitglieder Ihres Teams sind bereit, willig und fähig, Verantwortung zu übernehmen. Sie müssen ihnen nur eine Chance geben. Sicherlich wird nicht jeder Angestellte in der Lage sein, jede Aufgabe zu übernehmen. In diesem Fall sollten Sie herausfinden, warum. Brauchen er oder sie eine gründlichere Ausbildung? Mehr Zeit? Mehr Übung? Vielleicht sollten Sie eine Aufgabe finden, die besser auf deren Fähigkeiten oder Erfahrungen abgestimmt ist. Um verantwortliche Mitarbeiter zu bekommen, müssen Sie einfach Verantwortung übergeben. So einfach ist das.

Mythos 2: Wenn Sie delegieren, verlieren Sie die Kontrolle über eine Aufgabe und deren Ergebnis

Wenn Sie richtig delegieren, verlieren Sie weder die Kontrolle über eine Aufgabe noch über das Ergebnis. Was Sie jedoch verlieren, ist die Kontrolle, wie Sie das gestellte Ziel erreichen. Malen Sie sich eine Weltkarte. Wie viele Wege gibt es von San Francisco nach Paris? Einen? Eine Million? Mancher Weg wird schneller sein als der andere. Der eine ist etwas malerischer, der andere benötigt ein etwas größeres Kraftpotential. Ist aber der eine Weg grundsätzlich falsch, weil er anders ist? Nein. (siehe Bild 3.1)

Im Berufsleben gibt es zahllose Wege, ein Ziel zu erreichen. Sogar bei Aufgaben, die in genau definierten Schritten erledigt werden müssen, *weil wir es schon immer so getan haben*, sollten Sie sich einen Spielraum für neue und bessere Wege in Richtung des Ziels offenlassen. Warum sollte Ihr Weg der einzige Weg sein, eine Aufgabe zu erledigen? *Weil ich der Chef bin!* Tut uns leid, falsche Antwort. Es ist Ihre Aufgabe, die von Ihnen gewünschten Ergebnisse der Arbeit zu beschreiben und es dann Ihren Mitarbeitern zu überlassen, wie sie diese Ziele erreichen. Sie sollten selbstverständlich mit Ihrer Erfahrung für Ratschläge und Unterstützung verfügbar sein. Natürlich nur dann, wenn Ihre Mitarbeiter diese auch in Anspruch nehmen wollen. Sie müssen aber Ihren Blick nicht länger auf das *Wie* richten, sondern statt dessen auf das *Was* und *Wann*.

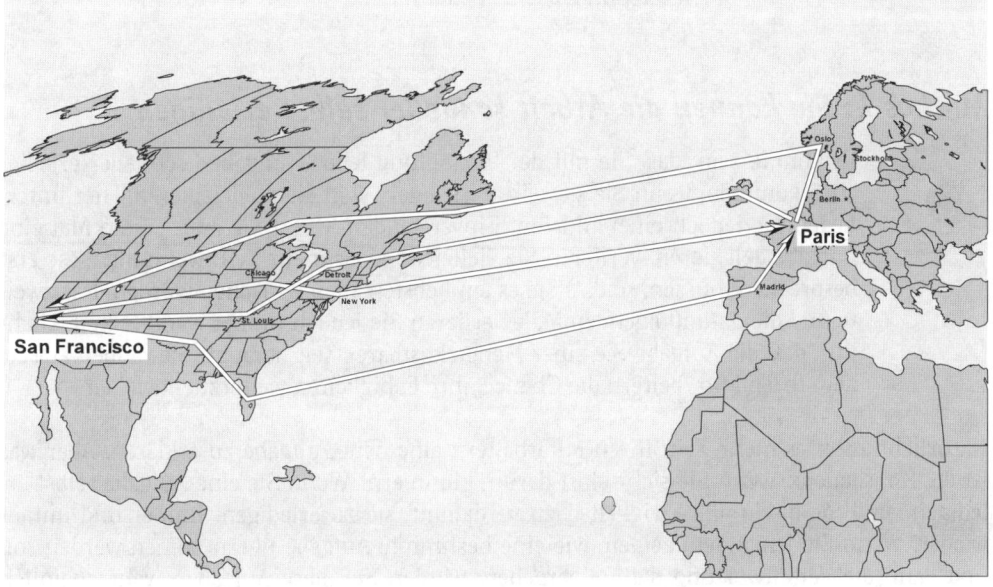

Es gibt viele Wege, die von San Francisco nach Paris führen.

Mythos 3: Sie sind der einzige, der alle Antworten kennt

Sie machen Witze, oder? Wenn Sie glauben, daß Sie der einzige sind, der wirklich alle Antworten kennt, dann gibt es ein oder zwei Dinge, die wir Ihnen erzählen müssen! Egal, wie talentiert Sie sein mögen: Solange Sie nicht der einzige Angestellte Ihrer Firma sind, ist es schier unmöglich, auf jede Frage in Ihrem Betrieb die einzige Antwort zu haben – ganz einfach unmöglich.

Auf der anderen Seite gibt es eine Gruppe von Menschen, die jeden Tag mit einer erstaunlichen Reihe von Problemen konfrontiert werden. Sie sprechen mit Ihren Kunden, Ihren Lieferanten und miteinander, Tag für Tag. Viele sind schon länger im Haus als Sie, und viele werden noch lange, nachdem Sie gegangen sind, da sein. Wer sind diese Menschen? Es sind Ihre Mitarbeiter.

Ihre Mitarbeiter sind eine fast unerschöpfliche Informationsquelle für Ihre Geschäftskontakte und die Kleinigkeiten des Alltagsgeschäfts in Ihrem Unternehmen. Sie sitzen meistens näher am Kunden und kennen dessen Probleme besser als Sie. Ihre Hinweise oder Vorschläge zu ignorieren ist nicht nur respektlos, sondern kurzsichtig und dumm. Ignorieren Sie diese Quelle nicht. Sie bezahlen sie bereits, ob Sie sie nun einsetzen oder nicht.

Mythos 4: Sie können die Arbeit schneller selbst erledigen

Es könnte sein, daß Sie mit der Vorstellung leben, Aufgaben schneller erledigt zu bekommen, wenn Sie sie selbst erledigen, statt sie zu delegieren. Hier unterliegen Sie jedoch einer Illusion. Einverstanden, wenn Sie zum ersten Mal eine Aufgabe delegieren, verlieren Sie vielleicht etwas mehr Zeit, wenn Sie diese erst besprechen müssen, so daß Sie es am liebsten alleine machen würden. Das zweite und die darauffolgenden Male verlieren Sie jedoch immer weniger Zeit. Nicht nur, daß die Aufgabe Sie einer Menge kostbarer Zeit beraubt, Sie rauben außerdem Ihren Mitarbeitern die Chance, ihre Fähigkeiten weiterzuentwickeln.

Natürlich kostet es mehr Zeit, Ihren Mitarbeitern eine neue Aufgabe zu erklären. Aber was ist die Konsequenz, wenn Sie sich selbst darum kümmern? Wenn Sie eine Aufgabe selbst erledigen, sind Sie bis in alle Ewigkeit dazu verdammt, sie zu erledigen. Immer und immer wieder! Wenn Sie jemandem zeigen, wie eine bestimmte Aufgabe übernommen werden soll und dann die Verantwortung dafür übergeben, werden Sie diese Aufgaben wahrscheinlich nie mehr selbst erledigen müssen. Nicht nur das, Ihr Mitarbeiter könnte es womöglich sogar erledigen. Wer weiß, er könnte sogar noch besser werden als Sie.

Mythos 5: Delegieren zerstört Ihre Autorität

Tatsache ist, daß Delegieren genau das Gegenteil bewirkt. Es erweitert Ihre Autorität. Sie sind alleine und können nur eine Sache erledigen. Stellen Sie sich vor, alle zehn, zwanzig oder hundert Mitarbeiter würden auf das gleiche Ziel zuarbeiten. Sie bleiben derjenige, der die Ziele und Termine setzt, aber die Mitarbeiter können ihren eigenen Weg dahin wählen.

Haben Sie nur deswegen weniger Autorität, weil Sie eine Aufgabe delegiert und die Verantwortung dafür auf einen Mitarbeiter übertragen haben? Die Antwort darauf ist ein klares »Nein«. Was verlieren Sie bei dieser Vorgehensweise? Nichts! Ihre Autorität ist unangetastet, egal!, wieviel Sie auf Ihre Mitarbeiter übertragen. Das ist das Wunder der Autorität. Je mehr Sie auf Ihre Mitarbeiter übertragen, um so mehr Verantwortung hat die gesamte *Abteilung*.

Auf diese Weise erhalten Sie eine effiziente und effektive Belegschaft. Mitarbeiter, die Kompetenzen besitzen, werden von ihrer Arbeit begeistert sein. Indem sie als Mitspieler agieren, befähigen sie Sie, sich auf die wirklich wichtigen Aufgaben zu konzentrieren, die Ihre ungeteilte Aufmerksamkeit verdienen.

Mythos 6: Ihre Mitarbeiter werden die Anerkennung für eine gute Arbeit bekommen, nicht Sie

Sich von dieser Vorstellung zu lösen, ist eine der schwierigsten Aufgaben auf dem Weg zum Manager. Als Angestellter können Sie sich der Anerkennung für einen guten Bericht, die Entwicklung einer erfolgreichen Marktstrategie oder eines guten Computerprogramms sicher sein. Sind Sie dagegen ein Manager, verschiebt sich der Akzent der Beurteilung vom Erledigen einer einzelnen Aufgabe auf das Erreichen allgemeiner Ziele. Bis jetzt waren Sie vielleicht der beste Datenverarbeiter dieser Welt, ab sofort wird diese Fähigkeit nicht länger beurteilt. Jetzt wird erwartet, daß Sie das Team der besten Datenverarbeiter der Welt leiten. Die Fähigkeiten, die hier gefordert werden, sind völlig andere, und Ihr Erfolg ist das Ergebnis indirekter Anstrengungen anderer, von Ihnen aus dem Hintergrund unterstützt.

Clevere Manager wissen: Wenn ihre Mitarbeiter glänzen, glänzen sie auch selbst. Um so mehr Sie delegieren, desto mehr schenken Sie Ihren Mitarbeitern die Gelegenheit zu glänzen. Geben Sie Ihren Mitarbeitern die Chance, wichtige Aufgaben richtig zu erledigen, und die Wahrscheinlichkeit, daß sie sich anstrengen werden, auch zukünftig eine gute Leistung zu liefern, steigt automatisch. Vergessen Sie nie: Sie werden ausschließlich an der Leistung Ihres Teams, nicht an Ihrer persönlichen gemessen.

Mythos 7: Delegieren verringert Ihre Flexibilität

Wenn Sie alles selbst erledigen, haben Sie dann die vollständige Kontrolle über alles, was mit Ihren Aufgaben und dem Erreichen der gesteckten Ziele zusammenhängt, in der eigenen Hand? *FALSCH!* Wie können Sie gleichzeitig mit verschiedenen Prioritäten jonglieren und die täglichen Krisensituationen meistern? Es ist ziemlich schwierig, flexibel zu bleiben, wenn Sie alles selbst erledigen wollen. Es ist einfach unmöglich, sich auf mehr als eine Aufgabe zu konzentrieren. Während Sie sich auf die eine Aufgabe konzentrieren, schicken Sie alle anderen in die Warteschleife. Flexibel? *Vergessen Sie es!*

Je mehr Sie an Ihre Mitarbeiter delegieren, um so flexibler werden Sie. Während sich Ihre Mitarbeiter um die alltäglichen Abläufe kümmern, haben Sie die Hände für die immer wieder auftauchenden Krisen, Probleme und Chancen frei.

Mythos 8: Ihre Mitarbeiter sind zu beschäftigt

Das ist ja ein Ding, das schlägt alles! Was tun Ihre Mitarbeiter eigentlich, daß sie keine Zeit haben, etwas Neues zu lernen – etwas, das nicht nur Sie entlasten, sondern gleichzeitig die Leistung des ganzen Teams deutlich verbessern würde?

Denken Sie einmal einen Augenblick über sich selbst nach. Was reizt Sie an Ihrer Arbeit so sehr, daß Sie jeden Tag zu ihr zurückkehren wollen? Nein, wir reden hier nicht von der Gehaltsabrechnung oder der Kantine. Wir sind bereit, Wetten abzuschließen, daß Sie ein Gefühl der Befriedigung überkommt, wenn Sie einer neuen Herausforderung begegnen und sie erfolgreich bewältigen.

Wenden wir uns jetzt einmal Ihren Mitarbeitern zu: Sie haben auch keine andere Motivation für ihre Arbeit als Sie. Sie möchten sich auch mit neuen Aufgaben und Herausforderungen auseinandersetzen und erfolgreich sein. Doch wie können sie das, wenn Sie nicht bereit sind, neue Aufgaben zu delegieren? Zu viele Manager haben gute Mitarbeiter verloren, weil sie es einfach nicht schafften, deren Verlangen nach neuen Kompetenzen und Vorwärtskommen entgegenzukommen. Und wie viele Mitarbeiter sind zu hirnlosen Drohnen mutiert, weil ihre Vorgesetzten es einfach versäumten, deren Kreativität und das natürliche Verlangen, Neues zu lernen, zu fördern. Vermeiden Sie Erfahrungen auf die harte Tour!

Mythos 9: Ihren Mitarbeitern fehlt der große Überblick

Wie können Ihre Mitarbeiter den »großen Überblick« bekommen, wenn Sie ihn nicht mit ihnen teilen wollen? Ihre Mitarbeiter sind auf ihrem Fachgebiet oder in ihrer Arbeit zumeist Spezialisten. Dabei ist es ganz natürlich, wenn sich, während sie sich darum bemühen, Lösungen für Probleme zu finden oder in der Alltagsroutine versunken sind, ein gewisses »Scheuklappendenken« entwickelt. Wie wir in Kapitel 1 bereits besprochen haben, ist es jedoch Ihre Aufgabe, den Mitarbeitern eine Vision Ihrer Ziele zu vermitteln.

Unglücklicherweise enthalten viele Manager ihren Mitarbeitern lebenswichtige Informationen vor, mit denen diese in der Lage wären, ihre Arbeit wesentlich effektiver erledigen zu können. Sie leben in der Hoffnung, auf diese Weise die Zügel fester in der Hand behalten zu können. Indem diese Manager ihre Mitarbeiter im Dunkeln lassen, erreichen sie jedoch genau das Gegenteil. Die Ergebnisse bleiben hinter den Erwartungen zurück, statt dessen verkrüppeln sie das Unternehmen und die Fähigkeit der Mitarbeiter zu lernen, die Leistung zu steigern und mit dem Unternehmen zusammenzuwachsen.

Sie müssen Ihren Mitarbeitern vertrauen

Vergessen wir einmal diese Mythen. Delegieren kann etwas beängstigend wirken, zumindest am Anfang. Aber, wie mit den meisten Dingen, wenn es einmal läuft, verliert man mehr und mehr seine Angst. Wenn Sie delegieren, setzen Sie Ihr Vertrauen in eine andere Person. Verfehlt diese Person das Ziel, dann sind Sie letztlich verantwortlich, egal, wem Sie die Verantwortung übertragen haben. Und mit einer Ausrede wie dieser würden Sie wahrscheinlich bei Ihrem Vorgesetzten nicht weit kommen: *»Ich weiß, daß dieses Angebot heute beim Kunden hätte sein müssen, aber Kurt hat es einfach versiebt.«* Wenn Sie eine Aufgabe delegieren, lösen Sie sich nicht automatisch von der Verantwortung für den erfolgreichen Abschluß.

Das Delegieren der ersten Aufgaben an Ihre Mitarbeiter ähnelt dem Bungeejumping: Sie springen von dieser kleinen Plattform hundert Meter über dem Boden und hoffen, daß das Gummiseil nicht zu lang ist oder reißt. Vergessen Sie aber nicht, daß auch Ihre Angestellten etwas nervös sein können. Der Gedanke an eine neue Aufgabe mag auch bei ihnen einiges Zögern hervorrufen. Um das zu überwinden, brauchen die Mitarbeiter Ihre Unterstützung, bis sie mit den Aufgaben vertrauter sind.

Notizen

Notizen

Notizen